우리는
어떻게
연결되어
있는가

우리는 어떻게 연결되어 있는가

1판2쇄 | 2025년 1월 20일

저   자 | 서승원

펴낸이 | 김재선
펴낸 곳 | 트리펍 tree publishing
등록 | 2017년 8월 10일 제2007-000208호
주소 | 서울시 도봉구 노해로70길 19
전화 | 010-6212-4611
이메일 | tenbillion@hanmail.net
인쇄 | 천일문화사
제본 | 일진제책사

책값은 뒤표지에 있습니다.

Copyright ⓒ 트리펍 tree publishing 2024
ISBN 979-11-961653-7-6 93300

이 도서의 국립중앙도서관 출판예정도서목록(CIP)은 서지정보유통지원시스템 홈페이지
(http://seoji.nl.go.kr)와 국가자료공동목록시스템(http://www.nl.go.kr/kolisnet)에서
이용하실 수 있습니다.

우리는
어떻게
연결되어
있는가

동아시아 국제관계와 전략적 파트너십

서승원 지음

트리펍

머리글

동아시아는 세계에서 가장 인구가 많고 역동적인 경제성장이 진행 중이며 강대국들이 치열한 전략 경쟁을 펼치고 있고 군비 증강도 활발한 지역 공간으로 여겨진다. 이러한 시점은 냉전이 해체된 이후 확대·심화해 온 동북아시아와 동남아시아 사이의 '연결성'(connectivity)을 전제로 한다. 연결성이 성립하기 위해서는 무엇보다도 지리적 인접성이 불가결하다. 의외로 생각되겠지만 제주도와 필리핀 루손(Luzon)섬 사이의 거리는 제주도와 중국 청두(成都) 사이의 거리보다 가깝다. 동아시아의 남서 지역을 보면 동남아시아 대륙부의 미얀마, 라오스, 베트남은 중국과 국경을 마주하고 있다.[1] 동북아시아와 동남아시아는 지리적으로 그다지 떨어져 있지 않다.

지난 한 세대 동안 동북아시아와 동남아시아 간 인적 교류는_코로나 팬데믹의 여파로 잠시 주춤하긴 했으나_급속하게 확대되었다. 대기업이나 중소기업 등 다양한 경제행위자들도 긴밀한 무역·투자 관계 및 글로벌 가치사슬(Global Value Chain, GVC)을 형성하고 있다. 게다가 한국, 중국, 일본, 대만 등 동북아시아 주요국들과 동남아시아 국가들, 그리고 동남아시아국가연합(Association of Southeast Asian Nations, ASEAN)은 경제는 물론 정치·안보적 측면에서도 서로와의 관계를 전략적으로 중시하고 있다.

이러한 다양한 공식적, 비공식적 연결성은 앞으로 동아시아를 어떤 지

---

1 동남아시아는 지리적으로 대륙부_미얀마, 태국, 라오스, 캄보디아, 베트남_와 해양부_말레이시아, 싱가포르, 인도네시아, 브루나이, 필리핀, 동티모르_로 구분된다.

역으로 변모시켜 갈까? 아니 현재의 동아시아는 과연 어떤 지역성을 갖고 있을까? 물론 다양한 시나리오 또는 예측이 나온다. 예를 들어 파라그 카나(Parag Khanna)는 『커넥토그래피 혁명: 글로벌 연결 혁명은 어떻게 새로운 미래를 만들고 있는가』(사회평론, 2017)에서 글로벌 연결 혁명이 세계 조직의 패러다임을 기존의 국가 중심에서 네트워크 문명으로 대체하고, 공동의 기반 시설 _예를 들면 인프라_ 및 제도를 가진 지역연방을 창출해 나갈 것이며, 지정학적 경쟁의 본질까지도 영토 전쟁에서 연결을 위한 전쟁으로 진화시킬 것으로 예측한다. 다소 급진적이긴 하나 공급망, 기반 시설, 해양 네트워크, 사이버 네트워크 등 다양한 연결성이 가져올 수 있는 미래상을 상상할 수 있도록 해준다.

그렇다면 동아시아 연결성에 대해 우리는 충분히 연구하고 있는가? 대답은 유감스럽게도 '아니오'이다. 돌이켜보면 우리나라의 인문학과 사회과학 분야의 이른바 동아시아론은 냉전 해체 이후에 본격화하기 시작했다. 그 직접적인 계기는 1990년대 후반의 동아시아 외환위기였다. 동아시아론에는 외환위기 이후에 유럽연합(European Union, EU)을 모델로 설정하여 경제공동체를 지향하는 경제공동체론, 유교와 같은 아시아적 가치 또는 서구 자본주의와는 다른 정치경제 체제의 정당성을 옹호하는 동아시아 정체성론, 서구식 근대가 아니라 그 대안적 공동체를 모색하는 동아시아론, 그리고 강대국 간의 권력정치나 패권 경쟁에 대응하기 위한 지역주의론 등이 있었다(장인성 2017, 7).

국제관계 연구로 한정하면 동아시아론은 세계화_글로벌라이제이션_에의 대응, 지역 내 안보 불안의 완화 및 해소, 그리고 역내 국가 간 민족주의적 갈등의 돌파구를 모색하는 과정에 거론되었다. 한편, 역사학계에서는 근대 이전의 실크로드(Silk Road) 연구를 통해 다양한 교역 네트워크, 문명과 종교의 상호 전래와 수용, 문화 접변 _서로 다른 문화가 접촉하면서 새로운 양식의 문화로 변하는 현상_ 등 연결성의 성격과 변용을 규명하고자 했다(이경신 2018;

양승윤 2003).[2]

　이 책은 동아시아 역내 국제적 행위자들_국가 및 지역기구_이 어떻게 연결되어 있는지를 밝힘으로써 동아시아 국제관계론의 발전에 이바지하고자 한다. 이 책이 특히 주목하는 것은 탈냉전기 새로운 제휴 방식으로 등장한 [전략적] 파트너십이다. [전략적] 파트너십은 정치·안보적, 경제적, 사회·문화적 연결성의 확대·심화를 가장 상징적으로 보여주는 것이었다. 그렇다면 각각의 [전략적] 파트너십은 어떻게 형성, 발전_또는 좌절_해왔을까? 다양한 [전략적] 파트너십의 존재는 동아시아를 과연 어떠한 지역으로 만들고 있을까?

　예를 들면, 한국, 중국, 일본 3국은 모두 아세안 및 아세안 회원국들과 전례 없이 긴밀한 [전략적] 파트너십을 수립하고 있다. 정상급 및 고위급 인사들은 더욱 빈번하게 방문·교류를 하고 있으며 정부 부서 간 다양한 협의와 회의가 이루어지고 있다. 주된 안건도 경제교류·협력은 물론 코로나 방역·보건 협력, 사이버 협력, 그리고 군사·안보적 교류·협력으로 확대되고 있다. 반면에 동북아시아의 한·중·일 3국 사이의 파트너십은 1990년대 후반 잠시 활성화되었다가 그 이후에는 전략적 파트너십의 단계로 나아가지 못하고 있다. 동아시아 지역 협력, 그리고 지역의 정치·안보적 안정에 있어서 동남아시아 국가들 및 아세안의 역할이 재조명되어야 하는 까닭이다.

　한스 로슬링 외의 『팩트풀니스: 우리가 세상을 이해하는 10가지 이유와 세상이 생각보다 괜찮은 이유』(김영사, 2019년)를 흥미롭게 읽은 적이 있다. 팩트풀니스(Factfulness)란 사실 충실성, 다시 말하면 사실에 근거해 세계를 바라보고 이해하는 태도와 관점을 뜻한다. 비근한 예로 사람들은 모든 것을 서로 다른 두 집단으로 나누고 둘 사이에 거대한 틈이 있다고 상상하는

---

2 우리에겐 중국에서 고비사막을 거쳐 지중해를 잇는 육상 실크로드가 익숙하지만 현 인도네시아의 향료군도(香料群島)에서 유럽으로 이어지는 바다의 실크로드는 한층 더 번성했다.

간극 본능_다른 말로는 '거대 오해'_을 갖고 있다. "그중에서도 최악은 세상을 가난한 나라와 부유한 나라라는 2개의 엉터리 상자에 담음으로써 사람들 머릿속에서 세상의 모든 비율을 완전히 왜곡해 버린다."(로슬링 2019, 38-39).

우리가 흔히 동아시아를 이해하는 방식도 크게 다르지 않을 듯하다. 강대국과 약소국으로 나누고, 선진국과 개발도상국으로 나누고, 또 번영된 동북아시아와 낙후된 동남아시아로 나눈다. 하지만 동북아시아와 동남아시아를 포함하는 개념으로서의 동아시아는 적어도 경제적으로는 이미 하나의 생활공간이 되었다. 동남아시아는 우리의 지정학적 딜레마의 해소 또는 완화에 적지 않은 시사점을 주고 있으며, 우리가 새로운 전략적 대안을 마련해 나가는 데 있어서 이미 불가결한 파트너이다.

필자는 그간 동북아시아 국제관계, 특히 중일관계, 한일관계, 한·중·일 관계에 주목해 왔다. 하지만 최근 연구의 범위를 동남아시아까지 확대해야 할 필요성을 절감했다. 국가 간 관계가 갈수록 복잡하고 중층적으로 연결되고 있는 와중에 양자 간 관계 연구의 한계는 뚜렷했다. 동북아시아 국가 간 관계를 설명할 때도 동남아시아를 함께 다루지 않으면 안 되는 상황이 빈번해졌다. 동남아시아로 시야를 넓히기 시작하니 새로운 가능성에 눈도 뜨이지만 공부할 내용도 태산(泰山)처럼 많았다.

이 책은 동아시아 국제관계의 기본적이고 개략적인 내용을 중심으로 기술하였다. 깊이 있는 분석을 많이 싣지는 못했으나 동아시아 국제관계론의 토대가 되었으면 하는 바람이다. 뭔가를 알고 있어서 이 책을 쓴 것이 아니라 알고 싶어서 이 책을 썼다고 하는 편이 맞다. 내용의 부족함은 오롯이 필자 몫이다.

이 책을 집필하는 데 있어서 여러 관계자와 기관으로부터 많은 도움이 있었다. 무엇보다 이 책은 2021학년도 고려대학교 문과대학 특별연구비_특성화연구비 저술지원사업_에 의하여 수행되었다. 저술 지원을 제안하고 전폭적으로 지원해 주신 이형대 전 문과대학장님, 이상우 현 문과대학장님,

부학장단 여러분, 그리고 황지영 선생님을 비롯한 문과대 행정실 여러분께 깊은 사의를 표하고 싶다.

필자가 속한 고려대 일어일문학과의 정병호 교수님, 채성식 교수님, 김수미 교수님, 유재진 교수님, 조영남 교수님, 김정민 교수님, 고마쓰 나나 교수님께도 감사 인사를 드린다. 필자가 안정되고 윤택한 학문 및 교육 생활을 보내는 데 있어서 그 이상 좋을 수 없는 훌륭한 동료들이다.

연구년인 2022년에는 아세안의 중심국인 인도네시아에 체재할 기회를 얻었다. 코로나가 아직 한창이었음에도 불구하고 흔쾌히 체재를 허락해 주시고 까다로운 입국 절차를 감내해 주신 국립인도네시아대학교(Universitas Indonesia) 인문대학의 본단 까누모요소(Dr. Bondan Kanumoyoso, S.S., M.Hum) 학장님, 운뚱 유워노(Untung Yuwono, S.S.) 부학장님, 롤리 에스더(Rouli Esther, Ph.D.) 교수님, 에바 라띠파(Eva Latifah, S.S., Ph.D.) 교수님, 그리고 헤르디또 산디 쁘라따마(Dr. Herdito Sandi Pratama, M.Hum.) 교수님께 정중한 감사의 말씀을 드린다. 특히, 산디 교수님은 인터뷰 일정 조정, 연구실 배정, 그리고 평소의 소통에 이르기까지 많은 은혜를 베풀어주셨다.

2023년 2월에는 자카르타에서 "제1차 고려대-인도네시아대 학술교류 컨퍼런스: 트랜스 동아시아 학문적 연계성의 확대와 심화"를 주제로 고려대학교 대학원 중일어문학과와 국립인도네시아대학교 인문대학이 학술대회를 공동으로 개최하는 성과도 있었다. 물심양면으로 지원하고 또 격려해 주신 두 대학 관계자 여러분들에게 감사의 인사를 드린다.

서울과 자카르타, 그리고 도쿄에서 많은 분이 인터뷰에 응해주셨다. 김현철 서울대 국제대학원장님, 권희석 주아세안한국대표부 대사님, 권재환 한국-아세안 프로그램매니지먼트팀(AKPMT) 팀장님, 지바 아키라(千葉明) 전 주아세안일본대표부 대사님, 익명의 일본외교관 여러분, 인도네시아 국립대의 줄리안 파샤(Julian Aldrin Pasha, M.A., Ph.D.) 교수님과 에비 피트리아니(Evi Fitriani, Ph.D.) 교수님, 싱가포르국립대의 람펑얼(Lam Peng Er) 교수님, 천

강(Chen Gang) 박사님, 고든 캉(Gordon Kang) 연구원님, 그 외 익명의 인터뷰이 여러분에게 이 자리를 빌려 다시 한번 감사의 말씀을 전한다.

출판사 김재선 대표님과 관계자 여러분들의 노고가 없었다면 이 책은 출판되지 못했을 것이다. 이 책은 본문 외에 적지 않은 분량의 자료집이 덧붙여졌다. 복잡하고 딱딱한 내용이 가득한 이 책을 꼼꼼하게 다듬어 주시고 또 읽기 쉽게 잘 마무리 해주셨다. 수 차례 출판 작업을 함께 진행한 바 있는데 필자가 항상 마음을 놓고 부탁드릴 수 있는 출판사이다.

마지막으로 아내 희정과 아들 동현에게도 고맙다는 말을 전한다. 아들 동현은 늘 필자의 연구와 교육을 북돋아 주는 에너지원이다. 아빠와 비슷한 길을 걸으려는 모습이 무척 대견스럽고 고마운 생각이 든다. 가장 큰 감사는 아내 희정에게 바친다. 건강에 자신이 있었으나 자카르타 체재 중에 장염에도 걸리고 코로나에도 감염되었다. 희정은 평생을 그렇게 해왔지만 자카르타에 체재하는 동안에도 내내 나만을 보살피기에 여념이 없었다. 나에게 코로나가 감염돼 한동안 고생하기도 했다. 미안한 마음과 고마운 마음 가득하다.

2024년 5월
서 승 원

차례

머리글 ···5

1장 동아시아 만들기와 전략적 파트너십
1. 동아시아란 무엇인가? ···22
   동아시아를 개괄적으로 살펴보기 ···22
   우리가 동아시아를 상상하는 방식 ···29
   정치 리더십의 동아시아 만들기 ···33
2. 동아시아는 어떻게 연결되어 있는가? ···36
   동아시아를 연결하는 여러 가지 제도들 ···36
   전략적 파트너십이란 관점으로 동아시아 바라보기 ···41
참고문헌 ···54

2장 한국과 일본: 파트너십, 미완의 정치적 기획
1. 들어가는 말 ···58
2. 수교 58년 회고 ···59
   1965년 체제는 기울어진 운동장이었다 ···59
   한일 파트너십은 김대중 정부의 대일 햇볕정책의 성과였다 ···66
3. 과거사 문제와 1965년 체제의 동요 ···74
   민간 행위자들이 쏘아 올린 공 ···74
   노무현 vs. 고이즈미, 박근혜 vs. 아베, 그리고 문재인 vs. 아베 ···76
4. 대북정책을 둘러싼 불협화음 ···80
   남북 관계와 북일 관계의 선순환은 왜 중단되었을까? ···80
   한일관계가 갈수록 주변화하다 ···83
5. 경제 관계: 수직적 관계에서 수평적 관계로 ···84

한일 FTA 교섭, 시작하자마자 중단되다 ·················84
　　아베 내각, 대한국 수출규제를 강행하다 ···············89
　6. 미중 전략 경쟁 하의 한일 안보관계 ·····················93
　　한미일 안보협력의 가장 약한 고리는 한일 안보협력이다 ·········93
　　한미일 캠프 데이비드 공동성명이 미칠 강력한 파장 ···········96
　7. 사회·문화 교류, 그리고 상호 불신 ······················100
　　가장 많은 성과를 거둔 것은 인적, 사회·문화 교류 분야였다 ······100
　　양국 국민은 서로를 어떻게 보고 있을까? ···············103
　8. 나가는 말 ··105
　참고문헌 ···110

3장 중국과 일본: 전략적 호혜 관계의 부침(浮沈)

　1. 들어가는 말 ······································114
　2. 수교 50년 회고: 협력자에서 경쟁자로 ··················116
　　1972년 체제는 무엇이었을까? ·······················116
　　파트너십으로 중일관계의 구조변화에 대응하려 하다 ··········121
　　전략적 호혜 관계라는 새로운 틀로 제도화를 꾀하다 ··········125
　3. 센카쿠열도/댜오위다오라는 안보 최전선 ················128
　　중국, 대일 압박의 강도를 높이다 ····················128
　　아베 내각, 집단적자위권 행사로 대응하다 ···············130
　4. 정냉경열, 그리고 지역 경제통합을 둘러싼 경쟁 ···········133
　　국력 역전은 역사적 사건이었다 ·····················133
　　중국, 대일 희토류 수출을 중지하다 ···················136
　　지역 경제통합을 둘러싼 주도권 경쟁이 치열해지다 ··········138
　5. 반일/반중 내셔널리즘, 그리고 상호 불신의 심화 ··········143
　　역사 수정주의와 반일 애국주의 ·····················143
　　양국 국민은 상대국을 어떻게 보고 있을까? ··············146
　6. '미국·일본 vs. 중국' 구도의 해양지정학 게임 ············150
　　미일동맹, 대중 견제의 강도를 높여가다 ················150
　　시진핑 정부, 해양에서 공세를 강화하다 ················153

아베 내각, 대미 공조 하에 '자유롭고 개방된 인도·태평양'을 추진하다 ·········· 156
　7. 나가는 말 ··· 160
　참고문헌 ·· 164

4장 한국과 중국: 전략적 협력 파트너십의 허(虛)와 실(實)

　1. 들어가는 말 ·· 168
　2. 수교 30년 회고: 관계 발전을 향한 고군분투 ······································· 170
　　경제가 선린우호 협력관계를 견인하다 ·· 170
　　파트너십의 틀로 경제·통상과 북핵문제에 대응하다 ····························· 174
　　북한 문제가 전략적 파트너십을 크게 흔들다 ······································· 177
　3. 더할 나위 없는 경제적 파트너 ·· 183
　　정부 주도로 급속한 경제·통상 확대를 실현하다 ·································· 183
　　한중 FTA 체결은 최대의 성과였다 ·· 186
　4. 북한 문제라는 다모클레스의 검 ·· 191
　　6자회담을 매개로 유례없이 긴밀한 파트너십을 누리다 ························ 191
　　북한 체제 유지 문제를 둘러싸고 파트너십이 이완되기 시작하다 ·········· 195
　　중국 역할론이 부침(浮沈)하는 가운데 파트너십이 주변화되다 ············· 199
　5. 민족주의와 정체성의 정치가 초래하는 마찰 ······································· 204
　　국민 간 상호 인식은 계속 악화되어 왔다 ··· 204
　　일본과의 과거사 문제로 한중 양국이 연대하다 ··································· 209
　6. 미중 전략 경쟁 하의 한중 전략적 협력 파트너십 ······························ 211
　　사드 갈등은 사실상 미중 간 대리 경쟁이었다 ···································· 211
　　중추 국가 한국의 전략적 선택이 지역 질서의 향방을 좌우한다? ········· 219
　7. 나가는 말 ··· 227
　참고문헌 ·· 230

5장 중국과 아세안: 포괄적 전략적 파트너십의 명과 암

　1. 들어가는 말 ·· 234
　2. 회고: 파트너십, 전략적 파트너십, 그리고 포괄적 전략적 파트너십으로 ······ 236
　　파트너십을 관계 발전의 기본 틀로 설정하다 ······································ 236

비동맹적, 비군사적, 비배타적 전략적 파트너십을 천명하다 ······240
  포괄적 전략적 파트너십으로 나아가다 ······243
3. 중국의 대 아세안 파트너십 외교의 성과 ······247
  양측이 포괄적 전략적 파트너십에 합의한 이유는 무엇일까? ······247
  중국의 파트너십 외교는 미국 요인과 불가분의 관계를 갖는다 ······249
4. 중국 중심의 동아시아 경제 질서? ······258
  서로 최대의 무역 파트너가 되다 ······258
  중-아세안 파트너십이 동아시아 경제통합을 이끌다 ······261
  일대일로 구상과 운명공동체론은 중국 중심적 질서의 서막인가? ······265
5. 정치·안보적 협력과 갈등 ······272
  아세안, 남중국해 영유권 문제로 중국에 손오공 머리띠를 씌우려 하다 ······272
  무기 이전은 중국의 안보적 영향력이 제한적이라는 것을 보여준다 ······280
  아세안, 미중 전략 경쟁에 대해 AOIP를 천명하다 ······285
6. 나가는 말 ······295
참고문헌 ······299

6장 일본과 아세안: 믿을 수 있는 파트너, 그리고 중국의 그림자

1. 들어가는 말 ······304
2. 회고: 일-아세안 파트너십의 전통과 최근의 움직임 ······306
  1970년대 포럼, 공동성명, 후쿠다 독트린이 파트너십의 원형으로 간주되다 ···306
  동아시아 외환위기에 직면하여 파트너십을 심화·확대하다 ······309
  정치·안보협력을 전략적 파트너십의 또 하나의 축으로 설정하다 ······316
  미중 전략 경쟁 하에 포괄적 전략적 파트너십으로 나아가다 ······318
3. 정치·안보 관계의 진전 ······322
  일-아세안 파트너십은 다자주의 메커니즘에서 강력하게 작동하다 ······322
  일본과 아세안 회원국의 양자 간 해양 안보 협력이 활발해지다 ······330
4. 경제적 파트너십의 진화, 그리고 후견-피후견 관계 ······336
  일본, 아세안에서의 경제적 우위를 점차 상실하다: 무역, 투자, 그리고 ODA ······336
  지역주의를 담아낼 틀은 무엇인가? 아세안+3, EAS, TPP, RCEP ······346
  일본의 질 높은 인프라 이니셔티브는 일대일로의 대항마인가? ······353

5. 미중 전략 경쟁 하의 일-아세안 파트너십 ·· 357
      아베 내각, 대아세안 외교 5원칙과 FOIP를 천명하다 ······················· 357
      FOIP와 AOIP가 포괄적 전략적 파트너십의 틀에서 수렴되다 ············ 365
   6. 나가는 말 ·· 369
   참고문헌 ·· 373

7장 한국과 아세안: 중간국 간 연대의 모색

   1. 들어가는 말 ·· 378
   2. 회고: 한국과 아세안, 동행(同行)의 파트너십 ·· 381
      21세기에 관계가 급속히 긴밀해지다 ·· 381
      한-아세안 전략적 파트너십의 지향점은 어디일까? ·························· 386
      한-인도네시아 전략적 파트너십이 양자 간 관계를 선도하다 ············ 389
   3. 한국과 아세안의 정치·안보적 접근 ··· 392
      문재인 정부, 신남방정책을 천명하다 ··· 392
      한국의 무기 이전, 안보협력의 핵심 축으로 등장하다 ························ 397
   4. 경제교류·협력: 의지할 수 있는 파트너 ··· 403
      무역·투자 관계가 전례 없이 확대·심화하다 ····································· 403
      아세안경제공동체, 동아시아공동체, 그리고 한-아세안 경제공동체? ········ 409
   5. 동아시아인으로서의 연대와 정체성 구축이란 과제 ····························· 415
      사람 중심의 한-아세안 공동체를 지향하다 ·· 415
      아세안의 한국 인식은 긍정적, 한국의 아세안 인식은 부정적? ········· 418
   6. 미중 전략 경쟁과 중간국 간 제휴 ·· 425
      아세안은 한반도 대화를 지지하고, 한국은 남중국해 문제에
      중립적 자세를 취하다 ·· 425
      아세안의 헤징 전략과 신남방정책은 상호 친화적이었다 ··················· 428
      한국판 인도·태평양전략과 한-아세안 연대구상은
      연대를 위축시킬 가능성이 크다 ·· 432
   7. 나가는 말 ·· 437
   참고문헌 ·· 440

【 자료집 】

한일관계 자료(2장)

- 자료 2-1 ┃ 대한민국과 일본국 간의 기본관계에 관한 조약(한일기본조약)
  (1965년 6월 22일, 도쿄) 446

- 자료 2-2 ┃ 대한민국과 일본국 간의 재산 및 청구권에 관한 문제의 해결과
  경제협력에 관한 협정 (1965년 6월 22일, 도쿄) 447

- 자료 2-3 ┃ 21세기의 새로운 한일 파트너십 공동선언 (1998년 10월 8일, 도쿄) 449

- 자료 2-4 ┃ 【부속서】 21세기의 새로운 한일 파트너십을 위한 행동 계획
  (1998년 10월 8일, 도쿄) 454

- 자료 2-5 ┃ 대한민국 정부와 일본국 정부 간의 군사비밀정보의 보호에 관한 협정
  (2016년 11월 23일, 서울) 461

- 자료 2-6 ┃ 캠프 데이비드 정신: 한미일 정상회의 공동성명
  (2023년 8월 18일, 워싱턴 캠프 데이비드) 467

- 자료 2-7 ┃ 캠프 데이비드 원칙 및 한미일 간 협의에 대한 공약
  (2023년 8월 18일, 워싱턴 캠프 데이비드) 472

중일관계 자료(3장)

- 자료 3-1 ┃ 일본국 정부와 중화인민공화국 정부의 공동성명(중일공동성명)
  (1972년 9월 29일, 베이징) 474

- 자료 3-2 ┃ 일본국 정부와 중화인민공화국 정부 간의 평화우호조약
  (중일평화우호조약) (1978년 8월 12일, 베이징) 476

- 자료 3-3 ┃ 평화와 발전을 위한 우호·협력 파트너십 구축에 관한
  중국과 일본의 공동선언 (1998년 11월 26일, 도쿄) 477

- 자료 3-4 ┃ 중일공동언론발표 (2006년 10월 8일, 베이징) 480

- 자료 3-5 ┃ 중일공동언론발표 (2007년 4월 11일, 도쿄) 482

- 자료 3-6 ┃ '전략적 호혜 관계'의 포괄적 추진에 관한 중일공동성명
  (2008년 5월 7일, 도쿄) 487

- 자료 3-7 ┃ 중일 양 정부의 교류와 협력 강화에 관한 공동언론발표
  (2008년 5월 7일, 도쿄) 489

한중관계 자료(4장)

- 자료 4-1 ▎ 대한민국과 중화인민공화국 간의 외교관계 수립에 관한 공동성명
  (1992년 8월 24일, 베이징)..497

- 자료 4-2 ▎ 노태우 대통령 공식 방중 계기 한·중 공동언론발표문
  (1992년 9월 30일, 베이징)..498

- 자료 4-3 ▎ 김대중 대통령 국빈 방중 계기 한·중 공동성명('21세기를 향한
  협력 동반자 관계 공동성명') (1998년 11월 13일, 베이징)....................499

- 자료 4-4 ▎ 노무현 대통령 국빈 방중 계기 한·중 공동성명
  (전면적 협력 동반자관계 공동성명) (2003년 7월 8일, 베이징)............502

- 자료 4-5 ▎ 후진타오 주석 국빈 방한 계기 한·중 공동성명
  (2005년 11월 17일, 서울)..506

- 자료 4-6 ▎ 이명박 대통령 국빈 방중 계기 한·중 공동성명
  (전략적 협력 동반자관계 공동성명) (2008년 5월 28일, 베이징)..........511

- 자료 4-7 ▎ 후진타오 주석 국빈 방한 계기 한·중 공동성명
  (전략적 협력 동반자관계 공동성명) (2008년 8월 25일, 서울)..............514

- 자료 4-8 ▎ 박근혜 대통령 국빈 방중 계기 한·중 미래비전 공동성명
  (2013년 6월 27일, 베이징)..518
  [부속서] 한중 전략적 협력 동반자관계 이행계획

- 자료 4-9 ▎ 시진핑 주석 국빈 방한 계기 한·중 공동성명
  (2014년 7월 3일, 서울)...528

- 자료 4-10 ▎ 문재인 대통령 국빈 방중 계기 한·중 정상회담 언론발표문
  (2017년 12월 14일, 베이징)..531

중-아세안 관계 자료(5장)

- 자료 5-1 ▎ 동남아시아우호협력조약 (1976년 6월 21일 발효)................................534

- 자료 5-2 ▎ 중화인민공화국 주석과 아세안 회원국 국가/정부 정상회의 공동성명
  :21세기를 향한 중국-아세안 협력 (1997년 12월 16일, 쿠알라룸푸르)..538

- 자료 5-3 ▎ 중국-아세안 '남중국해 당사국 행동선언'(DOC)
  (2002년 11월 4일, 프놈펜)..540

- 자료 5-4 ▎ 평화와 번영의 전략적 파트너십에 관한 중화인민공화국과

　　　　　아세안 회원국 국가/정부 정상들의 2003년 공동선언
　　　　　(2003년 10월 8일, 발리) 542

• 자료 5-5 ▌ 2018년 중국-아세안 전략적 파트너십 비전 2030
　　　　　(2018년 11월 14일, 싱가포르) 546

• 자료 5-6 ▌ 인도·태평양에 대한 아세안의 관점(AOIP)
　　　　　(2019년 6월 23일, 방콕) 551

• 자료 5-7 ▌ 2021년 중국-아세안 대화 관계 30주년 기념 특별정상회의 공동 성명
　　　　　: 평화, 안보, 번영, 그리고 지속 가능한 발전을 위한 포괄적 전략적
　　　　　파트너 십(2021년 11월 22일, 비디오회의) 556

일-아세안 관계 자료(6장)

• 자료 6-1 ▌ 후쿠다 총리 마닐라 연설: 우리나라의 동남아시아 정책
　　　　　(후쿠다 독트린 연설) (1977년 8월 18일, 마닐라) 562

• 자료 6-2 ▌ 일본-아세안 정상회의 공동성명: 21세기를 향한 일본-아세안 협력
　　　　　(1997년 12월 16일, 말레이시아 쿠알라룸푸르) 566

• 자료 6-3 ▌ 새천년기 역동적이고 영속적인 일본과 아세안의 파트너십을 위한
　　　　　도쿄선언 (2003년 12월 12일, 도쿄) 569

• 자료 6-4 ▌ 제9차 일본-아세안 정상회의 공동성명「일본-아세안 전략적 파트너십의
　　　　　심화와 확대」 (2005년 12월 13일, 쿠알라룸푸르) 574

• 자료 6-5 ▌ 함께 번영하는 일본과 아세안의 전략적 파트너십 강화를 위한
　　　　　공동선언(발리 선언) (2011년 11월 18일) 578

• 자료 6-6 ▌ 아베 총리 연설: "개방된 바다의 축복: 일본외교의 새로운 5원칙"
　　　　　(2013년 1월 18일) 585

• 자료 6-7 ▌ 일-아세안 특별정상회의의 공동성명: 손을 맞잡고
　　　　　지역과 세계의 과제에 도전한다 (2013년 12월 14일, 도쿄) 591

• 자료 6-8 ▌ 일본-아세안 우호·협력에 관한 비전성명: 함께, 그리고 함께
　　　　　삶을 영위하고 함께 나아간다 (2013년 12월 14일, 도쿄) 594

• 자료 6-9 ▌ 인도·태평양에 대한 아세안의 관점(AOIP) 협력에 대한
　　　　　제23차 일본-아세안 정상회의 공동성명 (2020년 11월 12일) 596

• 자료 6-10 ▌ 제26차 일본-아세안 정상회의의 의장성명

　　　　　(2023년 9월 6일, 자카르타) 597

• 자료 6-11 ▎일본-아세안 우호·협력에 관한 공동 비전성명: 신뢰의 파트너
　　　　　(2023년 12월 16일, 도쿄) 606

한-아세안 관계자료(7장)

• 자료 7-1 ▎대한민국 총리와 아세안 회원국 국가·정부 정상 간 정상회담
　　　　　공동성명: 21세기를 향한 한국-아세안 협력
　　　　　(1997년 12월 16일, 쿠알라룸푸르) 609

• 자료 7-2 ▎대한민국과 동남아시아국가연합(ASEAN)의 포괄적 협력
　　　　　동반자관계에 관한 공동선언 (2004년 11월 30일, 비엔티안) 611

• 자료 7-3 ▎2010년 평화와 번영을 위한 대한민국-아세안 전략적 동반자 관계
　　　　　공동선언 (2010년 10월 29일, 하노이) 617

• 자료 7-4 ▎한국-아세안 전략적 동반자관계 미래 비전 공동성명
　　　　　(2014년 12월 12일, 부산) 621

• 자료 7-5 ▎문재인 대통령, 한-아세안 미래공동체 구상
　　　　　(2017년 11월 9일, 자카르타) 629

• 자료 7-6 ▎평화·번영과 동반자 관계를 위한 한국-아세안 공동 비전성명
　　　　　(한국-아세안 특별정상회의) (2019년 11월 26일, 부산) 633

• 자료 7-7 ▎사람·번영·평화의 동반자관계 구축을 위한 한강·메콩강 선언
　　　　　(2019년 11월 27일, 부산) 637

• 자료 7-8 ▎제2차 대한민국-메콩 정상회의 공동성명
　　　　　(2020년 11월 13일, 비디오회의) 642

• 자료 7-9 ▎윤석열 정부, '자유, 평화, 번영의 인도·태평양 전략'
　　　　　(2021년 11월 11일, 프놈펜) 647

• 자료 7-10 ▎한-아세안 연대구상 (2022년 11월 11일, 캄보디아) 663

• 자료 7-11 ▎제24차 한-아세안 정상회의 AOIP(인도·태평양에 관한 아세안의
　　　　　 관점) 협력에 관한 공동성명 (2023년 9월 6일, 자카르타) 669

1장

동아시아 만들기와 전략적 파트너십

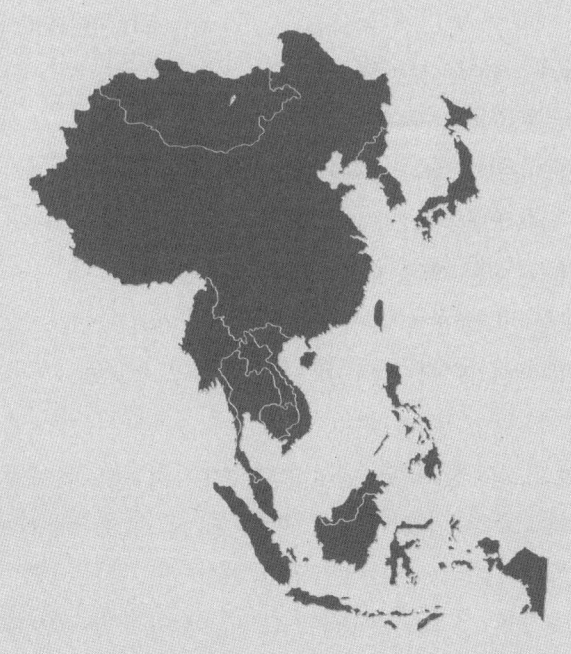

1. 동아시아란 무엇인가?

동아시아를 개괄적으로 살펴보기

　지역으로서의 동아시아란 무엇일까? 지역(region)이란 사전적인 의미로 자연적 또는 사회적, 문화적 특성에 따라 일정하게 나눈 지리적 공간을 말한다. 이는 대체로 세 가지 요소_(1) 자연적 지리 또는 지리적 인접성, (2) 상품, 돈, 정보, 사람의 상호 교류, (3) 교류 및 전쟁 등에 관한 집합적 기억이나 문화, 종교, 문자 등을 매개로 한 공통의 귀속 의식_로 이루어진다.
　자연적 지리 또는 지리적 인접성 측면에서 보면 동아시아는 동북아시아_한국, 중국, 일본, 북한, 몽골, 대만_와 동남아시아_브루나이, 캄보디아, 동티모르, 인도네시아, 라오스, 말레이시아, 미얀마, 싱가포르, 필리핀, 태국, 베트남_의 17개국·지역_국제사회에서 대만은 중국의 일부로 간주되기 때문에 지역으로 간주됨_으로 구성된다. 유럽에 44개 국가가 존재하는 것에 비하면 상대적으로 많지 않은 숫자다.
　유엔(UN) 사회정책개발부(DESA) 인구 변동 조사(2020년→2050년)에 따르면 세계 전체는 77.9억 명에서 97.7억 명으로 증가하고 아시아 전체는 46.2억 명에서 52.5억 명으로 증가할 것으로 예상된다. 한편, 동북아시아는 16.6억 명에서 15.8억 명으로 감소하는 반면, 동남아시아는 6.9억 명에서 7.9

억 명으로 증가할 것으로 보인다.[1]

전반적으로 동북아시아의 인구는 감소하고 동남아시아는 증가 추세인 것을 알 수 있다. 중국(2020년~2050년)은 1,424,548천 명에서 1,364,457천 명으로, 일본은 126,469천 명에서 108,794천 명으로, 한국은 51,507천 명에서 50,457천 명으로 각각 감소한다. 한편 북한은 25,841천 명에서 26,809천 명으로, 몽골은 3,209천 명에서 4,075천 명으로 증가한다. 한·중·일 3국의 인구 감소는 각국의 경제사회에 심각한 영향을 미칠 것으로 보인다. 인구 감소는 출생률 저하 및 사망률 감소 등을 배경으로 유소년층과 청년층의 숫자가 적어지고 중장년층, 노년층의 인구가 많아지는 역피라미드형 인구 구조를 낳고 있다. 중국은 고령화 사회, 한국은 고령 사회, 그리고 일본은 초고령 사회로 일컬어진다.

〈표 1-1〉 주요국의 인구, GDP, 1인당 GDP, 1인당 PPP

		인구	GDP (10억 USD)	1인당 GDP (달러)	1인당 PPP (달러)
동아시아 / 동북아시아	중국	1,448,077,260 (0.29)	19911.59	10,434.8	17,210.8
	일본	125,627,316 (-0.37)	4912.147	40,193.3	42,390.4
	한국	51,327,204 (0.05)	1804.68	31,597.5	45,225.8
	북한	25,981,146 (0.40)	…	…	…
	몽골	3,373,564 (1.47)	18.102	4,061.0	12,366.9
	대만+	23,885,462 (0.14)	841.209	26,527.0	51,814.0
	홍콩	7,604,299 (…)	402.03	46,323.9	59,234.1
	마카오	667,490 (…)	62.16	39,403.1	60,895.5
동아시아 / 아세안	브루나이	445,060 (0.88)	35.555	27,443.0	65,612.7
	캄보디아	17,148,193 (1.31)	28.02	1,543.7	4,421.5
	인도네시아	278,878,420 (1.00)	1289.295	3,869.6	12,072.7
	라오스	7,471,693 (1.38)	17.347	2,629.7	8,239.2
	말레이시아	33,144,052 (1.24)	439.373	10,412.3	27,923.7
	미얀마	55,189,483 (0.77)	69.262	1,467.6	5,123.8
	필리핀	112,374,419 (1.32)	411.978	3,298.8	8,389.8
	싱가포르	5,939,234 (0.79)	424.431	59,797.8	98,520.0
	태국	70,066,379 (0.18)	522.012	7,186.9	18,232.8
	동티모르	1,367,105 (1.90)	1.92	1,442.7	4,141.3
	베트남	98,880,712 (0.80)	408.947	2,785.7	8,650.1

---

[1] 이하는 UNDESA 인구부서의 2018년 세계 도시화 전망(World Urbanization Prospects) 데이터베이스 참조(https://population.un.org/wup/DataQuery/).

주요국					
	미국	334,629,222 (0.57)	25346.81	63,206.5	63,206.5
	러시아	145,814,268 (-0.07)	1829.05	10,126.7	29,812.2
	인도	1,448,077,260 (0.95)	3534.743	1,927.7	6,503.9
	호주	26,042,653 (1.09)	1748.334	51,680.3	53,316.9

출처: 2022 World Population by Country(괄호 안은 전년 대비 증가율 %); IMF의 "GDP Ranked by Country 2022";
The World Bank Data; +1인당 GDP World Population Review, 1인당 PPP World Economics.

그에 비해 동남아시아는 대체로 증가 추세를 보인다. 브루나이는 445천 명에서 537천 명으로, 캄보디아는 16,716천 명에서 22,019천 명으로, 인도네시아는 272,223천 명에서 321,551천 명으로, 라오스는 7,165천 명에서 9,163천 명으로, 말레이시아는 32,869천 명에서 41,729천 명으로, 미얀마는 54,808천 명에서 62,359천 명으로, 필리핀은 109,703천 명에서 151,293천 명으로, 싱가포르는 5,935천 명에서 6,575천 명으로, 태국은 69,411천 명에서 65,372천 명으로, 동티모르는 1,381천 명에서 2,421천 명으로, 베트남은 98,360천 명에서 114,630천 명으로 증감한다. 태국을 제외하고 모두 증가가 예상된다.

이러한 상황은 동아시아 역내 개발도상국에서 중진국, 또는 선진국으로의 인구_노동자 또는 이민_이동을 촉진하는 것으로 개도국/빈곤국에서 중진국으로, 중진국에서 선진국으로의 인구 이동 사이클을 말한다. 이를 '멜팅 포트'(melting pot) 현상이라고도 하는데 국가 간 경제적 격차가 그 주된 배경으로 알려져 있다.

아시아 또는 동아시아가 세계경제의 센터 혹은 허브로 부상할 것이라는 전망이 적지 않다. 사실 국제통화기금(IMF)의 2022년 GDP 전망을 지역별로 보면 동아시아_동북아시아 27.86조 달러, 동남아시아 3.65조 달러_의 GDP 총액(31.51조 달러)은 북미(29.01조 달러), 그리고 유럽(24.02조 달러)을 상회한다.

국가별 GDP도 상당한 신장세를 보인다. IMF가 2021년 10월에 확정한 국가별 명목 GDP 순위 상위 50개국 가운데 주요국을 살펴보면 1위 미국(22조 9,395억 달러), 2위 중국(16조 8,629억 달러), 3위 일본(5조 1,031억 달러), 4위 독일(4조 2,301억 달러), 5위 영국(3조 1,084억 달러), 6위 인도(2조 9,460억 달러), 7위 프랑스(2조 9,404억 달러), 8위 이탈리아(2조 1,202억 달러), 9위 캐나다(2조 159억 달러), 10위 한국(1조 8,568억 달러), 16위 인도네시아(1조 1,502억 달러), 22위 대만(7,855억 달러), 33위 필리핀(4,026억 달러), 37위 말레이시아(3,870억 달러), 39위 싱가포르(3,743억 달러), 40위 베트남(3,548억 달러) 순이다. 상위 50개국 가운데 동아시아 국가가 9개국이 포함된다.

〈그림 1-1〉 IMF 주요 지역 GDP 규모 지도

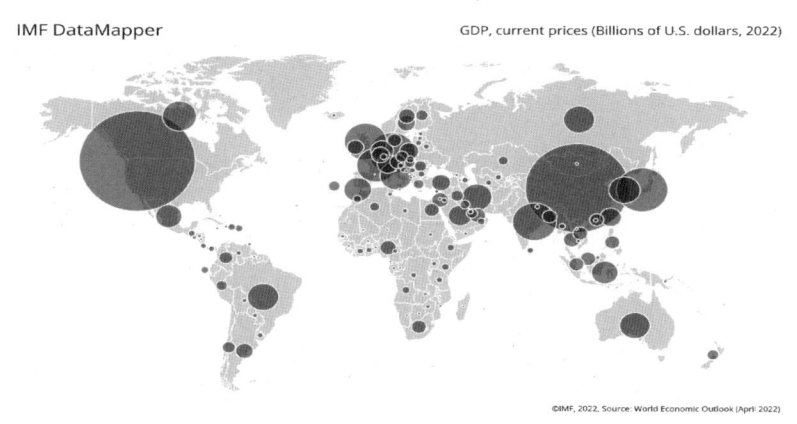

출처: IMF DataMapper.

다음으로 동아시아 역내의 무역구조를 파악하기 위해 세계은행(World Bank)의 데이터를 활용해 동아시아 국가들의 5대 무역 상대국을 정리해 보았다(표 1-2). 이를 통해 다음과 같은 특징을 발견할 수 있었다. 첫째, 한·중·일 3국은 한국, 중국, 일본, 그리고 미국과의 무역 의존도가 상당히 높은 수준을 유지하고 있었다. '한·중·일·미' 중심의 무역 구도라고 할 수 있다. 둘째, 동남아시아 국가들은 인접한 동남아시아 국가들보다 한·중·일 3국과의 무역 비중이 상대적으로 높았으며, 이는 갈수록 심화되는 양상을 보였다. 동북아시아 국가들이 중심이 된 GVC에 동남아시아 국가들이 편입되어 있기 때문이기도 하다.

셋째, 동아시아 역내에서 중국경제의 존재감이 갈수록 커지고 있었다. 2019년 현재 역내 각국의 무역에 있어서 중국이 1위를 차지하는 국가는 한국(수출/수입), 일본(수입), 브루나이(수입), 캄보디아(수입), 인도네시아(수출/수입), 말레이시아(수출), 몽골(수출/수입), 미얀마(수출/수입), 필리핀(수입), 싱가포르(수출/수입), 태국(수입), 베트남(수입)의 12개국이었다. 수출/수입 모두 중국이 1위를 차지하는 국가는 5개국이었다. 다만, 중국의 무역은 한국 및 일본이 주력으로 삼는 고부가가치 상품보다는 저가 공산품이 상대적으로 많은 부분을 차지했고, 동남아시아 국가들의 대중 수출의 주력 품목은 지하자원이나 공업 원료 등이었다.

〈표 1-2〉 세계은행 데이터로 본 동아시아 각국의 5대 무역 상대국 (2019년)

국명	수출입	1위	2위	3위	4위	5위
한국	수출	중국 (25.12)136,203	미국 (13.57)73,599	베트남 (8.89)48,178	홍콩 (5.88)31,906	일본 (5.24)28,420
	수입	중국 (21.31)107,228	미국 (12.34)62,105	일본 (9.45)47,597	사우디아라비아 (4.34)21,841	베트남 (4.19)21,072
중국	수출	미국 (16.75)418,584	홍콩 (11.19)279,617	일본 (5.73)143,224	한국 (4.44)110,985	베트남 (3.92)98,004
	수입	한국 (8.39)173,553	대만 (8.35)172,801	일본 (8.29)171,523	불명 (6.32)130,726	미국(5.96) 123,236
일본	수출	미국 (19.90)140,430	중국 (19.09)134,681	한국 (6.56)46,269	대만 (6.09)43,001	홍콩 (4.76)33,622
	수입	중국 (23.47)169,220	미국 (11.27)81,252	호주 (6.31)45,458	한국 (4.11)29,626	사우디아라비아 (3.84)27,663
브루나이	수출	일본 (31.35)2,207	싱가포르 (13.74)967	호주 (10.17) 716	말레이시아 (8.69)612	인도 (8.56) 602
	수입	중국 (13.17)672	싱가포르 (12.54)640	말레이시아 (11.86)605	미국 (6.32)323	독일 (6.31)322
캄보디아	수출	미국 (29.78)4,414	일본 (7.69)1,140	독일 (7.30)1,082	중국 (6.83)1,012	영국 (6.61)980
	수입	중국 (37.41)7,586	태국 (15.95)3,234	베트남 (13.44)2,725	일본 (4.38)888	대만 (3.95)801
동티모르	수출	인도네시아 (25.38)6	미국 (22.30)5	독일 (13.65)3	중국 (8.49)2	호주 (5.9)1
	수입	인도네시아 (31.88)187	중국 (15.12)89	싱가포르 (13.09)77	홍콩 (10.11)59	베트남 (6.61)39
인도네시아	수출	중국 (16.68)27,962	미국 (10.66)17,874	일본 (9.54)16,003	싱가포르 (7.70)12,917	인도 (7.05)11,823
	수입	중국 (26.23)44,931	싱가포르 (10.27)17,590	일본 (9.14)15,662	태국 (5.53)9,469	미국 (5.44)9,319

라오스	수출	태국 (41.43)2,407	중국 (28.79)1,672	베트남 (18.16)1,055	일본 (1.61)94	인도 (1.56)91
	수입	태국 (50.31)2,916	중국 (29.00)1,681	베트남 (7.79)451	일본 (2.04)118	싱가포르 (1.52)88
말레이시아	수출	중국 (14.15)33,690	싱가포르 (13.88)33,036	미국 (9.72)23,150	홍콩 (6.75)16,063	일본 (6.62)15,755
	수입	중국 (20.68)42,365	싱가포르 (10.54)21,606	미국 (8.09)16,576	일본 (7.49)15,347	대만 (6.72)13,766
몽골	수출	중국 (88.88)6,773	영국 (3.82)291	싱가포르 (2.03)155	스위스 (0.98)75	러시아 (0.89)68
	수입	중국 (33.24)2,037	러시아 (28.23)1,730	일본 (9.56)585	미국 (4.73)290	한국 (4.36)267
미얀마	수출	중국 (31.78)5,754	태국 (17.99)3,257	일본 (7.93)1,436	미국 (4.61)835	독일 (3.54)642
	수입	중국 (34.64)6,447	싱가포르 (18.22)3,392	태국 (11.8)2,196	말레이시아 (5)945	인도네시아 (4.87)906
필리핀	수출	미국 (16.32)11,574	일본 (15.05)10,675	중국 (13.57)9,814	홍콩 (13.57)9,625	싱가포르 (5.40)3,832
	수입	중국 (22.82)26,756	일본 (9.57)11,218	한국 (7.47)8,760	미국 (7.30)8,556	인도네시아 (6.23)7,299
싱가포르	수출	중국 (13.22)51,619	홍콩 (11.37)44,377	말레이시아 (10.54)41,152	미국 (8.81)34,401	인도네시아 (7.01)27,359
	수입	중국 (13.66)49,033	미국 (12.24)43,939	말레이시아 (11.61)41,690	대만 (9.02)32,376	일본 (5.40)19,372
태국	수출	미국 (12.72)29,719	중국 (12.01)28,068	일본 (9.90)23,136	베트남 (4.97)11,608	홍콩 (4.69)10,963
	수입	중국 (21.12)45,793	일본 (13.97)30,297	미국 (7.41)16,062	말레이시아 (5.48)11,884	한국 (3.63)7,880
베트남	수출	미국 (23.21)61,404	중국 (15.66)41,434	일본 (7.72)20,427	한국 (7.46)19,729	홍콩 (2.71)7,162
	수입	중국 (29.82)75,586	한국 (18.52)46,942	일본 (7.71)19,533	대만 (5.99)15,181	미국 (5.67)14,377

출처: 세계은행(https://wits.worldbank.org/countrysnapshot/en/KOR 등) 참조. 동티모르는 2017년 기준. 데이터 확인이 곤란한 대만 및 북한은 제외.
주의: 괄호 안은 전체 교역에서 상대국이 차지하는 비율. 수출입액 단위는 백만 달러.

    경제성장을 배경으로 동아시아 국가들의 군사비 지출 규모도 크게 늘었다. 스톡홀름국제평화문제연구소(SIPRI)의 군사비 지출 데이터베이스에 따르면 전 세계 군사비 지출 총액은 2005년 1조 4,541.4억 달러에서 2021년 2조 65.8억 달러로 1.37배 증가한 데 비해 동아시아는 2005년 1,840.5억 달러에서 4,538.7억 달러로 2.46배 증가했다. 동아시아의 지출 총액이 전 세계 지출 총액에 차지하는 비율은 2005년 12.6%에서 2021년 22.6%로 증가했다.
    같은 시기 동아시아 각국 및 주요국의 군사비 지출 현황을 보면 미국 1.

50배(5,332.03억 달러→8,006.72억 달러), 중국 6.99배(427.89억 달러→2,933.51억 달러), 일본 1.20배(443.00억 달러→541.23억 달러), 한국 2.26배(221.59억 달러→502.26억 달러), 대만 1.61배(80.11억 달러→129.58억 달러), 몽골 3.72배(0.29억 달러→1.08억 달러), 브루나이 1.82배(2.48억 달러→4.53억 달러), 캄보디아 9.18배(0.70억 달러→6.43억 달러), 인도네시아 3.84배(21.46억 달러→82.59억 달러), 라오스 불명(0.11억 달러→불명), 말레이시아 1.22배(31.20억 달러→38.30억 달러), 미얀마 -0.63배(32.95억 달러→21.07억 달러), 필리핀 2.98배(13.72억 달러→40.90억 달러), 싱가포르 2.03배(54.63억 달러→111.15억 달러), 동티모르 -4.7배(0.82억 달러→0.39억 달러), 베트남 5.36배(10.26억 달러→2018년 55.00억 달러)였다. 중국과 베트남의 군사비 급증이 두드러졌다.

〈표 1-3〉 동아시아 각국 및 주요국 군비 지출 현황 (단위: 백만 달러)

연도, 지역/국명		2005	2010	2015	2020	2021
동북아시아	중국	75231.2	132604.4	197680.5	257973.4	270016.6
	일본	48037.2	47391.7	48596.2	51970.8	55773.5
	한국	25851.6	31966.5	36965.3	45524.0	47676.3
	북한	…	…	…	…	…
	몽골	48.5	57.6	95.4	112.2	101.3
	대만	10188.7	10720.5	11087.0	11923.7	12090.1
	합계	159.4	222.7	294.4	367.5	385.7
동남아시아	브루나이	317.1	390.0	427.0	436.5	438.0
	캄보디아	140.7	230.6	369.6	647.0	628.4
	인도네시아	3204.6	4479.7	8122.5	9387.0	7965.1
	라오스	25.9	20.3	…	…	…
	말레이시아	3847.4	3547.8	4484.6	3374.6	3682.1
	미얀마	716.2	…	3816.7	3208.3	2994.5
	필리핀	2576.8	2948.6	3525.1	3732.7	3898.9
	싱가포르	8562.6	9156.1	9436.2	9978.6	10683.0
	태국	3309.2	5643.6	6377.5	7268.8	6654.2
	동티모르	16.4	39.1	38.3	38.5	38.6
	베트남	1974.7	3612.9	4974.8	…	…
	합계	24.7	32.4	41.6	44.3	43.2
주요국	미국	706629.69	875941.84	692111.5	778397.2	767780.1
	러시아	32519.0	46084.7	69032.9	61712.5	63485.1
	인도	40066.5	54809.6	57590.0	72937.1	73574.7
	호주	16692.9	21045.2	23750.7	27300.9	28398.2
세계	합계	1454.14	1802.99	1777.6	1992.2	2006.6

출처: SIPRI Military Expenditure Database 참조(https://milex.sipri.org/sipri) / 주의: 합계는 10억 달러

우리가 동아시아를 상상하는 방식

필자는 머리글에서 '거대 오해'에 대해 언급한 바 있다. 필자도 그러한 거대 오해_정확히 말하면 동남아시아에 대한 무지(無知)와 무관심(無關心)_의 보유자였다. 그중에서도 가장 심했던 것은 동아시아=동북아시아, 즉 동아시아는 동북아시아 국가들이 대표한다는 생각이 아니었을까. 동북아시아, 즉 한국, 중국, 일본은 경제적으로 선진국이거나 경제 대국이고, 군사적으로도 역외 국가들이 무시하지 못할 정도의 실력을 보유하고 있으며, 국제사회에서의 지위와 영향력, 또는 과학·기술이나 문화·예술 등과 같은 소프트 파워_돈이나 권력 등에 의한 강요가 아니라 매력을 통해 상대방을 설득할 수 있는 능력. 연성 권력이라고도 함_도 건실하다는 것 등이다. 동북아시아를 논할 때조차 우리는 북한이나 몽골, 그리고 대만을 의식적 또는 무의식적으로 소거하는 경향이 있다.

하지만 동남아시아에는 1인당 명목 국민소득(GDP)이 한·중·일 3국에 비해 훨씬 앞선 싱가포르_예를 들면 2022년 4월 기준 국제통화기금(IMF) 통계자료상으로 79,576 달러_가 있다. 브루나이도 부유하다. 동남아시아 국가들의 군사력은 동북아시아에 비해 열세지만 아세안 공동체 등과 같은 집단적 노력과 제도적 성과를 바탕으로 상대적으로 평화롭고 안정적인 군사·안보적 환경을 실현하고 있다. 성장잠재력_세계 3위에 해당하는 6억 5,000만 명의 인구, 연평균 5~6%의 경제성장률, 연간 약 2조 7천억 달러의 GDP, 인구의 절반이 30세 이하 등_도 동북아시아에 뒤처지지 않는다.

게다가 인도네시아 수마트라(Sumatra)섬과 말레이(Malay)반도 사이에 위치한 믈라카(Malacca)해협, 그리고 중국 남부와 필리핀, 인도차이나반도, 보르네오(Borneo)섬으로 둘러싸인 남중국해는 동북아시아 국가들이 자원 및 물자 수송, 그리고 인적 이동을 위해 절대적으로 의존할 수밖에 없는 해상교통로(SLOC)이자 인도양과 태평양을 연결하는 지정학적, 지경학적 요충지이다.

만약 앞으로 세계가 제2차 세계대전 직전처럼 자급자족적인 경제블록으로 나뉘거나 그와 유사한 극심한 경제공황을 맞이한다면 어떤 쪽이 더 취약할까? GDP에서 대외무역이 차지하는 비율이 상대적으로 높고 에너지나 원자재 대부분을 해외에 의존할 수밖에 없으며 국내에서 필요한 것보다 훨씬 더 많이 생산한 공업제품을 소비해 줄 해외시장을 필요로 하는 것은 동북아시아 국가들이다. 동남아시아는 동북아시아 국가들에게 정치·안보적으로 상대적으로 편안한 공간을 제공해 주기도 한다.

초국가적 귀속 의식, 다시 말하면 자신이 어떤 지역에 속한다고 생각하는가 하는 지역적 정체성_또는 아이덴티티_인식도 동남아시아 사람들과 비교하면 우리의 그것은 상대적으로 낮다. 예를 들면 동남아시아 사람들은 나름대로 아세안에 속한다는 인식이 있지만, 동북아시아 사람들은 동북아시아에 속하지만 무언가 초국적 정체성을 가질 만한 지역 기구나 협의체를 갖고 있지 못하다. 자민족 중심주의 또는 일국주의 관념이 강한 탓에_물론 정치적, 안보적 지형이 매우 험악한 탓이기도 하지만_자국을 넘어, 동북아시아로, 동아시아로, 아시아로, 그리고 세계로 사고의 지평을 확장해 나가는 방식에 상대적으로 뒤처져 있다.

20년 전의 자료이긴 하나 자국 정체성 및 지역 정체성에 관한 『아시아 바로미터 도시부의 가치관과 생활 스타일: 아시아 여론조사(2003)의 분석과 자료』의 조사 결과를 잠시 살펴보자(猪口·その他 2005, 341- 343).[2]

- "당신은 자신을 ○○인이라 생각하는가, 아니면 그렇게 생각하지 않는가?"라는 질문에 대해 "그렇다"로 답한 응답자 비율:
  태국인 100%, 인도인 100%, 한국인 100%, 베트남인 99%, 스리랑카인 98%, 미얀마인 96%, 말레이시아인 92%, 일본인 91%, 중국인 85%, 우즈베키스탄인 64.5%
- "○○인이라는 점을 당신은 어느 정도 자랑스럽게 생각하는가?"라는 질문에 대

---

[2] 유감스럽게도 아시아 여론조사는 그 후에는 실시되지 않았다. 국내 유수의 연구기관이 실시한 한국인의 정체성 조사도 '아시아인' 또는 '동아시아인'과 같은 지역 정체성에 관련된 항목은 찾아보기 어렵다.

해 "매우 자랑스럽게 생각한다"로 답한 응답자 비율:
태국인 93.4%, 인도인 91.5%, 베트남인 84.6%, 스리랑카인 81.2%, 말레이시아인 74.7%, 미얀마인 51.7%, 우즈베키스탄인 51%, 중국인 45.7%, 일본인 27.3%, 한국인 19.7%

- "세계에서 자신은 '다른 나라를 포함한 커다란 집단'에 소속되어 있다."에서 '아시아인'으로 답한 응답자 비율:
미얀마인 92.1%, 베트남인 83.6%, 스리랑카인 79.8%, 한국인 71%, 태국인 67.9%, 우즈베키스탄인 63.7%, 말레이시아인 61.5%, 일본인 41.8%, 인도인 21.4%, 중국인 6.1%

필자는 지금까지 동아시아는 동북아시아와 동남아시아가 합쳐진 공간이라는 점을 전제로 이야기해 왔다. 하지만 이러한 전제는 아직 널리 받아들여지고 있는 것은 아니다. 인터넷 〈위키백과〉도 "동아시아(East Asia) 또는 동북아시아(Northeast Asia)는 아시아의 동부 지역을 지칭하는 지리적, 문화적 명칭"으로 대한민국, 조선민주주의인민공화국(북한), 중화민국(대만), 중화인민공화국(중국), 일본, 몽골로 구성된다고 기술한다. 동아시아는 곧 동북아시아를 지칭하는 셈이다.

고등학교 교과서 〈동아시아사〉의 경우는 상대적으로 진일보하다. 여기서는 동아시아 개념을 좁게는 중국, 한반도, 일본, 몽골, 대만, 베트남 등을, 넓게는 동남아시아(또는 아세안) 국가들까지 포함한다. 보통 동남아시아로 분류되는 베트남이 좁은 의미의 동북아시아에 포함된 이유는 이 나라가 전통 시대에 중국 문명권_한자문화권_에 속했기 때문이다. 지리적인 분류가 아닌 문화적·문명적인 분류에 따른 것이다.

동아시아 주요국의 외교 당국은 더욱더 다양한 분류법을 내놓는다. 예를 들어 한국 외교부 홈페이지의 '국가/지역' 창은 '동북아시아'와 '동남아시아'로 나뉘어 있다. '동아시아'라는 구분은 따로 두지 않는다. 일본 외무성 홈페이지의 '국가-지역' 창은 '아시아'란 분류만 설정하고 동북아시아, 동남아시아, 남아시아를 따로 표기하지 않는다. 하지만 외무성 홈페이지의 정부개발원조(ODA) 창은 동북아시아와 동남아시아를 포함한 '동아시아 지역'으로 표기한다.

한편, 중국 외교부 홈페이지의 '국가 및 지역' 창은 동북아시아, 동남아시아, 남아시아를 모두 아우르는 지역을 '아시아'로 표기하고 이를 '서아시아 및 북아프리카'와 구별한다. 덧붙여 인도네시아 외교부 홈페이지는 양자 협력 창에서 '동아시아와 태평양'으로 표기하고 '남아시아 및 중앙아시아'와 구별한다. 결국, 동아시아를 둘러싼 다양한 분류 방식은 각각의 공간 관념, 다시 말하면 지역에 대한 상상(想像, imagination)에 의존한다.

동아시아에 대한 상상은 동아시아 지역이 경험해 온 현실과 정치인, 언론인, 그리고 지식인들의 동아시아론 등을 통해 구현된다. 장인성 교수는 저서『동아시아 국제사회와 동아시아 상상』(서울대학교출판문화원, 2017년)에서 크게 세 가지의 역사적 계기가 동아시아 지역의 재구성에 중요한 영향을 끼쳤다고 지적한다.

첫째는 19세기 후반과 20세기 초반의 서세동점_西勢東漸: 서양 열강 세력이 동양을 지배한다는 뜻_과 개항, 그리고 서양화이다. 이 당시 동양(東洋), 동아(東亞)와 같은 개념이 출현했다. 둘째는 1980년대 이래의 동아시아 국가들의 비약적인 경제발전, 냉전의 해체, 그리고 세계화의 도래이다. 그에 앞선 냉전 시기에는 이념과 안보 요인이 지배적이었지만 경제, 사회, 문화 영역, 그중에서도 경제협력이 거의 모든 국가의 화두가 되면서 현재와 같은 동아시아 개념이 정착되었다. 이어 1990년대 후반의 동아시아 외환위기는 '동아시아=아세안+3(한중일)'이라는 틀의 형성에 결정적인 계기가 되었다.

셋째는 현재 진행형으로_장인성 교수의 저서에는 언급되어 있지는 않지만_아시아, 유라시아, 인도·태평양과 같은 개념이 동아시아 개념과 길항(拮抗) 관계에 있다는 점도 지적해 두어야 할 것 같다. 이들은 각각 중국, 러시아, 미국, 일본과 같은 강대국들이 주로 지정학적, 지경학적 고려에 근거하여 내세우는 개념들이다. 앞으로 이들 중 하나가 동아시아 개념을 대체하여 지배적인 개념이 될 수도 있다.

그리고 장인성 교수는 저서 후반부에서 한·중·일 3국 지식인들의 일반적인 공간 관념에 대해 논한다. 한국 지식인들에게 동아시아는 거의 동북아시아_한·중·일 3국을 가리키며 북한, 대만, 몽골, 그리고 러시아 동부는 제외됨_에 한정된다. 그들에게 동북아시아는 북한 핵·미사일이나 영유권 문제와 관련한 지역 안보, 대외 경제교류의 확대와 경제적 효율성의 추구, 그리고 세계화와 지역주의에의 대응 등을 위한 여건(輿件)으로 간주된다. 이는 한국이 동북아시아라는 절대 공간에서 생존을 모색해야 했기 때문이기도 하다. 중국의 경우는 '서구 대 중국'이란 시점이 강하지만 동아시아 속의 중국이라든가 아시아적 전망, 그리고 주변국들이 자국을 어떻게 보는지에 대한 배려는 약하다. 지역관(地域觀)에서도 동아시아/동북아시아는 중국 측의 주된 관심사가 되지 않는다.

한편, 일본 측은 자국을 서구와 아시아 사이에 위치시키는 경향이 강하다. 이러한 경향은 장기적인 변화 양상을 보이는데 예를 들면 제2차 세계대전 직전에는 아시아의 맹주(盟主)를 자인하면서 서구 열강에 대항했고, 냉전 시기에는 서구_특히 미국 및 서방_와 아시아의 중개자 역할을 자처했으며, 최근에는 아시아 속의 서방이란 정체성이 강해지고 있는 것으로 보인다. 아무튼, 한·중·일 3국 가운데 가장 오랫동안 동아시아 개념을 상상해 온 것은 일본인들이다. 그들은 과거의 제국주의와 대동아공영권, 패전 이후의 동북아시아/동남아시아에 대한 경제 진출과 경제 원조, 동아시아 경제성장, 그리고 탈냉전기의 지역주의/지역통합에 이르기까지 '동양', '동아', '동아시아'를 내걸면서 깊숙이 관여해 왔다. 이들은 21세기에 들어선 이후에는 다시 새로운 형태의 지역 개념인 '인도·태평양'을 제시하고 있다.[3]

정치 리더십의 동아시아 만들기

냉전 해체 이후 동아시아의 지역 협력은 상대적으로 강력하고 부유한

---

3 '인도·태평양'은 전략적 의도에 의해 인도양과 태평양을 결합한 새로운 지리적 개념으로 그 대척이 되는 대상은 아시아대륙 또는 유라시아 대륙이다.

동북아시아 국가들이 아닌 동남아시아 국가들과 아세안이 주도해 왔다고 해도 과언이 아니다(신윤환 2009, 111). 1990년대 초반의 세계화와 유럽, 북미 등지의 지역주의, 그리고 1990년대 후반의 동아시아 외환위기를 배경으로 동남아시아 측이 동북아

〈그림 1-2〉 김대중 대통령과 마하티르 총리 (한-말레이시아 정상회의, 2002년 5월 23일)

시아 국가들_특히 일본, 중국, 한국, 대만 등_과의 협력을 적극적으로 모색했기 때문이다. 그에 비해 동북아시아 국가들은 대체적으로 소극적인 자세를 보였다. 그 후 동북아시아 국가들이 동남아시아와의 협력에 적극적으로 나서기 시작한 것은 2010년대 이후이다.

처음으로 동아시아공동체 구상을 천명한 것은 말레이시아의 마하티르 빈 모하마드(Mahathir bin Mohamad) 총리였다. 그는 1981년 총리 취임 직후부터 일본, 한국, 대만을 본받자는 이른바 '동방정책'(Look East Policy)을 추진했다. 같은 동아시아에 속하는 일본과 한국이 서구를 따라잡았으므로 동남아시아도 그 경험을 배워 서구를 따라잡자는 취지였다. 이 정책을 바탕으로 말레이시아는 일약 세계 18위의 무역 국가로 변모했고, 동남아시아를 대표하는 신흥 중진국으로 부상했다.

그의 존재감은 1997년 동아시아 외환위기 당시 강렬하게 드러났다. 그는 국제통화기금(IMF)의 긴축 권고안을 거부하면서 금리 인하, 공정환율제 도입, 외화 국외 유출 금지 등과 같은 극약처방을 통해 자국의 경제위기를 성공적으로 극복했다는 평가를 받았다. 이와 더불어 마하티르 총리는 1997년 아세안 창설 30주년을 맞아 한·중·일 3국 정상들을 초청함으로써 아세

안+3 창설에 결정적인 계기를 제공했다. 한·중·일 3국과 아세안 정상들의 회의는 이듬해인 1998년에 공식적으로 '아세안+3'로 명명되었고, 1999년 필리핀 마닐라회의에서 공식 출범하면서 「동아시아협력에 관한 공동성명」을 발표했다. 동북아시아와 동남아시아를 아우르는 범 동아시아적 지역 협력의 틀이 일거에 마련된 셈이었다.

사실 마하티르 총리는 이미 1990년에 동아시아경제그룹(East Asian Economic Group, EAEG)_1991년 10월 아세안경제장관회의에서 동아시아경제회의(East Asia Economic Caucus, EAEC)로 개칭_을 제안한 바 있었다.[4] 아세안 7개국과 한국, 중국, 일본, 홍콩, 대만을 하나의 공동시장으로 묶자는 구상이었다. 또한, 그는 동아시아 지역 협력의 최종 목표로 공동체를 구축할 것을 주장했으며 동아시아정상회의(East Asian Summit, EAS)의 출범에도 결정적인 기여를 했다(이재현 2007, 123).

EAEG/EAEC는 탈냉전기 동아시아 최초의 지역공동체 구상이었다. 마하티르 총리는 이 구상이 동아시아의 역동적인 경제를 한꺼번에 포괄하는 틀이 될 수 있으며, 유럽과 북미의 무역 블록화 움직임_특히 유럽연합조약(이른바 마스트리히트조약/Maastricht Treaty) 및 북미자유무역협정(NAFTA)_에 효과적으로 대응할 수 있고, 유럽과 북미를 견제할 수 있는 협상력의 제고로 이어질 것이라고 주장했다(이재현 2007, 131-132).

마하티르 총리와 더불어 한국 김대중 대통령도 중요한 역할을 했다. 김대중 대통령은 1998년 동아시아비전그룹(East Asia Vision Group, EAVG)의 설치를 제안하고, 뒤이어 동아시아스터디그룹(East Asia Study Group, EASG)의 구성에 중요한 기여를 했다. 동아시아비전그룹은 동아시아공동체(East Asian

---

4 EAEG 구상은 중국의 적극적인 호응을 이끌어냈으나 아세안 내부의 합의를 거치지 않은 점에 대한 인도네시아 등의 반발, 그리고 미일 양국의 반대_아시아태평양경제협력체(APEC)가 존재하는 상황에서 미국을 배제한 지역협의체를 만드는 것에 대한 거부감_에 직면하여 성사되지 못했다.

Community) 창설을 궁극적인 목표로 제시하고 이를 위해 동아시아정상회의(East Asian Summit, EAS), 동아시아포럼(East Asia Forum), 동아시아자유무역지대(East Asia Free Trade Area, EAFTA) 설치 등을 제안했다. 이러한 프로젝트들은 회원국 사이의 커뮤니케이션 확대, 동북아시아와 동남아시아를 포괄하는 동아시아 개념의 확산, 동아시아인이라고 하는 정체성의 동질화 효과를 거두었다(신윤환 2009, 125).

1990년대 후반과 2000년대 초반 동남아시아가 동북아시아를 끌어들여 새로운 동아시아 지역주의를 추동했다면 2010년대에 들어선 이후에는 동북아시아, 특히 한·중·일 3국이 전례 없는 수준으로 동남아시아에 접근하기 시작했다. 이는 한·중·일 3국이 아세안+3 창설 당시 대체로 소극적인 참여자에 머물고 있었던 것과 매우 대조적인 현상이었다.

단적인 예로 중국 시진핑(習近平) 정부는 유라시아 전역을 커버하는 일대일로 구상을 내걸면서 동남아시아를 그 일환인 해상 실크로드 구상의 핵심 지역으로 설정했다. 일본 아베 신조(安倍晋三) 내각은 '자유롭고 열린 인도·태평양(FOIP)' 구상을 제시하면서 인도와 동남아시아를 그 핵심 지역으로 설정했다. 한국 문재인 정부도 동남아시아와 인도를 포괄하는 지역 정책 구상인 '신남방정책'(New Southern Policy, NSP)을 천명하고 이를 본격적으로 시행하기 시작했다. 자세히는 본문에서 다시 다룬다.

2. 동아시아는 어떻게 연결되어 있는가?

동아시아를 연결하는 여러 가지 제도들

그렇다면 동아시아 역내의 국제적 행위 주체들은 서로 어떻게 연결되어 있을까?[5] 국제관계론에서 연결성이란 개념은 그다지 친숙한 개념은 아니다. 카나(Khanna)가 말한 '커넥토그래프'도 새로운 개념이다. 연결성의 사전적 의미부터 짚어보기로 하자. 지형 공간정보체계 용어사전은 "공간 객체 사이의 연결에 대한 정보로서, 서로 연결된 지역의 공간 객체들의 특징을 파악하는 것으로, 서로 연결된 지역은 하나 혹은 그 이상의 특징을 가지고 구성된 공간 객체들의 집합으로 이루어진다"라고 정의한다. 덧붙여, 연결성의 존재를 확인할 수 있으려면 도로와 같은 공간 객체가 상호 연결되는 방식이 명시되고, 상호연결성에 따라 허용 가능한 움직임이나 행동을 명시하는 규정이 존재하며, 관측을 위한 단위가 설정되어야 한다.[6]

앞서 언급한 대로 현재 동아시아를 구성하는 국가는 동북아시아 5개국·1지역_한국, 중국, 일본, 북한, 몽골, 대만_과 동남아시아 11개국_베트남, 라오스, 캄보디아, 태국, 미얀마, 필리핀, 싱가포르, 말레이시아, 브루나이, 인도네시아, 동티모르_이다. 한편, 동남아시아에는 두 가지 형태의 국가연합이 존재한다. 어떠한 국가연합도 존재하지 않는 동북아시아와 가장 다른 점이다. 하나는 유럽연합(EU)과 비슷하게 동남아시아 10개국이 결성한 아세안이다. 다른 하나는 대륙부 동남아시아의 메콩강 유역에 위치하는 캄보디아, 라오스, 미얀마, 베트남, 태국이 결성한 메콩 5개국(CLMVT)이다. 이들 5개국은 아세안 회원국이란 정체성도 함께 갖는다. 아세안과 메콩 5개국은 국가처럼 하나의 행위 주체가 되어 그 외의 국가·국가연합과 어떤 합의를 이루거나, 구속력 있는 협정을 체결하기도 한다.

동아시아 국가·국가연합 간의 관계를 정치·안보와 경제 분야를 중심으

---

5 국제적 행위 주체로는 국가, 초국가적 행위체_국제연합(UN), 유럽연합(EU), 세계무역기구(WTO), 다국적 기업, 비정부 기구(NGO) 등_, 국가 내부적 행위체_지방자치단체, 노동조합, 시민단체, 소수민족 등_, 그리고 개인이 있다. 이 책에서는 국가 및 국가연합으로서의 아세안에 한정한다.

6 이와 매우 흡사한 개념으로 '네트워크'(networks)가 있다. 사회학 사전은 네트워크를 "사람들을 연결하고 사회적 지위, 집단, 조직을 연결하는 관계의 묶음"으로 정의한다. 이에 따르면 개인적 경험이나 행동, 성과 등은 어떤 네트워크에 위치하느냐에 따라 달라진다. 다시 말하면, 네트워크의 중심에 있는 행위자일수록 커뮤니케이션을 더 많이 소유하게 되고, 따라서 더 많은 권력을 가질 수가 있다.

로 살펴보기로 하자.[7] 첫째, 대표적으로 조약(treaty)을 통해 성립하고 그 구속력이 매우 강한 군사동맹을 들 수 있다. 동아시아에는 전통적으로 미국을 중심으로 한 양자 간 군사동맹_미국의 동맹 상대국은 한국, 일본, 필리핀, 태국_이 우세하다. 보통 '차륜형'(hub-and-spokes) 동맹체제로 일컬어지기도 한다. 미국 중심의 동맹체제를 제외하면 북한과 중국 사이의 북중동맹이 유일하다.[8] 이들은 모두 냉전적 대결이 한창이던 1950년대와 1960년대 초에 성립했다. 그 이후 21세기 현재에 이르기까지 새로운 군사동맹이 결성된 적은 없다. 물론, 군사동맹보다 덜 공식적이고 특정 분야의 협력에 초점을 맞춘 양자 간 국방·안보 협정(agreements)이나 양해각서(memorandum of understanding, MOU) 등은 다수 존재한다.

둘째, 동아시아에는 서유럽과는 달리 다자 간 군사동맹은 존재하지 않는다. 유럽 국가들은 다자 간 집단 방위조약인 북대서양조약기구(North Atlantic Treaty Organization, NATO)에 가입하고 있다. 1940년대 말 미국 및 서유럽 국가들이 중심이던 NATO는 냉전이 해체된 이후에는 동유럽 및 북유럽 국가들까지 포함하기에 이르렀다. 그 대신, 동아시아에서는 최근 조약이나 협정에 기초하지 않은 소다자 간 안보협력이 활발하다. 이는 미국의 차륜형 체제를 보완하는 성격이 강한데, 미국과 그 동맹국·우호국들이 복수의 소규모 안보협력 망을 만드는 방식이다. 대표적으로는 한국·미국·일본 간 안보협력, 미국·일본·인도·호주 간 4자 안보 대화(Quadrilateral Security Dialogue, QUAD), 미국·영국·호주 간 오커스(Australia, United Kingdom, United States, AUKUS) 등이 대표적이다.

---

[7] 참고로, 가장 공식적이고 기본적인 관계는 국가 간의 수교 또는 국교 정상화이다. 동아시아 내에서 아직 미수교 상태에 있는 것은 한국-북한, 북한-일본, 북한-말레이시아 관계이다. 이를 제외한 나머지 국가·국가연합 간 관계는 각기 나름대로 고유한 연결성을 갖고 있다.

[8] 미국-대만 간 동맹은 1970년대의 미중 수교(미국-대만 단교)로, 북한-소련 간 동맹은 1990년대 초 한국-소련 수교로 폐기되었다.

셋째, 경제 분야에서 양자 간 관계를 대표하는 것이 자유무역협정(Free Trade Agreement, FTA)이다. 무역장벽을 제거하거나 철폐하여 두 국가 간 또는 지역 간의 물자, 서비스, 인적 이동의 자유화와 상호 무역 증진을 위해 체결하는 협정이다. 세계무역기구(World Trade Organization, WTO)가 모든 회원국을 대상으로 최혜국대우를 보장하는 다자주의를 원칙으로 하는 데 비해, FTA는 양자주의 또는 지역주의적 특성을 갖는다.

예를 들어 한국의 FTA 체결은 15건으로 동아시아 역내 상대국은 중국, 베트남, 싱가포르, 아세안이다. 중국은 14건이며 역내 상대국은 한국, 마카오, 홍콩, 싱가포르, 아세안이다. 일본은 FTA가 아닌 경제연계협정(Economic Partnership Agreement, EPA)를 16건 체결하고 있으며 역내 상대국은 싱가포르, 말레이시아, 태국, 필리핀, 브루나이, 인도네시아, 아세안이다. EPA는 관세 철폐·인하 이외에 투자, 서비스, 지식재산, 인적자원 이동까지 포괄한다.

〈그림 1-3〉 아시아·태평양의 다자 간 무역협정

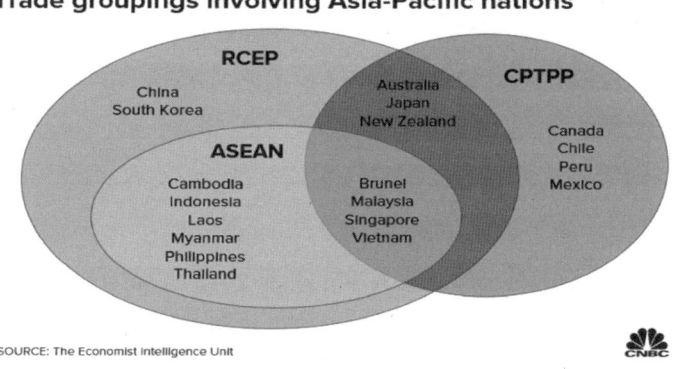

넷째, FTA/EPA가 양자 간 협정이라면 포괄적·점진적 환태평양경제동반자협정(Comprehensive and Progressive Agreement for Trans-Pacific Partnership, CPTPP)과 역내포괄적경제동반자협정(Regional Comprehensive Economic Partnership

Agreement, RCEP)은 다자 간 자유무역협정을 대표한다. CPTPP는 TPP에서 미국이 탈퇴하자 일본, 호주 등 나머지 국가가 이름을 변경해 출범시킨 것이다. CPTPP 참여국은 역내의 일본, 싱가포르, 베트남, 말레이시아, 그리고 역외의 캐나다, 칠레, 페루, 호주, 뉴질랜드를 포함한 11개국이다. 한편, RCEP에는 아세안 10개국과 한국, 중국, 일본, 호주, 뉴질랜드를 합친 15개국이 참여한다. 아세안 이외의 5개국은 모두 아세안과 양자 간 FTA를 체결하고 있다.

〈그림1-4〉 동아시아를 중심으로 본 다자 간 대화·협의체

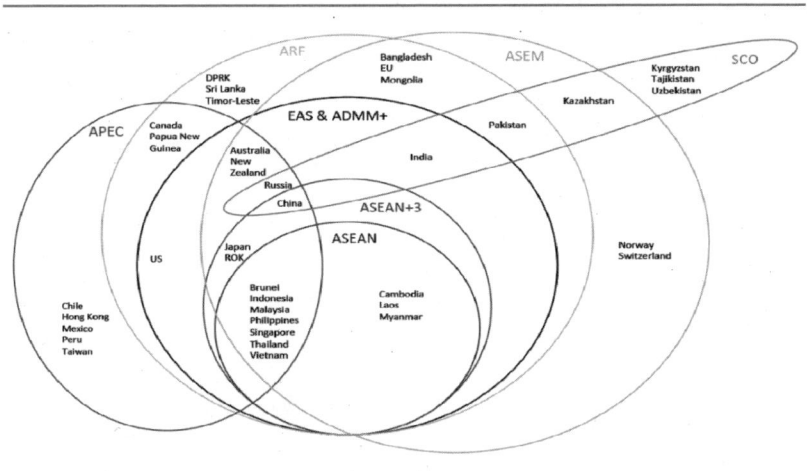

출처: "Multilateral Forums," *Comparative Connections*, https://cc.pacforum.org/multilateral-forums/

다섯째, 앞에서 거론한 것들 외에도 정치, 안보, 경제, 사회문화 등 포괄적인 의제들을 다루는 다자 간 대화·협의체도 존재한다. 이들은 다자주의 포럼으로도 불리며, 조약이나 협정과 달리 그다지 구속력은 없다. 위 그림은 아시아의 주요 다자 간 포럼을 나타낸다. 이들 대부분의 구심력 역할은 아세안이 맡고 있다. 아세안은 10개의 회원국이 있지만 하나의 행위 주체가 되어 아세안+3(한국·중국·일본), 동아시아정상회의(EAS), 확대아세안국방

장관회의(ASEAN Defense Ministers Meeting Plus, ASEAN-Plus), 아세안지역안보포럼(ASEAN Regional Forum, ARF)을 실질적으로 주도한다. 이외에 아시아유럽정상회의(Asia Europe Meeting, ASEM), 아시아태평양경제협력체(Asian-Pacific Economic Cooperation, APEC), 상하이협력기구(Shanghai Cooperation Organization, SCO) 등이 있다.

전략적 파트너십이란 관점으로 동아시아 바라보기

위에서 언급한 것들 외에 국가·국가연합 간의 새로운 제휴의 틀로 등장한 것이 있다. [전략적] 파트너십(strategic partnership)이 그것이다. 국내에서는 '전략적 동반자관계'로 일컬어진다. 독자들은 국가 간 정상회의를 통해 국가 A와 국가 B가 전략적 파트너십 구축에 합의했다는 뉴스에 접한 적이 있을 것이다. 전략적 파트너십은 본래 2개 이상의 경제 행위자들_예를 들면 기업_ 사이의 장기간에 걸친 상호보완적이고 대등한 업무 제휴 관계를 가리키는 용어이다. 기업 간의 합병이나 경영 통합 정도로 강력하지는 않지만, 일반적인 거래 관계보다 상대적으로 강한 유대 관계를 갖는다. 비즈니스 영역에서는 국적이 다른 항공사나 공항 사이라든가, 엔터테인먼트 회사 사이, 또는 업종이 다른 기업들 사이에서 파트너십이나 그보다 높은 수준의 전략적 파트너십이 활발하게 이루어진다.

국제관계에서도 전략적 파트너십은 다양한 분야에서의 상호 지원·협력이 양측 모두에게 이익이 된다는 공통의 이해를 바탕으로 하며 대개는 공식적인 선언·합의를 통해 성립한다. 이러한 관계는 기존의 군사동맹과는 달리 상호 지원에 대한 구속력을 갖지 않기 때문에 제3국에 대항하기 위한 세력 블록으로 여겨지지도 않는다. 협력 분야의 범위와 깊이는 각각의 전략적 파트너십에 따라 다양하지만, 양측이 적극적으로 참여하는 정도에 따라 더욱 포괄적인 것이 될 수도 있다(Kumar et al. 2011, 1).

물론, 전략적 파트너십이 단지 일시적이거나 잠정적인 제휴에 불과하며 기회주의, 상호 불신, 권력 게임 등과 같은 위험에 취약한 사상누각에 불과하다는 부정적인 견해가 없는 것은 아니다(Renard 2012). 하지만 전략적 파트너십이란 틀은 적지 않은 확장성과 잠재력을 지니고 있다. 예를 들어 키신저(2016, 264-265)는 세력균형 전략과 파트너십 외교를 결합하면 대립 양상을 모두 없애버리지는 못해도 그러한 대립이 미치는 충격을 상당 부분 완화할 수 있다고 주장한다. 또한, 오스타피악(Ostapiak 2019, 63)도 전략적 파트너십은 국가·국가연합이 단순히 자신의 정치적 의지를 행사하기 위한 도구적 차원을 넘어 위기 요인을 제거하고 갈등을 흡수하며, 더 나아가 국제사회의 통합과 변환을 가속화할 수도 있다고 지적한다.

이 책은 전략적 파트너십을 "실질적인 이해관계의 공유, 정치·안보·경제·사회·문화에 걸친 다차원적 협력, 유연하게 제도화된 구조, 그리고 가치의 공유 등을 지향하는 구조화된 협력관계"로 정의한다. 전략적 파트너십을 구성하는 일반적인 요소로는 정책목표를 천명한 공식적인 서면 합의_양자관계의 메니페스토 역할을 하는 공동 선언 또는 공동성명의 발표 등_, 공통의 관심사 및 전략적 목표의 수렴_안보적, 경제적, 가치·규범적 동기와 포괄적인 정책 범위_, 공식적·비공식적 제도적 연계_장기적 협력을 뒷받침하는 구조화된 협업 관계_, 지역 및 국제정세에 대한 수렴된 견해와 접근 방식, 협력에 의한 이익 및 위험의 공유_공동 이익, 공통의 책임_, 상호신뢰 및 유대감 등을 들 수 있다(Tsyushka and Czechowsaka 2019, 20-22). 여기서 일반적인 요소라는 것은 특정 전략적 파트너십이 이들 요소 모두를 포함한다는 의미는 아니다. 전략적 파트너십이란 타이틀을 가진 관계라 할지라도 이들 중 일부만 해당할 수도 있으며, 여기에 거론되지 않은 새로운 요소를 포함할 수도 있다.

참고로, 국가·국가연합 간 관계에서 이 용어가 출현한 것은 1980년대이며, 이것이 공식적으로 사용되기 시작한 것은 냉전 해체 이후인 1990년대부터이다. 그리고 21세기에 접어들면서 전략적 파트너십은 세계적인 확산세를 보였다. 이 흐름을 선도한 것은 러시아였다. 러시아는 전략적 파트너십을 미국, 중국 등 주요 강대국들과의 관계를 재구축하기 위한 틀로 활용하고자 했다. 예를 들어 보리스 옐친(Boris Yeltsin) 러시아 대통령은 빌 클린턴(Bill Clinton) 미국 대통령과의 정상회담에서「모스크바선언: 성숙한 전략적 파트너십」(1994년 1월)을, 그리고 장쩌민(江澤民) 중국 주석과의 정상회담에서는「중러 베이징공동선언: 21세기를 향한 전략적 파트너십」(1996년 4월)을 발표했다. 러시아에 뒤이어 전략적 파트너십에 적극적인 것이 중국이었다. 중국이 수립한 전략적 파트너십은 80개 이상에 달한다. 전 세계에서 가장 많은 수치이다.

그렇다면 전략적 파트너십이 널리 확산된 배경은 무엇일까? 이에 대해 시라이시 마사야(白石昌也 2014, 1)는 세 가지를 거론한다. 첫째, 냉전 해체 이후에 세계 각지에서 민족 분쟁이나 국지적 분쟁이 빈발하게 되었지만 기존의 동맹체제는 이에 효과적으로 대응하지 못했다. 둘째, 구소련이나 동유럽 사회주의 국가들이 시장경제로 이행함과 동시에 경제의 글로벌화가 진행되었지만 1990년대 후반의 동아시아 외환위기, 2008년 리먼 쇼크, 2009년 이후의 유럽 경제위기 등이 빈발했다. 셋째, 이상에 대한 반응으로 세계적 규모에서 거버넌스를 재구축해야 한다는 주장이 나옴과 동시에 EU, NAFTA, APEC 등과 같은 지역주의 경향이 강화되었다.

거의 모든 영역에서 동맹을 비롯한 기존의 틀이 더 이상 유효하지 않다는 인식이 확산하면서 전략적 파트너십이 새로운 제휴(alignment) 방식으로 활용되기 시작했다는 말이다. 물론, 연구자에 따라 다양한 의견이 존재한다. 예를 들면, 세계화의 진행, 문제 해결 능력에 있어서 동맹의 제한적인 능력, 지역 안보에 대한 불만족, 고전적인 균형이나 편승보다는 관여 또는 헤징 전략에 대한 선호 등을 배경으로 전략적 파트너십이 상대적으로 안전한 정책 옵션으로 등장했다는 견해도 있다(Nadkarni 2010; Renard 2013).

강대국과 약소국은 공통적으로 세력균형이 세계화를 만날 때 더 큰 협력의 동기를 갖게 되며, 이는 21세기 정치의 전형적인 특징을 드러내는 것이라는 지적도 있다(Paul, 2018). 새로운 시대와 새로운 현실에 직면하여 행위자들이 새로운 형태의 협력과 문제 해결을 추구한다는 말이다. 21세기적 문제들에 대해 국가들은 동맹이 아닌 파트너십을 추구하며, 더 나아가 엄격하고 제한적이며 배타적 성격을 지닌 기존의 동맹은 종말을 고하고 있다는 더욱 과감한 주장도 나온다(Laipson 2015; Menon 2007). 동맹과 전략적 파트너십을 어떻게 조합하는 것이 바람직할 것인가에 대해 키신저(2016, 264-265)는 다음처럼 말한다.

> 냉전 시대의 경계선은 군사력이 정했다. 현대의 경계선은 기본적으로 군사 배치로 정해서는 안 된다. 군사적 요소가 균형 상태를 규정하는 유일한 요소로, 심지어 주요한 요소로도 간주되어서는 안 된다. 역설적이게도 특히 아시아에서 파트너십(원문: 동반자관계)이라는 개념은 현대적인 세력균형의 요소가 되어야 한다. 이는 대단히 중요한 원칙으로서 실행되면 중요한 만큼 전례가 없는 접근법이다. 세력균형 전략과 파트너십의 외교술을 결합하면 대립 양상을 모두 없애 버리지는 못해도 그것들이 미치는 충격을 완화시킬 수 있다. 무엇보다도 그 방식은 중국과 미국 지도자들에게 건설적인 협력에 대한 경험을 제공하고 두 국가에서 더욱 평화로운 미래를 구축하는 방식을 알려줄 수 있다. 질서를 유지하려면 자제력, 힘, 정당성이 늘 미묘하게 균형을 이루어야 한다. 아시아의 질서는 세력균형과 파트너 개념을 결합시켜야 한다. 균형을 순전히 군사적으로 정의하면 대립 관계가 점점 더 변해 갈 것이다. 파트너십을 순전히 심리적으로 접근하면 패권에 대한 두려움이 커질 것이다. 지혜로운 정치가라면 그 균형점을 찾으려고 노력해야 한다. 그 균형을 벗어나면 재앙이 유혹하기 때문이다.

전략적 파트너십이 세력균형의 대표적인 수단인 동맹을 대체할지, 그렇지 않으면 동맹과 상호보완적인 것이 될지는 아직 불분명하다. 이를 밝히기 위해서는 앞으로 많은 사례연구에 대한 분석이 필요할 것이다. 게다가, 앞에서 거론한 견해들은 주로 구미_미국과 유럽_의 사유체계를 바탕으로 한 것으로, 대체로 안보적 측면을 중시한다. 그에 비해 동아시아의 상황은 다소 상이하게 진행되고 있다. 중국은 물론 한국과 일본, 그리고 동남아시아의 국가·국가연합도 전략적 파트너십에 매우 적극적이다. 이들이 중시하는 전략적 파트너십의 제1차적 고려 사항은 안보가 아닌 경제이다. 안보적 제휴는 어디까지나 제2차적이거나 간접적인 수준에 머무른다.

동아시아의 전략적 파트너십은 과연 어떠한 상황에 있을까? 여기서 역내의 행위 주체는 한국, 중국, 일본, 몽골, 아세안 회원국 10개국, 그리고 지역 기구인 아세안과 메콩 5개국으로 한정한다. 북한과 대만은 유의미한 움직임이 없으므로 대상에 포함시키지 않았다. 다만, 이 책은 '전략적'이란 수식어가 붙지 않는 파트너십도 포함한다. 한일 파트너십 공동선언(1998년), 중일 전략적 호혜 관계(2006년) 등이 그것으로 해당 관계의 정치·안보적 중요성을 고려했다. 아래의 〈표 1-4〉는 동아시아 역내 전략적 파트너십 현황표이다. 그리고 〈그림 1-5〉는 전략적 파트너십 및 파트너십의 관계망을 시각화한 것이다.[9]

〈표 1-4〉 동아시아 역내 [전략적] 파트너십 현황표 (2024년 1월 현재)

국가·국가연합	파트너십* (이하, 체결 시기 순)
한국(8개)	[일본(1998 파트너십 공동선언, 2008 미래지향적)], 중국(1998 협력, 2003 전면적 협력, 2008 전략적 협력), 베트남(2001 21세기 포괄적, 2009 전략적 협력, 2022 포괄적 전략적), 아세안(2004 포괄적, 2010 전략적), 인도네시아(2006 전략적, 2017 특별 전략적), 몽골(2006 선린우호 협력, 2011 포괄적, 2021 전략적), 태국(2012 전략적), 메콩 5개국(2020 전략적)
중국(12개)	한국(1998 협력, 2003 전면적 협력, 2008 전략적 협력), 아세안(2003 전략적, 2021 포괄적 전략적), 몽골(2003, 2011 전략적, 2014 전면적 전략적), 인도네시아(2005 전략적, 2013 전면적 전략적), [일본(2006 전략적 호혜)], 캄보디아(2006 전략적, 2010 전면적 전략적 협력), 베트남(2008 전면적 전략적 협력), 라오스(2009 전면적 전략적 협력), 미얀마(2011 전면적 전략적 협력), 태국(2012 전면적 전략적 협력), 말레이시아(2013 전면적 전략적), 싱가포르(2015 전방위 협력, 2023 전면적 미래지향적), 브루나이(2018 전략적 협력)
일본(11개)	아세안(2003 전략적, 2023 포괄적 전략적), 태국(2005 전략적, 2022 포괄적 전략적), [중국(2006 전략적 호혜)], 필리핀(2006 전략적, 2009 전략적), 베트남(2006 전략적, 2014 광범위한 전략적, 2023 포괄적 전략적), 인도네시아(2006 전략적, 2023 포괄적 전략적), 한국(1998 파트너십 공동선언, 2008 미래지향적), 말레이시아(2010 강화된, 2015 전략적, 2023 포괄적 전략적), 라오스(2010 포괄적, 2015 전략적), 캄보디아(2013 전략적, 2022 포괄적 전략적), 메콩 5개국(2018 전략적), 몽골(2022 특별 전략적)
몽골(3개)	중국(2003, 2011 전략적, 2014 전면적 전략적), 한국(2006 선린우호 협력, 2011 포괄적, 2021 전략적), 일본(2022 특별 전략적)

---

9 〈표 1-4〉과 〈그림 1-5〉는 필자와 허원영 박사, 정찬 대학원생이 함께 준비했던 한국연구재단 해외 공동연구 연구계획서에서 가져온 것이다. 두 연구자의 노고에 감사드린다.

1장_동아시아 만들기와 전략적 파트너십 **45**

아세안(3개)	일본(2003 전략적, 2023 포괄적 전략적), 중국(2003 전략적, 2021 포괄적 전략적), 한국(2004 포괄적, 2010 전략적)
브루나이(2개)	중국(2018 전략적 협력), 베트남(2019 포괄적)
캄보디아(3개)	중국(2006 전략적, 2010 전면적 전략적 협력), 일본(2013 전략적, 2022 포괄적 전략적), 라오스(2019 포괄적 전략적)
인도네시아(6개)	베트남(2003 포괄적, 2013 전략적), 중국(2005 전략적, 2013 전면적 전략적), 일본(2006 전략적, 2023 포괄적 전략적), 한국(2006 전략적, 2017 특별 전략적), 태국(2018 전략적), 필리핀(2022 강한)
라오스(4개)	중국(2009 전면적 전략적 협력), 일본(2010 포괄적, 2015 전략적), 캄보디아(2019 포괄적 전략적), 태국(2022 전략적)
말레이시아(4개)	일본(2010 강화된, 2015 전략적, 2023 포괄적 전략적), 중국(2013 전면적 전략적), 베트남(2015 전략적), 태국(2022 전략적)
미얀마(3개)	중국(2011 전면적 전략적 협력), 베트남(2017 전면적 협력), 태국(2018 전략적)
필리핀(3개)	일본(2006 포괄적, 2009 전략적), 베트남(2015 전략적), 인도네시아(2022 강한)
싱가포르(2개)	베트남(2013 전략적), 중국(2015 전방위 협력)
태국(8개)	일본(2005년 전략적, 2022 포괄적 전략적), 중국(2012 전면적 전략적 협력), 한국(2012 전략적), 베트남(2013 전략적, 2022 강화된 전략적), 인도네시아(2018 전략적), 미얀마(2018 전략적), 말레이시아(2022 전략적), 라오스(2022 전략적)
베트남(10개)	한국(2001 21세기 포괄적, 2009 전략적 협력, 2022 포괄적 전략적), 인도네시아(2003 포괄적, 2013 전략적), 중국(2008 전면적 전략적 협력), 일본(2006 전략적, 2014 광범위한 전략적, 2023 포괄적 전략적), 싱가포르(2013 전략적), 태국(2013 전략적, 2022 강화된 전략적), 말레이시아(2015 전략적), 필리핀(2015 전략적), 미얀마(2017 전면적 협력), 브루나이(2019 포괄적)
메콩5개국 +(2개)	일본(2018 전략적), 한국(2020 전략적)

주의: *국가·국가연합 간 관계의 명칭에서 '파트너십'의 수식어만 기재; +중국은 메콩 5개국(CLMVT)과 별도의 협의체(GMS, Great Mekong Sub-region)를 형성하고 있음; [괄호 안은 전략적 파트너십이 아닌 파트너십 또는 전략적 호혜 관계.

〈그림 1-5〉 동아시아 역내 전략적 파트너십의 망(web)*(2024년 1월 현재)

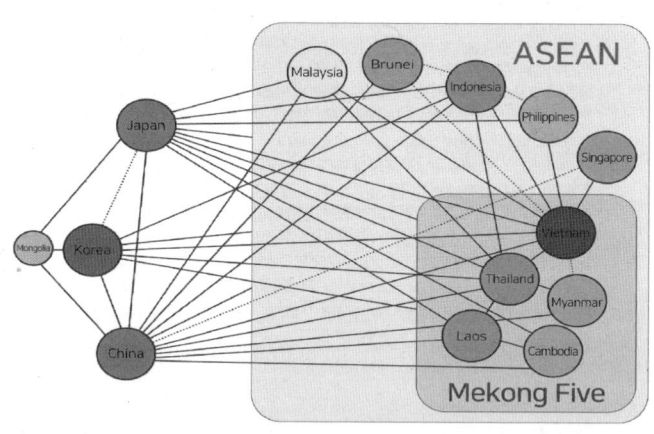

주의: 파트너십은 점선, 전략적 파트너십 이상은 실선으로 표기.

이상의 대략적인 양상을 정리하면 다음과 같다. 첫째, 전 세계적으로 동아시아 국가·국가연합만큼 활발하게 전략적 파트너십을 전개하고 있는 지역은 찾아보기 힘들었다(Envall and Hall 2016). 2024년 1월 현재 중국은 80개 이상, 한국과 일본은 30개 내외, 베트남과 인도네시아는 15개 내외의 전략적 파트너십을 수립하고 있었다. 한·중·일 3국에 비해 동남아시아 국가들의 수립 건수가 상대적으로 적었지만 다른 지역과 비교하면 결코 적은 편은 아니었다. 주된 행위 주체는 지역 강대국과 중견국, 그리고 아세안이었다.

둘째, 동아시아 역내, 즉 동아시아의 국가·국가연합 간 전략적 파트너십 수립도 매우 활발하게 전개되었다. 특히, 대부분은 동북아시아 국가_한·중·일 3국_와 동남아시아 국가 및 아세안 사이의 전략적 파트너십이었다. 이러한 전략적 파트너십 수립은 2000년대 초중반에서 2010년대 중반까지의 시기에 집중되는 경향을 보였다. 그 이후에는 전략적 파트너십의 더 높은 수준으로의 격상_특별 전략적 파트너십이나 포괄적 전략적 파트너십 등_이 진행되었다.

셋째, 위와 관련되는 것으로 동북아시아 국가 간, 그리고 동남아시아 국가 간 전략적 파트너십은 상대적으로 두드러지지 않았다. 동남아시아 국가들 사이의 전략적 파트너십은 인도네시아, 베트남, 필리핀, 말레이시아, 태국 등 아세안 주요국 사이에서 비교적 활발했다. 한편, 동북아시아 국가들 사이의 전략적 파트너십은 한중 양국 사이에서만 수립되었으며, 그마저도 상당 기간 정체에 직면했다. 한일 양국과 중일 양국 사이에는 '전략적'이란 수식어가 붙지 않는 파트너십만 존재했으나 이마저도 거의 답보상태를 벗어나지 못했다.

그렇다면 동아시아 역내 전략적 파트너십을 어떻게 분석할 것인가? 전략적 파트너십 연구는 크게 세 부류_대외정책 연구, 양자 간 관계 연구, 그리고 지역 질서 연구_로 나눌 수 있다. 첫 번째는 전략적 파트너십을 탈냉전기의 다중심적이고 다층적인 상황에서 등장한 유연하고 효율적인 대외정책 수단 또는 대외전략으로 파악하는 연구들이다(Michalski 2019; Tsyushka and Czechowska 2019). 이들은 대외정책 분석의 관점에서 특정 국가가 어떠한 전략적 파트너십 외교를 전개하는가에 초점을 맞춘다. 이러한 연구들은 전략적 파트너십을 경쟁 속에서 협력과 관여를 촉진하는 국제관계의 새로운 와일드카드로 간주하는 경향이 강하다.

두 번째는 상호주의적이고 공통의 전략적 행동까지 할 수 있는 양자 간 관계의 새로운 제휴의 패턴으로 보는 연구들이다(Emmerson et al. 2001; Grevi 2010; Lessa 2010; Pa ł łasz 2015). 여기서 전략적 파트너십은 동맹이나 일반적인 외교관계의 중간쯤에 위치시킬 수 있는 제3의 대안적인 관계로 본다. 이들은 주로 기존의 동맹체제를 보완하기 위한 안보협력의 새로운 방식으로 다루는 경향이 강하다.

세 번째는 전략적 파트너십을 새로운 지역 질서의 축이나 안보 아키텍처·거버넌스로 간주하는 연구들이다(Envall and Hall 2016; Khandekar and Gaens 2018; Parameswaran 2014; Wilkins 2008). 기존의 동아시아 또는 아시아·태평양의 지역 질서는 미국 패권 질서 또는 샌프란시스코 체제로 일컬어져 왔다. 하지만, 냉전 종언 이후의 유동적인 국제질서 속에서 전략적 파트너십이 등장했고, 이후에 널리 확산되기 시작했다. 이들은 전략적 파트너십이 기존 질서를 궁극적으로 대체하거나, 아니면 적어도 기존 질서를 질적으로 변환시키는 기제가 될 수 있을 것으로 기대한다.

이 책은 두 번째, 즉 전략적 파트너십을 양자 간의 새로운 제휴의 방식으로 다룬다. 아직 우리 학계에 동아시아 역내의 전략적 파트너십을 종합적으로 검토·분석한 연구는 존재하지 않는다. 대부분은 특정국의 대외정책 측면에 초점을 맞추는 경향이 강하며, 양자 간 관계를 다룬 연구도 역내외 강대국_미국, 중국, 일본, 러시아, EU, 인도 등_과 역내 중견국_한국, 인도네시아, 베트남, 필리핀 등_의 관계에 편중된다(김규남 2022; 라이터러 2020; 이희옥 2022).

다만, 동아시아 역내의 모든 전략적 파트너십을 다루는 것은 지면도 부족하거니와 필자의 역량에도 한계가 있다. 이에 사례연구 대상은 다음 6가지_한일 파트너십(2장), 중일 파트너십: 전략적 호혜 관계라 함(3장), 한중 전략적 파트너십(4장), 중국-아세안 포괄적 전략적 파트너십(5장), 일본-아세안 포괄적 전략적 파트너십(6장), 한국-아세안 전략적 파트너십(7장)_로 한정한다. 이 책에서 다루지 못한 한·중·일 3국과 주요 아세안 회원국 간 전략적 파트너십은 후속 연구과제로 미룬다.[10] 아세안 회원국 간 전략적 파트너십 연구는 차세대 연구자들에게 부탁할 수밖에 없을 것 같다.

참고로, [전략적] 파트너십의 관점에서 한일관계를 분석한 연구는 김대중-오부치 공동선언의 이행 상황을 검토한 최은미(2018)를 제외하고는 거의 찾아볼 수 없었다. 파트너십의 관점에서 중일관계를 분석한 연구는 국내에서는 거의 없었고, 중일 양국에서 중일 전략적 호혜 관계에 초점을 맞춘 연구가 많았다(阿南 2012; 松本 2013). 한중 전략적 파트너십 연구는 국내에서 비교적 활발하게 진행되었다(김흥규 2008; 김주삼 2011; 강준영 2018; 이희옥 2022). 이는 한중관계의 중요성 및 중대 현안을 반영한다.

한편, 중-아세안 전략적 파트너십 및 일-아세안 전략적 파트너십 연구는 대체로 활발하게 진행되고 있으나 한-아세안 전략적 파트너십 연구는 거의 없었다(Do and Ha 2015; Bi 2021; Wei 2022; Ishida 2018; Trinidad 2018a). 덧붙여, 중일 양국과 아세안 주요국 간 관계에 관한 연구도 적지 않았던 데 비해 한국과 아세안 주요국 간 관계 연구는 거의 찾아보기 어려웠다(Li 2012; Sudo 2015; Trinidad 2018b; Priyandita 2019; Farneubun 2021). 한국 학계의 분발이 요구되는 부분이다.

---

10 전략적 파트너십의 관점에서 보면 한국-인도네시아 관계, 한국-베트남 관계, 중국-인도네시아 관계, 중국-캄보디아 관계, 일본-인도네시아 관계, 일본-필리핀 관계, 일본-베트남 관계 등이 흥미로운 사례를 제공해 줄 수 있다. 이 가운데 중국과 일본에 관련된 사례들에 대해서는 어느 정도 연구가 진행되고 있으나 한국-아세안 회원국 관계 연구는 거의 존재하지 않는다.

각 장의 구성은 크게 세 부분으로 나누어진다. 우선, 양측 간 관계를 파트너십의 진전 양상을 중심으로 정리하고 그와 관련된 파트너십 공동선언·성명의 주된 내용을 소개한다. 파트너십의 진전이란 윌킨스(Wilkins 2019, 129-136)가 말한 라이프사이클(life cycle)_형성단계, 실행단계, 평가단계_과 유사한 개념이다.[11] 즉, 파트너십은 성립, 발전, 정체, 좌초, 복원 등의 과정을 거친다. 파트너십이 형성된 이후 전략적 파트너십으로, 또 그 이후에 포괄적_또는 특별_전략적 파트너십으로 나아가는 것이 전형적인 발전 패턴이라 하겠다. 물론, 파트너십에서 전략적 파트너십으로 나아가지 못하고 파트너십에 머물거나_정체_, 관계 악화로 인해 파트너십 그 자체가 제대로 실행에 옮겨지지 못하고 유명무실해지거나_좌초_, 관계가 다시 개선되어 파트너십이 다시 궤도에 오르는_복원_ 사례도 있다.

다음으로 기능적 접근법에 따라 양측 간 파트너십의 핵심 현안 및 쟁점을 분석한다. 정치·안보적 관계, 경제적 관계, 그리고 사회·문화적 관계_포함시키지 않은 사례도 있음_를 각각 들여다본 다음 미중 전략 경쟁에의 대응을 추가했다. 본래 미중 전략 경쟁 대응은 정치·안보적 관계에서 다루는 것이 자연스러우나 경제적, 지경학적 측면이 적지 않고 지역 질서에 미치는 영향이 지대한 것을 고려하여 별도의 절에서 다루었다.

각 장의 마지막 부분에는 [전략적] 파트너십에 대한 평가를 덧붙였다.

---

11 참고로, '형성단계'에서는 핵심적인 추동력으로서의 정치 리더십의 역할, 국제정세의 불확실성에 대응할 필요성, 상호 이해관계, 공유된 가치, 바람직한 역량 등에 기반한 동반자 선택, 공통의 목표와 상호 협력의 내용 등에 대한 합의 등이 포함된다. '실행단계'에서는 상호 작용을 촉진하고 조정하기 위한 수단으로서의 조직 구조, 각각의 역할과 책임(외교·안보, 방위·군사, 사회·문화 등 분야별 협력 규정), 실행단계를 통한 합의의 공고화, 더 나아가 공통의 정체성 또는 가치 형성 등을 포함한다. 마지막으로 '평가단계'는 정상회담 및 성명 등을 통한 동반자관계의 강화, 확대, 격상, 양측이 합의한 각각의 분야별 목표의 달성 여부, 관계에 부정적으로 작용하는 여러 요인에 대한 대응 등을 다룬다. 물론 이는 어디까지나 개념적 구분으로 예를 들어 정치 리더십의 역할은 실행단계 또는 평가단계에서 결정적인 영향을 미칠 수도 있다.

기존 연구들은 전략적 파트너십의 형성 방법, 기존의 양자 간 관계 틀의 형태, 규범적 개념의 수용, 협력의 분야 및 강도, 다자 간 국제질서에 대한 개념화 등을 평가 기준으로 제시한다(Renard 2012; Cirlig 2012; Cihelkova et al. 2020). 하지만 이들은 파트너들 사이의 힘의 대칭성을 전제하고, 가치·규범을 공유하는 파트너를 상대적으로 중시하며, 서구 중심의 보편적 가치 등 규범적 수렴을 지향한다는 점에서 동아시아 사례에 그대로 적용하기는 어렵다. 따라서 이 책에서는 앞의 기준을 선별적으로 원용하면서 협력 분야의 포괄성 및 관계 그 자체의 실질적 공고함(Kumar et al. 2011)을 추가한 네 가지 기준_가치·규범의 수렴, 협력 분야의 포괄성, 역내 다자주의에 대한 공약, 관계의 실질적 공고함_을 설정했다.

본론에 들어가기 전에 동북아시아 국가 간 파트너십, 그리고 동북아시아 국가와 아세안 간 전략적 파트너십의 전반적인 양상을 미리 소개해 두기로 하자. 동북아시아 국가_한국, 중국, 일본_ 간의 '파트너십'이 1998년에 거의 동시에 출현한 점이 흥미롭다. 우선, 1998년 10월 한일 간 파트너십_'21세기의 새로운 한일 파트너십 공동선언'(김대중-오부치 공동선언) 및 '행동 계획'_이 가장 먼저 수립되었고, 그 직후인 11월에 한중 간 파트너십_'21세기를 향한 협력 파트너십'-과 중일 간 파트너십_'평화와 발전을 위한 우호·협력 파트너십_이 수립되었다. 중일 간 파트너십은 2006년 '전략적 호혜 관계'로 나아갔다.

한·중·일 3국 사이에 전략적 파트너십을 체결한 것은 한중관계가 유일했다.[12] 한중관계는 1992년 8월 수교와 더불어 '우호협력관계'를 천명한 다음 앞서 언급한 '21세기를 향한 협력 파트너십'(1998년 11월), '전면적 협력 파트너십'(2003년 7월), 그리고 '전략적 협력 파트너십'(2008년 5월)으로 격상되었

---

12 몽골은 21세기에 접어든 이후 한중일 3국 모두와 전략적 파트너십을 수립했다. 중국과는 전략적 파트너십(2011년) 및 전면적 전략적 파트너십(2014년), 한국과는 선린우호협력 파트너십(2006년), 포괄적 파트너십(2011년), 전략적 파트너십(2021년), 그리고 일본과는 특별 전략적 파트너십(2022년)을 구축했다.

다. 한일관계는 2008년 '미래지향적 파트너십'을 발표하긴 했으나 2023년 현재까지 '전략적' 파트너십으로 나아가지 못하고 있다. 중일 간 '전략적 호혜 관계'도 '전략적'이란 수식어는 붙였지만 이를 전략적 파트너십으로 분류하기는 쉽지 않다.

그렇다면 한일 간, 한중 간, 중일 간 파트너십이 전략적 파트너십으로 격상되지 못하거나, 파트너십 그 자체가 좌초한 이유는 무엇일까? 한일 간 파트너십은 21세기에 들어서자마자 과거사 갈등 및 영유권 문제 등을 배경으로 사실상 와해되었다. 상대적으로 양호했던 한중 간 전략적 파트너십은 2017년 한국의 고고도미사일방어체계(THAAD) 배치를 전후하여 정체국면에 빠졌다. 중일 간 파트너십도 과거사 문제 및 센카쿠열도─중국명 댜오위다오─를 둘러싼 대립 등을 거치면서 전략적 대립으로 치환되었다. 과거사 및 영유권 문제는 민족주의 또는 국가주의와 깊은 관련을 갖는다. 이 문제 이외에 미·중 간 지정학적, 지경학적 갈등과 대립도 한·중·일 3국 간 파트너십의 진전과 정체에 적지 않은 영향을 미쳤다.

그럼에도 불구하고 탈냉전기에 전략적 파트너십을 구축하려고 했던 여러 노력과 시도들이 의미가 전혀 없었던 것만은 아니었다. 과거사 문제로 비롯된 갈등을 극복하고 화해로 나아가려는 움직임이 적지 않았고, 안보 현안이 경제·사회적 교류와 협력에 미치는 부정적인 영향을 최소화하기 위한 대안들도 강구되었다. 또한, 배타적 민족주의를 자극하기 쉬운 영유권 문제가 수면 위로 떠오르지 않도록 관리하려는 노력도 적지 않았다.

한편, 한·중·일 3국과 아세안 간의 전략적 파트너십은 비약적인 발전을 거듭했다. 그중에서도 중-아세안 파트너십의 발전이 두드러졌다. 남중국해 영유권 문제는 남중국해 당사국 행동강령(COC) 제정을 둘러싼 의견 불일치는 쉽게 해소되지 않았으나 대체로 관리 가능한 범위에 머물렀다. 전략적 파트너십을 추동한 것은 역시 경제교류·협력이었다. 이 과정에 중국은 ACFTA와 해상 실크로드 구상 등을 통해 적지 않은 이니셔티브를 발휘했다.

일-아세안 파트너십도 양측 간 전통적인 관계를 기반으로 발전을 거듭했다. 내용적으로는 일-아세안 파트너십이 중-아세안, 한-아세안 파트너십보다 한층 더 견고한 모습을 보였다. 양측의 파트너십이 수준을 높여가는 가운데 중국의 그림자가 갈수록 짙어졌으나 아세안 측이 현명하게 AOIP를 제시함으로써 일본의 노골적인 대중 견제 움직임을 어느 정도 완화시킬 수 있었다.

한-아세안 파트너십은 양측 간 관계가 일천함에도 불구하고 가장 수평적인 형태로 발전했다. 힘의 비대칭성이 존재하지 않는 점, 역사적, 지정학적 이해관계의 대립이 부재한 점, 그리고 경제와 안보 분야에서 실질적인 윈-윈 관계가 가능한 점을 반영한 것이었다. 중-아세안 파트너십과 일-아세안 파트너십이 다소 수직적, 위계적인 데 비해 훨씬 대등한 파트너십이라고 할 수 있었다. 다만, 최근 한국 정부가 미일 양국이 주도하는 인도·태평양전략에 동조하기 시작하면서 지정학적, 지경학적인 입장에 불일치가 생길 여지도 보이기 시작했다.

이 책은 동아시아 국제관계의 비교연구를 위한 토대를 제공하는 것을 또 하나의 목적으로 한다. 한국의 동아시아 국제관계 연구는 특정 양자 간 관계에 지나치게 편중되어 있다. 하지만, 아직 우리 학계는 다양한 양자관계를 일관된 시점이나 관점에서 종합적이고 체계적으로 바라볼 수 있는 여유를 갖지 못하고 있다. "한중관계를 분석할 때 중국과 동아시아 다른 국가 간의 관계도 함께 봐야 한다. 동아시아 각국은 부상하는 중국에 대응하기 위해 다양한 중국 정책을 추진했고 중국도 마찬가지였다. 그 결과 중국을 중심으로 하는 다양한 양자관계가 등장했다."(조영남 2022, 3). 중국이 관련되지 않은 그 밖의 다양한 양자관계에 대해서도 동시대적이고 복합적으로 봐야 하는 시점에 도달했다.

참고문헌

강준영(2018) "한·중 전략적 협력 동반자관계 구축 10년, 이상과 현실," 『중국연구』 제77권, pp.243-262.
김규남(2022) "폴란드와 한국 관계: 양국 정부기록문서 분석을 중심으로," 『유럽연구』 40(1), pp.245-277.
김주삼(2011) "한·중 수교 18주년 평가와 '전략적 협력 동반자관계' 분석," 『국가안보와 전략』 제11권 1호, pp.93-129.
김흥규(2008) "한·중 '전략적 협력 동반자관계' 형성과 한중관계," 『주요국제문제분석』 외교안보연구원.
라이터러, 미하엘(2020) "한-EU 전략적 동반자관계 10주년," 『EU연구』 56(3), pp.3-20.
신윤환(2009) "동남아의 지역주의와 '동아시아 공동체': 그 역사에 대한 재해석," 『동아연구』 제56집, 107-137.
이재현(2007) "마하티르와 김대중의 동아시아 지역 협력 구상 비교 연구," 『동남아시아연구』 17권 2호, pp.121-144.
이희옥(2022) "한중 '전략적 협력동반자관계'의 딜레마: 한중수교 30년의 평가," 『중국학연구』 100, pp.553-586.
장인성(2017) 『동아시아 국제사회와 동아시아 상상』 (서울: 서울대학교출판문화원).
정찬·서승원(2022) "한중일 3국의 대 동남아시아 전략적 동반자관계 외교 비교연구: 동맹의 대체재인가, 아니면 보완재인가?" 『일본연구논총』 55, pp.9-38.
키신저, 헨리(2016) 『헨리 키신저의 세계질서』 (서울: 민음사).
최은미(2018) "갈등과 협력의 한일관계, 20년의 변화와 성찰 (1998-2017)," 『평화연구』 가을호, pp.85-127.

Bi, Shihong(2021) "Cooperation between China and ASEAN under the Building of ASEAN Economic Community," *Journal of Contemporary East Asia Studies*, 10(1), pp.83-25.
Cihelkova, Eva, Hung Phuoc Nguyen, Michal Fabus, Kristina Cimova(2020) "The EU Concept of the 'Strategic Partnership': Identifying the 'Unifying' Criteria for the Differentiation of Strategic Partners," *Entrepreneursihp and Sustainability Issues*, 7(3), pp.1722-1739.
Cirlig, Carmen-Cristina(2012) "EU Strategic Partnerships with third Countries. Library of the European Parliament," *Library Briefing*. September 26.
Do, Tien Sam and Ha Thi Hong Van (2015) "ASEAN-China Relations since Building of Strategic Partnership and Their Prospects," *International Journal of China Studies*, Vol.6, No.2, pp.187-194.
Emmerson, M. (ed.), with Arbatova, N., Bordachev, T., Makarychev, A. S., Tassinari, F., Vahl. M. and European Round Table of Industrialists (2001) *The Elephant and the Bear: the European Union, Russia and their Near Abroads*. (Brussels: Centre for European Policy Studies).

Envall, H.D.P. and Ian Hall(2016) "Asian Strategic Partnerships: New Practices and Regional Security Governance," *Asian Politics & Policy* 8(1), pp.87-105.

Farneubun, Petrus K.(2021) *Indonesia-China Strategic Partnership: Role of Vision, Bureaucratic Actors and Domestic Political Change* (Cham: Springer International Publishing).

Grevi, Giovanni(2010) *Making EU strategic partnerships effective.* (Madrid: Fundación para las Relaciones Internacionales y el Diálogo Exterior).

Khandekar, Gauri and Bart Gaens(2018) *Japan's Search for Strategic Security Partnerships* (London and New York: Routledge).

Kumar, Satish (et al.)(2011) *India's Strategic Partners: A Comparative Assessment*, (New Delhi: FNSR Group of Experts, Foundation for National Security Research).

Lessa. A.C.(2010) "Brazil's Strategic Partnerships: An Assessment of the Lula Era (2003-2010)," *Revista Brasileira de Política Internacional* 53.

Li, Chenyang(2012) "China-Myanmar Comprehensive Strategic Partnership: A Regional Threat?" *Journal of Current Southeast Asian Affairs*, 31(1), pp.53-72.

Michalski, Anna(2019) "Diplomacy in a Changing World Order: The Role of Strategic Partnerships," *UI Paper* 10, September.

Miller, Nik(2018) "From Transactional to Transformative: the Future of Corporate Partnerships," May 8, https://www.morepartnership.com/latest-op-orpPart180508.html.

Nadkarni, Vidya(2010) *Strategic Partnerships in Asia: Balancing with Alliances* (London: Routledge).

Ostapiak. V. I.(2019) "Patterns of Strategic Partnership and Political Theory," *ПОЛІТИЧНІ НАУКИ*, Bunyck 148, pp.60-63.

Paŕŕasz, Urszula(2015) "Strategic Partnerships in the EU's Foreign Policy Approach: Challenges and opportunities," *Strategic Partership as an Instrument of EU's Foreign Policy.* Workshop Report, CES, November.

Parameswaran, Prashanth(2014) "Explaining US Strategic Partnerships in the Asia-Pacific Region: Origins, Developments and Prospects," *Contemporary Southeast Asia: A Journal of International & Strategic Affairs*, 36(2), pp.262-289.

Priyandita, Gatra(2019) "From Rivals to Partners: Constructing the Sino-Indonesian Strategic Partnership," *Global Jurnal Politik International*, 21(1), pp.1-26.

Renard, Thomas(2012) "The EU Partnerships Review: Ten Guiding Principles," European Strategic Partnerships Observatory. *Policy Brief* 2, April.

Renard, Thomas(2012) "The EU and Its Strategic Partners: A Critical Assessment of the EU's Strategic Partnerships," Sven Biscop, Richard Whitman (eds.), *The Routledge Handbook of European Security* (London: Routledge).

Sudo, Sueo(2015) "Fortifying the Japan-ASEAN Strategic Partnership: Abe's Quest for Viable Hedging Policies," *The 3rd ASEAN Reader* (Singpore: ISEAS-Yosof Ishak Institute), pp.397-400.

Trinidad, Dennis D.(2018a) "What Does Strategic Partnerships with ASEAN means for Japan's

Foreign Aid," *Journal of Asian Security and International Affairs*, 5(3), pp.267-294.
Trinidad, Dennis D.(2018b) "Towards Strategic Partnership: Philippines-Japan Relations after Seventy Years," In Thompson, Mark R. and Eric Vincent C. Batalla (eds). *Routledge Handbook of the Contemporary Philippines* (London and New York: Routledge).
Tsyushka, Andriy, and Lucyna Czechowska(2019) "Strategic Partnerships, International Politics and IR theory," in Lucyna Czechowska et al. (eds.), *States, International Organizations and Strategic Partnerships* (Cheltenham: Edward Elgar Publishing Limited), pp.8-43.
UN DESA(United Nations, Department of Economic and Social Affairs)(2021), "UN/DESA Policy Brief #103: Transformational Partnerships and Partnership Platforms," April 30, https://www.un.org/development/desa/dpad/wp-content/uploads/sites/45/PB103_2021-Apr_sum.png
Wei Ling(2022) "Upgrading the China-ASEAN Partnership: ASEAN's Concerns, China's Responsibility and Regional Order," *China International Studies*, January/February, pp.36-64.
Wilkins, Thomas(2008) "Russo-Chinese Strategic Partnership: A New Form of Security Cooperation?" *Contemporary Security Policy*, 29(2).
Wilkins, Thomas(2019) *Security in Asia Pacific* (Boulder: Lynne Rienner Publishers).

阿南友亮(2012) "第15章. 戦略的互恵関係の模索と東シナ海問題," 高原明生・服部龍二 (編), 『日中関係史 1972-2012(Ⅰ) 政治』(東京: 東京大学出版会), pp.443-485.
猪口孝・田中明彦・ミゲル・バサネズ・ティムール・ダダバエフ編著(2005) 『アジア・バロメーター 都市部の価値観と生活スタイル:アジア世論調査(2003)の分析と資料』(東京: 明石書店).
白石昌也(2014) 『日本の「戦略的パートナーシップ」外交: 全体像の俯瞰』(東京: 早稲田大学アジア太平洋研究センター).
松本盛雄(2013) "日中経済関係の変遷と'戦略的互恵関係'の再評価,"『社会システム研究』第26号, pp.15-28.

2장

한국과 일본
: 파트너십, 미완의 정치적 기획

1. 들어가는 말

1998년 10월 8일 김대중 대통령과 오부치 게이조(小淵惠三) 총리는 정상회담을 통해 「21세기의 새로운 한일 파트너십 공동선언」_이른바 김대중-오부치 선언_을 발표했다. 이 선언은 해방 후 한일관계사에서 기념비적 전환점을 이룬 것으로 평가된다. 그로부터 약 25년의 세월이 흘렀지만 김대중-오부치 선언은 여전히 한일관계의 지표로 간주된다. 한일관계의 개선이나 복원에 대해 말할 때 양측에선 거의 예외 없이 이를 계승한다거나 격상하자는 목소리가 나온다. 김대중-오부치 선언이 제대로 정착되지 못했다는 방증이다.

김대중-오부치 선언은 과연 무엇이었을까? 그동안 한일 양측의 여러 전문가가 이 선언의 의의를 밝히려고 노력해 왔다. 오코노기 마사오(小此木政夫)는 이 선언으로 수교 이후의 이른바 '1965년 체제'가 진정한 화해(和解) 프로세스인 '1998년 체제'로 전환되었다고 주장한다(오코노기 2018). 윤석정(2019)은 역사화해, 북한 문제, 지역 협력, 인간 안보 등 포괄적 분야에 걸쳐 협력의 틀을 제도화하려는 시도였다고 지적한다. 문정인·서승원(Moon and Suh 2005, 568-569)은 가치를 공유하는 양국이 자유민주주의와 시장경제 확산을 통한 지역의 평화·번영을 지향했다고 본다. 남기정(2021, 58)은 한국 외교에서 대일 역사 화해와 대북 포용 정책이 연동되는 가운데 오부치 내각이 '21세기 일본의 구상'과 인교(隣交) 정책으로 호응한 결과였다고 해석한다.

이들 연구는 한일 양자관계의 현상, 즉 개선·진전 또는 악화·퇴보를 종속변수를 설정하고 이를 배태한 국내외적 요인_과거사 인식, 영토·영유권, 배타적 민족주의, 국내 정치, 제3국 요인(북한, 미국, 중국) 등_을 밝히는 데 초점을 맞추는 경향이 강하다. 그에 비해 김대중-오부치 선언을 파트너십의 관점에서 분석한 연구는 찾아보기 힘들다. 동 공동선언의 형식은 여타 [전략적] 파트너십과 크게 다르지 않다. 한일 간 파트너십의 라이프 사이클_형성, 실행, 평가_을 규명하고자 한 시도는 최은미(2018a; 2018b)가 거의 유일하다.

아래 2절에서는 우선 1965년 체제의 형성에서 1998년 김대중-오부치 선언까지의 한일관계를 개괄적으로 되돌아보고자 한다. 김대중-오부치 선언이 1965년 체제의 극복을 지향한 것이기 때문에 앞 시기에 대한 검토가 불가결하다. 이어지는 3절~6절은 1998년 10월 이후 2024년 현재까지 한일 간 파트너십이 어떻게 실행에 옮겨졌는지_또는 어떠한 과정을 거쳐 좌초했는지_ 주요 사례를 중심으로 들여다본다. 과거사 인식, 대북정책 공조, 경제관계, 미중 전략 경쟁 하의 한일협조 문제 등을 다룬다. 마지막 부분에서는 한일 파트너십을 평가해 보겠다.

2. 수교 58년 회고

1965년 체제는 기울어진 운동장이었다

1965년 체제란 같은 해 6월 22일 한국 박정희 정권과 일본 사토 에이사쿠(佐藤栄作) 내각이 체결한 「대한민국과 일본국 간의 기본관계에 관한 조약」(이른바 한일기본조약)과 4개의 관련 협정_어업협정, 재일교포의 법적 지위 및 대우

협정, 청구권 협정, 문화재 협정_을 통해 형성된 양국 관계의 기본 틀을 말한다. 한일기본조약에 담긴 내용은 그다지 복잡하지 않다(자료 2-1).

제1조는 외교관계 수립을 언급한다. 제2조는 문구_"1910년 8월 22일 및 그 이전에 대한제국과 대일본제국 간에 체결된 모든 조약 및 협정이 이미 무효임을 확인한다."_는 짧지만 현재까지 중대한 외교적 쟁점으로 남아있다. '이미 무효'에 대한 양측의 해석이 완전히 엇갈리기 때문이다. 한국 측은 1910년 한일합방조약_이른바 한일강제병합조약_을 원천적인 불법·무효로, 일본 측은 당시에는 합법·유효였으나 한일기본조약 체결로 무효가 되었다고 주장한다. 이러한 해석의 차이는 식민지 지배와 관련된 전후 보상 문제_일본군 위안부 피해자 및 강제 동원 피해자에 의한 법적 소송_ 해결에 크나큰 걸림돌로 작용해 왔다.

제3조는 일본 측이 한국을 한반도의 유일한 합법 정부로 인정하는 내용이다. 한일 수교는 당시의 냉전 논리 하에서 북일 수교의 가능성을 차단하는 것이었다. 이른바 '할슈타인 원칙'_동독 정부를 승인하는 나라와는 외교관계를 맺지 않겠다는 서독 정부의 원칙_이 한국-북한-일본 삼자 관계에 적용된 셈이다. 그리고 제4조~제6조는 국제연합헌장 준수, 무역·해운·통상·항공 협정 등 일반적인 내용을 담았다.

한일기본조약 체결과 더불어 「대한민국과 일본국 간의 재산 및 청구권에 관한 문제의 해결과 경제협력에 관한 협정」(이른바 한일청구권협정)이 체결되었다(자료 2-2). 동 협정은 제1조에서 일본의 한국에 대한 무상 3억 달러, 유상_장기저리 차관_ 2억 달러 제공을 언급했다. 그리고 제2조는 양 국가 및 양국 국민 간 청구권 문제가 "완전히, 그리고 최종적으로 해결된다."라는 점을 확인했다. 청구권 협정의 해석·실시에 관련한 분쟁은 외교상 경로를 통해 해결하거나 제3국 정부에 중재를 요청할 수 있도록 했다.

이상을 토대로 1965년 체제의 개략적인 특징을 정리하면 다음 세 가지를 들 수 있다. 첫째, 과거사 인식 및 독도 문제가 미해결 상태로 남겨졌다.

과거사 문제에 있어서는 식민지 지배에 대한 일본 측의 사실인정 및 사과가 부재했다. 한일기본조약은 1910년 한일강제병합조약 및 그 이전 조약·협정의 무효만을 거론했다. 더 큰 문제는 식민지 지배에 대한 양측의 인식이 거의 상극인 상태로 지속되었다는 점이다. 유명한 일화가 '구보타 발언'(또는 구보타 망언)_1953년 10월 15일 수교 회담 중에 나온 일본 측 수석대표 구보타 간이치로(久保田貫一郎)의 발언_이다.[1] 이 발언으로 회담은 5년 뒤인 1958년 4월에야 재개되었다. 한국 측의 불법·부당론과 일본 측의 합법·정당론은 지금도 여전히 평행선 상태이다.

독도는 1952년 1월 이승만 정부가 '이승만 라인'을 설정한 이후 한국이 실효 지배하고 있다. 이어 한일기본조약 체결 5개월 전인 1965년 1월 양측은 '미해결의 해결'이란 원칙 아래 4개 항의 독도부속조항_이른바 독도밀약_에 합의했다(ㅁ-2008).[2] 현재까지 한국 측은 영유권 분쟁의 존재를 인정하지 않고 있으나 일본 측은 분쟁의 존재를 인정한다. 일본 측은 '불법 지배'

---

1 수교를 위한 제3차 회담 당시의 발언 내용을 소개하면 다음과 같다(출처: 다음에서 일부 발췌. https://ja.wikipedia.org/wiki/日本国と大韓民国との間の基本関係に関する条約)
한국 측: 한국에 있는 일본의 재산은 미국이 접수했으며, 본래 한국은 36년 동안 일본의 지배 하에서 애국자 학살, 한국인의 기본적 인권 박탈, 식량 강제 공출, 노동력 착취 등에 대해 배상을 청구할 권리를 갖고 있다.
구보타: 일본은 산에 나무를 심고, 철도를 부설하고, 논을 개간하는 등 한국인에게 많은 이익을 제공했으며, 만약 일본이 진출하지 않았다면 러시아가 중국을 점령했을 것이다. 또한 미국에 의한 일본인 자산 접수는 국제법에 위반되지 않으며, 위반된다고 하더라도 미국에 대한 청구권은 포기한 상태이다.
한국 측: 식민지 지배는 한국에 피해만을 주었다고 생각한다.
2 4개 항 합의는 다음과 같다: ①독도는 앞으로 한일 양국 모두 자국의 영토로 주장하는 것을 인정하며, 동시에 이에 반론하는 것에 이의를 제기하지 않는다; ②장래 어업구역을 설정할 경우 양국이 독도를 자국영토로 하는 선을 획정하고, 두 개의 선이 중복되는 부분은 공동수역으로 한다; ③현재 한국이 점거하고 있는 상태를 유지한다. 그러나 경비원을 증강하거나 새로운 시설을 건축·증축하지 않는다; ④양국은 이 합의를 계속 지켜나간다.

라는 내용의 구상서를 한국 측에 제출함과 아울러 국제사법재판소 회부를 제안한다. 분쟁의 존재를 인정하지 않는 한국 측은 당연히 국제사법재판소 회부를 거부한다.

둘째, 과거사와 독도 문제가 한일관계의 원심력으로 작용했다면 안보와 경제적 이해관계는 구심력으로 작용했다. 양국 정치 리더십이 안보와 경제를 중시하는 가운데 과거사·독도를 둘러싼 갈등과 대립은 최대한 억제되었다. 당시 안보적 이해관계는 주변의 공산국가_북한과 중국_로부터의 안보 위협을 공유하는 한일 간 반공연대를 의미했다. 한일 간 반공연대는 미국의 냉전 전략과 긴밀하게 연동되어 있었다. 사실 한일 수교의 숨은 주역은 미국이었다. 미국은 동아시아의 대 공산권 봉쇄 전략을 실행하기 위해 한일 양국을 화해시킬 필요가 있었다. 한국 측으로서는 북한과의 체제경쟁에서 우위를 확보하고 북한의 군사적 위협에 대처하기 위해 미국의 요청에 부응할 필요가 있었다. 일본은 한반도 남반부의 공산화를 방지해야 했다.

한미일 3국 간 안보협력관계는 태생적으로 위계적이었다. 1951년 9월의 미일강화조약과 미일안보조약은 한국전쟁을 계기로 마련되었다. 그 위에 1953년 한미방위조약에 덧붙여졌다. 미국을 정점으로 일본과 한국이 각각 하위 동맹국을 구성하는 구조였다. 여기서 한일 수교는 3국 간 안보협력 체제의 빈 공간을 메꾸는 존재로 기능했다(남기정 2021, 50). 이 과정에 기시-박정희-장제스 간 반공연대, 레이건-나카소네-전두환 간 반공 한미일 안보협력이 형성되기도 했다.

경제적 이해관계, 특히 경제협력은 한일관계의 실질적인 중심축이었다. 한국의 입장에서 미국의 경제 원조 감소는 경제개발을 불가피하게 했다. 1961년 5월 군사쿠데타로 집권한 박정희 정부가 경제개발을 위한 방안으로 선택한 것이 대일 수교였다. 대일 수교를 통해 청구권 자금, 그리고 일본의 자본·기술을 도입할 수 있을 것으로 기대되었다. 일본 측도 안보 투쟁을 거치면서 정치의 축을 경제로 옮기고 있었다. 이케다 하야토(池田勇人)

내각의 소득배증계획은 그 대표적인 예였다.

여기서 양측이 청구권 문제 해결 방안으로 경제협력 방식에 합의한 것은 중요했다. 이는 일본이 동남아시아 국가들과의 전후 처리 과정에 적용했던 것으로 전후 배상·보상 차원에서 일본의 정부·민간 자금은 물론 공업 제품과 역무를 제공하여 경제 진출의 토대로 활용하는 방식이었다(이원덕 2015, 34-35).[3] 경제협력은 이후 한일 간 수직적 경제 관계로 이어졌다. 현대, 삼성을 비롯한 많은 한국 기업은 일본의 미쓰비시나 산요 기업의 하청업체로 출발했다. 경상수지 면에서는 한국의 항상적인 대일 무역적자 구조가 정착되었다.

셋째, 행위자 차원에서 보면 1965년 체제를 주도한 것은 양국의 정계·경제계 리더십이었다. 수교 이후 양국 정치 리더십 사이에는 수많은 공식, 비공식 채널이 있었다. 그리고 민감한 현안이나 갈등이 발생할 경우에는 이러한 채널을 통해 막후에서 조정·타협하는 관행이 정착되었다. 이 가운데 특히 핵심적인 역할을 한 것은 한국의 권위주의 정부와 일본 자민당_특히, 보수우파 또는 친한파_ 사이의 긴밀한 유착관계였다(최희식 2015, 60).

특히, 박정희, 김종필, 박태준 등 쿠데타 주축 세력은 구 일본군 시대의 만주 인맥을 활용하여 기시 노부스케(岸信介), 시이나 에쓰사부로(椎名悦三郎), 이시이 미쓰지로(石井光次郎), 야쓰기 가즈오(矢次一夫) 등 일본 내 친한파 세력과 정치 네트워크를 형성했다. 이들은 냉전 상황에서 반공 논리를 연대감의 기초로 삼으면서 양국 간 경제적 연계 강화에 협력의 초점을 두었다. 1980년대에 들어서자 한국의 구일본군 중심의 친일적 네트워크는 전두환

---

3 수교를 통해 한국 측이 제공받은 경제협력 자금은 청구권 협정에서 규정한 무상 3억 달러와 유상 2억 달러, 그리고 민간 차관 3억 달러였다. 참고로, 외교통상부가 2018년 11월에 공개한 「한일기본조약: 청구권 자금 사용처」에 따르면 무상 3억 달러는 인명 보상(약 26억 원), 재산 보상(약 66억 원), 농림수산업(약 402억 원), 포항제철건설(약 174억 원) 등에, 유상 2억 달러는 경부고속도로 등 사회간접자본 건설(약 8,400만 달러), 광공업 부문(1억 1,400만 달러), 농림업 부문(200만 달러) 등에 사용되었다.

을 중심으로 한 신군부 세력으로 대체되었다(박철희 2015, 199-205). 덧붙여, 일본 측이 한국에 대한 경제협력을 진행하면서 정치적으로 고려한 것 중 하나는 민주화 세력이 아닌 권위주의 정부에 대한 지지와 지원이었다.

경제계의 경우도 상황은 비슷했다. 한국 정부의 수출주도형 산업화 방침 아래 한국 기업들에게 자본과 기술 제공자인 일본 기업과의 제휴는 사활적으로 중요했다. 포항제철_현 포스코_과 일본 신닛테쓰(新日鐵), 현대자동차와 미쓰비시자동차(三菱自動車), 삼성전자와 산요전기(三洋電機: 파나소닉 브랜드)의 제휴가 그 전형적인 사례들이었다. 한국 기업은 사실상 일본 기업의 하청업체와 같은 존재로 수직적 관계였던 셈이다. 이 제휴 과정에 정치적 이권도 개입되었다. 종합상사가 인프라 프로젝트 등을 기획하면 양국의 유력한 정계 인사들이 관여하는 방식이었다(문정인·서승원 2013, 360-363). 한국의 전국경제인연합회(전경련)와 일본 경제단체연합회(게이단렌) 간 관계도 긴밀했다.

〈표 2-1〉 한일 수교 이후 양국 정상 연표 및 정상회담

한국(대통령)	일본(수상)	주요 사건
박정희 1963.12-1979.10 (민주공화당)	사토 에이사쿠 1964.11-1972.7	• 한일기본조약(1965.6)
	다나카 가쿠에이 1972.7-1974.12	• 미중 상하이코뮤니케(1972.2) • 중일공동성명(1972.9) • 김대중 납치사건(1973.8)
	미키 다케오 1974.12-1976.12	
	후쿠다 다케오 1976.12-1978.12	• 중일 평화우호조약(1978.8)
최규하 1979.10-1980.8	오히라 마사요시 1978.12-1980.6	
박충훈 1980.8-1980.8	이토 마사요시 1980.6-1980.7	
전두환 1980.8-1988.2 (민주정의당)	스즈키 젠코 1980.7-1982.11	
	나카소네 야스히로 1982.11-1987.11	• 제1차 역사교과서 문제(1982.6) • 나카소네 총리, 총리 최초 방한(1983.1), 대 한국 차관 (40억 달러) • 전두환, 대통령 최초 방일(1984.9) • 나카소네 총리, 야스쿠니 참배(1985.8) • 제2차 역사 교과서 문제(1987.5)
	다케시타 노보루 1987.11-1989.6	
	우노 소스케	• 중국, 톈안먼사건(1989.6)

대통령	총리	주요 사건
노태우 1988.2-1993.2 (민주정의당)	1989.6-1989.8	
	가이후 도시키 1989.8-1991.11	• 노태우 대통령 방일, 일왕 '통석의 염' 발언(1990.5)
	미야자와 기이치 1991.11-1993.8	• 고노 담화(1993.8)
김영삼 1993.2-1998.2 (민주자유당 /신한국당)	호소카와 모리히로 1993.8-1994.4	• 김영삼-호소카와 정상회담(1993.11)
	하타 쓰토무 1994.4-1994.6	
	무라야마 도미이치 1994.6-1996.1	• 북미, 제네바 합의(1994.10) • 무라야마 담화(1995.8) • 김영삼 대통령, 버르장머리 발언(1995.11)
김대중 1998.2-2003.2 (새천년민주당)	하시모토 류타로 1996.1-1998.7	• 동아시아 외환위기(1997.7-) • 일본, 어업협정 파기(1998.1)
	오부치 게이조 1998.7-2000.4	• 한일파트너십공동선언(1998.10) • 북한, 대포동미사일 발사 실험(1998.8)
	모리 요시로 2000.4-2001.4	• 남북정상회담, 6.15선언(2000.6)
노무현 2003.2-2008.2 (새천년민주당)	고이즈미 준이치로 2001.4-2006.9	• 새역모 교과서 검정 통과(2001.4, 2005.4) • 고이즈미 총리, 야스쿠니 참배(2001~2005) • 2002년 한일월드컵대회(2002.5-6) • 북일 정상회담, 평양선언(2002.9) • 한일 FTA 교섭(2003.12~2004.11) • 한국, 강제동원진상규명특별법 제정(2004.3) • 일본 시마네현, 다케시마의 날 조례 제정(2005.1) • 노무현 대통령, 대일 신독트린 발표(2005.3)
	아베 신조 2006.9-2007.9	
	후쿠다 야스오 2007.9-2008.9	
이명박 2008.2-2013.2 (한나라당)	아소 다로 2008.9-2009.9	
	하토야마 유키오 2009.9-2010.6	• 하토야마 총리, 동아시아공동체 주창
	간 나오토 2010.6-2011.6	• 간 담화
	노다 요시히코 2011.6-2012.12	• 한국 헌법재판소, 위안부·원폭 피해자 부작위 위헌판결 (2011.8) • 한국대법원, 강제징용 피해자 개인 청구권 인정 판결 (2012.5) • 이명박 대통령, 독도 방문(2012.8)
박근혜 2013.2-2017.3(탄핵) (새누리당) 황교안 2017.3-2017.5	아베 신조 2012.12-2020.9	• 일본, 전후 70주년 아베 담화(2015.8) • 박근혜 대통령, 중국 항일전쟁70주년 기념식 참가 (2015.8) • 한일 일본군위안부 합의(2015.12) • 한일군사정보보호협정(GSOMIA)(2016.11) • 한국대법원, 강제동원 피해자에 대한 배상 책임 인정 판결(2018.10)
문재인 2017.5-2022.5 (더불어민주당)	스가 요시히데 2020.9-2021.10	• 아베 내각, 대한국 수출규제 및 화이트리스트 제외 (2019.7~8) • 문재인 정부, GSOMIA 종료 통보(2019.8)
윤석열 2022.5-현직 (국민의힘)	기시다 후미오 2021.11-현직	• 한일 강제징용해법 합의(2023.3) • 한미일 캠프 데이비드 공동성명(2023.8)

주의: 총리 가운데 호소카와(일본신당), 하타(신생당), 무라야마(일본사회당), 하토야마(민주당), 간(민주당), 노다(민주당)을 제외한 나머지는 모두 자유민주당 정권.

한일 파트너십은 김대중 정부의 대일 햇볕정책의 성과였다

국제적 행위 주체들은 불안정한 국내외 정세에 대응해야 할 필요성에서 특정국과 [전략적] 파트너십을 수립한다. 당시 양국 정부는 몇 가지 중대한 현안에 직면한 상태였다. 우선, 1997년 동아시아 외환위기가 지역 전체를 강타하고 있었다. 7월 태국 바트화의 폭락으로 시작된 외환위기는 인도네시아, 말레이시아, 필리핀에 이어 한국으로 확산하면서 복합적인 경제위기로 비화했다. 그 이듬해인 1998년 한국 경제는 해방 이후 최악의 실적을 기록했다.[4]

〈그림 2-1〉 김대중-오부치 공동선언
(한일정상회의, 1998년 10월 8일, 도쿄)

북한의 핵·미사일 개발 및 무력도발 문제도 긴급한 사안이었다. 1998년 8월 31일 북한이 시험 발사한 대포동 1호 미사일_북한명 광명성 1호_이 일본 상공을 통과하여 일본 측에 큰 충격을 주었다. 한일관계도 과거사 문제를 중심으로 갈등과 대립이 수면 위로 부상하는 상황이었다. 그에 앞선 김영삼 정부 시기_일본 측은 호소카와 모리히로(細川護熙) 내각, 하타 쓰토무(羽田孜) 내각, 무라야마 도미이치(村山富市) 내각 시기_의 한일관계는 일본군 위안부_일본군 성노예_ 문제, 일본의 과거사 인식과 무라야마 담화 문제, 유엔해양법협약과 어업 문제, 대북 쌀 지원 문제 등을 둘러싸고 갈등과 대립을 반복했다.

1998년 2월 김대중 정부가 출범하면서 관계 개선을 위한 움직임이 속도를 내기 시작했다. 같은 달 대통령 취임식에는 전직 총리를 비롯한 일본의 여야당 지도자들이 대거 참석하여 우호적인 분위기를 연출했다. 4월 ASE

---

4 한국의 경제성장률은 -6.9% 감소, 물가상승률은 7.5% 증가, 원달러 환율은 대폭 절하(1997년 800원에서 1998년 1,995원), 종합주가지수는 47% 하락이었다.

M 정상회의(런던)를 계기로 한 김대중-하시모토 정상회의에서는 어업협정 교섭 개시, 동아시아 외환위기 극복 협력, 김대중 정부의 대북 햇볕정책 등이 논의되었다. 그리고 10월 7일~10일 김대중 대통령의 방일, 김대중 대통령과 일본 국왕_일본 측은 천황으로 지칭_의 궁중 만찬, 그리고 김대중-오부치 공동선언이 발표되었다.

여기서 흥미로운 부분은 김대중 정부와 오부치 내각이 한일관계의 정상화 및 새로운 발전의 틀로 다름 아닌 '파트너십'에 착목한 점이었다.[5] 조세영 전 외교부 차관은 1998년 봄 일본 외무성이 김대중 대통령의 국빈 방문과 파트너십 공동선언 발표라는 아이디어를 제시했고, 한국 외교통상부가 아이디어의 구체화와 기본 골격 작성에 들어갔다고 그 내막을 설명한다(조세영 2018, 2-3; 조세영 2014, 194-211). 이어 한국 측은 7월 일본 및 여타 국가들의 파트너십 문서들을 분석한 다음 관계 부서와의 협의를 거쳐 공동선언 초안을 작성했다.

당시 [전략적] 파트너십은 미국-러시아, 중국-러시아 관계 등 주요 강대국들 사이에서 새로운 제휴의 틀로 등장하는 상황이었다.[6] 한일 양국도 이러한 조류를 반영하듯이 1990년대 중반 이후 [전략적] 파트너십을 활발하게 수립하기 시작한다. 일본이 파트너십이란 용어를 처음 사용한 것은 「미일공동성명: 1980년대를 향한 내실이 풍성한 파트너십」(1979년 5월)이었다. 이어 한일 파트너십 공동선언 이전에 일본이 합의한 파트너십은 6개 정도였다.[7] 전략적 파트너십이란 용어는 고이즈미 내각 시기의 「일본-EU 정상협의

---

[5] 1993년 11월 김영삼-호소카와 정상회의(경주)에서 양측은 서로를 '21세기 아시아·태평양 지역의 동반자(파트너: 역자주)'로 규정한 바 있다. 이주경(2019, 13)은 1998년 공동선언은 이러한 노력의 연장선상에 있다고 지적한다.

[6] 일본 최초의 전략적 파트너십이 고이즈미 준이치로(小泉純一郎) 내각 시기에 체결된 점을 고려하면 외교통상부가 주로 검토한 것은 강대국들 간 전략적 파트너십이었을 것이다. 그때까지 일본 측은 파트너십이란 용어를 경제 분야에 한정하여 사용하고 있었다.

공동언론성명」(2002년 7월)의 문중에 처음으로 등장한다(白石 2014, 495-500).

　　김대중-오부치 선언은 일종의 매니페스토였다. 그렇다면 양측은 구체적으로 어떠한 공통 목표와 상호 협력에 합의했을까? 우선, 공동선언은 5개 분야_정치, 안보, 경제, 인적·문화 교류, 그리고 지역적·세계적 이슈_의 협력 원칙으로 이루어졌다. 그에 더해 5개 분야 43개 항목의 실천 과제를 포함한 「21세기의 새로운 한일 파트너십을 위한 행동 계획」도 채택되었다(자료 2-3, 자료 2-4).

　　첫째, 정치 분야의 핵심 이슈는 과거사 문제였다(공동선언 2항). 과거사 문제를 제일 앞부분에서 거론한 것은 냉전 해체 직후인 1990년대 초반 이후 관계의 악순환을 초래한 대표적인 요인이었기 때문이다. 과거사 문제는 1991년 8월 김학순 할머니의 일본군 위안부 피해 사실 공개를 계기로 1993년 8월의 '고노 담화'_위안부 모집의 강제성 및 일본군의 직간접적인 관여를 인정한 내각 관방장관 담화_, 그리고 1995년 8월의 '무라야마 담화'_전후 50주년 기념식에서 일본의 식민지 지배와 침략에 대해 공식적으로 사죄한 총리 담화_로 이어졌다. 하지만 가해 사실인정에 대해 일본 보수 세력은 반발하며 과거사를 부정하는 언행을 일삼았다.[8] 이 시점에 이른바 김영삼 대통령의 '버르장머리' 발언이 나오기도 했다.[9]

---

7 예를 들면, 「미일 글로벌 파트너십에 관한 도쿄선언」(1992년 1월), 「일본-이집트 공동 코뮤니케: 더욱 더 좋은 장래를 향한 파트너십」(1995년 3월), 「일본-호주 파트너십에 관한 공동선언」(1995년 9월), 「일본-독일 파트너십을 위한 행동 계획」(1996년 5월), 「신 일본-영국 행동 계획: 세계로 넓어지는 특별한 파트너십」(1996년 9월), 「공동코뮤니케: 21세기로의 일본-남아공 파트너십」(1998년 4월) 등이다.

8 1995년 6월 와타나베 미치오(渡辺美智雄) 전 외상의 발언 "한일강제병합조약은 우호적으로 체결되었다"_, 8월 시마무라 요시노부(島村宜伸) 문무상의 발언 "태평양전쟁이 침략전쟁인가 하는 판단은 사고 방식의 문제이다"_, 10월 무라야마 총리의 발언 "한일병합조약은 당시의 국제관계 등 역사적 사정 속에서 법적으로 유효하게 체결되었다"_, 11월 에토 다카미(江藤隆美) 총무청장관의 발언 "식민지 시대에 일본이 한국에 대해 좋은 일도 했다"_ 등이 그러했다.

9 국내의 반일 정서가 고조되는 가운데 김영삼 대통령은 정상회담을 취소하고 해당 각료의 해임을 요구했다. 그리고 11월 14일 장쩌민 주석과의 한중정상회담 직후의 기자

김대중 대통령은 양국이 불행한 과거사를 정리하고 진정한 미래의 동반자_파트너_로 거듭나는 계기를 마련하고자 했다. 강경 대응은 또 다른 강경책을 불러왔고, 그 결과 양국 간 외교 채널은 끊기고 정부 간 신뢰도 무너졌다(김대중 2010, 109). 이 문제에 대한 양측의 접근 방식은 이른바 전후 화해였다. 이는 과거사 사죄 부재라는 1965년 체제의 한계를 극복하려는 시도이기도 했다.[10]

공동선언은 우선 오부치 총리가 한국에 대한 식민지 지배의 역사적 사실을 인정함과 동시에 반성과 사죄를 표명하고, 김대중 대통령이 이를 수용·평가하면서 미래지향적 관계를 위해 함께 노력해 나가자고 화답하는 방식을 취했다. 일본 측의 반성과 사죄가 공식 합의 문서에 명기된 것은 한일관계사에서 처음 있는 일이었다.[11] 사죄 표현의 공식 문서화는 일종의 상호 구속 메커니즘에 의거한 것이었다. 한국 측은 공동선언을 통해 일본 측의 퇴행적 언행을 제약할 수 있을 것으로, 일본 측은 한국 측이 더 이상 반성과 사죄를 요구하지 않을 것으로 기대했다.

둘째, 동북아시아 안보 정세 악화도 한일 파트너십 형성에 이바지했다. 북한의 핵·미사일 개발 문제는 북미 제네바 합의(1994년 10월) 및 한반도에너지개발기구(KEDO) 설립(1995년 3월)에도 불구하고 별다른 진전을 이루지 못하고 있었다. 특히, 한일 정상회담 직전 북한의 대포동 미사일 발사 실험을 계기로 일본 측은 공동성명에 강력한 반대의 취지를 포함시킬 것을 요청했다. 일본 측으로서는 한일 간 안보협력 강화와 대북정책 협조의 필요성이 커진 셈이다. 하지만, 김대중 정부는 압박보다는 대화를 중시하는 화

회견에서 "이번에 기어이 버르장머리를 고치기 위해 (에토 장관이) 해임되지 않으면 정상회담도 갖지 말도록 지시했다."라고 밝혔다(조세영 2014, 165-166 재인용).
10 1965년 체제는 냉전체제 아래에서 과거사 청산이나 독도 영유권 문제를 보류한 채 안보 공조와 경제협력을 우선했다(이원덕 2018, 153-154).
11 공동선언에 일본의 반성과 사죄를 포함시키고 이에 양국 정상이 서명하도록 하자는 아이디어는 한국 외무부가 제안한 것이었다(조세영 2018, 4).

해·협력 정책_이른바 햇볕정책_을 기조로 하고 있었다.

양측의 대북정책 조율 결과가 공동선언 7항이었다. 7항은 대북 대화를 중시한다는 인식의 공유, 김대중 정부의 대북 햇볕정책에 대한 오부치 총리의 지지 표명, 북한 핵 개발 저지 메커니즘인 제네바 합의 및 KEDO 역할 확인, 북한 미사일 발사에 대해 유엔 안보리 의장이 표명한 우려 및 유감 공유, 한일 간 대북정책 연대와 정책 협의 강화 등을 담았다.

이 가운데 정책 협의와 관련하여 처음으로 양국 외교·국방 당국의 국장급이 참여하는 안보정책협의회(1998년 6월)가 개최되었다. 일본 측이 일단 강경 대응을 자제하면서 한국 측의 대북정책을 소극적이나마 수용한 결과였다. 장기적인 시점에서 보면 북한의 핵·미사일 개발은 냉전 해체로 이완되고 있던 한일 간, 한미일 간 안보협력에 새로운 동력을 제공했다.

셋째, 한일 간 경제협력 강화도 파트너십 형성에서 비중 있게 다뤄졌다. 긴급한 현안은 한일 어업협정 문제와 일본의 긴급 차관 30억 달러 지원 문제였다. 전자와 관련하여 1994년 유엔해양법협약이 발효된 이래 독도 문제가 표면화되기 시작했다. 200해리로 규정한 배타적 경제수역(EEZ) 체제 하에서 독도를 기점으로 삼을 것인지의 문제였다. 양측이 도출해 낸 것은 독도 영유권 문제와 EEZ 문제를 분리하여 교섭하는 방안이었다.

하지만 실상 교섭 상황이 지지부진하자 일본 측은 1998년 1월 기존의 어업협정을 일방적으로 파기하는 강수를 두었다. 어업단체 중심으로 양국에서 대규모 시위와 반발이 일어나는 가운데 양측은 김대중 대통령 방일에 맞추어 신어업협정을 체결했다. 독도가 아닌 울릉도를 기점으로 설정하여 한일 중간수역에 독도가 포함되는 타협안이었다. 한국 측은 독도 주변 12해리는 한국 영해이므로 중간수역에 포함되지는 않는다는 입장을 취했다 (조세영 2014, 176-180; 220-223).[12]

---

[12] 독도를 실효 지배하고 있는 한국으로서는 영유권 문제와 EEZ 문제를 분리하는 것이 영토·영유권 문제가 국제 분쟁화하는 것을 방지하는 데 도움이 될 것으로 판단한 듯

긴급 차관 문제는 공동선언 8항에서 재정 투융자를 활용한 일본 수출입 은행 융자에 대한 합의를 소개하고, 부속서인 행동 계획에 총액 30억 달러 규모의 융자를 명기했다.[13] 한국의 외환위기에 즈음하여 일본 측이 지원한 것은 평가할 만했다.[14] 공동선언에서 거론하지는 않았으나 외환위기 직후 양국이 동아시아 FTA 체결 움직임을 주도한 점도 특기할 만했다(鄭仁教·趙貞蘭 2008, 107). 한일 양국이 1998년 중반 FTA 협의를 시작한 것은 중국-아세안 FTA를 자극하는 등 동아시아의 FTA 체결 경쟁을 가속시켰다.

넷째, 한일 공동선언에서 양국 국민이 가장 인상 깊게 본 분야는 문화·인적 교류였다. 특히, 한국 내의 우려와 반발에도 불구하고 김대중 정부는 일본 대중문화를 개방하겠다는 방침을 행동 계획에 명기했다. 일본 대중문화 개방 조치는 후일 한류(韓流)의 전 세계적 확산에 결정적인 전환점이 된 것으로 평가된다.

다섯째, 양측이 파트너십을 양자관계에 머물지 않고 아시아·태평양 지역, 더 나아가 세계적 차원에서 서로 협력하며(4항), 미국과의 안보 체제를 견지하면서 아시아·태평양 지역의 평화와 안전을 위한 다자 간 대화 노력을 강화해 나가기로 한 부분(6항)도 주목할 만했다. 이러한 지역적·세계적 차원의 협력은 자유롭고 개방된 국제경제체제 유지·발전, 다자 무대(WTO, OECD, APEC 등)에서의 정책 협조(8항), 그리고 지구환경 문제, 개발도상국 원조 협력, 국제조직범죄 협력 등(9항) 포괄적인 분야에 걸친 것이었다. 이들 가운데 다자 간 지역 안보 대화 협력과 관련하여 행동 계획은 ARF 강화

하다.
13 한국은 IMF로부터 195억 달러의 구제 금융을 받는 대가로 대대적인 경제 구조조정을 실시했다. 김대중 정부는 2001년 8월 195억 달러를 조기 상환해 IMF 관리체제를 졸업했다.
14 1997년 당시 일본 금융권의 단기외채 회수가 한국의 IMF행을 겪게 한 결정타가 되었다는 지적도 있다. 1997년 말까지 일본 금융권이 한국에서 회수한 자금은 120억 달러에 달했다(김현민 2019.4.22).

를 위한 협력과 동북아시아 안보 관련 다자 대화의 장을 설치하기 위한 협력 추진을 언급했다.

파트너십 형성에 있어서 외교부서 간 협력 이상으로 중요한 역할을 한 것이 양국 정상의 정치적 리더십이었다. 파트너십 형성에 관련된 정책 결정 방식은 상향식이 아닌 하향식(top-down)에 가까웠다. 특히, 김대중 대통령의 철학과 비전이 불가결한 역할을 했다. 김대중 대통령의 대일 관계 개선에 관한 기본 원칙은 크게 세 가지였다(서승원 2017, 35-36).

먼저, 과거사 문제 해결, 즉 일본 측의 사죄가 진정한 관계 개선의 전제 조건이었다. 김대중 대통령은 양측 모두 과거사 인식의 갭을 좁힐 자세가 되어 있지 않다는 점을 숙지하고 있었다. "일본인에게 전쟁은 아직 끝나지 않았으며, 한국인에겐 탈식민지화는 아직 시작되지 않았다."라는 것이다. 이에 김대중 대통령은 외압을 가해 과거사 문제를 해결하려고 하지 않았다. 일본 측의 자발적인 노력이 선행되어야 이를 수용할 수 있다는 입장이었다. 김대중 대통령의 일본 의회 연설_"지난 1500년 동안 임진왜란 7년, 식민지 지배 36년을 제외하면 한일관계는 비교적 양호했다"_은 이를 위한 분위기 조성이었다.

다음으로, 양국이 공유하는 가치·규범에 대한 강조였다. [전략적] 파트너십에서 상대방을 선택하는 개념적 기준은 크게 두 가지_선택(choice)에 의한 파트너, 그리고 필요(necessity)에 의한 파트너_이다. 전자는 가치·규범의 공유를 중시하며, 후자는 안보적, 경제적 이해관계 등을 중시한다. 김대중 대통령은 양국이 자유민주주의, 시장경제, 미국과의 동맹이란 가치를 공유한다는 점을 역설했다. 자유민주주의와 시장경제의 확산이 지역의 지속적인 평화와 번영을 가져올 것이라는 신념에 의한 것이었다.

그는 민주주의 국가는 서로 전쟁을 하지 않는다고 믿었다. 이와 더불어 경제적 상호 의존을 심화시켜 시장경제에 대한 기득권을 창출하면 국가 간 관계는 더욱 협조적이 될 수 있을 것으로 기대했다. 게다가 양국은 미국을 경유한 준동맹관계에 있는데 이는 일본과의 파트너십 구축을 위한 중요한 자산이었다. 이와 관련하여 김대중 대통령이 모델로 삼은 것은 제2차 세계대전 이후의 독일·프랑스 간 화해였다. 독일과 프랑스 양국은 상호 적대감을 극복했을 뿐만 아니라 유럽연합(EU)의 산파 역할을 했다.

포괄적인 분야에서의 협력을 통한 실질적인 국익 실현도 고려되었다. IMF 외환위기에 직면한 상황에서 일본의 금융 지원은 불가결했다. 김대중 정부의 유화적인 대일 자세는 이를 위한 것이기도 했다. 자신의 대북 햇볕정책에 대한 지지 확보도 필요했다. 대북 햇볕정책의 목표 중 하나는 북일 수교 촉진도 포함되었다. 직접적으로는 북한 경수로 지원 사업에 대한 일본의 재정적 공헌을 재개시키기 위해 많은 공을 들였다. 안보협력 강화와 한반도에너지개발기구(KEDO) 정책 공조 등을 통해 장기적으로는 냉전 질서를 극복하고자 했다. 그에 더해 양국이 공동 개최하는 국제축구연맹(FIFA) 월드컵의 성공도 중요했다.

물론, 오부치 내각의 적극적인 호응도 불가결했다. 자민당 보수본류에 속하는 오부치 내각은 인교(隣交) 외교를 내걸고 있었다. 일본 외교의 중요한 과제는 다자주의화, 다시 말하면 아시아_특히, 지리적, 문화적으로 가까운 한국과 중국 등_와의 신뢰 구축이었다. 이를 위해 과거사 문제에 전향적인 자세를 취했다. 공동선언 작성 당시 일본 외무성이 무라야마 담화 수준으로 언급할 것을 제안했으나, 오부치 총리는 한국 측의 요청_총리의 직접 사죄 및 문서화_을 받아들였다(이주경 2019, 15-16). 김대중 정부의 유연한 동아시아 구상도 자신들의 아시아 중시 노선과 대체로 유사했다.

다만, 공동선언 합의 과정에 몇 가지 문제점도 있었다. 일본은 자국의 유엔 안보리 상임이사국 진출을 한국이 지지한다는 내용을 포함시켜 줄 것을 강력하게 희망했다. 하지만, 한국 측은 신중한 자세를 유지했다. 공동선언은 "국제연합을 비롯한 국제사회에 대한 일본의 기여와 역할을 평가하고, 금후 일본의 그와 같은 기여와 역할이 증대되는 데 대한 기대를 표명"하는 데 머물렀다(조세영 2018, 3). 더욱 어려운 문제는 어업협정과 대북정책이었다(이주경 2019, 17-21).

　IMF 외환위기 속에서 김대중 정부는 어업협상을 일정 부분 양보_독도 주변 잠정수역 범위_하는 대신 외채 연장과 경제적 지원을 교환하는 방식을 취할 수밖에 없었다. 오부치 총리는 수산업 관련 행위자들_정계 수산족 의원들과 어업단체_을 설득하여 정부-여당 합의를 이끌어냈다. 북한 문제에 관해서는 대포동미사일과 관련하여 일본 측이 공동선언에 강력한 메시지를 담자고 요구했다. 이에 대해 김대중 정부는 공동선언이 아닌 부속서에 한일 안보 대화, 방위 협력, 대북정책 협의 강화, 북한 핵 개발 관련 협력이라는 항목을 포함시켰다. 대북 화해협력과 군사적 억지를 양립시키는 방식이었다.

3. 과거사 문제와 1965년 체제의 동요

민간 행위자들이 쏘아 올린 공

　과거사 문제는 1965년 체제 하의 난제(難題) 중의 난제였다. 김대중-오부치 선언은 이 난제를 풀기 위한 유력한 처방전이었다. 이것이 제대로 실행으로 옮겨졌다면 양측은 과거사를 둘러싼 질곡을 넘어서서 진정한 화해로 나아갈 수 있을 터였다. 다만, 이 처방전은 적어도 두 가지 측면에서 불완전했다.

　첫째, 과거 직시는 미래지향적 관계의 전제 조건, 즉 입구(入口)였다. 김대중-오부치 정상회담에서 김대중 대통령은 일본 여당 인사들의 돌출 발언에 반대한다는 점을 분명히 강조했고, 이에 오부치 총리는 이의 제기를 하지 않았다(김대중 2010, 113). 과거 직시가 제대로 이행되지 않는 상황에서 미래만을 지향하는 것은 현실적으로 곤란했다. 그리고 공동선언은 어디까지나 MOU와 비슷한 약속으로서 법적 구속력을 가진 것도 아니었다.

　둘째, 과거사 문제와 관련하여 정치의 역할이 지나치게 크게 작용했다.

공동선언은 정치_다시 말하면 양국 행정부 또는 집권 여당_를 과거사 문제 해결의 최종적인 주체로 설정했다. 더 나아가 과거사 문제는 마치 정치적 관계와 거의 동일시되었다. 하지만, 정치는 민간 행위자의 요구를 충족시킬 수 있을 만큼 유능하지 못했다.

먼저, 냉전 해체 이후 민간 행위자들_일제강점기 피해자들과 이들을 지원하는 한일 양국의 지원·시민단체_이 과거사 문제의 핵심적인 주체로 등장하기 시작했다.[15] 민간 행위자들은 특정한 역사적, 정치적 분기점에서 정부의 정책과 구별되는 이슈를 창출하거나 의제를 설정하는 데 중대한 역할을 한다(Suh and Linkhart 2011, 166-167). 이들의 과거 식민지 지배와 관련된 부정의에 대한 이의 제기, 진상규명 요구, 그리고 양국 정부에 대한 시정 요구 압력 등이 없었다면 과거사 문제는 정치 관계의 주요 의제가 되지도 않았을 것이다.

예를 들어, 일본 측의 1993년 고노 담화와 '여성을 위한 아시아 평화 국민기금'(약칭 아시아여성기금) 구상은 일본군 위안부 피해자 할머니들의 피해 증언에서 비롯되었다. 2008년 일본 최고재판소의 강제동원 불법성 일부 인정 판결, 2011년 8월 한국 헌법재판소의 일본군 위안부 문제와 원폭 피해자 문제에 대한 정부의 부작위 위헌 결정, 그리고 2012년 5월 한국대법원의 강제징용 피해자에 대한 개인청구권 인정 판결은 거의 30년에 걸친 피해자들과 지원 단체의 법적 투쟁의 결실이었다. 위 판결들은 양국 정부에 대한 압력으로 작용하여 2015년 12월 박근혜 정부와 아베 내각의 일본군위안부 문제 합의, 그리고 2023년 3월 윤석열 정부와 기시다 내각의 강제동원 피해자 문제 합의로 이어졌다.

---

15 과거사 문제를 수면 위로 부상시킨 요인으로는 냉전체제의 붕괴_과거의 부정의에 대한 진상규명이나 대응에의 요구를 억압해 오던 이데올로기적, 정치적 제약의 완화 또는 소멸, 민주화_민주화로 인한 인권 의식 향상 및 과거의 부정의에 대한 이의 제기_, 정체성의 정치_주로 역사를 동원한 정체성 회구 및 집단적 정체성의 재정의 움직임_, 반세계화_정체성을 위협하는 세계화에 대항하여 자신의 역사를 민족주의적으로 재구성하려는 정념_ 등이 거론된다(船橋 2001, viii-ix).

민간 행위자를 제외한 나머지 두 주체는 한일 양국 정부였다. 지난 25년 동안 피해자·지원 단체의 법적 투쟁에 대해 양국 정부는 대체로 소극적인 반응을 보였다. 법적 투쟁이 한일관계를 악화시켜 결과적으로 국익을 훼손한다는 발상에 의한 것이었다. 다만, 드물게 예외적인 경우도 있었다. 예를 들어 노무현, 박근혜, 문재인 정부는 가급적 피해자·지원 단체를 옹호하려는 입장을 취했다. 이는 기존의 '한일 양 정부 vs. 피해자·지원 단체' 구도가 '한국 정부와 피해자·지원 단체 vs. 일본 정부' 구도로 이행하고 있음을 보여주었다.

노무현 vs. 고이즈미, 박근혜 vs. 아베, 그리고 문재인 vs. 아베

김대중-오부치 선언 이후 과거사 문제를 둘러싼 정부 간 대립의 단초를 제공한 것은 일본 정치의 우경화였다. 1993년 호소카와 총리의 침략 전쟁 발언, 같은 해 미야자와 내각의 '고노 담화', 1995년의 '무라야마 담화' 등에 거세게 반발한 보수우파 세력은 역공을 펼치기 시작했다. 1999년의 국기·국가법 제정, 2001년 '새로운 역사 교과서를 만드는 모임'(이른바 새역모)이 제작한 중학교 역사 교과서의 문부성 검정 통과[16], 2001년 이후 5년 동안 계속된 고이즈미 총리의 야스쿠니신사 참배, 그리고 2005년 일본 시마네현(島根縣) 의회의 '다케시마의 날' 조례 제정 등이 그 대표적인 예였다.

일본 정치의 우경화는 한국 정부의 강경 대응을 쉽게 야기했다. 과거사 문제는 이미 일본은 물론 한국에서도 집단적 정체성을 재구축하려는 움직임에 필요한 자양분을 공급하고 있었다. 노무현 정부의 2005년 3월 '대일 신 독트린' 발표, 이명박 대통령의 2012년 8월 독도 방문이라는 초강경 대응은 그런 의미에서 이미 예견된 것이었다. 특히, 노무현 정부의 대일 신 독트린은 일본 지도층 인사들의 퇴행적 언행 증가, 왜곡된 역사 교과서의

---

16 동 교과서는 고노 담화 및 무라야마 담화를 거치면서 거의 모든 교과서에 기술되어 왔던 일본군 위안부 및 난징대학살에 관련된 내용을 대폭 축소하거나 삭제했다.

검정 통과, 독도 영유권 주장 등은 무라야마 담화 및 김대중-오부치 선언에 반하는 것으로, 한국 정부는 독도 영유권 수호를 위한 제반 조치를 취할 것이며, 국제사회 및 일본의 양심 세력과 연대하여 역사 왜곡 문제를 시정해 나갈 것이라고 강조했다.[17]

노무현 정부가 과거사 문제와 관련하여 '일제강점하 강제동원 피해 진상규명 등에 관한 특별법'(2004년 3월), 그리고 '태평양전쟁 전후 국외 강제동원 희생자 지원법'(2007년 12월)을 제정한 것은 중대한 분기점이 되었다. 일본군 위안부 문제, 사할린 동포 문제, 그리고 원폭 피해자 문제는 모두 1965년 청구권 협정에 포함되지 않았으며, 따라서 일본 정부의 법적 책임이 남아 있다는 한국 정부의 공식 입장을 분명히 밝혔다.

특별법 제정은 피해자·단체들로 하여금 법적으로 투쟁할 수 있는 공간을 열어주었다. 이러한 투쟁이 2011~12년 헌법재판소 및 대법원 판결로 이어졌다는 점은 전술한 바와 같다. 그에 더하여 한국 사법부의 판결은 필연적으로 1965년 한일기본조약 제2조 문제를 다시 부상시켰다. 이는 1910년 한일강제병합조약에 대한 양국의 해석 차이를 해결하도록 양국 정부에 압력을 가하는 것이기도 했다. 이를 고려하면 특별법 제정은 단순히 1965년 체제를 보완하는 차원을 넘어, 그 체제의 재정립 또는 1965년 규범의 해체라는 지향성을 내재한 것이었다.

박근혜-아베 시기 한일 간 과거사 갈등은 한층 더 고조되었다. 2012년 12월에 출범한 제2기 아베 내각이 위안부 문제의 강제성과 침략 전쟁 사실을 부정하고 야스쿠니신사 참배를 강행하는 등 노골적인 역사 수정주의적 행보를 보이기 시작했기 때문이다. 이에 대해 박근혜 정부는 일본군 위안부

---

17 2005년 4월 일본 정부가 발표한 중학교 역사 교과서 검정 결과에 따르면, 독도를 일본 영토로 기술한 교과서가 증가했음은 물론, 한국이 독도를 '불법 점거'하고 있다는 표현도 등장했다. 덧붙여, 3월 한국 정부가 일본의 유엔 안보리 상임이사국 진출 시도를 저지한다는 방침을 정했다는 언론보도도 있었다.

문제를 대일 외교의 최우선 의제로 설정하면서 강경하게 맞섰다. 아베 총리와의 정상회의 중단, 국제사회에 대한 일본의 위안부 관련 만행의 적극적인 홍보가 뒤이었다. 양측의 위안부 문제를 둘러싼 국제적 외교전은 2015년 12월 한일 외교장관 공동기자회견_이른바 한일 위안부 합의_ 때까지 지속되었다.[18]

위안부 문제 합의에 이르는 과정에 한중 양국의 대일 과거사 연대, 그리고 한일 간 합의를 위한 미국의 중재가 있었다는 점은 과거사 문제의 다자화를 의미했다. 전자는 아베 내각의 역사 수정주의적 행보라는 한중 양국의 공통된 도전에의 대응이었다. 박근혜 대통령의 2015년 8월 중국 항일·반파시스트 전쟁 승리 70주년 기념행사 참석은 이러한 한중 연대를 가장 극적으로 연출한 사건이었다. 동북아시아에서 일본의 외교적 고립이 심화하는 가운데 미국 오바마(Barak Obama) 정부는 아베 내각의 지나친 역사 수정주의 행보에 자제를 요청하면서 한일 양측이 위안부 문제에 대해 타협하도록 적극적인 영향력을 행사했다. 앞의 위안부 합의, 그리고 그보다 약간 앞선 8월의 「70주년 담화: 아베 신조 총리 담화」_이른바 아베 담화_가 이루어진 주된 배경이었다.[19]

문재인-아베 시기의 과거사 문제는 급기야 경제적, 군사적 대립으로까지 발전했다. 2018년 10월 한국대법원이 전범 기업인 미쓰비시중공업과

---

18 위안부 합의는 위안부 문제에 대한 일본 총리 최초의 공식 사과, 한국 정부의 지원 재단 설립 및 일본 정부의 동 재단에 대한 출연금(10억 엔) 지출, 위안부 문제의 최종적 및 불가역적 해결의 상호 확인, 국제사회에서의 상호 비난·비판 자제, 주한 일본대사관 앞 소녀상 문제의 적절한 해결을 내용으로 했다. 이 합의는 사전에 피해자들의 의견 수렴 절차를 생략했고, 배상금이 아닌 위로금의 형태를 취했으며, 불가역적 최종 해결을 언급하여 피해자들의 법적 투쟁을 무력화하는 측면이 있었다. 그로 인해 국내의 거센 반발과 비판을 불러일으켰다.
19 아베 담화는 식민지 지배와 침략에 대한 역대 내각의 자세를 계승하겠다_간접적 사과_; 과거 전쟁으로 여성들이 명예와 존엄에 상처를 입었다; 전후 세대에게 사과의 숙명을 계속 짊어지게 할 수 없다는 내용 등을 담았다.

신일본제철의 강제동원 피해자들에 대한 배상 책임을 인정한 이후 아베 내각은 전례 없이 강경한 태도를 취했다. 아베 내각은 1965년 청구권 협정으로 일본의 법적 책임과 배상 문제는 이미 종결되었으며 한국 내 관련 일본기업의 자산 압류는 한일관계의 마지노선_1965년 체제의 근간을 뒤흔드는 행위_이라고 통보했다. 한일 양국 기업의 자발적 위로금 출연으로 대응하자는 문재인 정부의 제안은 일축되었다.

그리고 아베 내각은 2019년 7월~8월 한국에 대해 초유의 보복 조치_수출규제 및 화이트리스트 제외_를 실행했다. 아베 내각은 한국 정부가 이중 군사 용도로 사용되는 반도체 제조용 화학물질이 북한 등 제3국에 유출되는 것을 적절하게 통제하고 있지 않다는 점을 이유로 내걸었다. 하지만, 문재인 정부의 대일 자세에 대한 강한 불만이 그 배경에 있음은 명확했다.[20]

한국 측도 물러서지 않았다. 문재인 대통령은 8월 국무회의에서 수출규제를 대법원의 강제징용 판결에 대한 명백한 무역 보복이며 한국 경제의 미래 성장을 가로막아 타격을 가하겠다는 분명한 의도를 가진 것으로 규정했다. 그리고 일본의 수출규제에 대해서는 세계무역기구(WTO)에 제소했다. 그에 더하여 북한의 핵·미사일 정보를 공유하기 위한 핵심 메커니즘인 한일군사정보보호협정(GSOMIA) 종료도 통보했다. 일본의 화이트리스트 제외는 양국의 안보협력 환경에 중대한 변화를 초래하는 것으로, 안보상 민감한 군사정보 교류를 목적으로 한 협정을 지속시키는 게 국익에 부합하지 않는다는 설명이었다. 소재·부품·장비 분야의 국산화도 추진되었다.

극단으로 치닫던 한일 간 강제징용 문제는 2023년 3월 윤석열-기시다 정상회의(도쿄)로 일단 봉합되었다. 윤석열 정부가 일방적으로 강제동원 피해자들에 대해 제3자 대위변제 방식을 적용하기로 했기 때문이다.[21] 이와

---

20 문재인 정부는 화해·치유재단을 해산하는 등 사실상 위안부 합의를 파기한 상태였다. 과거사 문제는 피해자 중심주의를 강조하면서 미래지향적인 협력 사안은 이와 분리해서 대응한다는 대일 '투 트랙 외교'를 내걸었다.

더불어 한국 측은 WTO 제소를 철회하고, 일본 측은 3개 품목 수출규제 조치를 해제했다. GSOMIA의 원상을 회복하겠다는 한국 측의 약속과 화이트리스트의 원상회복을 위해 노력하겠다는 일본 측의 언급이 뒤따랐다. 한일 안보 대화 및 한일 차관전략대화 조기 재개, NSC 차원의 한일 경제안보대화 개시, 고위급 한중일 프로세스 재가동 등도 약속되었다.[22]

4. 대북정책을 둘러싼 불협화음

남북 관계와 북일 관계의 선순환은 왜 중단되었을까?

한일 간의 안보적 이해관계는 충돌하는 부분_예를 들면 독도 영유권 문제_보다 공유하는 부분이 더 넓다. 양국은 냉전 초기부터 미국과의 군사동맹을 경유한 준동맹국이다. 당시에 체결된 미일안보조약(1951년 9월)과 한미상호방위조약(1953년 10월)이 설정한 공통의 위협은 동북아시아의 공산주의 국가, 즉 중국과 북한이었다. 그리고 1965년의 한일기본조약은 미국 중심의 동맹체제에서 약한 고리로 여겨졌던 한일 간의 반공연대가 형식적으로 완성되었음을 의미했다. 한국은 대 공산권 전초기지, 일본은 이를 지원하는 후방 기지라는 역할 분담이었다. 1980년대 과거사 문제_교과서 문제와 야스쿠니신사 참배 문제_로 다소 반목(反目)은 있었지만 이것은 안보적·경제적 고려를 넘어서는 것은 아니었다.

---

21 제3자 대위변제는 한국 정부 산하에 재단을 만들어 국내 기업과 민간이 기부하도록 하여, 그 돈으로 우선 피해자들에게 배상을 해주고, 그다음에 한국 전경련 및 일본 게이단렌이 협력하여 만든 새로운 재단_가칭 청년미래재단_에 일본 기업들이 상당액을 기부하는 방식을 말한다.
22 윤석열 정부는 강제징용 피해자들의 사전동의를 구하지 않았다. 게다가 대법원이 인정한 피해자의 위자료 청구권을 한국 정부가 일방적으로 소멸시키면서 일본 측에 면죄부를 부여하는 결과를 초래했다.

냉전 종언 이후에는 북한의 핵·미사일 개발로 비롯된 위협 인식 공유가 한일 간 안보협력을 견인하기 시작했다. 1972년 중일 수교와 1992년 한중 수교로 중국은 이미 적성국이 아니었다. 하지만, 이러한 위협 인식 공유가 곧바로 대북 어프로치와 정책목표 공유를 의미하는 것은 아니었다. 외교적 협상과 경제적 지원이 중심이 되는 '대화'를 통해 북핵 문제를 해결할 것인가, 아니면 외교적 고립화와 군사적 수단에 중점을 두는 '압력'으로 문제를 해결할 것인가를 둘러싸고 협력과 갈등이 혼재했다.

정책목표를 둘러싼 양측 사이의 간극(間隙)은 더욱 넓었다. 민주화 이후에 등장한 한국의 진보 정권들은 장기적으로 한반도 냉전체제의 해소를 지향해 왔다. 이는 화해·협력 정책을 통한 한반도 현상 변경을 의미한다. 그에 반해 한국 보수 정권과 일본의 집권 세력은 한반도의 급격한 현상 변경에 불안감을 느꼈다. 위협 인식과 정책목표의 공유 또는 간극은 양국 간 안보협력이 협력적일지, 아니면 갈등적일지에 직접적인 영향을 미쳐왔다. 협력적일 때 한일관계 그 자체의 존재감은 다른 양자 또는 다자 관계에 비해 상대적으로 커질 가능성이 크다. 반면 갈등적일 때 한일관계는 상대적으로 주변화되기 쉬웠다.

1998년의 한일 파트너십은 대북정책 협조라는 안보적 고려가 적지 않게 작용했다. 여기서 정책 협조의 내용이 김대중 정부의 햇볕정책에 대한 오부치 내각의 지지, 그리고 한미일 협력 틀을 활용한 대북 관여 정책의 추진에 있었다는 점은 앞서 언급한 바와 같다. 그리고 김대중 대통령의 구체적인 복안은 남북 관계 개선을 통해 북일 관계를 개선하고_북일 수교 지향_, 또 이를 토대로 북미 관계를 개선_북미 수교를 상정_함으로써 한반도 평화 체제를 달성하는 것이었다.

2000년에서 2002년까지 김대중 대통령의 구상은 성공적으로 구현되어 가는 것처럼 보였다. 2000년 6월 김대중 대통령과 김정일 국방위원장 사이의 남북정상회담(평양)과 '6.15 선언', 그리고 2002년 9월 김정일 국방위원장과 고이즈미 총리의 북일 정상회담(평양)과 '9.17 평양선언'_북일 수교의 기본 틀 합의_이 그것이다. 이 두 가지 역사적인 사건은 동북아시아의 긴장을 획기적으로 완화한 것은 물론 남북 관계 개선과 북일 관계 개선의 선순환 구조를 상징했다.

그러나 이러한 선순환은 곧바로 악순환에 빠져들기 시작했다. 두 가지 요인이 크게 작용했다. 하나는 김정일 위원장이 고이즈미 총리에게 북한의 일본인 납치 사실을 인정함으로써 비롯되었다. 일본인 납치 문제는 일본 내에 거센 반북 정서와 반북 여론 캠페인을 불러일으켰다. 이 와중에 우파 정치세력은 내셔널리즘 고양과 안보 정책·체제를 전환하기 위한 도구로 북한 문제를 적극적으로 활용했다. 이로써 일본 내에서는 대북 대화론이 자취를 감추고 제재론·압박론이 압도적으로 우세해졌다. 그리고 일본인 납치 문제가 대북 외교를 '납치'하는 상황까지 전개되었다. 일본 정부가 6자 회담에서 납치 문제를 논의해야 한다고 강변하는 일도 있었다.

다른 하나는 미 부시(George W. Bush) 정부의 대북 강경 자세였다. 2000년 남북정상회담 이후 미 클린턴(Bill Clinton) 정부는 북한 조명록 특사 방미(10월), 페리보고서 제출, 올브라이트 국무장관 방북(11월) 등을 거쳐 북핵 문제의 근본 원인인 한반도 냉전 구조를 점진적으로 해체해 나간다는 포괄적 접근 방식에 동의하고 있었다. 한미 간 공조도 순조로웠다.

그러나, 2001년 신보수주의_이른바 네오콘_ 세력이 주도하는 부시 정부가 출범하고 같은 해 곧바로 9.11 테러 사건이 발생하자 미국의 대북 자세도 급속히 경색되었다. 부시 정부는 북한을 이라크, 이란과 함께 '악의 축'(axis of evil)으로 규정한 데 이어 북한이 고농축 우라늄 핵무기 개발을 사실상 시인했다고 발표하고 북미 제네바 합의 파기를 선언했다. 이에 대한 한일 양국의 대응은 180도 달랐다. 노무현 정부는 대북 포용 정책을 끝까지 유지하고자 했고, 고이즈미 내각은 부시 정부에 적극 호응했다.[23]

한일관계가 갈수록 주변화하다

한편, 대북 압력을 중시하는 한국 보수 정권_이명박 정부와 박근혜 정부_의 등장으로 일본과의 대북 위협 인식과 정책목표는 상당 부분 공유하게 되었다. 게다가 2010년 전후의 핵실험, 천안함 침몰 사건, 연평도 포격 사건 등 북한의 연이은 무력도발은 한일 간 안보협력의 필요성을 다시 제고시켰다. 그 결과물이 한일군사정보보호협정(GSOMIA) 체결 논의였다. 하지만, 이 논의를 제외하고 그 후의 한일 간 대북정책 협력은 별다른 진전을 거두지 못했다.

오히려 '일본 패싱'(Japan passing) 현상이 두드러졌다. 박근혜 정부는 한국-미국-일본 공조보다는 한국-북한-중국 구도를 상대적으로 중시했다. 한중관계를 긴밀화하고, 이를 토대로 중국이 압박을 강화함으로써 북한의 핵 포기를 이끌어 내려는 시도였다. 그러나 중국의 역할에 대한 기대는 북한의 핵실험 강행으로 실현되지 못했다. 그리고 박근혜 정부는 2016년 7월 중국이 거듭 반대를 표명하던 주한미군 사드(THAAD) 배치를 결정했다. 박근혜-시진핑 사이의 한중 밀월관계의 종식을 의미했다.

대북정책을 둘러싼 불협화음이 더욱 심해진 것은 문재인-아베 시기였다. 문재인 정부는 김대중-노무현 정부를 계승하여 남북 간 화해·협력과 한반도 비핵화를 대북정책 기조로 설정했다. 이를 위한 어프로치는 한국-북한-미국 선순환 구도였다. 문재인 정부는 2018년 초 남북 접촉을 개시한 데 이어 4월과 5월 극적인 남북정상회담(판문점)을 개최했다. 그리고 이를 통해 같은 해 6월(싱가포르)과 이듬해인 2019년 2월(하노이) 사상 최초의 북미 정상회담을 성사시켰다. 북한과 미국을 대화의 장으로 유도하여 북미 관계를 개선시키고, 장기적으로 북미 수교를 통해 북한 비핵화까지 달성하고자 한 것이었다.

---

23 노무현 대통령은 임기 말인 2007년 10월 평양에서 남북정상회담을 열고 '10.4 남북공동선언'을 발표했다.

북미 하노이 회담 결렬로 좌절했지만 문재인 정부의 노력은 한반도 긴장 완화 및 평화 체제 구축의 가능성을 보여주었다는 점에서 많은 시사를 주었다. 문재인 정부가 대북정책을 한국-북한-미국 구도로 진행시키는 가운데 일본은 주요 당사자에 포함되지 않았다. 박근혜 정부에 이어 문재인 정부 시기에도 한일관계는 주변화되었다.

문재인 정부의 한반도 평화프로세스에 대한 아베 내각의 대응은 능동적인 반대와 견제로 나타났다. 대화로 북한 핵·미사일 문제를 해결할 수 없으며, 어디까지나 압박만이 해법이라는 주장이었다. 압박은 일본인 납치 문제 해결의 중심 수단으로도 간주되었다. 평창 동계올림픽 참석차 방한한 아베 총리는 문재인 대통령에게 한미군사훈련을 재개하도록 촉구하기도 했다. 존 볼턴(John Bolton 2020) 전 미국 백악관 국가안보보좌관은 자신의 회고록에서 아베 내각과 볼튼 자신을 비롯한 미국 내 대북 매파 세력이 문재인 정부가 추진하던 한반도평화프로세스를 무산시키기 위해 공조를 펼쳤다고 언급했다.

5. 경제 관계: 수직적 관계에서 수평적 관계로

한일 FTA 교섭, 시작하자마자 중단되다

이 시기 한일 경제 관계도 적지 않은 구조 변화를 경험했다. 첫째, 한국 경제의 선진국 진입을 배경으로 기존의 수직적 관계는 수평적인 관계로 이행했다. 세계은행 데이터에 따르면 한국의 GDP는 1998년 4,250억 달러에서 2020년 1조 6,300억 달러로 대폭 증가한 데 비해, 일본은 4조 1,500억 달러에서 4조 9,400억 달러로 완만한 증가세를 보였다. 한국의 1인당 GNP(명목 기준)는 9,970달러에서 31,846달러로, 일본은 35,570달러에서 38,807 달러로 증가했다. 같은 기간 1인당 구매력평가환율(PPP)은 한국이 19,530

달러에서 45,392달러로, 일본이 34,860달러에서 42,796달러로 증가했다. 한일 간 PPP가 역전된 것은 2018년이었다. 중국의 부상이란 그늘에 가려 있었으나 한국의 부상도 중요한 변화 중 하나였다.

둘째, 한일 양국 경제가 서로에 대해 차지하는 비중이 전반적으로 하락한 반면 중국의 비중이 크게 증가했다. 세계은행 데이터에 따르면 한국의 대일 수출 비중은 2000년 11.88%(2위)에서 2019년 5.24%(5위)로, 대일 수입은 19.83%(1위)에서 9.45%(3위)로 감소했다. 그리고 일본의 대한국 수출은 6.41%(3위)에서 6.65%(3위)로, 대한국 수입은 5.39%(3위)에서 4.11%(4위)로 변화했다. 2019년 중국은 한국의 최대 수출국·수입국(25.12%, 21.31%)이자 일본의 최대 수입국(23.47%)이었다.[24]

셋째, 양국 산업 간 관계도 수직적 분업체제에서 수평적 분업체제로 이행했다. 그와 동시에 양국 경제가 글로벌 가치사슬(GVC)에 편입되는 과정이 함께 일어났다. 류상윤(2021, 142-154)은 최근 동아시아 역내 분업의 주요한 변화를 다음처럼 지적한다. 중국의 부상은 동아시아 4국 간 교역의 모습을 바꿔 놓았다. 특히, 교역의 중심지는 일본에서 중국으로 바뀌었다. 교역에서 중간재 비중이 매우 높아졌다. 과거 일본이 수행하던 역내 중간재 공급 중심지 역할을 중국_수요·공급의 허브화_이 넘겨받게 되었다. 일본의 경우 특정 부분에서는 중국보다 한국의 수요에 더 의존하는 모습을 보였다.

그렇다면 한일 경제 관계의 수평적 관계로의 이행은 양국 간 파트너십에 어떠한 영향을 미쳤을까? 결론적으로 말하면, 파트너십의 성숙에 직접적인 영향을 미친 것으로 보기는 어렵다. 파트너십의 성숙도를 가늠해 볼 수 있는 사례가 한일 FTA 교섭(2001년~2004년), 자국과 주변국의 다양한 지역 경제통합_TPP, RCEP, EAFTA, AIIB, FOIP, NSP_ 구상 등이다.

먼저 한일 FTA 문제부터 살펴보자. FTA/EPA는 양자 간 경제적 제휴를

---

24 일본의 최대 수출국은 미국(19.90%)이었다.

상징하는 대표적인 사례이다.[25] 2023년 현재 한·중·일 3국 사이의 FTA는 한중 FTA가 유일하다. 한일 간 FTA는 김대중 정부 시기에 체결에 관한 검토와 정부 간 공동연구가 진행되었다. 이어 노무현-고이즈미 시기인 2003년 12월에 2005년까지 FTA 타결을 목표로 교섭이 시작되었다. 하지만 '총론 찬성, 각론 반대'라는 입장 차이를 끝내 좁히지 못하고 1년이 채 지나지 않은 2004년 11월에 교섭 중단이 발표되었다.

교섭이 중단된 이유는 경제적 요인과 정치적 요인이 작용했다. 경제적으로는 한국의 대일 농수산물 시장 개방과 일본 부품 소재산업의 대한국 투자 및 기술협력 요구에 대한 일본 측의 소극적인 자세, 그리고 대일 무역적자가 확대될 수 있다는 한국 측의 우려가 있었다. 일본과의 무역자유화를 통한 이익을 기대하기도 어려웠다. 한편, 일본 측은 농산물 시장 개방을 최소한도로 억제하기 위한 전략으로 FTA가 아닌 EPA를 주장했다.

그에 더해 양국 정부 간 정치적 대립은 교섭의 여지를 지극히 협소하게 만들었다. 특히, 고이즈미 총리의 야스쿠니신사 참배, 새역모 교과서의 문부성 검정 통과 등으로 인해 한국 내 대일 여론이 악화하고 있었다. 이러한 상황에서 FTA가 체결되고, 우려한 대로 대일 무역적자가 더욱 확대된다면 그 정치적 부담은 쉽게 감당하기 어려웠다(이기완 2013).

비록 한일 간 FTA는 실현되지 못했지만, 양국의 FTA 교섭 자체가 동아시아의 '경쟁적 지역주의'의 기폭제가 되었다는 견해가 흥미롭다. 정인교·조정란(鄭仁教·趙貞蘭 2008)은 동아시아 외환위기 직후부터 한일 양국이 비공식 협의를 개시하고 직접 교섭에 나서자 이는 곧바로 2005년 중국-아세안 FTA 등 역내 국가 간 FTA 체결 경쟁으로 이어졌다고 지적한다.

---

25 일본은 전통적으로 FTA보다는 EPA(Economic Partnership Agreement, 경제연계협정)을 선호해 왔다. FTA가 상품 관세 및 서비스 무역장벽 삭감·철폐를 목적으로 하는 데 비해 EPA는 무역·투자의 자유화·원활화를 촉진하고 국내 규제 철폐 및 각종 경제제도의 조화 등 보다 폭넓은 경제 관계 강화를 목적으로 한다.

사실, 2000년대 초중반 동아시아에서는 지역 경제통합 논의와 구상이 매우 활발하게 진행되고 있었다. 예를 들면, 2001년 아세안+3 정상회의(브루나이)는 동아시아비전그룹(EAVG) 보고서를 채택했다. 김대중 대통령이 설립을 제안한 EAVG의 보고서는 유럽 경험을 참고하여 동아시아 FTA(EAFTA)를 중간목표로, 동아시아 경제공동체 구축을 장기목표로 설정했다. 하지만 이 과정에서 한일 양국이 아세안+3 정상회의 등을 통해 동아시아의 중장기적 경제통합에 관한 협력을 논의하는 일은 거의 없었다(정인교·조경란 2008, 118).

그 이후에 전개된 것은 중일 간 EAFTA(동아시아자유무역협정)의 구성을 둘러싼 경합이었다. 중국은 기존의 아세안+3 틀을, 일본은 아세안+3+3(호주, 뉴질랜드, 인도) 틀을 각각 주장했다. 2003년 시점에서 일본은 FTA 전략을 강화하여 동아시아 경제통합을 주도하고자 했다. 우선, 한국, 태국, 필리핀, 말레이시아와의 FTA 체결을 적극적으로 추진하고, 장기적으로 아세안, 중국, 대만, 홍콩으로 확대해 나간다는 방안이었다.

일본의 동아시아 지역주의를 향한 적극적인 행보는 민주당 정권의 하토야마 내각이 동아시아공동체 구축을 표방할 때까지 계속되었다. 당시에 하토야마 총리가 동아시아공동체 구상에서 한일 간 파트너십을 주축으로 삼은 점은 특기할 만했다. 하지만 2010년대에 들어서자 일본의 지역주의는 크게 후퇴하기 시작한다. 일본의 지역 정책·구상에서 대중 전략적 고려가 압도적인 비중을 차지하게 되었기 때문이다. 아베 내각이 주도하는 CPTPP(TPP의 후신), 그리고 자유롭고 개방된 인도·태평양(FOIP), 질 높은 인프라 파트너십(partnership for quality infrastructure, PQI), 인도·태평양비즈니스포럼 등은 일대일로(BRI)나 AIIB를 비롯한 중국의 영향력 확대 시도를 다분히 의식한 것이었다.

한국은 지역 안보협력 분야와 유사하게 미일 양국, 그리고 중국의 요청 또는 압력에 직면했다. 우선, 미국은 한국의 TPP 참여를 요청했다. TPP는 미일 양국이 주도하는 세계 통상질서 측면의 대중 견제 메커니즘이었다. 이에 대해 한국은 소극적 입장을 취했다. 대부분의 TPP 참여국과 양자 간 FTA를 체결하고 있는 점, 계속된 FTA 체결로 국내에 개방 피로도가 누적된 점, 그리고 중국과의 FTA 교섭이 진행되고 있어서 추가적인 교섭을 진행할 여력이 없었던 점이 그 이유였다(김시중 2017, 6-7). 박근혜 정부는 2015년 10월 TPP 참여국들이 추가로 참여국을 받아들이면 가입하겠다는 의사를 밝혔지만 2024년 현재까지 별다른 움직임은 보이지 않고 있다.

같은 시기에 RCEP 협상도 진행되었다. 아세안+3를 중심으로 한 EAFTA가 중일 간 경합으로 정체되는 가운데, 그 대안으로 떠오른 것이 동아시아정상회의(EAS) 참여국들(아세안+6)에 의한 자유무역협정이었다. RCEP을 중국이 주도했다는 견해가 적지 않으나 그 운전석에 앉은 것은 아세안이었다. 아세안이 이미 한국, 중국, 일본, 호주·뉴질랜드, 인도와 체결한 다섯 개의 FTA를 연계하여 하나의 FTA로 통합하는 방식이었기 때문이다.

AIIB 설립 문제에서는 미·중 간 경쟁이 치열하게 전개되었다. 중국의 AIIB 설립은 미국이 구축하고 관리해 온 기존의 통화금융질서_세계은행(World Bank), 아시아개발은행(ADB) 등_에 대한 도전으로 인식되었다. ADB는 일본이 실질적으로 운영하고 있었다. 미국은 한국의 AIIB 가입이 한미 양국 간 신인도에 부정적인 영향을 미칠 것이라며 압력을 가하고, 중국은 시진핑 주석의 방한 시에 발표한 공동선언문에 AIIB 가입을 명시해달라고 요청했다. 이에 대해 박근혜 정부는 영국, 프랑스, 독일 등이 가입을 선언한 이후인 2015년 2월 창립 회원국_대주주_이 아닌 일반 회원국 자격으로 가입했다.

이상의 사례들은 무엇보다 경제적 기회_무역 및 투자, 인프라 건설시장_의 확보를 우선시하는 한국의 대외 경제정책 기조를 보여주었다. 따라서 이러한 사례들이 전략적인 안보 이슈로 부상할 경우, 다시 말하면 정경분리 원칙이 지켜지지 않을 경우 상황 변화에 수동적으로 반응할 수밖에 없었다(손열 2017, 26).

아베 내각, 대한국 수출규제를 강행하다

　최근에 이르기까지 한일 경제 관계에는 정경분리 원칙이 유지되어 왔다. 2000년대 이래 과거사 및 독도 문제를 배경으로 정치적 관계는 냉각되었으나 경제적 관계는 대체로 정냉경열(政冷經熱) 상태가 지속되었다. 하지만, 2018년 10월부터 2019년 11월까지 과거사 문제를 둘러싼 정치·외교적 갈등은 경제 안보적 대립, 더 나아가 군사 안보적 대립으로 확전되었다. 과거사 문제의 안보화였다.

　그 발단은 아베 내각의 대한국 수출규제 강행이었다. 이 수출규제는 안전보장을 이유로 내걸었기 때문에 형식적으로는 일본의 경제 안보 사안이 되었다. 일본 측이 이번 조치를 정당화하기 위해 준용한 것은 GATT 21조의 '안전보장을 위한 예외' 조항이었다. 자국의 안전보장 이익을 보호하기 위해 필요하다고 인정하는 제반 조치를 취할 수 있다는 내용이다.

　구체적으로 일본 경제산업성은 2019년 7월 1일 '일본의 대한국 수출관리운영 재검토'를 일방적으로 발표했다. 반도체·디스플레이 생산에 필요한 3가지 핵심 소재_불화수소, 포토 리지스트, 불화 폴리이미드_에 대한 수출 우대 조치를 해제하여 계약 건수별로 수출 허가 취득 의무를 부과하는 것이었다. 2019년 상반기 한국의 불화 폴리이미드 대일 수입의존도는 93.7%, 포토 리지스트는 91.9%, 그리고 불화수소는 43.9%였다.[26]

　그에 더하여 8월 2일에는 한국을 화이트리스트_전략물자의 수출심사 및 절차를 간소화하는 대상 국가 리스트, 그룹A_에서 제외한다고 발표했다. 한국이 일본의 화이트리스트에 포함된 것은 2004년으로 아시아 국가 중 유일했다. 화이트리스트 제외 조치로 기존의 민감품목 230여 개에 더하여 총 1,100여 개 품목의 수출 절차가 강화되었다. 그로 인해 한국 기업은 일정 기간 품목 조달에 곤란을 겪어야 했으며, 조달처 변경을 위한 추가 비용도 지불

---

26 소재 주요 수입 기업은 LG디스플레이, 삼성디스플레이, 삼성전자, SK하이닉스 등과 같은 한국의 주력 기업들이었다.

해야 했다.

일본 경제산업성은 수출규제의 명분으로 "수출관리제도는 국제적인 신뢰 관계를 토대로 구축된 것으로 관계 성청에서 검토를 한 결과 한일 간의 신뢰 관계가 현저하게 훼손되었다고 말할 수밖에 없는 상황"에 처한 점, 그리고 "대한민국에 관련한 수출관리를 둘러싸고 부적절한 사안이 발생한 점"을 들었다. 자유무역주의 원칙에 반하는 보호주의적 조치가 아니라 국제적인 규칙에 근거하여 대량살상무기(WMD) 및 통상무기 관련 기자재·기술, 희소동식물의 수출·이전을 통제할 필요가 있다는 말이었다(髙山 2019).

다만, 경제산업성은 신뢰 관계의 현저한 훼손, 그리고 부적절한 사안이 무엇인지는 명시하지 않았다. 부적절한 사안과 관련하여 북한을 포함한 유엔 무기수출금지국 등에 상기 전략물자가 우회적으로 수출될 위험성이 있어 안전보장 무역관리의 관점에서 조치를 취했다는 설명이 있었으나 이 또한 석연치 않은 주장이었다. 미국 비영리연구기관 과학국제안보연구소(ISIS)의 발표에 의하면 세계 200개국 전략물자 무역관리제도 순위에서 한국은 17위, 일본은 36위였다. 일본이 안전보장을 이유로 무역 제한을 주장하면서 자유무역 추진·장려를 강조하는 것은 그다지 설득력이 없었다(小川 2020, 133-134).

참고로, 일본의 수출관리제도는 핵확산금지조약(NPT)을 비롯한 WMD 관련 조약에 가맹한 국가, 핵공급국그룹(Nuclear Supplier Group, NSG) 및 바세나르체제(Wassenaar Arrangement)[27] 등 국제수출관리체제에 참여하는 국가, 그리고 캐치올(Catch-all)규제_전략물자 금지 품목이 아니더라도 전략무기 개발에 이용될 수 있다고 판단하면 수출 통제 가능_ 제도를 도입한 27개국을 화이트

---

27 바세나르체제는 냉전기 미국이 주도한 대공산권수출통제위원회(Coordinating Committee for Multilateral Export Controls, COCOM)의 후신으로 1996년 7월 네덜란드 바세나르에서 조인되었다. 이중용도_군사용 도로 전환 가능_ 물품이나 일반적인 전략물자의 비우호국 및 적성국에 대한 수출을 제한하는 협정이다.

리스트에 포함시켜 왔다. 금번 화이트리스트 제외로 일본의 대한국 수출은 캐치올 규제의 대상이 되었다.

아베 내각이 안전보장 무역관리를 명분으로 한국, 특히 문재인 정부에 대해 경제보복을 가하려는 정치적 의도를 가졌음은 명확했다. 문재인 정부는 아베 내각의 거듭된 요청에도 불구하고 일본군위안부 합의와 한국대법원의 일제 강제징용 피해 배상 판결_해당 일본 기업의 한국 내 자산 압류 및 현금화를 통한 피해 보상_에 대해 미온적인 태도로 일관했다. 문재인 정부는 일본군위안부 합의에 대해서는 피해자의 입장이 배제된 정치적 합의로 간주하면서 합의를 전면적으로 재검토하고 화해·치유재단을 해산시켰다. 이에 대해 아베 총리는 동 합의로 이 문제가 최종적이고 불가역적으로 완전히 종료되었다면서 한국을 "약속을 지키지 않는 신뢰할 수 없는 국가"라며 비판한 바 있었다.

한국대법원 판결에 대해서도 일본 고노 다로(河野太郎) 외상은 "국제법 위반, 폭거이자 국제질서에 대한 도전"이라며 시정을 촉구했다. 또한, 대법원 판결은 1965년 한일청구권협정의 근간을 훼손하는 중대한 문제라며 항의했다. 하지만, 문재인 정부는 행정부가 사법부의 판결에 관여할 수 없다는 '사법 불개입 원칙'으로 맞섰다(이기완 2020, 81-84). 사실, 일본 측은 2019년 6월 예정인 G20 오사카 정상회의가 열리기 전까지 한국 측이 대법원 판결에 대해 일본이 만족할 수 있는 대응을 취하도록 요청한 상태였다. 이에 대해 문재인 정부는 한일 양측 기업의 자발적 자금 출연으로 원고와 화해하는 방안을 제시했으나 일본 측은 이를 거부했다.

그에 더해 경제적 의도도 일부 반영된 것으로 보인다. 한국 주력 산업 분야는 여전히 취약성을 갖고 있었다. 즉, 한국은 세계 반도체 시장의 5~7할을 점하는 압도적인 공급 거점이긴 하나 일본의 소재, 부품, 장비에 적지 않게 의존하고 있었다. 여기서 한국의 주력 산업을 견제하지 않으면 자국 산업이 붕괴할 수 있다는 위기의식이 작용했을 것이라는 견해도 나왔다.

한국의 첨단기술 분야를 견제하기 위한 일종의 예방전쟁 성격도 있었다는 것이다(신장철 2020, 48-54; 이기완 2020, 87).

하지만, 양국 기업이 글로벌 가치사슬에 긴밀하게 연결된 점을 고려하면 다소 무리가 있는 해석이다. 그보다는 아베 내각의 정치적 의사 표현, 즉 한국의 주력 수출 기업에 대해 일본 측이 타격을 가할 수 있는 충분한 역량을 갖고 있다는 것을 인식시켜 강제징용 문제와 관련하여 한국 측을 압박하기 위한 정치적인 조치로 보는 것이 타당할 것으로 생각된다. 구민교(2021, 223-225)도 일본의 수출규제는 안보와 무역을 연계시킨 '전술적 연계' 방식으로 한국의 높은 대일 의존도를 이용하여 자국의 경제적 후생의 감소를 감수하면서까지 정치적 영향력_한국 길들이기_을 과시한 행위로 해석한다.

결과적으로 아베 내각의 수출규제는 실패로 끝났다. 수출규제 대상인 한일 양국 기업은 수출규제를 우회하는 방법_해당 일본 기업은 한국에 새로 법인을 설치하거나 제3국의 일본 기업을 통해 물품을 공급_으로 기업 간 관계를 지속시켰다. 한국 기업은 조달처 다변화 및 국산화 노력을 통해 위기를 극복하고자 했다. 문재인 정부도 일본의 기술 패권에 휘둘리지 않는 것은 물론 제조업 강국의 위상을 높이는 계기로 삼겠다면서 소재·부품·장비의 자립을 위한 제반 시책을 강구했다. 강제징용 문제와 관련한 양보도 없었다. 게다가 아베 내각의 수출규제는 글로벌 가치사슬에 교란을 일으켜 양국의 경제적 후생을 저하시켰음은 물론 국제무역질서 안에서 한일관계의 파열음도 초래했다(정진성 2021, 8-12).

6. 미중 전략 경쟁 하의 한일 안보관계

한미일 안보협력의 가장 약한 고리는 한일 안보협력이다

최근 한일 양국의 직접적인 안보 현안은 한미일 안보협력 문제이다. 냉전기 이래 한미일 안보협력의 대상으로 삼아온 것은 북한 문제였다.[28] 탈냉전기에도 한미일 안보협력은 주로 북한의 핵·미사일 개발_또는 무력도발_에 초점을 맞춰왔다. 그러나, 2010년대 이래 미중 전략 경쟁이 본격화하면서 한미일 안보협력의 대상에 중국을 포함시키자는 논의가 활발해졌다. 이를 위해서는 두 가지가 선결되어야 했다. 하나는 한미일 3자 관계의 가장 약한 고리인 한일 간 안보협력을 궤도에 올려놓는 것, 다른 하나는 미일 양국과 한국 사이에 존재하는 대중 인식·자세의 차이를 극복하는 것이었다.

한일 안보협력은 냉전 해체 이래 대미 동맹과 북한 위협의 공유를 배경으로 촉진되어 왔다. 1998년 김대중-오부치 공동선언을 통해 양측은 안보대화, 대북정책 협의 등에 합의한 바 있었다. 2000년대 초중반에는 국방 인사 교류, 부대 교류, 공동 훈련 등 낮은 수준의 안보협력이 진행되었다. 그리고 이명박 정부 시기에는 안보협력의 제도적 기반이 구축되기 시작했다. 2009년 4월 최초의 국방 분야 합의서인 「한일 국방교류에 관한 의향서」가 체결되었고, 2011년 1월에는 양국 국방장관·방위상 회담에서 상호군수지원협정(ACSA)과 군사정보보호협정(GSOMIA) 조기 체결의 중요성이 확인되었다. 하지만, GSOMIA는 2012년 6월에 체결이 예정되어 있었으나 졸속 밀실 협상이라는 한국 내 비판에 직면하여 서명이 보류되었다.[29]

---

28 1960년대 후반 북한의 거듭된 대남 도발_김신조 일당 청와대 습격 사건 등_과 미국의 데탕트 정책 추진_이른바 '닉슨 독트린'_ 등을 배경으로 한미일 간 안보협력의 제도화가 초보적인 모습_한미연합훈련, 1969년 11월 미일 공동선언의 '한국조항' 등_을 갖추게 되었다 (박영준 2021). 일본의 역할은 한국에서 전시 상황이 발생했을 때 주일 미군의 한반도 전개를 지원하는 것이었다(倉田 2003, 6).

29 당시 비공식 채널로 진행되던 일본군 위안부 관련 협의가 무산된 것도 영향을 미친

GSOMIA 체결을 위한 움직임이 다시 본격화된 것은 박근혜 정부 시기였다. 먼저, 한국의 우호적이지 않은 국내 여론을 의식하여 2014년 12월 한미일 정보공유약정(Trilateral Information Sharing Arrangement, TISA)_법적 의무 없음_이 체결되었다.[30] 한일 양국이 미국을 경유해 북한의 핵·미사일 관련 정보를 공유하기 위한 대체 방안이었다. 그리고 박근혜 대통령 국정농단 사태가 고조되던 시기인 2016년 11월 갑작스럽게 한일 간에 군사정보를 직접 교환할 수 있는 GSOMIA가 체결되었다(자료 2-5). 2016년 북한의 네 번째 핵실험, 그리고 무엇보다도 오바마 정부의 한미일 협력에 대한 강력한 정책적 의지가 반영된 결과였다.

참고로, 한국의 〈2016 국방백서〉는 그 기대효과로 일본의 정보 능력_우수한 감시 및 탐지 자산 및 다양한 첩보 수집·분석 능력 보유_을 활용할 수 있게 되어 북핵·미사일 정보에 대한 신속성·정확성·信賴性이 제고될 것이며, 대북 감시 능력이 향상되어 북한의 핵·미사일 위협 활동을 억제할 수 있을 것으로 내다보았다. 오바마 정부는 이로써 대북 억제를 위한 한미일 안보협력의 제도화가 가능하다고 환영했고, 일본 측도 한미일 안보 공조의 상징으로 여겼다(조은일 2020, 72).

하지만, GSOMIA는 문재인 정부에 들어서면서 곧바로 암초에 부딪혔다. 아베 내각의 2019년 7~8월 수출규제 강화 및 화이트리스트 제외 조치에 대해 문재인 정부가 한국의 화이트리스트에서 일본 제외, 수출규제에 대한 WTO 제소, 그리고 GSOMIA 종료 통보로 강경하게 맞섰기 때문이다. 2019년 8월 한국 정부의 GSOMIA 관련 발표 내용은 다음과 같았다. "일본 정부가 지난 8월 2일 명확한 근거를 제시하지 않고, 한일 간 신뢰 훼손으로 안보상의 문제가 발생하였다는 이유를 들어 수출무역관리령 별표

것으로 보인다.
30 한국 측에게 일본은 33번째 GSOMIA 체결국, 일본 측에게 한국은 7번째 체결국이 되었다.

제3의 국가군_일명 백색국가 리스트_에서 우리나라를 제외함으로써 양국 간 안보협력 환경에 중대한 변화를 초래한 것으로 평가했다. 이러한 상황에서 정부는 안보상 민감한 군사정보 교류를 목적으로 체결한 협정을 지속시키는 것이 우리의 국익에 부합하지 않는다고 판단했다"(조은일 2020, 76 재인용).

　미국 측이 GSOMIA를 위해 많은 공을 들여왔다는 점은 전술한 바와 같다. GSOMIA는 한일 안보협력, 한미일 안보협력을 상징함과 동시에 직접적으로는 북한과 중국의 탄도미사일로부터 미국 본토를 방어하기 위해 주한미군-주일미군-미국 본토 방공망을 통합하여 운용하는 데 있어서 불가결한 제도적 기반으로 간주되고 있었다. 미국은 GSOMIA의 종료를 막기 위해 강력하게 개입했다. 한일 간 수출규제를 둘러싼 대립에 대해 중간에서 조정하거나 중재하려는 시도가 거의 없었던 점과 비교하면 매우 대조적이었다(小川 2020, 133). 마이크 폼페이오(Mike Pompeo) 국무장관을 비롯한 국무부·국방부·군 고위급 인사들의 한국 측에 대한 결정 재고 요청·압력이 연이었다. 미 상원은 GSOMIA 연장 촉구 결의안을 채택하기도 했다. 그 결과는 11월 한국 측의 종료 결정 유예 발표였다.

　그렇다면, 문재인 정부는 아베 내각의 수출규제에 대해 왜 GSOMIA 종료라는 카드를 꺼내 들었을까? 조양현(2021, 5)은 당시 한국 내에 대일 안보협력에 대해 다음과 같은 부정적인 목소리들이 있었다고 지적한다. 한일 안보협력이 남북 관계 개선과 한반도 통일에 부정적인 영향을 미칠 것이다, 한미동맹과 미일동맹이 일체화할 경우 한국은 미·중·일 간의 패권 경쟁에 말려들 것이다, 일본의 퇴행적인 역사 인식에 면죄부를 줄 우려가 있다는 것 등이었다.

　이를 토대로 한 걸음 더 들어가 보기로 하자. 첫째, 문재인 정부는 애초에 한일 GSOMIA 체결이 적절한지에 대해 적지 않은 의문을 품고 있었다. 박근혜 대통령이 탄핵 정국 속에서 레임덕 상태에 빠진 와중에 미일 양국의 요청을 졸속으로 수용한 측면이 없지 않았다. 2016년 11월 협정 체결

당일 서명한 주체도 한국 국방부 장관과 주한 일본대사였다. 둘째, 한일 GSOMIA는 한미일 안보협력을 공고화하여 미일 양국과 중국이 대립하는 강대국 간 지정학 게임에 가담하는 결과를 초래하는 측면도 부정할 수 없었다. 문재인 정부는 사드 배치를 둘러싼 한중 간 갈등을 개선하기 위해 2017년 10월 이른바 '3불 원칙'_사드 추가 배치, 미국의 MD체계 편입, 한미일 군사동맹 불가_을 표명한 상태였다. GSOMIA 종료는 3불 원칙_그중에서도 한미일 군사동맹 불가_과 모순되지 않았다.

셋째, GSOMIA 종료는 문재인 정부가 추진하던 한반도평화프로세스와도 모순되지 않았다. 2018~9년 남북정상회담, 북미 정상회담을 통해 한반도 비핵화 구상이 진행되는 가운데 한일 GSOMIA 종료는 북한 측에 우호적인 메시지로 전달될 터였다. 넷째, 일본과의 안보협력에 대한 국내 여론과 국민적 정서도 부정적인 반응이 대다수였다. 일본 자위대함이 한국 항구에 기항할 때 해상자위대기_전전의 욱일승천기와 유사한 형태_를 내거는 것만으로도 적지 않은 반발이 있었다. 한일 안보협력이 일본의 역내 또는 한반도에 대한 군사적 역할 확대에 길을 터줄 수 있다는 목소리도 들렸다.

한미일 캠프 데이비드 공동성명이 미칠 강력한 파장

2023년 8월 18일 윤석열-바이든-기시다 간 한미일 정상회의(캠프데이비드)는 북한은 물론 중국까지 가상적국으로 상정함으로써 한미일 안보협력의 획기적인 전환점을 마련했다. 이 자리에서 세 정상은 3개의 공식 문서_「캠프 데이비드 정신: 한미일 정상회의 공동성명」, 「캠프 데이비드 원칙」 및 「한미일 간 협의에 대한 공약」_에 합의했다(자료 2-6). 2022년 11월 한미일 정상회담에서 발표된 「인도·태평양 한미일 파트너십에 대한 프놈펜성명」에 이은 것이었다.

우선, 한미일 공동성명은 자유롭고 열린 인도·태평양 지역을 위해 한미일 연대가 중요함을 강조하고 한미일 공동의 이익과 안보에 영향을 미치는 지역적 도전, 도발, 위협 발생 시 3자 간 신속한 '협의 공약'(commitment to co nsult)에 합의했다. 그리고 소통 체계 개선을 위해 정상회담을 비롯한 고위급 연례 협의를 개최하고 3자 간 인도·태평양 대화 등을 창설했다. 공동성명에서 거론한 주된 이슈는 다섯 가지_아세안 및 태평양도서국 협력, 중국, 북한 문제, 경제·기술 협력, 우크라이나_였다(자료 2-6).

이 가운데 북한 문제_한미일 연례 연합훈련, 북핵·미사일 정보 실시간 공유, 탄도미사일 방어 협력_ 및 우크라이나 문제_대러 제재, 대러 에너지 의존도 축소_를 제외한 나머지는 모두 직간접적으로 중국과 관련되었다. 우선, 대 아세안·태평양도서국 협력에서는 중국의 급속한 영향력 증대를 의식하면서 한미일 3국의 공동 대응을 역설했다. 다음으로, 경제·기술 협력도 중국을 염두에 둔 반도체·배터리 공급망, 기술 안보 및 표준, 에너지 안보협력을 지향한다.

마지막으로 몸통 부분에 해당하는 중국 문제에 대해서는 규칙 기반 국제질서에 부합하지 않는 행동에 대한 우려의 공유를 표명하면서 동중국해_센카쿠열도/댜오위다오 영유권 주장_ 및 남중국해_남사군도 군사기지화 및 구단선 영해 주장_에서의 어떠한 현상 변경 시도에 대해서도 강력하게 반대한다는 입장을 분명히 했다. 그에 더하여 국제법상 항행·상공 비행의 자유, 그리고 대만해협에서의 평화·안정의 중요성에 대한 재확인도 이루어졌다.

한미일 3자 협의체는 기존의 QUAD_미국, 일본, 호주, 인도_ 및 AUKUS_미국, 영국, 호주_와 더불어 중국 견제를 목적으로 한 또 하나의 강력한 기제의 출현을 의미한다. 미 CSIS 한국 석좌인 빅터 차(Victor Cha)는 제도화의 과제가 남긴 했으나 한미일 관계가 실질적 동맹 수준으로 발전했다고까지 평가했다(연합뉴스 2023.8.19). 당연히 중국 측으로서는 아시아판 나토 구축 시도라며 강력하게 반발했다.

이번 한미일 3자 협의체의 성립을 가능하게 한 결정적인 요인은 한국 정부의 태세 전환이었다. 미일 양국의 대중 전략이 오바마-아베 시기에 대중 '억지'로 수렴되고, 트럼프-아베 시기에는 중국의 해양 진출 견제를 목표로 한 인도·태평양전략에 폭넓은 공감대를 형성하는 가운데 전임 박근혜 정부와 문재인 정부는 이른바 '전략적 모호성_한미동맹과 한중 전략적 파트너십의 병행 추진_을 견지해 왔다.

참고로, 문재인 정부는 GSOMIA 사례가 보여주는 것처럼 한미동맹과 미일동맹의 일체화에 강한 거부감을 가지고 있었다. 그리고 한미일 안보협력의 대상을 어디까지나 북핵 문제에 한정하려 했다. 2017년 10월 문재인-트럼프-아베 정상 오찬에서 문재인 대통령은 "미국은 우리의 동맹이지만 일본은 아니다."라고까지 언급한 적도 있었다. 문재인 정부의 2017년 10월 중국에 대한 '3불 원칙' 표명도 궤를 같이하는 것이었다. 트럼프 정부의 인도·태평양전략 참여 요청에도 신중한 자세로 일관했다. 문재인 정부의 전략적 관심이 대중 견제가 아닌 한국-북한-미국 3자 관계를 축으로 한반도 냉전 질서 극복에 놓여있었기 때문이다(조양현 2021, 22).

하지만, 2022년 5월 윤석열 정부 출범 이후 기존의 전략적 모호성은 급속도로 전략적 선명성_한미동맹, 한일관계, 한미일 협력 중시 노선_으로 대체되기 시작했다. 대북 자세는 대화가 아닌 압박 일변도로, 대중 인식과 자세도 미일 양국의 그것에 수렴되는 양상을 보이기 시작했다.[31] 미 바이든 정부도 2022년 초 '잠정 인도·태평양전략'의 핵심 행동 과제 10가지 가운데 한미일 협력 확대를 제시하고 있었다.[32] 2022년 11월에는 문재인 정부가 추진했던 신남방정책_미국의 인도·태평양전략 및 중국의 일대일로 구상 모두와 조화로운 협력을 지향_을 폐기하고 QUAD와의 연계 방안까지 담은 한국판 인도·태평양전략을 발표했다.

물론, 한미일 3자 협의체가 궤도에 오르기 위해서는 적지 않은 과제를

---

[31] 2021년과 2022년 한미 정상회담 및 미일 정상회담에서 중국 관련 언급의 차이에 대해서는 김윤수(2022) 참조.
[32] 바이든 정부는 중국을 안정적이고 개방적인 국제체제에 대한 도전국이자 경쟁국으로 간주하면서, 민주적인 동맹국들과 파트너 국가들_북대서양조약기구(NATO), 호주, 일본, 한국_과의 경제, 외교, 군사, 기술 협력을 강화하기 시작했다.

해결해야 한다. 우선, 한미일 간 안보협력의 경험이 매우 일천하다. 북핵 문제에 관련한 초보적인 형태의 1999년 대북정책조정감독그룹(Trilateral Coordination and Oversight Group, TCOG) 경험이 거의 유일하다. 북중 양국을 상대로 한미일 3국이 어떻게 상호보완적 역할을 분담할 것인지를 구체화할 필요도 있다(조은일 2020, 86). 예를 들면, 한미동맹은 북한, 미일동맹은 중국이라는 기존의 역할 분담 방식을 전면적으로 재구성해야 한다.

다음으로, 한미일 3국의 전략적 이해관계가 반드시 일치하는 것도 아니다. 미일 양국은 중국의 군사적 해양 진출 억제라는 공통된 전략적 이해관계를 갖는다. 전략적 우선순위도 대중 정책에 놓여있다. 미일 양국은 남중국해와 동중국해에서 군사력 균형이 중국 쪽으로 기울어지지 않도록 나름대로 역할 분담_중국의 남사군도 군사기지화 반대, 항행의 자유 작전(FONOP) 실시, 남서제도 방어·감시 태세 강화, 해양안보협력 강화 등_을 하고 있다(조은일 2020, 85). 그에 비해 한국의 전략적 우선순위를 차지하는 것은 북핵 대응과 한반도 안정 유지, 그리고 장기적으로는 한반도 통일 문제이다. 한국에게 대중 견제는 어디까지나 두 번째 우선순위일 수밖에 없다.

게다가, 남중국해 영유권 문제는 차치하더라도 대만 문제에 대한 미일 양국과 한국 사이의 인식·자세의 차이는 여전히 적지 않다. 미일 양국은 대만 유사시 군사적 개입 가능성을 배제하지 않고 있다.[33] 그에 반해, 윤석열 정부가 대만 유사와 한반도 유사를 어떠한 관계로 보는지는 아직 불분명하다. 참고로, 과거 노무현 정부는 대만 유사시 주한미군이 개입할 경우 한국 측의 승인을 받아야 한다고 주장한 바 있다. 「캠프 데이비드 원칙 및 한미일 간 협의에 대한 공약」(자료 2-7)에서 한미상호방위조약과 미일안보조약을 대체하거나 침해하지 않으며, 국제법·국내법적 의무 창설을 의도

---

33 아베 전 총리는 2021년 12월 대만 국책연구원 주최 포럼에서 "대만에 대한 무력 침범은 지리적으로나 공간적으로 일본 국토에 중대한 위협이기 때문에 그런 사태를 용납할 수 없다. 대만의 유사는 일본의 유사이며 미일동맹의 유사이다."라고 강조했다.

하지 않는다고 언급한 점은 그나마 다행스럽다.

무엇보다 한미일 3자 협의체는 동북아시아의 지정학적 단층(geopolitical fault line)을 심화시킬 개연성이 크다. 중국은 물론, 북한, 러시아도 한미일의 행보를 적대적인 것으로 볼 것이다. 특히, 중국은 이번 공동성명을 문재인 정부의 3불 원칙은 물론 '하나의 중국' 원칙에 정면으로 반하는 것으로 볼 가능성이 크다. 이렇다면 신냉전_한미일과 북중러가 냉전기처럼 전면적으로 대결하는 구조_은 자기충족적 예언이 될 개연성이 크다.

7. 사회·문화 교류, 그리고 상호 불신

가장 많은 성과를 거둔 것은 인적, 사회·문화 교류 분야였다

한일관계에서 가장 큰 구조적 변화를 경험한 분야는 경제와 더불어 사회·문화였다. 최은미(2018, 87)는 김대중-오부치 선언 이후 과거사 문제로 인한 양국의 감정적 거리감이 멀어지면서도 동시에 사회·문화적 친밀감은 오히려 두터워졌다고 지적한다. 정치·외교적 관계가 악화하는 와중에도 인적 교류는 지속되었으며, 양국 내에서 상대방의 문화에 대한 접근과 수요가 꾸준히 이어져 왔다는 것이다. 사실, 김대중-오부치 선언의 행동 계획은 2002년 월드컵의 성공적인 공동 개최, 국민 교류 촉진, 청소년 교류 확대, 지역 간 교류 확대, 문화 교류 내실화_특히, 일본 대중문화의 한국 시장 개방_를 천명한 바 있었다.

대표적인 사례를 몇 가지 들어보기로 하자. 우선, 한일 월드컵 공동 개최가 결정된 것은 김영삼 정부 시기였다. 정몽준 당시 대한축구협회 회장은 다음처럼 회고한다(정몽준 2022). 1990년 이탈리아 월드컵대회 당시 주앙 아벨랑제(Joao Havelange) FIFA 회장이 2002년 월드컵은 아시아에서 열었으면 좋겠다는 발언이 계기였다. 일본을 염두에 둔 것이었다. 이에 일본은 19

93년 J리그를 출범시키고 월드컵 유치 준비에 나섰다. 한국도 1994년 유치전에 뛰어들었다. 한일 양국의 유치 경쟁이 과열되는 가운데 1994년 말 일본 고노 요헤이(河野洋平) 외상이 한승주 외무장관에게 먼저 공동 개최를 제안했다.

이후 일본 측은 공동 개최 제안을 번복하고 내각 차원에서 단독 개최를 거듭 주장했으나 1996년 5월 유럽축구연맹(UEFA)이 한일 공동 개최 결의안을 채택하고, FIFA 측이 공동 개최를 종용하면서 결국 받아들였다. 한국 측도 단독 개최가 좋지만 공동 개최도 받아들일 의향이 있다는 입장을 취했다.

한일 월드컵대회는 매우 성공적이었다. 월드컵의 성공적 개최_한국 4강, 일본 16강 진출_는 한국민에게 큰 자신감을 주었고, 국민화합에도 도움이 되었으며, 국가 위상도 크게 제고되었다. 한일관계도 개선되었다. 특히, 월드컵 이전에 한국에 관심을 가진 일본인은 10%에 불과했으나 월드컵을 계기로 최소한 절반 이상이 한국에 관심을 갖게 되었다고 전해진다. 무엇보다 한일 양국이 세계적 스포츠 이벤트를 계기로 서로를 파트너로 인정한 것은 값진 성과였다.

다음으로 양국 간 인적 교류는 2018년 1,000만 시대_방일 한국인 753만 명, 방한 일본인 295만 명_를 맞이했다. 다만, 최은미(2018b, 111)의 지적처럼 2012년까지 방한 일본인이 방일 한국인보다 많았으나 그 이후에는 방일 한국인이 압도적으로 많은 불균형 현상이 지속되고 있는 점은 유의할 만하다. 이러한 현상은 코로나 상황이 완화된 이후에도 비슷한 양상을 보이고 있다.

최은미(2023, 2-3)는 1998년부터 2018년까지 20년 동안 외국인 방문객 중 한국인/일본인 수 조사 결과를 다음처럼 말한다. 먼저 일본을 방문한 외국인 수는 2012년부터 급격하게 증가했는데 이는 일본의 외국인 관광객 유치 정책, 엔저 현상을 배경으로 한 것이었다. 방일 외국인 수 가운데 방일 한국인 수는 대체로 20~30%대를 유지했다. 한편, 한국을 방문한 외국인 수는 급격하게 증가한 데 비해 방한 일본인 수는 그다지 큰 변화를 보이지 않았다. 결과적으로 방한 일본인 수의 비율_1990년대 후반 방한 외국인 가운데 일본인은 47%를 차지했지만 2016년에는 13.3%를 기록_이 감소한 셈이다. 일본의 한류 붐, 한국문화에 대한 인기와 방한이 직접적으로 연결되지 않는 것이다.

그에 더하여 상대국에서의 유학은 감소 경향, 취업은 정체 경향을 보였다. 예를 들면, 2008년 일본 내 유학생 중 15.2%에 달하던 한국인 유학생은 2018년 7%로, 2004년 한국 내 유학생 중 13.3%에 달했던 일본인 유학생은 2018년 2.8%로 감소했다. 취업의 경우 재일 외국인 노동자 중 한국인은 약 4%, 재한 외국인 노동자 중 일본인은 1%대를 유지했다.

마지막으로, 김대중 정부의 일본 대중문화 단계적 개방 방침은 당시의 우려 또는 반대와 달리 결과적으로 한류의 세계적 확산에 중대한 전환점이 되었다. 개방에 반대하는 논리로는 문화종속론, 일본 문화 저질론, 국내 산업 보호론 등이 있었다. 일본 문화가 유입되면 민족정체성이 훼손되고 일본의 문화지배가 재현된다는 것이 문화종속론, 선정성과 폭력성 등 청소년에게 악영향을 미칠 것이라는 일본 문화 저질론, 그리고 국내 문화산업이 일본과의 경쟁에서 낙후 또는 도태될 우려가 있으므로 보호주의적 정책을 펴야 한다는 것이 국내 산업 보호론이었다(한영균 2023, 272-272).

일본 대중문화 개방은 김대중-노무현 정부 시기인 1998년부터 2004년까지 4차례에 걸쳐 시행되었다(표 2-2). 그 결과 일본의 대중문화를 일방적으로 받아들이던 수직적 구조는 최근 들어 쌍방향의 수평적 구조로 전환되었다. 오히려 한류를 통해 한국의 대중문화가 일본과 세계 시장에 진출하는 현상이 두드러졌다. 일본 대중문화 개방은 국내 대중문화 산업 발전에 적지 않은 동기를 제공했다. 한국 정부도 문화산업 육성을 위해 문화진흥기본법, 문화진흥기금 등을 통해 예산투자, 인프라 구축, 전략적 지원에 앞장섰다(한영균 2023, 286).

오코노기(2018, 86)는 한류가 일본인의 대한국 인식을 극적으로 변화시켰다고 부연한다. 한류는 경제적으로 발전하고 민주화된 한국과의 대응 의식, 새로 발견한 비슷하면서도 다른 문화의 재미, 월드컵 공동 개최로 발휘된 건전한 경쟁의식을 반영한 혁명적 사건이라는 것이다.

〈표 2-2〉 한국의 일본 대중문화 개방 현황

분야	1차 개방(1998.10)	2차 개방(1999.9)	3차 개방(2000.6)	4차 개방(2004.1)
영화	세계 4대 영화제 수상작	공인 국제영화제 수상작(전체 관람가)	18세 이상 관람가 제외 모든 영화	18세 이상 관람가, 제한상영가 영화 (전면 개방)
비디오	개방 허용 영화 중 국내 상영 영화	개방 허용 영화 중 국내 상영 영화	개방 허용 영화 중 국내 상영 영화	개방 허용 영화, 극장용 애니메이션 중 국내 상영 작품
출판	일본어판 출판만화, 만화잡지	-	-	-
애니메이션	미개방	미개방	국제영화제 수상작	극장용 애니메이션 (2006년 1월 전면 개방)
공연	미개방	2,000석 이하 실내공연	실내외 공연 완전 개방	
음반	미개방	미개방	일본어 가창음반만 제외	일본어 가창음반 (전면 개방)
게임	미개방	미개방	게임기용 비디오게임물 제외 모든 게임	게임기용 비디오 게임물(전면 개방)
방송	미개방	미개방	스포츠, 다큐멘터리, 보도 프로 개방(전매체), 국내 상영 영화 (뉴미디어)	케이블TV, 위성방송 대폭 개방, 지상파 일부 개방(개방폭 확대)

출처: 나무위키 "일본 대중문화 개방," https://namu.wiki/w/일본%20대중문화%20개방

양국 국민은 서로를 어떻게 보고 있을까?

다만, 이러한 양호한 인적, 사회·문화적 교류의 확대·심화에도 불구하고 양 국민 간 상호 인식은 심한 기복과 전반적인 악화를 보였다. 과거사 문제 갈등, 안보 문제를 둘러싼 불협화음, 그리고 정부 간 관계의 악화를 반영한 것이다. 인적, 사회·문화적 교류 등 비정치 분야에서의 협력이 정치·외교적 협력을 이루어 낼 수 있고 더 나아가 하나의 공동체를 형성할 수 있다는 기능주의적 시각에 다소 배치되는 대목이다. 사회·문화 교류의 긴밀화, 그리고 상호 불신의 심화라는 두 가지 현상이 병존하는 셈이다.

한국 동아시아연구원(EAI)과 일본 겐론(言論) NPO가 2022년 7~8월에 양

국민을 대상으로 실시한 제10회 한일공동여론조사 한일여론비교결과가 흥미롭다(言論NPO·EAI 2022). 한국인 가운데 일본에 대해 '좋은 인상을 가지고 있다'는 응답은 30.6%, '좋지 않은 인상을 가지고 있다'는 응답은 52.8%였다. 일본인 응답자의 경우는 각각 30.4%와 40.3%였다.

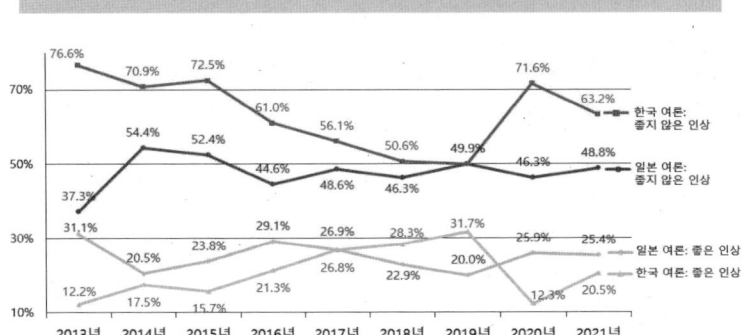

〈그림 2-2〉 한일 양 국민의 상대국에 대한 인상

출처: 言論NPO·EAI(2022, 3)에서 발췌.

부연하면, '좋은 인상을 가지고 있다'는 이유에 대한 한국인의 응답은 "일본인은 친절하고 성실하기 때문"(63.8%), "생활 수준이 높은 선진국이기 때문"(37.8%), "마찬가지 민주주의 국가이기 때문"(25.7%), "일본제품의 질이 높기 때문"(24.1%), "일본의 음식문화 및 쇼핑이 매력적이기 때문"(18.4%), "일본의 소설, 만화·애니메이션, 영화 등 대중문화에 관심이 있기 때문"(17.5%), "일본의 전통문화에 관심이 있기 때문"(6.0%), "일본인과 교류를 하고 있기 때문"(1.3%) 순이었다.

이어 일본인의 응답은 "K-POP이나 드라마 등 한국의 대중문화에 관심이 있기 때문"(44.7%), "한국의 음식문화나 쇼핑이 매력적이기 때문"(43.4%),

"민간의 다양한 교류를 통해 한국인의 존재가 가깝게 느껴지기 때문"(22.0%), "마찬가지 민주주의 국가이기 때문"(21.4%), "한국의 전통문화에 관심이 있기 때문"(11.8%), "한국의 제품이 싸고 매력적이기 때문"(10.9%), "한국인은 진지하고 노력가로서 적극적으로 일하기 때문"(8.9%), "생활 수준이 높은 선진국이기 때문"(8.6%) 순이었다.

한편, '좋지 않은 인상을 가지고 있다'는 이유에 대해 한국인의 응답은 "한국을 침략한 역사에 대해 올바로 반성하고 있지 않기 때문"(72.0%), "독도를 둘러싼 영토 대립이 있기 때문"(53.0%), "일본인은 겉과 속이 다르기 때문"(19.0%), "종군위안부 문제가 있기 때문"(16.0%), "일본 정치지도자의 언동에 호감을 가지고 있지 않기 때문"(15.1%), "재일한국인을 차별하기 때문"(8.5%), "일본인이 혐한 감정을 가지고 있기 때문"(8.1%), "일본 정부가 수출규제조치를 취하고 있기 때문"(4.1%), "일본이 군사 대국화를 지향하고 있기 때문"(3.1%) 순이었다.

이어 일본인의 응답은 "역사문제 등으로 일본을 계속 비판하기 때문"(42.4%), "다케시마를 둘러싼 영토 대립이 있기 때문"(33.0%), "현재의 한국 정부의 행동에 위화감을 느끼기 때문"(26.8%), "한국인의 행동이 감정적이고 격하기 때문"(20.3%), "한국인의 애국적인 행동이나 사고가 이해되지 않기 때문"(20.1%), "징용공 판결에 따른 대응으로 대립이 심화되고 있기 때문"(16.9%), "위안부 합의를 둘러싼 대립이 있기 때문"(15.1%), "한국의 민주주의에 위화감을 느끼기 때문"(9.4%), 순이었다.

8. 나가는 말

한일 파트너십은 실행단계에 접어들자마자 사방에서 파열음이 들리기 시작했다. 합의가 실행을 통해 공고화되면서 공통의 정체성이나 가치가 형성되기는커녕 1965년 체제 그 자체까지 심하게 동요했다. 정상회담이나 외교장관회담 등은 중단과 재개를 거듭하면서 협력은 구조화되지 못했다. 한류 확산과 2022 월드컵 공동 개최로 상징되는 사회·문화적, 인적 교류 정도를 제외한 분야에서 양국 간 파트너십은 거의 찾아보기 어려웠다. 그 결과, 파트너십을 한 단계 더 높은 수준인 전략적 파트너십으로 격상할 여지도 없었다.

첫째, 한일 파트너십 공동선언은 정치, 외교·안보, 경제, 사회·문화 등 그야말로 포괄적 분야에서 야심찬 협력 의지를 천명했다. 이러한 포괄성은 선언 상으로만 보면 여타 전략적 파트너십에 비견할 만한 것이었다. 공동선언이 첫 번째 의제로 설정한 것은 정치 관계였다. 이는 정치적 고려가 파트너십의 가장 큰 추동 요인이었다는 것을 나타낸다. 안보적, 경제적, 그리고 사회·문화적 고려는 부차적인 고려 사항이었다. 정치 관계가 과거사 문제라는 블랙홀에 빠져들면서 다른 분야의 협력이 동반 정체되는 것은 당연한 이치였다. 정치적 신뢰가 부재한 상황에서 어떻게 평온한 마음으로 협력할 수 있겠는가?

과거사 문제에서 배태된 불신은 군사·안보, 경제 등의 분야로 쉽게 파급되었다. 대북정책 공조는 대화 노선과 압력 노선 사이에서 크게 요동쳤다. 김대중-오부치 시기의 대화 노선, 이명박-노다 시기의 압력 노선을 제외하고 이렇다 할 공조는 보이지 않았다. 이 과정에 북한 문제와 관련한 한일관계의 존재감은 갈수록 주변화되었다. 경제 분야의 파트너십도 불안정했다. 수평적인 경제 관계로 이행하는 가운데 FTA 교섭은 성과 없이 중단되었고, 더 나아가 정치가 경제에 깊숙이 개입하면서 정경분리 원칙 훼손과 글로벌 가치사슬 교란까지 야기했다. 미중 전략 경쟁에의 공동 대응도 마찬가지였다. 미중 양국 사이에서 한국은 지정학 게임에의 거부감에서 중간 지역에 머무르고자 했으나, 일본은 '미일 동맹 vs. 중국' 구도를 선택했다. 양국 모두 미국과 중국 사이에서 중개·중재하려는 생산적인 발상을 갖지 못했다.

둘째, 공동선언 이후의 전개는 양자관계가 공고하기는커녕 매우 취약하다는 것을 여실하게 드러냈다. 이 취약성은 기본적으로는 역사적 경험을 배경으로 한 구조화된 상호 불신에 기인했다. 그리고 한일 양국이 미국을 경유하여 이어지는 구조가 정착·지속되어 왔다. 2015년 일본군위안부 합의, 2012~2016년 GSOMIA 체결은 모두 오바마 정부의 중재 또는 압력이 없었다면 성사되지 않았을 것이다. 최근의 한미일 캠프 데이비드 성명도 바이든 정부가 주도했다. 과거의 한일 수교도 마찬가지였다.

이외에 또 하나의 변수가 존재한다. 바로 힘의 비대칭성이다. 공동선언은 다른 [전략적] 파트너십과 달리 동등성과 상호주의를 명시하지는 않았으나 수평적 관계로의 지향성을 내재했다. 공동선언 당시 한국은 외환위기에 직면한 중진국, 일본은 세계 제2위의 경제 대국이었다. 한국 측은 당연히 일본의 경제력이 정치적 영향력으로 전환되는 것을 무엇보다 경계해 왔다. 의식적이든 무의식적이든 과거사 문제에 관한 한국의 도덕적 우위는 경제적인 대일 열위를 상쇄할 수 있는 수단이었다. 김영삼 대통령의 '도덕적 우위에 입각한 자구 조치' 발언은 그 대표적인 사례였다.[34]

공동선언도 한국의 도덕적 우위_과거 직시와 반성·사죄_를 담보해 주었다. 이러한 도덕적 우위와 경제적 우위 사이의 긴장된 균형 상태를 무너뜨린 것이 아베 내각이었다. 아베 내각이 한국의 도덕적 우위를 허용하지 않겠다는 의지를 보인 시점이 일본의 경제적 우위가 종료되는 시점과 중첩된 것은 아이러니였다.

셋째, 일반적으로 국제행위자들은 상대방과 파트너십을 형성해야 할 근거로 가치의 공유 또는 전략적 이해관계의 공유를 내세운다. 공동선언에서

---

34 당시 위안부 문제가 불거지자 김영삼 대통령은 피해자에 대해 금전적 보상을 일본에 요구하지 않고 한국 정부가 직접 하겠다고 선언했다. 이는 일본 측에 압력으로 작용해 고노 담화와 무라야마 담화로 이어졌다.

양국은 서로 보편적 가치를 공유하는 국가로 규정했다. 여기서 보편적 가치는 자유민주주의, 시장경제, 그리고 대미 동맹_선언에서 '미국과의 안전보장 체제를 견지한다'고 언급_이었다. 이후 보편적 가치 공유는 한일관계를 상징하는 대표적인 수사로 정착했다. 보편적 가치를 공유한다는 양자관계의 정체성은 역내 평화와 번영을 위해서는 한일 협력이 불가결하다는 김대중 대통령의 신념을 반영한 것이었다.

그 이후 일본 측도 한일 간 제휴의 명분으로 보편적 가치 공유를 언급하기 시작했다. 하지만, 아베 내각이 들어선 이후 일본 측에서는 한국을 '파트너'로 지칭하는 경향이 줄어들었다.[35] 보편적 가치 차원에서 한국이 자격이 있는지 문제 삼기 시작했기 때문이다. 일본군위안부 문제는 보편적 인권의 차원이 아닌 한국 측의 위안부 합의 약속 불이행 문제로 호도되었다. 민주주의·시장경제와 같은 가치도 지정학적 관점에 따른 자타 구분, 즉 민주주의와 권위주의 국가_특히 중국 및 북한_를 구분하기 위한 기준으로 사용했다. 박근혜-문재인 정부의 중국 중시 자세는 친 권위주의 국가 행보로 매도되었다. 민주주의 국가 간 연대를 강조하면서도 역내 민주주의를 확산하려는 적극적인 시도는 없었다.

넷째, 한일 파트너십이 역내 다자주의(지역주의)에 기여한 부분은 많지 않았다. 공동선언은 한일관계를 아시아·태평양이라는 '지역'의 맥락에서 명시한 최초의 공식 문서였다(이종원 2018, 98). 당시 동아시아 외환위기에 직면하여 경제통합을 지향하는 지역주의가 그 해법이 될 수 있을 것이라는 공통 인식을 반영한 것이었다. 특히, 김대중 대통령은 동남아시아를 포함

---

35 단적인 예를 들면, 2013년 12월의 국가안전보장전략에서 호주를 전략적 파트너, 동남아시아를 전통적 파트너, 인도를 전략적 글로벌 파트너로 규정하면서도 한국은 파트너란 명칭 없이 미래지향적 관계 구축과 안보협력 강화라는 표현만 등장했다. 2015년 3월 외무성 홈페이지에서는 기본적 가치를 공유한다는 표현을 삭제하고 '중요한 인접국'이라고만 언급했다.

한 동아시아 지역 전체의 정치 및 안보 분야까지 포괄하는 지역협력체제 구축을 추진했다. 한일, 한러 정상회담에서의 동북아 6개국에 의한 다자안보 대화 제안, 아세안+3 창설 과정의 EAVG(동아시아비전그룹) 설치 제안 등이 그것이다. 이후 김대중 대통령은 EAVG와 동아시아연구그룹(EASG)이 동아시아공동체 구상을 제시하는 과정에 중심적인 역할을 담당했다(이종원 2018, 104).[36]

유감스럽게도 김대중-오부치 시기 이후 한일 간 동아시아 지역주의 협력은 거의 자취를 감추었다. 지역통합에 관련된 중일 간 경쟁 때문이었다. EAS(동아시아정상회의) 구성을 둘러싸고 중국은 아세안+3의 틀을, 일본은 중국의 영향력을 제한하기 위해 아세안+6/8의 틀을 주장했다. 2000년대 후반 민주당 하토야마 내각 시기에 아세안+3, 한중일 협력이 일시적으로 중시되긴 했으나, 이마저도 아베 내각이 미국의 대중 견제 전략에 편승하면서 크게 후퇴할 수밖에 없었다.

마지막으로 윤석열 정부는 보편적 가치의 공유를 강조하면서 전면적인 대일 유화책을 시도했다. 그와 더불어 윤석열 정부는 한미일 정상회의 공동성명_캠프 데이비드 정신_을 통해 미일 중심의 인도·태평양전략에 동조화할 것임을 분명히 했다. 이로써 한미일 협력은 QUAD(4자 안보 대화)나 오커스에 이은 소다자주의 안보협력, 경제 안보 및 기술 분야의 파트너십, 인도·태평양 경제 프레임워크(IPEF) 등을 지향하게 되었다. 게다가 한국은 대만해협과 남중국해에서 중국의 일방적인 현상 변경에 대해서도 미일 양국과 동일한 입장을 취하기 시작했다. 일본과 마찬가지로 미중 전략 경쟁_지정학 및 지경학 게임_에 대한 본격적인 가담을 의미했다.

---

36 2001년 11월 APT정상회담에 제출된 EAVG보고서의 타이틀은 "동아시아공동체를 향하여"였다. 동 보고서는 APT정상회의의 동아시아정상회의(EAS)로의 격상을 중장기적 과제로 설정했다.

참고문헌

강진욱·최평천(2019) "'지소미아' 폐기 직전 미국 개입 '회생'," 『마이더스』 2019권 12호, pp.34-35.
구민교(2021) "무역안보 연계 관점에서 본 한일 무역 갈등: GATT 제21조 안보상의 예외를 중심으로," 『일본비평』 24호, pp.211-237.
국방부(2016) 『2016 국방백서』 (서울: 국방부).
김대중(2010) 『김대중 자서전 2』 (서울: 삼인).
김시중(2017) "TPP와 RCEP 사이에서의 한국의 선택," 서울대 아시아연구소 미중관계연구센터, 『미·중 사이 한국의 딜레마: 사례와 평가』 (서울: 코보).
김윤수(2022) "한국과 일본의 대 중국 외교 전략이 한미일 안보협력 체계에 미치는 영향: 한미·미일 정상회담 공동성명 비교 분석을 중심으로," 고려대학교 정책대학원 석사학위논문.
김현민(2019) "22년전 IMF 위기는 일본 은행에 의해 터졌다," 『아틀라스』 4월 22일, http://www.atlasnews.co.kr/news/articleView.html?idxno=224
남기정(2021) "한일 1965년 체제 극복의 구조: 민주화-역사화해-평화구축의 트릴레마," 『일본학보』 제127집, pp.45-66.
류상윤(2021) "2000년대 이후 동아시아 국제분업의 변화," 『일본비평』 24호, pp.138-161.
문정인·서승원(2013) 『일본은 지금 무엇을 생각하는가?』 (서울: 삼성경제연구소).
박영준(2021) "한미일 3각 안보협력체제 형성의 기원: 냉전기 북한의 무력도발과 한국 안보외교를 중심으로," 『한국정치외교사논총』 제42집 2호, pp.5-42.
박철희(2015) "정치네트워크의 부침으로 본 한일 협력과 갈등," 『일본비평』 제12호, pp.196-223.
박휘락(2020) "한일 지소미아 논란 분석: 국제적 요소와 국내적 요소의 충돌," 『의정논총』 제15권 제1호, pp.293-315.
볼튼, 존 (박신호 외 옮김)(2020) 『존 볼튼의 백악관 회고록: 그 일이 일어난 방』 (서울: 시사저널).
서승원(2017) "김대중·오부치 선언 소고," 『평화통일』 Vol.132, pp.35-37.
손열(2017) "AIIB와 한국의 선택," 정재호 외 『미·중 사이 한국의 딜레마: 사례와 평가』, pp.17-30.
신각수(2016) "일본 외교에 있어서 한국의 위상," 『신아세아』 23권 1호, pp.50-73.
신장철(2020) "일본의 대한 경제보복에 대한 소고: 한일 대립의 본질과 실태를 중심으로," 『일본연구』 제83호, pp.39-62.
오코노기 마사오(2018) "한일 파트너십 공동선언의 의의와 과제: 체제 공유에서 의식의 변화로," 김대중-오부치 공동선언 20주년 기념행사위원회 편 『김대중-오부치 게이조 공동선언 20주년과 동아시아 미래비전』 (서울: 트리펍), pp.81-87.
우정엽(2017) "대응 미숙으로 정치 문제화된 THAAD 배치," 『미·중 사이 한국의 딜레마: 사례와 평가』, pp.47-58.
윤석정(2019) "1990년대 한일관계와 한일공동선언: 한일관계의 구조변동에 의한 탈냉전기 협력과 제도화 시도," 『일본학보』 제120집, pp.243-261.
윤석정(2022) "문재인 정부의 대일 투-트랙 외교와 한일 관계," 『일본학보』 제132권, pp.45-62.
이기완(2014) "한일 FTA 협상 중단의 원인과 전망," 『대한정치학회보』 20집 3호, pp.293-311.

이기완·여현철(2020) "일본의 수출규제 조치와 한일관계," 『평화학연구』 제21권 3호, pp.73-90.
이동률(2017) "남중국해 갈등과 한국의 선택," 『미·중 사이 한국의 딜레마: 사례와 평가』, pp.75-91.
이원덕(2015) "1장. 한일관계 '65년 체제' 50년의 궤적," 이원덕·기미야 다다시 외 『한일관계사 1965-2015 Ⅰ 정치』 (서울: 역사공간), pp.28-56.
이원덕(2018) "동북아정세 변화와 한일협력을 위한 상상력," 『김대중-오부치 게이조 공동선언 20주년과 동아시아 미래비전』, pp.153-160.
이장희(2022) "일제식민강점 역사, 타협이 아니라 국제법규범에 따라야," 『통일뉴스』 12월 26일, http://www.tongilnews.com/news/articleView.html?idxno=206920 (검색: 2023.4.24.)
이종원(2018) "한일 파트너십 공동선언과 동아시아 공동체," 『김대중-오부치 게이조 공동선언 20주년과 동아시아 미래비전』, pp.98-107.
이주경(2019) "한일 파트너십 공동선언의 정치과정: 일본정치의 구조변동과 대한외교 전략의 상관," 『한일군사문화연구』 제27집, pp.5-33.
정몽준(2002) "[특별기고] 한일 월드컵: 배경과 전망," 『계간 사상』 9월호, pp.212-237.
정재호 외(2017) 『미·중 사이 한국의 딜레마: 사례와 평가』 (서울: 서울대 아시아연구소 미중연구센터).
정진성(2021) "일본의 대한국 수출규제의 충격과 한일 경제 관계의 전망," 『일본비평』 24호, pp.4-18.
조세영(2014) 『한일관계 50년, 갈등과 협력의 발자취』 (서울: 대한민국역사박물관).
조세영(2018) "김대중-오부치 공동선언의 탄생 과정과 그 의의," 『EAI 이슈브리핑』, 9월, pp.1-7.
조양현(2021) 『미국 바이든 정부 출범과 한미일 협력: 미국의 동맹 관리의 시각에서』 (서울: 국립외교원 외교안보연구소).
조은일(2020) "미중 전략 경쟁 시대의 한일 안보관계," 『국제·지역연구』 30권 2호, pp.65-91.
조진구 (2022) "한미일 안보협력: 현상과 전망," 『한반도 리포트 2022/2023』 (서울: 경남대 극동문제연구소).
최종건(2017) "주한미군의 THAAD 배치 수용과 한국의 딜레마," 『미·중 사이 한국의 딜레마: 사례와 평가』, pp.59-73.
최은미(2018a) "갈등과 협력의 한일관계, 20년의 변화와 성찰 (1998-2017)," 『평화연구』 가을호, pp.85-127.
_____(2018b) "김대중-오부치 공동선언 20주년의 의의와 한일관계: 21세기의 새로운 한일 파트너십," 『IFANS 주요국제문제분석 2018-33』 (서울: 국립외교원 외교안보연구소).
_____(2023) "한일 인적 교류 내실화를 위한 소고: 통계적 착시를 넘어," 『JPI Peace Net』 Vol.2023, Issue 4, pp.1-7.
최희식 (2015) "전후 한일 정책커뮤니티의 생성과 변화," 『한국과 국제정치』 제31권 제1호, pp.53-82.
한영균 (2023) "일본 대중문화 개방정책의 현황 및 의의," 『일본문화연구』 제86집, pp.267-291.

小川健(2020) "安全保障管理貿易に扮した経済対抗措置: 日韓半導体材料問題について," 『法政大学多

摩論集』36巻, pp.115-136.
倉田秀也(2003) "日米韓安保提携の起源: '韓国条項前史の解釈的再検討," 『日韓歴史共同研究委員会報告書』, https://www.jkcf.or.jp/wordpress/wp-content/uploads/2019/11/09-01j_j.pdf
言論NPO・EAI (2022) "第10回日韓共同世論調査 日韓世論比較結果,"
https://www.genron-npo.net/world/archives/13326.html
白石昌也(2014) 『日本の'戦略的パートナーシップ]外交: 全体像の俯瞰』(東京: 早稲田大学アジア太平洋研究センター).
髙山嘉顕(2019) "韓国向け輸出管理の運用見直しについて," 国問研戦略コメント(No.11), https://www.jiia.or.jp/strategic_comment/column-362.html
鄭仁敎・趙貞蘭(2008) "韓日FTA交渉再開は可能か," 2008년도 한일무역학회 국제세미나 발표논문집, pp.107-122.
船橋洋一(編)(2001) 『いま, 歴史問題にどう取り組むか』(東京: 岩波書店).
ロー, ダニエル(Roh Daniel) (2008) 『竹島密約: The Takeshima Secret Pact』(東京: 草思社).

Hwang, Suyoung and Seung-won Suh(2022) "South Korea's Evolving Balanced Diplomacy and China: A Discourse and Big Data Analysis of President Moon Jae-in's Perception," 『동서연구』 제34권 2호, pp.199-234.
Moon, Chung-in and Seung-won Suh, "Security, Economy, and Identity Politics: Japan-South Korean Relations under the Kim Dae-Jung Government," *Korea Observer*, Vol.36, No.4, pp.561-602.
Suh, Doowon and Andrew K. Linkhart(2011) "Korean NGOs in Historicizing Foreign Affairs and Democratizing Foreign Policies: Agenda Setting and Discourse Framing in the Dokddoo/Takeshima Conflict between Korea and Japan, 2005-2008," 『국제관계연구』 제16권 제2호, pp.165-204.

3장

중국과 일본
: 전략적 호혜관계의 부침

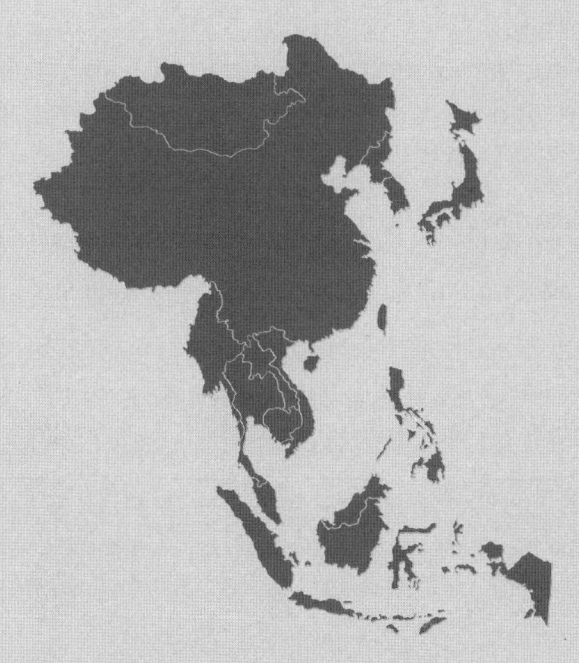

1. 들어가는 말

우려되는 것은 쌍방 모두 힘으로 현상을 바꿀 강한 의도를 갖고 있는 점이다. 중국에서는 군사력이 세계 제2위의 경제 대국에 걸맞지 않는 것이라는 의논을 군(軍) 등이 열심히 주장하고 있다. 중국공산당 중앙과 국무원(...)은 그 어떤 과시도 하지 않으며 '부국과 강군'을 추진하려는 해양강국화 전략을 구축하고자 대단히 적극적이다. (...) 일본에도 우려할 만한 일이 많다. 2012년 12월에 발족한 아베 정권(제2차)도 '힘'으로 중국을 압도하고자 하는 의기(意氣)로 가득했다. (...) 아베 총리의 사고는 무력 포기가 소극적 평화주의, 힘을 행사하는 안전보장이 '적극적 평화주의'인 것으로 보인다(모리 2023, 104-106).

최근의 중일관계를 보는 전문가들의 견해는 다양하지만 대체로 공감되는 부분은 존재한다. 현재 관계가 그다지 좋지 않으며 앞으로 더 나빠질 수도 있다는 비관론이다. 과거사·영유권 문제 등 서로의 의도와 행동에 대해 위협을 과장하거나 오인하는 것이 진정한 화해를 가로막고 있다거나, 양국이 역내 영향력 또는 주도권을 놓고 치열하게 각축을 벌인다는 주장은 이미 우리에게 익숙하다(Hardy-Chartrand 2016; Katada and Liao 2020). 극단적으로 센카쿠열도/댜오위다오, 대만, 남중국해에서의 우발적 충돌이 도화선이 되어 중일 양국은 물론 미국까지 개입하는 지정학적 충돌 내지 전쟁으로 비화할 수 있다는 경고도 나온 바 있다(부시 2013; Wallace et al. 2013; Allson 2017).

돌이켜보면, 중일관계는 1972년 국교 정상화 이후 극적인 반전(反轉)을 거듭해 왔다. 1980년대는 황금시대(golden age)로 불렸다. 당시 덩샤오핑(鄧小平)을 비롯한 중국 실무파와 일본 자민당 보수본류는 중일우호를 기치로 협력했다. 중국의 개혁·개방 노선에 대해 일본은 경제 지원에 앞장섰다. 국민 간 상호 인식도 역사상 유례가 없을 정도로 좋았다. 하지만 1990년대 중반 이후의 관계는 마치 브레이크 페달이 없는 것처럼 악화일로를 걷기 시작했다. 앞의 인용문처럼 그 도달점은 중일표류(漂流)였다. 세계적 강대국으로 부상한 중국이 공세적·확장적인 대외전략을 펼치고 일본은 힘_특히 미일동맹_으로 대항하는 망망대해에 들어선 셈이다.

그동안 적어도 두 차례 상호관계를 재정립하기 위한 문서 합의가 있었다. 하나는 1998년 11월 장쩌민(江澤民) 주석과 오부치 게이조(小渕惠三) 총리 사이의 「평화와 발전을 위한 우호협력 파트너십 구축에 관한 중국과 일본의 공동선언」(이하, 1998년 중일 파트너십 공동선언), 다른 하나는 2008년 5월 후진타오(胡錦濤) 주석과 후쿠다 야스오(福田康夫) 총리의 「전략적 호혜 관계의 포괄적 추진에 관한 중일공동성명」(이하, 2008년 중일 전략적 호혜 관계 공동성명) 이었다. 이른바 '1972년 체제'의 취약성을 극복하고 위기관리를 비롯한 양자관계를 제도화하기 위한 것이었다. 이 두 가지 문서는 1972년 중일공동성명, 1978년 중일평화우호조약과 함께 중일관계의 '4대 정치문서'로 일컬어진다.[1]

그렇다면 중일 파트너십과 전략적 호혜 관계는 왜 좌초할 수밖에 없었는가? 새로운 관계의 틀로 제시된 전략적 호혜 관계_이른바 '공통의 전략적 이익에 입각한 호혜 관계'_는 파트너십+@였는가, 아니면 전략적 파트너십의 별

---

[1] '4대 문서' 원문은 자료 3-1, 자료 3-2, 자료 3-3, 자료 3-6 참조. 덧붙여, 2008년 성명은 2006년 10월 '중일공동언론발표', 그리고 2007년 4월 '중일공동언론발표'와 하나의 세트를 이룬다.

칭이었는가? 그리고 중일표류가 진행되는 가운데 전략적 호혜 관계가 회생(回生)할 가능성은 없는가? 아래에서는 먼저 파트너십에서 전략적 호혜 관계에 이르는 중일관계를 개괄적으로 정리한 다음(2절), 전략적 호혜 관계 합의 이후 최근까지의 전개를 대표적인 사례_영토·영유권, 경제 관계와 지역경제통합, 상호 불신과 민족주의, 미중일 간 지정학 게임_를 중심으로 들여다본다(3~6절). 그리고 마지막에 전략적 호혜 관계에 대한 평가와 전망을 논하겠다.

2. 수교 50년 회고: 협력자에서 경쟁자로

1972년 체제는 무엇이었을까?

학계에서는 1972년 9월 수교 이후에 형성된 중일관계의 기본 틀을 1972년 체제라 칭한다. 이 체제는 '하나의 중국' 원칙, 중국의 미일동맹 용인, 양국 정치 리더십 간 중일우호 원칙, 그리고 중국의 전쟁배상 포기와 일본의 경제협력 등에 기반한 것이었다. 간략하게 소개하면 '하나의 중국' 원칙은 일본이 중국을 유일한 합법 정부로 승인하며, 대만은 중국 영토의 불가분의 일부라는 점을 존중한다는 내용을 말한다. 중일 수교 당일 대만_중화민국_은 일본 측에 단교를 선언했다.

수교 교섭 과정에 마오쩌둥(毛澤東) 정부는 한국전쟁 시기 이래 중국과 북한을 적국으로 상정해 온 미일안보조약을 과감하게 용인했다. 같은 해 2월 닉슨(Richard Nixon) 대통령과 저우언라이(周恩來) 총리 간 상하이공동성명_상호 접근에 의한 전격적인 미중 화해_의 연장선이었다. 중국의 미일동맹 용인으로 일본은 드디어 미일관계와 중일관계를 양립시킬 수 있게 되었다. 미일안보조약은 이른바 샌프란시스코체제_냉전 시기에 형성된 미국 중심의 군사·안보질서_의 핵심 기둥으로 그 목표는 중국 봉쇄, 특히 일본의 중국 접근을 저지하는 것이었다.

〈표 3-1〉 중일 수교 이후 양국 정상 연표 및 주요 사건

중국(주석)	일본(수상)	주요 사건
마오쩌둥* 1949.10-1976.9 (중국공산당)	다나카 가쿠에이 1972.7-1974.12	• 중일공동성명(1972.9)
	미키 다케오 1974.12-1976.12	
화궈펑** 1976.10-1981.6 (상동)	후쿠다 다케오 1976.12-1978.12	• 중일평화우호조약(1978.10)
	오히라 마사요시 1978.12-1980.6	• 일본, 대중 제1라운드 ODA 공여
	이토 마사요시 1980.6-1980.7	
덩샤오핑** 1981.6-1989.11 (상동)	스즈키 젠코 1980.7-1982.11	
	나카소네 야스히로 1982.11-1987.11	• 일본, 대중 제2라운드 ODA 공여 • 일본 외무성, 구름 위의 사람 발언(1987.6)
	다케시타 노보루 1987.11-1989.6	• 일본, 대중 제3라운드 ODA 공여 • 중일투자보호협정(1988.7.)
	우노 소스케 1989.6-1989.8	• 중국, 톈안먼사건(1989.6.4.), 서방의 경제제재
양상쿤 1988.4-1993.3	가이후 도시키 1989.8-1991.11	
	미야자와 기이치 1991.11-1993.8	• 일본, 고노 담화(1993.8)
	호소카와 모리히로 1993.8-1994.4	
	하타 쓰토무 1994.4-1994.6	
장쩌민 1993.3-2003.3 (상동)	무라야마 도미이치 1994.6-1996.1	• 중국, 지하핵실험(1995.5) • 무라야마 담화(1995.8) • 대만해협위기(1995.7~1996.3)
	하시모토 류타로 1996.1-1998.7	• 미일공동선언(1996.4) • 미일 신가이드라인(1997.9)
	오부치 게이조 1998.7-2000.4	• 한일 파트너십공동선언(1998.10) • 중일 파트너십공동선언(1998.11)
	모리 요시로 2000.4-2001.4	
후진타오 2003.3-2013.3 (상동)	고이즈미 준이치로 2001.4-2006.9	• 고이즈미 총리, 당일치기 방중(2001.10) • 중국, 대규모 반일 데모(2005.4) • 일본, 대중 신규 ODA 종료 결정(2005) • 미일정상회의, 새로운 미일동맹 선언(2006.6)
	아베 신조 2006.9-2007.9	• 아베 총리 방중, 중일공동언론발표(2006.10) • 원자바오 총리 방일, 중일공동언론발표(2007.4)
	후쿠다 야스오 2007.9-2008.9	• 후쿠다 총리, 방중(2007.12) • 후진타오 주석 방일, 중일 전략적 호혜 관계 공동성명(2008.5)
	아소 다로 2008.9-2009.9	
	하토야마 유키오 2009.9-2010.9	• 하토야마 총리, 동아시아공동체 주창
	간 나오토 2010.9-2011.6	• 중국어선, 일본 순시선 충돌 사건(2010.9) • 중국, 대일 희토류 수출제한 조치(2010.9)
	노다 요시히코	• 일본, 중국의 희토류 조치 WTO 제소(2012.3)

	2011.9-2012.12	• 중국, 대규모 반일 데모(2012.7-) • 일본, 센카쿠열도/댜오위다오 국유화(2012.9) 중국, 해양 강국 건설 선포(2012.11)

시진핑
2013.3-현직
(상동)
	아베 신조
	2012.12-2020.9
		• 일본, 국가안전보장전략 책정, 아베 총리
		  야스쿠니신사 참배(2013.12)
		  미일정상회담, 센카쿠열도 미 방어공약(2014.4)
		• 일본, 집단적자위권 행사 허용 각의 결정(2014.7)
		• 중일, 센카쿠/댜오위다오 관련 4원칙 합의
		  (2014.11)
		• 미일 신가이드라인(2015.4)
		• 일본, 아베 담화(2015.8.14.)
		• 아베 내각, FOIP 발표(2016.8)
		• 아베 총리, 일대일로 구상 협력 의사 표명(2017.7)
		• 중일, 해공연락메커니즘 각서 체결(2018.5)
		• 중일정상회담, 제3국 인프라 공동투자 협력문서
		  서명 (2018.10)

	스가 요시히데 2020.9-2021.10	
	기시다 후미오 2021.11-현직	

주의: 총리 가운데 호소카와(일본신당), 하타(신생당), 무라야마(일본사회당), 하토야마(민주당), 간(민주당), 노다(민주당)을 제외한 나머지는 모두 자유민주당 소속.
*중국공산당 중앙위원회 주석(1945.6-1976.9), 중화인민공화국 국가주석(1949.10-1959.4)
**중국공산당 중앙군사위원회 주석. 양상쿤~시진핑은 국가주석 기준.

    중일우호 원칙은 일차적으로는 중국공산당 실무파 세력과 일본 자민당 보수본류 세력 사이의 정치적 제휴를 상징하는 슬로건이었다. 두 세력 간의 관계는 중국이 마오쩌둥 사망 후 기존의 이데올로기 중시 노선을 폐기하고 개혁·개방이란 실용주의 노선_현대화 노선_으로 역사적인 방향 전환을 하면서 긴밀해졌다. 그와 더불어 일본 내에서는 자민당 보수본류는 물론 정계 여야당_자민당 보수 리버럴, 사회당, 공명당 등_, 중일 무역업자, 노동조합, 제조업계, 재계, 중일 문화·시민단체, 매스컴 등이 폭넓은 친중 연합전선을 형성했다(서승원 2012, 116).

    중국의 배상 포기와 일본의 경제협력은 간접적으로 연결되었다. 과거의 전쟁_좁게는 1937년 9월 이후의 중일전쟁, 넓게는 1931년 9월 만주사변까지 포함한 15년 전쟁_과 관련해 일본 측은 1972년 중일공동성명을 통해 책임과 반성을 표명했다. 이어 1978년 말 중국이 개혁·개방을 천명하자 오히라 마사요시(大平正芳) 내각은 이를 전면적으로 지원한다는 대중 정책의 기본방침_관여정책_을 천명했다.

여기서 경제협력_엄밀히 말하면 일본의 경제 지원_은 주목할 만했다. 1990년대 중반까지 중일관계의 가장 중요한 토대로 작용한 것은 경제협력이었다. 경제협력의 주된 수단은 정부개발원조(Official Development Assistance, ODA)를 비롯한 정부·민간 자금이었다. 1979년부터 2013년까지 일본의 대중 ODA는 엔 차관 3조 3,164억 엔, 무상자금협력 1,572억 엔, 기술협력 1,817억 엔에 달했다.[2] 일본의 자금 지원은 1979년부터 약 10년간 중국이 도입한 외국자본 총액(454억 달러)의 60%(273억 달러)를 차지했다.

경제협력은 그에 머물지 않았다. 일본 정부는 1980년 봄 대중 특혜관세를 적용하기 시작했으며, 1981년 9월에는 중국의 요청에 부응하여 대공산권수출통제위원회(Coordinating Committee for Multilateral Export Control, COCOM) 규제 완화를 위해 수출무역관리령도 개정했다. 1980년대 중후반 중국이 연해부 14도시에 경제특구를 설치하여 외국자본을 유치하려 하자 일본 측은 자국 기업의 투자를 장려하기 위해 해외투자보험 인수를 개시했다. 중국 측이 요청한 투자보호협정_외자도입을 통한 연해지역 경제발전 전략_도 1988년 7월에 체결했다.[3]

그렇다면 오히라 내각이 ODA 공여를 결정한 이유는 무엇일까? 서승원(2018, 277-278)은 다음 네 가지를 거론한다. 첫째, 과거사 처리 문제이다. 중국 측은 전쟁배상 청구를 포기했지만, 일본 측에는 경제협력 형태로 배상 또는 준배상을 지급해 온 관행이 있었다. 중국에게 막대한 손해를 끼친 점을 고려하여 적극적인 경제협력이 필요하다는 것이 정계_특히, 보수보류 세력

---

2 오히라 내각의 제1라운드 엔 차관(1979~1983년)은 항만, 철도, 수력발전소 등 4개 프로젝트 3,300억 엔, 나카소네 야스히로(中曽根康弘) 내각의 제2라운드(1984~1989년)는 철도, 부두, 항만, 전화망, 수력발전소 등 15개 프로젝트 4,700억 엔, 그리고 다케시타 노보루(竹下登) 내각의 제3라운드(1990~1995년)는 수력발전소, 화력발전소, 다목적댐, 가스플랜트, 철도, 석탄수송로, 대교, 항만 등 41개 프로젝트 8,100억 엔 규모였다.
3 일본은 중국의 21번째 투자보호협정국이 되었다. 다만, 동 협정의 '내국민 대우' 규정은 중국이 외국에 대해 처음으로 부여한 것이었다.

_의 공통된 인식이었다. 이는 과거 전쟁에 대한 속죄 의식을 반영한 것이기도 했다. 둘째, 정계는 물론 경제계, 그리고 정부 경제 부서 사이에는 패전 이후에 상실한 중국 시장을 회복할 수 있을 것이라는 기대감이 적지 않았다. 1970년대 세계를 덮친 두 차례의 석유 위기, 그리고 일본과 구미 각국 간 통상마찰이 증대하는 상황 속에서 대중 경제교류 재개는 일본 경제에 새로운 활로를 제공해줄 터였다.

셋째, 일본의 경제협력이 중국의 경제발전을 촉진하여 정치적 안정에 이바지할 것이며, 동아시아 안정에도 긍정적으로 작용할 것이라는 정치적 판단도 있었다. 만약 중국 실무파 세력의 실용주의 노선이 좌절할 경우 반대파가 집권하여 이데올로기 중시 노선으로 회귀할 가능성도 없지 않았다. 넷째, 일본의 대중 경제협력은 미국의 세계 전략에 부합한 것이었다. 미국은 중국 현대화 노선의 성공, 이를 통한 강력하고 평화적이며 안정된 중국의 출현이 미국의 이익에 합치된다고 언급하고 있었다. 중국과 제휴하여 소련에 대항하려는 미국의 전략에서 볼 때 중국은 '약한 중국'에서 벗어나야 했다.

물론, 1980년대가 황금시대라고는 해도 완벽한 것은 아니었다. 1979~80년 중국은 대규모의 플랜트 계약을 일방적으로 중지·연기하여 물의를 빚었다.[4] 1985년 8월에는 나카소네 총리가 야스쿠니신사(靖國神社)를 공식 참배하여 중국 측이 항의하는 장면이 있었다. 1987년에는 이른바 '구름 위의 사람' 발언으로 잠시 설전이 일어나기도 했다. 최고 실력자 덩샤오핑이 일본의 경제협력에 대해 불만을 늘어놓자 일본 외무성이 덩샤오핑을 구름 위의 사람으로 표현해 중국 측이 반발한 사건이었다.[5]

---

4 중국은 1979년 초 상하이 바오산(寶山)제철소 및 석유화학 관련 플랜트 계약_약 26억 달러 상당_을 중단했다. 이에 대해 약 4,200억 엔의 일본수출입은행 융자와 80억 달러의 일본 민간은행 단기·장기 협조융자가 이루어졌다. 1981년에는 플랜트 건설 중지·연기가 통고되었다. 또다시 3,000억 엔 규모의 혼합차관이 제공되었다.

아무튼 1972년 체제는 중일 양측의 상호 경사(傾斜) 또는 상호 접근의 결과물이었다. 경제협력이 양자관계의 화두가 되는 가운데 과거사나 영유권 문제는 수면 아래에서 관리되었다. 그리고 양측은 1972년 중일공동성명에서 천명한 것처럼 사회제도의 상이함을 인정하면서 '선린우호관계'를 발전시켜 가고자 했다. 안정적인 미중관계를 배경으로 중일관계도 나름대로 자기완결성을 담보할 수 있는 시기였다.

파트너십으로 중일관계의 구조변화에 대응하려 하다

장쩌민-오부치 시기의 과제는 중일관계의 구조변화에 어떻게 대응할 것인가 하는 것이었다. 냉전 해체 이후 중일관계는 그야말로 다사다난(多事多難)했다. 1989년 6월의 톈안먼(天安門)사건은 일본의 대중 우호 인식에 찬물을 끼얹었다. 1990년대 초반부터 가속화된 중국의 고도 경제성장은 일본의 거품경제 붕괴와 크게 대조되었다. 과거사 문제도 수면 위로 떠오르기 시작했다. 중국인 전쟁 피해자들이 대일 배상 청구 움직임을 보이기 시작하는 가운데 일본 정계에서는 과거사 인식을 둘러싼 역사 전쟁이 발발했다.[6]

---

5 1987년 6월 덩샤오핑이 방중한 일본 공명당 야노 준야(矢野絢也) 서기장에게 한 말은 다음과 같다: "중국의 수입 초과가 많고 중국 제품이 일본에 들어가기 어렵다. 일본이 적극적인 기술이전을 하지 않고 있다. 역사적으로 보면 일본은 중국을 돕기 위해 더욱 더 많은 일을 해야 한다. 솔직히 말하면 일본은 세계 그 어떤 나라에 비해서도 중국에 빚이 많은 나라라고 생각한다. 수교 당시 우리는 전쟁배상을 요구하지 않았다." 이에 대해 일본 외무성은 "덩샤오핑도 구름 위의 사람이 된 것 같다. 중일관계는 경제를 중심으로 착실하게 진전되고 있으며, 이것이 커다란 조류가 되었다. 덩샤오핑은 이러한 실무차원의 이야기에 더욱 귀를 기울여 주었으면 한다."고 반박했다. 이에 대해 중국 측은 다시 "머리를 숙여서 무언가를 요구하는 관계가 아니다. 중국은 가난하니 잠자코 있으라고 하는 것이 외무성의 인식이라면 그것은 과거와 같은 일본의 의식이라고 보지 않을 수 없다"라고 반박했다.

6 당시 일본 측은 1993년 '고노 담화', 1995년 '무라야마 담화' 등을 통해 과거사 문제_일본군 위안부, 식민지 지배, 중국 침략, 강제동원 등_에 전향적인 자세를 취했으나 이를 계

그에 더해 1990년대 중반 서로가 민감하게 여기는 안보 현안이 동시다발적으로 발생했다. 첫째는 1995년 5월 중국의 지하핵실험이었다. 이에 대해 무라야마 도미이치(村山富市) 내각은 강력하게 항의함과 동시에 경제협력 재검토 방침_무상원조 전면 동결_을 표명했다. 둘째는 1995~6년 대만해협 위기였다. 대만의 행보_미국의 F-16 150대 판매 승인, 리덩후이(李登輝) 총통 미국 방문, 대만 최초의 직선제 총통선거_를 '하나의 중국' 원칙에 대한 도전으로 간주한 중국이 대만해협에서 미사일 발사 연습을 단행하고, 그에 대해 미국이 제7함대를 급파하여 긴장이 고조된 사건을 말한다. 이는 일본 내 중국위협론을 급속히 확산시켰다.

셋째는 미일동맹 재정의였다. 1995년 미국 클린턴(Bill Clinton) 정부는 부상하는 중국에 대응하기 위해 동아시아 주둔 미군 병력 10만 명 유지와 미일동맹 재편을 주된 내용으로 하는 동아시아 전략을 확정했다. 대만해협 위기가 동맹 재정의를 가속화시킨 것은 두말할 나위 없었다. 이와 관련된 1996년 4월 미일공동선언 「21세기를 향한 동맹」_과 1997년 9월 「미일 방위협력 지침」(신가이드라인)은 동맹 발동의 요건 중 하나로 주변 사태를 추가했다. 이에 대해 중국 측은 일본의 군사적 역할 확대, 그리고 주변 사태 조항이 중국의 주권을 침해할 소지가 있다며 반발했다.

넷째는 1996~7년 일본이 실효 지배 중인 센카쿠열도/댜오위다오 영유권 문제를 둘러싼 양 국민 간 대립이었다. 영유권 문제는 중일공동성명과 중일평화우호조약 체결 당시 양측이 보류한 사항이었다.[7] 1996년 7월 일본 우익단체가 댜오위다오(釣魚島)에 등대를 설치하자 그에 반발한 홍콩의 활동가들이 섬에 상륙을 시도하다가 사망자가 발생했다. 중국 외교부는 등

기로 보수우파 세력은 대대적인 반격에 나섰다. 역사 수정주의 운동도 이때부터 본격화되었다.
7 1992년 2월 중국은 '영해 및 접속해역법'을 제정하면서 댜오위다오를 자국 영토로 명기했다.

대 설치를 주권 침해라고 비난했지만, 일본 정부가 이를 정식 등대로 인정하지 않으면서 일단 진정되었다.

이러한 상황에서 1998년 11월 장쩌민 주석의 방일은 관계를 새롭게 정립(鼎立)할 수 있는 귀중한 기회였다. 장쩌민-오부치 정상회담 후 발표된 중일파트너십공동선언은 중일관계가 양국 모두에게 가장 중요한 양자관계 가운데 하나라는 점, 아시아 및 세계에 영향력을 가진 양국이 중요한 책임을 지고 있다는 점, 그리고 제반 문제에 대해 양측이 광범위한 공통 인식에 달했다는 점을 언급했다(자료 3-3). 그에 더해 기존 안보 대화 메커니즘을 더욱 강화하고, 장기 안정적인 양자 간 경제·무역 협력관계를 세우며, 중국의 WTO 조기 가입 노력에 대한 일본의 지지가 표명되었다.

다만, 소이(小異)를 남기고 대동(大同)을 취하자는 공동선언 정신, 그리고 문제·의견 차이 또는 분쟁을 적절하게 처리하자는 공동선언 내용은 현실과의 간극(間隙)을 느끼게 했다. 이러한 간극은 첫째, 일본이 희망하는 유엔안보리 상임이사국 진출 문제에 대해 중국 측은 명시적인 외교적 지지를 회피하면서 유엔안보리 개혁을 찬성한다는 선에 머물렀고 둘째, 핵무기의 폐기, 핵무기 확산 반대, 핵실험 및 핵 군비 경쟁 중지를 언급한 부분은 일본 측의 중국 핵실험 및 군비 증강에 대한 우려를 연상시켰다. 하지만, 이는 어디까지나 원론적인 차원이었다.

셋째, 동아시아 외환위기를 극복하기 위해 함께 노력한다는 내용도 담겼다. 중국은 위안화 환율 관리_평가절하 자제_ 및 대규모 재정지출, 일본은 신미야자와구상(新宮澤構想) 및 치앙마이 이니시어티브(Chiang Mai Initiative, CMI)_중장기 자금 지원 및 통화 스왑 등_을 통해 동아시아 외환위기 극복을 위해 노력했다. 그러나 양국의 공동 대응은 보이지 않았다.

넷째, 가장 중요한 것은 한일 양국이 최소한의 역사적 화해를 실현한 데 비해 중일 양국은 역사적 화해의 기회를 잡지 못했다는 점이다(毛里 2006, 154). 장쩌민 주석은 그 직전인 10월 일본이 한국과 합의한 공동선언의 표현_식민지 지배 인정과 통절한 반성, 그리고 마음으로부터의 사죄 표명_을 거론하며 공동선언에 문서화할 것을 요구했다. 그러나 오부치 총리는 한국 측은 과거사 문제를 다시 거론하지 않겠다고 약속했다면서 구두로 '마음으로부터의 사죄'를 언급하는 데 그쳤다. 이에 장쩌민 주석은 공동선언 서명을 거부했다.

21세기에 들어서자마자 과거사 문제는 갈등을 넘어 대립으로 치닫기 시작했다. 장쩌민 정부의 반일 자세와 더불어 사죄에 부정적인 자민당 보수 우파 정권_고이즈미 준이치로(小泉純一郎) 내각_이 출범했기 때문이다. 우선, 고이즈미 총리가 야스쿠니신사 참배를 매년 강행했다. 다음으로, 일본 정부는 '새로운 역사 교과서를 만드는 모임'(새역모)이 집필한 역사 교과서 검정을 승인했다. 게다가 고이즈미 내각은 최초로 중국 군사력에 대한 경계감을 기술한 신방위대강을 책정하고(2004년 11월), 미일안보협의위원회는 대만을 방위 범위에 포함시키는 논의까지 진행했다(2005년 2월). 그리고 일본의 본격적인 유엔안보리 상임이사국 진출 시도도 있었다.

장쩌민 정부가 맹렬하게 반발한 것은 물론이었다. 고이즈미 총리의 야스쿠니신사 참배는 수교의 대전제_일본의 일부 군국주의자들(A급 전범)이 전쟁을 일으켰다는 논리_에 대한 위반이었다. 중국 측은 2001년 10월 고이즈미 총리의 당일치기 방중 이후 5년 동안 정상회담을 비롯한 고위급 대화를 전면 중단했다. 더 큰 사건은 2005년 4월 중국 전역_홍콩 포함_에서 대규모 반일 데모가 발생한 일이었다.[8] 거의 80년 만에 '일본상품 불매'라는 슬로건이 다시 등장했다. 주요 도시에서 일본 자동차, 식당, 영사관에 대한 파괴 행위도 잇달아 발생했다.

고이즈미 내각도 단호하게 대응했다. 2005년 봄에는 베이징올림픽이

---

8 중국의 반일 데모를 자극한 것은 한국 노무현 대통령의 2005년 3월 '3.1절 기념식 연설'로 전해진다. 당시 노무현 대통령은 교과서 문제, 야스쿠니신사 참배, 독도 문제와 관련하여 일본을 강도 높게 비판하고, 일본의 유엔안보리 진출에 대해서도 공개적으로 반대했다.

열리는 2008년을 기한으로 신규 엔 차관을 종료한다고 결정했다. 동중국해 가스전 개발을 둘러싼 양측 간 대립이 거세지자 이번에는 기존의 엔 차관 공여를 일시적으로 보류했다. 사실, 고이즈미 내각 출범 이후 정계를 중심으로 ODA(정부개발원조) 재검토론, ODA 졸업론이 들끓고 있었다. 특히 보수우파 세력은 일본이 경제 장기 불황으로 재정난을 겪고 있는 데 비해 경제성장을 배경으로 국방비를 비약적으로 증대시키고 있고 반일·항일교육에도 열심인 중국에게 더 이상 ODA를 공여할 필요가 없다고 주장했다. 고이즈미 총리 자신도 강고한 미일동맹을 기반으로 전후 일본의 아시아 외교_과거사 사죄와 경제협력_의 터부를 깨고자 했다.9 결국, 1972년 체제가 사실상 해체되는 가운데 1998년 중일 파트너십은 이를 대체하지 못했다.

전략적 호혜 관계라는 새로운 틀로 제도화를 꾀하다

양측이 중일관계의 파국을 벗어나기 위해 나선 것은 고이즈미 내각이 물러난 직후였다. 관계 재정립을 위한 두 번째 기회였다. 2006년부터 2008년 사이에 정상 간 상호 방문이 숨 가쁘게 이어졌다. 2006년 10월 아베 신조(安倍晋三) 총리의 방중은 '얼음을 깨는 여행', 2007년 4월 원자바오(溫家寶) 총리의 방일은 '얼음을 녹이는 여행', 같은 해 12월 후쿠다 야스오(福田康夫) 총리의 방중은 '봄을 맞이하는 여행', 그리고 2008년 5월 후진타오 주석의 방일은 '따뜻한 봄의 여행'으로 불렸다.

그 결과물이 전략적 호혜 관계였다. 먼저, 후진타오-아베 회담(2006년 10월 8일, 베이징)에서 양측은 공통의 전략적 이익에 입각한 호혜 관계를 구축

---

9 고이즈미 총리는 2005년 11월 미일정상회담(교토) 직후 기자단에게 다음처럼 발언했다. "미일관계가 좋으면 좋을수록 중국, 한국, 그 밖의 아시아 국가들을 비롯한 세계 여러 나라와 양호한 관계를 구축할 수 있다. 이것이 나의 기본적인 생각이다. 일본에는 미일동맹을 적당히 해 두고 뭔가 안 좋은 일이 생기면 다른 나라와 우호 관계를 맺어 보완하면 된다고 생각하는 사람들도 있다. 하지만 나는 그럴 생각이 추호도 없다."(朝日新聞 2005.11.18).

하기로 합의했다(자료 3-4). 여기서 일본 측은 중국의 평화적 발전을, 중국 측은 전후 일본의 평화 국가 행보를 평가했다. 중국위협론과 일본군국주의 부활론을 서로 불식시켜주는 행위였다. 가스전 개발 문제로 대립하던 동중국해 문제에 대해서는 평화·우호·협력의 바다로 만들자고 합의했다. 안보 대화를 비롯한 여러 분야의 교류·협력에도 합의했다.

원자바오-아베 회담(2007년 4월 11일, 도쿄)은 공통의 전략적 이익에 입각한 호혜 관계를 '전략적 호혜 관계'라 칭하고, 그 기본정신·내용을 가다듬었다(자료 3-5). 전략적 호혜 관계의 기본정신으로 제시된 것은 아시아·세계의 평화, 안정, 발전에 함께 공헌하는 것이 양국의 책임이며, 이를 위해 다양한 차원에서 호혜 협력을 발전시키는 가운데 서로의 이익과 공통 이익을 확대하여 관계를 고도로 발전시켜 나간다는 것이었다.

그 완결판이 후진타오-후쿠다 회담에서 발표한 「중일 전략적 호혜 관계 공동성명」, 그리고 그 부속서(행동 계획)_「중일 양 정부의 교류와 협력 강화에 관한 공동언론발표」(2008년 5월 7일, 도쿄)_였다(자료 3-6). 주된 내용은 다음과 같았다. 첫째, 동 공동성명은 1항에서 전략적 호혜 관계가 무엇보다 장기적 안정성을 지향한다고 언급했다. 중일관계는 가장 중요한 양자관계 중 하나이고, 양국이 아시아·태평양 및 세계에서 큰 영향력과 엄숙한 책임을 갖고 있으며, 장기적인 협력이 유일한 선택지라는 인식이 표명되었다. 여기서 양측이 서로의 대국 정체성, 그리고 국제사회에서의 마땅한 역할을 인정한 부분은 흥미로웠다.

둘째, 3항은 역사를 직시하고 미래를 지향한다고 언급했다. 후진타오-고이즈미 시기의 과거사 문제에 관련된 극단적인 대립을 의식한 것이었다. 후진타오 정부는 '대일신사고 외교'를 내걸면서 장쩌민 정부와 비교하여 과거사와 관련된 대일 비판을 자제했다. 일본 측도 중국 측이 제시한 마지노선_총리의 야스쿠니신사 참배 중지_에 대해 암묵적으로 동의하는 모습을 보였다.

셋째, 가장 핵심적으로 여겨지는 부분은 4항이었다. 여기서 "양측은 서로 협력의 파트너이며, 서로 위협이 되지 않을 것을 확인했다."라고 언급하면서 중국의 평화적 발전, 일본의 평화 국가 행보를 각각 평가했다.[10] 적어도 상대방을 적대시하는 정책은 취하지 않겠다는 서로에 대한 약속이라 할 수 있었다. 다만, 부속서의 양국 방위 당국 간 초보적인 신뢰 양성 조치_방위 당국 간 협의, 중국해군과 일본해상자위대 함정의 상호 방문, 해상연락 메커니즘 등_를 제외하고 미일동맹 강화나 영유권 문제 등 민감한 안보 현안은 일절 거론되지 않았다.

넷째, 6항은 대화·협력의 5개 축_정치적 상호신뢰 증진, 인적·문화적 교류 및 국민 우호감 정 증진, 호혜 협력 강화, 아시아·태평양 공헌, 지구적 과제 공헌_을 제시했다. 예를 들면 정상 간 상호 방문, 전략적 대화, 안보 분야의 상호 이해와 신뢰, 다방면에 걸친 교류 확대, 경제·통상·환경 등 포괄적 분야 협력, 동북아_6자 회담, 북일 수교 등_ 및 동아시아 협력 원칙_개방성, 투명성, 포괄성_, 기후변화 및 에너지 안보 등이 나열되었다.

공동성명에 담긴 내용은 전략적 호혜 관계가 명확한 위기관리 메커니즘이라는 것을 보여주었다. 아베 총리도 개별적 문제가 관계 전체에 영향을 미치지 않도록 관리해 간다는 것이 전략적 호혜 관계의 원점이라고 언급하기도 했다(川村 2014, 43). 여기서 '전략적'은 '공통의 전략적 이익'을 말한다. 양자관계의 장기적 안정성 확보에 역점을 둔 개념이다. 상호 이견이나 갈등, 더 나아가 우발적 충돌을 적절하게 관리하여 관계의 악화·파탄에 따른 위험부담을 방지하는 데 초점을 맞춘 것이었다. 이는 양측의 전략적 이익, 특히 안보상의 국익_영유권 문제, 미일동맹 강화, 대만 문제 등_이 서로 상충한다는 점을 전제로 했다.

따라서 전략적 호혜 관계는 탈냉전기 중국이 정력적으로 추진해 온 대

---

10 후진타오 주석은 와세다대(早稲田大) 강연에서 중국은 평화적 발전의 길을 걸을 것, 방어적인 국방정책을 취하고 영구히 패권을 주창하지 않을 것, (과거 전쟁은) 중화민족뿐만 아니라 일본 국민에게도 큰 피해를 입혔다고 강조했다.

국 간의 전략적 관계로 보기 힘들었다. 중국 측의 전략적 관계는 미국 중심의 국제질서 재편에 대한 안티테제로서의 성격이 강하다. 동시에 이는 파트너십의 상위 개념인 전략적 파트너십으로 보기도 힘들다. 일본의 전략적 파트너십은 가치·체제의 공유와 안보협력을 중시하는 경향이 강했다.[11]

'전략적'과 짝을 이루는 개념은 '호혜 관계'이다. 중국 측이 그동안 제시해 온 Win-Win 관계를 말한다. 정치체제를 달리하는 국가와의 협력관계를 지칭하는 개념이다. 이노구치(猪口 2007, 3)도 전략적 호혜 관계를 제로섬 관계가 아닌 비제로섬 관계, 즉 Win-Win 관계로서 양자 간, 지역, 국제사회에서 서로의 필요성을 이해하고 호혜 협력을 발전시키고, 그 안에서 현안을 해결하면서 공통의 이익을 확대하여 아시아·국제사회의 안정과 발전에 건설적으로 관여한다는 개념으로 사용한다. 호혜 관계의 대표적인 사례는 경제교류·협력이다. 다만, 중국 측이 말하는 호혜 관계는 내정불간섭, 영토·주권 존중_예를 들면 대만 귀속 문제_ 등을 전제한 것이었다.

3. 센카쿠열도/댜오위다오라는 안보 최전선

중국, 대일 압박의 강도를 높이다

불행하게도 전략적 호혜 관계는 합의한 지 얼마 지나지 않아 파괴력이 강한 사건에 직면했다. 센카쿠열도/댜오위다오 영유권 문제였다. 이와 관련한 두 사건이 전면적인 외교 갈등으로 비화했다. 하나는 2010년 9월 센카쿠열도/댜오위다오 인근에서 발생한 중국어선의 일본 순시선 충돌 사건, 다른 하나는 2012년 9월 일본 민주당 정권의 센카쿠열도/댜오위다오 국유화 조치였다.

---

11 참고로 시라이시(白石 2014, 9)는 중일관계가 '전략적' 차원으로 격상되었기 때문에 전략적 파트너십의 일종으로 볼 수 있다고 주장한다.

중국어선 충돌 사건 직후 일본 해상보안청이 어선 선장과 선원을 체포하자 중국은 강력한 보복 조치를 경고하면서 즉시 무조건 석방을 요구했다. 하지만, 일본 측은 선원들을 제외하고 선장을 국내법_공무집행방해_에 따라 처리한다는 입장을 밝혔다. 후진타오 정부는 즉각적인 보복 조치_각료급 왕래 정지, 항공노선 증편 교섭 중지, 대일 중국인 관광객 규모 축소, 그리고 희토류 수출의 사실상 정지_에 나섰다. 결국, 일본 측은 중국이 요구하는 사죄와 배상을 거부하면서도 선장을 석방했다.

그 뒤를 이은 것은 일본의 국유화 결정이었다. 이시하라 신타로(石原慎太郎) 도쿄도 지사가 일본의 국토를 지킨다는 명분으로 "국가가 매입하면 중국이 반발할 것이기 때문에 도쿄도가 (민간 기부금을 모금해) 매입하겠다."라고 발언한 것이 발단이었다. 민주당 노다 요시히코(野田佳彦) 내각은 도쿄도가 매입하는 것보다는 국유화가 반발이 적을 것이라며 2012년 7월 7일_중일전쟁의 기점이 된 1937년 루커차오(盧溝橋) 사건 발발일이었음_ 국유화 방침을 표명하고, 9월 11일 센카쿠 3개 섬의 소유권 이전을 결정했다.

중국에서는 2005년을 능가하는 규모의 반일 데모가 다시 발발했다. 후진타오 정부는 일본의 국유화 조치로 영유권 문제를 보류하기로 한 수교 이래의 합의가 무너졌다고 판단했다. 각료급 경제 대화, 차관급 전략대화, 안보 대화 등이 중단되었다. 국유화 조치는 불법·무효_중국의 영토주권 침해_라는 비난과 함께 일본의 실효 지배 기정사실화를 저지하기 위한 구체적인 조치들_자국 공공선박의 상시 순회, 공군기의 상공 순항, 센카쿠열도/댜오위다오의 영해 기선 선포, 방공식별구역 설정 등_이 취해졌다(川村 2014, 37).[12] 긴장이 고조되는 가운데 상황 타개를 위해 양측은 전략적 호혜 관계를 빈번하게 언급했지만 어디까지나 외교적 수사에 불과했다(白石 2014, 26).

중국 측이 대일 압박의 강도를 높인 것은 후진타오 정부 시기부터 본격

---

12 2013년 1월에는 동중국해 공해상에서 중국해군 함선이 일본 해상자위대 호위함을 향해 사격관제용 레이더를 조사하는 사건도 발생했다.

화한 해양 진출과도 긴밀한 관계가 있었다. 중국은 2012년 11월 '해양 강국 건설'을 향해 영토주권과 해양 권익을 지킬 결의를 선포함과 동시에 급속한 군사력 강화를 선언했다. 시진핑(習近平) 정부는 한발 더 나아가 중화민족의 위대한 부흥과 중국몽을 내걸면서 해양 권익 확보와 대외 강경 자세를 분명히 했다.[13]

영유권 문제와 관련하여 국가해양국의 권위를 강화하고, 그 산하에 중국 해경을 발족시켰으며, 국가해양위원회도 신설했다. 중국해군은 일본 남서제도를 통과해 이른바 제2열도선 진출을 본격화했다. 무력행사 가능성까지 염두에 두면서 상대가 물러날 수 있는 거의 막다른 골목까지 밀어붙이는 방식이었다(川村 2014, 40-41). 중국 해사국 및 국가해양국 선박·정찰기의 정찰 업무가 대폭 강화되었으며, 해양·영토 문제를 담당하는 중앙외사공작영도소조도 확대 개편했다. 국제사회에 대해서는 역사 주권을 강조하며 전면적인 대일 비판 활동을 개시했다.

아베 내각, 집단적자위권 행사로 대응하다

아베 내각_2012년 12월 약 3년 만에 정권에 복귀한 자민당 매파 정권_은 중국의 압박에 정면으로 맞섰다. 아베 총리는 취임 직후 결연한 국가수호 의지를 천명했다. 국민의 생명·재산과 영토·영해·영공을 지킬 것이며, 센카쿠는 결코 협상의 대상이 될 수 없고, 무력행사에 의한 현상 변경은 절대로 정당화될 수 없으며, 사태의 모든 책임은 이 문제를 국내 정치적 목적을 위해 이용하려는 중국에 있다는 주장이었다(産経新聞 2012.12.30).

양국 정상이 전면에 나서면서 영유권 문제는 중일관계의 최대 현안으로 부상했다. 그리고 두 가지 기존의 양해 사항이 거의 유명무실해졌다. 하나는 영유권 문제를 보류 또는 현상 유지한다는 암묵적 약속이었다. 2013년

---

13 2013년 7월 시진핑 주석은 베이징군구 사령부에서 "언제라도 전쟁을 할 수 있도록 준비하고, 전쟁이 발발하면 반드시 승리할 수 있어야 한다."라고 훈시했다.

중반 중국 측이 과거처럼 이 문제를 보류하고 입장이 다르다는 점을 서로 인정하는 선에서 타협하자고 제안했으나 아베 내각은 사실무근이라며 일축했다. 다른 하나는 동중국해를 평화·우호·협력의 바다로 만들며 가스전 공동개발 문제를 해결하자는 2008년 공동성명 합의였다.

2014년 11월 11일 APEC 총회(베이징)를 계기로 한 정상회담은 치킨 게임 양상의 사태를 진정시키기 위한 자리가 되었다. 11월 7일 중국 양제츠(楊潔篪) 외교부장과 일본 야치 쇼타로(谷内正太郎) 국가안전보장국장이 센카쿠열도/댜오위다오에 관한 '4가지 기본 원칙'에 합의한 직후였다.[14]

- 양측은 중일 간의 4가지 기본문서의 제반 원칙과 정신을 준수하며, 중일 전략적 호혜 관계를 계속 발전시켜 나갈 것을 확인했다.
- 양측은 역사를 직시하고 미래를 지향한다는 정신에 따라 양국 관계에 영향을 미치는 정치적 곤란을 극복하는 점에 대해 약간의 인식의 일치를 보았다.
- 양측은 센카쿠열도/댜오위다오 등 동중국해 해역에서 최근 긴장 상태가 발생하고 있는 점에 서로 다른 견해를 가지고 있음을 인식하고, 대화와 협의를 통해 정세 악화를 방지함과 함께 위기관리 메커니즘을 구축하여 예측 불가의 사태 발생을 회피하자는 데 의견의 일치를 보았다.
- 양측은 여러 다자 간, 양자 간 채널을 활용하여 점진적으로 정치·외교·안보 대화를 재개하고, 정치적 상호신뢰 구축을 위해 노력한다는 점에 대해 의견의 일치를 보았다.

위 합의의 핵심은 세 번째의 위기관리 메커니즘이었다. 별도의 4원칙이 마련되었다는 것은 전략적 호혜 관계를 통한 제도화가 미비했음을 반증했다. 두 번째 항의 '약간의 인식의 일치' 부분은 서로의 영유권 주장이 팽팽하게 맞섰음을 드러냈다. 이후 양국은 2018년 5월 중국군과 자위대 간 우

---

14 원문은 다음 참조. 日中関係の改善に向けた話合い_楊潔篪中国外務部長と谷内正太郎国家安全保障局長との会見: 日中関係の懸案解決と改善のための4つの基本原則の合意_, データベース'世界と日本', 日中関係資料集, https://worldjpn.net/

발적 충돌을 방지하기 위한 '해공연락 메커니즘' 각서를 체결했다. 하지만, 이는 지리적 범위를 포함하지 않고 기존의 국제적 규범_해상충돌회피규범(CUES)_을 확인하는 수준에 머물렀다. 군사 당국 간 핫라인 개설도 합의만 하고 실현되지 않았다(益尾 2023, 220-223).

더욱 중대한 변화는 영유권 문제를 배경으로 아베 내각이 외교·안보 정책의 기조를 크게 전환한 점이었다. 그리고 그 키워드는 대중 '억지'(deterrence)였다. 일본이 집단적자위권 행사를 비롯하여 적극적인 협력 자세를 취함으로써 미국의 동맹공약 이행을 확실히 담보함과 동시에 강화된 미일동맹을 기반으로 중국을 억지하겠다는 논리였다.

정책 전환의 요지는 다음 세 가지였다(서승원 2015, 81-83). 첫째, 아베 내각은 새로운 외교적 교리로 '적극적 평화주의'를 내세웠다. 자유, 민주주의, 인권, 법의 지배 등 보편적 가치를 옹호하면서 국제협조주의에 근거하여 일본, 지역, 국제사회의 평화와 안정, 그리고 번영에 적극 기여한다는 내용이었다. 보편적 가치의 강조는 다분히 중국을 염두에 둔 것이었다. 이는 이후에 인도·태평양 지역의 민주주의 국가 간 연대 강화론으로 발전했다.

둘째, 안보 정책 전환도 일사천리로 진행되었다. 2013년 7월 〈방위백서〉는 처음으로 '중국 위협'을 명시했다. 중국이 기존 국제질서와 부합하지 않는 독자적 주장에 근거하여 힘에 의한 현상 변경을 포함한 고압적인 대응을 보이며, 때로는 예측 불가한 사태를 초래할 수 있는 위험한 행동도 보인다고 지적했다. 같은 해 11월에는 국가안전보장회의(NSC)가 설치되었고, 12월에는 최초의 「국가안전보장전략」도 책정되었다. 여기서도 중국은 힘에 의한 현상 변경 국가이자 사실상의 가상적국으로 표현되었다. 내각부에 영토주권대책기획조정실을 설치하고, 인근 해역 감시 체제 및 센카쿠열도를 포함한 남서제도 방어 태세 강화도 추진했다. 신방위계획대강 및 중기방위력정비계획은 중국이 일본 도서부를 공격할 경우 이를 적극적으로 탈환하겠다는 의지를 반영했다.

셋째, 아베 내각은 동맹 및 우방국들과의 안보협력도 대폭 강화하기 시작했다. 아베 총리는 미일정상회담(2014년 4월)에서 일본의 개별적 자위권의 대상으로 간주되어 온 센카쿠열도/댜오위다오에 대한 미국의 방어 공약을 이끌어냈다. 같은 해 7월에는 각료회의 결정을 통해 '집단적자위권'_자국이 직접 공격을 받지 않더라도 자국과 밀접한 관계에 있는 타국에 대한 군사력 행사를 자국에 대한 침략으로 간주하여 이를 군사력으로 저지하는 권리_ 행사를 허용했다. 그리고 「새로운 미일 방위 협력을 위한 지침」(이른바 신가이드라인) 책정(2015년 4월)과 국회의 11개 안전보장법안 성립(2015년 7-9월)이 뒤따랐다.

일본의 집단적자위권 행사 허용으로 헌법 9조의 제약_집단적자위권은 보유하나 그 행사는 금지되어 있다는 것이 기존의 헌법 해석_은 사실상 무력화되었다. 또한, 집단적자위권 행사 허용과 미일 신가이드라인으로 미일동맹은 한층 더 일체화되었다.[15] 일본이 집단적자위권 행사가 불가능하다는 점은 미일동맹의 가장 큰 장애물이자 미국 측이 해결하고자 했던 숙원이기도 했다(アーミテージ・ナイ・春原 2010, 270-1). 일본은 미군에 대한 범지구적 협력을 약속하고, 그 대신 미국은 센카쿠열도/댜오위다오 방어를 약속한 셈이었다.

4. 정냉경열, 그리고 지역 경제통합을 둘러싼 경쟁

국력 역전은 역사적 사건이었다

수교 이후, 특히 1970년대 말 이후의 경제교류·협력은 양자관계를 지탱해 온 중심축이었다. 전략적 호혜 관계 합의 당시까지만 해도 경제 관계는 정치·외교에 비해 나름대로 양호했다. 정치·외교관계는 냉각되었지만 경

---

15 집단적자위권 행사 허용은 미일 간 긴밀한 협의의 산물이었다. 양측은 사전에 합의를 마련한 다음, 아베 내각이 헌법 해석 변경을 통해 집단적자위권 행사를 결정하고, 이를 다시 미일 양국이 신가이드라인과 안보법제에 반영했다(박영준 2015).

제 관계는 뜨거웠다. 후진타오 주석은 이를 정냉경열(政冷經熱)이라 칭했다. 특히, 2001년 세계무역기구(WTO) 가입 이후 중국은 세계의 공장, 더 나아가 세계의 시장으로 부상했다.

일본의 대중 수출은 2001년 311억 달러에서 2008년 1,240억 달러로 약 4배 증가했고, 중국의 대일 수출도 약 581억 달러에서 2009년 약 1,225억 달러로 2배 이상 증가했다. 이 과정에 2004년 중국_홍콩 포함_은 일본의 최대 무역상대국이 되었다. 최근 일본의 대중 무역액은 미국 및 EU와의 무역액 합계를 상회하기에 이르렀다. 일본은 2021년 중국의 제2위 무역상대국이었다.

중국의 경제적 부상은 일본의 경제적 후생(厚生)에 많은 기회를 제공했지만 동시에 적지 않은 경계감도 초래했다. 여기에는 급속한 대중 수입 증가로 인한 막연한 불안감, 중국 기업의 경쟁력 강화와 일본 기업의 상대적 약체화, 존재감이 커진 중국 소비자의 영향력과 그에 대한 경계감 등이 복합적으로 작용했다(園田 2023, 31). 그 실감을 피부로 느끼게 한 것이 2005년 4월의 반일 데모였다. 반일 데모가 전국적 규모의 폭동 수준으로 발전하면서 중국에 제조업 거점을 집중시켜 온 일본 경제계 내에서는 중국 리스크를 타국에 분산시키는 '차이나 플러스 원' 사고가 확산하기 시작했다(松本 2013, 22-23).

더욱 큰 충격은 2010년 중일 양국의 국력이 거의 1세기 만에 역전된 사건이었다. 같은 해 양국의 명목 국내총생산(GDP)은 중국 6조 871억 달러, 일본 5조 7,590억 달러였다. 2000년대에 들어선 이후 중국경제는 리먼 쇼크가 발발한 2008년을 제외하고 줄곧 두 자리 성장률을 유지했다. 반면에 일본은 1990년대 이래 장기 경제불황 속에서 성장률은 1%대_2008년과 2009년은 마이너스 성장률 기록_에 머물렀다. 2021년 기준 중국의 명목 GDP는 17.7조 달러로 일본의 4.94조 달러의 3배 이상이 되었다(그림 3-1).[16]

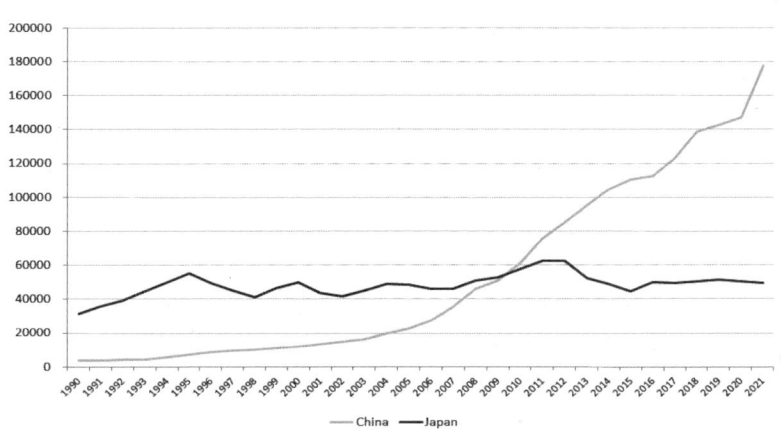

〈그림 3-1〉 중국과 일본 국내총생산(GDP) 추이 (1990-2021년) (단위: 억 달러)

(출처) TSH(Trilateral Statistics Hub) 통계를 참조로 작성.
https://data.tcs-asia.org/ko/statistics/1516285636473131008/1526168911320584192

일본 경제 규모의 상대적 축소는 중국의 입장에서 보면 대일 경제 관계의 비중 감소를 의미했다. 일본 측에서 보면 대중 경제적 의존의 심화를 말한다. 2010년 일본의 대외무역에서 대중 무역이 차지하는 비율은 22.5%_최대 무역상대국_였고, 중국의 대외무역에서 대일 무역이 차지하는 비율은 11.1%였다. 2019년 일본의 대중 무역 비율은 23.9%, 중국의 대일 무역 비율은 7.5%였다. 바야흐로 상호의존이 아닌 일방적 의존의 시대에 접어든 셈이다(丸川 2023, 62-63).

한편, 군사력은 더 큰 차이로 역전되었다. 스톡홀름국제평화연구소(SIPRI) 데이터베이스에 따르면 양국의 군사비 지출은 2006년(중국 514.5억 달러, 일본 415.5억 달러)에 역전되었으며, 2022년에는 그 차이가 5배(중국 2,919.5억 달러, 일본 459.9억 달러) 이상으로 벌어졌다(그림 3-2).

---

16 구매력평가지수(PPP)에서 중일 경제력이 역전된 것은 2000년이었다. 당시 중국은 3.7조 달러, 일본은 3.5조 달러였다. 참고로 2021년 기준 중국의 PPP는 27.3조 달러, 일본은 5.4조 달러이다.

국력 역전은 중일 양국의 상호 자세_중국은 공세적, 일본은 수세적 자세_에 변화를 가져온 구조적 요인으로 작용하고 있는 것으로 보인다. 중국에서는 경제성장을 배경으로 중국인의 '강한 중국'에 대한 자신감이 높아지고, 이것이 정권에 대한 지지로 이어지는 선순환 구조가 형성되었다. 반면, 일본에서는 장기 경제불황이 일본인의 자신감 상실로 이어지는 가운데 정치 우경화_특히 대외 강경론을 주창하는 보수우파의 득세_가 급속하게 진행되었다. 중국 측은 중일 경제 관계를 윈-윈 관계로 보지만 일본 측은 제로섬 관계로 보는 경향이 강해졌다. 자원 및 영토 문제와 관련하여 중국 측은 자국 권리를 강하게 주장하고, 일본 측은 쌍방 간 협의를 중시하기 시작했다(園田 2023, 42-43).

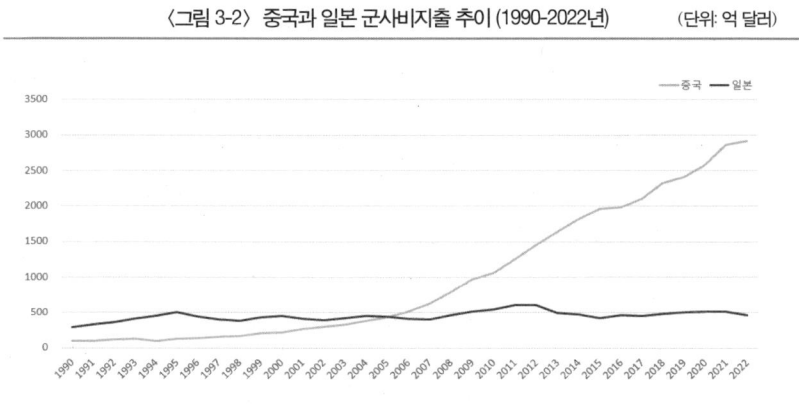

〈그림 3-2〉 중국과 일본 군사비지출 추이 (1990-2022년) (단위: 억 달러)

(출처) SIPRI Military Expenditure Database 참조로 작성. https://milex.sipri.org/sipri

중국, 대일 희토류 수출을 중지하다

앞서 중국어선 충돌 사건 직후 중국 측이 희토류 수출제한 조치를 취했다고 언급한 바 있다. 돌이켜보면 경제력을 수단으로 한 영향력 행사_좁은 의미의 경제외교(economic statecraft)로 경제제재와 경제원조로 구성됨_는 일본이 중국을 대상으로 실시해 오던 것이었다. 일본은 1989년 중국의 톈안먼사건,

1995~6년 지하핵실험 및 대만해협 미사일 연습, 그리고 2005년 반일 데모에 대해 ODA를 일종의 제재 수단으로 사용했었다. 이번 중국의 수출제한은 경제제재의 실행국-대상국이 완전히 뒤바뀌었음을 보여주었다. 게다가 이 사건은 중국이 선진국을 대상으로 전략물자의 수출을 제한한 거의 최초 사례였다.

참고로, 일본은 첨단기술에 불가결한 원료인 희토류 공급을 중국에 극단적으로 의존하고 있었다. 일본의 대중 의존이 중국의 외교적 카드로 활용된 셈이다. 2008년 중국은 세계 희토류의 97%_공급과점_를 생산하고 있었고, 일본의 희토류 수요는 5년 동안(2007~2011년) 연평균 32,404톤_세계 생산량의 25.12%_이었다(솦口 2013, 3). 이 사건을 계기로 일본 산업계가 심각한 공급 부족에 직면한 것은 두말할 나위가 없었다.

중국은 왜 이런 결정을 내렸고, 그에 대해 일본은 어떻게 대응했을까? 2010년 9월 25일 중국 외교부가 발표한 성명문은 다음과 같았다: 일본이 댜오위다오 해역에서 중국인 어민 15명과 선장을 구속한 것에 강력하게 항의한다; 댜오위다오와 인근 도서는 중국 고유의 영토이다; 이번 사건에 대해 일본 측에 사죄와 배상을 요구한다; 중일 양국은 대화를 통해 전략적 호혜 관계를 발전시켜 가야 하며 이러한 입장은 변함이 없다. 표면적인 이유는 중국의 영토·영해에서 일어난 사건을 자국 국내법으로 처리하려는 일본 측에 대한 강력한 반대였다.

그렇다면 중국 측은 왜 희토류 건을 보복 수단으로 선택했을까? 여기에는 희토류 자원외교가 반영된 것으로 보인다. 장윈(張雲 2022, 82-84)은 희토류 문제가 국내 정치화한 결과 대일 보복에 이용되었다고 분석한다. 원래 희토류 수출은 외화 획득 수단이었으나 2000년대에 들어서면서 수출량을 억제하는 움직임이 보이기 시작했다. 고도 경제성장으로 국내 수요가 급속히 상승하고, 난개발·도굴 등으로 광산 사고와 환경문제가 심각해졌기 때문이었다.

이에 보수파들은 염가 판매, 희토류 수출 매국, 자원고갈 등을 거론하면서 국가안보를 위한 수출제한·정지를 요구하기 시작했다. 일종의 자원 민족주의였다. 개혁파들도 선진국이 자원 보호 등을 고려하여 중국 희토류에 의지하는 것은 불공정하며 지속 가능하지도 않다고 인식하고 있었다. 이들은 희토류 전략자원 보호와 합리적 이용, 국제가격 결정권 획득, 고부가가치 제품 개발의 필요성을 주장했다. 무언가 강력한 조치를 취하지 않으면 안되는 상황에서 일본이 취약성을 안고 있는 희토류 공급에 대한 규제는 효과적인 수단으로 판단되었다(丸川 2023, 50).

한편, 일본 측은 크게 두 가지 방식으로 대응했다. 하나는 희토류 산업에 관한 것이었다. 해외 휴무광산 재개나 신규 제련공장 및 신규 광산 개발 등으로 공급처의 다변화를 모색했다. 그 대상에는 미국, 호주, 인도, 베트남 등지에 대한 출자 및 공동개발, 그리고 베트남, 프랑스, 에스토니아로부터의 수입 확대가 포함되었다. 기술 혁신과 재활용을 통한 희토류 사용량 감소, 탈희토류를 위한 기술 개발도 진행되었다. 그 결과 2012년 상반기 대중 희토류 의존도는 50%를 밑돌았다(谷口 2013, 8-9).

다른 하나는 2012년 3월의 WTO 제소_미국 및 EU와 공동 제소_였다. 일본이 중국을 제소한 최초의 사례였다. 일본 측은 중국의 철강·금속제품 등 원재료 수출규제에 대한 WTO 패소 확정(2012년 1월)을 참고했다(塚越 2015, 109-110). 결국, 2014년 8월 WTO는 중국의 희토류 수출제한이 WTO 가맹의 정서_WTO가 정하는 최혜국대우 위반_ 및 GATT 규정에 위반한다는 보고서를 발표했다. 중국의 패소였다.[17]

지역 경제통합을 둘러싼 주도권 경쟁이 치열해지다

1998년 파트너십 공동선언이나 2008년 전략적 호혜 관계 공동성명에서 중일 FTA에 관련한 사항은 일체 언급되지 않았다. 그 대신 한중일 3국 간

---

17 WTO 패소를 둘러싸고 보수파와 개혁파 사이에 논쟁이 벌어졌지만, 후진타오 정부는 2015년 상반기 희토류 수출할당제와 수출세를 폐지했다.

경제협력에 관한 논의가 일정 부분 진행되었다. 2006년 공동언론발표는 동아시아 지역 협력, 한중일 협력에 대한 협조 강화와 동아시아 일체화 과정 추진을, 2007년 공동언론발표는 한중일 투자협정 조기 합의 및 비즈니스 환경개선을, 그리고 2008년 공동언론발표는 비즈니스 환경개선을 거론했다.

한중일 FTA 논의가 본격화된 것은 2003년이었다. 그로부터 2009년까지 민간공동연구가 진행되었고, 이를 바탕으로 2009년 10월 한중일 정상회의에서 산관학 공동연구 개시가 합의되었다. 공동연구 보고서가 공표된 것은 2012년 3월이었다. 그리고 같은 해 5월 한중일 정상회의에서 세 정상은 FTA 교섭의 연내 개시에 합의하고_2012년 11월 교섭 개시 선언_, 한중일 투자보호협정에 서명했다. 하지만 한중일 FTA는 2023년 현재까지 타결에 이르지 못하고 있다.

김인식(2021, 181-189)은 한중일 FTA가 타결되지 못한 이유로 다음 네 가지를 지적한다. 첫째, 다수의 민감한 영역이 존재했다. 제조업_특히 첨단기술_에서 비교우위를 가진 일본은 관세 인하·철폐를 바라지만 한중 양국은 이를 수용하기 어려웠다. 중국은 농산물 시장 개방에 적극적이었으나 한일 양국은 매우 소극적이었다. 둘째, 한중일 3국은 RCEP(역내포괄적경제동반자협정)_제조업 시장을 보호하려는 개발도상국들의 요구로 시장 개방 수준이 높지 않음_에 참여하고 있고, 게다가 한중 양국은 FTA를 체결한 상태였다. 일본은 개방 수준이 90% 이상인 CPTPP(포괄적·점진적 환태평양경제동반자협정)에 참여하고 있다. 협정들 사이의 정합성 문제, 그리고 다른 협정과의 차별성이 고려되어야 했다.

셋째, 가장 중대한 장애물은 정치적인 요인이었다. 특히, 한중일 간 정치적 신뢰도는 매우 낮았다. 한중 간 사드 갈등과 중국의 경제보복, 중일 간 영유권 문제 대립과 중국의 희토류 수출 금지, 한일 간 강제징용 문제와 일본의 소재 수출제한 등이 그것이었다. 게다가 미국의 대중 견제 전략도 한일 양국과 중국 간의 갈등을 증폭시켰다. 넷째, 한중일 3국은 보호무역주의 대응이라는 공통의 이해관계를 가지고 있었으나 미중 무역분쟁에 대한 이해관계가 달랐다. 중국은 미중 무역분쟁을 패권 경쟁으로 규정하고 이를 내수 확대와 지역경제 통합 강화로 상쇄하는 전략을 취했다. RCEP(역내포괄적경제동반자협정)과 한중일 FTA에 적극적인 이유였다. 중국의 경쟁 국가로의 부상과 불공정 무역관행을 우려하는 한일 양국은 미중 경쟁이 대중 기술격차 유지에 도움이 될 것으로 보았다.

한편, 지역 경제통합의 주도권 경쟁은 갈수록 치열해졌다. 동아시아 지역 협력 및 경제적 일체화를 추진한다는 합의와는 상반되는 상황이었다. 첫 번째 사례는 TPP(환태평양경제동반자협정)와 RCEP(역내포괄적경제동반자협정)을 둘러싼 미중 간, 중일 간 경쟁이었다. TPP는 2005년 뉴질랜드, 싱가포르, 칠레, 브루나이 4개국 간 FTA로 시작되었으나 2008년 미국이 참여하면서 협상이 본격화되었고 2015년 10월 협상이 타결되었다.[18] 아시아재균형 전략을 추진하던 오바마 정부는 TPP에 경제통합은 물론 대중 지경학적 목표_세계경제 질서 주도권 유지_를 반영시키고자 했다. 일본 측도 미국과 함께 TPP 추진에 우선순위를 두었다. 트럼프 정부가 2017년 1월 TPP를 일방적으로 탈퇴하자 아베 내각은 호주와 함께 나머지 국가를 규합하여 2018년 CPTPP(포괄적·점진적 환태평양경제동반자협정)를 출범시켰다.

RCEP는 2011년 아세안이 구상을 제기한 이래 협상과 결렬을 반복하다가 2020년 11월 타결되었다.[19] 동아시아 경제통합의 주도권 경쟁은 중국의 공세적 자세에 대해 먼저 일본이 대응하고 이후에 미일 양국이 연대하는

---

18 TPP는 미국과 일본이 주도하고 환태평양 연안국 12개국이 참가하는 다자 간 FTA로서 전 세계 인구의 11%, 전 세계 GDP의 37.1%, 전 세계 교역의 25.7%를 차지했다.
19 참여국은 아세안 10개국, 한국, 중국, 일본, 호주, 뉴질랜드를 포함한 15개국이다. 시장개방 수준은 상대적으로 낮지만 현재 세계 최대 규모의 FTA협정_세계 인구의 29.9%(22억 6,000만 명), 명목 GDP 26조 3,000억 달러, 세계 무역의 28.7%(5조 4,000억 달러)_이다. RCEP의 추진 경위는 라미령·김제국(2017) 참조.

양상을 보였다. 중국이 2004년 아세안+3 형태의 동아시아자유무역협정(EAFTA)을 제안하자, 일본이 그에 대응하여 2006년 아세안+3에 인도, 호주, 뉴질랜드를 포함한 아세안+6 형태의 동아시아포괄적경제동반자협정(CEPEA)을 제안한 바 있다. 미국의 TPP 제안은 이 과정에 나온 것이었다.

이 와중에 2011년 아세안 측이 아세안+6와 유사한 RCEP을 제안하자 TPP를 우려한 중국이 적극적으로 협력하는 상황으로 발전했다. 일본도 TPP 타결 이후에는 RCEP에 대한 소극적인 자세를 바꾸기 시작했다. 아세안+6 틀의 원안을 제안한 당사국으로 아세안 중심성을 중시한다는 방침을 표명해 왔으며, 특히 한중 양국과의 교역에서 처음으로 FTA를 이용할 수 있다는 점을 고려한 결과였다(高橋 2021).

두 번째 사례는 중국의 일대일로 구상과 AIIB, 그리고 이에 대한 일본의 대응이었다. 일대일로는 시진핑 주석이 2013년 9월 카자흐스탄 연설_'실크로드 경제벨트' 제안_에 이어 2014년 11월 APEC 정상회의(베이징)에서 제창한 구상이다. 아시아와 유럽을 육로_실크로드 경제벨트_와 해상항로_21세기 해상 실크로드_로 연결하는 인프라 정비, 무역 촉진, 자금 왕래를 촉진하자는 구상이다. AIIB는 일대일로 구상의 금융지원 역할을 한다. AIIB는 2013년 가을 중국이 제창하고, 2015년 12월 정식으로 발족했다.[20]

AIIB(아시아인프라투자은행) 설립은 미일 양국과 중국 사이에서 국제금융 분야의 파워게임 형태로 전개되었다. 중국이 IMF와 ADB의 의결권 구성_IMF는 미국, ADB는 미일 양국이 거부권 보유_에 변경을 요구했으나 미일 양국은 이를 거부한 바 있었다. 오바마 정부는 동맹국 및 우방국들에게 중국의 AIIB 참가 요청을 거부하도록 압력을 가했다.[21] 일본도 미국과의 공동보조를

---

20 미국 주도의 국제통화기금(IMF)과 일본 주도의 아시아개발은행(ADB)과 유사한 국제 금융기관으로 2023년 현재 가맹국·지역은 106개_중국이 의결권의 30% 정도를 보유_이다.
21 오바마 정부의 시도는 2015년 3월 영국, 프랑스, 독일, 이탈리아 등이 대거 참가를 표명함으로써 사실상 무산되었다.

중시하여 2015년 3월 참가 표명을 보류했다. 중국이 경제력을 활용하여 지정학적 요충지에 있는 빈곤한 국가들을 사실상 지배하는 '채무의 함정' 외교를 전개한다는 우려도 있었다(時事ドットコム 2023). 인권이나 환경, 상주이사회 부재 등 AIIB의 거버넌스 문제도 거론되었다.

하지만, 일본의 입장은 2017년 초부터 미묘한 변화를 보이기 시작했다. 아베 내각은 2017년 2월 일대일로국제협력서미트포럼에서 일대일로에 협력할 뜻을 표명한 데 이어 2017년 7월 아베 총리는 시진핑 주석과의 정상회의에서 일대일로 구상에 대한 협력 의사까지 밝혔다. 그리고 같은 해 12월에는 자신의 '자유롭고 개방된 인도·태평양' 구상과 일대일로 구상 간의 연계를 추진하겠다는 의향을 표명했다. 이러한 입장 변화는 트럼프 정부의 행보와 무관치 않아 보였다.[22]

그리고 2018년 10월 일본 총리로서 7년 만에 중국을 공식 방문한 아베 총리는 시진핑 주석과 제3국의 인프라 공동투자를 위한 협력 문서에 서명했다.[23] 이 자리에서 아베 총리는 새로운 시대의 중일관계를 위한 3원칙으로 ①경쟁에서 협조로, ②서로 파트너로서 위협이 되지 않는다, ③자유롭고 공정한 무역체제 발전을 제시했다. 시진핑 주석은 일대일로 공동 건설은 중일 협력의 새로운 플랫폼이 될 것이라고 발언했다(日本経済新聞 2018.10.26).

---

[22] 트럼프 정부는 미국의 AIIB 불참을 오바마 정부의 전략적 실패라고 비판하면서 미국 기업의 참가와 민간자본 활용을 주장하고 있었다. 2017년 11월 트럼프-시진핑 정상회담에서 양측은 일대일로 협력에 의견이 일치했다.
[23] 중일 양국은 2018년 10월 26일 양국의 정부 기관이나 민간기업이 아시아 등 신흥국에서 인프라 투자 등을 공동으로 전개하는 것을 내용으로 한 52건의 협력 문서를 교환했다.

5. 반일/반중 내셔널리즘, 그리고 상호 불신의 심화

역사 수정주의와 반일 애국주의

인적·문화적 교류 및 국민 우호 감정 증진은 파트너십 공동선언과 전략적 호혜 관계 공동성명에 빠짐없이 등장한 목표였다. 하지만 양국 정치 리더십의 행보는 그와 상반되는 것이었다. 정치 리더십 사이의 상이한 세계관, 집단적 기억에 근거한 위협 인식, 과거사 및 영유권 문제를 매개로 한 민족주의적 대결은 국민 간 갈등을 조장했다. 이는 합리적 국익 설정·추구와 유연한 외교 교섭에도 장애 요인으로 작용했다.

특히, 2013년부터 2015년까지의 시진핑-아베 관계가 그러했다. 역사 수정주의를 신봉하는 아베 내각은 반중(反中)을, 애국주의를 계승한 시진핑 정부는 반일(反日)을 기치로 서로에 대해 대립각을 세웠다. 그 결과는 중일 양자 간, 그리고 동북아 전역의 민족주의 게임이었다. 민족주의 게임을 촉발한 직접적인 계기는 아베 내각의 역사 수정주의 행보였다. 2013년 상반기부터 아베 총리는 도쿄재판, 침략전쟁, 고노담화 및 무라야마담화 등을 부정하는 듯한 발언을 이어 나갔다. 2013년 8월 15일 전몰자추도식에서는 역대 내각과는 달리 주변 국가에 대한 가해 책임 언급을 생략했다. 내각의 각료를 포함한 정계인사들의 야스쿠니신사 참배도 갈수록 규모가 커졌다.

이러한 행보는 시진핑 정부의 항일 애국주의 운동과 맞물리면서 중일 간 갈등으로 비화했다. 사실, 중국 측이 애국주의를 고무하기 시작한 것은 장쩌민 정부 시기부터였다. 1994년 중국공산당은 「애국주의교육실시요강」을 발표하고 애국주의교육 수업, 영화·TV 감상, 각지 기념관 참관 등을 통해 중국의 전통, 혁명, 외국의 침략에 대한 영웅적인 투쟁 등을 고무하기 시작했다. 장쩌민 정부는 특히 항일전쟁 승리를 강조했다. 시진핑 정부도 항일(抗日) 사관에 근거해 도덕적 리더십을 부각시키는 외교를 전개했다.[24] 항일 사관은 대만을 비롯한 해외 화인·화교와의 민족통합의 수단이며, 일본에 대한 외교적 전술이기도 했다. 일본 측의 야스쿠니신사 참배는 그와 같은 애국주의 정책 및 외교에 정당성을 부여해 주었다(中村 2015, 71-72).

아베 내각의 역사 수정주의 행보에 대해 시진핑 정부는 강력한 대일 경고와 다각적 외교 공세를 취했다. 왕이(王毅) 중국 외교부장은 야스쿠니신사 참배는 수교 당시 양측이 합의한 원칙과 정신에 위배되는 것이며, 만일 일본이 중일관계의 마지노선까지 도발한다면 중국 역시 끝까지 갈 것이라고 경고하기도 했다(연합뉴스 2013.12.27). 중국 측은 센카쿠열도/댜오위다오 문제로 정상회의를 중지한 바 있으나, 이번에는 야스쿠니신사 참배 중지가 정상회의의 전제조건으로 추가되었다. 일본을 고립시키기 위한 국제적 여론전도 본격화했다.

중일 간 민족주의 게임은 세 가지 특징을 보였다(서승원 2014, 173-178). 첫째, 민족주의 게임에서 우위를 차지한 것은 대외정책이 아닌 국내 정치였다. 아베 내각이 선거를 앞둔 시기에 보수진영 결집과 대중의 정치적 지지를 확보하기 위해 반중 감정을 자극한 것은 분명했다. 야스쿠니신사 참배는 효과적인 수단이었다. 중국과 한국의 반발에 대해 굴복하지 않는 자세_야스쿠니신사 참배 강행_를 보임으로써 지지를 확보하는 방식이었다. 그리고 중국공산당 정권이 '반일' 카드를 이용해 국내적 정통성을 확보하고 일본의 국제적 지위를 실추시키고 있다는 비난이 뒤이었다.

시진핑 정부의 대일정책도 국내 정치와 무관하지 않았다. 시진핑 주석이 정부 출범 직후 정치국 상무위원들과 방문한 곳은 국립중앙박물관 전시회_전시회 주제는 「100년 간의 수치와 굴욕」_였다. 민족주의적 언설로 무장하고 대외적 강경 자세를 취할 것이라는 예시였다. 신사고 외교를 기치로 일본에 유화적인 노선을 취했던 전임 후진타오 정부에 대한 국내의 비판도 의

---

24 시진핑 정부는 2023년 6월 전 국민을 대상으로 한 애국교육을 제도화하기 위한 '애국주의교육법'을 제안했다. 중화민족의 위대한 부흥이라는 중국의 꿈을 애국 교육에 반영하여 대만 통일에 대비하고 일당 지배를 견고히 하려는 시도였다.

식한 듯했다. 게다가 국내의 반일 감정도 유례없이 고조되고 있었다.

둘째, 양국 국민 사이의 적대적 감정을 확대·재생산한 것은 양국 강경파 세력들 사이의 의도하지 않은 적대적 제휴였다. 특정 국가의 민족주의자들은 상대국 민족주의자들의 존재나 그 담론을 이용하여 자신들의 국내적 입지를 정당화하거나 강화하고, 그러한 행위는 상대국 민족주의자들에 의해서도 반복된다(임지현 2005). 특히, 과거사 문제는 적대적 제휴 관계의 형성에 적지 않게 이바지했다. 과거사 문제와 관련한 한중 양국의 사과 요구에 대해 일본 보수 세력이 반발하면서 과거사를 부정하거나 정당화를 꾀하고, 이에 대해 한중 양국이 다시 반발하는 구조를 말한다. 이러한 '사과 요구-반발-재반발' 패턴은 앞서 언급한 국내 정치세력 규합·결속에 효과적이었다.

셋째, 시진핑-아베 간 민족주의 게임은 다자 간 관계로까지 확대되었다. 아베 내각의 역사 수정주의 행보는 한중 양국의 대일 과거사 연대를 촉발시켰다(2장 참조). 2014년 3월 한미일 정상회의 직전에 열린 한중 정상회의의 주된 의제는 안중근 의사 기념관 건립 문제였다. 과거사 문제를 매개로 '한국·중국 vs. 일본' 구도가 형성되는 가운데 오바마 정부도 개입했다.

오바마 정부는 한편으로는 아베 총리에게 야스쿠니신사 참배를 자제할 것을 요청했다. 미국이 추진하는 아시아 재균형 전략의 성패가 한미일 안보협력, 엄밀하게는 한일 안보협력에 있는 만큼 한일 간 반목을 조장하고 한중 양국의 대일 연대를 초래하는 아베 내각의 역사 수정주의 행보를 견제할 필요가 있었다. 그와 동시에 오바마 정부는 한일 양국에 대해 관계를 개선하도록 압력을 행사했다. 2015년 8월의 아베 담화, 그리고 같은 해 12월 한일 일본군위안부 합의를 낳은 실질적 주인공은 오바마 정부였다.

과거사를 매개로 한 민족주의 게임은 2015년 말 이후 일단 수면 아래로 내려갔다. 아베 내각 각료의 야스쿠니신사 참배는 계속되었으나 아베 총리의 참배는 2013년 12월이 마지막이었다. 아베 담화를 통해 중국에 대한 침략전쟁도 인정했다. 센카쿠열도/댜오위다오 영유권 문제는 중국의 물리적 압박을 제외하면 양측의 평행선이 이어졌다. 중일 양국이 일단은 숨 고르기에 들어간 모양새였다.

양국 국민은 상대국을 어떻게 보고 있을까?

일본 내각부(內閣府)의 '외교에 관한 여론조사'는 일본인의 중국 인식에 대해 장기적 추이를 잘 보여준다. 이에 따르면 1978년부터 1989년까지 중국에 '친근감'을 느낀다는 응답_미국에 대한 친근감과 거의 비슷한 수준_은 상당히 높았다. 1989년부터 2003년 기간은 '친근감'을 느낀다는 응답과 느끼지 않는다는 응답이 엇비슷했다. 그리고 2004년부터 2016년까지 친근감을 느낀다는 응답이 감소하다가 2016년 이후 그 수치가 약간 증가하는 경향을 보였다(園田 2023, 297).

가장 최근의 2023년 2월 조사 결과는 중국에 친근감을 느낀다는 응답이 17.8%, 느끼지 않는다는 응답이 81.8%였다. 이는 8개 조사 대상 국가·지역_미국, 러시아, 중국, 한국, 인도, 동남아, 유럽, 중앙아시아_ 가운데 러시아 다음으로 낮은 수치였다. 시기적으로 보면 1980년에 친근감을 느낀다는 응답이 78.6%_느끼지 않는다는 응답은 14.2%_로 최고치를 기록했고, 2015년에 친근감을 느낀다는 응답이 14.8%_느끼지 않는다는 응답이 83.2%_로 최저치를 기록했다(小岩井 2023).

〈그림 3-3〉의 친근감 변화 추이를 간략하게 소개하면 먼저 1980년대의 긍정적 인식은 수교 이후의 중국 붐, 중국의 개혁·개방 노선과 중일 간 경제교류·협력 등을 반영했다. 1989년에 부정적 인식을 급증하게 한 사건은 6월의 톈안먼사건이었다. 톈안먼 광장에서 민주화를 요구하는 시위대에 대해 중국 인민해방군이 유혈 진압하여 다수의 사상자를 낸 사건은 일본인들에게 큰 충격이었다. 1990년대의 긍정적 인식과 부정적 인식의 균형 상태는 당시의 정냉경열 상황_중국 핵실험 및 군비 증강, 중일 간 과거사 문제 및 경제교류·협력 확대 등_을 반영한다.

〈그림 3-3〉 일본인의 중국에 대한 친근감 변화

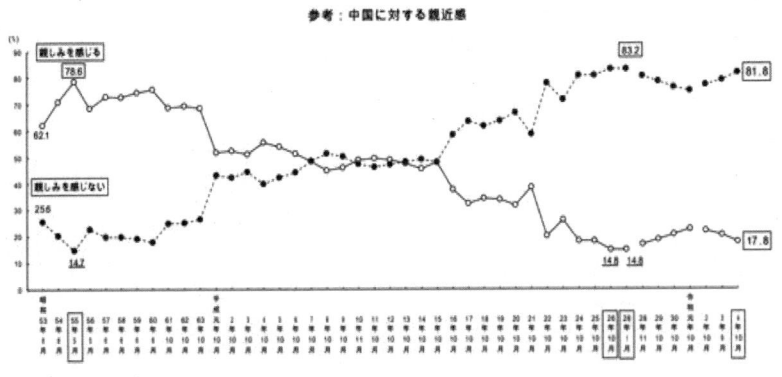

(출처) 內閣府, "外交に関する世論調査'の槪要."

한편, 부정적 인식이 결정적으로 우위를 차지하기 시작한 것은 2003년 이었다. 2001년 이후 고이즈미 총리의 야스쿠니신사 참배 및 일본 역사 교과서 문제에 대한 중국 측의 반발, 그리고 2005년 중국의 반일 데모 등에 일본인의 부정적 인식이 점차 심화되는 양상을 보였다. 2015년 친근감이 최저치에 달한 것은 2013~15년 시진핑 정부와 아베 정부 사이의 격렬한 민족주의적 대립이 반영된 것으로 보인다.

중국인의 대일 인식도 일본인의 대중 인식과 거의 유사한 추이를 보였다. 일본의 공익재단법인 신문통신조사회(新聞通信調査会 2022, 資料編 1)의 대일 미디어 여론조사(2021년 11~12월)에 따르면, 중국인의 일본에 대한 호감도(26.3%)는 태국(93.4%), 미국(79.0%), 프랑스(78.1%), 영국(73.3%), 한국(31.2%)과 비교하여 가장 낮은 수치를 보였다. 일본의 겐론(言論)NPO와 중국의 중국국제출판집단(中国国際出版集団)의 공동여론조사_제18회 일중공동여론조사: 일중여론비교결과_는 좀 더 장기적인 추이를 보여준다(言論NPO 2022).

양측 모두 상대국에 대한 부정적 인상이 긍정적 인상을 압도하는 것을 확인할 수 있다. 일본인의 대중 부정적 인상이 중국인의 대일 부정적 인상을 능가하는 것은 중국의 반일 데모, 센카쿠열도/댜오위다오에 대한 중국의 물리적 압박 증대, 중일 간 과거사 및 영유권 대립, 코로나19 사태 등을 반영한 것으로 보인다. 한편, 중국인의 대일 부정적 인상은 과거사 및 영유권 대립이 고조되던 2013년에 최고치를 기록한 다음 점차 감소하는 경향을 보였다. 미중 전략 경쟁이 치열하게 진행되는 가운데 시진핑-아베 정부 사이의 관계가 일정 부분 개선된 결과로 추정된다.

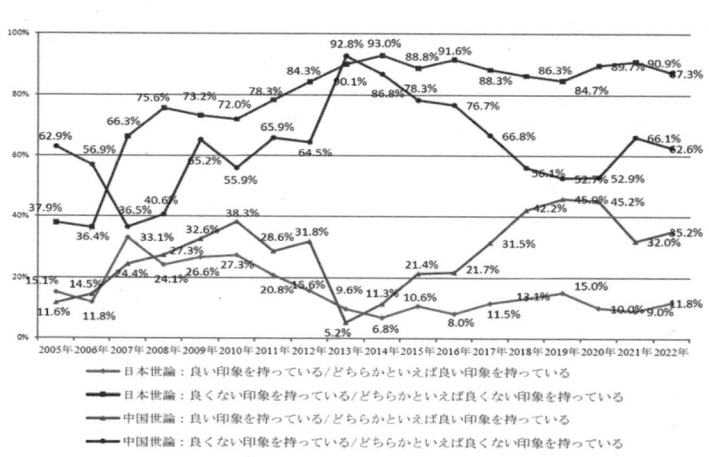

〈그림 3-4〉 중일 양 국민의 상대국에 대한 인상

출처: 言論NPO(2022, 1).

2022년 겐론NPO 조사 결과를 좀 더 들여다보자. 일본인이 중국에 대해 '좋지 않은 인상'을 가지는 이유(복수 응답)로는 "센카쿠열도 주변의 일본 영해 및 영공을 때때로 침범하기 때문"(58.9%), "공산당 일당 지배라는 정치체제에 위화감을 느끼기 때문"(51.5%), "중국이 남중국해 등에서 취하고 있는 행동이 강압적이고 위화감을 느끼기 때문"(50.6%), "국제적인 룰과는 상이한 행동을 하기 때문"(45.7%), "군사력 증강 및 불투명성이 두드러지기 때문"(37.0%), "긴장된 대만정세가 불안하기 때문"(29.6%), "역사문제 등으로 일본을 비판하기 때문"(28.5%), "중국의 미디어가 반일 보도를 반복하기 때문"(21.9%), "중국의 엄격한 코로나 대책이 이해하기 어렵기 때문"(12.0%), "과거 전쟁을 했기 때문"(3.2%) 순이었다.

중국인이 일본에 대해 '좋지 않은 인상'을 가지는 이유로는 "중국을 침략한 역사에 대해 제대로 사죄하고 반성하지 않기 때문"(78.8%), "일본이 댜오위다오 및 주변 제도(諸島)를 '국유화'하여 대립을 일으켰기 때문"(58.9%), "일부 정치인의 언동이 부적절하기 때문"(37.7%), "일본은 미국과 연계하여 군사, 경제, 이데올로기 등의 측면에서 중국을 포위하려고 하기 때문"(37.6%), "일본의 미디어가 중국 위협을 선전하기 때문"(34.2%), "일본이 하나의 중국 원칙에 대해 소극적인 태도를 보이기 때문"(26.5%), "외교에서 미국을 추종하는 행동이 이해되지 않기 때문"(21.1%), "일본 사회 일부에 군국주의적인 움직임이 출현하고 있기 때문"(20.2%), "일본 국민의 민족주의가 강렬하기 때문"(19.7%), "일본은 오만하며 내심 중국인을 내려다보기 때문"(19.0%), "일본은 양국 관계에 진지하게 대응하지 않으며 경제적 이익만을 관심사로 하고 있기 때문"(17.6%), "양국의 정치체제가 다르기 때문"(14.3%) 순으로 나타났다.

그 위에 겐론NPO 조사 결과는 중일관계의 발전을 저해하는 요인으로 "영토를 둘러싼 대립"(중국인 56.0%, 일본인 52.9%), "양 정부 간 정치적 신뢰 관계의 부재"(중국인 28.3%, 일본인 38.1%), "양 국민 간 신뢰 관계의 부재"(중국인 30.0%, 일본인 28.7%), "해양자원을 둘러싼 분쟁"(중국인 24.1%, 일본인 27.9%), "미일동맹과 일본의 군사력 증강/중국의 군사력 증강"(중국인 22.6%, 일본인 19.9%), "미중 대립의 행방"(중국인 26.4%, 일본인 18.4%), 중국/일본의 역사 인식과 역사교육(중국인 14.3%, 일본인 12.5%), 중국/일본 국민의 민족주의와 반일/반중 감정(중국인 11.5%, 일본인 13.6%)을 들었다. 양 국민의 6할 정도는 관계 향상을 위해서는 정상 간 상호신뢰 강화 및 정부 간 신뢰 강화가 유효할 것이라고 응답했다.

6. '미국·일본 vs. 중국' 구도의 해양지정학 게임

미일동맹, 대중 견제의 강도를 높여가다

시진핑-아베 시기 전략적 호혜 관계의 기본정신은 빠르게 망각되어 갔다. 그 사이를 파고든 것은 주로 군사·안보적 고려에 근거한 강대국 간 지정학 게임이었다. 몇 차례의 중대한 사건을 거치면서 서로에 대한 의구심은 확신으로 바뀌어 갔다. 일본은 미국과 함께 동맹이란 방패로 중국의 행동을 제어하려고 하고, 중국은 공세적인 해양 진출로 자국에 대한 포위망을 돌파하고자 했다. 그 결과는 양측 군사·안보 전략 사이의 물러서기 힘든 긴장 관계였다.

거슬러 올라가면 그 효시를 제공한 것은 1990년대 중후반의 미일동맹 재정의였다. 냉전 해체 이후 소련이라는 주적을 상실한 미일동맹은 동요하고 있었다. 1993~4년의 제1차 북핵 위기, 그리고 1995~6년의 대만해협 위기 당시 미일동맹은 이렇다 할 역할을 하지 못했다. 동맹의 동요에는 크게 두 요인이 작용했다. 하나는 미국 클린턴(Bill Clinton) 정부의 일관적이지 않은 아시아 정책이었다. 클린턴 정부는 무역적자를 이유로 일본을 동맹국이 아닌 경제적 라이벌로 간주하는 경향이 강했다. 중국에 대해서는 인권을 강조하면서도 톈안먼사건 직후에 취해온 경제제재를 완화하고 최혜국대우를 갱신했다.

다른 하나는 일본 정치가 급격하게 변동_자민당 정권의 몰락, 비자민 연립정권의 출현, 자민당을 중심으로 한 연립정권의 지속_하는 가운데 미일동맹을 상대화하려는 움직임이 나타난 점이었다. 1994~5년 호소카와 모리히로(細川護熙)와 무라야마 도미이치(村山富市) 내각 시기에 마련된 「히구치(樋口)리포트」_방위문제간담회의 보고서 '일본의 안전보장과 방위력의 모습: 21세기를 향한 전망'(1994년 8월 12일)_는 미일 안보 관계의 기능을 충실히 하여 효율적인 방위력을 보유한다고 하면서도 '다각적 안보협력'의 중요성을 강조했다(五百旗頭 2008, 301).

이에 대해 동맹을 재활성화시키기 위해 마련된 것이 1995년 2월의 「동아시아전략보고」(일명 나이리포트)_동아시아에 미군 10만 명 규모 유지, 미일안보관계 재정의를 촉구_, 1996년 4월의 「미일안전보장공동선언」, 그리고 1997년 9월의 「신가이드라인」_미일방위협력을 평소 협력, 일본 유사, 주변 사태로 구분_ 합의였다.[25] 여기서 주변 사태는 한반도 및 대만해협의 유사시를 의미했다.

〈그림 3-5〉 트럼프 대통령, 아베 총리, 그리고 시진핑 주석
(G-20 정상회의, 2019년 7월 28일, 오사카)

출처: The Mainichi

안보 재정의 이후 미일동맹은 부시(George W. Bush)-고이즈미 시기에 한층 더 강화되었다. 부시 정부는 이라크 문제 및 대테러 정책 차원에서 일본과의 동맹관계를 중시했다. 고이즈미 내각은 부시 정부의 대테러 전쟁을 적극적으로 지원_대 이라크 자위대 파견 및 부흥지원_하면서 "미일동맹을 통해 부상하는 중국에 대응한다"라는 정책 기조를 설정했다. 2005년 2월 미일안

---

25 참고로, 미국 측의 동맹강화 요청은 이후에도 계속되었다. 이를 잘 보여주는 사례가 미국 전략문제연구소(CSIS)가 3차례에 걸쳐 제출한 '아미티지·나이보고서'였다. 제1차 보고서(2000년 10월)는 미영 특수관계를 모델로 한 미일동맹 재구축, 제2차 보고서(2007. 2월)는 중국, 인도 등 신흥국 부상에 따른 아시아 질서의 변화에 대응한 미일동맹 강화, 그리고 제3차 보고서(2012년 8월)는 중국의 부상, 북핵 위협 등에 대응한 일류 국가로서의 일본의 행동을 촉구했다.

전보장협의위원회(2+2), 그리고 2006년 6월 부시-고이즈미 정상회의(워싱턴)에서의 「21세기의 새로운 미일동맹」 선언이 그 결과물이었다.

미일안전보장위원회는 중국을 '전략적 경쟁자'로 규정하면서 대만을 공통의 전략목표에 포함시켰다. 대만해협 유사시 미일 양국의 군사적 개입 가능성을 열어놓은 것이었다. 새로운 미일동맹 선언은 미일관계가 역사상 가장 성숙한 양자 간 관계 중 하나라는 점, 공통의 가치관과 이익이 미일 협력의 기반을 형성한다는 점, 그리고 강고한 미일관계가 중국의 활력을 살리고 동북아의 평화와 안녕을 유지한다는 점을 강조했다(五百旗頭 2008, 318). 중국 측은 안보 재정의가 일본의 군사 대국화를 조장하고, '하나의 중국' 원칙에 반하며_대만 독립을 조장 또는 용인_, 중국의 대양 진출을 봉쇄하려는 것으로 간주했다(Wu 2006; Smith 2009, 246).

한편, 미일동맹 강화를 향한 움직임은 중일 간 전략적 호혜 관계, 그리고 일본 민주당 정권의 중국 중시 자세로 일시적인 정체기를 맞이했다. 미중관계도 비교적 양호했다. 미국 부시 정부는 이라크전쟁과 반테러 정책에 몰두한 나머지 동아시아, 특히 북핵 문제에 집중할 겨를이 없었다. 후진타오 정부는 대만 문제의 우선순위를 낮추고 미국이 요청한 북핵 문제 6자회담 의장국을 맡는 등 대미 접근 자세를 보이기 시작했다(国分 2017, 209).

특히 하토야마 유키오(鳩山由紀夫) 내각은 자민당 정권의 지나친 대미 의존 정책을 비판하면서 과거사 직시, 한중일 3국이 중심이 된 동아시아공동체 구축, 동중국해 우애의 바다 구상을 제시했다. 중국을 군사·안보적으로 포위하기보다는 중국과 함께 새로운 생활공간을 창출하자는 발상이었다.

하지만, 앞서 언급한 것처럼 민주당 정권의 중국 중시 노선은 2010~12년 센카쿠열도/댜오위다오 문제를 계기로 좌절했다. 이 시점에 미일동맹을 중시할 것이냐, 중일 전략적 호혜 관계를 중시할 것이냐를 둘러싼 일본 내부의 논쟁은 일단락되었다. 뒤이은 민주당 정권_간 나오토(菅直人) 내각, 노다 요시히코(野田佳彦) 내각_은 남서제도에 대한 방위 태세를 강화하고 오바마 정부가 추진하는 아시아 재균형 전략에 대해서도 그동안의 미온적인 자세에서 벗어나 적극적으로 호응하기 시작했다.

시진핑 정부, 해양에서 공세를 강화하다

후진타오 정부가 전략적 호혜 관계를 통해 기대했던 것_일본의 대중 강경 자세 완화와 미일동맹 가속화 제어_은 그다지 효과를 거두지 못했다(阿南 2012, 449). 사실, 중국의 군사·안보 정책은 개별적인 대일정책보다는 대미관계, 군비 증강을 지탱하는 자국의 경제·기술력과 밀접한 관련성이 있었다(井上 2014, 20). 장쩌민 시기 이래 중국은 경제력 향상을 배경으로 군사력을 증강함과 아울러 해양 진출도 본격화해 왔다.

시진핑 정부는 장쩌민-후진타오 시기보다 한층 더 공세적인 해양 전략을 추진했다. 안정적인 경제성장을 지속하기 위해서는 해외 자원확보는 물론 동중국해-남중국해-인도양으로 이어지는 자원·교역 수송로에 대한 안정적인 접근이 필요하며, 또한 해양에서의 지정학적 취약성_예를 들면 미국에 의한 포위 내지는 차단_을 극복할 필요가 있었다. 그리고 그 방식은 전통적 해양지정학, 특히 알프레드 마한(Alfred T. Mahan)의 '해양력'(sea power) 개념을 차용한 것처럼 보였다. 마한의 해양력 개념은 생산을 위한 산업력, 교역을 위한 해운력, 그리고 자원·교역 시장을 위한 식민지 경영_현재적 시점에서는 해외 항만·군사 거점_이란 세 가지 요소의 확보를 중시한다.

시기별로 중국의 해양 전략은 다음처럼 전개되었다(정광호·백주현 2021, 39-40). 중국이 해양 안보의 중요성을 인식하게 된 계기는 1994년의 유엔해양법협약(UNCLOS)과 1996년 미일신안보공동선언이었다. 안정적인 대외무역을 위해서는 미국과 마찬가지로 해양 통제권을 확보할 필요가 있고, 이를 위해선 해군력 증강이 긴요했다. 중국은 2000년대에 들어와 〈국방백서〉(2004년, 2006년, 2008년, 2010년)에서 언급된 것처럼 해군력 건설, 공세적 방어 작전, 해군의 전략적 역할 및 비군사적 위협 대응, 핵심 이익으로서의 남중국해 등을 강조하기 시작했다.

그리고 시진핑 정부는 2012년 말 해양 강국 건설을 공식적인 국가 발전 전략목표로 제시했다. 2013년에는 해양 진출을 확대하기 위한 일련의 조치_오바마 정부에 대한 신형대국관계 제안(6월), 일대일로 구상 발표(9월), 동중국해 방공식별구역 선포(11월), 남중국해 인공섬 매립 개시(12월) 등_를 취했다. 2017년 중국공산당대회 보고에서는 2050년까지 현대화된 강대국, 즉 '중국몽'을 달성한다는 대전략이 발표되었다. 2018년 4월의 남중국해에서 열린 중국 해군 해상열병식에서 시진핑 주석은 강력한 해군은 중화민족의 위대한 부흥을 실현하기 위한 중요한 조건이라 강조했다.

2014년 무렵 해양강국화는 일대일로 구상과도 연결되었다(中西 2015, 89-90). 이는 미일 양국과의 지정학적 충돌을 회피하면서 자국의 영향력을 확대하기 위한 것이었다. 해상 실크로드는 중국의 주변국 외교_특히 전략적 파트너십_와 세트를 이루었다. 시진핑 주석은 2013년 10월 인도네시아 방문 시 '중국-아세안 운명공동체'라는 개념을 제시하면서, 아세안 국가들과 해상 협력을 강화해 21세기 해상 실크로드 건설을 추진하겠다고 천명했다. 그와 더불어 「전략적 파트너십 수립 10주년 기념 공동성명」이 채택되었으며, 인도네시아 및 말레이시아와는 기존의 전략적 파트너십을 포괄적 전략적 파트너십으로 격상했다. 그에 이어 2015년 3월 중국 국가발전개혁위원회, 외교부, 상무부는 공동으로 「실크로드 경제벨트와 21세기 해상 실크로드 건설 추진 비전과 행동」을 발표했다.

중국이 서쪽인 인도양으로 진출하기 위해 동쪽인 태평양에서 접근해 오는 미국의 해군력을 거부하는 이른바 동방서공(東防西攻) 전략을 추진하고 있다는 지적이 있다(정광호·백주현 2021, 45). 하지만, 필자의 견해는 약간 다르다. 중국이 서진(西進)한 이유는 동쪽의 지정학적 압력_미국 중심의 군사적 대중 포위망_에 직면했기 때문에 이를 우회하기 위한 것으로 해석하는 것이 합리적이다.

인접한 한반도 남쪽은 미국의 전통적인 세력권이다. 또 하나의 세력권인 일본열도는 대륙과 한반도를 감싸는 천혜의 지정학적 요충지 역할을 한다. 일본 남서제도와 대만, 그리고 필리핀으로 이어지는 미일동맹 중심의 방어선은 출구를 찾기 어렵다. 남중국해에 군사기지를 건설했다고는 하나 해당 해역은 여전히 미국이 제해권을 갖고 있다. 믈라카해협도 사정은 비슷하다. 현실적으로 중국은 제2열도선은커녕 제1열도선_중국 측은 도련선으로 지칭_도 장악하기 어려운 상황이다.

여기서 지경학 전략으로서의 일대일로 구상_특히, 해상 실크로드 프로젝트_의 역할이 중요해진다.[26] 이동률(2021, 271-280)은 이 구상이 세 가지 성격을 갖는다고 지적한다. 첫째는 고도성장 시대의 종언에 직면하여 국내의 지역 격차 문제를 완화하고 해외투자를 통해 새로운 성장 동력을 확보하며 에너지 공급선을 다변화하는 다목적 발전 전략이다. 이 과정에 AIIB 설립이 이목을 집중시키면서 중국이 새로운 경제 질서를 구축하려는 것이 아니냐는 논란도 발생했다.

둘째는 동남아시아 및 남아시아 국가들을 경유하여 해양으로의 진출 통로를 확보하려는 해양 진출 전략이다. 해상 실크로드 건설을 강조함으로써 남중국해 영유권 문제를 둘러싼 동남아시아 국가들과의 갈등을 완화할 수 있을 것으로 기대되었다. 셋째는 에너지 안보와 관련 개발, 생산, 운동, 소비 등 모든 과정을 통합적으로 관리하는 체계를 수립하여 지정학적 딜레마를 극복하기 위한 에너지 수급 안정 전략이다. 그 일환으로 석유 항로와 무역 통로의 전략적 교두보인 주요 항구_미얀마, 캄보디아, 인도네시아, 말레이시아, 스리랑카, 파키스탄 등_를 개발하고 운영권을 확보하는 방식이 취해졌다.

---

26 일대일로 구상은 중국의 막대한 자본력을 활용하여 지역 간 물리적 연결성_도로, 철도, 항만, 송유관, 해저·육상 케이블 등_과 제도적 연결성_무역, 투자, 금융, 인적 교류 등_을 높인다는 장대한 계획이다. 동 구상의 양대 축 중 하나인 해상 실크로드 프로젝트의 주된 대상은 동남아시아와 인도양 등이다.

해상 실크로드 구상은 경제적으로는 공동 발전·번영이라는 공통된 이해관계를, 정치적으로는 전략적 상호신뢰를, 그리고 안보적으로는 협력안보와 공동안보의 정착을 지향한다(葛红亮·鞠海龙 2014, 27). 이 가운데 전략적 상호신뢰는 아세안 중립성_강대국 간 지정학 게임에 연루되지 않으려는 정책 기조_을 유지시키고, 동남아시아 각국의 과도한 반중화 내지 친미화를 저지하는 것을 의도한다. 협력·공동안보는 중국과 아세안 양측이 대체로 공유하는 안보관으로 미국 중심의 정치·군사적 동맹과 거리를 둔다. 해상 실크로드 연해 국가들과의 협력은 직접적으로는 관련 해역의 안전 확보와 위험 해역에서의 해상 군사 보호 강화에도 도움이 될 것으로 생각되었다(张广威·刘曙光 2017, 74).

아베 내각, 대미 공조 하에 '자유롭고 개방된 인도·태평양'을 추진하다

중국은 지경학적 전략_일대일로 구상, 전략적 파트너십, FTA 등_을 통해 미국과의 지정학적 갈등을 우회하면서 주변국에 대한 영향력 강화 및 안정적인 해양 진출 확대를 도모했다. 중국몽을 실현하기 위해서는 일대일로 구상이 성과를 거두어야 했고, 이를 위해 해양 진출을 확대해야 했다. 또한, 해양 진출 확대는 중국 해·공군력의 원거리 작전 능력으로 뒷받침되어야 했다. 따라서 중국의 해양 진출은 필연적으로 서태평양과 인도양에서 제해권을 장악하고 있는 미국 등과의 지정학적 경쟁을 촉발할 수밖에 없었다(이동률 2021, 283).

일본은 중국의 해양 진출을 매우 민감하게 받아들였다. 일본 측은 중국의 해양 '팽창'이 자국의 지정학적, 지경학적 이해관계와 충돌하는 것으로 간주했다. 중국의 물리적 압박은 센카쿠열도/댜오위다오 및 일본 남서제도에 직접적인 위협이 되었다. 중국의 대만 통일은 해상 보급로의 안전을 위협할 뿐 아니라 중국의 태평양 출구가 되어 서태평양 제해권을 근간으로 하는 미일동맹에 치명적인 타격을 줄 수 있다. 중국의 동중국해와 남중국해 장악은 해상 보급로 안정은 물론 대륙붕 자원 획득에서도 일본을 열세에 처하게 할 터였다.

일본 전문가들 사이에는 중국의 해양 전략이 동중국해의 제해권을 장악하고(制域), 남중국해를 내해화하며(聖域), 제1열도선과 제2열도선 사이를 완충지대화(征域)하기 위한 것이라고 해석하는 이도 있었다(秋田·金田·谷口·谷内 2011, 408-414). 중국이 과거 열강에게 굴욕적으로 빼앗긴 해양주권과 영토를 회복하고 육해겸비(陸海兼備)의 해양 강국으로서 대중화공영권의 맹주가 되려 한다는 목소리도 나왔다.

앞서 언급한 대로 아베 내각의 선택은 대중 억지 전략이었다. 자국의 군사적 방어 태세 강화와 더불어 미일동맹 강화를 통해 중국의 팽창을 제어한다는 기조를 확립했다. 고이즈미 내각의 기조를 더욱 구체화한 셈이다. 오바마 정부의 아시아 재균형 전략에 대한 지지도 재차 표명되었다.[27] 그에 더하여 아베 총리는 '전략적 어프로치'라는 용어를 사용하면서 안보협력 네트워크 구축에도 박차를 가했다. 중국을 해양에서 크게 에워싸는 듯한 지정학적 방어선이었다.

흥미롭게도 여기서도 전통적 해양지정학 개념이 등장한다. 미일동맹 중심의 동맹 네트워크에 기반한 서태평양·인도양의 제해권 유지가 그 목표였다. 니콜라스 스파이크만(Nicholas Spykman)의 '림랜드'(Rimland) 개념은 한반도, 동중국해, 남중국해에 적용되었고, 마한의 미영동맹을 통해 유라시아 주변의 핵심 지역을 장악해야 한다는 관점은 미일동맹으로 치환되었다. 그에 더해 신보수주의적 세계관_정치체제에 근거한 자타 구분, 즉 민주주의 국가와 권위주의 국가로 나누는 이분법적 세계관_이 추가되었다. 해양 민주주의 국가인 미국과 일본이 대륙 권위주의 국가로서 국제질서의 현상 변경을 꾀하는

---

[27] 아베 총리는 2015년 4월 미 연방의회 연설에서 "아시아·태평양 지역의 평화와 안전을 위해 미국의 재균형 전략을 지지한다. 철두철미하게 지지한다는 점을 여기서 분명히 말씀드린다."라고 언급했다.

중국 및 러시아 등에 맞서 연대해야 한다는 논리였다(서승원 2017, 276).

이후 아베 내각은 일대일로 구상에 맞서려는 듯이 지정학적 중점을 서남방_유라시아 연안 및 해양 지역, 특히 동남아, 인도양, 호주 등_으로 이동시키기 시작했다(Nakanish 2015). 그 대항 구상으로 제시한 것이 '자유롭고 개방된 인도·태평양(FOIP) 구상이었다.[28] FOIP가 공식적으로 천명된 것은 2016년 8월 제6회 아프리카개발회의(케냐) 기조연설에서였다. FOIP의 키워드는 중국, 해양 안보, 그리고 보편적 가치였다.

여기에는 중국의 수정주의적 행보_도전적인 현상 변경 시도_가 국제질서를 위협하는 최대 요인이라는 위기의식이 반영되었다. 그 대응 논리가 국제규범과 규칙의 강조였다. 법의 지배는 관련국의 영토주권 및 영유권 존중, 국제해양법 준수, 군사력 행사가 아닌 대화를 통한 분쟁 해결, 항행의 자유는 해상 보급로 안전을 비롯한 남중국해-인도양의 해양 안보_미국 중심의 제해권 유지_, 그리고 자유무역은 중국의 일대일로 구상을 통한 패권 추구 또는 배타적 세력권 구축 반대를 의미했다.

해양 안보는 전술한 해양에서의 지정학적 방어선 구축을 말한다. 이를 위해 아베 내각은 미국-일본-호주-인도의 '4개국 전략대화'(QUAD)를 부활시키기 위해 노력했다. 미국-일본-인도, 미국-일본-호주, 일본-인도-호주 등 3자 간 안보협력도 추진되었다. 동남아 국가들에 대해서는 중국과 남중국해 영유권 문제로 갈등 관계에 있는 국가_필리핀, 베트남, 말레이시아 등_를 대상으로 해상법 집행 능력과 해양 안보 능력 구축 지원에 앞장섰다.

보편적 가치_인권, 민주주의, 법의 지배 등_의 강조는 중국에 대한 일본의 도덕적 우위를 의도한 것으로 보였다. 중국의 권위주의적 정치체제, 그리

---

[28] FOIP는 아베 총리가 제창해 온 '가치관 외교', '자유와 번영의 호', 그리고 '아시아 민주주의 안전보장 다이아몬드' 구상을 집대성한 것이었다. FOIP의 세 개의 축으로 ①법의 지배, 항행의 자유, 자유무역 등의 보급·정착, ②경제적 번영의 추구, ③평화와 안정 확보가 제시되었다.

고 현상 변경 행보를 두드러지게 하기 위한 여론전 성격이 짙었다. 중국을 대륙 국가이자 공산당 일당 독재 권위주의 국가로 규정하고, 이러한 국가의 국력 신장은 필연적으로 대외 팽창과 패권 추구를 초래한다는 논리였다. 이에 대항하기 위한 논리적 귀결은 해양 민주주의 국가 간 연대였다.

곧이어 아베 내각의 FOIP와 트럼프 정부의 인도·태평양전략이 대중 위협 인식의 공유를 전제로 수렴되었다. 인도·태평양전략은 중국의 A2/AD전략을 강하게 의식한 것으로 준비 태세 확립_A2AD를 무력화하기 위한 군사작전_, 파트너십 강화_동맹관계 강화 및 새로운 국가들과의 파트너십 확대_, 그리고 지역 네트워크 강화_동맹국 및 남아시아·아세안 국가들과의 파트너십을 네트워크형 안보 체제로 확대_를 주된 내용으로 했다. 중국의 해양 진출을 억제하고 미국의 안보 공약을 확보하려는 아베 내각은 당연히 미국의 인도·태평양전략에 적극적인 협조 자세를 취했다.

다만, FOIP와 인도·태평양전략의 구체적인 실행에 있어서 미일 사이에 이견이 전혀 없는 것은 아니었다. 트럼프 정부의 인도·태평양전략은 중국의 A2/AD를 강하게 의식한 군사적 성격이 농후했다. 게다가 트럼프 정부는 2019년 5월 샹그릴라대화(싱가포르)에서 외교, 군사, 경제 등 전방위적 차원에서 중국과 본격적으로 경쟁할 것임을 선언했다. 미 의회도 2019년 국방수권법을 제정했다.

그에 반해 아베 내각은 초기의 입장과는 달리 대중 군사·안보적 경쟁(또는 대결) 전략과 경제적 협력 전략의 병행 추진을 선호했다. 이는 트럼프 정부의 미국우선주의와 보호무역, 그리고 동맹국과 적성국을 가리지 않는 압박 일변도의 경제·통상 정책을 고려한 것이기도 했다. 한편으로는 중국의 군사적 해양 진출을 견제하기 위해 미국 중심의 안보 질서를 보완하고, 다른 한편으로는 기존의 자유무역 질서를 훼손하는 듯한 트럼프 정부에 대해 중국과의 전술적 협력을 통해 헤징 전략_울타리를 쌓아서 외부 위협에 맞서면서도 대화·교류를 통해 상대방의 신뢰·협력을 확보하려는 전략을 말함_을 취하는 방

식이었다(서승원 2020, 62-66).[29]

7. 나가는 말

그렇다면 전략적 호혜 관계를 어떻게 평가할 것인가? 이노구치(2007, 3-7)는 전략적 호혜 관계를 발전시키기 위한 조건으로 상호신뢰를 위한 투명성 제고, 정치지도자뿐만 아니라 국민 간 마음의 화해, 구체적인 성공 사례의 축적, 중국의 경제 대국화와 일본의 정치 대국화를 서로 위협으로 파악하지 않을 것, 개별적 현안에 대한 공정한 중개자 역할 수행, 중일관계를 넘어선 호혜 협조 추진을 거론했다. 결국, 전략적 호혜 관계는 공통된 가치·규범이나 전략적 이해관계의 부재 속에서 양자관계의 지나친 악화를 방지하기 위한 임시처방전과 같은 것이었다.

임시처방전의 약효는 매우 짧았다. 첫째, 협력의 포괄성 측면에서 양측은 전략적 호혜 관계를 통해 여타 [전략적] 파트너십처럼 다양한 분야의 협력 의지를 밝혔다. 그러나, 2008년 공동성명에서 대화·협력의 틀로 제시한 다섯 개의 축_①정치적 상호신뢰 증진, ②인적·문화적 교류 및 국민 우호 감정 증진, ③호혜 협력: 에너지·환경, 경제·통상, 관광, 평화·협력·우호의 바다로서의 동중국해-강화, ④아시아·태평양에의 공헌, ⑤지구적 과제에의 공헌_ 가운데 성과를 거둔 것은 거의 없었다. 오히려 아베 총리의 기대와는 반대로 개별적인 문제가 관계 전체에 악영향을 미치는 패턴이 더욱 심화되었다. 정치 리더십 간 상호 불신이 국민 간 부정적 인식을 증폭시킨 것은 물론 양자 간 협력, 그리고 국제사회에서의 협력을 원천적으로 차단하는 결과를 초래했다.

---

29 아베 내각은 2017년 여름 중국의 일대일로 구상에 대한 지지, 인프라 프로젝트에서의 협력 용의, FOIP와 일대일로 구상이 서로 상호보완성이라는 입장을 표명했다. FOIP에서 말하는 인도·태평양 개념이 중국을 배제하는 것은 아니라는 취지도 언급했다.

둘째, 관계의 실질적인 공고함의 측면은 낙제점 수준이라 하지 않을 수 없었다. 전략적 호혜 관계가 무엇보다 역점을 둔 것은 정치 리더십 간의 신뢰 증진이었다. 하지만 상호 불신이 전례 없이 확산되었다. 상호 불신을 자극하는 요인들은 사방에 널려 있었다. 과거사 인식의 간극(間隙)은 넓어졌고, 영유권 문제가 현안으로 부상했으며, 상호 배타적 민족주의 정서도 팽배해졌다. 전략적 호혜 관계가 취약한 화해로 그친 이유였다(Przystup 2012, 4). 양국의 정치 리더십은 당연히 국내 정치적 이익을 위해 민족주의 정서를 적극적으로 활용했다. 게다가 양국 간 국력 역전을 배경으로 중국의 대일 자기주장, 일본의 대중 경계감은 더욱 고조되었다. 그리고 군사·안보 전략의 상호 대립은 2008년 공동성명(4항)_"양측은 서로 협력의 파트너이며, 서로 위협이 되지 않을 것을 확인한다."_을 무색하게 했다.

셋째는 가치·규범의 수렴 정도이다. 수교 이래 중일 양국은 서로 정치체제의 이질성을 인정해 왔다. 2008년 공동성명에서도 가치나 규범의 공유에 관한 언급은 없었다. 6항의 구절_"국제사회가 모두 인정하는 기본적이고 보편적인 가치를 한층 더 이해하고 추구하기 위해 협력한다"_이 일본 측이 말하는 기본적·보편적 가치_인권, 민주주의, 법의 지배 등_인지, 아니면 중국 측이 강조하는 전통적 규범_주권, 영토보전, 내정불간섭, 평화공존 5원칙 등_인지도 불분명했다. 자유무역질서 유지 및 지역 경제통합의 필요성에 대한 공감대 정도를 제외하면 양국이 지향하는 국제질서_중국의 아시아 신안보관 및 아시아운명공동체론, 일본의 미일동맹 제일주의 및 민주주의 안보 다이아몬드 등_는 대부분 서로 상충되었다. 무엇보다 중국 중심적 국제질서에 대한 일본 측의 거부감이 컸다.

넷째, 2008년 공동성명에서 양국은 지역 및 국제사회 협력을 약속했다. 동북아시아에서는 6자회담 공동 추진 및 북일 수교에 대한 일본의 의지와 중국의 지지가 표명되었다. 하지만, 6자회담에서 중일 양국이 긴밀하게 협력하는 장면은 거의 연출되지 않았다. 북핵·미사일 및 일본인 납치 문제 등의 여파 속에서 북일 수교 교섭은 전면적으로 중단되었다. 개방성, 투명성, 포괄성의 3가지 원칙 아래 동아시아 지역 협력을 추진하기로 합의했지만 실제로는 협력보다 치열한 경쟁_예를 들면 동아시아 다자무대에서의 영향력 경쟁이나 자원 획득 경쟁 등_이 두드러졌다. 더욱 심각한 문제는 양국 사이에 지역 거버넌스나 다자주의에 대한 실질적인 대화·협의가 부재했다는 점이다.

치킨게임과 같은 조짐이 보였던 시진핑-아베 시기 중일관계는 아베 내각 퇴진 이후 시진핑-스가 요시히데(菅義偉), 시진핑-기시다 후미오(岸田文雄) 시기로 이행했다. 그리고 코로나-19 국면을 거쳐 2022년 9월 수교 50주년을 맞이해 양국 총리와 외교부 장관이 관계 발전을 위한 메시지를 교환한 데 이어, 11월에는 APEC정상회의(태국)를 계기로 3년 만에 시진핑-기시다 간 정상회의가 개최되었다. 짧은 만남이었으나 두 정상은 우발적인 군사적 충돌을 방지하기 위한 핫라인의 운용 개시, 외교·국방 당국 간 안보 대화, 그리고 다양한 분야의 호혜적 협력 등을 논의했다. 2008년 당시의 초심(初心)을 되새기는 듯한 모습이었다.

최근 양측 모두 관계 개선의 필요성을 느끼는 듯하다. 시진핑 정부는 미국 바이든(Joe Biden) 정부의 강력한 대중 압박에 부담을 느끼고 있다. 트럼프 정부의 인도·태평양전략이 군사·안보적 견제에 중점을 두었다면, 바이든 정부는 군사·안보는 물론 경제 안보, 금융 및 핵심기술 등 전면적으로 중국을 압박하는 상황이다. 대미 관계가 악화되면 중국은 전통적으로 일본, 유럽에 접근하여 균형을 맞추려는 경향을 보였다(高原 2023, 7). 게다가 시진핑 정부의 외교는 집권 3기에 들어서면서 '전랑외교'보다는 '평화의 중개자' 역할_사우디아라비아와 이란 간 관계 개선, 러시아와 우크라이나 간 정전 호소 등_을 내세우기 시작했다.

기시다 내각도 억지 일변도 노선을 답습할 것으로 생각되지는 않는다.[30]

---

[30] 기시다 총리는 자민당 보수본류 주요 파벌인 고치카이(宏池会) 소속이다. 고치카이 출신의 역대 총리는 대중 ODA 공여를 결정한 오히라 마사요시, 고노 담화 당시 총리

기시다 내각은 기본적으로 아베 내각의 정책 기조_보편적 가치·원칙 중시, 미일 관계 중시, FOIP 추진 등[31]_를 계승하면서 '신시대 리얼리즘 외교'를 천명했다. 신시대 리얼리즘 외교의 성격은 아직 명확하지는 않지만 대중 억지 기조를 유지하면서 관계 개선을 모색하는 방향으로 보인다.[32] 이는 중국 측에 현상변경 시도 자제와 건설적·안정적인 중일관계 구축을 강조했다. 안보적으로 미일동맹을 통해 중국을 억지하면서, 다른 한편으로는 대중 경제적 관여를 통해 규칙 기반의 국제경제 질서를 구축하는 일종의 하이브리드 전략을 추진할 가능성이 크다(田中 2022).

양국이 당장 전략적 호혜 관계 2.0이나 전략적 파트너십으로 나아갈 수 있을 것으로 보이지는 않는다. 최대의 장애는 안보 요인이다. 최근 미중 간 전략 경쟁은 군사·안보, 첨단기술, 인권·민주주의 가치 등을 둘러싸고 더욱 치열해졌다. 동중국해 및 일본 주변에서 중국군 및 해경의 활동이 활발해지면서 중일 간 군사적 긴장도 지속되고 있다. 대만을 둘러싼 군사적 충돌의 가능성도 우려를 증폭시킨다. 경제와 안보가 결합하면서 정경분리는 이미 과거의 유물이 되었다(川島 2023, 91-92). 일본의 후쿠시마 오염수 방류(2023년 8월)로 환경 안보 문제도 현안으로 떠올랐다. 전략적 호혜 관계가 좌초한 이래 해결해야 할 과제는 더욱 많아지고 또 심각해졌다.

를 역임한 미야자와 기이치(宮澤喜一) 등이 있다. 이들은 자민당 내 보수본류 세력으로 친중파 내지 비둘기파로 불리며, 대중 강경파 내지 매파인 보수우파와 구별된다. 고이즈미 내각, 아베 내각 등이 후자에 속한다.

31 기시다 내각의 FOIP 추진에는 백신 외교를 추가한 QUAD 협력, 아세안 및 유럽과 연계, CPTPP 실시, 신뢰성이 있는 자유로운 데이터 유통(Data Free Flow with Trust, DFFT), 인도·태평양경제프레임워크(Indo-Pacific Economic Framework, IPEF) 등이 포함된다. 이 중 CPTPP와 IPEF는 중복되는 측면이 없지 않다.

32 기시다 내각은 2022년 12월 '방위 3문서'_국가안전보장전략, 국가방위전략, 방위력정비계획_를 채택했다. 국가안전보장전략은 중국의 최근 행보가 '전례 없는 최대의 전략적 도전'이고, 북한의 미사일 위협에 대응해 적기지 반격 능력을 보유할 필요가 있으며, 방위비를 2027년까지 GDP의 2% 수준으로 늘린다는 내용을 담았다.

참고문헌

김인식(2021) "한중일 FTA의 주요 쟁점에 관한 탐색적 연구," 『한중사회과학연구』 제19권 제4호, pp.176-194.
박영준(2015) "일본 아베 정부 안보체제 변화의 종합적 이해: 국가안보전략서, 집단적자위권, 미일 가이드라인, 안보법제를 중심으로," 서울대 일본연구소 개소 11주년 기념심포지엄: 일본의 집단적자위권 도입과 한반도, 11월19일, pp. 15-37.
라미령·김제국(2017) "역내포괄적경제동반자협정(RCEP)의 추진 현황과 시사점," 『KIEP 오늘의 세계경제』, Vol.17, No.5, pp.1-22.
부시, 리처드(김규태 옮김)(2013) 『위험한 이웃, 중국과 일본』 (서울: 에코리브르).
서승원(2009) "탈냉전기 일본의 중국정책과 그 전환: 관저외교, 정당정치, 그리고 내셔널리즘," 『아세아연구』 제52권 1호, pp.145-177.
_____(2012) 『북풍과 태양: 일본의 경제외교와 중국 1945-2005』 (서울: 고려대학교출판부).
_____(2014) "시진핑과 아베 신조의 중일 관계: 군사·안보적 고려, 지정학적 환원주의, 그리고 민족주의 게임," 『일본연구논총』 제39호, pp.153-186.
_____(2015) "일본 아베 정권의 집단적자위권과 중국: 대중 억지, 그리고 NO.2의 욕망," 『아세아연구』 제58권 4호, pp.72-102.
_____(2017) "아베 정권 시기 일본의 대중국 전략적 사고에 대한 고찰: 관념화된 외교와 지정학 게임의 불편한 동거," 『아세아연구』 제60권 2호, pp.264-300.
_____(2018) 『근현대 일본의 지정학적 상상력: 야마가타 아리토모-아베 신조』 (서울: 고려대학교출판문화원).
_____(2020) "한국과 일본의 대 아세안 안보정책: 신남방정책과 자유롭고 개방된 인도·태평양 비전, 그리고 역외 중간국의 전략적 영향력," 『비교일본학』 제48집, pp.57-80.
모리 가즈코(이용빈 옮김) (2023) 『중일표류: 글로벌 파워의 향방』 (서울: 한울아카데미).
이동률(2021) "중국의 일대일로(一帶一路), 지경학과 지정학의 동학," 『세계지역연구논총』 제39집 제3호, pp.265-296.
임지현(2005) 『적대적 공범자들』 (서울: 소나무).
정광호·백주현(2021) "중국의 해양강국 구상과 '동방서공'(東防西功) 전략: 해양지정학의 관점에서," 『전략연구』 통권 제83호, pp.37-73.

アーミテージ, リチャード·M, ジョセフ·S·ナイ, 春原剛 (2010) 『日米同盟vs.中国·北朝鮮: アーミテージ·ナイ緊急提言』 (東京: 文春新書).
秋田浩之·金田秀昭·谷口智彦·谷内正太郎(2011) "第13章. [総括座談会] 総合的日米安全保障協力に向けて," 谷内正太郎(編) 『日本の外交と総合的安全保障』(東京: ウェッジ), pp.387-454
阿南友亮(2012) "第15章. 戦略的互恵関係の模索と東シナ海問題," 高原明生·服部龍二(編), 『日中関係史 1972-2012(Ⅰ) 政治』 (東京: 東京大学出版会), pp.443-485.
井上一郎(2014) "政権交代における中国外交の変化と継続性," 『国際政治』 第177号, pp.11-25.
五百旗頭真(編)(2008) 『日米関係史』 (東京: 有斐閣ブックス).

猪口邦子(2007) "日中戦略的互恵関係の概念と実践について" 21世紀中日'戦略的互恵関係'国際シンポジウム 基調演説, 上海国際問題研究所, 10月20日~21日, 上海,
http://www.kunikoinoguchi.jp/katsudou/pdf/191021_speech.pdf

川島真(2023) "安全保障の時代へ: 2020," 高原明生・園田茂人・丸川知雄・川島真(編集)『日中関係 2001-2022』(東京: 東京大学出版会), pp.69-95.

川村範行(2010) "現代日中関係の発展過程: 日中新協力体制の構築,"『名古屋外国語大学外国語学部紀要』第39号, pp.135-155.

川村範行(2014) "尖閣諸島領有権問題と日中関係の構造的変化に関する考察,"『名古屋外国語大学外国語学部紀要』第46号, pp.27-51.

言論NPO(2022) "第18回日中共同世論調査(2022年)結果,"
https://www.genron-npo.net/world/archives/13950-2.html

小岩井忠道(2023) "中国への親近感さらに低下ロシアも悪化 内閣府調査,"
https://spc.jst.go.jp/experiences/economy/economy_2311.html

国分良成(2017)『中国政治からみた日中関係』(東京: 岩波書店).

白石昌也(2014)『日本の'戦略的パートナーシップ'外交: 全体像の俯瞰』(東京: 早稲田大学アジア太平洋研究センター).

新聞通信調査会(2022) "第8回 諸外国における対日メディア世論調査 調査結果,"
https://www.chosakai.gr.jp/wp/wp-content/uploads/2022/02/N22022705-01.pdf.pdf

園田茂人(2023) "第1章. 反日ショックと国力逆転: 2001-2009," 高原明生・その他『日中関係 2001-2022』, pp.23-46.

高橋俊樹(2021) "コラム: RCEPの発効は日本に何をもたらすか," 国際貿易投資研究所,
https://iti.or.jp/column/90

高原明生(2023) "序章. 21世紀の日中関係: 四要因モデルとは何か," 高原明生・その他『日中関係 2001-2022』, pp.3-19.

田中均(2022) "岸田外交に必要な対中国'ハイブリッド戦略', 米国追随の抑止一辺倒は国益にならず,"
https://www.jri.co.jp/page.jsp?id=103152.

谷口能敬(2013) "レアアースをめぐる中国の戦略と日本の対応,"『自動車技術』11月.

張雲(2022) "中国の強制的エコノミック・ステイトクラフトの論理: レアアース資源外交を中心に,"『国際政治』2022巻 205号, pp.77-93.

塚越康記(2015) "日本のレアアース政策とWTO提訴: 中国の輸出規制問題に対する意思決定の変遷,"『海幹校戦略研究』12月, pp.91-123.

内閣府(2023) "'外交に関する世論調査'の概要,"
https://survey.gov-online.go.jp/r04/r04-gaiko/gairyaku.pdf

中西寛(2015) "超カオス時代の大国間政治: 勢力圏競争が抱え込む不確実性,"『中央公論』(6月号), pp.88-93.

中村哲夫(2015) "習近平政権の外交戦略: 主として対日'歴史観'外交について,"『高岡法科大学紀要』第26号, pp.64-94.

益尾知佐子(2023) "第七章. 東シナ海: 緊張関係の最前線," 高原明生・その他『日中関係 2001-2022』, pp.201-228.

松本盛雄(2013) "日中経済関係の変遷と'戦略的互恵関係'の再評価,"『社会システム研究』第26号, pp.15-28.
丸川知雄(2023) "第二章. 首脳交流から全般的関係改善へ: 2010-2019," 高原明生・その他『日中関係 2001-2022』, pp.47-68.
三上貴教(2023) "2012年と2022年の施政方針演説分析,"『修道法学』45巻 1号, pp.47-82.
毛里和子 (2006)『日中関係: 戦後から新時代へ』(東京: 岩波書店).
葛红亮・鞠海龙 (2014) "中国—东盟命运共同体"构想下南海问题的前景展望,"『东北亚论坛』第4期 总第114期.
张广威・刘曙光 (2017) "21 世纪海上丝绸之路: 战略内涵、共建机制与推进路径,"『太平洋学报』第25卷 第8期.

Allison, Graham T.(2017) "Destined for War?" *The National Interests*, Vol.149, pp.9-21
Hardy-Chartrand, Benoit(2016), "Misperceptions, Threat Inflation and Mustrust in China-Japan Relations," *CIGI Papers*, No.107, July.
Katada, Saori N. and Jessica Liao(2020) "China and Japan in Pursuit of Infrastructure Investment Leadership in Asia: Competition or Convergence?," *Global Governance*, Vol.26, pp.449-472.
Przystup, James J.(2012) "Japan-China Relations 2005-2010: Managing Between a Rock and a Hard Place," An Interpretative Essay, *Strategic Perspective*, No.12, Institute for National Strategic Studies. National Defense University (October).
Smith, Paul J.(2009) "China-Japan Relations and the Future Geopolitics of East Asia," *Asian Affairs*, Vol.35, Issue.4, pp.230-256.
Wallace, Joshua, Richard G Hartley, Gary Bowman, Andrew Coburn, Simon Ruffle (2013) "Geopolitical Conflict," *Cambridge Risk Framework: Profile of a Macro-Catastrophe Threat Type*, Center for Risk Studies, https://www.jbs.cam.ac.uk/wp-content/uploads/2020/08/crs-profile-of-a-macro-catastrophe-geopolitical-conflict.pdf
Wu, Xinbo(2006) "The End of the Silver Lining: A Chinese View of the U.S.-Japan Alliance," The *Washington Quarterly*, Vol.29, No.1 (Winter), pp.119-130.

4장

한국과 중국
: 전략적 협력 파트너십의 허(虛)와 실(實)

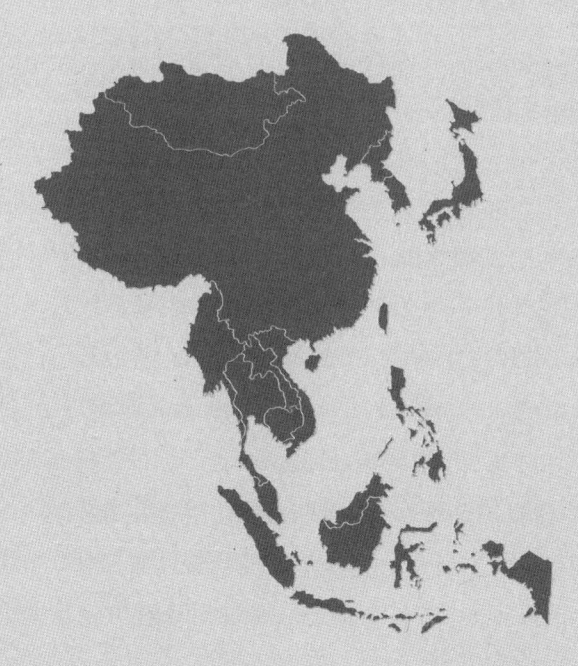

1. 들어가는 말

만약 한반도의 위기가 해결될 수 있다면, 그리고 내 생각에 그것이 미래 한반도의 평화적 통일에 기반한 것이라면, 동아시아가 세계 성장과 혁신의 중심 지역으로 발전하리라는 것은 믿어 의심치 않는다. 그러나 만약 그렇지 않다면 해결되지 않은 긴장이라는 다모클레스의 검이 이 지역에 경제적으로나 정치적으로 얻을 수 있는 모든 이익 위에 걸려있게 될 것이다. 동아시아의 가장 큰 성공조차도 현재와 미래의 한반도에서 일어나는 지속적인 전쟁 위협을 어떻게 상쇄할 수 있을지 가늠하기는 매우 어렵다(Westad 2021, 2-3).

1992년 수교 이후 약 30년 동안 한중관계는 거의 모든 분야에 걸쳐 그야말로 비약적인 확대·심화를 경험했다. 정치·외교적 관계는 노태우-양상쿤(楊尙昆) 시기의 한중 수교와 '선린우호협력관계'(1992년 8월)에서 김대중-장쩌민(江澤民) 시기의 '21세기를 향한 협력 파트너십'(1998년 11월), 노무현-후진타오(胡錦濤) 시기의 '전면적 협력 파트너십'(2003년 7월), 그리고 이명박-후진타오 시기의 '전략적 협력 파트너십'(2008년 5월)으로 빠르게 격상되었다. 외교의 기적으로 일컬어질 정도의 비약적인 발전이었다(김흥규 2008, 11). 그리고 박근혜-시진핑(習近平) 시기에는 전략적 협력 파트너십의 내실화를 목표로 '한중 미래비전 공동성명'(2013년 6월)이 발표되었다. 문재인-시진핑 시기에는 전략적 협력 파트너십의 실질적인 개선도 추진되었다.

정치·외교관계의 진전을 배경으로 경제적, 사회문화적 관계도 빠르게 발전했다. 예를 들면, 양국 간 무역액은 1992년 약 50억 달러에서 2021년 약 3,600억 달러로 70배 이상 증가했다. 2022년 현재 중국은 한국의 최대 교역 상대국이자 투자 대상국이며, 한국은 중국의 제3위 교역 대상국이자 제4위 투자유치국이다. 이와 더불어 양국은 동북아시아 국가 간에 유일하게 FTA를 체결했다(2015년 6월 서명, 동년 12월 발효). 양국 간 투자 규모는 2021년 기준으로 19조 원을 돌파했다. 인적 교류는 수교 직후 10만 명 수준에서 1,200만 명 수준으로 확대되었고, 유학생을 포함한 상대국 체류자 수는 각각 약 25만 명에 달했다. 한류(韓流)와 중국열(中國熱) 등 대중문화 교류도 활발하다.

하지만, 이러한 발전은 적지 않은 질곡과 한계를 노정한 것이기도 했다. 표면에 드러난 주된 도전은 역사·문화적 정체성 갈등, 그리고 군사·안보적 이해관계의 충돌이었다. 2000년대 초 중국의 동북공정(東北工程)과 한국의 강릉단오제 유네스코 등재 문제는 국민 간 상호 불신을 야기했다. 2010년 천안함 침몰 사건과 연평도 포격 사건 당시 중국이 취한 북한 옹호 자세는 한국의 대중 전략적 불신을 다시 일깨웠다. 그리고 무엇보다 2016~17년 미국의 한국 내 고고도 미사일 방어체계(THAAD) 배치 문제를 둘러싼 정치·외교적 갈등은 경제와 민간 교류에까지 심대한 영향을 끼쳤다. 수교 이후의 한중관계를 사드 사태 이전과 이후로 나눌 수 있다고 지적할 정도였다.

2022년 한중수교 30년에 즈음해 국내 학계에서는 수교 이후의 한중관계를 전반적으로 되돌아보는 기획연구가 적지 않게 수행되었다(정종호 2022; 동아시아문화센터 외 2022; 21세기평화연구소 편 2022). 이외에도 수교 30년을 평가하는 개별 연구도 북중관계, 군사 관계, 교역 및 경제교류, 문화·학술교류, 지방공공외교, 이주 문제, 상호 인식 등 다방면에 걸쳐 진행되었다. 하지만 [전략적] 파트너십의 관점에서 한중관계를 분석한 연구는 그다지 많지 않

앞으며, 양자 간 새로운 제휴의 틀이란 측면에 주목한 것은 극히 드물었다 (김주삼 2011; 이희옥 2022).

그렇다면 한중 간 전략적 파트너십은 어떻게 분석하고 평가할 것인가? 몇 가지 기본적인 문맥을 짚어 두기로 하자. 동북아시아 국가들 사이의 전략적 파트너십은 몽골을 한쪽 당사자로 하는 경우를 제외하면 한중관계가 유일하며 양국의 상호접근을 상징했다. 한중 전략적 파트너십은 서로 충돌하기 쉬운 안보적 이해관계와 이질적인 정치체제 및 가치·규범을 전제로 했다. 양국은 수교 이전에는 서로 적대국이었으며 지금도 한국은 미국의 동맹국이고 중국은 북한_이전에는 혈맹·동맹_의 가장 가까운 우방국이다. 한중 전략적 파트너십은 대등한 관계를 강조하지만 힘의 비대칭성을 전제로 했다.

아래에서는 먼저 2008년 전략적 협력 파트너십을 기점으로 한중 간 전략적 파트너십의 형성 과정 및 내용을 살펴보고, 2008년에서 2023년 현재까지 전략적 파트너십의 이행 과정을 주요 과제별로 추적하면서 검토한다. 마지막에선 그에 대한 평가와 전망을 논해 보겠다.

2. 수교 30년 회고: 관계 발전을 향한 고군분투

경제가 선린우호 협력관계를 견인하다

국가 정상의 전폭적인 지원과 직접적인 개입은 전략적 파트너십의 형성과 발전 과정에서 핵심적인 역할을 한다. 국가 정상들은 양자 또는 다자 간 정상회의를 통해 새로 파트너십을 맺거나, 기존의 파트너십을 더욱 높은 수준으로 격상하곤 한다. 특히, 국가 정상의 역할은 파트너십의 형성 단계에서 두드러진다. 형성 단계에서 국가 정상은 국내외 정세에 비추어 볼 때 파트너십은 당면한 위험을 분산하거나 미래의 기회를 획득하는 데 유리한

가, 상호 이해관계나 가치의 공유, 또는 원하는 역량을 고려할 때 상대국이 적절한 파트너인가, 그리고 파트너와 어떠한 공통의 목표를 추진하며 이를 실행하기 위한 구체적인 협력의 원칙이나 체제는 어떠해야 하는가 등을 고려한다(Wilkins 129-131).

〈표 4-1〉 한중 수교 이후 양국 정상 일람 및 정상회담

한국(대통령)	중국(주석)	주요 사건 및 관계 명칭
노태우 1988.2-1993.2 (민주정의당)	덩샤오핑* 1981.6-1989.11 (중국공산당)	• 수교, 선린우호 협력관계(1992.8) • 한중정상회의, 공동언론발표(1992.9.27.-30. 베이징) • 제1차 북핵 위기(1993.3)
김영삼 1993.2-1998.2 (민주정의당 /신한국당)	장쩌민 1993.3-2003.3 (상동)	• 김영삼 방중, 한중정상회의(1994.3) • 장쩌민 방한, 한중정상회의(1995.11)
김대중 1998.2-2003.2 (새천년민주당)		• 김대중 방중, 한중정상회의 및 파트너십 공동선언(1998.11) • 남북 정상회의(2000.6) • 제2차 북핵위기(2002.10)
노무현 2003.2-2008.2 (새천년민주당)	후진타오 2003.3-2013.3 (상동)	• 노무현 방중, 한중정상회의 및 전면적 협력 파트너십 수립(2003.7) • 한중, 동북공정 5개항 합의(2004.8) • 후진타오 방한, 한중정상회의(2005.11) • 남북 정상회의(2007.10)
이명박 2008.2-2013.2 (한나라당)		• 한미정상회의, 21세기 전략동맹 합의(2008.4) • 이명박 방중, 한중정상회의 및 전략적 협력 파트너십 수립(2008.5) • 한중정상회의(2008.8) • 천안함 침몰 사건(2010.3), 연평도 포격 사건(2010.11) • 한중정상회의(2012.1)
박근혜 2013.2-2017.3[탄핵] (새누리당)	시진핑 2013.3-현직 (상동)	• 박근혜 방중, 한중정상회의 및 미래비전 공동성명(2013.6) • 시진핑 방한, 한중정상회의(2014.7) • 한국, AIIB 가입(2015.3) • 한중 FTA 체결(2015.6) • 박근혜 중국전승절 참석(2015.9) • 북한, 4차 핵실험 및 미사일 발사 실험(2016.1~2) • 한국 사드 배치 결정, 중국 대한국 경제보복(2016.7~)
문재인 2017.5-2022.5 (더불어민주당)		• 한국, 3불 원칙 제시(2017.10) • 문재인 방중, 한중정상회의(2017.12) • 남북정상회담(2018.4) • 남북 판문점 정상회의(2018.5) • 북미 싱가포르 정상회의(2018.6) • 남북 평양정상회의(2018.9) • 북미 하노이 정상회의(2019.2) • 북미 판문점 정상회의(2019.6)
윤석열 2022.5-현직 (국민의힘)		• 한중 APEC 계기 정상회의(2022.11)

주의: 정상회의는 다자회의를 계기로 한 것은 제외.
*중국공산당 중앙위원회 주석

위 표가 보여주는 것처럼 한중 간 파트너십의 형성, 격상, 그리고 정체는 정상회의와 거의 궤를 같이해 왔다.[1] 참고로, 파트너십에 앞선 시기에는 노태우-양상쿤 간 정상회의, 그리고 김영삼-장쩌민 간 정상회의가 있었다. 전자는 한중 국교 정상화(1992년 8월) 직후인 9월 말 중국 측의 초청에 노태우 대통령이 응하면서 성사되었다. 대한민국 대통령의 최초 방중이자 최초의 양국 간 정상회의였다. 수교는 한국전쟁 이후의 양국 간 적대적 관계가 공식적으로 청산되었음을 보여주었다. 그리고 수교 당시에 양국이 서명한 「대한민국과 중화인민공화국 간의 외교관계 수립에 관한 공동성명」(2항)은 관계 발전의 지향점을 '선린우호 협력관계'로 천명했다(자료 4-1). 노태우 대통령 방중 시의 「한·중 공동언론발표문」은 선린우호 협력관계의 가일층 발전을 확신했다(자료 4-2).

이 시기 노태우 정부가 수교에 대해 적극적인 의지를 표명하고 다양한 방식으로 대중 접근을 시도한 점은 주목할 만하다. 노태우 정부는 취임 전부터 중국과의 수교를 대통령 선거 공약으로 제시함은 물론 취임 후에 '북방정책'을 강력하게 추진했다. 중국 측이 경제, 스포츠, 문화 등 민간 교류부터 점진적으로 관계 발전을 모색한 점과는 구별되었다.

참고로, 한중 양측 간 협력은 수교 전부터 활성화되고 있었다. 중국 측은 노태우 정부의 남북한 유엔 동시 가입 추진에 호응하는 형태로 1991년 5월 북한에 고위급 인사를 파견하여 남북한 동시 가입을 설득하고 동의를 받아낸 바 있었다. 같은 해 11월 한국 측은 중국 측에 APEC 각료회의 참여를 설득함과 아울러 의장국으로서 중국, 대만, 홍콩이 동시 가입하는 타협안을 제시하여 이를 성사시켰다(성균중국연구소 2022, 41-42).

김영삼-장쩌민 시기 정상 간 상호 방문과 정상회의는 한층 더 활발하게 진행되었다. 김영삼 대통령의 방중은 1994년 3월, 장쩌민 주석의 방한은

---

[1] 수교 이후 문재인 정부 시기까지의 한중정상회의의 전개와 개략적인 내용은 성균중국연구소(2022)를 참조. 이하 본문은 이에 의존한 바가 크다.

1995년 11월에 이루어졌다. 장쩌민 주석의 방한은 중국 정상으로서는 최초였다. 이외에도 정상회의는 다자 간 회의_APEC정상회의_를 계기로 거의 매년 개최되었다. 총리와 부총리 등 정부 고위급, 국회의장과 전국인민대표자대회 상무위원장 등 최고위급 교류도 활발히 진행되었다. 이 시기 별도의 공동성명이나 공동언론발표문은 없었으나 선린우호 협력관계의 실질적인 정착, 그리고 무엇보다 한중관계의 긴밀화가 두드러졌다.

이와 대조적으로 냉전 시기 혈맹관계를 유지했던 북중관계는 급속도로 악화되었다. 중국의 한국 접근에 대한 북한 측의 깊은 배신감이 주된 배경이었다. 이후 북한은 김영삼 시기 내내 중국과의 정상회의를 거부했다. 한중관계와 북중관계의 양립이 결코 용이한 과제가 아님을 시사하는 부분이었다. 게다가 1993년 3월 북한의 핵확산금지조약(Non Proliferation Treaty, NPT) 탈퇴, 그리고 그 직후의 제1차 한반도 핵 위기는 한중 간 정치·안보협력에 최대의 도전 요인으로 부상했다. 북핵 문제가 1994년 10월 북미 간 '제네바 합의'로 수습되는 가운데 한중 양국은 비당사국이란 처지를 감내해야 했다.[2]

한편, 한중 양자 간 경제교류·협력이 비약적으로 확대되기 시작한 점은 매우 긍정적이었다. 특히, 무역 확대_이때부터 대중 흑자구조가 정착_와 한국의 대중 직접투자(FDI) 규모의 증가가 눈에 띄었다. 한국에게 중국은 세계화 시대 국제분업의 핵심 파트너로, 중국에게 한국은 개혁·개방 노선의 실질적인 협력 파트너로 등장했다(성균중국연구소 2022, 60).

한중 양국 사이의 국제 무대에서의 협력과 연대도 두드러졌다. 한국은 중국의 '관세 및 무역에 대한 일반협정'(GATT) 가입 요청을 흔쾌히 받아들

---

[2] 1996년 한미 정상회의에서 거론된 북핵문제 해결을 위한 '4자 회담'(한국, 북한, 미국, 중국) 구상은 한중 양국을 직접적인 이해당사자로 한 것으로, 이후 '6자 회담'의 원형이 되었다. 이를 위해 한중 양국이 정상회의 등을 통해 많은 의사소통 및 협력을 하였음은 두말할 나위 없다.

여 APEC회의에서 적극적인 지지를 표명했다. 유엔 인종차별 철폐위원회 및 인권위원회, 그리고 해양 재판관 선출 등에서 중국 입장을 지지했다. 중국은 한국의 2002년 월드컵 한국 개최, UN 해양 재판관 및 경제사회이사회 이사국 선출 등에서 한국을 지지했다.

파트너십의 틀로 경제·통상과 북핵문제에 대응하다

김대중 정부와 노무현 정부 시기 10년 동안 한중관계는 더욱 긴밀해졌다. 1998년 11월 중국을 방문한 김대중 대통령은 장쩌민 주석과의 정상회의에서 기존의 선린우호 협력관계를 '21세기를 향한 협력 동반자관계'로 격상하기로 합의했다. 그에 이은 2003년 7월 방중한 노무현 대통령은 후진타오 주석과 '전면적 협력 동반자관계' 구축에 합의했다. 전자에서 협력 동반자관계라는 명칭이 처음 등장하고, 후자에서 전면적이라는 수식어가 추가되었다.[3]

우선, 김대중-장쩌민 시기의 협력 파트너십이 앞선 시기의 선린우호 협력관계와 어떠한 차별성을 갖는지 점검할 필요가 있다. 정상회의나 최고위급 교류 등 양국 간 정치·외교관계는 김영삼 정부 시기에 이어 안정적인 지속성을 보여주었다. 양국 간 경제교류·협력은 1997년 말 동아시아 외환위기를 계기로 한층 더 구조화·제도화하기 시작했다. 이와 관련하여 「21세기를 향한 협력 동반자관계 공동성명」에서 한국 측은 중국의 위안화 환율 유지와 내수 확대가 아시아 외환위기 완화에 크게 기여하고 있음을 높이 평가했다(자료 4-3). 공동선언의 상당한 부분을 차지한 것이 경제문제였다(8-11항). 여기에는 무역 확대를 통한 무역 불균형 문제 개선, 산업, 과학 기술, 정보통신, 환경, 에너지 등 제반 분야에서 협정과 위원회 제도를 통

---

3 참고로 김대중 정부는 그 직전인 1998년 10월 일본과 '21세기의 새로운 한일 파트너십 공동선언'(1998년 10월)을 발표한 상태였다. 중일 간 '우호협력 파트너십'(1998년 11월)은 한중 간 협력 파트너십 합의 직후에 이루어졌다.

한 협력 강화, 그리고 중국의 세계무역기구(WTO) 조기 가입에 대한 한국 측의 지지 표명 등이 담겼다.

북핵 및 한반도 문제에 대한 양국 간 협력이 큰 진전을 보이기 시작한 점은 특기할 만했다. 개혁·개방 노선을 위해 안정적이고 평화로운 주변 환경 유지가 중요했던 중국에게 김대중 정부의 대북 포용정책_이른바 햇볕정책_ 추진은 환영할 만한 일이었다. 중국이 햇볕정책에 대해 적극적인 지지를 표명하고, 2000년 6월 남북정상회담에 대해서도 강력한 지지 입장을 밝힌 것은 물론이다. 2002년 10월의 제2차 북핵 위기 전까지 남북 관계와 북중 관계는 선순환 구조를 이루었다.[4] 그에 더하여 한중 간 협력이 군사·안보 분야로 확대된 점도 전례가 없었다. 양국 국방부 장관의 상호 방문, 군함의 상호 기항, 공군 수송기 상호 방문, 그리고 '제1차 외교·국방 당국 간 안보 대화'(베이징)가 개최되었다.

이어 2003년 한국에서는 진보 정부인 노무현 정부가 김대중 정부를 계승하고, 중국에선 장쩌민 정부에 이어 후진타오 정부가 출범했다. 앞의 시기와 마찬가지로 한중 정상회의는 두 정부 출범 1년 이내인 2003년 7월에 개최되었다. 이 자리에서 양국 정상은 전면적 협력 파트너십 구축에 합의했다. 그에 이어 한국 대통령 방중과 이어서 중국 국가주석의 방한이라는 기존 방식에 따라 2005년 11월에는 후진타오 주석이 방한하여 노무현 대통령과 전면적 협력 동반자관계를 더욱 심화시켜 나가기로 합의했다. 여기서 '전면적'이란 수식어는 협력 범위의 포괄성보다는 협력의 질적 수준을 높임으로써 한중관계의 장기적 안정성을 담보하는 것을 의미했다. 앞선 김대중-장쩌민 시기의 공동성명에서 양측은 이미 협력 범위를 거의 전 분야로 확대한 바 있었다.

---

4 남북정상회담을 전후한 시기에 북중관계도 북한 김정일 국방위원장의 방중(2000년 1월 및 2001년 1월)과 장쩌민 주석의 방북(2001년 9월)을 통해 기존의 전통적 우호 협력 관계를 회복했다.

전면적 협력 파트너십 관련 문서는 2003년 7월 및 2005년 11월 공동성명으로 구성되었다(자료 4-4, 자료 4-5). 두 차례의 정상회의에서 가장 핵심적인 의제는 북핵 문제였다. 제2차 북핵 위기에 대응하는 것이 시급했기 때문이다. 중국 측이 북핵 문제 해결을 위해 마련한 방안은 6자회담이었다. 중국 측은 앞선 시기 김대중 대통령이 동북아시아 6개국이 참여하는 논의의 장이 필요하다는 견해를 밝히자 이에 소극적인 자세를 취하며 4자회담을 고수한 바 있었다(성균중국연구소 2022, 94-95).

결과적으로 한중 양측의 입장은 6자회담으로 수렴되었다. 한반도의 평화와 안정 유지, 한반도 비핵화 추진, 대화를 통한 평화적 해결이란 목표를 공유하는 가운데 6자회담이란 방법론에서도 인식을 같이한 셈이다. 특히, 2005년 정상회의는 그 직전인 9월에 6자회담에서 합의한 '9.19 공동성명'의 이행 방안에 대해 집중적으로 논의하는 자리가 되었다.

경제·통상 협력을 체계적으로 확대·심화시키기 위해 양국이 2003년 공동연구팀 구성에 합의하고, 2005년 정상회담 직전에 「한·중 경제통상협력 비전 공동보고서」를 완성한 점은 양국이 중장기적 경제협력 지침을 마련했다는 점에서 주목할 만했다.[5] 동 보고서는 "과거 10년간 양국의 경제통상 협력은 장족의 발전을 이룩하였고, 경제 관계가 나날이 밀접해지는 가운데 윈-윈(Win-Win)의 효과를 거두고 있으며, 상호 간에 이미 중요한 경제 동반자관계를 구축했다."라고 평가했다(한·중 공동연구팀 2005, 2). 이 보고서를 지침으로 양국 정상은 2012년까지 무역 규모 2,000억 달러 달성, 한국의 중국에 대한 완전한 시장경제 지위(Market Economy Status, MES) 인정, 그리고 한중 FTA에 관련한 민간공동연구 추진에 합의했다.

노무현-후진타오 시기 양국 간 협력 범위가 양자 간 관계를 넘어 동아시

---

[5] 동 공동보고서는 2003년 7월 노무현-후진타오 회담 시 합의한 뒤에 양국의 정부, 연구기관, 업계 인사로 구성된 공동연구팀이 약 1년 동안의 연구를 거쳐 2005년 11월에 발표되었다.

아 역내 협력으로 본격적으로 확대된 것도 크나큰 변화였다. 양국의 협력은 아세안+3, 동아시아정상회의, 한·중·일 협력, ARF, APEC, ASEM, 아시아·아프리카포럼 등을 망라했다. 동시에 양국은 동아시아 역내 FTA 추진에 입장을 같이했으며, 한·중·일 FTA의 경제적 효과에 대한 공동연구에도 착수했다.

물론 한중관계의 모든 분야가 원만한 것만은 아니었다. 정치·외교 및 경제 관계의 순항과는 대조적으로 양국 국민 간 상호 인식은 악화되기 시작했다. 그 발단을 제공한 것이 동북공정(東北工程) 문제였다.[6] 한국 학계와 언론, 그리고 국민들이 반발하는 가운데 동북공정 문제는 점차 양국 정부 간 외교적 갈등으로 비화되기 시작했다. 다만, 2004년 8월 양측이 5개 항으로 이루어진 구두 합의를 발표함으로써 완전한 해결은 아니지만, 더 이상의 외교적 갈등으로의 확대는 방지할 수 있었다.[7]

북한 문제가 전략적 파트너십을 크게 흔들다

한중 양국이 기존의 전면적 협력 파트너십을 전략적 협력 파트너십으로

---

[6] 동북공정은 중국사회과학원 산하의 변경사지연구센터가 2002년부터 2007년까지 5년 동안 수행한 연구과제로, 고구려사를 포함한 중국 동북 지역의 역사를 재해석하여 중국사에 편입시키는 것이 목적이었다.

[7] 〈연합뉴스〉(2004년 8월 25일자)가 보도한 5개 항은 다음과 같다: ①고구려사 문제가 양국 간 중대 현안 문제로 대두된 데 대해 중국 측이 유념하고 있다; ②양측은 향후 역사문제로 인해 한중 간 우호협력관계가 손상되는 것을 방지하기 위해 노력하고, 1992년 8월의 한중수교 공동성명 및 1993년 7월 양국 정상 간 공동성명에 따라 전면적인 협력 동반자관계 발전을 위해 노력한다; ③양측은 한중 협력관계라는 커다란 틀 아래서 고구려사 문제의 공정한 해결을 도모하고 필요한 조치를 취해서 고구려사 문제가 정치화하는 것을 방지하는 노력을 한다는 데 공동 인식을 같이한다. ④중국 측은 중앙 및 지방정부 차원에서의 고구려사 관련 기술에 대한 한국 측의 관심에 이해를 표명하고 필요한 조치를 취해나감으로써 문제가 복잡해지는 것을 방지한다; ⑤양측은 학술교류의 조속한 개최를 위해 노력하며 학술교류와 양국 국민의 이해 증진에 도움이 되는 방향으로 한다.

격상한 것은 이명박-후진타오 시기였다. 그에 이은 박근혜-시진핑 시기에는 전략적 협력 파트너십의 내실화를 목표로 한 「한중 미래비전 공동성명」(2013년 6월)이 발표되었다. 정치·외교관계에 한정해 보면 중국 측이 대북정책 기조에 적지 않은 차이점을 보였던 한국의 보수 정권과 미래비전 공동성명을 발표한 점은 흥미롭다. 게다가 이렇게 구축된 전략적 협력 파트너십이 진보 정권_김대중-노무현 정부_을 계승한 문재인 정부 시기에 정체 국면을 벗어나지 못한 점도 역설적이다.

이명박 대통령의 방중은 취임 직후인 2008년 5월 이례적인 속도로 진행되었다. 후진타오 정부가 한중관계를 전략적 관계로 격상할 뜻이 있음을 밝히고 일본 방문 이전에 방문할 것을 요청했기 때문이다(이명박 2015, 259-260). 사실 전략적 관계로의 격상은 노무현 정부가 먼저 요청한 바 있으나 당시 중국 측은 북한의 반발을 고려해 이를 수용하지 않았었다(김흥규 2008, 4). 이번에도 노무현-후진타오 시기와 유사하게 이명박 방중 시 전략적 협력 동반자관계 격상에 합의하고, 후진타오 방한 시 전략적 협력 동반자관계를 전면적으로 추진하기로 합의했다(자료 4-6, 자료 4-7). 당시 동아시아 역내에서 중국은 한국의 유일한 전략적 파트너였고, 한국과 아세안(2003년), 그리고 베트남(2008년)이 중국의 전략적 파트너였다. 이러한 한중관계의 급속한 발전은 외교의 기적으로 일컬어졌다(김흥규 2008, 11).

북핵 문제는 여전히 한중 정상회담의 핵심적인 의제였다. 2008년 5월과 8월의 공동성명에서 양측은 6자회담의 중요성을 확인함과 동시에 6자회담에 관련한 '9.19 공동성명'(행동 계획)의 전면적 이행에 의견을 같이했다. 하지만 6자회담은 2008년 12월을 마지막으로 더 이상 개최되지 못했다. 제2차 핵실험(2009년 5월), 장거리 로켓 및 탄도미사일 발사 실험(2009년 4월, 7월, 10월), 우라늄 농축시설 공개(2010년 11월) 등 북한의 연이은 도발이 주된 요인이었다.

게다가 한중관계는 곧바로 예기치 않은 복병에 맞닥뜨렸다. 2010년 3월의 천안함 침몰 사건, 같은 해 11월 북한의 연평도 포격 사건이 그것이었다. 출범 당시부터 대북 강경 자세를 펼치던 이명박 정부는 이들 사건 이후 중국 측에 대해 유엔 안보리의 대북 제재에 적극 동참할 것을 요청했다. 게다가 이명박 정부는 서해상 한미연합군사훈련 실시 계획도 발표했다. 하지만, 중국 측의 자세는 신중했다. 천안함 사건은 한중 양자 간 문제가 아닌 남북한 간 문제이며, 이것이 전략적 협력 동반자관계에 영향을 미치지 않기를 바란다고 주장했다. 서해상 한미훈련에 대해서도 전쟁으로 확전되지 않기를 바란다면서 자제를 촉구했다. 이명박 정부가 전략적 파트너십을 활용해 중국의 대북 압박을 의도한 반면, 후진타오 정부는 한중관계와 북중관계를 분리하고자 했다.

한편, 이와 대조적으로 경제교류·협력은 폭발적인 확대·심화를 보였다. 확대 균형을 통한 무역 불균형 시정 기조는 계속 유지되었다. 「한·중 경제통상협력 비전 공동연구보고서」는 한층 더 보완되어 공동연구보고서인 「미래 공동 발전을 위한 한중 전략적 협력 동반자관계」가 2010년 8월에 발간되었다. 더 나아가 2012년 9월에는 최종보고서인 「한중 전략적 협력 동반자관계의 심화 발전을 위한 정책 제안」도 제출되었다. 그리고 한중 FTA에 대해서는 공동성명에서 추진을 적극적으로 검토해 나간다는 데 머물렀으나, 2012년에 협상 개시에 합의했다. 중국 측이 한국과의 FTA 체결에 보다 적극적인 자세를 보인 점은 주목할 만했다.

한중 양국의 대북정책에 대한 적지 않은 이견에도 불구하고 경제교류·협력에서는 정경분리 원칙이 작동하는 것처럼 보였다. 하지만 이명박-후진타오 시기에 한중 파트너십과 한미동맹의 양립 문제가 서서히 부상하기 시작한 점은 중요했다. 사실, 2008년 5월 이명박 대통령 방중 시 중국 측은 "한미군사동맹은 지나간 역사의 유물"이라며 한미동맹과 한중 협력의 병행 발전 노선에 이의를 제기한 바도 있었다(김한권 2022, 48).

뒤이은 박근혜-시진핑 시기 한중관계는 2016년 7월 박근혜 정부가 주한미군 사드 배치를 결정하기 전까지만 해도 유례없는 우호 관계를 유지했다. 2013년 6월의 박근혜 대통령 방중과 「한·중 미래비전 공동성명」은 전략적 협력 파트너십의 실질적인 발전을 지향했다(자료 4-8). 동 공동성명에서 협력의 범위는 양자관계 및 지역 차원뿐만 아니라 국제사회 전반의 평화와 번영으로까지 확대되었다. 그리고 신뢰에 기반한 전략적 협력 파트너십의 내실화를 위한 방안으로 정치·안보 분야의 전략적 소통 강화, 경제·사회 분야 협력의 가일층 확대_FTA 체결 포함_, 그리고 양국 국민 간 인문 유대 강화가 제시되었다. 양측은 공동성명의 부속서로 「한중 전략적 동반자 관계 이행계획」을 채택함으로써 관계 발전 의지를 보여주었다.

2014년 7월에는 박근혜 대통령의 방중에 대한 답방 형태로 시진핑 주석이 방한했다. 시진핑 주석 취임 이래 최초의 해외 단독 방문이었다.[8] 정상회의 후 발표된 공동성명은 양국 간 관계를 "동북아 지역의 가깝고 이웃한 파트너로서, 공동 발전을 실현하는 파트너, 지역 평화에 기여하는 파트너, 아시아의 발전을 추진하는 파트너, 세계 번영을 촉진하는 파트너"로 발전시켜 나가기로 합의했다고 언급했다(자료 4-9).

부연하면, 정치·안보 분야의 전략적 소통 강화에 대해서는 정상 간 교류 이외에 청와대 국가안보실장과 중국 외교 담당 국무위원 간 전략대화 정례화, 외교장관 간 연례적인 교환 방문, 외교차관 간 전략대화, 정당 간 정책 대화, 국책연구소 간 전략대화 등의 추진이 거론되었다. 이 시기에 한중 의원외교협의회 발족, 국방부 간 핫라인 개설 등도 이루어졌다. 북핵 문제에 대해서는 기존 공동성명과 마찬가지로 북한의 핵 보유 반대, 한반도 비핵화 실현, 한반도의 평화와 안정 유지, 9.19 공동성명 이행, 6자회담 재개 등이 확인되었다. 하지만 북한 비핵화의 실질적인 진전과 핵 능력 고도화 차단을 위한 새로운 공조 방안은 마련하지 못했다.

---

[8] 2015년 한 해 동안 한중 간 정상회의는 무려 7차례나 개최되었다.

가장 많은 진전을 보인 것은 경제·통상 분야였다. 시진핑 주석 방한 시 양측은 한중 FTA 협상을 2014년 말까지 타결하기로 합의했다. 원화와 위안화 간 직거래 체제도 구축하기로 했다. 공동성명에 명시되지는 않았지만 중국 측은 아시아인프라투자은행(AIIB)에 한국이 창립 회원국 자격으로 참가하기를 희망한다는 의사를 표명했다. 지역 및 국제 이슈에 대한 양국 간 협력도 보다 광범위해졌다. 개방적 지역 협력 확대를 위한 아세안+3, EAS, ARF, APEC, ASEM 등에서의 정책 조율과 협력, 한국의 유엔안보리 비상임이사국 수임을 계기로 한 유엔 차원 협력, 세계경제 차원의 G20 협력과 역내 차원의 한중일 FTA 및 RCEP 논의 협력도 제시되었다.

한중 간 신밀월 관계는 2015년 9월 박근혜 대통령의 동아시아의 미국 동맹국 가운데에서 유일하게 중국 톈안먼 광장에서 열린 '중국 인민 항일전쟁 및 반파시즘전쟁 승리 70주년 기념식' 및 열병식에 참석하면서 절정에 달했다.[9] 그러나 2016년 박근혜 정부의 사드 배치 결정을 계기로 한중관계는 급속도로 악화되기 시작했다. 한국 측은 북한의 핵·미사일 위협이 고조되는 가운데 자위적 조치로서 사드 배치가 불가피하다는 입장을 피력했다. 이에 대해 중국 측은 사드 배치는 미국의 미사일방어체계_MD체계_의 일환으로써 사실상 중국을 견제하기 위한 것이라고 주장했다. 이로 인해 양국 간 정치·외교 분야의 전략적 소통은 거의 전면적으로 중단되었다. 더 나아가 중국 측은 중국 내 한국 기업, 중국인의 한국 관광, 한국의 대중문화 산업 등에 대해 다양한 보복 조치를 취했다.

문재인-시진핑 시기의 한중관계는 사드 사태로 인한 경색 국면부터 타개해야 했다. 두 정상은 2017년 7월의 G20 정상회의(베를린), 그리고 11월

---

9 당시 톈안먼 망루에는 시진핑 주석을 중심으로 그 왼편에 블라디미르 푸틴 러시아 대통령, 박근혜 대통령, 누르술탄 나자르바예프 카자흐스탄 대통령, 이슬롬 카리모프 우즈베키스탄 대통령, 반기문 유엔사무총장 순으로 도열했다. 북한 대표로 참가한 최룡해의 위치는 후열 왼편이었다.

의 APEC 정상회의(베트남)를 계기로 한 만남을 거쳐 관계 개선에 대해 논의하고 문재인 대통령의 방중에도 합의했다. 문재인 대통령의 방중은 그 직후인 2017년 11월에 이루어졌다. 정상회담에서 두 정상은 수교 25주년을 평가하고 전략적 협력 파트너십의 실질적인 개선에 의견을 같이했다. 하지만 사드 사태로 인한 불편한 분위기를 반영하듯 공동성명이 아닌 「한·중 정상회담 언론발표문」이 발표되었다(자료 4-10).

동 언론발표문의 가장 앞부분에는 양측이 합의한 한반도 평화와 안정을 위한 4대 원칙이 언급되었다: ①한반도에서의 전쟁은 절대 용납할 수 없다; ②한반도의 비핵화 원칙을 확고하게 견지한다; ③북한의 비핵화를 포함한 모든 문제는 대화와 협상을 통해 평화적으로 해결한다; ④남북한 간의 관계 개선은 궁극적으로 한반도 문제를 해결하는 데 도움이 된다. 그리고 북한의 핵·미사일 개발에 대해서는 한반도는 물론 동북아와 국제사회의 평화와 안정이 위협이며 제재와 압박을 통해 북한을 대화의 장으로 유도한다는 데 의견을 같이했다.

사드 문제와 관련한 양측의 입장은 그다지 좁혀지지 않았다. 한중 양측은 정상회담 직전인 10월 31일 실무자 협의를 통해 이른바 '3불 원칙'_①사드를 추가 배치하지 않는다, ②미국의 MD시스템에 가입하지 않는다, ③한미일 군사동맹에 참여하지 않는다_에 합의한 상태였으나, 시진핑 주석은 사드 배치 반대 입장을 재천명하면서 한국 측의 적절한 처리를 요청했다. 덧붙여, 경제·통상에서 양측은 한중 FTA 서비스·투자 후속 협상을 개시할 것을 선언했다. 그와 더불어 한국의 신북방·신남방정책과 중국의 일대일로 구상 간의 구체적인 협력 방안을 발굴해 나가기로 했다.

정상회의 석상에서 문재인 대통령은 시진핑 주석의 2018년 2월 평창 동계올림픽 참석을 초청했으나 확답을 들을 수 없었다. 그 이후 한국 대통령의 방중에 이은 중국 국가주석의 방한이라는 정상 간 상호 방문 관례도 지켜지지 않았다. 윤석열 정부가 취임한 이래 최초의 한중정상회의는 2022년

11월 G20 정상회의(인도네시아 발리)를 계기로 열렸다. 다자회의를 계기로 한 정상회담은 2019년 12월 한중일 정상회의(베이징) 당시 이후 3년 만이었다.

3. 더할 나위 없는 경제적 파트너

정부 주도로 급속한 경제·통상 확대를 실현하다

한중 간 전략적 파트너십에서 핵심적인 위치를 차지해 온 것은 경제교류·협력 분야였다. 정상 간 공동성명이나 공동언론발표문에서 가장 많이 언급된 것도 이 분야였다. 지난 30년 동안 양국 정부는 국내외의 다양한 도전에 대응하기 위해 경제적 파트너십을 적극적으로 활용했다. 양국이 파트너십과 전략적 파트너십을 맺은 시기가 1997~98년의 동아시아 외환위기, 그리고 2008년 미국발 금융위기 발발 시기와 중첩된 것은 우연이 아니었다. 또한, 양국은 파트너십이라는 틀을 활용해 양자 간 무역마찰이나 분쟁을 해결·완화하려 했으며, 각자가 원하는 방향으로 지역 경제통합이나 세계경제 문제에 대응하려 했다.

이러한 경제교류·협력의 발전은 정치·외교관계와의 분리, 즉 정경분리를 전제로 한 것이었다. 하지만, 2010년대에 들어서자 이러한 불문율은 '경제의 안보화'라는 도전에 직면하여 흔들리기 시작했다. 그 첫 번째는 2016년 7월 이후의 사드 사태였다. 두 번째는 미중 간 전략 경쟁의 가속화였다. 이러한 도전은 한중 간 경제적 파트너십이 얼마나 견고한지 그 회복탄력성(resiliency)을 시험하는 무대가 되었다.

먼저, 한중 경제 관계의 개괄적인 추이와 특징을 살펴보자. 한중 간 교역_무역과 투자_은 세계적으로 보더라도 유례없는 급성장을 이루었다. 무역은 1991년 44.44억 달러에서 2022년 3,103.67억 달러로 증가했다. 같은 기간 무역수지는 1991~2년을 제외하고 한국의 흑자 기조가 줄곧 유지되었는

데 누계액은 7,044.07억 달러에 달했다(한국무역협회 무역통계 K-Stat 자료). 중국은 2003년 이후 한국의 최대 수출상대국이자, 2007년 이후 한국의 최대 수입 상대국 지위를 유지해 왔다.

2020년 기준 한국의 5대 수출 대상국은 중국(25.85%), 미국(14.51%), 베트남(9.47%), 홍콩(5.79%), 그리고 일본(4.89%) 순이었고, 5대 수입 대상국은 중국(23.29%), 미국(12.36%), 일본(9.84%), 독일(4.42%), 베트남(4.40%) 순이었다. 한편, 중국에게 한국은 미국, 홍콩, 일본에 이은 제4위 수출입 대상국이었다. 2019년 기준 중국의 5대 수출 대상국은 미국(16.75%), 홍콩(11.19%), 일본(5.73%), 한국(4.44%), 베트남(3.92%) 순이었고, 5대 수입 상대국은 한국(8.39%), 대만(8.35%), 일본(9.29%), 홍콩(6.32%), 미국(5.96%) 순이었다(World Bank 자료).

또한, 수교 이후 중국은 한국의 최대 직접투자 대상국 지위를 유지해 왔다. 1991년부터 2022년까지 한국의 대중 투자(FDI) 누계액은 916.56억 달러를 기록했다(한국수출입은행 해외직접투자통계 자료). 중국의 입장에서도 한국은 최대의 투자유치 상대국 중 하나였다. 2021년 기준 우회 투자지로 이용되는 홍콩과 버진아일랜드를 제외하면 대중 최대 투자국은 싱가포르가 1위, 한국이 2위였다(정환우 2022, 110).

물론 이러한 교역 급팽창은 직접적으로는 양국 기업 등 민간 행위자들에 기인한 바가 크다. 하지만, 동시에 중요한 분기점마다 양국 정부가 경제통상의 확대를 공통 목표로 설정하고, 이를 위한 제도 및 체제 정비, 그리고 양국 정부 간 협력의 틀을 지속적으로 발전시켜 온 점도 간과할 수 없었다. 수교 직후 양국 정부는 무역, 투자보장, 과학기술 등 제반 분야에서 협정을 체결한 바 있었다. 이후 여러 차례의 공동선언·성명은 경제통상 관계를 발전시키기 위한 매니페스토 역할을 했다.

예를 들어 김대중-장쩌민 시기에는 무역 불균형을 무역 확대_수출금융 제공, 조정관세 축소, 무역 제한 완화 등_를 통해 개선해 나간다는 장기적인 방침이 확립되었다. 제반 분야에서 체계적인 협력을 추진하기 위해 한·중 산업

협력위원회도 설립되었다. 그에 이어 한중 간 경제적 파트너십이 한 단계 더 높은 수준으로 진전된 것은 다름 아닌 노무현-후진타오 시기였다. 양측은 경제·통상 협력의 방향을 연구하기 위한 공동연구팀을 구성했고, 그 결과물로 「한·중 경제통상 비전 공동연구보고서」를 완성했다.

동 보고서는 무역·투자 원활화를 위한 조치들과 중점 협력 산업 분야를 제시했다. 미래지향적 경제협력을 위해 IT산업, 생명공학, 신소재 등 첨단기술 분야의 공동연구와 산업화 협력도 추진되었다. 그에 더하여 양측은 상호 교역규모를 확대하기 위해 구체적인 수치 목표_2020년까지 무역액 2,000억 달러 달성_까지 제시했다. 양국 정부가 시장에 대해 무역 확대를 주도하겠다는 강력한 시그널을 보낸 셈이다. 한중 FTA 민간공동연구가 시작된 것도 이 시기였다.

이를 기반으로 이명박-후진타오 시기에는 앞서 언급한 비전 공동연구보고서를 실질적으로 조정·보완하기로 합의했다. 한중 FTA 추진에 대해서는 양국 산·관·학 공동연구의 결과를 토대로 적극 검토하기로 했다. 상호 교역규모 확대 차원에서는 2,000억 달러 달성 목표를 2010년으로 앞당기기로 했다. 박근혜-시진핑 시기에는 「한·중 경제통상 협력 수준 제고에 관한 양해각서」도 체결되었다. 공동연구 보고서 차원을 넘어 상대적으로 구속력이 강한 양해각서 수준으로 발전한 것이었다. 무역액 목표는 2015년까지 3,000억 달러를 달성하는 것으로 상향 조정되었다.

이 시기에 유의할 만한 부분 가운데 하나는 양측이 2014년 7월 정상회의(서울)에서 연말까지 한중 FTA 협상을 타결한다는 목표를 명시한 부분이었다. 2013년 6월 공동성명의 부속서 이행계획은 한중 FTA 체결이 경제통상 관계의 제도적 기반 마련은 물론 양국 간 전략적 신뢰 구축에도 기여한다고 언급한 바 있었다. 다른 하나는 양국 정부 간 경제통상 관련 협의체가 견실하게 작동하는 모습을 보였다는 점이다. 경제장관회의, 경제·무역 및 기술협력 공동위원회, 무역실무회담 등의 활성화는 물론 새로이 정보통신

협력 장관급 전략대화도 신설되었다.

한중 FTA 체결은 최대의 성과였다

한중 간 경제·통상 협력에서 가장 괄목할 만한 성과는 FTA 체결이라고 할 수 있다. 한중 FTA는 2005년 노무현-후진타오 시기에 민간공동연구가 개시되었고, 그로부터 7년 후인 2012년 5월 이명박-후진타오 시기에 공식적인 협상 개시가 선언되었다. 그리고 2014년 7월 박근혜-시진핑 정상회의에서의 전격적인 합의를 거쳐 같은 해 11월에 체결되었다.[10] FTA 체결로 양국 간 상품 무역의 관세 장벽은 한미 FTA에 비해 수준은 낮지만 대폭 완화되었으며, 서비스 무역에서도 상대적으로 높은 수준의 자유화를 실현했다. 게다가 중국의 입장에서 금번 FTA는 지적재산권, 경쟁 정책, 전자 상거래, 환경, 정부 조달, 투명성 등 새로운 무역 의제를 포함한 것이었다.

이번 FTA 체결은 거시적으로 보면 양국이 각각 추진해 온 FTA 전략이 수렴된 결과이기도 했다. 정환우·강준영(2012, 149-152)은 양국의 전략을 명료하게 설명한다. 즉, 중국은 WTO 가입 이후 FTA 체결을 본격화했는데 그 목적은 자국을 중심으로 한 지역 경제권 형성이었다. 예를 들면, FTA 추진 우선순위는 중화권_홍콩, 마카오_, 동아시아 주변국·지역, 비동아시아 주변국·지역, 기타 지역 순이었다. 주권국가가 아닌 상대를 고려하여 FTA 방식도 FTA, EPA(CEPA_포괄적경제동반자협정_), FA(ECFA) 등 다양한 방식을 취했다. 그리고 중국은 먼저 수준이 낮고 포괄적이지 않은 FTA에서 시작하여 이후에 점진적으로 수준을 높여가는 방식_상품무역협정에서 시작하여 이후에 투자 및 서비스 협정을 체결하는 방식_을 선호했다.

한국은 세계적 FTA 허브 구축을 지향하는 전략을 취해 왔다.[11] 이를 위

---

10 참고로, FTA는 협정 체결국 간 상품이나 서비스 교역에 대한 관세 및 무역 장벽을 철폐함으로써 상호 무역 특혜를 부여하는 협정을 말한다. FTA, 관세동맹, 공동시장, 그리고 완전경제통합 순으로 나아갈수록 경제통합은 더욱 심화된다.

해 아세안, EU, 미국, 중국 등 거대시장·경제권과의 FTA 체결을 우선시했다. 그리고 FTA로 경제적 이익을 극대화한다는 정책 기조 하에 복수의 FTA를 동시다발적으로 추진하고, 일거에 높은 수준의 FTA 체결_무역, 투자, 서비스, 지적재산권, 경쟁, 정부 조달을 망라하는 형태_을 지향하는 경향이 강했다. 또한, 정부, 연구기관·업계 간 협력체제를 구축하고 국내의 반발을 고려하여 국민적 합의 획득에 노력했다.

〈표 4-2〉 한중 양국의 FTA 체결 현황 (협정 발효 기준)

연도	한국	중국	연도	한국	중국
2003		태국	2013	터키(튀르키예)	
2004	칠레	홍콩·마카오	2014	호주	아이슬란드, 스위스
2005		ASEAN	2015	캐나다, 중국, 뉴질랜드, 베트남, EU	한국, 호주
2006	싱가포르, 유럽자유무역연합(4개국)*	칠레	2016	콜롬비아	
2007	ASEAN(10개국)	파키스탄	2017		몰디브
2008		뉴질랜드, 싱가포르	2018		그루지야
2009			2019		
2010	인도	페루, 대만	2020		
2011	페루	코스타리카	2021	영국, 중미(5개국)**	
2012	미국		2022	RCEP(15개국), 이스라엘, 캄보디아	RCEP, 캄보디아
			2023	인도네시아	니카라과, 에콰도르

출처: 한국 산업통상자원부 FTA 홈페이지(https://www.fta.go.kr/main/situation/kfta/ov/);
中華人民共和國 商務部 中國自由貿易區服務網(http://fta.mofcom.gov.cn/)
주의: *유럽자유무역연합(스위스, 노르웨이, 아이슬란드, 리히텐슈타인. **중미5개국(파나마, 코스타리카, 온두라스, 엘살바도르 니카라과)

그렇다면 한중 FTA는 어떠한 의의를 가지는가? 첫째, FTA 체결로 인한 경제적 효과는 양국 모두에게 적지 않을 것으로 전망되었다. 당시 한국 산업통상자원부는 한중 FTA가 발효되면 그 후 10년간 실질 GDP는 0.96% 추가 성장이 가능하고, 소비자 후생은 약 146억 달러 개선되며, 53,085개

---

11 2023년 8월 현재 한국은 59개국과 21건의 FTA를 체결했다. 필리핀과는 2021년 협상 타결이 선언되었으며 현재 발효 대기 중이다. 기타 협상이 진행 중인 것은 12건이다. 중국은 37개국과 20건의 FTA를 체결했다. 기타 협상이 진행 중인 것은 10건이다.

의 신규 고용이 창출될 것으로 내다보았다.[12] 중국도 실질 GDP가 0.34% 추가로 성장하고, 한국_이미 세 번째 수출시장으로 부상_과의 무역 창출 효과로 유럽 및 미국에 대한 무역 의존도를 감소시키며, 한국의 자금과 기술을 활용해 중국 기업의 혁신 능력을 향상시키고 중국경제의 구조 조정에도 도움이 될 것으로 예상했다(판빈빈 2016, 22-26).

양자 간 경제 관계의 측면에서 보면 FTA 체결은 제도화된 통합시장의 형성을 의미했다. 다시 말하면 수교 이래의 분업_한국 기업이 중국에서 상품을 생산하여 제3 시장에 수출하는 방식_에 기반한 교역 방식이 상호 시장 및 전 세계시장을 상대로 한 전면적 경쟁 방식으로 전환된 것을 말한다(정환우 2022, 113-115). 부연하면, 중국의 생산능력 제고에 따라 중간재 수출입은 쌍방향 분업과 시장통합으로 바뀌었고 중국 측의 숙원이었던 무역 불균형도 점차 개선되기 시작했다.

둘째, 통상관계의 측면에서 한중 FTA는 동아시아 지역 경제통합을 지향하는 이른바 지역통합형 FTA였다. 세계 제2위 경제 대국으로 부상한 중국과 제14위(당시) 경제 규모를 가진 한국의 시장통합은 동아시아 역내 최대 규모였다. 한중 FTA는 당시 동북아에서 유일한 양자 간 FTA로서, 양국이 긴밀한 경제적 제휴 관계에 진입했음을 보여주었다.[13] 동아시아는 서유럽이나 북미, 남미, 중동 지역과는 다르게 지역 전체를 아우르는 다자 간 FTA가 존재하지 않으며 한국, 중국, 일본, 아세안 등이 각자도생식으로 FTA 네트워크를 다소 무분별하게 구축하고 있었다. 이러한 상황은 '스파게티 보울 효과'와 같은 부작용이 초래할 여지가 크다.[14] 따라서 한중

---

12 당시 한·중 FTA 민간공동연구 결과에 따르면 한국은 GDP 3.1~3.2%, 후생 3.0%, 총수출 5.4~5.5%, 총수입 5.9% 증가, 중국은 GDP 0.6%, 후생 3.0%, 총수출 3.7~3.9%, 총수입 4.9~5.0% 증가로 예상했다.
13 참고로, 한일 FTA는 2003년 10월 협상이 개시되었으나 그 이듬해인 2004년에 협상이 결렬 이후 현재까지 중단된 상태이다. 중일 간 FTA는 아예 협상에 착수조차 하지도 못했다.

FTA에는 동아시아 역내 통합을 아우르는 역할도 요구되었다.

셋째, 한중 FTA가 지역통합형이란 것은 단순히 경제 분야를 뛰어넘어 역내 경제 질서에도 적지 않은 영향을 미친다는 것을 의미했다. 한국 측이 주로 경제적 관점에서 접근해 왔다면, 중국 측은 전략적 측면을 중시하는 경향이 강했다. 무역적자 규모가 더욱 확대될 것임을 인지하면서도 한국과의 FTA 타결을 서두른 이유였다. 중국이 핵심적으로 고려한 것은 미국의 아시아 전략에 대응해야 할 필요성이었다. 미 오바마 정부는 아시아 재균형 전략을 내걸면서 한일 양국과의 동맹강화, 그리고 TPP 확대를 추진하는 상황이었다. 한국에 대해서는 2012년 FTA를 발효시킴과 동시에 TPP 가입을 요청하고 있었다. 이에 대응하기 위해 중국은 FTA 네트워크 확대, 아시아·태평양 자유무역지대(Free Trade Area of the Asia-Pacific, FTAAP) 및 RCEP 협상 등에 적극적인 자세를 취하고 있었다.

이러한 문맥에서 미국의 동맹국이자 선진국인 한국과의 FTA는 정치·경제적 상징성이 적지 않았다. 긴밀한 경제적 관계는 한미동맹에 대한 한국의 입장을 바꾸지는 못하더라도 한중 간 대립의 정도를 낮추는 데 도움이 될 터였다(周方銀 2013[판빈빈 2016, 9 재인용]). 중국의 경제적 영향력의 축소, 즉 중국경제의 주변화를 의도하는 것으로 보이는 TPP에 헤징할 수 있는 측면도 있었다. 보다 적극적으로 생각하면 한중 FTA로 일본에 압력을 가해 한중일 FTA를 추진하고, 또한 이를 토대로 RCEP 협상에 동력을 부여할 수 있을 것이라는 기대도 있었다(판빈빈 2016, 31-33; 성균중국연구소 2022, 147). 게다가 중국은 FTA 전략을 일대일로 구상과 보조를 맞추어 통합적으로 추진한다는 방침도 표명하고 있었다(판빈빈 2016, 35).

물론 한국 측도 전략적 고려가 전혀 없었던 것은 아니다. 냉전 시기 적

---

14 스파게티 그릇 안에 면 가닥이 얽히는 것처럼 여러 나라와 FTA를 체결하는 과정에 각각 상이한 원산지 규정, 통관절차, 법체계, 관세율 등을 확인하는 데 적지 않은 거래비용이 드는 것을 말한다.

대국이었던 중국과의 FTA는 거시적으로 동북아시아 지역 안보 환경을 개선하는 데 도움이 되었다. 특히, 한국 측이 중시한 것은 북한 문제였다. 이미 한중 양국은 2012년 5월 협상 개시를 선언하면서 한반도 역외가공지역_개성공단 등_에서 생산한 제품을 한중 FTA의 대상에 포함시킴으로써 북한의 개방을 유도한다는 데 동의한 상태였다(정환우·강준영 2012, 148).

한중 FTA 체결 이외에도 양국은 경제 분야에서 매우 양호한 협력 실적을 보여왔다. 한국은 1990년대 타국에 앞서서 중국의 시장경제 지위를 인정했으며, 21세기 초에는 중국의 WTO 가입을 적극 지지했다. 동아시아 지역주의 내지 경제통합을 추진하는 과정에서도 한중 간 협력 기조는 일관되게 유지되어 왔다. 하지만, 2010년대에 접어들면서 경제의 안보화라는 도전에 직면하기 시작했다. 하나는 2016년 이래의 사드 사태였다. 이는 비교적 공평하고 포용적이며_비 배타적_ 규범에 기반한 호혜적 협력관계를 지향해 온 한중 간 경제적 동반자관계를 그 근간에서부터 흔들 수 있는 중대 사안이었다.

다른 하나는 미중 간 전략 경쟁이란 거대한 압력이었다. 미중 전략 경쟁은 양국의 각종 지역구상 간의 충돌로 가시화되기 시작했다. 미국은 TPP, 인도·태평양전략, QUAD 및 QUAD Plus, 경제번영네트워크(Economic Prosperity Network, EPN) 등 일견 중국 포위 전략을 전개하기 시작했다. 한편, 중국은 이를 돌파하기 위해 AIIB, BRI, RCEP 등을 통해 새로운 지역 질서 구상을 정력적으로 추진하고 있다. 이러한 압력이 동아시아의 지역 경제통합 내지 지역주의에 큰 지장을 초래하고 있는 것은 두말할 나위 없다. 이에 대해서는 뒤에서 다시 논하도록 하겠다.

4. 북한 문제라는 다모클레스의 검

6자회담을 매개로 유례없이 긴밀한 파트너십을 누리다

한중 양국은 한일관계_독도 문제_나 중일관계_센카쿠열도/댜오위다오 문제_와는 달리 영유권 문제를 안고 있지 않다. 2013년 한중 양국이 선포한 방공식별구역(ADIZ), 그리고 양측이 주장하는 배타적 경제수역(EEZ)의 일부 구간이 중첩되는 문제는 있었으나 이것이 중대한 외교·안보 현안이 되지는 않았다. 양국 간 정치·외교관계의 핵심적인 현안은 제3자 요인인 북한 문제_북한의 핵·미사일 개발 및 한반도 문제_였다. 이는 늘 한중 정상회담의 최우선적인 의제 중 하나였으며 파트너십 공동선언·성명에도 거의 예외 없이 등장했다.

앞서 언급했듯이 한중 간 경제적 파트너십은 몇 가지 한계는 있었지만 대체로 긍정적인 성과를 거두었다. 그렇다면 북한 문제에 관련한 외교·안보적 파트너십_다시 말하면 대북정책 협력_은 과연 어떠했을까? 파트너십의 심화 정도를 대표하는 사례로는 다음 세 가지를 들 수 있다. 첫째, 양국 간 파트너십은 6자회담(2003.8~2007.10)을 전후한 시기에 유례없이 활발하게 진행되었다. 특히, 2002년 가을 제2차 북핵 위기 직후 노무현-후진타오 두 정부는 전면적 협력 파트너십 하에서 긴밀한 전략적 소통을 이루었다.

둘째, 한중 간 파트너십은 2009년 여름 북한의 제2차 핵실험 이후 급격하게 동요하기 시작했다. 이명박-후진타오 정부는 직전에 전략적 협력 파트너십이라는 돛을 내걸었으나 전략적 소통을 거의 이룰 수 없었다. 박근혜-시진핑 시기 '중국역할론'의 깃발 아래 대북 전략적 협력을 복원하고자 하는 시도가 있었으나 사드 사태로 단명에 끝나고 말았다.

셋째, 2017~18년 주요국 간 정상회의_남북, 북미, 북중_가 봇물처럼 이어지는 가운데 한중 간 파트너십은 철저하게 주변화되었다. 문재인 정부의 한국-북한-미국 구도 중시_종전선언 이슈 포함_, 시진핑-김정은 정부 간 북중 신밀월관계가 그 배경이었다. 참고로, 북핵 문제의 주요 경과를 간략하게 짚어두면 아래와 같다.

- 1993.1   북한, 핵확산방지조약(NPT) 탈퇴 선언(제1차 북핵 위기)
- 1994.7   김일성 사망
- 1994.10   북미 제네바합의
- 2000.6   남북 정상회의(평양, 김대중-김정일)
- 2002.10   북한, 농축우라늄 핵개발 의혹, 핵시설 동결 해제 (제네바합의 붕괴, 제2차 북핵위기)
- 2003.8   6자회담 출범(북한, 한국, 미국, 중국, 일본, 러시아)
- 2005.9   6자회담, 9.19 공동성명
- 2006.10   북한, 제1차 핵실험
- 2007.2   6자회담, 2.13 합의
- 2007.10   6자회담, 10.3 합의
- 2007.10   남북 정상회의(평양, 노무현-김정일)
- 2008.12   6자회담(이후 중단)
- 2009.4   북한, 제1차 인공위성 발사 실험
- 2009.5   북한, 제2차 핵실험
- 2010.3   북한, 천안함 격침 사건
- 2010.11   북한, 연평도 포격 사건
- 2010.11   북한, 영변 우라늄 농축시설 공개
- 2011.12   김정일 사망, 김정은 승계
- 2012.2   북미, 2.29 합의
- 2012.4   북한, 헌법에 핵보유국 명시, 장거리 미사일 발사 실험(2.29 합의 붕괴)
- 2013.2   북한, 제3차 핵실험
- 2013.3   북한, 핵보유국 지위 영구화 선언
- 2016.1   북한, 제4차 핵실험
- 2016.9   북한, 제5차 핵실험
- 2017.9   북한, 제6차 핵실험, ICBM급 탄도미사일 발사 실험(제3차 북핵위기)
- 2018.4   남북 정상회의(판문점, 문재인-김정은)
- 2018.5   남북 정상회의(판문점, 문재인-김정은)
- 2018.6   북미 정상회의(싱가포르, 김정은-트럼프)
- 2018.9   남북 정상회의(평양, 문재인-김정은)
- 2019.2   북미 정상회의(하노이, 김정은-트럼프)
- 2019.6   북미 정상회의(판문점, 김정은-트럼프)

    김대중-장쩌민 시기 한중 양국은 협력 파트너십을 수립하였지만 본격적인 대북정책 협력을 모색할 수 있는 상황은 아니었다. 중국과 북한과의 관

계는 한중수교 이후 혈맹에서 전통적 우호협력관계로 사이가 벌어진 상태였다. 한국은 김대중 정부가 대북 포용 정책을 내걸면서 남북 관계 개선을 추진하고 있었다. 게다가 제1차 북핵 위기가 북미 제네바 합의로 일단 수습된 상황에서 한중 양국은 직접적인 당사자가 아니었다. 파트너십 공동성명도 한반도의 평화와 안정 유지, 남북 간 민간경제교류 환영, 한반도의 자주적 평화통일 지지, 한반도 비핵화 공동선언 실현, 4자 회담을 통한 한반도 평화 체제 수립 등과 같은 원론적인 입장 표명에 머물렀다.

한중 간 협력이 활발해진 것은 2002년의 제2차 북핵 위기 이후였다. 제2차 북핵 위기는 미국 측의 제네바 합의에 대한 소극적인 자세와 미 부시(George W. Bush) 정부의 북한에 대한 '악의 축' 비판, 그리고 북한의 농축우라늄 핵 개발 의혹 및 핵시설 동결 해제가 맞물린 결과였다. 한중 협력은 특히 6자회담 성사와 지속적인 개최 유지 측면에서 빛을 발했다.

6자회담은 형식적으로는 미국이 중국에 다자적 틀에 의한 해결 모색을 요청하고, 중국이 이를 수용하여 공식적으로 6자회담을 제안하는 방식으로 이루어졌다. 그리고 동시에 북한은 러시아의 참여를, 미국은 한국과 일본의 참여를 요청했다. 6자회담 의장국은 제안자인 중국이 맡았다. 하지만 노무현 정부의 대북 포용 정책 및 미국, 중국 등에 대한 외교적 노력, 후진타오 정부의 대북 설득(압력), 그리고 한중 간 긴밀한 협의가 없었다면 제1차 6자회담(2003년 8월)은 성사되지 못했을 것이다.[15]

그 직전에 열린 2003년 7월 노무현-후진타오 정상회의는 6자회담을 위한 전략적 소통의 자리였다. 양측은 전면적 협력 파트너십 공동성명을 통해 종래의 입장_한반도의 평화와 안정 유지, 한반도 비핵화, 북한 핵 문제의 대화를 통한 평화적 해결_을 확인한 다음 4월 베이징 회의_6자 회담의 사전 회담_에서

---

15 참고로, 노무현 정부는 미국의 전향적인 대북정책을 이끌어내기 위해 이라크파병 요청을 수락하기도 했다. 2003년에 666명 규모의 공병단·의료지원단, 2004년에 3,600명 규모의 평화재건지원부대를 파병했다.

시작된 대화의 모멘텀을 발전시켜 나가기로 의견을 모았다. 한중 간 협력을 통한 북핵 문제 해결과 북한 리스크 관리라는 공감대가 형성된 셈이었다.

노무현-후진타오 정부 간 협력은 2005년 9.19 공동성명_북한의 핵 개발 포기 및 그에 상응한 북미 관계 정상화 및 경제협력 제공_ 채택 과정에도 불가결한 역할을 했다. 하지만, 6자회담은 제2기 부시 정부가 출범하면서 중단의 위기를 맞이하고 있었다. 부시 정부가 북한을 폭정의 전초기지라고 비난하고, 북한은 6자회담 참가 무기한 중단 및 영변 원전 폐연료봉 인출 작업을 선언한 상황이었다. 그리고 9.19 공동성명 직후 미국이 북한 위조지폐와 관련하여 금융제재(BDA)를 시행하면서 6자회담은 또다시 중단되었다. 북한은 제재에 반발하면서 미사일 발사 실험(2006년 7월) 및 제1차 핵실험(2006년 10월)을 단행했다.

이 시점에 한중 간 외교안보 채널 다양화, 6자회담에서의 공조 체제 유지, 한반도 위기 시 위기관리체제 가동 등 사실상의 전략적 협력관계가 유지되었다(노병석 2013, 128-134). 북한의 제1차 핵실험 직후 노무현 대통령이 '1일 실무방문' 형식으로 급거 방중하여 후진타오 주석과 정상회의를 갖고 대응 방안을 조율한 점은 주목할 만했다. 이 자리에서 두 정상은 북한 핵실험을 용인할 수 없고, 유엔안보리의 적절한 대응을 지지하며, 대북 특사를 파견하여 북한을 설득한다는 데 의견을 함께했다. 여기서 후진타오 정부가 중국 외교 사상 처음으로 유엔안보리 결의안에 찬성표를 던짐과 동시에 대북 제재_곡물 수출 대폭 삭감, 북한 화물선 억류, BDA 금융제재 동참 등_에도 동참한 점은 특기할 만했다.

노무현-후진타오 시기 긴밀한 협력이 가능했던 것은 한중 양국의 대북 전략적 이해관계가 대체로 일치했기 때문이었다. 게다가 미 부시 정부의 북한 문제에 대한 관심이 상대적으로 적었던 점도 유리하게 작용했다. 참고로, 2001년 9.11 테러 이후 부시 정부의 주된 관심은 테러와의 전쟁이었다. 한중 양국은 대북정책의 의도는 완전히 일치하는 것은 아니었지만 문제 해결의 방법에 대해서는 대략적인 공감대가 형성되어 있었다.

우선, 노무현 정부의 대북정책 기조는 김대중 정부의 햇볕정책을 계승한 '평화번영정책'이었다. 북한을 적대의 대상이 아닌 공동 번영의 대상으로 설정하고, 북한 비핵화를 통해 한반도의 평화 체제를 구축하며, 교류·협력을 통해 공동 번영을 추진해 나간다는 내용이었다. 기본적으로 북핵 문제 해결과 남북 관계의 병행 발전 추구 전략이라 할 수 있었다. 평화번영정책의 추진 원칙으로 제시한 것은 ①남북 간 대화를 통한 문제 해결, ②상호 신뢰와 호혜주의에 입각한 지역의 평화와 협력 지향, ③남북한 당사자 원칙에 기초한 국제 협력, ④국민적 합의에 기반한 투명한 대북정책 추진이었다. 방법론적으로는 다자 간 협의를 통한 평화적 해결을 지향했다.

이러한 정책 기조는 후진타오 정부의 대북정책과 여러 측면에서 유사했다. 후진타오 정부는 지난 제1차 핵 위기 당시의 방관자적 자세에서 벗어나 북핵 문제에 적극적으로 관여하기 시작했다. 중국 측은 북핵 해결을 위한 3원칙으로 ①한반도 비핵화 실현, ②한반도의 평화와 안정, ③대화를 통해 문제 해결을 제시했다. 한반도의 비핵화와 평화와 안정 유지라는 정책목표는 공유되었다. 북한 체제의 불안정을 방지하면서 평화적으로 북핵 문제를 해결한다는 방법론도 유사했다.

노무현 정부가 제시한 남북한 당사자 원칙도 강대국(미국)의 일방적인 개입에 부정적이었던 중국 측에겐 바람직했다. 후진타오 정부가 6자회담의 의장국으로서 적극적인 중재 역할을 한 점은 더욱 중요했다. 이는 책임대국과 화평발전 전략이라는 대외전략 기조에도 부합했다. 또한, 6자회담은 동북아시아의 외교·안보 현안에서 중국이 중심적인 위치로 되돌아왔음을 상징적으로 보여주는 사례이기도 했다(Westad 2021, 143).

북한 체제 유지 문제를 둘러싸고 파트너십이 이완되기 시작하다

2009년에 접어들면서 한중 간 파트너십은 급격하게 와해되기 시작했다.

북한의 위성 발사 실험(4월), 제2차 핵실험(5월)을 계기로 6자회담이 붕괴한 것이 직접적인 배경이었다. 게다가 한중 양국의 대북정책 기조가 바뀌면서 정책목표 및 방법론에 차이가 발생한 점도 적지 않게 영향을 미쳤다. 사실, 2008년 5월 및 8월 두 차례의 이명박-후진타오 상호 방문과 전략적 협력 파트너십의 격상 당시부터 미묘한 변화가 감지되고 있었다.

기존의 공동성명이 북한 문제를 앞부분에 거론했던 것과는 달리 이번에는 뒷부분의 '지역 및 국제 무대에서의 협력' 항목 안에 포함되었다. 그 내용도 구체적인 해법 제시가 아닌 각자의 원론적인 입장 표명_중국의 남북 간 대화 지지, 한국의 중국의 건설적 역할 기대, 9.19 공동성명의 조기 이행을 위한 노력 등_에 머물렀다.

그렇다면 이명박 정부에 들어서면서 대북정책 기조는 어떻게 변화했는가? 보수 이명박 정부는 앞선 김대중-노무현 정부의 대북정책을 비판하면서 대북 강경노선으로 크게 선회했다. 기존의 대북 포용 정책이 북한의 변화를 유도하는 데 실패했다는 평가에 따른 것이었다. 기존의 정경분리 원칙으로 인해 북한의 핵 개발을 저지하는 데 실패했으며_강력한 제재를 실행했다면 저지할 수 있었다는 의미_, 북한에 대한 일방적 지원이 김정일 정권의 연장에 기여했고, 국민적 합의 없는 대북정책이 남남갈등만 증폭시켰으며, 한미동맹을 남북 관계에 종속시켰다는 내용이었다(노병석 2013, 137).

이명박 정부가 새로운 대북정책으로 내건 것은 '비핵·개방·3000' 구상이었다. 북한이 비핵화를 이행하고 개방한다면 1인당 국민소득 3,000달러 사회가 되도록 지원해 주겠다는 것이었다. 비핵화와 개방을 남북 협력의 전제 조건으로 삼은 셈이다. 이를 토대로 남북 경협_금강산 관광, 개성공단 등_은 북핵 문제와 적극적으로 연계되었다.[16]

---

16 이명박 정부는 2008년 7월 금강산에서 관광객 피살사건이 발생하자 금강산관광을 중단했다. 2009년 5월 북한의 제2차 핵실험 이후에는 PSI 참여를 선언했다. 2010년 3월 천안함 사건에 대해서는 강력한 제재를 담은 5.24조치_북한 선박의 제주해협 통과 금

게다가 2008년 9월 무렵 김정일 건강 이상설이 부상하자 북한의 급변 사태에 대비한 한미 간 '5029 작전계획'도 마련되었다. 김정일이 사망하면 북한 내부의 권력투쟁으로 급변 사태가 발생하게 되고, 그로 인해 북한 체제가 붕괴하면 남한 주도의 흡수통일이 가능해질 것이라는 논리였다. 이와 관련해 이명박 대통령은 이른바 '통일세'도 제안했다.[17]

이명박 정부는 이러한 대북정책 기조를 바탕으로 대중 외교 공세의 수위를 높여 나갔다. 이명박 대통령은 후진타오 주석과의 정상회의에서 가장 주된 의제는 북한 문제였다고 회고한다(이명박 2015, 286). 짐작하건대 북한 문제를 핵심의제로 설정한 것은 중국 측보다는 한국 측일 개연성이 높다. 이명박 정부는 중국과의 전략적 파트너십을 지렛대로 북한 문제에 대한 중국의 건설적 역할을 이끌어내고자 했다.[18] 건설적 역할이란 적극적인 대북 제재에의 참여와 실행을 의미했다.

이명박 정부는 중국 측이 중시하는 6자회담 재개에 소극적이었다. 6자회담은 단계별로 실현 가능한 것부터 접근하는 방식을 취해왔는데 북한은 단계별로 실리만 챙기고 핵 폐기 이행에 기만적 태도로 보여왔다고 판단했기 때문이다. 이와 관련하여 이명박 대통령은 2009년 9월 방미 시 '그랜드 바겐'_북핵 폐기와 국제사회의 대북 안전보장·경제지원을 하나로 묶어 일괄 타결하자는 방식_을 제시했다. 그랜드바겐 구상은 미국과 사전 조율을 거친 것이었지만 중국과의 협의는 없었다. 6자회담에서의 일탈을 의미했다.

지, 남북 교역 중단, 대북 심리전 재개 등_를 취했다. 11월 연평도 포격 사건 이후에는 서해상 한미연합훈련을 실시했다.

[17] 이명박 대통령은 2012년 1월 후진타오 주석과의 정상회의에서 그동안 금기시되어 온 한반도 통일문제까지 거론했다. "한반도 통일 후 미국은 현재 주둔하고 있는 위치에서 더 북쪽으로 올라가지는 않을 것입니다."라는 발언이었다(이명박 2015, 295). 한국 주도의 통일이 중국의 지정학적 이익에 해가 되지 않을 것이라는 의미였다.

[18] 일반적으로 전략적 파트너십은 군사동맹과는 달리 구속력이 크지 않으며, 또한 특정 제3국(적국이나 가상적국)을 대상으로 삼지 않는 비배타성을 갖는다.

고조되는 남북 간 긴장 속에서 이명박 정부가 무엇보다 중시한 것은 한미동맹이었다. 이명박 대통령은 2008년 4월 미 부시 대통령과의 정상회담에서 '21세기 전략동맹'_가치동맹, 신뢰동맹, 평화구축동맹_에 합의한 데 이어, 2009년 6월 오바마 대통령과의 정상회담에선 '포괄적 전략동맹'_동맹의 범위를 기존의 군사 중심에서 정치, 경제, 사회, 문화를 포괄하는 것으로 확대. 전시작전권 이양 시기를 2015년 12월로 연기_ 구축에 합의했다.

2011년 10월 한미 FTA 비준을 계기로 방한한 오바마 대통령과 '다원적 전략동맹'_군사·안보라는 평화와 안정의 축과 경제협력이라는 번영·발전의 축에 의한 동맹관계 지향_으로 확대·발전시키기로 합의했다. 한미동맹의 역할 확대는 미중 양국이 대만 문제로 충돌할 경우 주한미군의 개입 가능성을 확대하는 것이었다. 또한, 이명박 정부는 중국 측이 '한중관계의 마지노선'이라고 할 정도로 민감하게 여기는 미국의 MD체제 참여를 전향적으로 검토할 뜻을 내비치기도 했다. 한미일 안보협력_2010년 10월 한미일 PSI 합동훈련, 2012년 7월 한일 정보보호협정 체결에 관한 국무회의 결정 등_에 대해서도 전향적이었다.

한편, 후진타오 정부의 대북정책도 2009년 여름을 기점으로 변화하기 시작했다. 같은 해 5월 북한의 제2차 핵실험 직후인 7월 내부 회의를 통해 전통적인 북중관계를 복원하기로 결정한 것이다. 사실 2006년의 제1차 핵실험과 제2차 핵실험 기간 사이에 중국 측은 북한의 전략적 가치와 전략적 부담의 경중을 놓고 심각한 고민과 토론을 진행한 것으로 알려졌다. 특히, 이명박 정부 출범 이후의 대북 강경노선과 남북 관계 악화, 국제사회의 대북 제재와 압박, 김정일 건강 이상 등은 북한 체제의 불안정성을 가속화하고 있었다. 자칫하면 북한 체제의 붕괴를 비롯한 한반도의 심각한 현상 변경이 일어날 공산도 있었다.

한반도의 정세가 평화와 안정을 중시하는 중국의 한반도정책과 정면에서 충돌하는 가운데 후진타오 정부는 북한의 보호자 역할을 자임하며 정책적 우선순위를 재조정했다. 북핵 문제 해결보다 북한 체제의 안정에 더욱 역점을 두게 된 것이다. 덧붙여, 한미(일) 안보협력 강화 움직임에 대한 세력균형 차원에서 북중관계를 개선하고 대북 지원을 강화하기 시작했다. 그리고 북핵 문제와 북한 문제_김정은 체제의 조기 안정을 의도_를 분리하여 접근하는 방식을 선택했다(노병석 2013, 148-149). 실제로 중국은 김정일 사망 발표 당일 신속하게 김정은 체제를 인정하고 지지를 공식화했다. 김정은의 방중도 함께 요청했다.

북한의 거듭된 무력도발에 관련한 유엔안보리의 대북 제재에도 반대 입장을 표명했다. 북핵 문제는 어디까지나 대화를 통한 평화적 방법으로 해결해야 하며, 북한이 6자회담에 복귀할 수 있는 명분을 제공하는 것도 중요하다는 판단이었다. 제2차 핵실험 이후 중국은 오히려 대북 경제지원 및 경제협력을 강화했다. 북한이 중국식 개혁·개방 노선을 취하도록 유도하기 위한 시도였다. 중국의 이와 같은 북한 옹호 자세는 한미 양국의 대북 강경책을 무력화시키기에 충분했다. 게다가 천안함·연평도 사건에 대해서는 남북한 당사자 간 문제라고 규정하면서 유엔안보리 대북 제재에 반대했다. 그 결과 두 사건을 국제화시키려는 이명박 정부의 시도는 무산되었다.[19]

중국 역할론이 부침(浮沈)하는 가운데 파트너십이 주변화되다

흥미롭게도 박근혜-시진핑 시기와 문재인-시진핑 시기의 한중 간 대북정책 협력은 그에 앞선 노무현-이명박-후진타오 시기와 매우 흡사한 전개 양상을 보였다. 2012년 말과 2013년 초 시진핑 정부와 박근혜 정부가 출범한 것을 계기로 한중관계는 급속히 개선되기 시작했다. 2013년 6월의 박근혜 대통령 방중과 2014년 7월 시진핑 주석의 방한을 통해 양측은 이명박-

---

19 2011년 1월 미중 정상회담(워싱턴)에서 양측은 ①한반도 긴장에 대한 우려 표명과 남북 관계 증진 및 남북대화 중요성 지적, ②한반도 비핵화의 중요성 지적 및 6자 회담 재개 요구에 합의했다(노병석 2013, 153).

후진타오 시기에 사실상 와해된 전략적 협력 파트너십을 회생(回生)시켰다. 사실 앞 시기의 한중관계는 전략적 협력이 없는 전략적 협력 파트너십으로 일컬어지고 있었다. 그리고 2015년 9월 박근혜 대통령의 중국 전승절 참가는 한중 간 신밀월관계를 상징했다.

2013년 6월 박근혜 대통령 방중 시 합의한 「한중 미래 비전 공동성명」은 다시금 한반도 문제를 중심부에 배치했다. 그 주된 내용은 한반도 긴장 완화에 대한 양측의 공감대 형성, 한반도 문제의 당사자인 남북한 간 대화를 통한 한반도 문제 해결, 양측의 공동 이익으로서의 한반도 비핵화 실현 및 한반도의 평화와 안정 유지, 6자회담 재개를 위한 여건 조성, 그리고 중국의 건설적 기여와 한반도 평화통일 지지 등이었다. 기존의 공동성명과 유사한 내용으로 구성되었으나 그 함의는 적지 않았다. 박근혜 정부가 이명박 정부의 대북 강경노선 및 한미동맹 중심주의를 상당 부분 누그러뜨리면서 과거 노무현 정부와 유사하게 한중 간 협력에 기반한 북한 문제 해결을 지향했기 때문이다.

양국이 직면한 북한을 둘러싼 당시 정세는 여전히 불안정했다. 김정일 사망 이후 등장한 김정은 체제는 핵·미사일 개발_2012년 12월 은하 3호(장거리 미사일) 발사, 2013년 2월 제3차 핵실험 등_을 가속화하고 있었다. 그에 이어 3월에는 한반도 비핵화 공동선언 백지화를 발표했다.

박근혜 정부는 과거 김대중·노무현 정부와 이명박 정부의 대북정책 모두 지양하고자 했다. 전자는 정경분리로 인해 강경 대응이 필요할 때 너무 유화적이었고, 후자는 정경연계로 유화가 필요할 때 너무 강경했다는 판단이었다(문흥호 2014, 127). 그 결과로 제시한 것이 '한반도 신뢰프로세스' 구상이었다. 튼튼한 안보를 토대로 평화를 지키면서 남북 간 대화와 협력을 통해 차근차근 신뢰를 쌓아나감으로써 지속 가능한 남북 관계 발전을 추진해 나간다는 내용이었다. 추진 과제로는 신뢰 형성을 통한 남북 관계 정상화, 북핵 문제 해결과 한반도의 지속 가능한 평화 추구, 대내외 통일 인프라 강화, 동북아시아의 평화와 공동 번영의 토대 구축이 제시되었다. 박근혜 대통령의 '통일대박론'(2014년 2월) 및 '드레스덴선언'(같은 해 3월)에서 볼 수 있는 것처럼 남한 주도의 흡수통일을 전제로 했으나 접근 방식은 김대중·노무현 정부와 유사했다.

이를 위해 박근혜 정부는 한반도 이해 당사국들의 지지와 협력, 특히 중국의 역할이 결정적으로 중요한 것으로 판단했다. 이명박 정부가 한미일 공조 하의 대북 압박을 추진한 데 비해, 박근혜 정부는 한미일 공조를 유지하면서도 중국을 대북 압박 전선에 적극적으로 끌어들이고자 했다. 그 이유는 국제사회가 대북 제재를 아무리 강화하더라도 중국의 참여가 없다면 실효성을 거두기 힘들었기 때문이다. 박근혜 대통령은 정상회의를 통해 시진핑 주석에게 여러 차례 적극적인 대북 압박을 요청했다. 한국이 주도하는 통일에 대해서도 중국의 지지를 끌어내고자 했다.

하지만 대북정책을 둘러싼 한중 간 이견(異見)은 좁혀지지 않았다. 한중 양국 모두 북한을 비핵화하고 중국식 개혁·개방 노선으로 유도한다는 점에서는 이견이 없었다. 중국이 북한의 제3차 핵실험과 관련해 유엔안보리 대북 제재 결의안에 동참하고, 더 나아가 독자적인 대북 제재를 실행한 점도 긍정적인 변화였다. 중국의 대북 제재는 후진타오 정부 시기에 결정한 북중관계 복원 기조에 반하는 것으로 보였다.[20]

하지만, 시진핑 정부는 북한만의 비핵화가 아닌 한반도 전체의 비핵화, 대북 압박 일변도가 아닌 대화·압력 병행과 조건 없는 6자회담 재개, 휴전협정의 평화협정으로의 전환 등 기존 입장을 견지했다. 전략적 소통을 내걸었으나 노무현-후진타오 시기와 같은 의미 있는 소통은 이루어지지 않았다.

---

20 중국공산당은 대북 제재를 채택하는 상황은 중국 동북 지역의 환경 안보에 위해가 될 때, 중국의 공간 이익에 위해가 될 때, 중국이 제재 채택을 주도 당할 수 없으나 주도할 수도 없을 때, 그리고 중국의 능력이 허용하는 범위 내에서만 제재를 이행할 수 없을 때라고 천명했다(주재우 2022, 69 재인용).

한중 양국의 입장이 평행선을 긋는 가운데 2016년 1~2월 북한의 제4차 핵실험 및 미사일 발사 실험은 상황을 다시 급반전시켰다. 박근혜 정부가 전격적으로 개성공단 가동 중단, 주한미군 사드 배치를 결정했기 때문이다. 이 시점에서 박근혜 정부는 2013년 이래 기대해 온 중국 역할론을 방기했다. 이명박 정부와 마찬가지로 한미동맹 강화, 한미일 3국의 대북 공조(압력)로 회귀한 셈이다. 중국에 대해서는 직접적이고 강력한 대북 제재를 촉구했다. 이명박 정부 시기에 추진하다가 답보 상태에 빠져 있던 한일정보보호협정(2016년 11월)도 체결되었다.

앞에서 언급한 바와 같이 중국 측은 한국의 MD체제 가입을 한중관계의 마지노선으로 설정하고 있었다. 2014년 이래 오바마 정부가 한국을 MD체제에 편입시키려고 제안하자마자 중국 측은 곧바로 강력히 반대하기 시작했다. 외교·국방 고위급 인사는 물론 시진핑 주석도 정상회담을 통해 강력한 반대 의사를 표명한 바 있었다.[21] 그간 박근혜 정부도 이를 의식하여 '3 NOs' 원칙_①미국이 제의한 바도 없고, ②한미 간에 협의한 바도 없으며, ③한국 정부가 결정한 바도 없다_을 제시하고 있었다.

사드 배치 이후 한중 간 정치·외교관계가 거의 전면적으로 중단되면서 북한 문제에 관한 협력도 자취를 감추었다. 2017년 초반 북미 관계가 다시 험악해지면서 제3차 북핵 위기가 발발했지만 새로 출범한 문재인 정부와 시진핑 정부 사이에서 유의미한 협의나 협력은 찾아보기 어려웠다. 미 트럼프(Donald Trump) 대통령이 북한을 선제타격하기 위한 만반의 준비를 갖추었다고 경고하자 김정은 국무위원장도 핵 단추가 책상 위에 놓여있다고 하면서 제6차 핵실험 및 ICBM급 탄도미사일 발사 실험(2017년 9월)까지 강

---

21 중국 측이 그 이유로 거론한 것은 다음과 같다: ①미국의 MD가 중국의 핵 억지 체제를 무력화시켜 미중 간 전략적 안정을 해친다; ②한국의 MD 구축은 북한의 핵무기·미사일 개발을 더욱 자극한다; ③중국의 반접근/지역거부(A2AD) 전략을 무력화시킬 수 있다; ④미국이 대북 미사일 방어를 구실로 반중 동맹 강화를 꾀한다.

행하는 상황이었다. 게다가 한중 양국의 북한 문제에 대한 상이한 어프로치는 한중 간 파트너십을 더욱 주변화시켰다.

문재인 정부는 위기 국면을 돌파하기 위해 2018년 2월 평창 동계올림픽을 적극 활용했다. 북한을 설득하여 올림픽에 북한 대표단을 파견하게 하고, 평양과 워싱턴에 각각 특사를 파견하여 북미 간 대화를 중재했다. 특히, 남북 정상회의(2018년 4월 판문점회의, 2018년 9월 평양회의)와 한미 정상회의를 통해 양국을 대화의 테이블로 이끌기 위한 문재인 대통령의 노력은 특기할 만했다. 그 결과가 2018년 6월의 북미 정상회의(싱가포르), 2019년 2월의 북미 정상회의, 그리고 같은 해 6월의 북미 정상회의(판문점)였다.

한편, 시진핑 정부도 북미 대화의 흐름에 적극적으로 개입했다. 남북 정상회의나 북미 정상회의를 전후한 시기에 다섯 차례나 김정은-시진핑 정상회의가 개최되었다. 마치 남북·북미 정상회의 전후에 사전 준비 또는 사후 점검을 하는 모양새였다. 구체적으로 북중 회의(2018년 3월) → 남북 회의(4월) → 북중 회의(5월) → 남북 회의(5월) → 북미 회의(6월) → 북중 회의(6월) → 남북 회의(9월) → 북중 회의(2019년 1월) → 북미 회의(2월) → 북중 회의(6월) → 북미 회의(6월) 순으로 진행되었다.

이 시기에 북중 양국이 '신밀월' 관계를 구축한 부분은 주목할 만했다. 남북 관계 진전과 역사적인 북미 정상회의를 계기로 시진핑 정부가 후진타오 정부와 유사한 노선을 취했기 때문이다. 시진핑 주석의 북중 정상회의 석상에서의 어록을 소개하면 다음과 같다(이성현 2020). "전통적인 북중 친선은 피로써 맺어진 친선이며, 북중 우의는 전략적 선택이고 유일하게 올바른 선택이며 세상에 유일무이하다"(2018년 3월), "북중은 운명공동체, 변함없는 순치의 관계이다"(2018년 5월), "북중은 순치관계이며, 한반도 문제의 정치적 해결을 볼 수 있는 역사적인 기회를 맞고 있다"(2019년 1월), "공산당이 영도하는 사회주의 국가를 견지하는 것이 북중관계의 본질적 속성이다; 중국과 북한은 한 집안이다; 북한의 합리적인 안전에 대한 우려와 발전 우려를 위해 중국이 할 수 있는 모든 도움을 제공할 것이다"(2019년 6월). 이 과정에 시진핑 주석은 '신시대 북중관계'의 4대 원칙(2018년 5월)을 제시한 다음, '3개의 불변 사항'(2018년 6월)을 약속했다.[22]

이상은 중국 측이 이데올로기(사회주의) 및 지정학적(순치관계) 차원에서 이해관계의 공유를 강조하면서 북중관계를 거의 냉전 시대 수준으로 복원하려는 듯한 모습을 보여준다. 북한의 비핵화보다는 북한 체제의 생존 문제를 보장함으로써 북한을 중국 쪽으로 견인하여 1차적으로는 한반도의 현상 유지를 안정적으로 담보하고, 2차적으로는 갈수록 강해지는 미중관계 악화로부터의 압력에 대응하려 했다.

5. 민족주의와 정체성의 정치가 초래하는 마찰

국민 간 상호 인식은 계속 악화되어 왔다

상호 존중을 비롯한 '선린우호'는 수교 이래 양측이 관계의 기본 원칙 가운데 하나로 천명해 온 전통적인 규범이다. 1998년 공동성명, 그리고 2003년 공동성명에서는 국민 간 상호 이해와 교류 확대의 필요성에 공감하고 문화_한중 교류의 해 활동 등_, 교육·학술, 관광_항공 자유화 추진 등_, 지방정부 간 교류·협력 등을 촉진·강화하여 우호 협력을 위한 기초의 공고화를 꾀하

---

[22] 앞의 '4대 원칙' 내용은 다음과 같다: ①북중 전통적 우의는 양측의 귀중한 자산이며 유일한 올바른 선택이다; ②북중은 같은 사회주의 국가로서 양자관계는 중대한 전략적 의의를 가진다; ③양당의 고위층 교류는 양자관계에서 대체 불가능한 역할을 하며 전략적 소통을 강화해야 한다; ④민간 우호기반을 다지는 것이 관계 발전을 위한 중요한 길이다. 뒤의 '3개의 불변 사항'의 내용은 다음과 같다: ①국제 및 지역 정세가 어떻게 변화하든, 중국 당과 정부는 북중관계를 공고히 발전시키는 데 주력한다는 확고한 입장은 변하지 않을 것이다; ②중국 인민의 북한 인민에 대한 우호 감정은 변하지 않을 것이다; ③사회주의 북한에 대한 중국의 지지는 변하지 않을 것이다.

기도 했다. 이러한 기조는 2008년과 2013년 전략적 협력 파트너십 공동성명에도 이어졌다. 인적 교류의 가일층 확대, 상호 방문의 해 지정, 청소년 교류 확대, 양국 국민 간 인문 유대 강화 등이 그것이었다.

그렇지만 국민 간 상호 이해와 신뢰 제고를 위해 양국이 그동안 추진해 온 노력이 성과를 거둔 것으로 보기는 힘들다. 무엇보다 정치·안보나 경제, 지역 안보 분야에 비해 양국 정치 리더십이 문제를 적극적으로 해결하려는 의지가 잘 보이지 않았다. 교육, 관광, 문화, 예술, 스포츠 등 다양한 교류의 확대에 대해서도 이것이 자연스럽게 상호 이해나 신뢰 증진으로 이어질 것이라고 낙관하는 다소 안이한 자세가 두드러졌다. 게다가 인적·문화 교류를 경제적 관점에서 파악하는 듯한 경향도 없지 않았다.

이 와중에 양국 국민 간 상호 인식은 급격한 변화를 겪었다. 수교 이후 2000년대 초반 동북공정 이슈가 제기되기 전까지 한중 양 국민의 상호 인식은 전반적으로 긍정적이었다. 한국인의 중국에 대한 호감도는 미국에 대한 호감도를 능가할 정도였으며, 중국인의 한국에 대한 호감도도 매우 양호했다. 이러한 우호적인 상호 인식이 유지된 배경에는 우호적인 국제 환경과 미중관계_탈냉전과 미국 주도의 새로운 국제질서 형성, 중국의 국제경제 질서 참여, 미국의 대중 건설적 관여정책_, 한중 양국 경제의 상호보완성, 북핵 문제와 관련한 중국의 6자회담 의장국 역할 및 한중 간 협력 등이 있었다(김동찬 2022, 77).

예를 들어, 한중 양국 국민 간 상호 인식은 수교 이후 2003년 무렵까지는 일종의 밀월기로 일컬어졌다. 한국은 중국과의 교역에서 흑자를 보는 상황이 이어지고 있었다. 최대 안보 위협으로 등장한 북핵 문제 해결을 위해 중국과의 협력 및 중국의 대북 영향력에 대한 기대도 있었다. 개혁·개방 노선을 추진하는 중국에게 한국은 선진적인 경제발전을 이룩한 나라였고, 그러한 한국으로부터 선진 기술과 경제발전전략, 가치관이나 생활 습관, 대중문화를 학습하거나 수입하려는 움직임을 보였다. 양국 모두 일본의 침략을 경험했다는 역사적 공감대도 존재했다. 한국인의 중국 호감도는 미국을 능가했으며, 중국인의 한국 호감도도 다른 국가에 비해 높았다(조영남 2022, 7). 2000년 한중 간 마늘 분쟁 등이 발생했지만 긍정적인 상호 인식에 별다른 영향을 미치지 못했다(이동률 외 2010, 24; 김동찬 2022, 81).

하지만 2000년대 초반 이후 상호 부정적 인식은 급속하게 증가하기 시작한다. 그 첫 번째 사건은 동북공정을 둘러싼 역사 갈등이었다.[23] 양국 정부가 사태를 진정시키기 위해 2004년 8월 5개 항의 '구두 합의'를 발표하여 사태의 진화에 나섰으나 상호 인식의 악화를 저지하기에는 역부족이었다. 역사 갈등은 같은 시기의 강릉단오제와 아리랑의 유네스코 세계문화유산 등재 논쟁, 백두산 및 간도 영유권 논쟁 등과 맞물리면서 역사·문화 분야를 망라한 갈등으로 비화했다. 차정미(2019)가 지적한 것처럼 동북공정 문제는 한중관계에 정체성의 정치를 본격화시키는 계기를 제공했다.

2010년 북한의 천안함 침몰 사건 및 연평도 포격 사건을 전후한 시기에는 한국의 중국에 대한 전략적 불신감이 증폭되었다. 중국 측이 철저하게 북한을 두둔하는 자세를 보였고, 북한 위협에 대응해 실시한 한미연합군사훈련에 대해서도 강력히 반발했기 때문이다. 이는 북한 문제 해결을 위해 중국이 어느 정도 역할을 해주리라는 기대가 실망으로 바뀐 결과이기도 했다.

양 국민 간 상호 인식 악화에 가장 중대한 영향을 미친 사건은 한중 사드 갈등이었다. 사드 갈등 이후 한국인의 중국 인식은 극도로 악화되었다. 예를 들면, 2016년 초까지 미국에 대한 호감도에 비해 낮았으나 북한과 일본에 대한 호감도보다는 월등히 높았던 한국인의 중국에 대한 호감도는 2021년 시점이 되면서 북한이나 일본에 대한 호감도를 밑도는 조사 결과까지

---

23 동북공정이란 중국사회과학원 산하의 변경사지연구센터가 2002년부터 2007년까지 5년간 수행한 연구과제를 말한다. 그 목적은 고구려사를 포함한 동북 지역의 역사를 재해석하여 중국사에 편입시키는 것이었다. 이 문제는 한국 학계와 언론, 그리고 국민들이 반발하는 가운데 한국 정부가 중국 정부에 공식 항의함으로써 외교적 갈등으로 비화했다.

나왔다(김동찬 2022, 83-85). 사드 사태는 한국에서도 중국위협론이 확산하는 결정적인 계기가 되었다(조영남 2022, 24).

사드 갈등은 중국인의 한국 인식에도 적지 않은 영향을 주었다. 특히, 중국 정부가 사드 배치를 강력하게 비판하고 일반 대중들 사이에서도 뜨거운 이슈로 부상하자 국민 여론은 한국 비난 일색이 되었다. 중국인들은 두 사건을 남북 관계의 문제로 파악하고, 한국이 미국을 끌어들여 서해상에서 한미연합군사훈련을 시도한 점이 중국의 안보에 위협이 된다며 비판했다. 중국인들은 사드 배치는 한중관계의 걸림돌이며, 한국이 독립적인 국방권이 없으며 군사·국방 영역에서 미국에 종속된 나라로 인식했다(위안잉 2019, 6).

중국인들은 사드 체계의 X-band 레이더가 중국 안보에 치명적인 위협이 될 수 있다고 인식했으며, 한반도 사드 배치에 관련한 미국의 숨겨진 의도_북핵 위협 대비보다는 대중 견제_를 수락한 한국을 더 부정적으로 인식했다(주민욱 2020, 177-178). 덧붙여, 중국인들 사이에 반한감정이 확산되어 한국 상품 불매운동으로까지 이어졌다.[24]

한중 양 국민 간 상호 인식 악화와 관련하여 다음 세 가지에 주목할 필요가 있어 보인다. 첫째, 양국 간 역사·문화 마찰은 상호 배타적 민족주의 감정의 충돌로 쉽게 비화했다. 인접국 사이의 역사·문화 마찰은 일반적으로 관계의 확대·심화에 비례하여 증가하는 경향이 있다. 그런 측면에서 상호 인식 악화는 일종의 과도기적 현상으로 볼 수도 있다. 과도기에는 절제되지 않은 감정이 익명성을 가진 인터넷 공간에서 배출되기 쉽다.

중국인들은 역사적 자부심과 대국주의적 정서를 바탕으로 한국을 바라보고, 한국인들은 경제적·문화적 수준의 차이에 근거한 자부심과 민족주의적 정서를 바탕으로 중국을 보는 경향이 강했다. 중국인들은 주로 국민적 자존심과 문화 주권 차원에서 한국인들의 대중 우월감에 부정적이며,

---

24 최근 중국의 코로나 사태 및 홍콩 민주화 운동에 대한 대응 자세는 한국인의 인식을 한층 더 악화시켰다(조영남 2022, 7-8).

한국인들은 중화주의에 대한 반발과 역사적 열등감의 차원에서 중국에 부정적이기도 하다(민귀식 2012, 86-90).

이러한 상호 배타적 감정은 양국의 국력 신장을 배경으로 한층 더 증폭되었다. 중국의 경우는 2000년대 후반 중국의 강대국화 및 미국의 상대적 쇠락이 본격화하자 중국이 미국을 대신할 강대국이라는 인식이 급속히 확산됐고, 이는 바로 한국에 대한 독선적인 행동으로 이어졌다(이동률 외 2010, 25). 한국도 선진국 진입이라는 국제적 위상 상승, 대중문화 분야_드라마, 영화, K-POP 등_에서 세계를 선도하는 자신감을 바탕으로 선진국이자 중견국이라는 인식이 확산됐다.

둘째, 양국 국민 간 상호 인식은 미국이나 북한 등 제3국 요인에 취약한 한중관계의 구조적 특징이 거의 그대로 투영되었다(위안잉 2019, 10). 한국인들은 중국의 사드 보복을 군사적 주권 침해이자 강대국의 내정간섭으로 받아들였다. 중국인들은 한국의 사드 배치 결정을 중국의 안보와 이익을 위협하는 것으로 여기면서 강력하게 반발했다. 한미동맹은 냉전의 유산으로 치부되었고, 한미일 안보협력에는 매우 예민하게 반응하기 시작했다. 그에 더하여 사드 배치와 마찬가지로 미국의 인도·태평양전략에 동참하려 한다거나 반도체 공급망 등과 관련한 한미 간 긴밀한 협력은 한국이 미국으로 기울고 있다는 신호로 해석되었다(위안잉 2022, 117).

셋째, 결과적으로 양국 국민의 서로에 대한 친밀도와 파트너로서의 신뢰도는 매우 부족한 것으로 드러났다(위안잉 2019, 3). 한중관계를 지탱하던 경제 관계도 상호보완적인 협력자 관계에서 경쟁과 상호 협력이 병존하는 경합 관계로 변화했다. 산업구조는 보완적 분업 관계에서 수평적 협업 관계로 바뀌었고 한중 양국이 세계시장에서 주도권을 놓고 치열하게 경쟁하는 상황으로 바뀌었다(조영남 2022, 21-22). 한일, 중일관계와는 달리 한중관계에서 '적대적 공생관계'는 아직 출현하지 않은 것으로 보인다. 다만, 한국 정치에서 중국 요인은 대미, 대일 관계와 유사하게 국내 정치의 주요 쟁점으로 부상할 가능성이 있다.

일본과의 과거사 문제로 한중 양국이 연대하다

박근혜-시진핑 시기에 일시적이나마 한중 양국의 대일 과거사 연대가 형성된 점은 주목할 만했다. 공동선언·성명을 통해 한중 양국이 과거사 문제에 관한 일본의 부적절한 인식이나 언행에 대해 공식적으로 언급한 적은 없었지만 여러 차례의 정상회담에서 양측은 대일 공동 대응을 모색하거나 제안했다.

돌이켜보면 한중 양국의 대일 과거사 연대를 위한 움직임이 처음 관찰된 것은 김영삼-장쩌민 시기였다. 1995년 무라야마 내각이 전후 50주년 국회 결의안을 추진하자 자민당을 중심으로 한 보수우파 세력이 노골적으로 반대했다. 이들의 돌출된 언행_한일강제병합은 우호적으로 체결되었다; 태평양전쟁은 침략전쟁이 아니었다; 식민지 시기 일본이 한국에 대해 좋은 일도 했다_이 한일 양국의 반일 감정을 고조시키는 상황이었다. 이에 1995년 11월 한중 정상회의(서울) 직후의 공동기자회견에서 두 정상은 일본이 올바른 역사 인식을 가지도록 촉구했다. 특히 김영삼 대통령은 이번에 일본의 버르장머리를 고치겠다며 망언을 한 장관이 해임되지 않으면 정상회의를 열지 않겠다는 강경 자세를 취했다.

노무현-후진타오 시기에는 일본 고이즈미 내각의 유엔안보리 상임이사국 진출 시도에 대한 반대가 전개되었다. 고이즈미 총리의 계속된 야스쿠니신사 참배, 새역모 역사 교과서 검정 문제_난징사건 당시 희생자 수에 대한 의구심 기술 등_, 그리고 일본의 유엔안보리 상임이사국 진출 시도 등을 계기로 중국 전역은 물론 동아시아 대부분 지역에서 반일 민족주의적 성격의 시위 또는 데모가 발생했다. 일본의 유엔안보리 진출 시도에 대해 한중 양국이 협력하여 공조 체제를 구축한 것으로 보이지는 않는다. 다만, 한중 양국은 국제사회에서 각각 반대를 위한 외교전, 언론전을 전개했다.

2012년 일본 아베 내각이 출범하자 한중 양국의 대일 과거사 연대는 더욱 활기를 띠기 시작했다. 역사 수정주의를 전면에 내건 아베 내각은 영토·영유권 문제_독도 및 센카쿠열도/댜오위다오_에 비타협적 자세를 강조함은 물론 고노 담화 및 무라야마 담화를 수정할 의향까지 표명했다. 아베 총리는 제1기 아베 내각 당시 자제했던 야스쿠니신사 참배도 강행했다. 국회에서는 침략전쟁의 정의는 학자마다 다르다며 과거의 전쟁을 정당화하는 듯한 발언도 했다.

아베 내각의 역사 수정주의 행보에 대한 한중 양국의 대응은 대체로 유사했다. 박근혜 정부는 일본군위안부 문제와 독도 문제와 관련하여 정상회의를 비롯한 고위급 대화를 거부함과 동시에 국제사회에서 반일 캠페인에 주력했다. 시진핑 정부는 아베 내각 각료는 물론 아베 총리가 직접 야스쿠니신사를 참배하자 맹렬하게 비난하면서 이후 거의 3년 동안 정상회의를 비롯한 고위급 대화를 거부했다.[25]

대일 과거사 연대는 두 가지로 요약할 수 있었다(서승원 2017, 118-119). 하나는 항일 투쟁 역사의 유대감 강조였다. 먼저 박근혜 대통령이 안중근 의사 기념비_하얼빈역_ 건립을 요청하자 시진핑 주석은 기념관 건립으로 화답했다. 시진핑 주석은 2014년 7월 방한 시 서울대 강연에서 정유재란 당시 이순신-진린 연합군 사례를 거론하면서 공동 대응을 촉구했다. 다른 하나는 시진핑 주석의 아베 정권의 역사 수정주의, 집단적자위권 행사, 영유권 문제에 대한 공동 대응 제안이었다.

다만, 박근혜 정부는 일본의 역사 수정주의적 행보에는 강력히 대응한

---

25 당시 중국의 왕이 외교부장은 "만약 일본 측이 의도적으로 중일관계에서 지켜야할 선을 계속 도전하고 양국 간의 긴장과 대립을 계속 격화시켜 간다면 중국도 반드시 이에 끝까지 상대해 줄 것"이라고 경고하기도 했다. 부연하면 중국의 입장에서 일본 각료의 야스쿠니신사 참배는 1972년 중일 수교의 논리적 기반_일본의 일부 군국주의자들이 과거 전쟁을 일으켰다_을 붕괴시키는 것이었다.

다는 점에 의견을 같이했지만 집단적자위권이나 영유권 문제에 대한 공동 대응에는 신중한 태도를 견지했다. 집단적자위권 문제는 미일동맹 강화 차원에서 진행되고 있었던 만큼 우려를 표명하는 차원에 머물렀다. 독도 문제와 센카쿠열도/댜오위다오 문제는 결이 달랐다. 독도는 한국이 실효 지배 중이었고, 센카쿠열도/댜오위다오는 일본이 실효 지배 중이었다.

한중 양국의 대일 과거사 연대는 미일 양국과 중국 사이에서 벌어지는 지정학적 경쟁을 일정 부분 지연시키는 의도하지 않은 결과를 초래하기도 했다(서승원 2017, 121). 한일 간, 중일 간에는 민족주의를 자양분으로 하는 정체성의 정치가 본격화했고, 더 나아가 적대적 공생관계까지 형성되는 일도 없지 않았다. 특히, 일본군위안부 문제를 둘러싼 한일관계 악화는 오바마 정부가 추진하던 한미일 3국의 안보협력 강화에 큰 장애 요인이 되었다.

6. 미중 전략 경쟁 하의 한중 전략적 협력 파트너십

사드 갈등은 사실상 미중 간 대리 경쟁이었다

한중 간 [전략적] 파트너십 공동선언·성명에서 한미동맹이 명시적으로 거론된 적은 없었다. 중국 측의 한미동맹에 대한 이의 제기는 간접적으로 이루어졌다. 2008년 이명박-후진타오 시기 양측이 전략적 협력 파트너십에 합의했을 때였다. 당시 친강(秦剛) 중국 외교부 대변인은 공개적으로 "한미 군사동맹은 지나간 역사의 유물이다. 냉전 시대의 군사동맹으로 전 세계 또는 각 지역이 당면한 문제를 다루고 처리해서는 안 된다."라고 발언했다. 한국 정부의 이른바 '안미경중', 즉 한미동맹과 한중 협력의 병행 발전 노선을 문제 삼았던 것이다(김한권 2022, 48).

2010년대에 한미동맹과 한중 전략적 파트너십 사이의 긴장이 급속하게 고조되기 시작했다. 중국의 부상과 국제사회에서의 영향력 확대, 그리고 그러한 미국의 대중 견제 전략에서 비롯된 미중 간 전략 경쟁이 그 배경이었다. 한중 전략적 파트너십을 중심에 놓고 보면 미국의 대중 전략이 한미동맹을 매개로 한국의 대중 정책 기조_이른바 '전략적 모호성'_를 어떻게 변화시킬 것인가가 관건이 된다.

한국의 대중 정책 기조가 유지되기를 바라는 중국과 그 변화를 꾀하는 미국이 각축을 벌이는 한국-미국-중국 3자 구도라 하겠다. 이는 한편으로 보면 한국의 전략적 가치가 그만큼 제고된 것으로도 볼 수 있지만, 다른 한편으로는 한국을 매개로 미중 간 대리 경쟁_줄세우기_이 한층 더 치열해진 것으로 볼 수도 있었다(정재호 2017).

중국의 전략적 파트너십 '외교'의 전략적 목표 가운데 하나는 국제질서의 다극화이다. 다극화란 미국 중심의 패권 질서 또는 단극 질서를 극복하는 것을 말한다. 따라서 전략적 파트너십은 특정국의 친중화를 유도하거나, 아니면 적어도 특정국의 반중화를 저지하는 것을 1차적인 목표로 삼는다. 중국에게 한국, 태국 등 미국의 동맹국들과

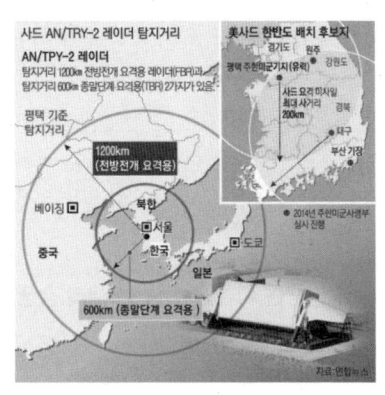

〈그림 4-23〉 사드 레이더 탐지거리

출처: 연합뉴스

의 유연한 전략적 파트너십 수립은 그 전략적 가치가 크다.

한편, 한국은_진보 정부와 보수 정부 공히_한미 군사동맹과 한중 전략적 파트너십이 양립 가능하며, 또한 양립시켜야 한다는 의지가 강했다. 이러한 경향은 군사동맹과 전략적 파트너십이 본질적으로 긴장 관계에 있다는 점을 애써 외면한 결과였다. 이러한 낙관론은 비교적 우호적인 2000년대까지의 미중관계를 전제로 한 것이었다.

한중관계는 사드 갈등 이전과 이후 시기로 나누어지며, 이전의 상태로

되돌아갈 가능성은 매우 희박하다는 견해가 많다. 그렇다면, 다음 세 가지 질문을 제기할 수 있다. 사드 배치에 유보적인 자세를 취하던 박근혜 정부가 전격적으로 배치를 결정한 이유는 무엇인가? 시진핑 정부는 한국의 사드 배치 결정에 왜 보복 조치라는 강수를 두었는가? 사드 갈등으로 드러난 한중 간 전략적 협력 파트너십 한계_특히 위기관리 측면_는 무엇인가?

우선, 박근혜 정부의 사드 배치 결정의 직접적인 계기는 북한의 2016년 제4차 핵실험과 노동미사일 발사 실험이었다. 특히, 노동미사일 발사각 조절 발사 실험 이후 미국 측이 주한미군 사드 배치를 거세게 주장했다. 미국 측은 주한미군을 방어하기 위해서는 기존의 PAC-3_요격 거리 25~60km_로는 불충분하며 최소한의 방어체계로 사드 체계_요격 거리 50~150km_ 도입이 불가결하다고 판단했기 때문이다. 한국의 공식 입장은 다음과 같았다: ①사드 배치의 원인은 북한의 핵 위협에 있다; ②북한의 핵 공격 의지를 무력화시키기 위한 한미동맹 차원의 결정이다; ③사드는 북한의 핵·미사일 대비용이며 중국·러시아를 대상으로 한 MD와는 무관하다; ④한국 정부의 고유한 군사주권 문제이다.

북한의 미사일 발사 실험은 2014년 이래 계속되어 온 미국 측의 사드 배치 요청에 정당성을 부여해 주었다. 사실, 미 오바마 정부는 아시아 재균형 전략의 동맹 강화 차원에서 한일 군사협력 강화_특히, 한일 정보보호협정(GSOMIA) 및 상호군수지원협정(ACSA)_와 한미일 MD체제 구축_한일 양국의 MD체제 편입_를 추진하고 있었다.[26] 미 국방부와 주한미군 고위급 인사들은 물론

---

[26] 미국의 MD 체제 참여 요구가 가시화된 것은 1990년대 초반부터였다. 미국은 1993년 한미 간 MD 공동연구팀 설립을 제안한 데 이어, 2000년에는 주한미군 방어용으로 다층 TMD 체계_PAC3, 이지스함, THAAD, 중거리 광역 공중방어 체계(MEADS)를 포함_ 구축을 주장했다. 오바마 대통령은 2014년 3월 한미일 정상회담(헤이그)에서 '미사일 방어체계 구축'이 한미일 3국 간 군사협력의 핵심이라고 발언했다. 같은 해 봄 미 의회를 통과한 국방수권법도 동북아에 배치된 미군 및 미 본토를 방위하기 위해 한미일 미사일 방어협력이 필요하다고 명시했다.

오바마 대통령, 그리고 미 의회까지 나서서 동맹국인 한국과 일본, 한반도의 미군, 그리고 미국의 영토를 지키기 위해서는 MD체제 구축이 필요하다고 역설했다.

미국이 주도하는 MD체제에 대한 박근혜 정부의 초기 대응은 역대 정부와 크게 다르지 않았다. 예를 들면, 김대중 정부는 1999년 5월 MD체제의 군사적 효용성_대북 억제에 얼마나 도움이 되는가_, 재정적인 문제_비용을 누가 그리고 얼마나 부담할 것인가_ 등을 거론하면서 참여 불가 원칙을 천명한 바 있었다. 노무현 정부도 참여 불가 입장을 취하면서 그 대안으로 한국형 미사일 방어체계(Korea Aerial Missile Defense, KAMD)를 선택했다. 종심 축이 매우 짧은 한반도 특성상 MD체계로 북한의 미사일을 방어하는 것은 불가능하며, 중국이 반발할 가능성이 컸고, 북핵 문제에 관련한 미중 간 전략적 공조에도 문제가 생길 것으로 우려했기 때문이다(최종건 2017, 62). 이명박 정부는 KAMD를 발전시켜 대북 능동형 억지 정책인 이른바 '킬 체인'(Kill Chain) 체계 구축을 추진했다.

박근혜 정부는 참여 불가 원칙을 명확히 천명하는 대신 다소 애매한 '3 Nos' 입장_①미국의 요청을 받은 바도 없고, ②미국과 협의한 바도 없으며, ③공식적으로 결정된 것도 없다_을 재확인하는 데 머물렀다. 하지만, 이러한 입장은 2016년 1월 북한의 제4차 핵실험을 계기로 급변했다. 그 직후 박근혜 대통령이 신년 기자회견에서 안보·국익을 고려해 사드 배치를 검토하겠다고 발언한 데 이어, 국방부도 한미 간 공식 협의를 시작했다고 발표했다. 7월에는 사드 배치(경북 성주) 결정이 공식적으로 발표되었다. 그 이유로 박근혜 정부는 "대북 억제 능력_북한의 핵 공격 의지를 무력화시킬 수 있는_을 강화하기 위한 한미동맹 차원의 결정"이라고 주장했다.

이러한 태세 전환은 한중 간 대북정책 협력에 대한 박근혜 정부의 실망감을 반영한 것이기도 했다. 박근혜 정부는 한국이 중국에 '경사'되고 있다는 미일 양국의 비판에도 불구하고 긴밀한 한중관계를 통해 중국의 대북정책을 한국에 유리하게 변화시키고자 했다. 부연하면, 중국의 대북 영향력에 의존하여 북한에 대한 압박 강도를 높이고자 한 것이었다(한석희 2018, 66-67, 72). 2015년 9월 중국 전승기념일에 참가할 당시에도 두 정상은 긴밀한 대북정책 협력을 약속한 것으로 전해졌다.

하지만 북한의 제4차 핵실험 직후 박근혜 대통령의 전화 요청에 시진핑 주석은 무응답으로 일관했으며, 군사 핫라인에도 응대하지 않았다. 본질적인 문제는 박근혜 정부가 이 시점에서 중국이 북한을 포기하는 전략을 선택하기보다는 미중 간 완충지대로서 북한의 전략적 가치를 더욱 우선시한다고 판단한 점이었다.

그렇다면, 시진핑 정부는 왜 한국의 사드 배치에 강력하게 반발하면서 보복 조치까지 단행했을까? 중국 측이 공개적인 반대를 표명하기 시작한 것은 미국의 사드 배치 요청이 알려진 직후였다. 중국의 고위급 인사들은 기회가 있을 때마다 주한미군 사드 배치가 중국의 핵심적 안보 이익에 반한다고 강조했다. 게다가 시진핑 주석은 2014년 7월 중국 외교의 관례를 깨고 북한보다 한국을 먼저 방문했다. 정상회의에서 시진핑 주석이 강조한 내용 가운데 하나도 사드 배치 반대였다.

중국 측이 반대의 이유로 거론한 것은 주로 다음 네 가지였다(우정엽 2017, 51). 첫째, 미국의 탄도미사일 방어가 중국의 핵 억지 체계를 무력화시켜 미중 간의 전략적 안정을 해치게 된다. 미중 간 상호 핵 억지 관계에 있어서 사드 배치_특히 X-band 레이더_는 미국이 중국의 공격을 무력화할 수 있는 방어체계로 활용될 수 있다.[27] 둘째, 한국의 미사일 방어체계 구축은 북

---

[27] 특히 갈등의 쟁점은 AN/TPY X-band 레이더였다. 이 레이더는 전진 배치 모드에서 탐지거리가 2,000km 이상, 종말 배치 모드에서는 탐지거리가 약 570~866km로 알려진다. 따라서 전진 배치 모드는 중국 동북, 화북, 그리고 화동지역의 미사일 발사 데이터를 추적할 수 있다. 평화적 시기에는 중국의 발해, 황해(서해)에서 이루어지는 SLBM 실험을 관측할 수 있다. 이는 미국의 대중 미사일 방어 능력이 획기적으로 향상됨을 의미한다.

한으로 하여금 핵·미사일 개발을 포기할 수 없도록 만들 것이다. 이로 인해 핵 문제를 비롯한 한반도의 북한 문제는 더욱 해결하기 어려워진다.

셋째, 사드 체계는 중국의 반접근/지역 거부 전략을 무력화하는 수단이 될 것이다. 중국이 미국의 항공모함을 타격할 수 있는 주요 수단이 탄도미사일(ASBM)인데 사드 체계는 이러한 중국의 수단을 무력화할 수 있다. 넷째, 미국은 북한에 대한 미사일 방어를 구실로 우방국들과 반중 동맹 또는 연대 강화를 꾀하고 있다.

사드 배치 직후 중국은 외교부 성명을 통해 "사드 배치는 한반도 비핵화 실현에 도움이 되지 않고, 한반도 평화 안정 수호에 불리하며, 중국을 포함한 동 지역 국가의 전략적 안보 이익과 지역의 전략적 균형을 심각하게 훼손할 것"이라고 밝히면서 강력하게 항의했다(대한민국 외교부 2016). 그리고 그와 더불어 다양한 비공식적 보복 조치를 단행했다. 참고로 중국 측은 이번 사드 문제를 자국의 핵심 이익 침해로 규정하지는 않았다.[28]

먼저 양국 간 정치·안보 대화가 거의 전면적으로 중단되었다. 여기에는 차관급 전략대화, 북핵 문제 협의도 포함되었다. 보복 조치에는 경제 및 사회문화 교류·협력도 포함되었다.[29] 한국 가수들의 공연이나 TV 드라마 상영을 금지하는 '한한령'(限韓令)이 내려졌다. 중국인의 한국 단체관광도 금지되었다. 한국산 화장품 수입에 대한 통관심사가 강화되었고, 화학제품에 대한 반덤핑 조사와 한국산 배터리를 장착한 전기자동차 보조금 지급이 중단되었다. 사드 부지(골프장)를 소유했던 롯데의 중국 내 영업활동도 제한되었다. 중국의 보복 조치로 한국 경제가 입을 피해 규모는 2017년도에 대략

---

28 2011년 9월 중국 국무원이 발행한 〈평화발전백서〉는 "국가주권, 국가안보, 영토통합, 국가통일, 중국 헌법이 규정한 정치제도와 사회의 안정, 경제사회의 지속 가능한 발전"을 핵심 이익으로 규정했다(이민규 2017, 54).
29 다만, 중국의 보복 조치는 전면적인 경제제재 수준으로 보기는 힘들었다. 제조업이나 반도체와 같은 주력 분야는 제외된 대신 관광, 유통업, 대중문화 등 상징성은 크나 비주력 분야에 대한 선별적인 제재의 성격이 강했다.

100억 달러, 추가 보복이 이루어지면 2배 이상에 달할 것으로 전망되었다 (송세관 2017, 102).[30]

시진핑 정부의 보복 조치는 도구적 행위의 측면이 강했다. 보복 조치로 중국이 요구하는 사드 배치 중지 및 설비 철수 요구가 받아들여질 것으로 생각하지 않았다는 말이다. 중국 측의 거듭된 반대와 경고 메시지에도 불구하고 박근혜 정부는 입장을 번복함과 아울러 중국의 보복 가능성에 대해 낙관적인 태도를 보였다. 박근혜 정부는 '3 Nos' 입장을 강조했지만, 한미 간의 협의는 사실 그 이전부터 진행되고 있었다. 게다가 황교안 총리는 한중관계가 이미 쉽게 경제보복을 취할 구도는 아니며, 정치·안보 문제가 경제 관계에까지 영향을 주지 않을 것이라고 언급했다(왕샤오커 2017, 149). 중국 측의 입장에서 자국의 국가 위상을 고려하면 무언가의 조치는 불가피했다.

또한, 중국 측은 사드 배치 결정을 한국이 미중 양국 사이에서 결국 미국을 선택한 징표로 여긴 것으로 보인다. 한국이 주한미군의 사드 배치에 동의한 것은 미국이 주도하는 동아시아 MD 체제에 참여한다는 것을 의미하며, 이는 중국의 핵 억지력 약화를 의미했다(왕샤오커 2017, 146-148).[31] 중국이 사드 문제를 어디까지나 미중 경쟁이란 관점에서 바라봤다는 것을 의미한다. 중국은 한국이 미중 경쟁 상황에서 균형적인 태도를 취하기를 원했으나 미국 편에 섰으며, 만약 이러한 태도에 대해 중국이 명확한 자세를 취하지 않는다면 이후에도 이런 문제가 반복될 소지가 있다고 판단하여 강력한 조치를 취했다는 것이다.[32]

---

30 당시 동아일보는 한국의 피해액이 최대 16조 원에 달할 것으로 내다봤다. "中 사드 보복 피해액 최대 16조 원" http://news.donga.com/home/3/all/20170317/83381510/1/(검색일: 2017.06.01)

31 2015년 10월 박근혜 대통령이 중국 전승기념식에 참가한 다음 달의 한미 정상회담에서 오바마 대통령은 중국의 국제규범위반 행위에 대한 비판 성명, 아시아 재균형 전략의 주요 파트너인 한국의 TPP 가입을 강조했다. 11월의 확대아세안국방장관회담에서는 한민구 국방장관이 남중국해 문제에 대한 미국의 입장을 공개적으로 지지했다.

사드 갈등은 한중 전략적 협력 파트너십을 심각한 위기에 빠뜨렸다. 박근혜 대통령 탄핵 이후 출범한 문재인 정부는 2017년 9월 북한의 제6차 핵실험 직후에 잔여 사드 발사대 4기의 추가 배치를 결정함과 아울러 한중관계의 개선을 모색했다.[33] 대통령 선거 당시 사드 배치에 다소 부정적인 견해를 밝혔지만 사드 배치가 기왕 시작된 마당에 배치 철수는 한미동맹을 고려하면 이미 선택 가능한 대안은 아니었다.

대중 관계 개선을 위한 노력은 10월 30일 강경화 외교부 장관의 이른바 '3불' 표명, 31일 한중 양측 실무협의를 통한 '한중관계 개선을 위한 합의' 발표, 그리고 12월 중순 문재인 대통령의 방중으로 이어졌다. 문재인 대통령의 방중은 고위급 전략대화의 재개를 수반했다. 그러나 시진핑 주석은 사드 배치 반대 입장을 재천명하면서 이 문제를 적절하게 처리해 주기 바란다고 언급하는 데 그쳤다. 한중관계를 정상궤도에 올려놓을 수 있는 유일한 길은 사드 배치 철회라는 말이었다.

한석희(2018, 64)는 사드 갈등이 신뢰 및 소통 부족에서 비롯된 측면이 강했으며, 높은 수준의 상징성을 지니지만 내실화가 부족했던 한중 전략적 협력 파트너십과 무관하지 않다고 지적한다. 지극히 타당한 지적이다. 사실, 양국 간 전략적 파트너십은 태생적인 한계를 갖고 있었다. 전략적 파트너십과 군사동맹 사이의 긴장이 극단적으로 고조되는 상황에서 어떠한 선택을 내려야 할 것인가? 앞에서 살펴본 바와 같이 중국은 북핵 문제 해결보다 북한의 전략적 가치를 더욱 중시했다. 한국도 사드 갈등에 직면하여 한미동맹을 중시하는 방향으로 선회했다. 동맹의 자기장은 전략적 파트너십보다 강력했다.

---

32 이정남(2017, 85)에서 중국사회과학원 전문가와의 인터뷰 내용을 재인용했다.
33 2017년 4월 성주에 이미 사드발사대 2기가 배치된 상태였다.

중추 국가 한국의 전략적 선택이 지역 질서의 향방을 좌우한다?

한국은 상당히 독립적인 외교 정책 행위자로서 합법성과 신뢰성을 가져다줄 것이다. 한국은 한미동맹에도 불구하고 미국의 정책을 습관적으로 지지하지는 않는다. 따라서, 한국이 '자유롭고 개방된 인도·태평양'(FOIP)을 지지해 준다면 미국은 자신의 구상이 무엇보다 필요로 하는 동력을 얻게 될 것이다. 또한, 한국과 같은 중견국 또는 중추 국가는 다자주의적 이니셔티브를 내걸면서 제3국들의 지원을 확보하고자 하는 초강대국들에게 중요한 자산이 될 수 있다. 중국이 일대일로(BRI)나 아시아인프라투자은행(AIIB)을 위해 한국의 지지를 확보하고자 한 이유는 여기에 있다(Pardo 2019).

미중 전략 경쟁의 전선은 경제·통상 분야에서 시작하여 군사·안보 분야로 확대되었다. 한국에 대한 미중 양국의 압력도 점차 거세졌다. 중국은 자국이 제시하거나 중시하는 여러 지역경제 구상_AIIB, BRI, 한중일 FTA, EAFTA, RCEP 등_에 한국이 참여하는 것을 중시해 왔다. 미국도 대중 견제를 목표로 한 아시아 재균형 전략이나 인도·태평양전략에 한국이 적극적으로 참여하도록 독려해 왔다. 이들에 대한 한국의 반응은 다소 상반된 것이었다. 중국의 구상에는 우호적이거나 적극적이었던 반면, 미국의 구상에는 주저하는 경우가 많았다. 그 결과 일차원적인 논쟁_예를 들면, 친중이냐 친미냐_이 인구에 회자되었다.

양자 간 관계를 넘어 지역 공간_동아시아 내지는 아시아·태평양, 또는 인도·태평양_의 프리즘으로 보면 동맹이든 파트너십이든 결국은 지역 질서의 규칙과 규범의 문제로 귀결된다. 파르도(Pardo 2019)의 지적처럼 중견국이자 미국의 동맹국임에도 불구하고 나름대로 균형감 있는 대외정책을 전개해 온 한국이 어떠한 전략적 선택을 내리느냐는 미중 양국이 추진하는 지역 질서 구상의 향방에 적지 않은 영향을 줄 수 있다. 이하에서 몇 가지 대표적인 사례를 시기별로 살펴보도록 하겠다.

첫 번째는 남중국해 영유권 문제이다. 발단은 2009년 중국이 유엔대륙붕한계위원회에 남중국해에 관한 이른바 '9단선'을 공식적으로 등록하고, 해당 해역을 중국의 영토 보존이라는 핵심 이익과 관련이 있다고 주장한 데서 비롯되었다. 동 해역에서 인공섬 건설, 군사시설 설치 등을 통해 영유권을 기정사실화하려는 시도도 뒤따랐다. 영유권 문제 당사국인 베트남, 필리핀, 말레이시아 등이 반발하는 가운데 미국은 중국이 국제규범을 지키지 않고 주변국을 종속시키려 한다고 비난함과 아울러 영해 기정사실화를 견제하기 위해 '항행의 자유 작전'을 실시했다. 그와 더불어 필리핀이 중국을 상대로 국제상설중재재판소(PCA)에 제소하고, 그 뒤엔 2016년 7월의 판결 결과_중국의 영유권 주장에 국제법적 근거가 없음_를 둘러싸고 유효·무효 주장의 응수가 이어졌다.

미국은 2011년 여름 이후 줄곧 한국에게 공동보조를 요청했다. 당시 이명박 정부가 표명한 기본 입장은 원론적인 수준에 머물렀다: 남중국해는 주요 해상 교통로의 하나로 한국 경제에 중요하다; 남중국해에서 국제해양법상의 평화롭고 자유로운 항행이 존중되어야 한다; 관련국 간 이견은 대화를 통해 평화적으로 해결되어야 한다. 박근혜 정부에 들어선 이후 미국의 입장에 동조해야 한다는 압박은 더욱 거세졌다. 특히, 2015년 10월 한미 정상회의에서 오바마 대통령이 직접 중국이 국제규범과 법을 준수하지 않는다면 한국이 목소리를 높여야 한다고 요구하기도 했다.[34]

오바마 정부의 압박과 중국의 중국 입장 지지 요청 사이에서 박근혜 정부는 비교적 중립적 입장을 선택했다. 2015년 11월 동아시아정상회의(EAS)에서 박근혜 대통령은 기존 입장을 재확인하면서 '3원칙'_항행과 상공의 자유,

---

34 이동률(2017, 81)은 2013년 12월 시점에 미국의 한국에 대한 대중 공동보조 공식 압박이 시작되었다고 주장한다. 당시 방한한 바이든 부통령은 박근혜 대통령과의 면담에서 "미국의 반대편에 베팅하는 것은 좋은 베팅이 아니다. 미국은 계속 한국에 베팅할 것이다"라고 발언했다.

분쟁의 평화적 해결, 남중국해 행동선언 상의 비군사화 공약 준수_을 제시했다. 이 가운데 '비군사화'란 용어는 중국의 인공섬(군사화) 건설을 연상시키는 부분이었다. PCA(국제상설중재재판소) 판결에 대한 입장도 대동소이했다.

이동률(2017, 86)은 미중 양자택일적 상황에서 박근혜 정부가 비교적 일관된 정책 기조를 유지했다고 평가한다. 앞의 3원칙을 고수하면서 내용상으로는 중국을 직접 겨냥하지는 않았으나 미국의 주장과 표현을 사용함으로써 사실상 미국의 요구에 부응하는 모습을 보여주려고 노력했다는 것이다. 시야를 좀 더 넓혀 보면 이러한 행보는 동남아시아의 남중국해 영유권 문제 비당사국_인도네시아, 싱가포르, 태국 등_의 그것과 매우 흡사했다.

둘째는 미 오바마 정부의 TPP(환태평양경제동반자협정) 가입 요청이다. 오바마 정부는 아시아 재균형 전략을 추진했다. 동 전략의 양대 축은 동맹 강화와 TPP였다. TPP는 2005년 뉴질랜드-싱가포르-칠레-브루나이(P4)의 4개국 간 FTA로 시작했으나 2008년 미국이 참여하면서 협상이 본격화되어, 2015년 10월 태평양 연안 12개국 간 협상이 타결되었다. 오바마 정부가 TPP를 적극적으로 추진한 이유는 환태평양 지역의 경제통합을 주도적으로 추진함은 물론 지정학적으로 중국을 견제하기 위해서였다. 당연히 오바마 정부는 박근혜 정부의 가입을 요청했다.

하지만, 박근혜 정부는 2010년에 개시된 TPP 협상에 참여하지 않았다. 한국은 2013년 11월 TPP 참여에 관심을 표명하고, 이어 2015년 10월 정식 가입 의사를 표명하는 정도에 머물렀다. 2024년 현재까지 한국은 미가입 상태이다. 박근혜 정부의 소극적 대응은 주로 경제·통상의 관점에서 비롯되었다(김시중 2016, 6-10). 우선, 미국을 비롯한 대부분의 TPP 참여국과 이미 양자 간 FTA를 체결했거나(8개국) 협상 중(4개국)이었기 때문에 TPP 참여로 인한 추가적인 이득이 적을 것으로 판단했다. 사실상 한국의 TPP 참여는 자동적으로 한일 FTA, 즉 대일 시장개방을 의미했다.[35]

다음으로, TPP 참여 과정에 추가적인 시장개방_특히 농업 분야_ 압력이 있을 수 있고, 이것이 국내적으로 또다시 혼란을 초래할 가능성도 있었다. 이명박 정부는 한미 FTA 추진 과정에 미국산 쇠고기 수입 문제로 국내의 거센 반대 투쟁에 직면해야 했다. 당시 통상 정책의 최우선 순위는 최대 교역국인 중국과의 FTA 체결에 있었다. 정책당국의 입장에선 한중 FTA와 TPP를 함께 추진할 물리적인 여유도 없었다.

셋째, 이와는 대조적으로 박근혜 정부는 시진핑 정부가 추진하는 아시아인프라투자은행(AIIB)에 대해서는 상대적으로 적극적인 자세를 보였다. AIIB 문제는 아시아·태평양 지역의 기존 통화·금융 질서를 유지하려는 미일 양국과 AIIB 설립을 통해 그 질서 안에서 질서를 부분적으로 수정하고 영향력을 확보하려는 중국 사이의 갈등으로 비화했다(손열 2017, 17-19). 중국은 기존 질서에 수동적으로 적응해 왔던 관행을 버리고 지역의 새로운 구도와 질서를 수립하는 건설자 역할을 맡고자 했다. 이에 대해 미일 양국은 TPP의 사례와 마찬가지로 강력한 AIIB 반대 공조 자세를 취했다.

박근혜 정부는 2014년 상반기 AIIB 참여 의사 표명국이 22개국으로 늘어나자 참여를 본격적으로 검토하기 시작했다. 같은 해 7월 한중 정상회담에서는 시진핑 주석이 직접 창립회원국_비상임이사국_ 자격으로 참여해달라고 요청했다. 박근혜 정부가 가입의 필요성으로 제시한 것은 개발은행 지분 확보를 통한 한국 경제의 취약성 보완, 세계적 수준의 건설 노하우 보유를 활용한 경제적 실리 확보, 대북 인프라 건설을 통한 북한과 주변국의 경제교류 활성화 및 북한의 국제사회 편입 유도, 그리고 정부의 유라시아 협력 구상과의 연계 추진 등이었다(이희옥 2016, 19-20).

하지만, 박근혜 정부는 결국 같은 해 10월의 창립회원국 양해각서 서명식에는 불참했다. 미일 양국의 강력한 반대를 의식한 결과였다. 오바마 정부는 AIIB가 기존 국제기구_IMF, 세계은행 등_의 거버넌스와 모순된다는 이

---

35 한일 FTA 협상이 지지부진한 이유는 자동차 및 부품 소재 산업, 기계 산업의 반대에 의한 바가 크다.

유를 내걸면서 동맹국들에게도 강력한 연대를 요구했다.[36] 특히, 일본 및 호주와 달리 AIIB 가입에 전향적인 자세를 취하는 한국에 대해서는 미국의 우방으로서 신인도에 영향을 미칠 수 있다고까지 경고했다. 결국, 박근혜 정부는 영국, 프랑스, 독일 등이 가입을 선언한 직후인 2015년 3월 일반 회원국 자격으로 가입했다.[37] 이러한 행보에 대해 박근혜 정부가 전략적 판단 없이 상황 변화에 수동적으로 반응했다는 부정적인 평가도 적지 않다(손열 2017, 26).

넷째는 미국의 인도·태평양전략과 일대일로 구상의 충돌이다. 미 트럼프 정부의 인도·태평양전략은 오바마 정부의 아시아 재균형 전략의 확장판이라 할 수 있었다. 동 전략의 목표는 인도양·태평양에서 법의 지배, 자유민주주의, 시장경제 및 항행의 자유를 공유하는 국가들과 협력하여 중국의 영향력 확장을 견제하는 것이다. 구체적으로 2019년에 발간된 미국 국방부·국무부 보고서는 중국을 명확한 전략적 경쟁자이자 국제질서의 변화를 꾀하는 수정주의 국가_미국의 가치와 이익에 반대되는 세계를 추구하는 국가_로 규정하면서 국방전략 강화, 그리고 미국 주도의 규칙 기반 질서 건설을 천명했다.

국방전략은 미국의 준비 태세 강화, 동맹 및 파트너와의 안보협력, 그리고 인도·태평양 지역의 새로운 안보 네트워크 구축을, 규칙 기반 질서는 모든 국가의 주권과 독립에 대한 존중, 분쟁의 평화로운 해결, 공개 투자, 자유롭고 공정하며 상호적인 거래, 항해 및 비행의 자유를 포함한 국제법 준수를 목표로 제시했다.

---

36 일본과 호주는 미국의 요청에 협조적으로 대응했다(일본은 노다 요시히코 민주당 정권 당시 TPP 가입을 결정했다).

37 그 후 TPP는 2017년 1월 트럼프 정부가 탈퇴 계획을 담은 행정명령에 서명하면서 좌초 위기를 맞이했다. 다자 간 FTA가 아니라 양자 간 FTA가 국익에 유익할 것으로 판단했기 때문이다. 이후 일본 아베 정부 주도로 TPP는 미국을 제외한 11개국에 의한 '포괄적 점진적 환태평양 경제동반자협정'(CPTPP)으로 존속하게 되었다.

특히, 안보 전략 차원에서는 동맹국과 파트너국, 그리고 우호국들을 3자 및 소다자적으로 연결하는 '네트워크화된 안보 아키텍처'(networked security architecture) 구축을 지향했다. QUAD(4자 안보 대화)를 비롯하여 한미일, 미일인, 미일호, 일인호 등의 3자 안보협력도 강조되었다.[38] 공세적 대외정책을 표방하면서 미국 중심의 단극적 국제질서에 대항하여 다극 체제를 지향하는 중국에 대한 선제적 공세로 읽을 수 있는 대목이었다(전재성 2019, 7-9).

한편, 중국 시진핑 주석은 2013년 9~11월 카자흐스탄과 인도네시아 방문 시 '중국몽'을 실현하기 위한 대외전략으로 일대일로 구상을 천명했다. 이 구상은 2012년 오바마 정부가 추진한 아시아 재균형 전략과 TPP를 극복하기 위해 중국이 고안한 것으로 주변국과 유라시아를 포함한 세계 전역에서 인프라, 무역, 정보통신, 금융, 문화 교류 등의 연계성 강화를 목표로 했다. 2021년 1월 기준 중국은 140개 국가 및 31개 국제기구와 일대일로 협력 문건을 체결했다. 부채의 함정 문제도 거론되었으나 2017년까지 1.2조~1.3조 달러의 비용이 소요될 것으로 보였고 2020년 초 기준으로 중국은 약 2,000억 달러의 비용을 지출했다(김창주 2021, 168-172).

중국 대외전략의 주된 특징 가운데 하나는 바둑의 포석을 두는 듯한 방식으로 세(勢)를 형성하는 이른바 '포석 외교'이다(김흥규 2021, 20). 다양한 다자무대를 적극 활용하고, 능동적으로 소프트파워 경쟁에 참여하며, 지역 경제협력에도 매우 전향적인 자세를 취한다. 일대일로 구상은 주로 경제적 수단을 중심으로 주변국·지역에 중국의 경제적 이익 및 영향력을 확보하고, 더 나아가 중장기적으로 이들에 대한 정치적 영향력까지 증대시키는 것을 염두에 두고 있다. 이는 아시아 재균형 전략이나 인도·태평양전략과 같은 미국의 연이은 대중 공세에 대한 장기전 차원의 대응 방안의 성격도 가진다.

---

38 2014년의 한미일 군사정보공유 양해각서(MOU) 체결, 2016년의 한일 군사정보보호협정(GSOMIA) 체결 등은 한미일 안보협력 강화를 위한 것이었다.

인도·태평양전략과 일대일로 구상에 대한 문재인 정부의 대응은 일관된 것이었다. 미중 양국의 위 두 전략에 대한 동참 요청에 대해 모두 공식적인 참여를 선언하지 않았다. 그 대신 문재인 정부는 자신이 추진하는 신남방정책과 미중 양국의 두 전략 사이의 조화로운 협력을 추진한다는 입장을 거듭 표명했다. 이른바 미중 사이에서 양자택일을 하지 않는 '전략적 모호성'이었다.

예를 들어, 2019년 6월 한미 정상회담(서울)에서 양측은 개방성, 포용성, 투명성이라는 지역 협력 원칙에 따라 신남방정책과 인도·태평양전략 간 조화로운 협력을 촉진하기로 하는데 머물렀다. 인도·태평양전략이 대중 배타적인 속성을 지닌 점을 고려하면 포용성 언급은 적극적인 동참으로 보기 어려웠다. 바이든 정부 출범 직후인 2021년 3월 한미 2+2회의(서울)에서도 미국 측이 4자 안보 대화(QUAD) 참여를 요청하자 문재인 정부는 위 지역 협력 원칙만을 다시 반복했다.

시진핑 주석과의 2017년 12월 정상회담에서도 결과는 대동소이했다. 문재인 대통령은 중국의 일대일로와 한국의 신남방정책 사이에 밀접한 관련이 있다는 점을 강조하면서 일대일로에 적극적으로 참여하겠다는 의지를 표명했으나, 정부 차원의 공식적인 참여 선언은 없었다.[39] 그 대신 한미 간, 한중 간 관심사가 겹치는 분야를 찾아내어 기능적 차원에서 인도·태평양전략 및 일대일로 전략에 선별적으로 참여하는 방식을 취함으로써 미중 양국 모두와 협력하고자 했다(박용수 2020, 23).

문재인 정부가 심각한 안보 위협으로 인식한 것은 중국의 부상보다는 미중 간 전략 경쟁이었다(Hwang and Suh 2022, 222-223). 문재인 정부의 출범

---

[39] 참고로, 2019년 11월 한미 양국(외교부와 국무부)는 '설명서: 신남방정책과 인도·태평양전략 간 협력을 증진하기 위해 노력하는 한국과 미국'을 발표했다. 그리고 2019년 12월 한중 정상회담(베이징) 직전에 양측은 일대일로 구상과 신남방·신북방정책 간의 연계 협력 방안을 담은 공동보고서를 채택했다.

전후의 사드 갈등은 한국을 미중 대리 경쟁_지정학, 지경학적 경쟁_의 한복판으로 내몰고 있었다. 미중 간 균형 외교를 추구하는 문재인 정부가 고안한 것은 앞서 언급한 신남방정책이었다.[40] 이를 처음 공식화한 것은 2017년 7월의 '국정운영 5개년 계획'이었다. 그리고 11월 문재인 대통령은 인도네시아 방문 시 「한·아세안 미래지향공동체」비전_사람공동체, 평화공동체, 상생번영공동체_을 천명했다. 이를 위해 문재인 대통령은 취임 후 2년 만에 아세안 10개국을 모두 방문하고, 2019년 11월에는 부산에서 한·아세안 특별정상회의와 한·메콩 특별정상회의를 개최했다.

외교·안보적 측면에서 신남방정책을 관통하는 키워드는 평화공동체 구축, 그리고 지정학적 딜레마를 극복하기 위한 새로운 기회 모색이었다. 신남방정책은 적어도 두 가지 능동적 사고를 반영했다(서승원 2020, 64). 하나는 미중 전략 경쟁 구도의 밖에서 아세안·인도와의 관계를 강화하여 4강_미국, 중국, 일본, 러시아_에 편중된 기존의 대외관계를 다변화하고, 이를 통해 동북아시아에서 한국이 처한 딜레마_특히 미중 간의 대리 경쟁 상황_를 우회하겠다는 발상이었다(김경숙 2019, 121). 다른 하나는 한반도의 안보 과제를 해결하기 위해 외교·안보적 지평을 동남아시아 및 남아시아로 확장하여 전체적인 균형을 맞추려는 시도였다. 인도 및 아세안 국가들은 북한과 우호 관계를 유지하고 있으며 ARF(아세안지역안보포럼)는 북한이 유일하게 참석하는 역내 안보 대화 틀이었다.[41]

---

40 문재인 정부의 미중 간 균형 외교 또는 전략적 모호성을 '줄타기 외교', '친중적'이라는 비판이 적지 않았다. 하지만, 문재인 정부는 북한 비핵화를 촉진하고 한반도 평화 프로세스를 추진하기 위해 중국보다는 미국과의 협력을 더욱 중시했다(김흥규 2019, 65). 문재인 정부는 박근혜 정부와는 달리 중국이 한반도 문제에 적극적으로 개입하기보다는 남북 관계에 지속적인 관심을 가지면서 건설적인 조력자 역할에 머물기를 기대했다. 남북미 3자가 먼저 종전선언을 하고, 그 후에 중국을 포함한 4자가 평화협정을 체결하자고 제안하여 중국 측을 당혹케 하는 장면도 있었다(Hwang and Suh 2022, 219-220).

7. 나가는 말

　1992년 수교 이후 2010년대 중반까지 한중 양국은 유례가 없을 정도로 서로에게 접근했다. 1998년 파트너십, 2003년 전면적 협력 파트너십, 2008년 전략적 협력 파트너십, 그리고 2013년 미래비전 공동성명이 보여준 바와 같이 [전략적] 파트너십은 그와 같은 상호접근의 의도와 자세를 담아내는 적절한 틀이 되었다. 하지만 2016년 여름 이후 한국의 사드 배치를 둘러싼 양국 간 갈등은 파트너십을 한순간에 기능 부전에 빠뜨렸다. 물론, 사드 갈등만이 파트너십을 정체시킨 것은 아니었다. 2000년대 후반 이후 양국의 대북정책 기조 사이에 불일치가 증대된 것도 한몫했다. 게다가, 미중 전략 경쟁이 심화하면서 한중 간 파트너십은 거의 유명무실해졌다. 결국, 한중 파트너십은 외교·안보적 이해관계의 대립에 취약했다.

　첫째, 한중 파트너십은 서로 이질적인 가치·규범의 존재를 전제로 발전해 왔다. 따라서 가치·규범 문제는 중요한 현안이 아니었다. 물론 양국 정부 사이에는 공식적인 수사와 실제 현실 간, 체제·이념 간, 인식·가치관·규범 간의 적지 않은 괴리가 존재했으며 이는 상호 불신 내지 전략적 불신으로 이어지기 쉬웠다(강준영 2018, 252). 하지만, 양측은 정치와 경제를 분리함으로써 그러한 괴리를 극복하려고 노력했다. 하지만, 북한 문제를 둘러싼 이견이 커지고 미중 전략 경쟁의 압력도 거세지면서 한국 측은 보편적인 가치·규범, 민주주의 국가 간 연대, 동맹국 및 우호국과의 안보 파트너십 강화를 내세우기 시작했다. 중일관계에서 정경분리 원칙이 유지되고 있는 것과 대조적이었다.

41　경제적인 측면에서 신남방정책의 전략적 목표 가운데 하나는 중국의 사드 보복으로 드러난 한국 경제의 대중 무역 의존도를 낮추는 것이었다. 하지만, 한-아세안 교역이 큰 폭으로 증가했음에도 불구하고 한중 교역이 더욱 증가함으로써 의존도에 큰 변화는 없었다.

둘째, 협력의 포괄성 측면에서 한중 파트너십은 불균형이 두드러졌다. 양국 관계는 경제·통상, 사회·문화, 정치·안보 분야 순으로 발전해 왔다. 경제교류·협력이 최대주의라면 정치·안보는 북한 및 한미동맹 문제를 의식하여 최소주의를 추구했다. 그 전제에는 경제교류·협력이 정치·안보협력으로 이어질 것이라는 기능주의적 발상도 존재했다. 하지만, 정치·안보적 갈등·대립은 쉽게 경제 및 사회·문화 분야로 파급되었다. 예를 들어 안보 문제인 사드 갈등은 중국의 경제보복과 한한령으로 전이되었다. '전략적'의 의미가 관계의 장기적 안정성을 확보하는 것이었다면 중국 측의 보복 조치는 전략적 파트너십을 사실상 부정하는 것으로 볼 수도 있었다.

셋째, 한중 경제적 파트너십은 지역 다자주의 협력에 일정 부분 기여한 것으로 평가할 수 있었다. 경제·통상 분야에서 양측은 서로를 중요한 공동 번영의 파트너로 간주했다. 양측의 협력도 공통 목표 설정, 제도 및 체제 정비, 대화·협력의 틀 마련 등 높은 수준으로 제도화되었다. 특히, 한중 FTA 체결은 동아시아 지역 경제통합에도 적지 않게 이바지했다. 다만, 동아시아 지역주의의 틀_EAS, RCEP 등_을 논의하는 과정에 한중 양국 사이의 파트너십이 얼마나 발휘되었는지는 불분명했다. 또한, 한국의 신남방정책과 중국의 일대일로 구상 사이에서 조화를 모색한다는 양측의 입장도 수사에 그친 감이 없지 않았다.

넷째, 이상을 고려하면 한중관계의 실질적 공고함에 대해서는 높게 평가하기 힘들다. 게다가 양국 사이 국력의 비대칭성도 갈수록 확대되고 있다. 경제력은 1992년 GDP 1.4배_한국 3,380억 달러, 중국 4,880억 달러_에서 2020년 9배_1조 6,370억 달러, 14조 7,222억 달러_로 확대되었고, 군사력은 1992년 국방비 1.1배_169억 달러, 152억 달러_에서 2020년 4.5배_480억 달러, 2,090억 달러_로 확대되었다. 이러한 비대칭성은 양국 간 관계를 위계적, 수직적으로 만들기 쉽다. 중국 측의 사드 보복에 한국 길들이기의 의도가 전혀 없었다고 말하기는 어렵다.

최근의 현안은 더욱 중대하다. 윤석열 정부는 한미동맹의 포괄적 전략 동맹화, 그리고 미중 사이의 전략적 선명성을 강조하기 시작했다. 일본 정부와 유사하게 미국의 대중 견제 전략에 적극적으로 동참하는 듯한 행보를 보인다. 특히, 한미일 지역안보협력 강화는 물론 QUAD 참여, 북핵 위협에 대응한 사드 추가 배치 및 미일 양국의 MD 체제 참여 가능성까지 시사하고 있다. MD 체제 참여는 '3불 원칙'의 부정을 의미한다. 이에 대해 중국 측은 한국의 QUAD 참여, 한국의 '3불 원칙' 이행, 인도·태평양전략 참여, 미국 주도의 핵심 공급망 참여 등의 여부를 예의 주시하고 있다.[42] 향후 중국 측이 고강도의 외교적, 군사적, 물리적 압박을 실행할 여지도 없지 않다. 양측 모두 고도의 전략적 유연성이 요구되는 시점이다.

---

42 중국 측은 2023년 5월 윤석열 정부에 대해 '4불가(不可)' 방침을 통보했다. 류진쑹 외교부 아주사 사장(아시아 담당 국장)을 서울에 파견해 전달했다: ①중국의 핵심이익 개입 시 협력 불가_하나의 중국 원칙, 즉 대만 문제에 개입하지 말 것_, ②한국의 친미·친일 일변도 외교정책 지속 시 협력 불가_중국을 대상으로 한 한미일 군사동맹 반대_, ③한중관계 긴장 지속 시 고위급 교류_시진핑 주석 방한 포함_ 불가, ④악화한 정세 아래 한국의 대북 주도권 행사 불가_한반도 및 북한 핵·미사일 문제와 관련하여 중국은 협력하지 않을 것_(한겨레신문 2023.5.31).

참고문헌

21세기 평화연구소 편『한중 수교 30년』(서울: 화정평화재단).
강준영(2018) "한·중 전략적 협력 동반자관계 구축 10년, 이상과 현실,"『중국연구』제77권, pp.243-262.
국민외교아카데미(2022) "전략적 동반자관계와 포괄적 동반자관계: 2022년 한국 수교 관계의 현주소와 외교관계 명칭 알아보기," https://blog.naver.com/knda_academy/222891337467
김경숙(2019)『신남방정책 추진의 전략적 환경과 과제』(서울: 국가안보전략연구원).
김동찬(2022) "한중 간 상호 인식 변화의 원인 분석과 전망,"『한중사회과학연구』제20권 제3호, pp.71-97.
김주삼(2011) "한·중 수교 18주년 평가와 '전략적 협력동반자관계' 분석,"『국가안보와 전략』제11권 1호, pp.93-129.
김한권(2022) "한중 외교관계 30년: 회고와 전망,"『국제지역연구』31권 2호, pp.35-78.
김흥규(2008) "한·중 '전략적 협력동반자관계' 형성과 한중관계,"『주요국제문제분석』외교안보연구원
_____(2009) "중국의 동반자외교 소고: 개념, 전개 및 함의에 대한 이해,"『한국정치학보』제42집 2호, pp.??
_____(2014) "중국국가 주석 시진핑의 2014년 방한과 한중관계,"『전략연구』통권 제64호, pp.63-89.
_____(2019) "문재인·시진핑 시기 한중 군사관계: 평가와 제언,"『한국국가전략』제4권 3호, pp.61-89.
_____(2021) "미중 전략 경쟁의 전개와 보고서의 함의," 김흥규·이왕휘·이승주·조양현·이창주·이상현·정재홍·부형욱·차두현『미국 바이든 행정부 시대 미중 전략 경쟁과 한국의 선택 연구』(서울: 대외경제정책연구원), pp.9-28.
노병석(2013)『한국 외교안보정책과 한중관계 변화에 관한 연구: 노무현·이명박 정부의 대미·대북정책을 중심으로』(경남대학교 박사학위 논문).
대한민국 외교부(2016) "THAAD 관련 동향,"『E-중국이슈』94호, 동북아국 동북아 2과.
동아시아문화센터·아주경제·한중수교30주년기념사업준비위원회 편저(2022)『한중 30년: 새로운 미래를 향해』(서울: 동아시아문화센터).
리단(2015) "시진핑(習近平) 시기 중국의 한반도 전략 패러다임 분석,"『평화학 연구』제16권 3호, pp.7-25.
문흥호(2013) "한중 전략적 협력과 한반도 신뢰프로세스,"『중소연구』제37권 제3호, pp.81-100.
민귀식(2012) "한중수교 이후 양국 국민의 상호 인식 변화,"『동아시아브리프』7권 2호, pp.87-90.
박병광(2019) "한중관계 상호 인식 및 현황과 협력 방향: 비핵화와 미중분쟁 이슈를 중심으로,"『한국국가전략』통권 11호, pp.33-60.
박용수(2020) "미중 패권 경쟁과 문재인 정부의 대응 전략,"『한국동북아논총』제25집 제1호, pp.5-27.
박창희(2022), "한중 군사관계 30년: 회고와 전망, 그리고 발전 방안,"『국제·지역연구』31권 2호, pp.79-107.
서승원(2014) "박근혜 정부와 아베 정권의 한·일 관계, 그리고 야스쿠니 참배의 후폭풍," 김영근·서승원 엮음『저팬리뷰 2014: 일본의 변용』(서울: 인터북스), pp.20-55.

_____(2017) "박근혜 정부 시기 한국의 대 중국 전략적 사고에 관한 고찰,"『아세아연구』제60권 2호, pp.114-149.
_____(2020) "한국과 일본의 대 아세안 안보 정책: 신남방정책과 자유롭고 개방된 인도·태평양 비전, 그리고 역외 중간국의 전략적 영향력,"『비교 일본학』제48집, pp.57-80.
손열(2017) "AIIB와 한국의 선택," 서울대 아시아연구소 미중관계연구센터 (편)『미·중 사이 한국의 딜레마』, pp.17-30.
송세관(2017) "THAAD 배치와 한중관계 발전 방향,"『전략연구』통권 제72호, pp.87-114.
왕샤오커(2017) "'사드'문제와 한중관계의 구조적 문제점,"『북한연구』제13권 2호, pp.137-163.
우정엽(2017) "대응 미숙으로 정치 문제화된 THAAD 배치," 서울대 아시아연구소 미중관계연구센터 (편)『미·중 사이 한국의 딜레마』(서울: 코보), pp.47-58.
이동률 외(2010)『경제·인문사회연구회 대중국 종합연구 연구총서: 중국인의 한국 인식과 한국의 대중국 공공외교 강화 방안』(서울: 동아시아연구원).
이동률(2017) "남중국해 갈등과 한국의 선택," 서울대 아시아연구소 미중관계연구센터 (편)『미·중 사이 한국의 딜레마』, pp.75-91.
이명박(2015)『대통령의 시간』(서울: 알에이치코리아).
이민규(2017) "중국의 국가핵심이익 시기별 외연 확대와 구체적인 이슈,"『중소연구』제41권 제1호, pp.41-75.
이성일(2010) "중국의 한반도정책과 한중 '전략적 협력 동반자관계'의 의미: 중국 측 시각을 중심으로,"『사회과학연구』제49집 1호, pp.185-224.
이성현(2020) "김정은·시진핑 다섯 차례 정상회담 복기를 통해 본 당대 북중관계 특징과 한반도 지정학 함의,"『세종정책브리프』No. 2020-05 (세종연구소).
이정남(2009) "중국의 전략적 동반자외교에 대한 이해와 한중관계,"『평화 연구』제17권 제2집, pp.100-121.
_____(2017) "미중 경쟁시대에 한국의 중국에 대한 인식과 정책,"『아세아 연구』제60권 2호, pp.82-112.
이정진(2021) "한중, 6년 만에 '2+2' 격상해 재개키로: 한미 '2+2회의' 의식했나,"『연합뉴스』4월 3일, https://www.yna.co.kr/view/AKR20210403052900504?input=1179m
이제훈(2023) "중, 윤석열 정부에 '4 불가' 통보: 추가 갈등·충돌 우려도,"『한겨레신문』5월 31일.
이창주(2021) "중국 일대일로 전략과 미중 경쟁," 김흥규 외『미국 바이든 행정부 시대 미중 전략 경쟁과 한국의 선택 연구』, pp.165-208.
이희옥(2016) "정책 신뢰를 강화한 한중관계," 이희옥·먼홍화 (편)『동북아 정세와 한중관계』(서울: 성균관대학교출판부), pp.12-25.
_____(2022a) "한중 '전략적 협력동반자관계'의 딜레마: 한중수교 30년의 평가,"『중국학연구』제100집, pp.553-586.
_____(2022b) "옷소매 한 자락의 한중," 21세기평화연구소 편『한중 수교 30년』(서울: 화정평화재단).
위안잉(2019) "사드 갈등 이후 중국의 한국에 대한 인식,"『JPI정책포럼』No.2019-09.
_____(2022) "한중 청년세대의 상호 인식에서 본 한중 인문교류 30년을 향한 새 과제,"『성균차이나브리프』10권 1호, pp.115-121.

정종호 편(2022)『한중 수교 30년, 평가와 전망』(서울: 21세기북스).
조영남(2011) "한·중관계의 발전 추세와 전망: 바람직한 중국 정책을 위한 시론,"『국제지역연구』 제20권 제1호, pp.89-123.
_____(2022) "한·중관계 30년의 분석과 평가,"『국제지역연구』 31권 2호, pp.1-33.
정재호(2011)『중국의 부상과 한반도의 미래』(서울: 서울대학교출판문화원).
정환우·강준영(2012) "한중 FTA의 의의와 과제,"『대만연구』 제3호, pp.141-157.
정환우(2022) "한중 경제통상관계 30년 회고와 전망,"『국제·지역연구』 31권 2호, pp.109-140.
주민욱(2020) "중국 신문보도에 나타난 한중관계 위협요인 분석: 한반도 사드 배치 문제를 중심으로,"『한국동북아논총』 제25집 제2호, pp.171-188.
주재우(2022) "한중관계에서 북한 요인이 주는 전략적 함수관계 연구,"『중국지역연구』 제9권 제3호, pp.55-86.
주중국 대한민국 대사관(2023) "한중관계: 정치·안보, 한·중 교류 현황," https://overseas.mofa.go.kr/cn-ko/wpge/m_1225/contents.do (검색: 2023년 5월 30일).
차정미(2019) "중국의 동북공정에 대한 한국학계의 인식분석: 정체성 정치를 중심으로,"『문화와 정치』 6권 1호, pp.199-231.
최종건(2017) "주한미군의 THAAD 배치 수용과 한국의 딜레마," 서울대 아시아연구소 미중관계연구센터 (편)『미·중 사이 한국의 딜레마』, pp.59-73.
판빈빈(2016) "한·중 FTA의 전략적 사고: 중국의 시각," 아주대학교 대학원 정치외교학과 석사학위 논문.
한석희(2018) "사드 갈등과 한·중관계의 신창타이: 외교·안보를 중심으로,"『동서연구』 제30권 1호, pp.63-81.
한·중 공동연구팀(2005)『한·중 경제통상협력 비전 공동연구 보고서』 (11월), https://www.mofa.go.kr/www/brd/m_4080/view.do?seq=292473&srchFr=&srchTo=&srchWord=&srchTp=&multi_itm_seq=0&itm_seq_1=0&itm_seq_2=0&company_cd=&company_nm= (검색일: 2023.5.31.)
周方銀(2013) "美國的亞太同盟體系與中國的應對,"『世界政治經濟』 11, pp.4-13.

Han, Xian-dong(2013) "Rethinking China-ROK Strategic Cooperative Partnership Relation: How to Substantialize It,"『전략연구』 통권 제60호, pp.39-68.
Hwang, Suyoung and Seungwon Suh(2022) "South Korea's Evolving Balanced Diplomacy and China: A Discourse and Big Data Analysis of President Moon Jae-in's Perception,"『동서연구』 제34권 2호, pp.199-234.
Pardo, Ramon Pacheco(2019) "South Korea holds the Key to Indo-Pacific," The Hill, August 18, https://thehill.com/opinion/international/457542-south-korea-holds-the-key-to-the-indo-pacific/
Westad, Odd Arne(2021) *Empire and Righteous Nation: 600 Years of China Relations* (Cambridge: Harvard University Press).
Wilkins, Thomas S.(2019) *Security in Asia Pacific: The Dynamics of Alighment* (Boulder: Lynne Rienner Publishers).

5장

중국과 아세안
: 포괄적 전략적 파트너십의 명과 암

1. 들어가는 말

동아시아 역내 국제관계에서 파트너십이 가장 활발하게 전개된 것은 중국-아세안 관계였다.[1] 중-아세안 양측은 1991년 부분 대화 파트너 관계를 수립한 다음 1996년에는 이를 완전 대화 파트너 관계로 격상했다. 이를 효시로 양측은 파죽지세(破竹之勢)처럼 서로에 대한 관계의 수준을 높이기 시작했다. 1997년 12월의 '선린우호·상호신뢰 파트너십', 2003년 10월의 '평화와 번영의 전략적 파트너십', 그리고 2021년 11월의 '평화, 안보, 번영, 지속 가능한 발전의 포괄적 전략적 파트너십'이 그것이었다. 그에 더해 중국과 아세안 회원국들도 1999년에서 2000년까지 각각 양자 간 파트너십을 합의한 다음, 2000년대 초반부터 최근에 이르기까지 대부분 전략적 파트너십에 합의했다.[2]

웨이링(Wei Ling 2022, 39-40)은 21세기 초 상호 접근이라는 양측의 전략적

---

[1] 이 책에서는 '아세안'을 지역 기구로서의 아세안과 아세안 개별회원국을 모두 포함하는 개념으로 사용한다. 다만, 별도의 표기가 없는 한 아세안은 지역 기구로서의 아세안을 지칭한다.

[2] 2023년 현재까지 중국은 싱가포르/필리핀과 파트너십을, 그 외의 모든 아세안 회원국들과는 포괄적 전략적 파트너십 또는 포괄적 전략적 협력 파트너십에 합의했다.

결정, 그중에서도 2003년 중-아세안 전략적 파트너십 수립과 중국의 동남아시아우호협력조약(TAC) 서명 등을 계기로 중-아세안 전략적 파트너십이 황금시대(golden decade)를 맞이하게 되었다고 지적한다. 당시 중국의 최우선 과제는 비대립적인 파트너십을 구축하고 서방의 경제제재를 돌파하며 개혁·개방을 위한 안정적인 국제 환경을 조성하는 것이었다. 아세안은 캄보디아 내전 이후 동남아시아의 정치적 안정을 달성하고 냉전 종언 이후 지역 질서 변화에 대응하기 위해 중국을 '아세안+' 대화체에 참여시키고자 했다. 아세안 회원국들은 중국의 경제발전이 자국의 경제발전과 지역 경제공동체 구축을 위해서도 유용할 것으로 보았다.

장기적인 시점에서 보면 양측이 [전략적] 파트너십을 관계 발전의 기본 틀로 설정한 점은 주목할 만했다. 그에 앞선 냉전 시기 중-아세안 관계는 우호적이기보다는 대립적이었다. 태국, 인도네시아, 싱가포르, 필리핀, 말레이시아 5개국이 1967년에 아세안을 창립한 것은 베트남전쟁을 비롯한 동남아시아의 공산주의 세력 확장에 대응하기 위해서였다. 일종의 반공연대였다. 당시 중국은 급진적 이데올로기 노선에 경도되어 국내적으로는 문화대혁명을 추진하고, 대외적으로는 제3세계 공산주의 세력을 활발하게 지원했다. 중국은 아세안을 반중국, 반공산당, 반혁명 조직이며 미 제국주의의 도구로 비난하면서 반정부 공산주의 무장세력을 지원하기도 했다.

이러한 대립적 관계는 중국이 개혁·개방을 천명한 1980년대 이후 우호적으로 변화하기 시작한다. 덩샤오핑 정부는 실용주의 노선을 내걸면서 아세안과의 관계 개선을 추진했다. 특히, 1980년대 후반과 1990년대 초반 냉전의 종언, 그리고 중국 톈안먼사건은 양측 간 관계를 크게 개선시켰다. 웨이링도 언급한 것처럼 톈안먼사건 직후 서방 국가의 경제제재에 직면한 중국은 외교적 고립을 탈피하고 개혁·개방 노선을 추진하기 위해 특히 동아시아 주변국들과의 외교관계를 정상화 또는 강화했다. 중국이 1990년에 싱가포르, 1991년에 베트남, 그리고 1992년에 한국과 국교를 정상화한 배경이었다. 이즈음 베트남(1995년), 라오스, 미얀마(이상 1997년), 캄보디아(1999년)의 가입으로 아세안은 10개국 체제로 이행했다.

아래에서는 먼저 2절에서 중-아세안 간 파트너십, 전략적 파트너십, 그리고 포괄적 전략적 파트너십이 어떻게 수립되었으며 각각의 공동선언·성명이 담은 주된 내용을 살펴본다.[3] 3절은 중국의 장쩌민 정부, 후진타오 정부, 그리고 시진핑 정부가 아세안에 대한 파트너십 외교를 어떻게 전개했는지를 개략적으로 검토한다. 파트너십이란 틀에 역대 정부의 대외전략 목표가 어떻게 투영되는지를 확인할 수 있다.

4절은 중-아세안 파트너십의 근간인 경제문제를 다룬다. 무역·투자 관계, 중-아세안 자유무역지대(ACFTA) 체결과 역내포괄적경제동반자협정(RCEP) 타결, 그리고 일대일로 구상과 아세안연결성마스터플랜(MPAC) 간의 시너지 모색 등이 포함된다. 5절은 주로 아세안의 입장에서 중-아세안 정치·안보 관계를 다룬다. 주된 사례는 남중국해 영유권 문제, 무기 이전 문제, 그리고 '인도·태평양에 대한 아세안의 관점'(AOIP)이다. 마지막의 6절은 중-아세안 파트너십의 기본적인 성격을 정리한 다음 향후 전망을 논한다.

2. 회고: 파트너십, 전략적 파트너십, 그리고 포괄적 전략적 파트너십으로

파트너십을 관계 발전의 기본 틀로 설정하다

중-아세안 간 공식 관계를 향한 움직임은 1988년 11월 중국 리펑(李鵬) 총리의 태국 방문이 중요한 계기가 되었다. 당시 리펑 총리는 모든 아세안

---

[3] 중국의 [전략적] 파트너십 외교에 대한 국내의 연구는 어느 정도 이루어져 왔으나 중국-아세안 간 [전략적] 파트너십 연구는 찾아보기 어려웠다. 다만, 중-아세안 정치·안보 및 경제 관계를 종합적, 포괄적으로 다룬 민귀식(2023a; 2023b)은 많은 도움이 되었다.

회원국과의 관계를 형성, 복원, 발전시키겠다는 취지를 강조했다. 그에 이어 말레이시아는 1991년 7월 제24차 아세안장관회의(쿠알라룸푸르)에 중국의 첸치천(錢其琛) 외교부장을 초청했다. 양측의 '부분 대화 파트너' 관계 수립은 바로 이 장관회의를 통한 것이었다. 그 후 양측은 1993년 9월 과학·기술협력위원회 및 경제·통상협력위원회의 설립에 합의하고, 1994년 7월에는 위 두 위원회의 설립을 공식화했다. 그리고 그로부터 5년 뒤인 1996년 7월 양측 간 관계는 제29차 아세안장관회의(자카르타)에서 '완전 대화 파트너'로 격상되었다.

이로 보면 중국이 아세안 대외관계의 핵심 기제인 '대화 파트너십'에 참여함으로써 양측 간 공식 관계가 시작된 것을 알 수 있다. 일반적으로 아세안은 대화 파트너십에 대해 다음과 같은 의도를 갖는다. 아세안은 동남아시아 지역의 평화와 안정을 위해 대화 파트너들과 협력하고자 한다. 여기에는 영토·영유권 문제 및 전통 및 비전통 안보 위협에의 대응이 포함된다. 경제교류·협력도 대화 파트너십의 불가결한 요소이다. 아세안은 대화 파트너와의 경제적 유대, 무역 및 투자를 확대·강화를 추구한다.

대화 파트너와의 인적, 문화적·사회적 교류는 상호 이해를 구축하고 긴밀한 관계를 조성하는 데도 도움이 된다. 아세안은 대화 파트너들이 경제공동체 등 지역통합을 향한 아세안의 노력을 지원해 주기를 바란다. 아세안은 인도적 지원 및 재난 구호 등에 있어서도 대화 파트너와 협력하기를 원한다. 또한, 아세안은 대화 파트너와 정치적 대화를 통해 지역 및 글로벌 문제를 논의하고자 한다.

〈표 5-1〉 중국-아세안 관계 전개

연월	내용
1988년	중-베트남 스프래틀리 해전(3월), 중국 리펑 총리 태국 방문(11월)
1991년	중-아세안 부분 대화 파트너 관계 수립(7월)
1995년	베트남, 아세안 가입(7월)
1996년	중-아세안 완전 대화 파트너 관계 수립(7월)
1997년	라오스, 아세안 가입(7월), 미얀마, 아세안 가입(7월)

1997년	중-아세안 정상회의 및 파트너십 수립(12월)
1999년	캄보디아, 아세안 가입(4월)
2001년	중국, 중-아세안 자유무역지대(ACFTA) 제안(11월)
2002년	중-아세안 포괄적 경제협력 기본협정 서명(11월), 중-아세안 DOC 서명(11월)
2003년	중-아세안 전략적 파트너십 수립(10월), 중-아세안 TAC 서명(11월)
2004년	중-아세안 엑스포(난닝) 개최(11월)
2005년	중-아세안 FTA 상품협정 발효
2007년	중-아세안 FTA 서비스협정 발효
2009년	중-아세안 투자협력기금(250억 달러 규모) 조성 발표
2010년	중-아세안 투자협정 발효
2011년	중-아세안 DOC 가이드라인 채택(7월)
2012년	아세안 외교장관회의 공동성명 미발표(7월). 역내포괄적경제동반자협정(RCEP) 협상 개시(11월)
2013년	중국 시진핑 주석, 21세기 해상 실크로드 건설 언급(자카르타)(10월)[4]
2015년	중-아세안 FTA 업그레이드 합의(의정서 채택). 중국, 일대일로 구상 공식 발표(3월). 란창-메콩 협력 외교장관회의 개최. 시진핑 주석, 인류운명공동체 연설(9월)
2016년	AIIB 설립(1월). 상설중재재판소(PCA), 남중국해 관련 필리핀 주장 인정(7월)
2017년	중-아세안, 일대일로 구상과 MPAC 2025 시너지 공동성명(11월). 중-아세안, COC 협상 개시 선언(11월)
2018년	중-아세안 전략적 파트너십 비전 2030 발표(11월)
2019년	아세안, 인도·태평양에 대한 아세안의 관점(AOIP) 발표(6월). 역내포괄적경제동반자협정(RCEP) 타결(11월)
2021년	중-아세안 포괄적 전략적 파트너십 수립(11월). 시진핑 주석 중-아세안 특별정상회의에서 운명공동체 연설(11월)

그리고 완전 대화 파트너십 수립 1년 뒤인 1997년 12월 장쩌민 주석과 아세안 회원국 정상들 사이에 최초의 비공식 중-아세안 정상회의(쿠알라룸푸르)가 개최되었다. '아세안+1' 메커니즘이었다. 이 정상회의를 통해 발표된 것이 「중화인민공화국 주석과 아세안 회원국 국가/정부 정상회의 공동성명: 21세기를 향한 중국-아세안 협력」이었다. 앞서 언급한 선린우호·상호 신뢰 파트너십 공동성명을 말한다. 이 합의는 양측 간 관계의 전반적인 발전을 위한 틀을 마련하고 방향을 설정했다는 점에서 크나큰 의의가 있었다 (Saw, Sheng and Chin 2005, 2).

---

4 2013년 10월 중-아세안 정상회의에서 리커창 총리가 제안한 것으로 전략적 상호신뢰 구축과 경제협력이라는 두 가지 기본방향 아래 다음 7가지 협력 방안 추진을 내용으로 한다: ①중-아세안 TAC 체결, ②중-아세안 FTA 업그레이드, ③RCEP 논의 심화, ④합동 인프라 프로젝트 촉진, ⑤지역 금융 협력 강화, ⑥해양 협력 강화, ⑦중-아세안 문화·과학·환경협력 증진(오윤아 외 2017, 9).

그렇다면 중-아세안 파트너십 공동성명은 어떤 내용을 담고 있었을까? 공동성명은 비교적 간결하지만 뚜렷한 방향성을 제시했다(자료 5-2). 첫째, 공동성명은 강력한 규범 지향성을 지니고 있었다. 양측 간 관계를 규율하는 기본 규범으로 제시된 것은 유엔헌장, 동남아시아우호협력조약(TAC), 평화공존 5원칙, 그리고 보편적으로 인정된 국제법이었다. 이 가운데 특히 중시된 것은 독립, 주권, 영토보전의 상호 존중과 내정불간섭이었다. 참고로, 같은 시기에 발표된 한국-아세안 파트너십 공동성명과 일본-아세안 파트너십 공동성명은 이러한 규범들에 대해 언급하고 있지 않다.

둘째, 공동성명은 정치·안보 분야에서 고위급 교류의 확대 및 대화·협력 메커니즘 강화를 통한 이해와 호혜의 증진, ARF를 비롯한 지역 및 국제무대에서의 협력 강화, 남중국해 분쟁 등에 대한 위협이나 무력 사용이 아닌 평화적 수단을 통한 해결, 평화·자유·중립 지대를 구축하려는 아세안의 노력에 대한 중국의 지지 표명, 중국의 평화적 부상에 대한 아세안 측의 평가, 아세안의 '하나의 중국' 정책 견지 표명 등을 거론했다. 이 시점 이후 아세안 주도 메커니즘에 대한 중국 측의 지지는 일관되게 유지되었다. 남중국해 영유권 문제에 관한 양측 간 협의도 이후 일정 부분 진전되기 시작했다.

셋째, 경제·통상 분야에서는 국가·지역의 번영을 달성하기 위한 양자 및 다자 차원 협력 강화, 양측 간 무역과 투자 그리고 시장 접근 촉진 강화, 양측의 WTO 조기 가입에 대한 상호 지지, 지역 금융 안정 촉진, 아세안 측의 자금 조달 패키지에 관련된 중국의 기여에 대한 평가 등이 거론되었다. 공동성명은 동아시아 외환위기가 본격화되던 시점에 발표되었다. 중국은 위안화 환율 유지, 금융 부문 개혁, 재정 투자, 무역 다변화, 각종 지역경제 구상 등에 적극 참여함으로써 동아시아 지역의 안정화에 적지 않게 이바지했다.

파트너십 공동성명 이후 양측은 관계 발전을 위해 발 빠른 행보를 보였다. 무엇보다 중국과 아세안 일부 회원국 사이에 대립을 야기했던 남중국해 영유권 문제가 진정 국면으로 들어선 것이 긴요했다. 중국과 베트남은 육상국경지역조약(1999년 12월) 및 통킹만 수역에 대한 국경한계선 확정(2000년 3월)에 서명했다. 미스치프암초(Mischief Reef)와 스카보로암초(Scarborough Shoal)를 둘러싸고 대립하던 중국-필리핀 관계도 필리핀 아로요(Gloria Macapagal-Arroyo) 대통령의 중국 방문으로 호전되기 시작했다. 그리고 중국 후진타오 정부는 2002년 11월 아세안 역외 대화 파트너 가운데 최초로 「남중국해 당사국 행동선언」(DOC)에 서명했다(자료 5-3). 중국은 같은 시기 「중-아세안 비전통 안보 분야 협력 공동선언」에도 서명했다. 후진타오 정부가 아세안과의 파트너십을 추진하기 위해 몇 가지 중요한 전향적 조치를 취한 것이다.

경제교류·협력에 대한 후진타오 정부의 적극적인 행보도 주목할 만했다. 중국 측은 2001년 11월 중-아세안 정상회의에서 중-아세안 자유무역지대(China-ASEAN Free Trade Area, ACFTA)를 정식으로 제안한 데 이어 아세안 측의 동의까지 이끌어냈다. 양측은 2002년 11월에는 「중-아세안 포괄적 경제협력 기본협정」(Framework Agreement on ASEAN-China Comprehensive Economic Cooperation)에 서명했다. 그리고 2003년 양측은 ACFTA 공식 협상에 돌입했다. 2010년까지 중국과 아세안 6개국_브루나이, 인도네시아, 말레이시아, 필리핀, 싱가포르, 태국_ 간, 2015년까지 중국과 나머지 아세안 4개국_캄보디아, 라오스, 미얀마, 베트남_ 간 FTA 협상을 타결한다는 목표였다.

비동맹적, 비군사적, 비배타적 전략적 파트너십을 천명하다

중-아세안 양측은 2003년 10월 제7차 중-아세안 정상회의(발리)에서 「평화와 번영의 전략적 파트너십에 관한 중화인민공화국과 아세안 회원국 국가/정부 정상들 공동선언」을 발표했다(자료 5-4). 파트너십의 전략적 파트너십으로의 격상이었다. 이와 동시에 중국은 동남아시아우호협력조약(TA

C)에도 서명했다. 전략적 파트너십 공동선언과 TAC 서명은 경제 분야는 물론 정치·안보 분야의 관계를 한층 더 강화할 수 있는 토대가 되었다.

아세안 역외 대화 파트너 가운데 TAC에 가입한 것은 중국이 처음이었다. TAC는 아세안의 핵심적인 안보 프로토콜로서 내정불간섭, 영토보전, 무력 사용 불가 등을 명시한 것이었다. 이 조약은 조약 서명국 간 분쟁이 발생할 경우 당사자 간 직접 협상을 통해 문제를 해결하며, 협상이 어려울 경우 고위급 위원회에의 조정, 중재, 화해 등을 통해 문제를 해결하도록 하고 있다. 아세안사무국(ASEAN Secretariat 2020, 1-2)은 중국의 TAC 서명이 역내 국가 간 관계의 행동강령인 TAC의 위상을 높이는 데 기여했다고 평가했다. 또한, 중국은 핵무기 보유국으로는 처음으로 동남아시아비핵지대조약(SEANWFZ)에 가입하겠다는 의사를 표명했다.

중-아세안 간 전략적 파트너십은 획기적인 사건이었다. 중국으로서는 지역 기구와 합의한 최초의 전략적 파트너십이었다. 아세안으로서도 역외 대화 파트너와의 최초의 전략적 파트너십이었다.[5] 게다가 중-아세안 전략적 파트너십은 일-아세안, 한-아세안을 비롯한 아세안과 아세안 역외 대화 파트너 간 전략적 파트너십의 확산에 결정적인 촉매 역할을 했다. 그리고 무엇보다 주목할 만한 부분은 전략적 파트너십의 성격을 규정한 공동선언 4항이었다. 그 지향점은 기존의 군사동맹과 구별되며 경제·사회문화 협력에 중점을 두는 개방된 성격의 새로운 제휴 관계였다.

> 우리는 평화와 번영을 위한 전략적 파트너십 구축의 목적이 21세기 중국-아세안 협력관계를 포괄적인 방식으로 심화·확대하여 중국과 아세안 간 우호 관계, 호혜 협력, 그리고 선린우호를 촉진하고, 이를 통해 지역의 장기적인 평화, 발전, 그

---

5 아세안이 전략적 파트너십 수립에 합의한 대화 파트너는 중국(2003년), 일본(2005년), 한국(2010년), 인도(2012년), 호주(2014년), 뉴질랜드(2015년), 미국(2015년), 러시아(2018년), EU (2020년)이다.

리고 협력에 더욱 기여하는 데 있음을 선언한다. 이 전략적 파트너십은 비동맹적, 비군사적, 비배타적이며 참가 당사자들이 그 외의 제3자와 전방위적인 우호 및 협력관계를 발전시키는 것을 방해하는 것은 아니다.

전략적 파트너십 공동선언은 1997년 파트너십 공동성명과 마찬가지로 유엔헌장, TAC, 평화공존 5원칙, 그 외 보편적으로 인정된 국제관계 규범 등을 기본 규범으로 제시했다. 그리고 그간의 정치적, 경제적, 안보적, 지역 및 국제 문제 협력의 성과_중국의 TAC 서명, 포괄적 경제협력 기본협정 서명, DOC 서명, 아세안 주도 대화 메커니즘 및 기타 국제 무대 협력_를 평가했다. 그에 이어 정치 협력, 경제협력, 사회 협력, 안보협력, 지역 및 국제 협력에 초점을 맞춘 포괄적인 과제들이 나열되었다.

예를 들면, 정치 협력에서는 고위급 교류·접촉 및 대화·협상 메커니즘 강화, 중국의 SEANWFZ(동남아시아비핵지대조약) 가입 문제에 대한 협의 진행이 제시되었다. 경제협력에서는 2005년까지 쌍방향 무역액 1,000억 달러 달성, 중-아세안 FTA 협상 가속화 및 2010년 동 FTA 체결 노력, 그리고 아세안 역내 개발 격차 해소를 위한 중국의 지원 등을 담았다. 중-아세안 FTA 체결을 공식화한 것은 그동안 지지부진했던 동아시아 역내 경제통합의 가속화에 새로운 활력을 불어넣는 것이었다(윤영덕 2005, 296). 사회 협력에서는 사스(SARS) 대책 등 보건 협력, 인적·사회문화 교류 활성화가 제시되었다.

안보협력은 비전통 안보협력 확대, 안보 대화 개최, DOC 이행 문제가 포함되었다. 마지막으로 지역·국제 협력에서는 ARF의 핵심적 동력으로서 아세안의 역할에 대한 중국의 지지, 동아시아 지역 경제통합 추진의 주요 채널로서 아세안+3, 라오스와 베트남의 조속한 WTO 가입에 대한 중국의 지지 등이 언급되었다.

정상 간 공동선언 이외에 외교장관 차원에서 전략적 파트너십에 거론된 과제들을 실행에 옮기기 위한 행동 계획(Plans of Action, POA)을 책정하고 주기적으로 그 이행 상황을 점검하게 한 점도 주목할 만했다. 행동 계획은 네 차례에 걸쳐 책정되었다: 제1차(2006-2010년), 제2차(2011-2015년), 제3차(2016-2020년), 제4차(2021-2015년).

한편, 중-아세안 전략적 파트너십 합의 이후 중국과 아세안 개별회원국 간 전략적 파트너십 구축 및 강화도 진행되었다. 2005년 중-인도네시아 전략적 파트너십_2013년 포괄적 전략적 파트너십_, 2006년 중-캄보디아 전략적 파트너십_2010년 포괄적 전략적 협력 파트너십_, 2008년 중-베트남 포괄적 전략적 협력 파트너십, 2009년 중-라오스 포괄적 전략적 협력 파트너십, 2011년 중-미얀마 포괄적 전략적 협력 파트너십, 2012년 중-태국 포괄적 전략적 협력 파트너십, 2013년 중-말레이시아 포괄적 전략적 파트너십, 2018년 중-브루나이 전략적 협력 파트너십 등이었다.

윤영덕(2004, 304-305)은 2000년대 초반 아세안 측이 정치, 안보, 경제 등 제반 분야에서 중국과의 협력을 강화하는 전략적 결정을 한 이유로 다음을 언급한다. 첫째, 중국과의 경제교류·협력을 확대하여 경제발전을 위한 새로운 동력을 확보함과 아울러 미국과 일본 등에 대한 과도한 경제적 의존을 줄일 수 있을 것이라는 기대가 있었다. 둘째, 정치적으로 국제적 지위가 날로 향상되고 있는 중국의 힘을 이용하여 미국과 일본의 동남아시아에서의 영향력을 견제하고자 하는 의도도 존재했다. 중-아세안 양측은 모두 인권 및 민주주의 문제에 대한 서방의 간섭이나 비난에 직면하고 있었다. 셋째, 중국을 아세안이 주도하는 다자간 안보 대화의 틀에 끌어들임으로써 중국의 위협을 완화하고 그에 대해 공동으로 대응하고자 했다.

포괄적 전략적 파트너십으로 나아가다

중-아세안 전략적 파트너십은 2010년대 후반 더 높은 수준을 지향하기 시작했다. 2018년 11월 제21차 중-아세안 정상회의(싱가포르)에서 양측은 전략적 파트너십 수립 15주년을 기념하여 「2018년 전략적 파트너십 비전

2030」을 발표했다. 그에 앞선 제20차 중-아세안 정상회의(마닐라)에서의 합의에 따른 것이었다. 이어 2021년 11월 제23차 중-아세안 정상회의(비디오회의)에서는 「2021년 중국-아세안 대화 관계 30주년 기념 특별정상회의 공동성명: 평화, 안보, 번영, 그리고 지속 가능한 발전을 위한 포괄적 전략적 파트너십」이 발표되었다(자료 5-7). 이것은 동맹을 제외한 최고 수준의 관계 구축 선언이었다.

〈그림 5-1〉 중-아세안 포괄적 전략적 파트너십 수립 발표
(중-아세안 특별정상회의, 2021년 11월 23일, 온라인회의)

출처: Xinhuanet

그렇다면 '포괄적 전략적 파트너십'이란 무엇을 의미할까? 대개 '포괄적'은 다차원적이고 광범위하며 다층적인 협력을, '전략적'은 이념과 사회제도의 차이를 넘어 전반적인 관계의 큰 그림을 그려가는 장기적이고 안정적인 관계를, 그리고 '파트너십'은 평등하고 호혜적이며 상생(win-win)하는 협력을 의미하는 것으로 알려진다. 물론, 이는 개념상의 의미로 중국이 합의한 다양한 [전략적] 파트너십을 뚜렷하게 구분할 수 있는 객관적인 기준이나 정의는 존재하지 않는다. 협력관계, 파트너십, 전략적 파트너십, 포괄적 전

략적 파트너십, 그리고 포괄적 전략적 협력 파트너십으로 나아갈수록 수준이 높아지는 것으로 볼 수 있지만, 그렇다고 해서 이들이 반드시 중요도나 실체의 높고 낮음에 비례하는 것도 아니다(Hoang 2021, 3).

그렇다면, 2021년 포괄적 전략적 파트너십 공동성명은 어떠한 내용을 담고 있을까? 먼저 공동성명 앞부분에서 양측은 중-아세안 대화 관계 30년을 회고하면서 양측 간 관계가 아세안과 아세안 대화 파트너 사이에서 가장 역동적이고 실질적이며 상호이익이 되는 파트너십 가운데 하나라고 평가했다. 관계의 기본 규범에서는 기존에 거론해 온 유엔헌장, TAC, 평화공존 5원칙 이외에 아세안헌장, 호혜적 관계 원칙(발리 원칙), 그리고 동아시아 정상회의 선언에 명시된 원칙, 가치, 규범이 새로이 추가되었다. 코로나 팬데믹과 관련한 양측 간 상호 지지와 협력에 대한 평가도 이루어졌다.

여기서 눈에 띄는 점은 아세안 중심성에 대한 강조이다. 지역 경제 및 안보 아키텍처 형성에 있어서 아세안의 선도적 역할, 그리고 「인도·태평양에 대한 아세안의 관점(AOIP)」 원칙의 재확인이 이루어졌다. AOIP는 아세안 중심성에 대한 강력한 의지, 그리고 미중 전략 경쟁에 대한 분명한 입장을 표명한 것이었다.

공동성명 본문은 전반적인 중-아세안 관계, 정치·안보협력, 경제협력, 사회·문화 협력, 그리고 지역 및 국제 협력으로 구성되었다. 중-아세안 관계에서는 포괄적 전략적 파트너십의 지향점으로 "평화, 안보, 번영, 지속 가능한 발전을 향유하는 개방적이고 포용적이며 지속 가능한 지역의 구축"을 제시했다. 그리고 양측은 지역 아키텍처 안에서의 아세안 중심성을 다시 한번 확인하고 아세안공동체 구축 노력에 대한 중국의 지지를 표명했다. 이어 중국의 일대일로 구상과 AOIP에서 확인한 분야의 협력을 언급했다. 또한, 포스트 팬데믹 시대의 중-아세안 경제협력, 아세안 주도 메커니즘을 통한 정치·안보협력 심화도 언급되었다.

정치·안보협력에서는 기본 규범 및 하나의 중국 정책 재확인, 대화·교류 및 경험 공유를 통한 상호신뢰, 아세안 주도 메커니즘 중시, 아세안헌장을 비롯한 아세안의 제반 선언·조약 중시 등 그동안 자주 언급된 내용이 다시 반복되었다. 이번 공동성명에 새로이 등장한 표현은 ADMM-Plus, ARF 등을 통한 국방교류와 안보협력을 강화한다고 한 부분, 남중국해 문제와 관련해 해양 안보와 안전을 증진한다고 한 부분, 그리고 COC의 조속한 타결을 기대한다는 부분이었다.

경제협력에서는 WTO 등 다자주의 무역 시스템 유지에 대한 공감대 확인, 2022년 1월 RCEP 발효 환영 및 ACFTA 업그레이드를 통한 중-아세안 자유무역지대 강화, 아세안 연결성 마스터플랜과 일대일로 구상 간 시너지 추진, 디지털 경제협력, 에너지-환경-해양 경제협력 등을 언급했다. 이 가운데 눈에 띄는 부분은 아세안 연결성과 일대일로 구상 간의 연계 추진이다.

사회·문화 협력에서는 아세안 통합 이니셔티브 및 개발 격차 해소를 위한 소지역 메커니즘 협력, 기후변화 및 환경, 재난 관리, 인적·문화적 교류, 중-아세안 협력기금 등과 같은 기존의 협력 이외에 이번에 코로나 팬데믹 하의 백신 협력을 비롯한 양측 간 보건 협력 강화가 새로이 추가되었다. 코로나 팬데믹에 즈음하여 중국이 어느 나라 이상으로 아세안 측에 대해 적극적이고 전폭적인 지원을 실시한 점은 주목할 만했다.

마지막의 지역 및 국제 협력 분야는 내용이 상대적으로 적고, 대체로 다른 협력 분야에서 언급한 내용과 중복되었다. 예를 들면, 다자주의 재확인, 개방적이고 포용적인 지역 협력 체제 유지, 아세안 중심성 지원, 제반 규범과 원칙 강조, 국제 무대에서 상호 지지와 협력 등이었다.

참고로, 2018년의 「전략적 파트너십 비전 2030」의 내용 가운데 2021년 포괄적 전략적 파트너십 공동성명에 포함되지 않은 내용이 있었다. 비전 2030은 "아세안은 운명공동체를 구축하려는 중국의 비전을 포함하여 더욱 긴밀한 중국-아세안 협력을 촉진하고자 하는 중국의 노력에 감사를 표한다."라고 기술했다. 시진핑 정부의 '아시아 운명공동체'에 대해 아세안의 몇 몇 회원국은 동조 자세를 보였지만 아세안 차원에서는 수용하지 않은 것으로 보인다. 양측 간 실질적인 국방 협력 심화_특히 양측 해군 간 최초의 연합 해상 훈련 개최_가 언급된 점도 주목할 만했다. 점진적이긴 하지만 안보협력의 영역이 비전통 분야에서 전통 분야로 확대되고 있는 것을 확인할 수 있다. 또한, 2020년까지 양측 간 무역 규모 1조 달러, 투자 규모 1,500억 달러 달성이라는 구체적인 수치 목표를 내걸고, 동아시아공동체 구축을 경제협력의 장기목표로 설정한 점도 눈에 띄었다.

3. 중국의 대 아세안 파트너십 외교의 성과

양측이 포괄적 전략적 파트너십에 합의한 이유는 무엇일까?

전략적 파트너십의 포괄적 전략적 파트너십(CSP)으로의 격상은 시진핑 정부의 적극적인 제안에 따른 것이었다. 시진핑 정부는 정권 출범 이후 '운명공동체'론을 설파하면서 주변국 외교에 공을 들였다. 최근에는 미중 간 전략적 긴장과 서방측의 중국 비판이 고조되는 가운데 주변국 외교에 한층 더 박차를 가했다. 기존의 전략적 파트너십이 이미 십수 년을 경과했고, 코로나 팬데믹이 전 세계를 강타한 가운데 중-아세안 관계의 단기적 과제 해결과 장기적 발전_특히 자국의 지역 질서 비전에 부합하는_을 위한 새로운 청사진과 기준을 마련할 필요성도 있었다. 게다가, 아세안과의 CSP 수립은 아세안의 대화 파트너 가운데 가장 선도적이고 가장 헌신적이며 가장 실질적이라는 중국의 역내 지위를 공고히 하고_아세안의 대화 파트너 중 제1인자_, 개발도상국 세계에서 중국의 리더십을 부각시키는 측면도 있었다(Hoang 2021, 5).

2021년 10월 중-아세안 관계 30주년 기념식에서 중국 왕이(王毅) 외교부장은 중-아세안 CSP의 핵심적 추진 사항으로 다음 5가지를 제시했다(MFA of PRC 2021): ①선린우호를 유지하면서 상호 전략적 신뢰를 강화한다; ②코로나19 대응 협력을 심화한다; ③발전에 집중하면서 새로운 성장 동력을 육성한다; ④더 큰 그림을 염두에 두면서 평화와 안정을 수호한다; ⑤유엔 시스템에서 연대와 조정을 유지하면서 글로벌거버넌스의 정의와 공정성을 지킨다.

한편, 중국의 CSP 수립 제안에 대해 아세안 측은 2021년 내내 광범위한 내부 토론을 벌인 것으로 전해진다. 토론 주제는 크게 두 가지였다. 하나는 아세안의 대화 파트너 체제 하에서 CSP라는 새로운 명명법을 채택하는 기준은 무엇인가? 즉, 기존의 전략적 파트너십을 격상하자는 제안을 받아들일 경우 중국이 테이블에 새로 올려놓을 제안은 무엇인가 하는 점이었다. 시진핑 주석이 정상회의에서 밝힌 지원 약속은 실로 상당했다. 코로나19 백신 1억 5천만 도스 추가 기부, 아세안 코로나19 대응기금(Covid-19 ASEAN Response Fund)에 대한 500만 달러 추가 기부, 백신 공동생산 및 기술이전, 향후 3년 동안 15억 달러 규모의 개발 지원, 향후 5년 동안 아세안으로부터 1,500억 달러 규모의 농산물 구매 등이었다.

덧붙여, 아세안 측은 CSP 수립과 중국의 AOIP에 대한 지지를 연계시키고자 했다. 중국은 '인도·태평양'이란 용어에 강한 거부감을 보였으나 아세안 측의 제안을 받아들여 일대일로 구상과 AOIP 간의 협력에 동의했다. AOIP는 여러 인도·태평양 비전 가운데 가장 포용적이고 중국에 친화적인 것이었고, 경제적-기능적 협력을 위한 실질적인 경로도 포함함으로써 발전에 기반을 둔 중국의 어프로치에 부합하는 것이기도 했다(Hoang 2021, 6).

다른 하나는 아세안이 다른 대화 파트너들과의 관계라는 차원에서 중국과의 CSP(포괄적 전략적 파트너십)를 어떻게 위치시킬 것인가의 문제였다. 아세안의 입장에서 중국은 최대의 교역 파트너이며, 동남아시아에서 정치적-전략적, 경제적으로 가장 영향력이 큰 강대국이며, 50개 분야에 걸친 아세안과의 협력 메커니즘을 가진 국가였다.

하지만, 아세안 측은 대화 파트너 가운데 제1인자 지위를 부여하는 데 매우 신중했다. 아세안은 여타 대화 파트너들과도 중국과 마찬가지로 TAC, FTA, 전략적 파트너십 등을 수립함으로써 아세안의 대외관계에서 포용적 성격을 유지하고자 했다. 아세안은 2021년 10월 호주, 2023년 9월 일본과도 CSP를 수립했다. 강대국들 사이에서 헤징과 소프트밸런싱을 추구하는 아세안의 대외전략 기조에 따른 행보였다(Hoang 2021, 7-8).

중국의 파트너십 외교는 미국 요인과 불가분의 관계를 갖는다

중국은 파트너십 외교의 선두 주자이며, 전략적 파트너십의 가장 강력한 옹호자 가운데 하나이다. 2022년 기준 중국이 전략적 파트너십에 합의한 국가·지역 기구는 80개 이상에 달한다. 중국 파트너십 외교의 발전 과정은 탐색기(1993~2002년), 발전기(2003~2012년), 그리고 심화기(2013~2016년)로 구분할 수 있다(이희옥·왕원 2017, 234). 각각 장쩌민 정부, 후진타오 정부, 그리고 시진핑 정부 시기에 해당한다. 앞 논문의 발간 시기를 고려하면 심화기는 2024년 현재까지 계속되고 있는 것으로 봐도 무방하다.

중국의 파트너십 외교는 태생적으로 미국 요인과 떼려야 뗄 수 없는 관계를 갖는다. 우선 1990년대 중후반 장쩌민 정부는 냉전 종언 후의 "평화공존 5원칙에 기초한 신형 국가 간 관계"를 '파트너십'으로 간주했다. 그리고 1996년 4월 러시아와의 전략적 파트너십 수립을 계기로 파트너십의 개념을 "동맹의 성격을 갖지 않으며 세계의 다극화 진전 속에서의 새로운 사안"으로 재정의했다.[6]

여기서 파트너십의 일반적인 특징으로 세 가지가 상정되었다(増田 2000, 4-5). 첫째, 양측 간 협력은 군사동맹을 목적으로 하지 않으며 다양한 분야의 공통 이익에 기초를 둔다. 공통 이익은 글로벌한 것과 양자적인 것이 있으며 그 분야는 정치, 안보, 경제·무역, 에너지, 과학기술 등 여러 방면에

---

6 이듬해인 1997년 10월 중국은 미국과 전략적 파트너십 확립을 위해 노력하기로 합의했다.

걸친다. 둘째, 대항 방식이 아닌 대화로 의견차이나 분쟁 해결을 지향한다. 구체적으로는 정상회의 정례화 등의 사례가 거론된다. 셋째, 관계의 발전이 제3국을 대상으로 하는 것은 아니며, 또한 제3국과의 관계 발전을 저해하는 것은 아니다.

여기에는 탈냉전기 중국의 새로운 국제정세 인식이 투영되었다(增田 2000, 8-12). 먼저, 중국 측은 국제질서가 다극화로 이행할 것으로 인식하고 또 기대했다. 종합국력을 둘러싼 경쟁이 거세지면서 장기적으로 미국의 지위가 상대적으로 하락하고 러시아, 유럽, 개도국_중국 포함_의 역할이 증대될 것으로 내다보았다. 하지만, 당장은 미국에 의한 일극 지배의 압력_1994년 12월 NATO의 동방 확대 결정, 1996년 4월 미일안전보장공동선언 발표 등_에 대응하지 않으면 안 되었다. 중러 양국이 전략적 파트너십 공동선언에서 미국의 패권주의, 빈번한 압력, 강권 정치, 블록 정치에 이의를 제기한 이유였다.

다만, 아직 개발도상국인 중국은 미국, 일본 등과 경제를 중심으로 한 협조 관계를 유지할 필요가 있었다. 개혁·개방과 사회주의 현대화 건설을 위해 평화적인 국제·주변 환경이 불가결했기 때문이다. 전략적 파트너십은 이러한 이율배반적인 인식과 목표_미국 중심의 국제질서를 받아들이면서도 장기적으로 그 타파를 의도하는_를 내포한 틀이라고 할 수 있었다.

이 시기 중국은 1997년 12월 중-아세안 공동성명을 시작으로 아세안 회원국들과 파트너십 수립에 합의했다. 대 아세안 파트너십은 다자주의에 근거한 지역 협력과 신안보관 추진을 위한 핵심 기제로 활용되었다. 다자주의는 미국의 일방주의를 견제하고 자국의 부상에 대한 주변국의 우려를 약화하며 자국의 영향력을 강화하고 동아시아 안보딜레마 해소를 비롯한 국제적 환경의 안정에 유용한 것으로 판단되었다(윤영덕 2005, 299). 중국이 마하티르 수상의 EAEC나 아세안 주도 메커니즘 등에 적극적인 자세를 보인 것도 그 때문이다.

신안보관은 국제 안보 개념의 확대_군사·정치적인 영역은 물론 경제, 과학기술, 환경, 문화 등 제반 영역을 포괄_, 냉전적 안보관_타국의 안보를 희생시키면서 자국의 안보를 구축하려는 방식_에 대한 이의 제기, 그리고 파트너십과 다양한 안보 메커니즘_대결을 대화로, 갈등을 평화로, 경쟁을 협력으로, 집단안보를 공동안보로_에 의한 군사동맹 대체를 지향했다(윤영덕 2005, 298; Li and Wei 1997). 다시 말하면 신안보관은 미국이 주도하는 동맹체제에 대한 안티테제로 제시된 것이었다. 동맹은 조약에 바탕을 두고 위협 인식에 추동되며 안보 중심적이다. 그에 비해 파트너십은 긴밀한 관계를 추구하고 공통 목표로 추동되며 제3국을 대상으로 삼지 않는다(Hoang 2021, 3).

참고로, 장쩌민 주석은 전술한 1997년 12월 중-아세안 정상회의에서 양측 간 관계 발전을 위한 4가지 의견을 제시했다(윤영덕 2004, 301-302): ①기존의 대화 협력 기제를 충분히 운용하여 다양한 분야와 수준에서 양측 간 교류·협력을 확대하고 상호신뢰를 증진하며 공통 인식을 확대하고 우호를 증진한다; ②서로의 장단점을 상호보완하고 호혜의 원칙에 기반해 양측 간 경제무역과 과학기술 협력을 추진하며 자원, 기술, 시장, 금융, 정보, 인적자원 개발, 투자 등의 협력을 강화함으로써 서로의 발전을 촉진한다; ③중요한 지역 및 국제 문제와 관련하여 유엔과 APEC, ASEM, ARF 등에서 양측 간 대화와 협조 및 지원을 강화하여 개발도상국의 정당한 권익을 함께 옹호하고 개발도상국이 공정하고 평등하게 국제경제정책 결정 과정과 운용에 참여할 수 있도록 촉진한다; ④평등하고 우호적인 협상을 통해 갈등과 분쟁을 처리하여 문제의 점진적인 해결 방안을 모색하며, 일시적으로 해결할 수 없는 갈등에 대해서는 관계 발전에 영향을 미치지 않도록 차이를 미뤄두고 공통점을 추구한다.

다음으로, 후진타오 시기의 중국은 세계 주요국·국제기구와 전략적 파트너십을 수립했다. 이 시기부터 중국의 전략적 파트너십 외교가 본격화한다. 전략적 파트너십의 상대는 EU, 아세안(이상, 2003년), 프랑스, 이탈리아, 영국(이상 2004년), 포르투갈, 인도, 캐나다, 스페인, 인도네시아(이상, 2005년),

나이지리아, 그리스(이상 2006년), 한국, 베트남, 덴마크(이상 2008년), 라오스(2009년), 남아프리카공화국, 앙골라, 캄보디아(이상, 2010년), 우크라이나, 미얀마(이상 2011년), 아일랜드, 브라질, 태국, 아프가니스탄(이상 2012년) 등이었다. 지역적으로 보면 동아시아 인접국, 그리고 서유럽·남아시아·아프리카·남미 주요국들이다.

전략적 파트너십에서 '전략'은 전체의 국면에 관한 정책과 책략의 개념으로 그 주된 목적은 양자관계, 지역, 글로벌 세 차원의 이익 추구에 있다(이희옥·왕원 2017, 239; 242). 전략적 파트너십 외교의 본격화는 중국의 부상과 미국의 상대적 쇠퇴가 맞물리는 상황 속에서 전개되었다. 중국의 종합국력이 급속하게 신장하는 가운데 중국의 외교도 더욱 적극적인 것으로 변모하기 시작했다. 이때 개혁·개방과 경제발전을 위한 안정된 국제 환경을 추구한다는 기존의 정책 기조에서 벗어나 미국과의 규범 및 제도 경쟁에 대처하려는 경향이 나타나기 시작했다(이희옥·왕원 2017, 235).

앞서 언급한 것처럼 중국은 다극화 추진과 미 패권 질서에의 적응 사이에서 균형을 취하고자 노력해 왔다. 세계 주요국들과 전략적 파트너십 네트워크를 적극적으로 구축하는 한편 미국 중심적 질서를 실용주의적으로 수용하는 방식이었다. 미국과의 관계는 비교적 원만했다. 2001년 9.11 테러 이후 미 부시 정부의 안보적 관심은 거의 대테러 전쟁, 특히 이라크전쟁에 쏠려있었다. 2000년대 후반 미국발 금융위기는 세계경제 위기로 비화되기도 했다. 미국은 한반도 6자 회담에서도 '전략적 파트너'인 중국의 협력이 필요했다.

이에 후진타오 정부는 미국과의 직접적 대결을 피하고 저강도 경쟁에서 미국의 힘에 균형을 맞추는 제한적이고 암묵적이며 간접적인 접근 방식을 택했다(Zhao 2010, 368-369). 갈수록 다극화하는 세계에서 미국과의 관계를 관리하기 위해 후진타오 정부는 주요 강대국·지역 기구와 전략적 파트너십 네트워크를 구축하기 위해 노력했다. 중국 측은 이러한 네트워크를 다극화_주요국들이 지역적, 세계적 안정을 위해 서로 균형을 이루는 상태_를 촉진하기 위한 중요한 도구로 간주했다.

또한, 중국 측은 파트너십의 틀 안에서 상대방에게 냉전적 사고를 버리고 공통 이익을 적극적으로 구별할 것을 호소했다. 여기에는 정치체제와 가치의 차이가 국가 간 관계의 건전한 발전에 영향을 미치지 않았으면 하는 바람도 담겨있었다. 전략적 파트너십 수립의 가장 중요한 목적 가운데 하나는 앞으로 있을지 모를 미국의 대중 봉쇄정책에 주요국들이 참여·동조하는 것을 방지하는 것이었다.

후진타오 정부는 주변_중국이 막강한 영향력을 행사하며 가장 중요한 국익이 관련된 지역_외교에서도 유사한 기조를 유지했다. 무엇보다 중국의 갈수록 증대되는 경제적, 정치적, 군사적 힘에 대한 이웃 국가들의 우려와 불안을 해소할 필요가 있었다. 특히, 아세안 회원국들 사이에서는 남중국해 영유권 문제와 관련한 비타협적인 주권 주장과 주저하지 않는 군사력 행사를 목도하면서 중국에 대한 위협 인식이 고조되는 상황이었다.

후진타오 정부의 대응은 몇 가지 혁신적인 조치를 포함한 본격적인 지역 정책이었다(Zhao 2010, 374-376). 중국은 정치·안보적으로 앞서 언급한 유화적인 조치들_2002년 DOC 서명, 2003년 TAC 조인, 비전통안보협력 공동선언, COC 협의 등_을 취했다. 국경선 획정 문제를 대화와 협의를 통해 해결한다는 입장을 거듭 확인했다. 개도국이라는 공통의 입장을 강조하면서 서방의 시장 침투 및 인권 문제에 대한 압력에 함께 대응하려는 모습도 보였다.

그리고 전략적 파트너십을 통해 위의 약속을 문서화함과 아울러 중국이 제공할 수 있는 다양한 이익, 특히 경제적 Win-Win 관계에 대해 언급했다. 중국의 경제적 부상은 이미 모든 아세안 회원국에게 커다란 기회로 인식되고 있었다. 게다가 중국은 적극적인 경제외교를 통해 무역·투자 분야에서 주변국의 자국 경제에 대한 의존도를 심화시켜 나갔다.

마지막으로 시진핑(習近平) 시기 중국의 전략적 파트너십 외교는 한층 더 공세적인 성격을 띠었다. 그 대상은 동아시아, 남아시아, 중앙아시아는 물론 유럽, 중남미, 중동, 아프리카, 태평양 도서국가 등 전 세계로 확산했다. 이 가운데 중국의 핵심 주변 지역인 아시아가 약 40%를 차지했는데 인도네시아, 말레이시아, 스리랑카, 타지키스탄, 투르크메니스탄(이상, 2013년), 몽골(2014년), 파키스탄(2015년), 우즈베키스탄, 방글라데시(이상 2016년), 브루나이(2018년), 러시아, 키르기스스탄, 카자흐스탄, 네팔(이상 2019년) 등이 포함되었다. 이 시기 중국의 파트너십 외교는 동아시아에서 전 세계로 동심원적으로 확대 되었다(이희옥·왕원 2017, 234).

중국의 전략적 파트너십 외교 공세와 2010년 이후 본격화한 미국의 대중 견제 전략은 밀접한 관계를 갖는다. 미 오바마 정부의 아시아 재균형 전략과 트럼프·바이든 정부의 인도·태평양전략은 동남아시아 지역을 전략적 중점 지역 가운데 하나로 설정했다. 시진핑 정부의 대응은 '주변 외교'의 본격화와 새로운 지역 경제통합 구상의 제시였다.

주변 외교의 기본방침으로는 여린위선 이린위반(與隣爲善 以隣爲伴)_이웃과 선하게 지내고 이웃을 동반자로 삼는다_, 목린(睦隣)·안린(安隣)·부린(富隣)의 견지, 그리고 친성혜용(親誠惠容)_친하게 지내고 성의를 다하며 혜택을 나누고 포용한다_의 이념이 제시되었다. 그리고 최근에는 주변국에 대해 '운명공동체'를 함께 건설하자는 주장을 활발하게 펼치기 시작했다.

새로운 지역구상으로는 2013년 10월 「실크로드 경제벨트와 21세기 해상 실크로드」(이른바 일대일로 구상)가 제시되었다.[7] 같은 달 말 시진핑 주석은 주변외교중앙소조에서 실크로드 경제벨트와 21세기 해상 실크로드 구축

---

[7] 리커창 총리도 COC 교섭 개시를 지지하면서 다음처럼 언급했다: "주변 지역은 항상 중국 외교의 초점이자 최우선 과제였다. 중국은 확고하게 주변 외교에서 아세안 회원국을 최우선시하고, 확고하게 아세안과의 전략적 파트너십을 심화하며, 확고하게 아세안과 협력하여 남중국해를 포함한 지역의 평화와 안정을 함께 지켜나갈 것이다" (Kawashima 2017, 80에서 재인용).

을 통해 경제통합의 새로운 모델을 구축한다는 기본방침과 주변 외교에 집중하겠다는 목표를 분명히 했다. 이어 2014년에는 주권 및 국가안보 이슈에 대해 비타협적인 태도를 견지한다는 입장도 분명히 했다. 이러한 경제적 이슈에 대한 협력적 자세와 주권 및 국가안보 이슈에 대한 비타협적 자세의 병행은 후진타오 정부 후반부인 2009~2010년에 나타난 정책 기조인데 이를 더욱 확고히 하는 것이라 하겠다.

부연하면, 주변 외교를 더욱 포괄적, 지역적 형태로 발전시킨 것이 일대일로 구상이라고 할 수 있었다. 당연히 중국 측은 아세안을 일대일로 건설의 핵심이자 우선순위 지역으로 간주했다. 이를 반영하여 기존의 중-아세안, 중-아세안 회원국 간 전략적 파트너십도 한층 더 심화되어 갔다. 예를 들어 아세안, 인도네시아, 말레이시아와는 포괄적 전략적 파트너십, 브루나이와는 전략적 협력 파트너십, 그리고 캄보디아, 라오스, 미얀마, 태국, 베트남과는 포괄적 전략적 협력 파트너십을 수립했다.[8] 포괄적 전략적 협력 파트너십의 대상국들은 중국과 국경을 마주하거나 친중 성향이 강한 국가들이었다.

이 과정에 파트너십 외교와 일대일로 구상을 결합시키기 위한 개념적 재정의도 진행되었다(이희옥·왕원 2017, 250). 중국 왕이 외교부장은 2014년 중국 외교토론회에서 '평등, 평화, 포용'_수직적이 아닌 수평적 관계, 평화적 수단에 의한 목표와 이익의 실현, 그리고 특정 국가에 배타적이지 않은 관계_을 제시한 바 있었다. 그는 2017년 중국발전고위급포럼에서는 앞의 세 가지에 '공영'을 새로 추가했다.

중국의 대 아세안 파트너십 외교에서 주의 깊게 들여다봐야 하는 부분은 아세안 측이 내거는 주요 규범에 대한 중국의 지지 표명이다. 전략적 파

---

8 개념적으로 '포괄적'은 모든 차원의 광범위하고 다층적인 협력, '전략적'은 관계의 장기적이고 안정적인 성격, '파트너십'은 평등하고 상호이익이 되며 윈-윈하는 협력관계를 의미한다(Men 2007, 6).

트너십 수립 이후인 2005년 10월 중국 원자바오 총리는 아세안 방식(ASEAN Way)_의사결정에서의 합의 중시, 타국의 내정에 대한 불간섭_에 대한 지지를 표명한 바 있다. 중국은 아세안 중심성에 대해서도 적극적으로 옹호한다. 예를 들어 포괄적 전략적 파트너십 수립을 발표한 2021년 11월 중-아세안 특별정상회의 연설_"For a Shared Future and Our Common Home"_에서 시진핑 주석은 4차례에 걸쳐 '결연하게'란 표현을 사용하면서 아세안 지지를 표명했다.[9]

앞서 전략적 파트너십 수립의 목적 가운데 하나가 반중 정책을 취하는 미국에 대해 주변국들이 동조하거나 가담하는 것을 방지하는 데 있다고 언급한 바 있다. 아세안 중심성을 옹호하는 이유도 이와 유사하다. 중국은 아세안 중심성이란 방패를 활용하여 미국을 비롯한 서방의 아세안에서의 군사·안보적 관여 및 개입을 최소화하기를 원한다. 특히, 미국이 주도하는 반중적인 소다자 안보협력 네트워크_QUAD, AUKUS, 한미일 안보협력 등_가 아세안으로 확대하는 것을 저지하고자 한다. [전략적] 파트너십이 제3국을 대상으로 하지 않는 비배타적이라는 것을 강조하는 이유 가운데 하나는 파트너 국가의 반중 진영·세력에의 동조·가담을 막고자 하는 의도가 존재한다.

참고로, 2023년 10월 중국 외교부가 공개한 "새 시대 중국의 주변 외교 정책 전망"(新时代中国的周边外交政策展望)은 흥미로운 내용을 담고 있다(中國外交部 2023). 이 문건은 아시아의 미래를 둘러싼 두 가지 판이한 주장·흐름으로 개방을 견지하는 지역주의와 냉전적 패권주의를 거론한다. 전자는 다자주의, 발전 우선, 호혜 협력, 개방·포용, 화합·공생을 중시하나 후자는 일방주의, 보호주의, 가치관 노선, 경제문제의 정치화, 지역 안보의 진영화, 분

---

9 "중국은 자국의 주변국 외교에서 아세안을 결연하게 최우선시하며, 아세안 일체성(unity)과 아세안공동체 구축을 결연하게 지지하며, 지역 아키텍처에서 아세안 중심성을 결연하게 지지하며, 아세안이 지역 및 국제 문제에서 더 큰 역할을 하는 것을 결연하게 지지한다"(Xi 2021).

열·대립을 조장한다는 것이다. 규범·제도 경쟁에 있어서 미국과의 차별성을 부각시키는 대목이다.

그리고 주변 28개국과의 파트너십/협력관계/전략적 호혜 관계 형성,[10] 13개국과의 운명공동체 구축에 관한 공통 인식 달성,[11] 메콩강 5개국과의 메콩강 국가 운명공동체 구축 확정,[12] 중앙아시아 5개국과의 중-중앙아시아 운명공동체 건설 선포,[13] 12개 육지 인접국과의 국경 문제 해결,[14] 주변 9개국과의 선린우호 협력 조약 체결,[15] 중앙아시아비핵지대조약(CANWFZ) 의정서 서명·비준, 동남아시아우호협력조약(TAC) 가입, 그리고 동남아시아비핵지대조약(이른바 방콕조약) 의정서 서명 준비 완료 등을 정치적 상호신뢰의 증진 사례로 거론한다. 이 문건 말미에는 다음과 같은 언급이 있다.

> 어느 정도로 발전할지를 막론하고 중국은 영원히 패권을 추구하지 않을 것이며 영원히 확장하지 않을 것이다. 중국은 장차 지속적으로 아세안 국가와 더불어 '남중국해당사국행동선언'(DOC)을 전면적이고 유효하게 시행할 것이고, '남중국해행동강령'(COC) 협상을 적극적으로 추진하고 완성할 것이며, 남중국해 당사국과 더불어 대화와 협상을 통해 해상 갈등과 이견을 적절하게 처리하고, 해상 협력을 강화하며, 상호신뢰와 안보를 심화하고, 공동 개발을 추동하며, 남중국해를 평화의

---

10 주변 28개국: 아프가니스탄, 파키스탄, 북한, 동티모르, 러시아, 필리핀, 카자흐스탄, 한국, 키르기스스탄, 캄보디아, 라오스, 몰디브, 말레이시아, 몽골, 방글라데시, 미얀마, 네팔, 일본, 스리랑카, 타지키스탄, 태국, 투르크메니스탄, 브루나이, 우즈베키스탄, 싱가포르, 인도, 인도네시아, 베트남, 아세안.
11 13개국: 파키스탄, 라오스, 캄보디아, 미얀마, 인도네시아, 카자흐스탄, 타지키스탄, 우즈베키스탄, 태국, 몽골, 투르크메니스탄, 말레이시아, 키르기스스탄.
12 메콩강 5개국: 캄보디아, 라오스, 미얀마, 태국, 베트남.
13 중앙아시아 5개국: 카자흐스탄, 키르기스스탄, 타지키스탄, 투르크메니스탄, 우즈베키스탄.
14 12개 육지 인접국: 북한, 러시아, 몽골, 카자흐스탄, 키르기스스탄, 타지키스탄, 아프가니스탄, 파키스탄, 네팔, 미얀마, 라오스, 베트남.
15 주변 9개 국가: 아프가니스탄, 파키스탄, 북한, 러시아, 카자흐스탄, 몽골, 타지키스탄, 투르크메니스탄, 우즈베키스탄.

바다, 우의의 바다, 협력의 바다로 만들어 가기 위해 노력할 것이다(中國外交部 2023).

4. 중국 중심의 동아시아 경제 질서?

서로 최대의 무역 파트너가 되다

무역 및 투자 확대에 의한 경제발전은 중-아세안 양측의 전략적 이해관계가 가장 합치하는 부분이다. 중국의 경제발전은 아세안의 경제발전에 중요한 기회를 제공하며 그 반대도 마찬가지다. 중국의 지속 가능한 발전 전략은 아세안의 발전 전략과 시너지를 발휘할 수 있다(Zhang 2021, 137). 또한, 경제발전은 국내 정치적 정통성 확보 차원에서도 양측 정치 리더십에게 중요하다.

파트너십, 전략적 파트너십, 포괄적 전략적 파트너십 공동선언·성명에서 확인한 것처럼 중-아세안 양측은 수치 목표를 설정하는 방식으로 무역·투자 규모를 확대하고자 했다. ACFTA와 RCEP는 이를 위한 제도적 기반이었다. 그 외에도 양측은 파트너십에서 내건 공약을 실천하기 위해 2005년부터 5개년 행동 계획(POA)을 책정·실행해 왔다. 이러한 행동 계획들은 아세안 경제통합, 동아시아 협력, 그리고 소지역 협력의 지침이 되었다.

무엇보다 중-아세안 양측 간 교역이 큰 폭으로 증가했다.[16] 최근 양측은 명실공히 서로에 대해 최대 교역 파트너가 되었다. 아세안은 2019년 미국

---

[16] 아세안은 중국과 더불어 세계경제의 성장 엔진 역할을 하는 신흥경제국·지역 중 하나이다. 세계경제에서 아세안이 차지하는 위상도 급속히 상승하고 있다. 아세안의 경제 규모는 1990년 3,725억 달러에서 2021년 3조 3,560억 달러_구매력(PPP) 기준으로는 8조 9,930억 달러_로 10배 정도 증가했다. 같은 기간 아세안 경제가 세계에서 차지하는 비중은 1.6%에서 3.6%로 확대되었다. 참고로, 중국의 2021년 경제 규모는 17.8조 달러로 세계에서 차지하는 비중은 18%였다.

을 제치고 중국의 2대 교역 파트너로 올라선 다음 2020년에는 EU를 제치고 최대 교역 파트너로 부상했다. 한편, 중국은 2010년 아세안의 최대 교역 파트너(11.5%)로 부상했다. 2019년 기준 아세안의 5대 교역 파트너는 중국(18.0%), 미국(10.5%), EU(10.0%), 일본(8.0%), 한국(5.6%) 순이었다. 참고로, 2000년 기준 아세안의 5대 교역 파트너는 미국(16.1%), 일본(15.3%), EU(13.5%), 중국(4.3%), 한국(3.9%) 순이었다.

상호 무역 의존도에서는 2019년 기준 아세안의 대중국 의존도가 17.5%, 중국의 대아세안 의존도가 10.2%였다. 남대엽(2023, 23-27)은 양측 간 교역이 증가한 배경으로 네 가지를 지적한다. 첫째는 중-아세안 양측의 경제 규모 확대와 지리적 근접성이다. 양측은 지난 20년 동안 5~9%의 성장률을 유지해 왔으며 아세안 회원국은 중국과 국경을 접하고 있거나 매우 인접해 있다. 둘째, 중국의 2001년 WTO 가입, 그리고 2005년 중-아세안 FTA(상품무역협정) 발효를 거치면서 교역량이 본격적으로 증가했다. 그에 이어 2007년의 중-아세안 FTA(서비스협정) 체결, 2010년 중-아세안 관세 인하 및 투자협정 발표, 그리고 2020년 RCEP 교섭 타결 및 서명 등도 교역 확대를 위한 제도적 기반을 제공했다.

셋째, 양측의 글로벌 공급망 편입도 적지 않은 영향을 미친 것으로 보인다. 중국의 임금 상승 및 미중 무역전쟁 등을 배경으로 중국에 집중되어 있던 글로벌 기업의 공장들이 아세안으로 빠르게 이동하기 시작했다. 그와 더불어 글로벌 공급망의 생산 허브로서 중국의 비중도 크게 확대되었다. 중국의 부품과 중간재가 아세안에서 조립되어 미국과 유럽 등지로 수출되는 가공무역을 말한다.

넷째, 중국은 2015년 일대일로 구상을 공식 발표하면서 아세안과의 정치, 경제협력 관계를 일대일로의 틀 안에 편입시켰다. 중국 측은 자국이 6대 경제회랑 가운데 '중국-동남아시아 경제회랑'(쿤밍-싱가포르)을 가장 중요시한다. 중국 측은 아세안과의 연결성을 증진하여 경제공동체를 구축하고 이를

'공급 측 개혁'_공급과잉 산업의 구조 조정과 해외 판로 개척_에 활용하고자 한다.

다음으로, 중국과 아세안 개별회원국 간 무역 의존도를 살펴보기로 하자. 앞의 1장에서 동아시아 각국의 5대 무역 상대국을 살펴본 바 있다(표 1-2). 중국은 브루나이와 라오스를 제외한 모든 아세안 회원국에게 제1위 교역 파트너였다. 아세안 회원국의 대중 무역 의존도는 베트남, 캄보디아, 싱가포르, 라오스, 미얀마, 태국이 한국의 대중 무역 의존도를 상회했다. 그리고 2010년대 이후 해양부 아세안 회원국에 비해 중국에 인접하고 상대적으로 경제 규모가 작은 대륙부 아세안 회원국의 대중 무역 의존도가 빠르게 확대되었다(남대엽 2023a, 28-29).

중-아세안 간 해외직접투자도 상당히 증가하고 있다. 1970년대 후반 중국의 개혁·개방 이후 동남아시아 화상들을 중심으로 중국 경제특구 등에 대한 투자가 많았으나 중국의 경제력 확대와 중국 기업의 해외 진출을 배경으로 자본의 흐름이 역전되었다. 중국의 대아세안 해외직접투자는 특히 2010년을 전후로 큰 폭으로 증가했는데 글로벌 공급망 확대_인건비 상승, 환경보호 압력, 외자기업 특혜 최소 등 중국 내 경영환경의 변화와도 관련됨_ 및 시진핑 정부의 일대일로 구상에 기인한 것으로 보인다. 중국의 대아세안 직접투자는 주로 라오스, 태국, 말레이시아 등에 대한 비중이 확대되고 있는데 이는 일대일로 구상_국경 도로 및 고속철도 등_ 추진과도 밀접한 관련성을 갖는다. 다만, 아세안에 유입되는 전체 해외직접투자 가운데 중국이 차지하는 비중은 6.5%(2018년 기준)로서 아직 아세안 역내(15.2%), EU(14.1%), 일본(13.7%) 수준에는 미치지 못한다(남대엽 2023, 48-49).

이상은 중-아세안 간 교역의 급속한 확대가 부작용을 동반할 수도 있음을 보여주는 것이기도 하다. 먼저, 중국 측의 무역 흑자로 인한 무역 불균형 기조가 정착될 우려가 크다. 중국 측이 아세안의 대중 무역 의존도를 정치적·안보적 도구로 이용할 소지도 있다. 특히, 미중 간 전략 경쟁이 치열해지는 상황에서 이러한 대중 무역 의존도는 아세안의 취약성으로 작용할 가능성이 크다. 이를 바로잡기 위해서는 아세안 역내(intra-ASEAN) 교역의 비중을 늘릴 필요가 있다. 하지만 지난 20년 동안 아세안 회원국 전체 무역에서 아세안 역내 무역이 차지하는 비중은 약 22~23% 수준에 머물렀다. 세계 무역에서 차지하는 비중도 2000년 6.4%에서 2022년 7.8%로 약간 증가하는 데 그쳤다.

잉(Ing 2023)은 아세안 역내 무역 정체의 이유로 세 가지를 지적한다. 첫째, 지역경제 통합 모델의 수준이 높지 않다. 아세안이 생산하는 대부분의 제품은 보완재가 아닌 대체재이다. 따라서, 아세안 회원국 간 무역 증가의 범위는 제한적일 수밖에 없다. 둘째, 엄격한 원산지 규정과 비관세 조치가 무역 장벽으로 작용한다. 이러한 규정과 절차는 건강, 안전, 환경보호를 보장하기 위한 것이지만 의도와는 다르게 무역과 투자를 저해할 수 있다. 마지막으로 가장 중요한 부분으로 아세안 회원국 대부분은 한국, 일본, 중국 등의 투자와 기술에 크게 의존한다. 게다가 아세안은 통합된 그룹으로 기능하지만 관세동맹은 아니다.[17]

중-아세안 파트너십이 동아시아 경제통합을 이끌다

중국은 1990년대 후반 동아시아 외환위기 이후 다자주의 경제협력에 적극적인 자세를 취해 왔다. 아세안은 아세안 중심성과 아세안+1, 아세안+3, EAS 등 자신이 주도하는 메커니즘을 통해 동아시아 지역주의의 발전을 실질적으로 주도해 왔다. 중-아세안 간 경제적 파트너십이 전반적으로 성공적인 결실로 이어지고 동시에 동아시아 경제통합에 적지 않게 이바지한 이유이다. 양측 간 경제적 파트너십이 성공적으로 발휘된 사례로 다음 두 가지를 들 수 있다. 하나는 2002년 11월의 중-아세안 자유무역지대(ACFTA) 체결(2005년 발효), 다른 하나는 2019년 11월의 역내포괄적경제동반자협정

---

17 이러한 구조는 명과 암을 함께 갖는다. 아세안 회원국들은 아세안공동체의 결속력과 활력을 유지하면서 유연하게 다른 국가나 경제블록과 교류할 수도 있다.

(RCEP) 타결이다.

ACFTA는 중국 측이 제안하고 아세안 측이 전향적으로 호응한 결과였다. ACFTA를 향한 논의가 이루어진 것은 중·아세안 정상회의였다. 2000년 회의에서 중국 주룽지(朱鎔基) 총리가 ACFTA를 창설하자는 아이디어를 제시한 데 이어 2001년 회의에서 양측은 전문가그룹의 연구보고서를 채택하고 관계 장관/각료들에게 협상을 일임했다. 그리고 2002년 11월 중·아세안 정상회의에서 양측은 「중국-아세안 포괄적 경제협력 기본 협정」을 체결했다. 위 기본 협정은 2010년까지 FTA 협상을 완전히 종료한다는 목표를 설정함과 아울러 자유무역지대의 법률적 토대_목표, 범위, 관련 조치, 일정, 선 자유화 방안, 경제 기술협력 분야 규정, 베트남·라오스·캄보디아 등 WTO 비회원국 3개국에 대한 최혜국대우 부여, 상품·서비스·투자 분야의 협상 계획 등_를 제공했다.[18]

중국에게 아세안과의 FTA는 중국이 WTO에 가입한 이후 처음으로 추진한 것이었다. 중국은 아세안에 대해 서방의 시장경제 국가들에 앞서 FTA 체결을 제안한 최초의 국가였다. 이는 개발도상국들 사이에서 체결한 가장 큰 협정이기도 했다. 아세안 측으로서도 중국과의 FTA는 역외 대화 파트너와의 최초의 FTA였다. 여기에는 중국의 전략적 고려도 적지 않게 작용했다. 주변국들에게 중국위협론을 불식시키고 중국기회론을 강조함으로써 장기적으로 자국이 주도하는 지역경제 질서를 형성하는 것을 말한다(김도희·최영미 2016, 98-99).

물론 ACFTA는 경제적 후생을 고려한 것이기도 했다. 중국에게는 자국 경제의 국제적 경쟁력을 강화하고 서남부 지역의 경제발전을 유도하며 서구시장에 대한 과도한 의존을 탈피하여 대외무역을 다원화하는 데도 유효

---

18 원래 계획한 대로 이후 양측은 2004년 FTA 상품협정 체결(2005년 발효), 2007년 FTA 서비스 협정 체결(2007년 발효), 2009년 전면적 관세 인하 및 FTA 투자협정 체결(2010년 발효)을 달성했다. 이어 양측은 2015년 11월 ACFTA 업그레이드 프로토콜에 서명했다.

했다. 아세안 측도 중국의 거대한 시장을 선점하는 기회이자 세계시장에서 자신들의 경쟁력을 강화하는 데 유리하게 작용할 것으로 보았다. 2010년까지 ACFTA가 창설되면 아세안의 대중 수출이 48% 증가하고 중국의 대아세안 수출이 55.1% 증가할 것으로 예상되었다(윤영덕 2004, 310).

ACFTA 체결은 중국의 경제적 리더십에 대한 긍정적 인식 확산에 적지 않게 이바지했다. 중국은 1990년대 후반 동아시아 금융위기 당시에도 위안화 절상 압력에 맞서 지역경제의 안정화에 기여한 바 있었다. 특히, 중국 측이 아세안 회원국 10개국 전체와 FTA 교섭을 진행시킨 것은 전례가 없는 일이었다. 아세안 회원국들은 경제적 이해관계와 시장 접근 상황이 제각기 달랐다. 게다가, 당시 아세안 회원국 대부분은 동아시아 외환위기로부터 완전히 회복하지 못한 상황으로 일부 국가들은 ACFTA로 인한 자본 유출, 중국 상품의 현지 시장 독점 가능성을 우려하기도 했다.

이에 대해 중국 측은 아세안 측에 특혜 조건이라 할 수 있는 '조기 수확 프로그램'을 제시하여 동의를 이끌어냈다. 아세안 저개발국들이 혜택을 볼 수 있도록 농산물 시장을 우선적으로 개방하고_아세안 농산물에 대한 관세 인하_, 아세안 회원국의 대중 수출 확대를 지원하며_아직 WTO에 가입하지 않은 캄보디아, 베트남, 라오스에게 최혜국대우 부여_, 저개발국들에 대한 시장개방 조치에 있어서 특별한 배려와 유예 기간을 연장하는_신규 가맹국은 시간을 두고 중국과 FTA를 체결_ 내용이었다(Zhang 2021, 130-131).

ACFTA는 국제적으로도 상당한 파급 효과를 낳았다. 특히, ACFTA가 역내 경제통합을 가속화시킨 결정적인 계기가 된 것은 분명했다. 아세안을 자신의 뒷마당으로 생각해 온 일본은 큰 충격을 받았다. 이에 일본 측은 ACFTA 체결 직후인 2002년 1월 싱가포르와의 FTA를 서둘러 체결한 데 이어 2007년 11월 일·아세안 정상회의를 통해 「일·아세안 포괄적 경제동반자 협정」(CEPA)을 체결했다. 곧이어 한국도 아세안과 FTA를 체결했다. 이로써 동북아시아와 동남아시아를 연결하는 세 개의 '아세안+1' FTA

망이 형성되었다.

한편, 역내포괄적경제동반자협정(RCEP)도 기본적으로는 중-아세안 파트너십의 성과로 볼 수 있었다.[19] 그 출발점은 중국의 2004년 동아시아 FTA(EAFTA) 제안이었다. 원래 중국은 아세안+3 FTA를 희망했으나 아세안+1 FTA가 선행하면서 논의가 중단된 바 있었다. 이에 중국은 아세안+3 회원국 전문가들로 구성된 연구단을 이끌면서 EAFTA 추진에 박차를 가했다. 그 결과가 2004년 11월 아세안+3 정상회의를 통한 동아시아정상회의(EAS) 창설 합의였다.

하지만 EAS 멤버 구성을 둘러싸고 적지 않은 이견이 드러났다. 중국은 동아시아 역내 국가들_아세안+3의 13개국_이 우선 지역 협력체를 구성하고 그 이후에 동아시아 역외 국가들의 참여를 인정하자고 주장했다. 하지만, 중국 주도의 지역 협력체를 우려한 일본은 인도, 호주, 뉴질랜드는 물론 미국, 러시아, EU 등의 참여도 필요하다고 역설했다. 게다가 인도네시아는 인도, 호주, 뉴질랜드의 참여를, 싱가포르는 인도의 참여를 요구하는 상황이었다. 여기서 아세안은 2005년 7월 EAS 참가를 위한 세 가지 조건_①아세안의 완전 대화 상대국일 것, ②동아시아 경제에 상당한 관여를 할 것, 그리고 ③TAC에 서명할 것_을 제시하였다. 아세안+3 회원국 외에 인도, 호주, 뉴질랜드가 공식적으로 참가하고 러시아가 옵서버로 참여하는 방식이었다(김도희·최영미 2016, 100-101).

중국의 아세안+3 방식을 저지한 일본은 그 후 아세안+6 형태의 동아시아포괄적경제동반자협정(CEPEA)의 추진을 제안했다. 인도, 호주, 뉴질랜드를 참여시킴으로써 중국이 주도하는 지역 경제통합을 저지하기 위한 것이

---

19 RCEP은 아세안 회원국 10개국과 한국, 중국, 일본, 호주, 뉴질랜드 포함한 15개국이 참여하는 세계 최대의 자유무역지대_세계 GDP의 3분의 1, 세계 전체 무역·투자의 4분의 1을 차지함_를 말하며, 무역 통합 촉진을 위해 관세율 90%의 상품에 대한 관세인하를 목표로 한다.

었다. 중국의 EAFTA 구상과 일본의 CEPEA 구상이 대립하는 가운데 아세안 측이 2011년 11월 아세안+3 정상회의에서 제시한 대안은 RCEP였다. 아세안은 한국, 중국, 일본, 인도, 호주, 뉴질랜드와 모두 개별 FTA를 체결하고 있었다. RCEP와 CEPEA는 모두 구성 멤버 측면에서는 아세안+6로 동일하지만 RCEP은 CEPEA와는 달리 참가국을 고정시키지 않는 것이었다.

이후 RCEP 협상을 본격화시킨 것은 미 오바마 정부의 아시아 재균형 전략 선포와 환태평양경제동반자협정(TPP) 추진이었다. 여기서 흥미로운 일이 일어났다. 일본이 2013년 4월 TPP 협상 공식 참여를 선언하고 RCEP를 후 순위로 미룬 데 반해 중국은 협력의 중점을 오히려 EAFTA에서 일본과 아세안 측이 중시하던 RCEP로 이동시켰다(김도희·최영미 2016, 102-103).[20] 그 결과 RCEP는 중-아세안 협력체제 아래에서 추진되는 상황이 되었다. 중국은 자국이 주도하는 지역 질서 구축에 있어서 외부 견제를 의식하여 점진적으로 개혁하는 방식을 선호했고, 아세안은 중국의 중대되는 리더십을 활용하여 아세안 주도의 지역 협력체에 역외 국가들의 참여를 견인하고자 했다(김도희·최영미 2016, 112-114).

일대일로 구상과 운명공동체론은 중국 중심적 질서의 서막인가?

일대일로 구상은 시진핑 시기를 대표하는 중국의 야심 찬 대외전략이다. 민귀식(2023, 183-184)은 "일대일로는 중국의 경제발전 전략이자 대외전략이며 중국인의 꿈을 하나로 묶어낸 염원의 정수"라고 지적한다. 우선, 일대일로는 중국 내부의 공급과잉 문제를 해결하기 위한 경제발전 전략으로 제시되었다. 중국과 주변국 간의 연계성을 강화하고 무역과 투자를 획기적

---

20 미 트럼프 정부는 출범 직후 TPP에서 일방적으로 탈퇴했다. 이후 TPP는 일본이 주도하는 CPTPP(포괄적 진보적 환태평양 경제동반자 협정)로 계승되었다. 아세안 회원국 가운데 참여 국가는 싱가포르, 베트남, 브루나이, 말레이시아이다. CPTPP는 전 세계 GDP의 13%를 차지하며 98% 상품 라인에 대한 관세 인하를 목표로 한다.

으로 늘려 새로운 시장을 확대함으로써 지속 가능한 경제발전이 가능하다는 판단이었다.

다음으로, 일대일로에는 세계경제를 주도적으로 이끌고 나가겠다는 중국의 야심찬 의지가 반영되었다. 미국 등의 통상압력, 보호무역주의, 일방주의 등에 대항하여 중국이 주창한 것이 개방성, 다양성, 연계성, 그리고 공영이었다. 게다가, 일대일로는 '중국의 꿈'을 실현하기 위한 장기적인 국가전략이기도 했다. 일대일로 사업을 통해 개혁·개방 체제를 더욱 공고히 하여 전면적인 소강사회를 이룩하고 2049년까지 위대한 중화민족의 부흥을 실현하겠다는 것이다.

그 출발점은 시진핑 주석의 2013년 9월(카자흐스탄) '실크로드 경제벨트' 건설 제안, 그리고 그에 이은 10월(인도네시아) "중국-아세안 운명공동체를 건설하자"라는 연설이었다. 동 연설은 '21세기 해상 실크로드' 구축 제안으로도 일컬어진다. 뒤이어 두 제안은 2015년 봄 일대일로(一帶一路) 구상으로 공식화되었다. 여기서 일대는 중국-유라시아-유럽을 잇는 육상 실크로드, 일로는 중국-동남아시아/서남아시아-중국/아프리카-유럽을 잇는 해상 실크로드를 지칭한다. 중국은 주변 24개국_아세안 회원국 10개국 포함_과 일대일로 협력을 함께 한다는 문건에도 서명했다.[21]

일대일로는 3개의 육상 실크로드와 2개 해상 실크로드 노선으로 구성된다. 육상 노선은 ①중국-유라시아-러시아-유럽(발트해), ②중국-서아시아-페르시아만-지중해, ③중국-동남아시아-남아시아-인도양, 해상 노선은 ①중국-남중국해-인도양-유럽, ②중국-남중국해-남태평양이다. 그리고 이들 노선의 연계성 강화를 위한 교통사업 전략으로는 6대 경제회랑이 제시되었

---

21 주변 24개국: 아프가니스탄, 동티모르, 러시아, 필리핀, 한국, 카자흐스탄, 라오스, 캄보디아, 키르기스스탄, 몽골, 말레이시아, 미얀마, 브루나이, 파키스탄, 스리랑카, 방글라데시, 네팔, 몰디브, 싱가포르, 타지키스탄, 태국, 우즈베키스탄, 인도네시아, 베트남.

다: ①중국-몽골-러시아 경제회랑, ②신유라시아 대륙교, ③중국-유라시아-서아시아 경제회랑, ④중국-인도차이나 경제회랑, ⑤중국-파키스탄 경제회랑, ⑥방글라데시-중국-인도-미얀마 경제회랑. 6대 경제회랑 가운데 중-아세안 연계성에 관련된 것은 ④중국-인도차이나 경제회랑과 ⑥방글라데시-중국-인도-미얀마 경제회랑이다.

부연하면, 일대일로 사업은 약 60개국에서 진행되고 있는데 사업 분야별로 보면 인프라 사업이 50% 이상, 에너지 사업 및 산업단지 건설 사업이 각각 20% 정도를 차지한다. 이외에도 기술 교류, 금융 서비스, 문화 교류, 교육 협력사업이 추진되는데 코로나 팬데믹 이후 의료·보건 협력사업이 활발해지고 있다. 이 가운데 아세안에서 추진·완료된 사업은 전체 사업 건수의 22% 정도에 달하는데 산업단지 건설이 가장 많고 인프라 사업_철도 및 항구_이 그 뒤를 잇는 것으로 알려진다. 대표적인 산업단지로는 라오스의 비엔티안 사이세타 종합개발구, 말레이시아의 쿠안탄 산업단지, 베트남의 룽장 공업단지, 인도네시아의 경제무역협력구/쥐룽 농업산업협력구/청산 공업단지 등이 있다(김선진 2023, 145-147).

〈표 5-2〉 아세안 지역 육상 실크로드 고속철도 건설 협력

국가	프로젝트명	주요 내용
라오스	중국-라오스 고속철도(414km)	• 모한(중국 국경도시)-비엔티안(라오스 수도) 연결 고속철도 • 2015년 11월 조인, 2016년 12월 착공, 2021년 개통
캄보디아	프놈펜-시아누크빌 고속철도	• 중국철도총공사(CRCC), 캄보디아와 철도 건설 양해각서 체결 (2017년 5월)
태국	태국 고속철도(252km)	• 태국 방콕-나콘라차시마 고속철도 건설 허가(2017년 6월)
말레이시아	동부 해안 고속철도(688km)	• 툼팟(남중국해 태국과의 국경 지점)-끌랑항(믈라카) 연결 (2017년 8월 착공) • 비용 85% 중국수출입은행 융자, 15% 이슬람채구권(수쿠크) 발행
인도네시아	자카르타-반둥 고속철도(142km)	• 중국, 60억 달러 차관 공여(2017년) • 양국 간 EPC 계약 체결(2017년 4월) • 중국개발은행(CDB)과 프로젝트 컨소시엄 간 차관 제공 합의 (2021년 6월)

출처: 김선진(2023, 146) 재인용.

중-아세안 양측이 일대일로 구상과 '아세안 연결성 마스터플랜'(Master Plan for ASEAN Connectivity, MPAC) 2025 사이의 시너지를 모색하기로 합의한

점은 주목할 만하다. 양측은 2017년 11월 제20차 중-아세안 정상회의(마닐라)에서 「중-아세안 인프라 연결성 협력 심화에 관한 공동성명」을 채택한 데 이어 2019년 11월의 중-아세안 정상회의에서는 「일대일로 구상과 MPAC 2025의 시너지에 관한 공동성명」을 채택했다. MPAC 2025는 물리적 연결성_도로, 항만, 전력 등 인프라 건설_, 제도적 연결성_상품, 서비스, 투자 자유화_, 그리고 인적 연결성_문화, 관광, 교육 협력 등_을 강화함으로써 회원국 간 개발 격차를 해소하고 지속적인 경제발전을 이루어 궁극적으로 아세안공동체 비전을 실현하기 위해 제시된 것이다.

〈표 5-3〉 아세안 지역 해상 실크로드 항구 건설 협력

국가	프로젝트명 (유형)	전략적 가치	대응 사업	합작 방식
미얀마	차우퓨항 (상업항)	• 중-미얀마 송유관/가스관 거점 • 중국 에너지 확보 다양화 거점	방-중-인-미 경제회랑 RCEP	원조
캄보디아	시아누크빌항 (상업항)	• 캄보디아 최대 항구 • 중국과 경제무역 합작구 • 중국 경공업 이전 중점 지구	중-싱 경제회랑 RCEP	경제특구 건설
싱가포르	싱가포르항 (보급항)	• 태평양-인도양 항운 요지 • 해상 실크로드 핵심 거점	중-싱 경제회랑 RCEP	합작 건설, 프로젝트 협력
말레이시아	쿠안탄항 (상업항)	• 석유화학 중심항 • 중국-아세안 항구도시 협력 네트워크	중-싱 경제회랑 RCEP	천저우항 지매항, 지분 참여
인도네시아	자카르타항 (상업항)	• 아시아 남부-태평양 항운 중심 • 해상 실크로드 핵심 거점	방-중-인-미 경제회랑 RCEP	투자
	비퉁항 (어업항)	• 해상 실크로드 연선 항구 협력	방-중-인-미 경제회랑 RCEP	취안저우항 우호 항구

출처: 김선진(2023, 147) 재인용.

이 가운데 물리적 연결성은 제도적, 인적 연결성의 가장 중요한 기반이었다. 물리적 연결성을 구축하기 위해서는 아세안 역외의 재원이 불가결했다. 아세안의 2016~2030년 인프라 개발 투자수요는 3조 1,470억 달러로 예상되었으나 수급 불균형이 심각했다. 아시아개발은행(ADB)이 아세안을 포함한 아시아 인프라 개발을 위해 지원할 수 있는 규모는 연간 약 120억 달러 정도에 불과했다. 게다가 세계은행 등은 빈곤퇴치나 환경문제 등에

역점을 두면서도 인프라 개발에는 상대적으로 소홀했다. 결국, 2016년 기준 아세안 측이 연결성 강화를 위해 계획한 125개 사업 가운데 실행에 옮겨진 것은 39개에 불과했다.

이와 같은 열악한 상황에서 중국의 일대일로 구상은 MPAC 2025의 마중물 역할을 했다. 중-아세안 FTA 발효 직후인 2005년부터 2019년까지 중국의 인프라 투자 규모는 대인도네시아 524.6억 달러, 대싱가포르 476.6억 달러, 대말레이시아 448.2억 달러, 대라오스 277.4억 달러, 대베트남 268.6억 달러, 대캄보디아 145.2억 달러, 대필리핀 123.9억 달러, 대태국 114.9억 달러, 대미얀마 98.9억 달러, 대브루나이 41.1억 달러에 달했다(김선진 2023a, 137-152).

여기서 일대일로 사업의 인프라 자금 공급을 위해 2016년에 설립된 AIIB_자본금 1,000억 달러_의 대아세안 자금 지원이 예상외로 저조한 점이 흥미롭다.[22] 김선진(2023b, 179-180)은 그 이유로 네 가지를 든다. 첫째, 중국은 AIIB 자금을 자국이 지정학적으로 중시하는 중국-유라시아-서아시아 경제회랑과 중국-파키스탄 경제회랑에 집중하는 경향이 있다. 둘째, 중국의 대아세안 자금 지원은 다양한 경로로 이루어지고 있다. AIIB 이외에 중국 4대 국유은행, 중국수출입은행, 중국-아세안해양협력기금 등이 활용되고 있다. 셋째, 아세안 회원국들도 미중 간 지정학적, 지경학적 경쟁을 의식하여 AIIB를 비롯한 중국 자금 활용에 신중한 자세를 보였다. 넷째, AIIB도 자신에 대한 서방의 경계심을 고려하여 단독 사업보다는 기존 국제금융기관과 협력하여 갈등을 최소화하고자 한다.

앞에서 중국이 일대일로 구상을 천명하면서 중-아세안 운명공동체 건설

---

22 2016~2019년 지원 현황은 총 10건, 13억 3,650억 달러였다. 이마저도 경제회랑 등 물리적 연결성을 위한 자금은 거의 없었으며, 대부분이 수자원과 도시개발에 집중되었다. 일대일로 사업에 대한 실질적인 자금 지원은 중국국유은행, 중국개발은행, 그리고 중국수출입은행 등이 담당했다(김선진 2023b, 164; 177).

을 제안했다고 언급한 바 있다. 여기서 주목해야 하는 것이 '아시아운명공동체' 담론이다. 우완영·이희옥(2017, 339)은 시진핑 시기 주변 외교를 정교화한 것이 아시아운명공동체라고 주장한다. 2012년 중국공산당 제18차대회 보고에서 운명공동체가 공식 제기된 데 이어 2013년 주변외교업무좌담회에서의 시진핑 주석의 연설_"운명공동체 의식을 주변 국가에 뿌리내리게 하자"_, 2014년 제2차 중앙외사공작회의에서 주변 외교와 운명공동체의 청사진이 제시되었다. 그리고 2015년 3월 시진핑 주석은 보아오포럼에서 "운명공동체를 향해 아시아의 새로운 미래를 개척하자"라는 주제 연설을 했다.

아시아운명공동체는 안보, 경제, 인문의 세 차원으로 구분할 수 있다(우완영·이희옥 2017, 346-350). 첫째는 아시아운명공동체 달성을 위한 제도적 기반이자 구체적인 방법론으로 아시아 신안보관을 제시한다. 신안보관은 지역분쟁, 전통 및 비전통 안보문제에 대해 대화와 협력을 통한 위기 통제와 위기관리를 강조한다. 그 지향점은 동맹 중심의 집단안보가 아닌 공동안보이다. 신안보관에 해당하는 것은 파트너십, SCO, CICA, 6자회담 등이다.

둘째는 아시아운명공동체의 물적 토대이자 기본 목표로서의 이익공동체이다. 중국은 세계 최대의 개발도상국으로서 자유무역을 대변하고 개방적인 지역통합을 추진하며 글로벌 사우스에 대해 대국의 책임을 다할 것임을 강조한다. FTA, 일대일로, AIIB, RCEP 등이 해당된다. 셋째, 중국은 다양한 문명, 민족, 문화, 이데올로기에 대한 포용적 자세, 즉 화(和)를 운명공동체의 철학적 기초로 삼고자 한다. 단일한 가치를 강제하기보다는 주권을 존중하면서 아시아의 협력을 추구하자는 인문 공동체를 말한다. 세 차원 모두 미국적 질서에 대한 강력한 안티테제로 제시되었다.

당연히 중국의 아시아운명공동체 구축을 위한 외교적 노력은 주변국과의 파트너십 구축에 집중되었다. 정상외교가 강화되었고, 기존의 파트너십은 한층 더 강화·격상되어 파트너십 네트워크로 체계화되었으며, ARF나 상해협력기구(SCO) 등과 같은 다자안보협력체제에서 적극적인 자세를 취하고 있다. 파트너십 구축은 주변국의 중국에 대한 불안이나 우려를 약화·불식시키는 데도 효과적일 것으로 기대되었다.

서방에는 일대일로 구상 및 운명공동체론을 중국의 패권 추구나 세력권 확장 전략으로 간주하는 견해가 적지 않다. 필자는 자카르타에서 일본 고위급 외교관으로부터 흥미로운 문서를 전달받은 적이 있다. 시진핑 주석의 인류운명공동체 주제 연설 "상생협력의 새로운 파트너십을 구축하고 인류운명공동체를 만들기 위해 함께 노력하자"_(2015년 9월 29일)과 일본의 대동아회의 공동선언(1943년 11월 6일)을 비교한 글이었다. 그는 방점이 찍혀 있는 단어들을 거론하면서 과거 일본처럼 중국이 자국 중심의 공영권을 구축하려 한다고 주장했다.

〈시진핑 주석 연설 발췌〉
- 우리는 공정성, 정의, 공동 기여 및 공유 이익을 갖춘 안보 아키텍처를 만들어야 한다.
- 우리는 모든 측면에서 냉전적 사고방식을 버리고 공통적이고 포괄적이며 협력적이고 지속 가능한 안보라는 새로운 비전을 육성해야 한다.
- 우리는 모두에게 이익이 되는 개방적이고 혁신적이며 포용적인 개발을 증진시켜야 한다.
- 발전은 포용적이고 지속 가능할 때에만 의미가 있다. 그러한 발전을 이루기 위해서는 개방과 상호 지원, 그리고 상생협력이 필요하다.
- 우리는 화합과 포용, 차이에 대한 존중을 증진하기 위해 문명 간 교류를 확대해야 한다. 문명은 상호작용하는 가운데 서로의 차이점을 받아들여야 한다. 상호 존중, 상호 학습, 조화로운 공존을 통해서만 세계는 다양성을 유지하고 번영할 수 있다.
- 우리는 대자연과 녹색발전을 최우선으로 생각하는 생태계를 구축해야 한다.

〈대동아회의 공동선언 발췌〉
- 대동아 국가들은 상호 협력을 통해 지역의 안정을 보장하고 정의에 기초한 공동번영과 복지의 질서를 건설할 것이다.
- 대동아 국가들은 서로의 주권과 독립을 존중하고 상호 지원과 우호를 실천함으로써 지역 내 국가들의 형제애를 보장할 것이다.

- 대동아 국가들은 서로의 전통을 존중하고 각 민족의 창의적 능력을 발전시킴으로써 대동아의 문화와 문명을 향상시킬 것이다.
- 대동아 국가들은 상호주의에 기초한 긴밀한 협력을 통해 경제발전을 가속화하고 이를 통해 지역의 전반적인 번영을 촉진하기 위해 노력할 것이다.
- 대동아 국가들은 세계 모든 나라들과 우호 관계를 구축하고, 인종차별 철폐, 문화 교류 증진, 자원 개방을 위해 노력하여 인류의 진보에 기여할 것이다.

하지만 이러한 비교는 중국 측의 정책목표 가운데 일부분만을 과도하게 강조하는 우를 범하기 쉽다. 통상적으로 특정 정책에는 정치, 경제, 외교, 군사, 사회문화 등 다양한 목표들이 투영되지만 이들이 모두 실현되는 일은 거의 없다. 게다가 일대일로 사업이 곧바로 중국의 아세안 국가들에 대한 정치·외교적 영향력으로 전환될 것이라고 가정하는 것도 합리적이지 않다. 1980~90년대 일본은 동남아시아 지역에서 압도적인 경제적 영향력을 발휘하고 있었지만 그 정치·외교적 영향력은 상당히 제한적이었다. 중국의 입장에서도 일대일로 사업은 적지 않은 리스크를 동반한다. 아세안 국가들은 정부 재정 부족으로 대부분의 인프라 개발을 민간과 외국 투자자들에게 개방해 왔지만 열악한 사업 환경, 높은 투자 리스크, 정부 역량 부족 및 부패 문제 등으로 국내외 민간투자자들은 투자를 기피해 왔다(오윤아 외 2017, 121).

5. 정치·안보적 협력과 갈등

아세안, 남중국해 영유권 문제로 중국에 손오공 머리띠를 씌우려 하다

마지막으로 중-아세안 간 정치·안보 관계는 어떻게 진전되어 왔을까? 우선, 양측은 여러 파트너십 공동성명·선언에서 볼 수 있는 것처럼 전통적 규범에 대한 강력한 공감대를 형성해 왔다. 여기에는 독립, 주권, 평등, 영토 보존, 국가 정체성 존중, 분쟁의 평화적 해결, 내정불간섭, 그리고 아세안 공통의 이익에 심각하게 영향을 미치는 문제에 대한 협의 강화 등이 포함되었다.

또한, 양측은 지역 문제에 대한 서로의 구상을 가능한 한 존중·지지해 왔다. 중국은 아세안 중심성을 인정하면서 아세안이 지역 문제에 대해 주도적인 역할을 하는 것을 지지해 왔으며 아세안+1(또는 n) 메커니즘이나 ARF 등 아세안이 창설한 대화·협력 메커니즘에 적극적으로 참여해 왔다. 아세안은 중국의 정치체제를 존중하고 중국의 세계적 강대국 역할을 지지하며 특히 일대일로 구상과 아시아인프라투자은행(AIIB) 등과 관련한 중국의 행보를 지지해 왔다. 게다가, 아세안은 미중 양국 사이에서 어느 한쪽을 편들지 않으며 미중 간 대화와 협력을 지지해 왔다(Zhang 2021, 129-130).

하지만, 동시에 협력이 관계의 기본적인 기조를 이루는 가운데 갈등적, 대립적인 안보 현안도 존재했다. 남중국해_프라타스 군도(중국명 동사군도), 파라셀 군도(중국명 시사군도), 스프래틀리 군도(중국명 난사군도), 스카보로 암초, 메이클즈필드 천퇴(중국명 중사군도) 등_ 영유권을 둘러싼 분쟁을 말한다. 직접적인 당사국은 중국, 대만, 필리핀, 브루나이, 말레이시아, 베트남, 인도네시아이다. 이 가운데 중국, 대만, 베트남은 전체 영유권을, 말레이시아, 필리핀, 브루나이, 인도네시아는 부분 영유권을 주장한다. 참고로, 브루나이를 제외한 당사국들은 남중국해의 섬과 암초에 군대를 주둔시키고 있다.

중-아세안 양측이 남중국해 영유권 문제를 둘러싸고 대화·협의를 시작한 것은 1990년대 초반이었다. 그 직접적인 계기는 1980년대 후반 스프래틀리 군도 인근에서 발발한 중-베트남 해전이었다.[23] 해전은 아세안 측에

---

23 남중국해 영유권 문제의 역사는 18세기로 거슬러 올라간다. 제국주의 시대에 영국과 스페인이 영유권을 주장한 바 있으며, 20세기 초에는 청과 일본이 일부 제도를 영유했다. 1937년에는 일본이 남중국해의 모든 제도를 점유하기도 했다. 제2차 세계대전 직후인 1947년에는 중화민국(현 대만)이 11단선을 설정한 데 이어 1953년에 중화인

상당한 충격을 주었다. 이에 아세안 측은 자신의 대화 메커니즘 안에서 남중국해 문제를 관리하고자 했다. 1991년 아세안 외교장관회의(AMM)에 첸치천(錢其琛) 중국 외교부장을 초대하여 중-아세안 외교장관회의(제1차)를 개최하고, 1994년에 중국을 ARF(아세안지역안보포럼)에 초대한 이유였다. 그리고 아세안은 1997년 중-아세안 정상회의(제1차)를 통해 중국 측에 법적 구속력이 있는 '남중국해 당사국 행동강령'(Code of Conduct in the South China Sea, COC) 채택을 요청하기 시작했다.

〈그림 5-2〉 남중국해 영유권 주장 현황

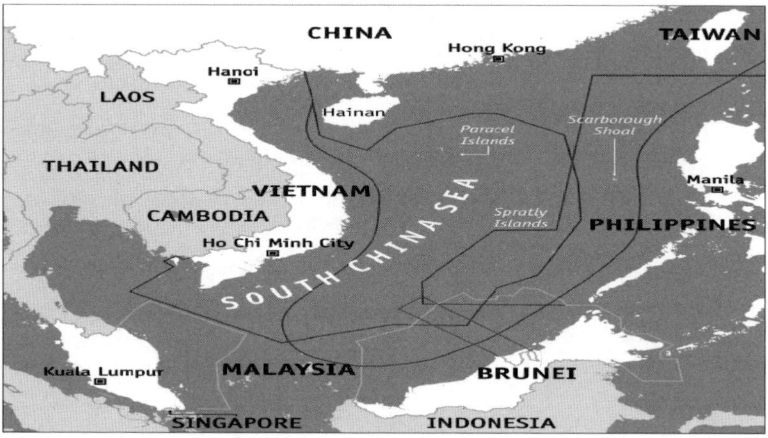

출처: "Competing territorial claims in the South China Sea," Wikimedia Commons.

민공화국(현 중국)이 11단선을 수정한 9단선을 주장했다. 한편, 필리핀과 베트남은 샌프란시스코강화조약(1951년 9월) 체결 직전에 스프래틀리 군도, 베트남은 파라셀 군도의 영유를 주장했다. 이후 영유권 주장은 1960년대 후반 유엔의 동중국해 및 남중국해 해저자원 탐사, 1970년대의 석유 위기 및 세계 각국의 배타적경제수역(EEZ) 설정 움직임을 배경으로 가열되기 시작했다. 그 후 필리핀, 남베트남 등이 군을 동원해 점유 경쟁을 펼치는 가운데 1974년 1월 중국과 남베트남 사이의 해전(중국 측이 파라셀 군도 전역을 제압), 1988년 3월 중국과 베트남 사이에 해전(중국 측이 스프래틀리 군도 내 7개 섬/암초 점거)이 발발하기에 이르렀다.

그로부터 최근까지 중-아세안 양측은 세 차례에 걸쳐 주요한 합의를 이루었다. 첫 번째는 2002년 11월 중-아세안정상회의에서 발표된 '남중국해 당사국 행동선언'(Declaration on the Conduct of Parties in the South China Sea, DOC)이었다. 원래 아세안 측이 지향한 것은 COC 채택이었으나 합의점을 찾지 못하자 잠정적으로 타협한 결과물이 DOC였다. 중국 측이 법적 구속력을 지닌 COC 채택에 거부감을 보였기 때문이다. 다만 이 시기 중국 후진타오 정부가 매우 유화적인 자세를 취한 점은 주목할 만했다. 중-아세안 자유무역지대(ACFTA) 체결, 그리고 중국의 TAC 서명이 그것이다.

참고로, DOC는 크게 두 가지 내용을 담았다. 하나는 영유권 분쟁의 평화적 해결을 위한 적대적 행위의 자제(4항), 다른 하나는 군 관계자 상호교류 및 환경조사 협력 등을 통한 신뢰 양성 제고(5항)였다.[24]

> 4. 관련 당사국들은 1982년 해양법에 관한 유엔협약을 포함한 보편적으로 인정되는 국제법 원칙에 따라 직접 관련된 주권국가의 우호적인 협의 및 교섭을 통해 위협이나 무력 사용에 의존하지 않고 평화적인 방법으로 영토 및 관할권 분쟁을 해결할 것을 약속한다.
> 5. 당사국들은 특히 현재 무인도, 암초, 모래톱, 산호초 및 기타 지형에 거주하는 행위를 삼가는 것을 포함해 분쟁을 복잡하게 하거나 확대하고 평화와 안정에 영향을 미칠 수 있는 행위를 자제하며 건설적인 방식으로 서로의 이견을 처리할 것을 약속한다.
> 영토 및 관할권 분쟁이 평화적으로 해결될 때까지 관련 당사국은 협력과 이해의 정신으로 그들 사이에 신뢰와 확신을 구축하기 위한 방법을 모색하기 위해 노력을 강화할 것을 약속한다. 여기에는 다음이 포함된다: ① 국방 관계자와 군 관계자 사이에 적절한 대화와 의견 교환의 진행; ② 위험에 처해 있거나 고통을 겪고 있는 모든 사람에 대한 정의롭고 인도적인 대우의 보장; ③ 임박한 합동/연합 군사훈련의 다른 관련 당사국에 대한 자발적 통보; ④ 자발적인 관련 정보 교환.

---

24 ASEAN main portal, "Declaration on the Conduct of Parties in the South China Sea," (December 4th, 2002, Phnom Penh, Kingdom of Cambodia), https://asean.org/declaration-on-the-conduct-of-parties-in-the-south-china-sea-2/

두 번째는 2011년 7월 중-아세안 외교장관회의(인도네시아 발리)의 'DOC 가이드라인'(Guidelines for the Implementation of the DOC) 채택이었다.[25] DOC 가이드라인은 COC 제정에 한 발짝 더 다가선 것이었다. 이 가이드라인은 당사국들이 환경조사나 자원개발 등을 공동으로 실시할 때 고려해야 하는 절차 및 지침을 제시했다. 중국은 이 가이드라인과 관련하여 해양협력기금 창설을 제안하고 30억 위안 규모의 출자 의향을 표명했다. 가이드라인의 내용은 아래와 같다.

1. DOC의 실행은 DOC의 조항에 따라 단계별 접근 방식으로 수행되어야 한다.
2. DOC 당사국들은 DOC의 정신에 따라 지속적으로 대화와 협의를 촉진한다.
3. DOC에 규정된 활동이나 프로젝트의 실행은 명확하게 식별되어야 한다.
4. 활동이나 프로젝트에 대한 참여는 자발적으로 이루어져야 한다.
5. DOC의 범위 내에서 수행되는 초기 활동은 신뢰 구축 조치여야 한다.
6. DOC의 구체적인 조치나 활동을 실행하기로 한 결정은 관련 당사자 간의 합의를 바탕으로 이루어져야 하며, 최종적으로 행동강령의 실현으로 이어져야 한다.
7. DOC에 따라 합의된 프로젝트를 실행하는 과정에서 필요하다고 판단되는 경우 전문가 및 저명한 인사의 서비스를 통해 관련 프로젝트에 대한 구체적인 의견을 제공할 수 있다.
8. DOC에 따라 합의된 활동 및 프로젝트의 이행 진행 상황은 매년 중국-아세안 장관급회의(PMC)에 보고되어야 한다.

가이드라인 채택은 COC에 대한 중국의 소극적인 자세, 그리고 DOC에 대한 아세안 내부의 의견 대립을 반영했다. DOC의 4항을 중시하는 필리핀과 베트남은 행동강령을 분쟁 해결을 위한 규칙으로 간주하고 유엔해양법 등에 근거한 해결 방법을 행동강령에 포함시켜야 한다고 주장했다. 인

---

25 Center for International Law, University of Singapore, "2011 Guidelines for the Implementation of the Declaration of Conduct on the South China Sea," Adopted in Bali, Indonesia on 20 July 2011,
https://cil.nus.edu.sg/wp-content/uploads/2019/10/2011-DOC-Guidelines.pdf

도네시아, 말레이시아 등도 찬성이었다. 그에 반해 캄보디아, 라오스, 태국 등은 5항을 중시하면서 중국에 동조했다(鈴木 2012). 이러한 대립은 결국 2012년 7월 아세안 사상 최초로 아세안 외교장관회의 공동성명 미발표라는 초유의 사태로 이어졌다.

문제의 발단은 2011년 아세안이 필리핀과 베트남의 주장을 대폭 수용한 아세안의 방침을 COC에 반영하기로 합의한 데 있었다. 이 방침은 유엔해양법조약의 분쟁 해결 절차 활용, 규범 준수 감시 틀 구축, EEZ 존중 등을 담았다. 아세안은 이 방침을 근거로 중국과 협의에 임하고 연내 COC 책정을 목표로 했다. 그러나 중국은 아세안 방침에 강하게 반대했다. 영유권 문제에 관련한 분쟁 해결은 어디까지나 분쟁 당사국_양자 간 교섭_에 맡겨져야 하며 다자 간 틀이나 유엔해양법 등과 같은 절차를 활용한 해결은 바람직하지 않다는 주장이었다. 이에 당시 아세안 의장국 캄보디아는 아세안 외교장관회의 공동성명_남중국해 항목에 담을 문언_ 발표에 반대를 표명하고 태국도 그에 동조했다.

세 번째는 2017년 11월 중-아세안 정상회의에서 이루어진 COC 협상 개시 선언이었다. 중국의 실효 지배 조치가 갈수록 강화되고 COC 채택도 지지부진한 가운데 필리핀은 2013년 1월 상설중재재판소(PCA, 네덜란드 헤이크)에 심리를 요청했다. 중국의 남중국해 영유권 주장 및 관련 활동이 UNCLOS에 비추어 타당한지 그 여부를 묻는 것이었다. 아세안 측도 중국을 직접 언급하지는 않았으나 중국의 산호초 매립 및 아세안 회원국에 대한 물리적 압박에 우려의 목소리를 높이기 시작했다. 무력이 아닌 사법적·외교적 프로세스를 존중해야 한다는 주장이었다.

전가람(2020, 129-134)은 2013년을 기점으로 중국 측이 COC(남중국해행동강령) 협상에 적극적으로 나서기 시작했다고 지적한다. 즉, 중국이 가능한 각국의 요구를 수용하려는 자세를 보이기 시작한 점, 필리핀 두테르테 정부가 친중적 행보를 보인 점, 미국 등 역외 국가들의 개입 증가에 대해 선제적으로 차단할 필요성이 생긴 점, 주권과 해양 권익 수호를 철저하게 역내 당사국에 한정하려 한 점, 아세안 측도 타협적인 자세를 보인 점 등을 고려한 것이었다.

이 과정에 2016년 6월 중-아세안 특별외교장관회의(중국 원남)는 이렇다 할 외교적 성과를 거두지 못했다. 7월에는 PCA가 필리핀의 주장을 전면적으로 인정하는 판단을 내렸다. 중국의 매립 지역은 암초로서 EEZ이나 대륙붕 주장의 근거가 될 수 없으며 중국의 행위가 UNCLOS(유엔해양법협약)에 위반한다는 내용이었다. 중국은 PCA가 이 문제를 심리할 수 있는 권한을 갖고 있지 않다며 반발했다. 다만, 이 국면에서 중-아세안 양측이 일정 부분 자제한 점은 중요했다. 아세안 측은 사법적·외교적 과정 중시 자세를 누그러뜨렸고, 중국 측은 COC 협의 가속화를 지향했다.

이어 2017년 2월~5월 양측은 남중국해 우발적 충돌을 방지하기 위해 활동을 규제하는 COC 단일 협상 초안을 작성·합의했다. 이 초안은 사전 조항_DOC와 COC의 상호관계_, 일반 조항_우발적 충돌 방지를 위한 행동 수칙_, 그리고 최후 조항_COC 집행을 위한 감독, 성격, 발효 등_으로 구성된 것으로 알려졌다. 같은 해 8월 중-아세안 외교장관회의는 이 초안을 향후 COC 협상의 준거로 삼자는데 동의했다. 2017년 11월 중-아세안 정상회의에서 COC 협상 개시를 선언한 배경이었다. 이 자리에서 중국 측은 COC 협상을 3년 내인 2021년까지 완료할 것을 제안했다. 이어 2018년 6월 양측은 단일 협상 초안 작성을 위한 4개 협의안에 합의했다.[26] 4개 협의안은 아래와 같다.

① 각국은 COC 협상 과정 중 진행된 협상 초안에 대해 엄격한 보안을 유지한다.

---

26 COC 단일 협상 초안에는 COC의 법적 구속력이 명문화되지 않았다. 그 대신 유엔헌장, TAC 등의 원칙과 같은 보편적 규범이 법적 인용으로 채택된 것으로 보인다. 덧붙여 아세안 측의 양보적 자세는 중국의 일대일로 구상과 관련한 수혜와 무관하지 않은 것으로 평가된다(전가림 2020, 132).

② COC 협상 과정 중 진행된 협상 초안은 수정 가능한 동태적 문건이다.
③ COC 단일 협상의 초안은 2018년 6월 2-3일 싱가포르에서 개최되는 양자 간 외교장관회의에 제출된다.
④ DOC 연합 워킹그룹 회의의 초안 결과를 DOC 고위급회의에 제출하고 관련 문제점들에 대한 해결 방안은 DOC 고위급회의로 이관한다.

그 직후인 8월 양측 외교장관회의에서는 COC 단일 협상 초안에 대해 최종적인 합의가 이루어졌다. 다만, 양측이 초안 내용을 일절 공개하지 않기로 합의함에 따라 그 후의 COC 협의가 구체적으로 어떻게 진행되고 있는지는 확인하기 어렵다. 코로나 팬데믹 시기를 거쳐 양측이 COC 책정을 위한 지침에 합의한 것은 2023년 7월이었다.

COC 책정을 둘러싼 협의는 당분간 더 지속될 것으로 보인다. COC에 담을 내용이 분쟁 해결의 규칙이나 신뢰 양성 가운데 어느 것을 우선할지는 아직 불확실하다. 설령 앞으로 양측이 COC 책정에 합의하더라도 이것이 남중국해 영유권 문제의 해결을 의미하는 것도 아니다. 하지만 COC는 당사국들의 과격한 행동을 억제하고 분쟁 예방과 평화 유지에 적지 않은 기여를 할 수 있을 것으로 보인다(Lee 2017).

한편, 중-아세안 양측은 의견의 차이에도 불구하고 가능한 한 대화·협의를 통해 DOC 및 COC 책정을 진전시키고자 해왔다. 아세안은 회원국 사이에 이견이 있음에도 다자주의적 대화 메커니즘 안에서 남중국해 문제를 관리하려고 노력해 왔다. 그에 비해 중국 측은 해당국들과의 양자 간 협상으로 문제를 해결하고자 하는 경향이 강했다. 그럼에도 중국 측이 DOC나 COC 등 아세안 측의 요청을 일정 부분 수용해 온 점은 주목할 만했다.

이에는 세 가지 요인이 작용한 것으로 생각된다. 첫째는 아세안 측의 지속적이고 일관적인 자세이다. 아세안은 중국을 아세안이 주도하는 다자간 안보 대화의 틀에 끌어들임으로써 중국의 위협을 완화하고 그에 대해 공동으로 대응하고자 했다. 특히, 대중 강경 성향의 베트남과 필리핀, 그리고 상대적으로 대중 옹호 성향이 강한 캄보디아, 라오스, 태국의 사이에서 균형을 모색하며 대안을 적극적으로 제시한 인도네시아의 역할이 중요했다.

둘째, 중국에 대해 공동으로 대응하려는 아세안 내부의 움직임이 갈수록 두드러지기 시작했다. 특히, 2020년대 초반 중국이 공세 자세_새로운 행정구 설치, 군사화 가속, 방공식별구역 설정, 어선 단속 강화 등_를 취하면서 중국-아세안 회원국_필리핀, 베트남은 물론 말레이시아, 인도네시아 포함_ 간 대치 및 충돌 사건이 연이어 발생했다. 이에 2020년 6월 아세안 의장국 베트남은 한 발 더 진전된 내용을 담은 의장공동성명을 발표하는 데 성공했다. 중국의 행보와 관련해 '매립', '최근 상황', '심각한 사안' 등을 언급하며 아세안 전체로서의 우려를 표명한 점, 그리고 아세안의 통일적 입장으로서 법의 지배_UNCLOS 등_에 근거한 문제 해결을 명확히 언급했다(庄司 2020).

셋째, 중국은 역외 국가들, 특히 미국의 개입이나 간섭을 차단하기 위해서라도 중-아세안 협의_일종의 넓은 의미의 중-아세안 양자주의_를 수용할 필요가 있었다(周士新 2020; 鈴木 2016). 중국의 물리적 압박에 직면하여 필리핀과 베트남 등은 PCA는 물론 미국, 일본을 비롯한 서방 주요국과의 해양안보 협력을 강화하기 시작했다. 미국도 아시아 재균형 전략, 인도·태평양전략, 자유와 항행의 작전 등을 내걸면서 동맹국 및 우방국들과 함께 대중 압박의 수위를 높여갔다. 특히, PCA 판결 이후 미국, 일본, 호주 등은 중국 측의 주장을 정면에서 부정하면서 중국의 남중국해 연안국 주권 침해를 강력하게 비난했다. 인도네시아와 말레이시아도 기존의 다소 중립적인 입장에서 벗어나 중국 측이 주장하는 9단선이 근거 없다는 구상서를 유엔에 제출했다.

무기 이전은 중국의 안보적 영향력이 제한적이라는 것을 보여준다[27]

전략적 파트너십의 확대·강화와 병행하여 중국의 아세안 개별 회원국

---

[27] 이 부분은 박세환·서승원(2022, 430-436)에 의한 바가 크다.

에 대한 무기 공급국으로서의 비중도 지속적으로 확대되었다. 중국의 입장에서 무기 이전은 군사동맹이나 안보적 제휴, 소다자주의 안보 대화·협력 등에 못지않은 중요한 대외정책 수단이다. 무기 이전은 경제적 상호의존 이상으로 국가 간 관계에 지대한 영향을 미친다. 무기 이전 관계는 공급국과 도입국 사이의 군사·안보적 연결성을 상징하는 것이기도 하다.

SIPRI(스톡홀름국제평화연구소) 데이터에 따르면 중국의 무기 수출 규모는 지난 10년 동안(2012~2021년) 153.81억 달러에 달했다. 중국의 무기 이전 대상은 중동(80.14억 달러), 동남아시아(47.27억 달러), 아프리카(16.85억 달러), 중앙아시아(4.19억 달러), 서아시아(0.61억 달러) 등 개발도상국 지역에 집중되었다. 상위 10개국은 파키스탄(59.86억 달러), 방글라데시(25.22억 달러), 미얀마(12.06억 달러), 알제리(10.07억 달러), 태국(4.36억 달러), 베네수엘라(3.97억 달러), 인도네시아(3.33억 달러), 탄자니아(2.95억 달러), 나이지리아(2.57억 달러), 모로코(2.29억 달러)였다.

이 가운데 파키스탄, 방글라데시, 미얀마가 전체의 절반을 상회한다. 이들은 전통적인 친중 성향 국가로 알려져 있다. 아세안 회원국 가운데 중국 무기 최대 도입국은 미얀마이다. 미얀마는 항공기, 함정, 기동, 유도, 화력 등 거의 모든 무기체계를 중국에 의존한다. 캄보디아와 라오스도 중국 무기에 대한 의존도가 높다. 이들은 구사회주의 국가로서 소련제 무기체계의 경험이 많고 아세안 회원국 가운데 친중 성향이 강하며 중소득국이 아닌 저소득국이라는 공통점을 갖는다.

〈표 5-4〉 아세안 회원국의 무기 공급국 순위와 국방지출 총액 (2012~2021년)

공급국 도입국	1위	2위	3위	4위	5위	6위	국방지출
싱가포르	미국 (50.8%)	프랑스 (26.6%)	독일 (4.4%)	이스라엘 (4.3%)	이탈리아 (3.8%)	스웨덴 (3.1%)	97,158.9
인도네시아	미국 (18.3%)	한국 (16.9%)	영국 (12.8%)	네덜란드 (8.4%)	러시아 (8%)	프랑스 (7.1%)	78,348.3
태국	우크라이나 (15.9%)	중국 (15.5%)	한국 (15.5%)	미국 (10.4%)	스웨덴 (9.4%)	독일 (5.8%)	65,985.8

말레이시아	스페인 (27.5%)	터키 (16%)	프랑스 (12%)	독일 (7.6%)	중국 (7.3%)	한국 (6.9%)	38,005.0
필리핀	한국 (41.5%)	미국 (23.4%)	인도네시아 (9.7%)	이스라엘 (6.7%)	스페인 (3.6%)	독일 (3.3%)	36,013.7
베트남	러시아 (77.1%)	이스라엘 (8.9%)	벨라루스 (4.4%)	한국 (2%)	우크라이나 (1.4%)	미국 (1.8%)	34,093.6
미얀마	중국 (56.2%)	러시아 (22.1%)	인도 (9.1%)	한국 (4%)	벨라루스 (3%)	이스라엘 (1.5%)	31,293.2
캄보디아	중국 (36.7%)	우크라이나 (34.8%)	체코 (18%)	러시아 (3.2%)	슬로바키아 (2.5%)	캐나다 (2.5%)	4,600.7
브루나이	미국 (45.3%)	독일 (32.8%)	프랑스 (15.6%)	네덜란드 (2.6%)	덴마크 (2.6%)	스웨덴 (1.5%)	4,079.2
동티모르	-	-	-	-	-	-	328.3
라오스	러시아 (49.5%)	중국 (43.8%)	캐나다 (3.7%)	프랑스 (3.3%)	-	-	47

출처: 박세환·서승원(2022, 425).
주의: 국방지출은 같은 기간 합산 총액. 라오스는 2014년 이후의 국방비 데이터 부재함. 동티모르는 해당 기간 무기 수입 기록 부재. 베트남은 2019-2021년 공식 국방비 데이터가 없으나 평균 50억 달러 이상 지출한 것으로 추정됨.

    중국의 동남아시아에 대한 무기 이전의 동기는 시대별로 적지 않은 차이점을 보였다. 예를 들면, 마오쩌둥 시대에는 이데올로기 색채가 짙은 정치적 동기가 강하게 작용했다. 베트남전쟁 시기에는 북베트남 공산주의 세력에게 군사원조를 실시했다. 문화대혁명 시기에는 반제국주의, 반식민주의를 내거는 동남아시아의 반정부 무장세력에게 무기를 제공하기도 했다. 1970년대 베트남이 캄보디아를 침공하자 이번에는 캄보디아와 태국에 대해 무기 수출을 확대했다.

    한편, 덩샤오핑 시대에 들어서면서 외화 획득 및 국방공업 강화라는 경제적 동기가 상대적으로 중시되었다. 냉전 종언 이후 중국의 무기 이전이 한층 더 활발해졌다. 경제적 이익은 물론 자국의 군사력 역량 및 위상의 제고, 우호국과의 관계 유지, 개발도상국 지역에서의 정치적 영향력 확대 등과 같은 요인들도 고려되기 시작했다(村井 1995, 64-66).

    시진핑 정부에 들어서면서 무기 이전에는 전보다 더욱 강력한 정치적, 전략적 고려가 작동하기 시작했다. 무기 이전은 일대일로 구상을 기치로 한 막대한 경제협력·지원과 더불어 '남남협력'의 주요한 수단으로 간주되고 있다. 남남협력을 강조하는 배경에는 갈수록 치열해지는 미국과의 전략적 경쟁이 존재한다. 특히, 중국은 전 세계 개발도상국이나 저개발국, 좀 더 구체적으로는 미국의 경제적, 군사적 제재에 직면하거나 반미 성향이 강한 국가들을 대상으로 자국의 무기를 활발하게 이전한다(Raska and Bitzinger 2020, 93). 여기서 경제적 이익과는 무관한 우호 가격 제공, 차관 공여, 또는 무상 양도 등의 방식이 빈번하게 활용된다.

무기 이전에 있어서 중국의 대아세안 접근 방식은 다음과 같은 특징을 보였다. 첫째, 중국의 무기 이전은 친중 성향 국가들에 대한 정치적 지원의 성격을 갖는다. 그 전형적인 사례가 캄보디아에 대한 무기 이전이다. 캄보디아는 인접국이자 자신보다 상대적으로 강한 태국 및 베트남과 불편한 관계에 있다. 1960~70년대 베트남이 캄보디아를 침공했을 때 중국은 캄보디아를 적극적으로 지원한 바 있다. 긴밀한 중-캄보디아 관계는 중국의 대 아세안 외교에 적지 않은 역할을 해왔다. 예를 들면, 캄보디아는 남중국해 영유권 문제와 관련하여 아세안 차원의 집단적 대응에 거부 의사를 표명하면서 양자 간 해결을 표방하는 중국 측 입장을 옹호해 왔다.

둘째, 중국은 원조나 저렴한 가격으로 무기를 이전함으로써 중국이 그다지 우호적이지 않은 상대국에게 우호의 시그널을 보내거나 관계 개선·발전을 꾀하고자 했다. 정치적 수단으로 무기 이전을 활용하는 방식이다(Wezeman 2019). 이러한 방식은 남중국해 영유권 문제 당사국들에 대해서도 적용되었다. 예를 들어 2016년 국제사법재판소가 자국에게 불리한 판결을 내리자 중국은 필리핀에게 무기 공급을 제안한 바 있다. 태국 등과 같이 인권 탄압이나 군부 쿠데타를 배경으로 서방의 무기 금수나 수출규제 대상국이 된 국가들에 대해서도 중국은 매우 관대한 조건으로 무기 공급을 제안하기도 한다.

셋째, 아세안 회원국 대부분은 믈라카해협과 남중국해를 비롯해 중국에게 사활적으로 중요한 해상 보급로 연안국들이다. 이들 지정학적 요충지에 위치한 국가들에 대한 관대한 조건의 무기 이전은 해상 보급로의 안정에 도움이 된다. 믈라카해협 연안 국가인 말레이시아나 인도네시아에 대한 무기 공급은 중국의 해상 보급로의 안전을 확보하는 차원에서도 긴요한 수단이 된다.

다른 한편, 아세안 회원국의 대중 위협 인식과 양자 간 정치 관계도 중-아세안 무기 이전 관계에 중대한 영향을 미친다. 토리조스(Torrijos 2022)는 아세안 회원국들의 무기 도입 전략의 패턴으로 세 가지를 든다. 첫 번째는 캄보디아 방식이다. 캄보디아는 중국과의 전략적 관계를 뒷받침한다는 정치적 판단 아래 러시아가 아닌 중국을 주된 무기 공급국으로 선택했다. 특히, 내정 및 인권 문제를 배경으로 서방과의 관계가 악화되자 캄보디아는 대중 접근을 가속화했다. 이와 같이 자국의 내정 문제로 서방과의 관계가 악화되어 중국을 대안으로 선택한 것은 라오스와 미얀마도 마찬가지였다. 미국, EU 등 서방의 무기 금수 조치가 이들로 하여금 중국제 무기를 도입하게 한 외적 요인으로 작용한 점은 시사하는 바가 크다.

두 번째는 베트남과 필리핀 방식이다. 이 두 국가는 남중국해 영유권 문제나 역사적 경험을 배경으로 중국 무기 도입에 부정적이다. 베트남은 1979년 중월전쟁 이래 중국 무기를 일체 도입하고 있지 않으며, 주로 러시아에서 무기를 도입한다. 다만, 베트남은 2016년 미국이 무기 금수를 해제한 이후 점차 서방제 무기를 도입하기 시작했다. 미국의 동맹국인 필리핀은 중국의 군사원조를 수차례 수용한 적은 있으나 기본적으로는 서방제 무기체계_미국제 및 한국제 무기_를 국방의 근간으로 한다.

세 번째는 인도네시아 방식이다. 이들은 가능하면 중립적인 입장에서 자유롭고 능동적인 대외정책을 추구하려는 경향이 강하다. 가능한 한 많은 우호국을 만들고 특정국을 적대시하지 않음으로써 자국의 전략적 유연성을 확보하고자 한다. 특히 인도네시아는 무기 공급국의 다변화, 그리고 국내 방위생산 능력을 구축하기 위한 전략적 투자에 적극적이다. 따라서 인도네시아는 중국 무기를 제한적인 방식으로만 도입한다. 태국과 말레이시아도 무기 공급국의 다변화와 제한적인 중국 무기 도입을 꾀한다. 참고로, 태국도 2014년 군부 쿠데타 이후 서방의 제재에 직면하자 미국과의 안보조약에도 불구하고 중국 무기 수입을 비롯한 중국 경사노선을 취한 바 있다.

최근 미중 간 전략 경쟁의 문맥에서 중국의 무기 이전을 수정주의 국가의 행보로 보는 견해가 보인다. 중국은 사실 국영 방산기업을 일대일로 사업에 적극적으로 참여시키고자 했다. 개발도상국의 자국 무기체계에 대한 의존도를 높일 수 있을 것이라는 기대를 반영한 것이었다. 예를 들면 2019년 5월 중국 국방과학기술산업국이 주도하여 중국선박공업집단공사(CSSC)와 중국보리집단공사가 일대일로 사업에 관련한 해군 무기 수출 협업을 위해 협약을 체결하기도 했다.

하지만 2013년 이후 일대일로 핵심 파트너 국가들에 대한 중국의 무기 이전은 그다지 증가하지 않았다. 일대일로 사업과 직접 연관된 74개국 가운데 23개국만이 중국 무기를 도입했다(Raska and Bitzinger 2020, 109). 아세안에서도 중국의 무기 이전 전략이 해상 실크로드 구상과 유기적으로 연계되고 있지는 않다. 캄보디아, 라오스, 미얀마를 제외하면 중국과의 전략적 파트너쉽이 무기 이전과 직접적인 상관관계를 갖는 것으로 보이지 않는다.[28] 따라서, 중국과 아세안 회원국 간 무기 이전 관계가 역내 안보 질서에 미치는 영향은 상당히 제한적이라고 할 수 있다. 가장 친중 성향으로 보이는 캄보디아조차 미국과 정기적인 해군훈련을 개최하며, 자국 해군기지에 대한 중국의 접근권 확보 시도를 부인한 바 있다(Jennifer 2021).

아세안, 미중 전략 경쟁에 대해 AOIP를 천명하다

아세안 회원국들은 경제적, 사회·문화적 분야에서 중국의 역할을 대체로 긍정적으로 본다. 하지만 정치·안보 분야에서의 중국의 역할에 대해서

---

28 이들 국가는 최대 무역상대국인 중국과 경제적 유대관계를 유지하거나 이를 강화하기 위해 군사협력이나 방산 협력 계약에 합의하기도 한다.

는 많은 차이점을 보인다. 친중 성향의 캄보디아와 라오스는 중국의 지역 내 영향력을 매우 긍정적으로 바라본다. 필리핀과 베트남은 남중국해 영유권 문제를 가장 심각한 도전으로 인식하며, 따라서 중국의 의도 및 역할에 대해서 매우 부정적인 인식을 갖는다. 그리고 미중 간 전략 경쟁은 필리핀, 베트남, 인도네시아를 제외한 아세안 회원국들이 가장 우려하는 관심사이다. 양자택일적 상황에 내몰리고 있으며, 아세안 중심성 및 아세안 일체성이 도전을 받고 있다는 인식이다. 참고로, 인도네시아는 무엇보다 중국의 경제적 영향력을 우려한다(Wei 2022, 51-53).

아세안의 중국 인식 및 미중 전략 경쟁에 대한 인식과 관련하여 싱가포르 ISEAS 아세안연구센터의 2022년 조사보고서_"The State of Southeast Asia 2022"_가 많은 시사점을 준다(ISEAS 2022). ISEAS는 2019년부터 매년 조사를 실시해 왔다. 조사 대상은 아세안 회원국의 엘리트 계층_정부 관계자, 학자, 연구자, 비즈니스맨, 미디어 관계자, 시민단체 등_이다. 2022년 보고서의 조사 시기는 2021년 11월 11일부터 12월 31일까지이다. 총응답자는 1,677명이었다.[29] 조사 항목은 동남아시아에 영향을 미치는 지정학적 상황, 핵심적인 지역 문제, 동남아시아의 대응 방안 등에 대한 시각과 인식 등이 포함된다.

[질문] 아세안의 대화 파트너 가운데 코로나 백신을 가장 많이 지원한 국가는 어디인가?

(단위: %)

국가	호주	캐나다	중국	EU	인도	일본	뉴질랜드	한국	러시아	미국	영국
아세안	4.7	0.3	57.8	2.6	3.6	4.1	1.1	0.7	0.4	23.2	1.5
브루나이	20.8	0.3	64.2	0.0	0.0	9.4	3.8	0.0	0.0	0.0	1.9
캄보디아	0.0	0.0	91.4	1.2	4.9	1.2	0.0	0.0	0.0	1.2	0.0
인도네시아	2.3	0.0	68.7	6.1	0.8	3.1	2.3	0.8	0.8	13.7	1.5
라오스	1.5	2.3	77.3	0.0	0.0	2.3	0.0	0.0	0.0	13.6	2.3

---

[29] 국가별 비율은 필리핀 23.9%, 미얀마 20.9%, 싱가포르 13.2%, 베트남 8.6%, 말레이시아 8.1%, 인도네시아 7.8%, 태국 7.0%, 캄보디아 4.8%, 브루나이 3.2%, 라오스 2.6%이다. 각국별 인구에 정비례하지 않는 점 등 일반화에 다소 한계가 있으니 주의를 요한다.

말레이시아	1.1	0.0	64.4	0.7	4.4	6.7	0.7	0.7	0.0	18.5	2.2
미얀마	1.1	0.0	40.0	2.6	22.6	4.0	0.3	2.3	1.1	25.4	0.6
필리핀	1.8	0.8	46.5	1.8	0.0	3.5	0.8	0.8	2.5	40.8	1.0
싱가포르	3.6	0.0	45.5	5.0	1.8	1.8	1.4	0.0	0.0	40.1	0.9
태국	1.7	0.0	64.1	0.0	0.9	2.6	0.9	1.7	0.0	25.6	2.6
베트남	11.8	0.0	16.0	8.3	0.7	6.9	0.7	0.7	0.0	52.8	2.1

(출처) ISEAS(2022, 13).

위 표의 질문에서 아세안 측은 중국의 백신 지원이 압도적이었다고 보았다(57.8%). 2021년 6월까지 중국이 지원한 백신은 730만 도스, 아세안 측이 중국에서 구입한 백신은 2억 3백만 도스였다. 두 번째 지원국은 미국(23.2%)이었지만 중국과 많은 차이를 보였다. 2021년 8월 미 바이든 정부는 2천 300만 도스를 지원했다. 이에 대해 중국 시진핑 정부는 2021년 11월 추가로 1억 5천만 도스 지원을 약속했다. 중국이 적극적으로 백신을 지원한 대상국은 전통적 우호 관계를 가지고 있거나 전략적으로 중시하는 국가들이었다.

실제로, 코로나 팬데믹 대응에서 중-아세안 간 파트너십은 매우 돋보였다. 코로나 사태 직후부터 양측은 외교장관회의, 정상회의 등 고위급 회담을 활발하게 개최하면서 전염병 예방·통제, 중국의 백신 지원, 코로나 팬데믹으로 위기에 직면한 경제 회복을 위한 전방위적 협력과 구체적인 대응 방침을 마련해 나갔다. 코로나 팬데믹 기간 중 양측 간 무역과 투자는 글로벌 하향 국면과는 반대로 확대 기조를 달성했다. 양측이 서로에 대해 최대 무역 파트너가 된 것도 이 시기였다.

[질문] 당신은 동남아에서 가장 큰 경제적 영향력을 지닌 국가·지역기구는 어디라고 생각하는가?
(단위: %)

국가	아세안	호주	중국	EU	인도	일본	한국	미국	영국
아세안	7.6	0.5	76.7	1.7	0.1	2.6	0.5	9.8	0.5
브루나이	9.4	0.0	84.9	0.0	0.0	1.9	0.0	1.9	1.9
캄보디아	9.9	0.0	84.0	1.2	0.0	0.0	0.0	4.9	0.0
인도네시아	13.7	1.5	67.9	0.0	0.0	5.3	1.5	8.4	1.5
라오스	2.3	0.0	86.4	6.8	0.0	0.0	0.0	4.5	0.0

국가	아세안	호주	중국	EU	인도	일본	한국	미국	영국
말레이시아	11.1	0.0	72.6	1.5	0.0	3.0	0.0	11.9	0.0
미얀마	2.6	0.0	83.4	1.4	0.0	4.3	1.4	6.0	0.9
필리핀	6.3	0.8	65.8	2.8	0.0	5.3	0.8	18.3	0.3
싱가포르	3.6	0.0	81.1	1.4	0.0	1.8	0.0	12.2	0.0
태국	7.7	1.7	69.2	0.9	0.9	4.3	1.7	13.7	0.0
베트남	9.7	0.7	71.5	0.7	0.0	0.7	0.0	16.7	0.0

(출처) ISEAS(2022, 21).

위 표의 질문에서 중국을 고른 응답자는 76.7%로 미국을 고른 응답자 9.8%를 크게 상회했다. 2021년의 결과는 중국 75.9%, 미국 6.6%였다. 전년 대비 미국은 3.3% 정도 증가했다. 중국의 경제적 영향력을 가장 높이 평가한 나라는 브루나이(84.9%), 캄보디아(84.0%), 라오스(86.4%), 싱가포르(81.1%)였다. 다만, 중국의 경제적 영향력 증대를 '우려한다'는 응답(64.4%)이 '환영한다'라는 응답(35.6%)보다 많았다. 우려한다는 응답을 국가별로 보면 말레이시아(87.3%), 필리핀(76.4%), 싱가포르(73.9%), 베트남(72.8%), 태국(66.7%), 라오스(65.8%), 인도네시아(60.7%), 브루나이(55.6%), 미얀마(55.1%), 캄보디아(29.4%) 순이었다. 한국은 중국, 미국, 일본, EU에는 미치지 못했지만 호주, 영국과 비슷한 수준으로 여겨졌다.

[질문] 당신은 동남아에서 가장 큰 정치적·전략적 영향력을 지닌 국가·지역기구는 어디라고 생각하는가?

(단위: %)

국가	아세안	호주	중국	EU	인도	일본	한국	미국	영국
아세안	11.2	0.8	54.4	0.8	0.2	1.4	0.6	29.7	0.8
브루나이	22.6	1.9	39.6	0.0	0.0	0.0	1.9	34.0	0.0
캄보디아	7.4	0.0	75.3	0.0	0.0	0.0	0.0	17.3	0.0
인도네시아	16.0	3.1	38.2	2.3	0.8	1.5	1.5	35.1	1.5
라오스	13.6	0.0	75.0	0.0	0.0	2.3	0.0	9.1	0.0
말레이시아	20.0	1.5	51.1	0.7	0.0	0.7	0.0	24.4	1.5
미얀마	2.0	0.0	70.9	1.1	0.0	3.4	2.3	19.7	0.6
필리핀	8.3	0.3	37.0	1.3	0.3	1.8	0.0	51.0	0.3
싱가포르	4.1	0.0	48.2	0.0	0.0	0.0	0.0	46.8	0.9
태국	7.7	0.9	55.6	2.6	0.9	2.6	0.0	27.4	2.6
베트남	10.4	0.7	52.8	0.0	0.0	2.1	0.7	32.6	0.7

(출처) ISEAS(2022, 23).

위 표의 질문에서 경제적 영향력과 마찬가지로 정치적·전략적 영향력에서도 중국(54.4%)은 미국(29.7%)을 크게 앞섰다. 친중 성향의 캄보디아(75.3%), 라오스(75.0%), 미얀마(70.9%)가 특히 높았다. 중국보다 미국의 영향력을 높이 인식하는 것은 반중 성향이 강한 필리핀(51.0%)뿐이었다. 이와 관련하여 아세안 전체의 평균치로 중국의 영향력 증대를 '우려한다'는 76.4%, '환영한다'는 23.6%였다. 미국의 영향력 증대를 '우려한다'는 37.4%, '환영한다'는 62.6%였다. 중국의 영향력 증대를 우려하는 상황에서 미국의 관여를 유도함으로써 균형을 취하고자 하는 의도가 엿보인다. 한국의 영향력을 평가하는 국가는 미얀마(2.3%), 브루나이(1.9%), 인도네시아(1.5%), 베트남(0.7%) 순이었다.

회원국별로 다소 차이는 있으나 아세안은 기본적으로 중립성을 표방한다. 그리고 역외 강대국의 압력을 막아내기 위해 아세안 일체성을 강조한다. 미중 사이에서 어느 한 편을 선택하지 않는 것이 기존의 기본적인 스탠스이다. 이와 관련한 두 가지 질문에 대한 응답 결과가 매우 흥미롭다(ISEAS 2022, 31-32).

하나는 "[질문] 미국과 중국이 동남아에서의 영향력과 리더십을 둘러싸고 경쟁하면서 아세안은 십자포화에 빠져 있다. 아세안은 어떻게 대응해야 할까?"이다. 2021년 및 2022년 기준 응답은 다음과 같다: '두 강대국의 압력을 막아내기 위해 단결력과 회복력을 제고해야 한다'(53.1%→46.1%), '미중 가운데 어느 한 편을 선택하지 않는다는 기존 입장을 계속 지켜야 한다'(30.6%→26.6%), '전략적 공간을 확대하기 위해 제3자와 제휴해야 한다'(12.9%→16.2%), '중립을 유지하는 것이 사실상 불가능하기 때문에 두 강대국 중 하나를 선택해야 한다'(3.4%→11.1%). 아세안 단결성 및 중립성을 견지하고는 있으나 제3자와의 제휴 및 선택 불가피론이 다소 늘어났다.

다른 하나의 질문은 좀 더 직접적이다. "[질문] 두 전략적 경쟁국 가운데 반드시 하나와 제휴해야 하는 상황이라면 어느 쪽을 선택할 것인가?" 아세안의 평균 응답은 '중국'(2021년 43.8%→2022년 43.0%), '미국'(2021년 56.2%→2022

년 57.0%)이었다. 2022년 기준 중국을 선택한 응답을 국가별로 보면 캄보디아(81.5%), 라오스(81.8%), 브루나이(64.2%), 인도네시아(44.3%), 말레이시아(43.0%), 태국(42.7%), 베트남(26.4%), 싱가포르(22.1%), 필리핀(16.5%), 미얀마(8.0%) 순이었다. 같은 해 미국을 선택한 응답은 미얀마(92.0%), 필리핀(83.5%), 싱가포르(77.9%), 베트남(73.6%), 태국(57.3%), 말레이시아(57.0%), 인도네시아(55.7%), 브루나이(35.8%), 캄보디아(18.5%), 라오스(18.2%) 순이었다. 친중 성향으로 여겨지는 미얀마의 선호 변화가 놀랍다. 2021년 미국을 선택하겠다는 미얀마 측의 응답은 48.1%였다.

아세안은 전통적으로 동남아시아 지역에 전략적 이해관계를 갖는 역외 국가들을 적절하게 끌어들여 특정국이 절대적인 우위를 차지할 수 없게 함과 동시에 이들의 정치·안보적 개입 또는 간섭을 차단하면서 역내 문제에 대한 아세안의 전략적 자율성과 주도권을 확보하는 전략을 추구해 왔다. 강대국 간 세력균형 전략을 말한다. 웨이(Wei 2022, 37)는 이를 '사회화'란 개념으로 설명한다. 중국을 비롯한 주요국들이 아세안을 제도적 중심으로 한 지역 협력 과정에 참여할 뿐만 아니라 아세안 방식이나 아세안 중심성과 같은 지역 협력 규범을 수용하고 내재화해 왔는데 이것이 동아시아 지역주의의 중요한 구성요소가 되었다는 것이다.[30]

이러한 문맥에서 아세안 측이 2019년 6월 제34차 아세안정상회의(태국

---

[30] 웨이(2022, 43)는 아세안 중심성이 다양한 의미를 갖는다고 지적한다. 예를 들면 지역 협력에서 '아세안 방식'을 따르는 것, 아세안 중심의 제도적 틀을 유지하는 것, 지역적 의제의 설정자로서 아세안의 역할을 존중하는 것, 대화 파트너들과 협의하기 전에 내부 합의를 거치는 아세안의 의사결정 절차를 따르는 것 등이다. 덧붙여, 탄(Tan 2017)은 연구자들이 아세안 중심성에게 부여하는 의미를 5가지로 분류한다. 즉, 아세안이 제도 형성을 주도하는 점, 회의에서 아세안의 의장국 및 촉진자로서 역할 하는 점, 아세안이 지역적 구조에서 허브가 되는 점, 아세안이 자신들의 목표를 반영시키려고 하는 점, 아세안 회원국들이 아세안을 자신들의 영향력을 유지하기 위한 정책수단으로 활용하는 점을 말한다.

방콕)에서「인도·태평양에 대한 아세안의 관점(AOIP)」을 채택한 것은 중요한 움직임이었다(자료 5-6). 미중 간 전략 경쟁, 특히 서방의 인도·태평양전략과 중국의 일대일로 구상 사이의 경쟁이 갈수록 치열해지는 가운데 아세안이 최초로 공식적인 대응 방침을 천명했기 때문이다.

우선, AOIP의 내용을 살펴보기로 하자. AOIP는 6개 항목으로 구성되었다. 제1항은 배경·근거이다. 아시아·태평양 및 인도양 지역의 경제성장, 그로 인한 지정학적·지전략적 변화, 협력 가능성 증대와 대립 방지의 필요성을 거론하면서 두 지역의 중심에 위치하는 아세안이 정직한 중개자 역할을 해야 한다고 강조한다. 이를 위한 이니셔티브는 새로운 메커니즘을 만들거나 기존 메커니즘을 대체하는 것이 아닌 기존의 아세안 주도 메커니즘을 강화하고 새로운 추진력을 제공하는 데 방점을 둔다. 구체적으로는 아세안 중심성을 인도·태평양 지역 협력의 기본 원칙으로 삼고, EAS를 비롯한 아세안 주도 메커니즘을 대화·이행의 플랫폼으로 설정한다.

제2항은 아세안 관점의 핵심 요소이다. 인도·태평양 지역을 영토적 공간이 아닌 아세안이 중심적·전략적 역할을 수행하는 통합·연결된 공간, 경쟁이 아닌 대화·협력의 공간, 모두를 위한 발전·번영의 공간으로 바라보면서 지역 아키텍처에서 해양 관점의 중요성을 언급한다.

제3항은 AOIP가 지향하는 4가지 목표를 거론한다: ①지역 협력의 전망 제시, ②지역의 평화·안정·번영을 위한 협력, 규칙 기반 지역 아키텍처 유지, 긴밀한 경제협력, 그리고 자신감과 신뢰 강화, ③아세안공동체 구축 프로세스 강화 및 기존 아세안 주도 메커니즘의 한층 강화, ④연결성을 비롯한 아세안의 기존 협력 이행과 새로운 협력 모색.

제4항은 제반 원칙이다. 아세안 중심성, 개방성, 투명성, 포용성, 규칙 기반 프레임워크, 올바른 거버넌스, 주권 존중, 불간섭, 기존 협력 프레임워크와의 보완성, 평등, 상호 존중, 상호신뢰, 상호이익 및 유엔헌장, 1982년 유엔해양법협약, 기타 관련 유관 조약 및 협약, 아세안헌장, 다양한 아

세안 조약 및 협정, 상호 이익 관계를 위한 EAS 원칙(2011년)과 같은 국제법, 그리고 분쟁의 평화적 해결, 위협이나 무력 사용의 포기, 법치 증진을 포함한 TAC의 제반 목표와 원칙이 포함된다.

제5항은 AOIP의 핵심 요소를 실현하기 위해 세 가지 협력 영역이다: ① 해양 협력, ②연결성, ③유엔 지속가능한 개발 목표(SDGs) 2030. 해양 협력에는 분쟁의 평화적 해결, 해상 안전 및 보안, 해양자원 관리, 해양 환경보호, 해양 과학·기술협력 등이 거론되었다. 연결성에서는 아세안연결성마스터플랜 2025 보완, 물리적·제도적·인적 연결을 위한 인프라 구축, 메콩소지역 협력 프레임워크, 아세안 공역 블록 구축, 아세안 스마트시티 네트워크 구축 등이 포함되었다. 그리고 SDGs 관련 활동으로는 디지털 경제 활용, 남남협력, 기후변화 및 재난 관리, 지역 경제통합 협력 등이 망라되었다.

제6항은 메커니즘으로 AOIP가 두 지역에 대한 아세안의 관여에 지침을 제공하며, 다른 지역 메커니즘과의 협력 가능성을 인식하고, 다른 메커니즘과의 협력에 관한 전략적 논의와 실질적 협력 활동은 아세안 주도 메커니즘을 통해 추진할 수 있다고 강조한다. 여기서 다른 지역 메커니즘은 미국의 인도·태평양전략과 중국의 일대일로 구상을 의식한 것으로 보인다.

참고로, AOIP(인도·태평양에 대한 아세안의 관점) 책정 과정에 대해서는 스즈키(鈴木 2021)의 설명이 자세하다. AOIP 발표를 주도한 것은 인도네시아였다. 인도네시아는 2013년 5월 '인도·태평양우호협력조약' 구상을 발표한 바 있었다. TAC(동남아시아우호협력조약)의 이념을 중심에 두고 강대국 간 긴장 완화 및 아세안 중심성 유지를 내용으로 한 것이었다. 2014년에 출범한 조코 위도도 정부도 인도·태평양을 핵심으로 한 '글로벌해양지렛목(Global Maritime Fulcrum)' 구상을 발표했다. 인도네시아 측은 미 트럼프 정부의 인도·태평양전략 발표를 계기로 자신의 인도·태평양 구상을 아세안의 구상으로 제시하게 되었다. 미국의 중국 배제 시도가 중-인도네시아 간 경제협력에 지장을 초래한다고 우려했고, QUAD(4자 안보 대화)의 제도화도 인도네시아를 경시하는 움직임으로 인식했기 때문이다.

이에 인도네시아는 2018년 2월 비공식 아세안외교장관회의에서 아세안의 인도·태평양 구상 발표를 제안했다. 개방성, 투명성, 포용성을 핵심 원칙으로 하고 미중 양국이 모두 참가하는 EAS를 조직적 기반으로 하며 우호 협력, 국제법 존중, 해양 협력, 연결성 강화, 지속 가능한 발전 등을 협력 분야로 설정한 것이었다. 이어 2018년 8월 인도네시아가 아세안 회원국에 개념페이퍼를 회람했으나 반응은 대체로 소극적이었다. 하지만 2019년 의장국 태국의 적극적인 지지와 인도네시아의 정력적인 설득으로 3월 인도네시아의 개념페이퍼가 승인되었다.

다만, 아세안 회원국이 미국이나 중국과 각각 상이한 안보 관계를 갖는 점을 배경으로 AOIP는 경제성장을 위한 구상이라는 측면을 전면에 내세우게 되었다. 친중 성향의 캄보디아가 항행과 항공의 자유라는 문구를 삭제하도록 요청했으나 싱가포르가 캄보디아를 설득하여 문구를 남겼다는 얘기도 전해졌다. 그리고, 아세안 회원국은 지침 발표에는 합의했으나 인도네시아가 제기한 구체적인 활동_인도·태평양 연결성 마스터플랜 책정, 지속 가능한 발전 목표에 관한 인도·태평양포럼 등_은 포함되지 않았다.

그렇다면 AOIP는 어떠한 의의와 시사점을 갖는가? 첫째, AOIP는 대내외적으로 아세안 중심성이 도전받고 있는 상황에서 아세안의 역외국 외교의 주요 지침으로 제시되었다(조원득 2019, 7; 오윤아 2021, 94). 아세안은 역외 강대국 간 지정학, 지전략 게임_미일 양국 중심의 인도·태평양전략과 소다자 안보 협의체, 중국의 일대일로 구상 및 운명공동체론_의 핵심적인 무대로 전락하고 있었다. 아세안 회원국 간 결속력이 이완되는 가운데 아세안으로서의 전략적 자율성도 갈수록 약화되고 있었다. 무엇보다 지역 협력에서 아세안의 입지가 희석되는 것을 더 이상 방치할 수 없다는 공감대가 형성되었다. 이에 인도네시아가 주도하는 가운데 회원국들은 2018년 내내 폭넓은 토론을 전개했고 아세안 차원의 대응 지침인 AOIP가 마련되었다.

둘째, AOIP는 역외 강대국들이 아세안을 무대로 펼치는 지정학, 지전략 게임에 대한 거부 의사의 표명이었다. 아세안은 미일 양국이 제안한 '인도·태평양'을 공식적인 용어로 수용했다. '인도·태평양'은 서방의 지역 구상_특히 미국의 인도·태평양전략 및 일본의 자유롭고 개방된 인도·태평양_을 상징하는 핵심적인 용어로서 중국의 해양 팽창을 군사·안보적 수단을 중심으로 억지한다는 지정학적 코드를 담고 있었다. 하지만, 아세안은 이 용어를 빌려 쓰되 자신들이 선호하는 통합·연결, 대화·협력, 발전·번영의 상호의존 또는 경제통합의 공간으로 재정의했다. 지역 협력에서 개방성·포용성을 강조함으로써 중국과의 경제 관계를 계속 중시하겠다는 점도 분명히 했다(Zhang 2021, 135).

셋째, 그렇다고는 해도 AOIP가 완전히 새로운 인식이나 전략을 담은 것은 아니었다. 아세안은 인도·태평양전략이나 일대일로 등 현재 역외 강대국들이 경쟁적으로 제시하는 지역구상을 통합하고 조율하자는 의미로 '연계성의 연계'(connecting connectivities)를 제시했다. 이들 지역 구상을 기존의 아세안 주도 메커니즘 내에 수렴시킴으로써 아세안 회원국의 인프라 개발, 경제발전 등을 제고함과 동시에 아세안 중심성도 강화한다는 취지라고 할 수 있었다(오윤아 2021, 86-87).[31]

물론, AOIP에 한계가 없는 것은 아니다. 예를 들면, AOIP는 선언·성명이 아닌 '관점'(outlook)이라는 용어를 사용했다. 이는 아세안 회원국들이 유

---

[31] AOIP 발표 이후 역외 주요국들 대부분은 환영 의사를 밝힘과 아울러 정상회의나 성명을 통해 AOIP에 대한 지지를 재확인했다. 하지만, 주요국들은 AOIP를 각자 아전인수식으로 해석하는 경향이 강했다. 미일 양측은 아세안 측이 인도·태평양 개념 및 관련 원칙을 수용한 점을, 중국은 아세안 측이 중국 배제 불가를 분명히 표명한 점을 높이 평가했다. 중국은 2019년 11월 중-아세안 정상회의를 통해 AOIP의 개방성·투명성·포용성과 아세안 중심성의 원칙을 재차 강조하면서 AOIP에서 거론한 내용을 우선 협력 분야로 제시했다(오윤아 2021, 94-95).

연한 대응을 가능하게 하지만 달리 말하면 구속성이 약하다는 것을 의미하는 것이기도 했다. 사실, 2022년 5월 미 바이든 정부가 출범시킨 인도·태평양경제프레임워크(Indo-Pacific Economic Framework for Prosperity, IPEF)에 캄보디아, 라오스, 미얀마는 제외되었다.[32] IPEF의 배타성은 아세안 회원국 간 경제적 격차를 악화시키고 지역적 긴장을 고조시킴으로써 RCEP와 같은 기존의 지역무역협정의 이점을 상쇄할 수도 있다(Ing 2023). 하지만 AOIP가 IPEF 참여 문제와 관련하여 나름대로 지침 역할을 한 것으로 보이지는 않았다.

AOIP가 역외 강대국들의 지정학·지전략 게임, 특히 미중 간 전략 경쟁을 실질적으로 변경 또는 완화시킬 것으로 여겨지지도 않는다(오윤아 2021, 96-97). 서방, 특히 미국의 대중 디커플링 압력이 고조되는 가운데 아세안은 곤경에 처할 수밖에 없었다. 2022년 기준 아세안-유럽 무역은 3,423억 달러, 아세안-미국 무역은 4,522억 달러, 아세안-중국 9,753억 달러였다. 2021년 기준 아세안이 도입한 전체 직접투자 가운데 동아시아는 33%, 미국은 22%, EU은 15%였다. 이러한 상황에서 미국의 디커플링 요구는 아세안 내 무역과 경제발전을 저해하고 지역 전체의 정치적 불안정을 촉발할 수도 있다(Ing 2023).

6. 나가는 말

동아시아 역내의 여러 [전략적] 파트너십 가운데 가장 두드러진 발전과 성과를 거둔 것은 중-아세안 파트너십이라 해도 과언이 아니었다. 1997년

---

32 참여국은 미국, 일본, 한국, 인도, 호주, 뉴질랜드, 그리고 아세안 7개국_싱가포르, 태국, 인도네시아, 말레이시아, 필리핀, 베트남, 브루나이_이었다.

의 파트너십에서 2003년의 전략적 파트너십, 그리고 2021년의 포괄적 전략적 파트너십으로의 여정은 비교적 순조롭게 진개되었다. 시기를 거치면서 양측 간 협력도 한층 더 포괄적이고 구조적인 양상을 띠기 시작했다.

먼저 중-아세안 파트너십의 주된 특징부터 정리해 보기로 하자. 첫째, 규범·가치가 양측 간 파트너십 수립의 주된 동인으로 작용하지는 않았다. 하지만 양측은 파트너십, 전략적 파트너십, 그리고 포괄적 전략적 파트너십 공동선언·성명을 통해 일관되게 원칙, 가치, 규범을 강조했다. 여기에는 평화공존 5원칙, 유엔헌장, TAC, 아세안헌장, 호혜적 관계 원칙, 아세안 중심성, 동아시아정상회의 선언에서 언급된 것들이 망라되었다. 이러한 원칙, 가치, 규범들은 대체로 전통적인 것들이었다.

그 뿌리는 영토·주권 상호 존중, 상호불가침, 상호 내정불간섭, 평등호혜, 평화공존을 천명한 1955년 반둥회의의 '평화공존 5원칙'이었다.[33] 아시아·아프리카회의로도 불리는 반둥회의는 반제국주의/반식민주의, 민족자결 정신, 그리고 미국-소련 양 진영에 속하지 않는 제3의 비동맹운동을 지향했었다. 이러한 전통적 가치·규범의 강조는 적어도 두 가지 측면이 있다. 하나는 서방의 보편적 가치_인권, 법치, 민주주의 등_를 내건 정치적 간섭이나 경제제재에 대한 양측의 부정적 자세를 나타낸다. 다른 하나는 규범에 의한 상호 행동의 구속, 엄밀히 말하면 규범을 강조함으로써 중국의 힘의 행사 또는 정치적 간섭의 가능성을 미연에 차단하려는 아세안 측의 암묵적 의도이다.

둘째, 협력의 포괄성이란 측면에서 보면 중-아세안 파트너십은 약간의 불균등성을 노정했다. 즉, 경제·통상관계는 전례 없는 수준의 발전을 이루었으나 정치·안보적 상호신뢰 구축이란 과제는 여전히 크나큰 그림자를

---

33 반둥회의에는 제2차 세계대전 이후 독립한 29개국이 참여했다. 반둥회의에 참가한 동남아시아 국가는 인도네시아, 캄보디아, 태국, 버마(현 미얀마), 베트남민주공화국, 베트남공화국, 필리핀, 라오스였다.

드리우고 있었다. 중-아세안 교역 관계는 가히 장족의 발전을 이룬 것으로 평가할 수 있었다. 상호 투자 규모는 역외 주요 투자국·지역에 비해 상대적으로 왜소하지만 향후 더욱 확대될 여지가 있었다. 이러한 교역·투자의 증대는 ACFTA 체결과 RCEP 타결 등과 같은 양측의 제도적 기반 구축 노력, 그리고 행동 계획(POA)을 통한 파트너십 선언·성명의 실천적 이행 노력이 효과를 거둔 것으로 볼 수 있었다. 중국의 일대일로 구상과 아세안의 MPAC 사이의 시너지 모색에서는 과제_사업 중단 또는 취소, 부채 함정, 중국인 노동자 유입 등_가 적지 않지만 양측 간 정책 조정·조율을 통해 점차 수정·보완될 수 있을 것으로 판단된다.

한편, 중-아세안 정치·안보협력은 적지 않은 발전을 보였지만 남중국해 영유권 문제를 어떻게 현명하게 관리할 것인가라는 무거운 과제를 남겨놓고 있다. 중국과 아세안 회원국들 사이의 육상경계 획정, 비전통 안보협력_테러리즘, 마약밀매, 초국가적 범죄, 인도적 지원, 재난구조 등_ 확대 등은 안보협력과 상호 전략적·정치적 신뢰가 상당히 진전되었음을 보여주었다(Do and Ha 2015, 189). 하지만, 남중국해 영유권 문제와 관련된 양측의 어프로치는 좀처럼 좁혀지지 않고 있다. 아세안 측은 DOC 서명에 이어 COC 제정을 통해 중국의 행동을 제어하려 하지만 중국 측은 양자주의, 즉 당사국 간 해결 방침을 고수하고 있다.

셋째, 경제·통상에 관련되는 것으로 양측은 다자주의적 열린 지역주의에 대한 강력한 지향성을 공유해 왔다. 냉전 종언 직후의 지역 블록화, 1990년대 후반의 동아시아 금융위기, 2000년대 후반의 미국발 경제위기, 그리고 코로나 팬데믹을 거치면서 양측의 자유무역주의 기조는 일관되게 유지되었다. 이와 시기를 같이 하여 양측은 [포괄적 전략적] 파트너십이란 틀을 중심으로 동아시아 경제통합을 실질적으로 주도했다. 특히, 일본이 CEPEA에서 TPP로 역점을 이동시키는 가운데 중-아세안 양측은 아세안+1 FTA 망을 선도한 데 이어 RCEP 타결까지 주도했다.

넷째, 관계의 실질적인 공고함 측면에서 중-아세안 관계는 힘의 비대칭성과 아세안 중심성 사이의 긴장 상태 위에 존재한다. 힘의 비대칭성은 하드 파워_경제력과 군사력_ 측면에서 중국이 압도적 우위를 점하며, 그 격차가 갈수록 더 커지는 상황을 말한다. 이러한 구조는 아세안의 중국에 대한 위협 인식의 근간을 이루며 중-아세안 관계를 수평적이기보다는 수직적/위계적으로 만들 개연성이 크다. 실제로 캄보디아, 라오스 등과 같은 친중 성향의 약소국과 중국과의 양자관계에는 위계성이 짙게 드러난다.

하지만, 이러한 힘의 비대칭성에도 불구하고 중국의 아세안 중심성에 대한 전향적인 자세와 약속을 배경으로 중-아세안 관계는 적어도 형식적으로는 수평적인 상태를 유지해 왔다. [포괄적 전략적] 파트너십을 수립하면서 양측은 줄곧 주권 상호 존중, 상호신뢰, 동등과 호혜, 윈-윈 관계, 공동 발전과 번영 등과 같은 원칙을 강조해 왔다. 중국 측은 아세안의 정치적 지지를 확보하거나 미국, 일본 등 역외 강대국들의 개입·간섭을 차단하기 위해 아세안 중심성에 대한 자국의 지지를 강조하는 느낌이 없지 않았다.

참고문헌

김도희·최영미(2016) "동아시아 경제협력체 형성을 위한 중국과 아세안의 역할: 중-아세안 경쟁과 협력의 동학,"『평화학연구』제17권 1호, pp.95-118.
김선진(2023) "중국의 대아세안 인프라 자금 지원 현황과 특징," 민귀식 엮음『중국과 아세안 II: 상호 의존과 경제협력』(서울: 한울아카데미), pp.136-155.
남대엽(2023a) "중국과 아세안의 교역 현황과 배경," 민귀식 엮음『중국과 아세안 II: 상호 의존과 경제협력』(서울: 한울아카데미), pp.17-37.
남대엽(2023b) "중국의 대아세안 해외직접투자의 역사와 특징," 민귀식 엮음『중국과 아세안 II: 상호 의존과 경제협력』(서울: 한울아카데미), pp.38-55.
민귀식(2023) "중국의 아시아 해양 물류 네트워크 구축 전략," 민귀식 엮음『중국과 아세안 II: 상호 의존과 경제협력』(서울: 한울아카데미), pp.183-212.
민귀식 엮음(2023a)『중국과 아세안 I: 긴장과 협력의 이중성』(서울: 한울아카데미).
민귀식 엮음(2023b)『중국과 아세안 II: 상호 의존과 경제협력』(서울: 한울아카데미).
박세환·서승원(2022) "한·중·일 3국의 대 동남아시아 무기 이전 비교 연구: 자주국방, 대국 외교, 그리고 해양 안보,"『외국학연구』제62집, pp.419-452.
변창구(1999)『아세안과 동남아 국제정치』(서울: 대왕사).
오윤아, 신민이, 김미림, 정주영(2017) "아세안-중국 경제 관계의 심화와 전망,"『KIEP 오늘의 세계경제』Vol.17, No.2, pp.1-19.
오윤아, 신민이, 김미림, 이신해(2017)『중국의 동남아 경제협력 현황과 시사점』(세종특별자치시: 대외경제정책연구원).
오윤아(2021) "일대일로 구상과 인도태평양 전략의 지정학적 경쟁과 동남아시아: AOIP의 의의와 한계,"『국제·지역연구』30권 1호, pp.77-106.
우완영·이희옥(2017) "중국의 아시아운명공동체 담론과 외교적 투사,"『중국연구』제73권, pp.337-362.
윤영덕(2004) "냉전 후 중국-아세안 관계의 발전과 동아시아 지역 협력,"『중소연구』제33권, pp.295-318.
이희옥·왕원(2017) "중국의 '전략적 동반자관계' 외교의 유형화 시론(試論),"『중국학연구』제82집, pp.229-256.
전가림(2020) "'남중국해 행위준칙' 협상에서 나타난 중국의 전략 분석,"『중소연구』제44권 제2호, pp.119-143.
정찬·서승원(2022) "한중일 3국의 대 동남아시아 전략적 동반자관계 외교 비교 연구: 동맹의 대체재인가, 아니면 보완재인가?"『일본연구논총』제55호, pp.9-38.
정혜영(2023) "동남아시아 국가와 중국의 일대일로 네트워크는 어떻게 형성되고 있는가?" 민귀식 엮음『중국과 아세안 II: 상호 의존과 경제협력』(서울: 한울아카데미), pp.109-135.
조원득(2019)『IFANS 주요국제문제분석: 인도-태평양에 대한 아세안의 관점과 시사점』(서울: 국립외교원 외교안보연구소).

ASEAN Secretariat (2022) "Overview of ASEAN-China Dialogue Relations," *ASEAN Secretariat Information* Paper, April.

Do, Tien Sam and Ha Thi Hong Van (2015) "ASEAN-China Relations since Building of Strategic Partnership and Their Prospects," *International Journal of China Studies*, Vol.6, No.2, pp.187-194.

Hoang, Thi Ha (2019) "ASEAN Outlook on the Into-Pacific: Old Wine in New Bottle?" *ISEAS Perspective*, No.51, 25 June,
https://www.iseas.edu.sg/images/pdf/ISEAS_Perspective_2019_51.pdf

Hoang, Thi Ha (2021) "The ASEAN-China Comprehensive Strategic Partnership: What's in a Name," *ISEAS Perspective*, No.157, 24 November,
https://www.iseas.edu.sg/wp-content/uploads/2021/10/ISEAS_Perspective_2021_157.pdf

Ing, Lili Yan (2023) "ASEAN Between the US and China," *Project Syndicate*, Jun 15, https://prosyn.org/sdGmSL0

Jennifer, Dodgson (2021) "China's Security and Defence Cooperation in Southeast Asia," *MDPD Stuidies*, Konrad Adenauer Stiftung,
https://www.kas.de/documents/272317/12679622/China%E2%80%99s+Security+and+Defence+Cooperation+in+Southeast+Asia.pdf/05f04022-2a20-7d41-5128-01373bcb46de?version=1.0&t=1624867669577

Kawashima, Shin (2017) "Toward China's "Hub and Spokes" in Southeast Asia? Diplomacy during the Hu Jintao and First Xi Jinping Administrations," *Asia-Pacific Review*, Vol.24, No.2, pp.64-90.

Lee Yinghui (2017) "A South China Sea Code of Conduct: Is Real Progress Possible? A Closer Look at Steps toward Finalizing A long-anticipated Code of Conduct," *The Diplomat*, https://thediplomat.com/2017/11/asouth-china-sea-code-of-conduct-is-real-progress-possible.

Li, Q. and Wei, W. (1997) "Chinese Army Paper on 'New Security Concept'," *Jiefangjun Bao*, trans. in FBIS_CHI-98-015, 15 January 1998.

Matthews, Ron and Xiaojuan Ping (2017) "The End Game of China's Arms Export Strategy," https://www.eastasiaforum.org/2017/09/27/the-end-game-of-chinas-arms-export-strategy/

Men. Jing (2007) "The EU-China Strategic Partnership: Achievements and Challenges," *Policy Paper*, No.12, http://aei.pitt.edu/7527/1/2007-EU-China_Partnership.pdf

Ministry of Foreign Affairs of the People's Republic of China (2021) "Wang Yi Attends and Addresses the Opening Ceremony of the Conference on Celebrating the 30th Anniversary of ASEAN-China Dialogue Relations", 28 July,
https://www.fmprc.gov.cn/mfa_eng/zxxx_662805/t1895951.shtml.

Raska Michael and Richard A. Bitzinger (2020) "Strategic Contours of China's Arms Transfers," *Strategic Studies Quarterly*, Spring, pp.91-116.

Saw, Swee-Hock, Sheng Lijun and China Kin Wah (2005) "An Overview of ASEAN-China Relations," Swee-Hock Saw, Lijin Sheng and Kin Wah China (eds.), *ASEAN-China Relations: Realities and Prospects* (Singapore: ISEAS Publishing), pp.1-18.

Tan, See Seng (2017) "Rethinking 'ASEAN Centrality' in the Regional Governance of East Asia," *The Singapore Economic Review*, Vol.62, No.3, pp.721-740.

Wei Ling (2022) "Upgrading the China-ASEAN Partnership: ASEAN's Concerns, China's Responsibility and Regional Order," *China International Studies*, January/February, pp.36-64.

Wezeman, Siemon T. (2019) *Arms Flows to South East Asia* (Solna: SIPRI).

Xi Jinping (2021), "Full Text: Speech by Chinese President Xi Jinping at the Special Summit to Commemorate the 30th Anniversary of China-ASEAN Dialogue Relations," *XinhuaNet*, November 22, http://www.news.cn/english/2021-11/22/c_1310325511.htm

Zhang Yunling (2021) "China-ASEAN Dialogue Relations for 30 Years: Join Hands to Create Cooperative Civilization," *China International Studies*, No.3, pp.123-138.

Zhao Shuisheng (2010), "Chinese Foreign Policy under Hu Jintao: The Struggle between Low-Profile Policy and Diplomatic Activism," *The Hague Journal of Diplomacy*, Vol.5, pp.357-378.

鈴木早苗(2012) "南シナ海問題をめぐるASEAN諸国の対立," https://www.ide.go.jp/Japanese/IDEsquare/Eyes/2012/RCT201204_001.html

鈴木早苗(2016a) "南シナ海問題とASEAN(1)," https://www.ide.go.jp/Japanese/IDEsquare/Eyes/2016/RCT201612_001.html#4

鈴木早苗(2016b) "南シナ海問題とASEAN(2)," https://www.ide.go.jp/library/Japanese/Research/Region/Asia/Radar/pdf/201609_suzuki.pdf

鈴木早苗 (2021) "ASEANのインド太平洋構想(AOIP)の策定過程," 日本国際問題研究所研究レポート, https://www.jiia.or.jp/research-report/indo-pacific-fy2021-02.html

庄司智孝(2020) "南シナ海をめぐるASEANの動き: 中国の攻勢に高まる懸念," https://www.spf.org/iina/articles/shoji_12.html

増田 雅之(2000) "中国の大国外交: '戦略パートナーシップ'をめぐって," 『東亜』第402号, pp.85-104, https://asia.sfc.keio.ac.jp/JP/thesis/MasayukiMasuda/Tohya0012.pdf

村井友秀(1995) "中国の武器輸出と国家戦略," 『国際政治』第108巻, pp.55-68.

周士新(2020) "中国与东南亚国家外交关系70年: 经验、反思及展望," 『南洋问题研究』第1期, pp.1-13.

中國外交部 (2023) "新时代中国的周边外交政策展望," https://www.mfa.gov.cn/web/ziliao_674904/1179_674909/202310/t20231024_11167069.shtml

6장

일본과 아세안
: 믿을 수 있는 파트너, 그리고 중국의 그림자

1. 들어가는 말

한중일 3국 가운데 동남아시아 국가들과 가장 긴밀한 관계를 맺고 있는 것은 일본이다. 사실, 일본과 동남아시아 관계의 출발은 그다지 좋지 못했다. 제2차 세계대전 기간 중 일본은 대동아공영권을 기치로 당시 서구 열강의 식민지였던 동남아시아 각지를 침략했다. 하지만, 1950년대 중반 이후 일본과 동남아시아 신생국들은 전후처리를 중심으로 국교를 정상화하면서 관계를 발전시키기 시작했다. 전후처리는 배상 협정, 무상공여 등을 비롯한 경제협력이 중심이 되었다. 이때 수교와 배상·경제 협력이 긴밀하게 연동되었다.[1] 이러한 구조는 양측 간 관계를 경제 중심의 다소 수직적인 관계로 만들었다. 일본에게 동남아시아는 천연자원의 공급원이자 상품 수출시장, 동남아시아에게 일본은 상품·서비스 공급국이자 투자국, 그리고 ODA 공여국이었다.

1967년 아세안 창립 이후의 일-아세안 관계도 비교적 순조롭게 발전했다. 일-아세안 양측이 비공식 대화 파트너 관계를 수립한 것은 1973년이었

---

1 배상 협정은 일-미얀마(1954년), 일-필리핀(1956년), 일-인도네시아(1958년), 일-남베트남(1960년) 간에 체결되었고 일-라오스 및 일-캄보디아 간에는 무상공여 중심의 경제협력이 추진되었다.

다. 그에 이어 양측은 1977년 3월 '완전 대화 파트너 관계'를 수립했다. 대화 파트너 관계로 보자면 일본이 한중 양국보다 20년 정도 앞선 셈이다. 1970년대 이후 최근까지 일-아세안 사이의 주요 합의 문서로 다섯 가지를 들 수 있다. 첫째는 1977년 8월의 일-아세안 정상회의와 일본의 '후쿠다 독트린', 둘째는 1997년 12월의 파트너십 공동성명, 셋째는 2003년 12월의 전략적 파트너십 공동선언(도쿄 선언), 넷째는 2011년 11월의 전략적 파트너십 강화 공동선언(발리 선언), 그리고 다섯째는 2023년 12월의 포괄적 전략적 파트너십 의장성명이다.

이상은 각각 일본의 경제적 영향력 확대에 따른 동남아시아 측의 반일 감정 고조, 동아시아 외환위기, 동아시아 지역주의를 둘러싼 중일 간 주도권 경쟁, 중국의 해양에서의 자기주장 강화, 그리고 미중 전략 경쟁의 본격화 등에 대해 공동으로 대응하고자 한 결과였다. 위 다섯 가지 합의의 대략적인 특징은 앞의 세 가지가 경제교류·협력에 역점을 두었던 데 비해 뒤의 두 가지는 경제문제는 물론 정치·안보 관계의 강화도 중시한 점이었다. 이는 후쿠다 독트린 이래 일본의 대 아세안 정책 기조의 근본적인 변화를 나타냈다.

아래 2절에서는 일-아세안 파트너십의 전통과 최근의 동향을 검토한다. 1970년대의 후쿠다 독트린, 1990년대의 파트너십, 2000년대의 전략적 파트너십, 그리고 2020년대의 포괄적 전략적 파트너십 등이다. 3절은 다자주의 메커니즘 하의 파트너십, 해양안보협력의 진전 등과 같은 정치·안보적 파트너십을 다룬다. 4절은 양측 간 경제적 파트너십의 진화 과정을 살펴본다. 일본이 경제적 우위를 상실하는 가운데 역설적으로 지역주의 틀 및 인프라 개발을 둘러싼 협력은 더욱 진전된 형태를 보였다. 5절은 미중 전략 경쟁 하의 일-아세안 파트너십을 다룬다. 아베 내각이 대 아세안 외교 5원칙 및 FOIP를 천명한 이래 [전략적] 파트너십을 매개로 FOIP와 AOIP의 지향점이 점차 수렴되어 가는 과정을 확인할 수 있다.

2. 회고: 일-아세안 파트너십의 전통과 최근의 움직임

1970년대 포럼, 공동성명, 후쿠다 독트린이 파트너십의 원형으로 간주되다

일-아세안 양측은 1973년의 합성고무포럼, 1977년의 일-아세안 정상회의 및 후쿠다 독트린을 계기로 파트너십이 수립된 것으로 간주한다(ASEAN Secretariat 2013). 일-아세안 관계가 본격적으로 발전하기 시작한 것은 1970년대였다. 양측 간 최초의 대화는 1973년 일-아세안 양측이 일본의 합성고무 수출 문제를 협의하기 위해 설치한 '합성고무포럼'이었다. 당시 천연고무를 수출하던 아세안 회원국들은 일본의 합성고무 수출에 대해 우려를 표명하고 있었다. 이에 대해 일본 측이 기술협력_타이어 시험개발연구소 설립, 고무연구센터에 대한 자금 지원 등_을 제안함으로써 타결되었다. 동 포럼은 1977년 차관급 인사가 참여하는 '일-아세안 포럼'으로 격상되었다. 이는 설립 초기 아세안이 무역 교섭에서 성공을 거둔 대표적인 사례로 거론되고 있다.

〈표 6-1〉 일본-아세안 관계 전개

1967년	동남아시아국가연합(ASEAN) 창설(8월)
1973년	일-아세안 비공식 대화 파트너 관계 수립(3월), 일-아세안 합성고무포럼(11월)
1977년	일-아세안 완전 대화 파트너 관계 수립(3월), 제1차 일-아세안 정상회의 개최 및 후쿠다 독트린 발표(8월)
1978년	제1회 일-아세안 외교장관회의 개최(6월)
1979년	아세안확대외교장관회의(PMC) 발족, 일-아세안 외교장관회의 정례화
1981년	일본-아세안센터 설립(도쿄)
1993년	아세안외교장관회의, 아세안지역포럼(ARF) 설치 결정(7월)
1994년	제1차 아세안지역포럼(ARF) 개최
1997년	동아시아 외환위기 발발, 일본 800억 달러 지원 표명, 제3차 일-아세안 정상회의 개최, 일-아세안 파트너십 공동선언 발표(12월), 제1차 아세안+3 정상회의 개최(12월)
1998년	제2차 아세안+3 정상회의(하노이), 아세안+3 정례화(12월)
1999년	아세안+3 외교장관회의 및 재무장관회의 설치
2000년	아세안+3 재무장관회의, 치앙마이 이니셔티브 합의(5월)
2001년	동아시아비전그룹(EAVG) 보고서 채택
2002년	일-싱가포르 경제연계협정(EPA) 서명(1월), 일-아세안 포괄적 경제연계 공동선언 발표(11월), 동아시아연구그룹(EASG) 보고서 채택
2003년	일-아세안 포괄적 경제연계의 틀 채택(10월), 아세안, 아세안공동체 구축을 위한 발리 협약2 합의(10월), 일-아세안 대화관계 30주년 기념 정상회의 개최, 일-아세안 전략적 파트너십 도쿄선언 발표(12월)
2004년	일본, TAC 서명(7월)
2005년	일-아세안 포괄적 경제동반자협정(AJCEP) 협상 개시(4월), 일-아세안 전략적 파트너십 심화·확대 공동성명 발표(12월), 제1차 동아시아정상회의(EAS) 개최(12월)
2006년	일-아세안 통합펀드(JAIF) 설립(3월)
2007년	아세안헌장 채택(2008년 발효), 일-아세안 포괄적 경제동반자협정(AJCEP) 협상 타결(7월)
2008년	일-아세안 포괄적 경제동반자협정(AJCEP) 발효(12월)

2009년	제1차 일-메콩 정상회의 개최 및 일본의 5,000억 엔 규모 ODA 공여 약속(11월)
2010년	주아세안 일본대사 임명(대화 파트너 가운데 최초)(4월)
2011년	주아세안 일본미션/대표부 설치(5월), 일-아세안 전략적 파트너십 강화 공동선언(발리 선언) 발표 및 행동계획 2011-2015 채택(11월)
2013년	일본 아베내각, '대아세안 외교 5원칙' 발표(1월), 일-아세안 대화관계 40주년 기념 제2차 일-아세안 특별정상회의 개최, 일-아세안 우호·협력 공동 비전성명 및 행동 계획 채택(12월)
2014년	일본, 방위 장비 이전 3원칙 제정(4월)
2015년	일본, 개발협력대강 제정(2월). 일본, 질 높은 인프라 파트너십 이니셔티브 발표(5년 간 1,100억 달러 규모)(5월), 아세안경제공동체 출범(12월)
2016년	일본, 비엔티안 비전 발표(11월)
2017년	일본, TPP 협정 체결(1월)
2019년	일본, 대아세안 해외투융자 이니셔티브 발표(약 30억 달러 규모)(1월)
2020년	일-아세안 AOIP 협력 공동성명 발표(11월)
2023년	일-아세안 포괄적 전략적 파트너십 의장성명 발표(9월). 일-아세안 우호·협력 공동 비전성명 발표 및 행동 계획 채택(12월)

　그에 이어 1977년 8월에는 후쿠다 다케오(福田赳夫) 총리가 일본 총리로는 처음으로 제2차 아세안정상회의(쿠알라룸푸르)에 참석하여 아세안 정상들과 제1차 일-아세안 정상회의_1997년부터 정례화_를 가졌다. 또한, 이듬해인 1978년에는 일-아세안 외교장관회의_1979년부터 정례화_가 개최되었다. 여기서 일-아세안 간 파트너십의 원형으로 간주되는 것이 「일본국 총리와 아세안 정상 간의 회의 공동성명」(1977년 8월 7일)과 '후쿠다 독트린'으로 알려진 「후쿠다 총리 마닐라 연설: 우리나라의 동남아시아 정책」_이른바 후쿠다 독트린 연설_(1977년 8월 18일)이다.

　일-아세안 정상회의 공동성명은 6항에서 다음처럼 언급했다. "일본국 총리와 아세안 정상들은 일본과 아세안 간의 협력이 확대되어야 한다는 점, 그리고 일본의 아세안에 대한 협력이 아세안의 경제적 강인성을 강화하고 그 연대성을 더욱 강고하게 하는 것을 목적으로 한 자립을 지향하는 아세안 자신의 노력에 이바지하는 방식으로 이루어져야 한다는 점에 의견이 일치했다. 양측은 이러한 협력을 통해 파트너십 정신(방점 필자)으로 일본과 아세안 국가들 사이에 특별하고 긴밀한 경제 관계를 발전시킨다는 점에 의견이 일치했다."[2]

---

2 출처: データベース「世界と日本」, 日本と東南アジア関係資料集, "日本国総理大臣と

물론, 공동성명에서 언급된 '파트너십'은 이 책에서 다루는 전반적인 관계성이라기보다는 경제적 관점에서 거론된 것이다(白石 2014, 90-91). 여기에는 일본의 관세 및 비관세 장벽 완화, 일반 특혜제도 개선 등을 통한 아세안의 대일 수출 조건 개선, 총액 10억 달러 규모의 아세안 산업 프로젝트에 대한 일본의 자금 원조 약속, 일본의 대아세안 정부개발원조(ODA)의 향후 5년 동안 2배 이상 증액, 일본 민간의 대아세안 투자 확대, 선진국의 보호무역 경향에 대한 우려와 자유무역 기조 표명 등이 포함되었다.

한편, 공동성명에 이어 후쿠다 총리는 동남아시아 마지막 방문국인 필리핀 마닐라에서 '후쿠다 독트린'을 발표했다(자료 6-1). 일본 최초의 동남아시아를 대상으로 한 체계적인 지역 정책이었다. 후쿠다 독트린 연설에서 파트너나 파트너십과 같은 용어는 등장하지 않았다. 독트린은 다음 세 가지 원칙을 제시했다.

- 첫째, 우리나라는 평화에 철저히 하고 군사 대국이 되지 않을 것을 결의하며, 그러한 입장에서 동남아시아 더 나아가 세계의 평화와 번영에 공헌한다.
- 둘째, 우리나라는 동남아시아 국가들과 정치, 경제뿐만 아니라 사회, 문화 등 광범위한 분야에서 진정한 친구로서 마음과 마음이 만나는 상호신뢰 관계를 구축한다.
- 셋째, 일본은 '대등한 협력자'의 입장에 서서 아세안 및 그 회원국의 연대와 강인성 강화를 위한 자주적 노력에 대해 뜻을 같이하는 다른 역외 국가들과 함께 적극적으로 협력하며, 또한 인도차이나 국가들과는 상호 이해에 기초한 관계 양성을 도모하여, 이로써 동남아시아 전역의 평화와 번영의 구축에 공헌한다.

이들 원칙은 우선 후쿠다 총리의 평화대국론을 반영한 것이었다. 이는 패전 후 일본이 국시로 내건 평화주의에 부합하는 것이기도 했다. 일본은

ASEAN首脳との会談共同声明"(1977年8月7日, クアラルンプール), https://worldjpn.net/

세계 제2위 경제 대국으로 부상했지만, 그 경제력을 군사력으로 전환하지 않을 것이며 어디까지나 경제적인 수단으로 세계평화에 공헌하겠다는 의지를 표명했다. 과거 대동아공영권을 기치로 내건 일본의 침략을 경험한 동남아시아 측에 대한 일본의 정치·군사적 개입이나 간섭을 우려할 필요가 없다는 메시지이기도 했다.

다음으로, 동남아시아 지역에서 고조되던 반일 감정에 대응할 필요성도 있었다. 일본 정부의 ODA 공여, 일본 기업의 경제적 진출 확대와 무역흑자 기조 등 일본과 동남아시아 관계에는 수직적, 위계적 측면이 현저해지고 있었다. 1972~74년 태국, 싱가포르, 인도네시아 등지에서 일본상품 불매운동, 대규모 반일 데모 등이 발생한 이유였다. 특히, 1974년 1월 다나카 가쿠에이(田中角栄) 총리의 인도네시아 방문 시에는 자카르타에서 반일 폭동이 발생하여 일본 측에 큰 충격을 주었다. 마음과 마음이 만나는 상호신뢰 관계, 대등한 협력자를 강조한 것은 그 때문이었다. 상호신뢰와 대등한 협력과 같은 문구들은 21세기의 전략적 파트너십 공동선언·성명에 빠짐없이 등장한다.

게다가, 후쿠다 독트린은 아세안 창설, 그리고 베트남전쟁 종결 및 미군 철수라는 동남아시아의 새로운 안보 환경에 대응하기 위한 것이기도 했다. 일본 측의 아이디어는 아세안 6개국과 인도차이나_베트남, 라오스, 캄보디아_사이의 평화적 공존 관계를 수립한다는 것이었다. 일본은 이미 1973년 9월 베트남민주공화국, 1976년 8월 캄보디아와 외교관계를 수립한 상태였으며, 전후 복구와 경제개발 지원 등을 통해 이들 지역의 평화유지와 안정을 위해 적극적으로 임한다는 자세를 취하고 있었다.

동아시아 외환위기에 직면하여 파트너십을 심화·확대하다

1977년 이후 양측이 공동문서에서 파트너십을 언급한 것은 1997년 12월의 「일본-아세안 정상회의 공동성명: 21세기를 향한 일본-아세안 협력」

이 처음이다(자료 6-1).³ 공동성명 제목에 파트너십이란 용어는 없으나 양측이 이미 파트너십이 존재하는 것으로 전제한 부분이 흥미롭다. 같은 시기에 아세안이 한국, 중국과도 파트너십 공동성명·선언을 발표한 점을 고려하면 일본 또는 일-아세안 양측이 한중 양국과 차별화하기 위해 굳이 파트너십을 포함시키지 않았을 수도 있다. 또한, 일-아세안 양측이 공동선언이 아닌 공동성명 방식을 취한 것도 특이하다.

1997년 공동성명은 비교적 단출하다. 2항에서는 '파트너십 강화를 위한 대화 긴밀화'를 거론하면서 "보다 견고한 파트너십을 만들어 나가기 위해 정상들은 모든 차원에서 대화와 교류를 긴밀화하기로 결정했다."라고 언급했다. 세부적으로는 정상 간 대화·교류 긴밀화, 빈번한 정상회의 개최, 정치·안보 대화·교류 강화 등 원칙적인 언급에 그쳤다. 3항에서는 '사람과 사람과의 교류 및 문화교류 촉진'을 다루었다. 이 부분도 청소년 및 지식인 간 교류, 문화교류 및 협력 등 원칙론에 머물렀다.

4항의 '지역 평화와 안정 촉진'도 대동소이하다. ARF(아세안지역안보포럼) 협력 강화, ZOPFAN(동남아시아 평화, 자유, 중립지역 공동선언) 및 SEANWFZ(동남아시아비핵지대조약)의 중요성에 대한 인식의 공유가 확인되었다. 덧붙여 11~12항은 '국제 문제에 대한 협력'을 담았다. 유엔안보리 개혁, 한반도에너지개발기구(KEDO) 협력, 다음 세기 과제들_환경, 에너지, 보건 및 복지, 국제테러리즘, 남남협력_, 그리고 아세안비전 2020 채택 환영 등이 거론되었다.

한편, 파트너십 공동성명에서 가장 많은 지면을 할애한 것이 '경제면의 협력 강화'(5~10항)였다. 당시 외환위기가 동아시아 지역을 강타하고 있었던

---

3 참고로, 1987년 12월 다케시타 노보루(竹下登) 총리의 일-아세안 정상회의 연설_"일본과 아세안: 평화와 번영을 향한 새로운 파트너십"_과 1997년 1월 하시모토 류타로(橋本龍太郎) 총리의 싱가포르 방문 시 연설_"일본과 아세안의 신시대로의 혁명: 더욱 넓고 더욱 깊은 파트너십"_은 모두 파트너십이란 용어를 사용하고는 있으나 이는 어디까지나 일본 측의 연설에 해당되었다.

상황을 고려하면 파트너십 공동성명의 핵심이 되는 부분이라 하겠다. 5항은 무역, 투자, 산업 협력의 긴밀화, 6항은 경제구조개혁의 중요성, 7항은 마닐라 프레임워크의 조속한 실시 및 국제금융기관과의 긴밀한 협력, 8항은 일본의 ODA 등을 통한 각종 지원, 9항은 아세안자유무역지대(AFTA) 및 아세안산업협력(AICO) 체계 실시, 그리고 10항은 다각적 자유무역체제의 강화 필요성 인식 등이 담겼다.[4]

이번 파트너십 공동성명과 동아시아 외환위기에 대한 일본의 대응이 긴밀하게 연동된 것으로 보이지는 않았다. 외환위기와 관련하여 일본은 태국에 대한 금융지원국 회의 개최, 일시적인 자금 부족을 보전하기 위한 유동성 지원, 엔 차관을 포함한 정책적 금융 수단을 동원한 아시아 각국 경제의 회복 및 안정화 등을 도모했다.

대표적인 정책으로는 ①IMF를 중심으로 한 국제적 틀 내에서의 양자간 지원(1997년 8월~12월), ②동남아시아 경제 안정화 등을 위한 긴급대책(1998년 2월), ③종합경제대책(1998년 4월), 신미야자와 구상(1998년 10월), ⑤긴급경제대책(1998년 11월), ⑥신미야자와구상 제2단계(1999년 5월) 등이 있었다. 이 가운데 신미야자와 구상은 300억 달러 규모의 엔 차관 및 수출입은행 중장기 자금 지원 프로그램으로 그 후 아세안+3 중심의 통화 스왑 시스템인 '치앙마이 이니셔티브'(Chiang Mai Initiative, CMI)로 계승되었다.

1997년 공동성명 이후 양측은 매우 빈번하게 공동선언·성명을 발표한다.[5] 우선, 2002년 11월 제6차 일-아세안 정상회의(프놈펜)에서 양측은 「일-아세안 포괄적 경제 연계 구상에 관한 정상들의 공동선언」을 채택했다.[6]

---

4 참고로, 7항의 마닐라 프레임워크는 1997년 11월 외환위기에 처한 국가들을 구제하기 위해 아세안 회원국 6개국_브루나이, 인도네시아, 말레이시아, 필리핀, 싱가포르, 태국_과 호주, 캐나다, 중국, 홍콩, 일본, 한국, 뉴질랜드, 그리고 미국의 재무장관·중앙은행 총재대리가 합의한 틀로서 IMF를 보완한 역내 감시 실시 및 각국의 매크로 경제정책, 환율정책, 금융규제 등에 대한 긴밀한 의견 교환을 목적으로 했다.
5 이하, 2013년까지의 공동선언·성명은 주로 白石(2014, 92-105)를 참조했다.

동 선언은 무역·투자 자유화뿐만 아니라 이를 더욱 촉진할 수 있는 폭넓은 기반을 가진 경제적 연계의 구축을 지향한다는 점, 일본이 아세안 선제 회원국과의 틀에 대응한다는 점, 일부 회원국과의 양자 간 경제 연계를 추진할 수 있다는 점, 일본-아세안 간 연계를 동아시아 전체로 확대해 나가야 한다는 점, 그리고 WTO와의 정합성을 유지해야 한다는 점 등이 언급되었다. 이 공동선언에는 2002년 11월「중-아세안 포괄적 경제협력 기본 협정」이 적지 않은 영향을 미친 것으로 보인다.

이와 관련하여 일본 고이즈미 준이치로(小泉純一郎) 내각은 2002년 1월 싱가포르와 경제연계협정(Economic Partnership Agreement, EPA)에 서명했다. 일본이 체결한 최초의 EPA였다. 당시 싱가포르에서 고이즈미 총리는 1977년 후쿠다 독트린을 계승하는 내용의 연설_「함께 걷고 함께 나아가는 솔직한 파트너」_을 행했다. 동 연설은 동아시아 지역 협력에 대해 "함께 걷고 함께 나아가는 커뮤니티"를 구축해야 한다고 언급하여 화제를 불러일으켰다. 커뮤니티(community)는 보통 공동체로 번역된다. 일본 정부가 제2차 세계대전 당시 대동아공영권을 천명한 이래 이러한 용어를 사용한 것은 처음이었다. 이어 이듬해인 2003년 10월 제7차 일-아세안 정상회의(발리)에서는 EPA 정식 협상을 2005년 초에 개시하는 것을 내용으로 한「포괄적 경제 연계의 틀」이 채택되었다.

2003년 12월에는 일-아세안 특별정상회의(도쿄)가 개최되었다. 아세안 측으로서는 아세안 역외에서 개최하는 최초의 아세안+1 정상회의였다. 특별정상회의에서는 2010년까지 일-아세안 관계의 로드맵을 제시하는「새 천년기 역동적이고 영속적인 일본과 아세안의 파트너십을 위한 도쿄 선언」_이른바 도쿄 선언_, 그리고「일본-아세안 행동 계획」(POA)이 발표되었다(자료 6-3). 이 선언을 통해 양측은 공동선언 제목이 아닌 본문에 표기하긴 했으

---

6 참고로, 일본 측은 경제 분야에서는 파트너십(partnership)이 아닌 '연계'라는 용어를 사용한다.

나 처음으로 전략적 파트너십 수립에 합의했다.[7]

공동선언은 "파트너십, 오너십의 공유, 상호 존중, 상호이익 등 우리의 관계를 이끌어 온 여러 원칙을 재확인"하고, "일본 국민과 동아시아 국민 사이에 상호신뢰와 존중에 뒷받침되어 길러져 온 '마음과 마음의 만남'은 미래의 우리 관계의 토대가 되는 '함께 걷고 함께 나아가는' 파트너십으로 발전해 왔다고 확신하며, 일본과 아세안은 지역의 평화, 안정 및 번영을 확보하기 위해 그 전략적 파트너십 아래에서 협력을 심화시키고 확대해 나갈 것을 결의"했다고 언급했다.

이어 본문은 크게 세 부분으로 구성되었다. 첫째는 기본 원칙과 가치관으로 평소 아세안 측이 주장해 온 여러 전통적 규범과 원칙, 그리고 일본 측이 주장한 것으로 보이는 새로운 규범_법의 지배, 정의 존중, 인권, 기본적 자유 옹호 등_이 병기되는 형태로 언급되었다. 그와 더불어 공정하고 평화적인 동아시아 지역 창설, 아세안 주도 메커니즘 중시 등도 담겼다. 2003년 도쿄 선언에서 보편적 가치가 명시적으로 언급된 것은 특기할 만했다.

둘째는 행동을 위한 공통 전략으로 (1)포괄적 경제협력 및 금융·재정 협력 강화: 2012년까지 포괄적 경제 연계 실현_경제연계협정의 5년 연장, 아세안 신규 가맹국에 대한 차별 대우 포함_ 등, (2)경제발전과 번영을 위한 기초 강화: 일본 ODA 사업에서 아세안에 대한 우선순위 부여 유지, 아세안통합이니셔티브(IAI) 및 메콩 지역 개발 지원 등, (3)정치·안보협력 및 파트너십 강화_ARF 협력, 비전통 안보협력 등_ (4)인적 교류 및 인재 육성 촉진, (5)문화 및 홍보 협력, (6)동아시아 커뮤니티를 위한 동아시아 협력 심화, (7)지구 규모 문제 협력이 거론되었다.

이 가운데 (6)의 동아시아 커뮤니티 협력과 관련하여 아세안+3 프로세

---

7 일본은 아세안과 전략적 파트너십을 수립한 이후 아세안 회원국_인도네시아(2006년), 필리핀(2009년), 베트남(2009년), 태국(2012년), 캄보디아(2013년), 라오스(2015년), 말레이시아(2015년)_ 및 메콩 지역(2018년)과 전략적 파트너십을 수립했다.

스를 동아시아 협력과 지역 경제통합 네트워크를 촉진하는 중요한 경로라는 점을 인식하며, 보편적 원칙과 아시아의 전통에 기반한 동아시아 커뮤니티 구축을 추구한다고 한 부분이 흥미롭다.

한편, 공동선언과 함께 채택된 「일-아세안 행동 계획」은 행동 계획의 중심적인 부분을 다음 6개 분야로 나누었다: (1)포괄적 경제 연계 강화 및 재정·금융 협력, (2)경제발전과 번영을 위한 기초 강화, (3)정치·안보협력 및 파트너십 강화, (4)인재 육성, 교류 및 사회·문화 협력 촉진, (5)동아시아 협력 심화, (6)지구 규모 문제 해결 협력. 덧붙여, 이번 정상회의에서 일본 측은 동남아시아우호협력조약(TAC) 가입 의사를 표명하는 선언에 서명하고, 아세안 측은 그에 대해 동의하는 선언에 서명했다(2004년 7월 발효). TAC 서명에 소극적이었던 일본이 태도를 바꾼 것은 2002년 중국의 TAC 조인과 무관하지 않았다(白石(2014, 99)).

덧붙여, 2005년 12월 제9차 일-아세안 정상회의(쿠알라룸푸르) 공동성명_「일본·아세안 전략적 파트너십의 심화와 확대」_은 제목에 처음으로 '전략적 파트너십'이란 용어가 포함되었다(자료 6-4). 일본 측 수상은 위와 마찬가지로 고이즈미였다. 공동성명의 '대화 관계 강화' 부분은 다음처럼 언급했다: "지난 30년 동안의 실적을 바탕으로 일본과 아세안은 대등한 입장에서 공통의 과제와 기회에 대해 긴밀하게 대응해 왔다. 일본은 아세안이 동아시아 지역 협력에서 특히 그 추진력으로서의 역할, 그리고 아세안 통합을 더욱 추진하기 위한 역동적인 이니셔티브를 통해서 갈수록 적극적인 공헌을 하고 있는 점을 완전하게 지지한다. 이러한 인식에 근거하여 우리는 일본과 아세안 사이의 전략적 파트너십을 심화하고 확대할 것을 재확인했다. 우리는 또한 일-아세안 관계는 동남아시아우호협력조약, 그리고 기타 주요한 국제법 원칙, 세계적인 규범, 그리고 보편적으로 인정되는 가치에 바탕을 둔 것이어야 한다는 점을 재확인했다."(강조점 필자).

여기서는 2003년 공동선언에서 등장했던 보편적 가치라는 용어가 다시 등장했다. 그에 더해 '지역의 최근 진전'에서는 2004년의 아세안안보공동체 및 아세안사회·문화공동체 행동 계획 채택, 아세안경제공동체 로드맵 채택, 일본의 TAC 가입, 일-아세안 국제 테러리즘과의 투쟁 협력에 관한 공동선언 채택 등을 거론했다. '아세안공동체 구축 노력에 대한 지지'에서 고이즈미 내각은 아세안공동체 및 경제통합에 지지를 표명함과 아울러 아세안개발기금(ADF)에 75억 엔 규모의 재정지원을 약속했다.

'경제 연계의 강화'에서는 일-아세안 포괄적 경제 연계(AJCEP) 협정 협상을 2005년 4월부터 시작하며 그로부터 2년 이내에 협상을 타결할 것을 약속했다. '국경을 넘는 범죄 및 테러와의 투쟁' 항목에서는 일-아세안 국제 테러리즘 공동선언을 거론했는데 이는 2001년 9.11 테러 사건과 그 이후 미국 주도의 대테러 전쟁 여파를 반영한 것으로 보인다.

그 외에 '동아시아 협력 심화'는 앞의 공동성명과 비슷하게 "아세안을 추진력으로 하여 아세안+3 프로세스 협력을 적극적으로 촉진함과 동시에 동아시아정상회의를 통해 관심과 우려를 공유하는 광범위한 전략적, 정치적, 경제적 제반 문제에 대한 대화를 강화한다."라고 언급했다. 아세안+3(APT)와 2005년 설립된 동아시아정상회의(EAS) 사이의 긴장이 엿보이는 대목이다.

이와 더불어 일-아세안 EPA(경제연계협정) 협상도 순조롭게 진행되었다. 2004년 협상 개시 합의에 이어 양측은 2005년 4월부터 협상을 개시했고 2007년 10월 일-아세안 정상회의에서 협상 타결이 보고되었다(2008년 12월 발효). 덧붙여 2005년 정상회의에서 고이즈미 총리는 IAI 지원을 위해 약 75억 엔의 거출금을 약속했다. 2006년 3월 일본-아세안통합기금(JAIF) 신설은 이 거출금에 의한 것이었다. 참고로, 2007년부터 2010년까지 일-아세안 양측은 여러 차례 공동성명을 발표했으나 2007년의 EPA 협상 타결, 2010년 4월 주아세안 대사 임명_아세안의 대화 파트너 가운데 최초_, 2011년 5월 주아세안 일본대표부(자카르타) 설치 등을 제외하곤 별다른 움직임은 관찰되지 않았다.

정치·안보협력을 전략적 파트너십의 또 하나의 축으로 설정하다

그리고 2011년 11월 제14차 일-아세안 정상회의(발리)에서 양측은 2003년 이후 8년 만에 공동성명이 아닌 공동선언_「함께 번영하는 일본과 아세안의 전략적 파트너십 강화를 위한 공동선언」(발리 선언)_에 서명하고 「일-아세안 행동 계획 2011-2015」도 채택했다(자료 6-5). 일본 측은 노다 요시히코(野田佳彦) 민주당 내각이었다. 공동선언 서문에서 주목할 만한 부분은 다음과 같다.

우선, "「새천년기 역동적이고 영속적인 일본과 아세안 간 파트너십을 위한 도쿄선언」에 근거한 우리의 장기간에 걸친 우정과 전략적 파트너십(강조점 필자)"이라고 언급하면서 2003년 공동선언이 전략적 파트너십의 출발점이었음을 명시했다. 이어 "2005년 동아시아정상회의 설립, 그리고 러시아와 미국으로의 멤버십 확대를 포함한 2003년 도쿄선언"이란 언급은 양측이 2003년에 아세안+8 방식의 동아시아정상회의에 합의했음을 시사한다. 이 방식은 일본 측이 중국의 영향력 확대를 의식하여 줄곧 주장해 온 것이었다.

2008년 아세안헌장 발효 및 아세안공동체 청사진 채택, 2015년 아세안공동체 출범, 그리고 지역 아키텍처 구축에 있어서 아세안의 역할 증대를 강조한 다음 "민주적 가치, 법의 지배 및 인간 본위의 접근에 대한 아세안의 강력한 약속이 지역 안정 요인으로서의 아세안의 중요성을 강화했다"라고 기술했다. 민주적 가치와 법의 지배는 일본이 강조해 온 보편적 가치와 관련되는 것이며 '인간 본위의 접근'은 또 다른 보편적 가치 중 하나인 '인권'을 에둘러 표현한 것으로 보인다.

이어 아세안의 발전 및 통합 노력에 대한 일본의 지원 약속이 나열되었다. 즉, 1973년 이후의 일-아세안 간 파트너십과 특별한 유대, 2015년 아세안공동체에 대한 일본의 흔들림 없는 지원, MPAC(아세안 연결성 마스터플랜)에 대한 일본의 지원, 일본과 아세안을 연결하는 해양의 평화와 안정의 중요성에 대한 인식_이 시점부터 일본 측의 해양 안보 관련 지원이 본격화함_, 일본의 주아세안 대사 임명 및 아세안대표부 설치 등이다.

그리고 서문 후반부에서 "국제사회에서 강력하게 통합된 아세안공동체가 지역 내 및 지역을 넘어 평화와 안정을 유지하고 번영을 촉진하기 위한 동아시아의 전략적 기반(강조점 필자)으로 기능할 것이라는 점을 재확인"했다는 부분은 의미하는 바가 크다. 아세안공동체가 특정 강대국의 세력권 확장이나 패권 추구를 저지할 수 있는 핵심적인 전략적 기반이 될 수 있다는 것으로도 읽을 수 있기 때문이다.

위와 같은 인식 아래 공동선언은 지역의 평화, 안정 및 번영을 더욱 촉진하기 위해, 특히 아래 5가지 전략을 승인했다. 참고로 이번 공동선언은 2003년 공동선언과는 달리 별도의 행동 계획을 책정하지 않고 총 44개 항목을 함께 망라했다.

- 전략 1: 지역의 정치 및 안보협력 강화
- 전략 2: 아세안공동체 구축을 위한 협력 강화
- 전략 3: 일본과 아세안의 유대를 강화하기 위한 양측의 연결성 강화
- 전략 4: 재해에 더욱 강인한 사회 구축
- 전략 5: 지역의 공통 과제 및 지역 규모 과제에의 대응

공동선언이 가장 역점을 둔 것은 정치·안보협력(전략 1)이다. 이 가운데 특히 눈에 띄는 부분은 4항이다: "국제법의 제반 원칙에 따라 항행의 자유, 항행의 안전, 원활한 상업활동 및 분쟁의 평화적 해결 등 지역의 해양 안전보장 및 해상 안전에 관한 일본과 아세안의 협력을 촉진하고 심화시킨다." 물론, 그 배경에는 5항에서 언급하고 있는 남중국해 영유권 문제, 그리고 센카쿠열도_중국명 댜오위다오_를 둘러싼 중일 간 대립이 존재한다. 5항은 DOC 가이드라인 채택을 환영하며, COC가 책정되어야 한다는 기대를 표명했다. 법의 지배 및 민주주의 촉진 등과 같은 보편적 가치에 대한 강조(10

항), ARF나 ADMM-Plus 등 다자주의 틀을 통한 방위·군사 교류·협력 촉진도 언급되었다. 비록 다자주의 틀에 의한 것이지만 방위·군사적 어젠다에 대한 일본의 관여가 중대되고 있는 점을 확인할 수 있다.

경제 분야 협력(전략 2 및 전략 3)은 아세안 내부의 연결성을 강화한다는 기존의 정책 기조가 일-아세안 간 연결성 강화를 포함하는 것_아세안 연결성 플러스_으로 더욱 확장하는 모습을 볼 수 있었다(13~15항). 그 외에 16~29항은 2008년에 발효된 일-아세안 포괄적 경제연계협정(AJCEP) 후속 조치, 아시아·카고·하이웨이 구상, 치앙마이·이니셔티브·다자화(CMIM), 아세안·스마트·네트워크, 아세안통합이니셔티브(IAI), '일-아세안 10년의 전략적 경제협력 로드맵' 등을 다루었다.

사회·문화 협력(전략 3)은 2011년 동일본대지진 직후인 만큼 방재 협력_아세안 방재 긴급 대응 협정, 아세안 방재 인도적 지원 조정센터, 아세안 방재 네트워크 구축 구상 등_에 상당한 비중이 놓였다. 그리고 지역·국제정세 협력(전략 4)에서는 "아세안+3 정상회의, 동아시아정상회의, ADMM-Plus 및 ARF가 아세안공동체의 3개의 기둥을 커버하는 각 분야의 협력을 추진하기 위한 중요한 과정임을 인식한다."라고 언급했다. 아세안공동체의 3개 기둥은 정치·안보공동체, 경제공동체, 사회·문화공동체를 말한다.

미중 전략 경쟁 하에 포괄적 전략적 파트너십으로 나아가다

2003년과 2011년 전략적 파트너십 공동선언 이후 일-아세안 관계는 일본 아베 신조(安倍晋三) 내각의 출범으로 적지 않은 변화를 경험하게 된다. 자세히는 뒤에서 다루겠지만 그러한 변화는 미국과의 공조 하에 중국을 대상으로 한 인도·태평양전략_특히, 자유롭고 개방된 인도·태평양(FOIP)_을 추진하던 아베 내각이 일-아세안 파트너십의 성격을 일정 부분 재조정하려는 시도에 기인한 것이었다. 그러한 시도는 2013년 1월 아베 총리의 연설_「개방된 바다의 축복: 일본 외교의 새로운 5원칙」(자료 6-6)_, 2013년 내 아베 총리의 아세안 회원국 10개국 방문, 그리고 그러한 행보의 피날레인 대화관계 수립 40주년을 기념한 12월 일-아세안 특별정상회의(도쿄)를 통해 이루어졌다.

2013년 12월 특별정상회의에서는 이례적으로 두 개의 공동성명_「일-아세안 특별정상회의 공동성명: 손을 맞잡고 지역과 세계의 과제에 도전한다」 및 「일-아세안 우호협력에 관한 비전성명: 함께, 그리고 함께 삶을 영위하고 함께 나아간다」(자료 6-7, 자료 6-8)_이 함께 채택되었다. 이들은 표면적으로는 일-아세안 관계를 한층 더 강화하고 2015년 이후 아세안공동체를 지원하기 위한 틀을 제공하는 것으로 간주되었다.

특별정상회의 공동성명은 '지역의 과제' 항목에서 지역 아키텍처에 있어서 아세안 중심성과 EAS의 중요성(3항), 해양 안보 및 해상 안전 협력 강화_일본의 이니셔티브 및 참여 평가, 중-아세안 간 COC 협의 환영 등_(4항), 자유롭고 안전한 해양 항행 및 비행(5항), 그리고 한반도 비핵화 및 6자회의 등을 거론했다(6항). 이 가운데 4항과 5항은 FOIP에 직결되는 내용이다. FOIP에 대해서는 뒤에서 다시 다루기로 하겠다.

이어 '지구 규모 과제'의 세계경제 분야에선 일본 경제의 부흥, 보호주의 배제 노력, 일-아세안 포괄적경제연계협정(AJCEP), 역내포괄적경제동반자협정(RCEP), 그리고 다각적 무역체제(MTS)의 중요성을 언급했다. 일-아세안 및 그 이상의 다자주의적 경제통합·협력을 일본의 경제부흥에 직결시키는 부분이 눈에 띈다. 아베 내각이 심혈을 기울였던 '아베노믹스'와 FOIP가 긴밀하게 관련되고 있음을 확인할 수 있는 부분이다.

그 외의 지구 규모 과제에서는 여성이 빛나는 사회_남녀불평등 철폐 등_, 사회적 과제, MDGs, 포스트 2015년 개발 아젠다, 기후변화, 인도적 지원 및 재해 구호_비전통 안보협력 포함_, 수자원 및 천연자원 이용 및 환경보호, 국경을 넘는 위협, 유엔 개혁 등의 항목이 거론되었는데 맨 마지막에 "일본의 적극적 평화주의"가 거론된 점이 흥미롭다. 적극적 평화주의는 아베 내각이 대외정책의 기치로 내건 것으로 일-아세안 정상회의에서 그에 대해 자세히 설명하고 아세안 회원국들의 지지를 확보하기 위한 것이었다.

덧붙여, 공동성명과 함께 발표된 비전성명은 4가지 파트너십_(1)평화와 안정을 위한 파트너, (2)번영을 위한 파트너, (3)더 낳은 삶을 위한 파트너, (4)마음과 마음의 파트너_의 강화를 제시했다.

〈표 6-2〉 일-아세안 우호협력에 관한 비전성명 개요 (2013년 12월)

항목	내용
평화와 안정을 위한 파트너	국제법 존중. 온건 원칙 옹호. 평화 애호국가 정체성 유지. 평화 지향적 가치 강화. 힘에 의한 위협 및 힘의 행사 포기. 평화적 수단에 의한 분쟁 해결. 법의 지배. 굿 거버넌스. 민주주의 및 인권 촉진. 재해관리. 유엔 PKO. 군축·비확산. 테러대책. 국경을 넘는 범죄 및 해양안보협력
번영을 위한 파트너	AJCEP 활용. 일-아세안 10년의 전략적 경제협력 로드맵. 아세안 연결성 및 광역 연결성 강화. 혁신에 바탕을 둔 산업 촉진. 지역 개발격차 시정. 항행 및 상공비행의 자유와 안전
더 낳은 삶을 위한 파트너	과학, 기술, 정보통신, 사이버 협력. 농업, 식량, 에너지, 원자력 안보 또는 안전. 환경보호, 빈곤 퇴치, 기후변화, 도시화, 고령화, 의료제도, 여성 능력 대응 등
마음과 마음의 파트너	문화·예술 교류, 관광, 청소년, 스포츠 등 인적 교류. 교육협력. 문화와 전통 보호 등

출처: [자료 6-8]을 토대로 작성.

한편, 2020년 11월 제23차 일-아세안 정상회의(온라인회의)는 「AOIP 협력에 대한 제23차 일-아세안 정상회의 공동성명」이 채택되었다(자료 6-9). 일본 측 당사자는 자민당 정권의 스가 요시히데(菅義偉) 내각이었다. 자유롭고 개방적이며 규칙에 기반한 인도·태평양 지역은 어디까지나 아세안공동체 구축을 보완하는 형태로 촉진한다는 점, 2019년 6월에 발표된 아세안의 AOIP와 일본의 FOIP는 기본적인 원칙들을 공유한다는 점, 아세안 측이 AOIP에서 제시한 4대 협력 분야와 관련하여 일-아세안 간 파트너십 및 실질적인 협력을 강화한다는 점 등이 언급되었다. 사실상 일본의 FOIP 추진은 AOIP에 부합하는 방식으로 이루어져야 하며, 일본은 AOIP의 4대 분야에 적극 협력·지원하겠다는 내용이었다.

그 후 2023년 9월의 일-아세안 정상회의(자카르타)에서 「제26차 일본-아세안 정상회의 의장성명」(이른바 포괄적 전략적 파트너십 성명)이 발표되었다(자료 6-10). 일본 측은 자민당 정권의 기시다 후미히코(岸田文雄) 내각이었다. 여기서 양측이 공동성명이 아닌 의장성명 형태로 포괄적 전략적 파트너십 수립에 합의한 점은 다소 의외이다. 곧이어 2023년 12월 일-아세안 특별정상회의(도쿄)에서 양측은 포괄적 전략적 파트너십의 방향을 설정하는「일본-아세안 우호·협력에 관한 공동비전 성명: 신뢰의 파트너」(자료 6-11) 및「일본-아세안 우호·협력에 관한 공동비전 성명: 신뢰의 파트너 실행 계획」을 채택했다.

앞의 포괄적 전략적 파트너십 성명은 일-아세안 우호협력 50주년을 맞이하여 포괄적 전략적 파트너십을 수립한다는 점, 아세안은 일본의 FOIP를 지지하고 일본은 AOIP를 지지한다는 점, 일본의 방위 협력 이니셔티브_비엔티안 비전 2.0_에 대한 평가, 일본-아세안 경제의 공동창출 비전, 아세안 역내 연결성 및 일-아세안 연결성 강화, 코로나19 팬데믹 대응, 남중국해 COC 협상 촉진, 우크라이나 전쟁, 미얀마 정세 등이 망라되었다. 이 가운데 방위 협력 이니셔티브와 일-아세안 경제 공동창출 비전이 다소 새롭다.

〈표 6-3〉 일본-아세안 우호협력에 관한 공동비전 성명: 신뢰의 파트너 개요 (2023년 12월)

항목	내용
세대를 초월하는 마음과 마음의 파트너	문화·예술, 스포츠, 관광 등 청소년 및 인적 교류. 장학금, 학생·교직원 교류 등 교육협력, 기능직 노동자 이동 장려. 문화·전통 상호 이해
미래의 경제·사회를 공동 창출하는 파트너	아세안공동체비전 2025 및 2045 지원. 개발격차 시정. 인프라, 제도, 하늘의 일-아세안 연결성 강화. 스마트시티 협력. 중소영세기업 및 스마트시티 지원. 공중보건, 의료, 복지 협력. 공급망 강화 및 산업 경쟁력 강화. 무역·투자 원활화. 금융 안정성. 에너지 안보, 기후변화 및 생물 다양성 보전. 인도적 지원 및 재해 구조. 디지털, ICT, 인공지능 협력. 식량 안보, 외국인 노동자 협력. 여성, 장애인, 취약계층 보호. ODA 등 개발협력
평화와 안정을 위한 파트너	해양안보 등 안보협력 강화. 군축·비확산 협력. 법의 지배, 인권, 민주주의, 굿 거버넌스 추진. 젠더 평등 추진. 평화, 분쟁관리, 분쟁 해결 협력. 사이버 안보, 테러, 초국가적 범죄 협력 등

출처: 〈자료 6-10〉을 토대로 작성.

이어, 공동비전 성명은 아세안의 AOIP와 일본의 FOIP가 서로 본질적인 원칙을 공유한다고 전제한 다음 AOIP의 주류화에 대한 협력 추진과 포괄적 전략적 파트너십의 강화를 언급했다. 그리고 다음 세 가지 파트너십_ (1)세대를 초월한 마음과 마음의 파트너, (2)미래의 경제·사회를 공동 창출하는 파트너,

(3)평화와 안정을 위한 파트너_을 개괄적으로 기술했다. 간단히 정리하면 아래와 같다.

〈표 6-2〉와 비교해 보면 정치·안보 항목인 '평화·안정 파트너'가 첫 번째 순위에서 세 번째 순위로 바뀐 것을 알 수 있다. 정치·안보협력에 대한 아베 내각과 기시다 내각 사이의 미묘한 자세 변화로 읽을 수 있는 부분이다. 물론 이는 아세안 측의 역외 강대국과의 정치·안보협력에 대한 신중한 자세를 반영한 것이기도 하다. 그리고 앞의 '번영을 위한 파트너'와 '더 낳은 삶을 위한 파트너'가 '미래의 경제·사회를 공동 창출하는 파트너'로 통합되었다. 협력 내용은 대체로 유사하며 아세안공동체비전 2045, 공급망 강화 등이 새로 추가되었다. '평화·안정 파트너'에 있던 인도적 지원 및 재해 구조가 '경제·사회 파트너'로 이동한 점도 흥미롭다. 한편, '마음과 마음의 파트너'에는 노동자 이동이 새로 추가되었다.

3. 정치·안보 관계의 진전

일-아세안 파트너십은 다자주의 메커니즘에서 강력하게 작동하다

일-아세안 파트너십에서 정치·안보 관계는 경제 관계에 비하면 그 비중이 상대적으로 적다. 경제교류·협력이 몸통이고 정치·안보협력은 전자를 보완하는 측면이 강하다. 그리고 정치·안보협력의 주된 안건은 아세안 주도 메커니즘에 대한 일본 측의 지지와 지원에 관련된다. 하지만 21세기 특히 2010년대에 들어서면서 비록 비전통 분야에 한정된 것이기는 하나 안보협력이 핵심적 의제로 떠오르기 시작했다. 비전통 안보협력은 대테러 전쟁, 초국가적 범죄, 그리고 해양 안보 등 다방면으로 확대되었다. 이는 동중국해와 남중국해의 영유권 문제가 중국을 매개로 서로 연결되었으며, 일본의 아세안에 대한 군사·안보적 관여가 점진적으로 확대되고 있음을 보여주었다. 일본의 대 아세안 정책 기조로 보면 '군사대국의 길'을 선택하지 않겠다고 한 후쿠다 독트린의 실질적인 궤도 수정이었다.

1990년대 후반 이후 최근까지 공동선언·성명에서 어떠한 정치·안보 협력을 논의해 왔는지 잠시 되돌아보자. 1997년 파트너십 공동성명은 파트너십 강화를 위한 정상급·고위급 대화의 긴밀화, ARF 협력 강화, ZOPFAN 및 SEANWFZ의 중요성을 확인했다. 이후 이들 안건은 거의 모두 성공적으로 이행되었다.

2003년 전략적 파트너십 선언에서 가장 중요한 부분 가운데 하나는 기본 원칙과 가치관_전통적 규범 및 새로운 규범 존중, 아세안 주도 메커니즘, 일-아세안 간 특별관계 등_을 명시한 점이었다. 그리고 ARF 등을 통한 분쟁의 평화적 해결, 그리고 이 시점에서 비전통 안보_테러 대책, 해적 대책, 초국가적 범죄, 군축·비확산 등_협력이 강조되기 시작했다. 전술한 것처럼 9.11 테러 사건 이후의 정세가 반영된 것이다.

2005년 전략적 파트너십 심화·확대 공동성명은 동아시아 지역 협력의 추진력으로서 아세안의 역할, 일본의 TAC 서명, 초국가적 범죄 및 대 테러 대책 등의 비전통 안보협력 등을 언급했다. 기본적으로 2003년 선언과 대동소이하다.

그리고 2011년 전략적 파트너십 강화 공동선언은 EAS 설립, 지역 아키텍처 구축에 있어서 아세안의 역할 증대, 보편적 가치_민주적 가치, 법의 지배, 인간 본위의 접근_에 대한 아세안의 강력한 공약 및 이를 위한 협력, 양측을 연결하는 해양의 평화와 안정_특히, 항행의 자유, 항행의 안전, 원활한 상업활동, 분쟁의 평화적 해결 등_, DOC 가이드라인 채택 환영 및 COC 책정 기대 등이 강조되었다. 보편적 가치, 해양, DOC/COC는 모두 중국과 영유권을 둘러싼 문제가 일-아세안 간 핵심적 정치·안보 안건으로 등장했음을 보여준다.

일본 민주당 정권 시기에 대략적으로 설정된 전략적 정치·안보협력의 방향성은 자민당 아베 내각에 들어서면서 한층 더 강화되고 체계화되어 갔다. 2013년 특별정상회의 공동성명에서는 지역 아키텍처에서의 아세안 중심성 및 전략적 대화·협력의 포럼으로서 EAS의 역할, 해양 안보 및 해상안전 협력, 자유로운 해양 항행 및 비행, 그리고 일본의 적극적 평화주의 등이 강조되었다. 같은 시기의 비전성명에서 양측은 서로를 평화와 안정을 위한 파트너로 규정하면서 국제법 존중, 평화적 수단에 의한 분쟁 해결, 법의 지배, 굿 거버넌스, 민주주의 및 인권을 강조했다. 일-아세안 양측이 중국을 공동 압박하는 모양새였다.

그리고 2023년 포괄적 전략적 파트너십 의장성명은 일본 FOIP와 아세안 AOIP의 기본 원칙 공유, 양측 간 방위 협력 진전, 일본의 비엔티안비전 2.0, 다양한 비전통 안보협력, DOC의 완전하고 효과적인 이행 및 국제법과 일치하는 COC 협상 촉진, 그리고 미얀마 당국에 대한 비판 등을 언급했다. 마지막으로 같은 해의 비전성명은 AOIP 주류화를 위한 협력, 아세안의 가치·규범 준수, 아세안공동체를 보완하는 형태의 인도·태평양 지역 촉진, 해양안보협력, 법의 지배, 인권, 민주주의 및 굿 거버넌스 추진, 분쟁 관리 및 해결 협력, 비전통 안보협력 등을 담았다.

그렇다면 실제로 지역 안보 질서의 형성·유지에 있어서 양측 간 파트너십은 어떤 역할을 했을까? 결론부터 말하면 파트너십의 역할은 아직 제한적이다. 양측은 공동선언·성명 등을 통해 한반도 비핵화 문제나 대만해협 문제에 대해 거론하기는 했으나 외교적 수사에 그치는 경우가 많았다. 아세안은 동중국해 및 센카쿠열도_중국명 댜오위다오_를 둘러싼 영유권 문제와 관련하여 중일 양국 가운데 어느 한 편을 적극적으로 지지하지는 않는다. 동북아시아 안보 현안에 대한 아세안 측의 관여가 제한적이라고 볼 수 있다. 그에 반해, 동남아시아 안보 현안에 대한 일본의 관여는 중국의 해양에서의 자기주장 강화를 배경으로 확대되어 왔다.

일본의 안보적 관여 방식은 대략 세 가지로 나눌 수 있다.[8] 첫째는 남중국해 분쟁 지역에 대한 군사적 관여 내지는 지원, 둘째는 다자주의적·외교적 이니셔티브, 그리고 세 번째는 아세안 회원국들에 대한 무기_일본 측 용어는 장비_ 이전이다. 이 가운데 첫 번째는 현실성이 없다. 미일 양국의 남중국해 합동 순찰 가능성이 논의되고 있을 정도다. 미-필리핀, 호주-필리핀 간 합동 순찰은 현재 진행 중이다. 아베 내각이 2014년 7월 헌법 해석을 변경하여 집단적자위권 행사를 허용하는 각의 결정을 내렸으나 실제로 자위대를 분쟁 지역에 파견하려면 매우 엄격한 조건을 충족시켜야 한다.[9]

두 번째는 다자주의적·외교적 이니셔티브이다. 일본과 아세안의 관계가 다른 역외 강대국과 아세안의 관계에 비해 한층 더 긴밀한 점은 잘 알려져 있다. 일본은 지난 반세기 이상 ODA 등을 통해 동남아시아 경제의 개발과 번영을 위해 상당한 기여를 해왔으며 아세안의 거의 모든 경제적, 안보적 대화·협력 메커니즘 또는 프로세스에 참여·지원해 왔다.

아베 내각이 들어선 이후 일본은 아세안에 대해 전례 없이 적극적인 이니셔티브를 취했다. 내각이 출범한 직후인 2013년 한 해 동안 아베 총리는 일본 총리로는 처음으로 아세안 회원국 10개국을 모두 방문했다. 아세안과의 관계를 고도로 중시한다는 정치적, 외교적 메시지였다. 아베 내각의 이러한 행보는 아세안 회원국 대부분으로부터 환영받았다. 이들은 중국에 대한 헤징 전략 차원에서 역외 강대국들과의 관계를 개선 또는 강화하고 있었다. 특히, 남중국해 영유권 문제 당사국인 필리핀이나 베트남은 대중 균형을 위한 또 하나의 대안으로 일본의 적극적인 관여를 환영했다.

아세안이 주도하는 정치·안보 분야의 다자주의 대화·협력 메커니즘에서 일본이 가진 영향력은 상당히 강력하다. 중국과 마찬가지로 일본도 다

---

8 이 부분은 Lee(2016, 42-48)를 참조하면서 필자가 약간 보완했다.
9 일본이 집단적자위권을 행사하기 위한 세 가지 요건은 다음과 같다: ①일본과 밀접한 관계를 갖는 타국에 대해 무력 공격이 발생하여 국민의 생명, 자유 및 행복 추구의 권리가 근본적으로 흔들릴 수 있는 명백한 위험이 있다; ②국민을 지키기 위해 다른 적당한 수단이 없다; ③필요 최소한도의 실력 행사.

자주의 메커니즘이나 다자주의 메커니즘이 추진하는 의제를 일방적으로 형성하거나 거부할 수는 없다. 하지만 그러한 다자주의 프로세스나 제도의 성공을 위해서는 일본의 양해나 지지가 불가결하다. 이 때문에 지역 전체에 영향을 미치는 다자주의적 프로세스나 제도는 일본을 배제하기 어려우며, 일본의 명백한 지지가 없으면 그 추진력도 확보하기 힘들다.

일본은 아세안이 주도하는 정치·안보 메커니즘의 훌륭하고 성실한 조력자였다. 정도의 차이는 있으나 일본은 아세안지역포럼(ARF), 아세안+3, 그리고 EAS의 형성과 발전에 지대한 영향을 미쳐왔다. ARF 형성 과정에서는 일본과 아세안 측의 의견 일치가 중요했다(波多野·佐藤 2007, 223-231). 일본은 1990년대 초반 확대아세안외교장관회의(PMC)를 정치·안보 대화의 장으로 활용하자고 제안했다. 냉전 종언 이후 확산되고 있던 '협조적 안전보장' 개념을 반영한 것이었다.

협조적 안전보장이란 강제력을 수반하지 않는 대화 및 교류를 통해 잠재적인 적대국을 협력과 제휴의 틀 안에 끌어들여 관계국들의 군사적 투명성 제고와 신뢰 양성에 역점을 두는 어프로치를 말한다. 유럽안보협력회의(CSCE)가 그 대표적인 사례이다. 일본 측의 이러한 제안은 아세안 측의 마찬가지 입장과 맞물리면서 1992년 1월 아세안정상회의 후에 발표된 싱가포르선언에 반영되었다. "아세안 회원국은 확대아세안외교장관회의를 이용하여 정치 및 안보에 관한 역외국과의 대화를 강화해 나간다."라는 내용이었다.

하지만, 이러한 다자주의적 안보 틀에 대해 아세안의 회원국들은 대체로 냉담한 반응을 보였고, 양자적 동맹을 중시하는 미국도 주저하는 태도를 보였다. 여기서 당시 미야자와 기이치(宮澤喜一) 내각의 역할이 중요했다. 미야자와 총리는 미일 정상회의에서 확대아세안외교장관회의를 정치·안보 대화를 촉진하는 무대로 활용하는 방안을 미일 간 '글로벌 파트너십 행동 계획'에 담는 데 성공했다. 참고로, 일본 측의 제안은 군사적 긴장 완화를 통한 신뢰 양성이 아니라 우호 관계를 갖는 국가들 사이의 불안 및 우려를 해소하는 것을 목적으로 한 대화를 염두에 둔 것이었다.

앞서 언급한 것처럼 1992년 1월 아세안정상회의 후의 싱가포르선언은 확대아세안외교장관회의를 다국 간 안보 대화의 틀로 활용한다고 언급했다. 그리고 같은 해 7월의 아세안외교장관회의에서는 중국과 러시아를 게스트로, 베트남과 라오스를 옵서버로 참가시킨다는 점, 그리고 고위급사무레벨협의 설치가 합의되었다. 이어 이듬해인 1993년 7월 고위급사무레벨협의에서는 대화의 장으로서의 확대아세안외교장관회의와는 별도로 아세안지역포럼(ARF)_의장국은 아세안의장국의 외교장관 또는 차관급 인사가 담당_ 설치가 결정되었다.

그리고 1994년 7월 제1차 ARF(방콕)에는 아세안 6개국, 대화국 6개국 및 1국제기구_한국, 미국, 일본, 캐나다, 호주, 뉴질랜드, EU_, 협의국 2개국_러시아, 싱가포르_, 옵서버 3개국_베트남, 라오스, 파푸아뉴기니_의 총 17개국 및 1국제기구가 참가했다. ARF 성립에는 냉전 종언이란 국제적 환경, 그리고 아세안 방식이 핵심적인 역할을 했다. 정치·안보 분야의 협력 촉진, 국가 간 관계의 예측 가능성 제고, 평화 구축 프로세스 중시, 합의 및 점진주의 중시 등을 지향하는 유연성이 만들어 낸 작품이었다.

이 과정에 일본의 지원과 협력도 간과할 수 없었다. 안보를 위한 정치 대화의 아이디어를 제공하고, 미국을 설득하여 아세안이 주도하는 다자주의적 안보 대화의 틀에 참여하도록 한 점은 평가할 만했다. ARF에는 미국을 지역 안보 틀에 포섭하여 미국의 군사적 프레즌스를 유지하게 하고, 중국을 다자 간 대화의 틀에 끌어들이며, 동시에 미국과 일본, 러시아 등 강대국의 영향력을 서로 견제시키려는 의도도 담겨있었다(波多野·佐藤 2007, 231).

일본은 아세안+3 형성에도 간접적으로 기여했다. 1997년 1월 동남아시아를 방문한 하시모토 류타로(橋本龍太郎) 총리가 아세안 측에게 일-아세안 정상회의의 정례화를 요청한 것이 계기가 되었다. 이에 대해 말레이시아 마하티르 총리는 1997년 3월 일본 방문 시 일본과 의견을 절충하여 일본 외에 한국, 중국을 포함한 아세안+3 정상회의를 개최하자는 아이디어를 제안했다. 전술한 것처럼 아세안+3를 정착시킨 주된 배경은 동아시아 외환위기였다. 아세안+3는 1998년 제2차 하노이회의에서 정례화되었다. 이와 더불어 1999년 제3차 마닐라회의에서는 아세안+3 외교장관회의 및 재무장관회의도 설치되었다. 이리하여 아세안+3는 동아시아의 경제협력 및 통화·금융 협력 문제를 실질적으로 논의하는 메커니즘을 갖추게 되었다. 참고로 2000년 아세안+3 재무장관회의에서는 양자 간 통화스왑협정 등을 내용으로 한 '치앙마이 이니셔티브'가 합의되었다.

일본의 다자주의 메커니즘에서의 영향력이 유감없이 발휘된 것은 동아시아정상회의(EAS) 형성 과정이었다. 중국은 원래 아세안+3처럼 미국이 참여하지 않는 다자주의 틀을 선호해 왔다. 중국은 EAS 형성 과정에도 미국을 비롯한 역외 강대국들의 참여에 부정적이었다. 그에 반해 아세안의 주요 회원국들은 중국이 미국을 배제하는 형태로 EAS를 형성하려는 데 대해 거부감을 보였다. 중국의 정치·안보적 영향력이 급속하게 증대하는 점을 고려하면 동아시아의 안보 질서에 있어서 미국의 존재감을 제도화하고 강화하는 것이 유리하다고 판단했기 때문이다. 이러한 이유로 EAS는 아세안 주요국들이 선호하는 최우선적인 포럼으로 등장했다.

바로 이러한 시점에 아베 내각은 미국, 인도 등과 함께 EAS를 지역 안보 문제를 논의하고 지역의 미래 질서를 형성하는 가장 중요한 다자주의 포럼으로 만들기 위해 노력을 아끼지 않았다. 아베 총리의 2014년 아시아 안보회의_이른바 샹그릴라 대화_ 연설의 핵심이 바로 그것이었다. 아세안 주요 회원국들과 일본, 미국, 인도, 호주가 공조하는 가운데 다자주의 포럼을 활용하여 미국의 개입을 배제한 형태로 지역의 정치·안보 질서를 재구축하려는 중국의 시도는 소기의 성과를 거두지 못했다.[10]

아베 내각 시기에 일본이 아세안 전체를 대상으로 한 방위·국방 외교를 본격화한 점도 주목할 만했다. 그 대표적인 사례가 「비엔티안 비전: 일-아세안 방위협력 이니셔티브」이다. 비엔티안 비전은 아베 내각이 2016년 11월 제2차 일본-아세안 국방장관회의(라오스 비엔티안)에서 발표한 일본 최초의 대아세안 방위 외교 지침을 말한다. 중국의 공세적인 해양 진출을 의식하면서 동남아시아에서 법의 지배에 의한 질서를 유지하기 위해 일본이 적극적으로 관여하겠다는 의지의 표명이었다. 원래 일-아세안 국방장관회의는 아베 총리가 창설을 제안한 것으로 알려져 있으며, 아세안 전체 회원국_중국의 영향력이 강하게 미치는 캄보디아와 라오스, 그리고 선진국인 싱가포르도 포함_을 대상으로 한다.

일본 측이 비엔티안 비전을 제시한 배경에는 2010년 확대아세안국방장관회의(ADMM-Plus) 창설, 미국의 아시아 회귀전략과 서방 주요국 간_미일, 일-호주, 일-인도, 미일호, 미일인호 등_ 파트너십 진전, 2016년 7월 국제중재재판소(IAT)의 판결 등이 있었다. 법의 지배에 의한 질서 유지, 달리 말하면 기존의 안보 질서를 유지하고, 더 나아가 일본의 군사적 존재감도 확보하기 위한 것이었다.[11]

니시다(西田 2018)는 비엔티안 비전의 내용을 다음처럼 설명한다. 비전의 목적은 아세안 전체의 능력 향상을 위한 ①자유, 민주주의, 기본적 인권의 원칙 준수·촉진, ②법의 지배 관철, ③아세안 중심성 및 일체성 강화 지원이다. 협력의 방향성으로는 해양·항공 분야의 국제법 이해 촉진, 동 분야의

---

10 한편, 일본을 비롯한 서방 각국은 아세안 회원국들 사이에서 아세안이 EAS의 의제를 주도하는 데 있어서 중심적인 역할을 상실할 수도 있다는 의구심을 불식시킬 필요가 있었다.
11 니시다(西田 2018)는 비엔티안 비전이 일본과 아세안 회원국 사이의 소프트한 형태의 안보협력 네트워크를 형성하려는 것으로, 이는 중국으로 하여금 다양한 방면에서 대응할 수밖에 없게 하는 일종의 비용부가 전략이라고 주장한다. 거시적으로 보면 중국을 염두에 두면서 미국·우방국과는 동맹이나 소다자 안보협력체제 강화와 같은 집단안보를 추진하고, 아세안과는 일종의 협력안보를 추진하는 방식이라고 할 수 있다.

정보수집, 경계 감시, 그리고 수색구조 능력 향상, 기타 안보 과제에 대한 아세안의 대응능력 향상이 거론되었다. 이와 관련된 대표적인 협력사업은 국제법 세미나 및 함선 정비 연수, 일-아세안 승선 협력 프로그램, 일-아세안 통합 방재연습 연수 프로그램 등이었다.

일본과 아세안 회원국의 양자 간 해양 안보 협력이 활발해지다

아세안 회원국들에게 일본은 역외 국가들 가운데 가장 자연스럽고 가장 선호하며 가장 신뢰하는 해양 협력 파트너로 인식된다(Bradford 2022, 43-44). 일본은 경제 대국으로서 아세안을 지원할 여력을 갖추고 있고, 해상 보급로와 해양 안보 및 해상 안전에 많은 관심을 가지며, 무엇보다 1960년대 이래 남중국해 연안국들과 오랜 협력의 전통을 갖고 있다. 예를 들어, 일본 해상자위대

〈그림 6-1〉 일본 정부가 무상으로 공여한 중고선박(베트남해상경찰 순시선)

출처: 주베트남 일본대사관 홈페이지

는 이 지역의 해상법집행능력 구축에, 해상보안청은 해양 인프라 구축에 적지 않게 기여해 왔다.

일본의 해상법집행능력구축 지원은 정부개발원조(ODA), 자위대의 능력구축 지원 사업, 해상보안청의 해상보안능력향상 지원 등으로 구성된다. 일본의 해상법집행능력구축 지원은 민주당 내각 당시에 시작되었으나 자민당 아베 내각이 들어선 이후에는 FOIP구상의 일익을 담당하는 것으로 더욱 중시되게 되었다.

아세안 회원국들도 일본을 미국도 중국도 아닌 매력적인 '제3의 옵션'으로 인식하는 경향이 있었다(Bradford 2022, 45). 일본과의 군사·안보적 파트너십은 안보딜레마라든가 강대국 간 경쟁에서 한쪽 편을 선택함으로써 야

기될 수 있는 위험을 줄일 수 있기 때문이다. 물론, 아세안의 정책 결정자들은 미일동맹의 긴밀한 성격과 일본과의 파트너십이 아무런 부담이 없는 것은 아니나 미국이나 중국과 직접 관계하는 것에 비해 이점이 많은 것으로 인식했다.

또한, 일본과의 파트너십은 향후 미국이나 중국과의 협력관계에서 발생하는 정치적, 외교적 비용을 낮추는 정상화 기능도 제공해 줄 수 있었다. 예를 들면, 베트남은 먼저 다른 아세안 회원국과 안보협력을 실시하고, 이를 선례로 삼아 다음에는 일본, 그리고 또 다음에는 미국과 유사한 안보협력을 실시하곤 한다. 일본의 헬기항모인 이즈모(Izumo)가 베트남의 항구에 기항한 다음 미국의 항공모함이 뒤이어 기항하는 식이다.

일-아세안 간 안보협력은 주로 일본과 개별 아세안 회원국 간 양자주의 방식으로 이루어진다. 물론, 일본은 DOC 및 COC에 관련한 아세안 측의 주장을 적극적으로 지지하고 옹호하는 입장을 취해왔다. 하지만 이는 어디까지나 규범론에 그치는 경우가 많다. 안보협력의 실제적인 사례는 일-필리핀, 일-베트남 관계에서 두드러진다. 필리핀과 베트남이 남중국해 영유권 문제 당사국이라는 점은 주지하는 바와 같다. 이 두 국가는 아세안 회원국들 가운데 반중 성향이 상대적으로 강하다.

일-필리핀, 일-베트남 안보협력은 몇 가지 공통된 특징을 갖는다(Grønning 2018, 535-540). 첫째, 이들 간 안보협력은 '전략적 파트너십'이라는 외교적 상부구조 아래에서 추진되었다. 일-베트남은 2009년, 일-필리핀은 2011년 각각 전략적 파트너십을 수립했다. 각각의 전략적 파트너십 공동성명은 특히 해양 문제에 관한 정치적, 군사적 협력의 확대·강화를 언급했다. 2014년 일-베트남 간 「광범위한 전략적 파트너십 심화에 관한 공동성명」, 그리고 2015년 일-필리핀 간 「지역 및 이를 넘어선 평화, 안전 및 성장에 대한 공통의 이념과 목표의 촉진을 위해 강화된 전략적 파트너십에 관한 공동선언」에서도 양측은 안보협력을 위한 광범위한 포트폴리오를 제시했다.

두 번째 특징은 양자 간 전략적 대화의 정례화로서 이는 일련의 정책 대화를 보완한다. 2010년 일-베트남 양측은 정치, 외교, 군사, 안보 현안을 폭넓게 논의하기 위한 차관급 국방·외교 전략적 파트너십 협의체를 설치했다. 2011년 일-필리핀 양측도 차관급 전략적 협의체를 설치했다. 그에 더해 일-필리핀은 2012년 정기적인 국방장관 및 국방차관 정책대화체를 설치했다. 셋째, 안보적 현안을 다루는 장관급 이상의 비정기적인 대화·협의의 빈도도 한층 더 증가했다. 예를 들면, 2009년 일-베트남 간 전략적 파트너십 수립 이후 일본 총리, 외상, 방위상의 베트남 측 관계자와의 접촉은 비약적으로 증가했다. 이는 일-필리핀 관계도 거의 비슷하다.

넷째, 일본은 중국과의 영유권 분쟁에 관련된 베트남과 필리핀의 입장을 외교적으로 강력하게 지원한다. 공개적으로 이러한 외교적 지원은 해양에서의 강압적 행동에 대한 반대, 중국의 정책에 대한 비판, 남중국해 문제와 관련된 필리핀과 베트남의 국제법에 기반한 접근 방식에 대한 지지 등으로 구성된다. 2014년 아베 총리의 샹그릴라 대화 연설은 '해양에서의 법의 지배 3원칙'_①국가가 주장을 할 때는 법에 근거해야 한다, ②주장을 관철하고자 할 때 힘이나 위압을 이용해서는 안 된다, ③분쟁 해결에는 평화적 수습을 철저히 해야 한다_이란 규범을 제시하는 것이었지만 필리핀과 베트남에 대한 강력한 외교적 지지 표명이기도 했다. 당시 아베 총리는 중-아세안 간에 진정으로 효과적인 COC가 조속한 시일 내에 제정되어야 한다고 강조했다.

다섯째, ODA를 핵심 수단으로 한 일본의 해양 역량 구축 지원이다. 일본의 ODA 자금을 활용하여 필리핀 연안경비대의 교육, 훈련, 장비, 순시선 등을 제공하는 방식이다. 순시선 공여의 경우는 무상 증여는 물론 유상 차관 방식도 활용된다. 베트남에 대해서는 연안경비대는 물론 국방부, 해군, 공군에 대한 해양 안보 및 해상 안전 역량 구축 지원이 이뤄진다. 여기서 베트남을 필리핀과 같은 수준의 해양 역량 강화 지원 대상국으로 끌어올린 점이 눈에 띈다. 마지막으로 여섯째는 실질적인 방위·군사협력이 지속적으로 확대되고 있는 점이다. 여기에는 일본 해상자위대 구축함 및 잠수함의 필리핀 및 베트남 기항, 공동 군사훈련 참가, P-3C 해상초계기를 비롯한 양자 간 방위 장비 이전 합의, 군사정보보호협정 추진 등이 포함된다.

한편, 일본의 아세안 회원국에 대한 무기 이전_이른바 장비 이전_의 양상을 좀 더 자세하게 들여다보자.[12] 사실 일본은 평화헌법, '무기 수출 3원칙'_①공산국 국가, ②유엔 결의에 의해 무기 수출이 금지된 국가, ③국제분쟁 당사국 또는 그러한 우려가 있는 국가에 대한 무기 수출 금지_과 같은 상당히 엄격한 법·제도적, 규범적 제약으로 인해 무기 이전에 소극적인 자세를 취해왔다.

이러한 제약을 극복하기 위해 아베 내각은 2014년 4월 무기 수출 3원칙을 대체하는 '방위 장비 이전 3원칙'_①조약·국제 약속 위반, 유엔 결의 위반, 분쟁 당사국 등 이전 금지 사례의 명확화, ②평화 공헌·국제 협력 추진 및 일본의 안보에 부합하는 사례에 한정, ③목적 외 사용 및 제3국 이전 시 일본의 사전동의 의무화_을 제정했다. 몇 가지 단서 조항을 붙였으나 방위 장비를 보다 적극적으로 이전하겠다는 의사 표시였다.

이와 더불어 2015년 10월에는 방위성의 외국(外局)으로 방위장비청을 신설했다. 기술적 우위 확보, 국제 공동개발, 생산 참가, 조달 개혁, 방위산업 기반 유지·육성 등을 총괄하는 조직이었다. 이어 2017년 5월에는 자위대법을 개정하여 일본에 우호적인 개발도상국의 요청에 응하여 무기·탄약을 제외한 자위대 장비, 선박, 항공기 등을 무상으로 양도하거나 저가로 판매할 수 있도록 했다. 이러한 행보는 해당국과의 협력 및 네트워크 강화, 유사시 자위대의 전투 지속능력 확보, 수출을 통한 방위산업 활성화 등을 고려한 것이었다(Hughes 2018, 431-433).

이러한 방위 장비 이전을 위한 움직임은 아베 내각의 FOIP에 의거한 것이었다. 아베 총리는 2014년 5월 아시아안전보장회의_이른바 샹그릴라 대화_연설에서 ODA, 자위대의 능력 구축 지원, 방위 장비 이전 등을 조합하여

---

12 이하는 박세환·서승원(2022, 437-442)에 의한 바가 크다.

아세안 회원국들이 바다를 지킬 수 있는 능력을 향상시킬 수 있도록 적극적으로 지원하겠다고 밝혔다. 그리고 2016년의 FOIP 전략 세 개의 축에 '평화와 안정의 확보'_해상법 집행 능력 구축 지원, 인도 지원·재해구조 등_가 '법의 지배, 항행의 자유, 자유무역의 보급·정착' 및 '경제적 번영의 추구'와 함께 포함되었다. 여기서 방위 장비 이전은 해상법 집행 능력 구축 지원의 핵심 수단으로 규정되었다.

아베 내각이 상정한 해양 능력 구축 지원의 목적은 다음 세 가지였다. 첫째, 동남아시아 국가를 비롯한 주변국과의 관계를 더욱 강화하고 공동 훈련 및 공동 연습, 능력 구축 지원을 적극 추진한다. 둘째, 인재 육성 및 기술지원을 통해 개발도상국의 능력을 능동적으로 향상시킴으로써 지역의 안정과 안보 환경 개선을 꾀한다. 셋째, 해양 국가로서 개방되고 안정된 해양 질서를 유지하며 해상교통의 안전 확보에 만전을 기한다(武田 2020).

일본의 대아세안 장비 이전은 2000년대 중반부터 ODA를 전략적으로 활용하는 방식을 통해 추진되었다. 예를 들면, 2006년에는 '무기 수출 3원칙'의 예외화 조치를 거쳐 인도네시아 해양경찰에 대해 해상보안청 순시선 3척이 제공되었다(ODA 공여). 그 후에는 '장비 이전 3원칙'에 근거하여 필리핀, 베트남, 그리고 말레이시아에 대해 순차적으로 장비가 이전되었다. 대 필리핀 순시선 10척(ODA 차관), TC-90 해상훈련기 5기(임대 후 무상 양도), UH-1 헬기 부품(무상 공여), 방공레이더 4기(수출), 대형 순시선 2척(ODA 차관) 이전, 대 베트남 순시선 13척(중고 7척 무상 ODA, 신규 건조 6척 ODA 차관) 이전, 그리고 대 말레이시아 순시선 2척(ODA)이 대표적인 사례였다.

이상을 보면 알 수 있는 듯이 일본의 장비 이전은 순시선 공여의 비중이 압도적으로 크다. 순시선은 해상수송 안전 확보, 해적 대책, 수색·구조, 해상법 집행 등에 불가결한 자산이다. 특히, 남중국해 영유권 문제의 대부분은 중국해군과 아세안 회원국 해군 사이의 접촉보다는 이러한 해상법 집행 기관 사이의 갈등과 대립이다. 예를 들면 중국 해경국 선박과 아세안 회원국 어업국 또는 조사선 사이의 충돌 등이 그것이다. 게다가 군함 대 군함의 충돌은 자칫하면 국제분쟁으로 비화할 우려도 있다. 그에 더하여 일본의 항공감시 레이더 이전은 남중국해 상의 중국 군용기 접근을 경계하거나 감시하는 등 방공 능력 강화에도 유용하다.

그렇다면 파트너십의 관점에서 보면 일본과 일부 아세안 회원국 간 장비 이전 관계는 어떠한 성격을 갖고 있을까? 박세환·서승원(2022)은 다음 세 가지를 지적한다. 첫째, 갈수록 활발해지는 장비 이전은 중국의 공세적 해양 진출이라는 위협 인식의 공유를 기반으로 한다. 일본은 센카쿠열도_중국명 댜오위다오_ 및 동중국해, 아세안 회원국들은 남중국해에서 물리적 압박에 직면해 왔다. 이에 대응하기 위해 일본이 먼저 해양 능력 구축 지원을 제안하고 아세안 회원국이 그에 전향적으로 대응하는 관계가 성립되었다.

둘째, 앞서 언급한 것처럼 일본의 장비 이전은 주로 ODA의 전략적 활용이란 문맥에서 이루어졌다. 실제로 아베 내각은 2015년 2월 ODA대강을 개정하여 ODA를 군사·안보 정책을 위한 수단으로 활용할 수 있도록 했다. 기존의 방침을 변경하여 비군사적 목적_함포, 미사일 등 살상무기 제외_에 한해서는 타국군에게 ODA를 공여할 수 있도록 한 것이다. ODA대강 개정은 방위 장비 이전 3원칙 및 집단적자위권 행사 허용(2014년 7월)과 더불어 아베 내각이 천명한 적극적 평화주의의 3개 화살로 일컬어졌다. 참고로, 아오이(青# 2020, 71-77)는 ODA의 전략적 활용이란 아이디어가 아세안 측의 거듭된 요청을 반영한 것이라고 지적한다. 인도네시아, 필리핀, 베트남 정상들이 일본 총리와의 회담 등을 통해 ODA를 활용하여 방위 장비를 이전해달라는 요청을 해왔다는 것이다.

셋째, 일본의 방위 장비 이전은 필리핀, 베트남 등과의 양자 간 전략적 파트너십의 틀에서 이루어졌다. 그리고 이는 미국의 인도·태평양전략과 긴밀하게 연동되면서 진행되고 있는 것으로 보인다. 미국과 일본이 남중국해 분쟁 당사국들의 역량을 강화하고 이들과 군사·안보적 제휴를 강화하는 데 나름대로 역할을 분담하는 방식을 말한다. 다만, 일본의 장비 이전은 아직까지 해상법 집행 능력 구축 지원 차원에 머무르고 있다. 아세안의 남중국해 영유권 문제 당사국의 해군력 증강과는 거리가 있으며, 남중국해에서의 국가 간 군사적 세력균형에 미치는 영향도 미미하다.

4. 경제적 파트너십의 진화, 그리고 후견-피후견 관계

일본, 아세안에서의 경제적 우위를 점차 상실하다: 무역, 투자, 그리고 ODA

일-아세안 간 파트너십의 근간은 경제교류·협력이다. 이는 한-아세안, 중-아세안 파트너십과 유사하다. 시기별 주요 현안을 정리해 보면 1977년 후쿠다 독트린을 통해 일본은 아세안 공업프로젝트 및 기반 정비 등을 위한 ODA 공여 확대를 천명했다. 양측 간 역내 분업 체제를 구축하기 위한 시도이기도 했다. 1997년 파트너십은 동남아시아 외환위기 극복을 위한 일본의 경제·금융 지원 및 ODA 확대, 무역의 균형 잡힌 발전, 아세안 내 경제 격차 시정 및 아세안 신규 회원국 통합 촉진, 아세안 내부의 경제적 연계 강화 등을 천명했다.

2003년 전략적 파트너십 선언은 지역주의의 본격화를 알리는 일-아세안 포괄적 경제연계(AJCEP)협정 논의의 본격화, 금융·재정 협력 강화, 일본 ODA 공여에서 아세안 우선순위 유지, 아세안통합이니셔티브(IAI) 지원, 메콩 지역 및 동아시아 성장지대 등 소지역 개발 지원 등을 담았다. 이 선언은 또한 아세안+3를 지역 경제통합의 중요 경로로 설정하고 동아시아 커뮤니티 구축을 천명했다. 이어 2005년 전략적 파트너십 심화·확대 공동성명은 다양한 소지역 개발 등을 비롯한 아세안경제공동체 구축 노력에 대한 일본의 지지와 재정지원, AJCEP 협상 가속화를 언급했다.

2011년 전략적 파트너십 강화 공동선언은 2015년까지 아세안공동체 구축을 실현하겠다는 아세안에 대한 일본의 지원 약속 확인, 일본의 아세안 연결성마스터플랜 지원, 아세안연결성 플러스에 대한 검토, 2008년 발효된 AJCEP 원활화, 치앙마이·이니셔티브·다자화(CMIM) 등을 포함한 금융협력 강화, 일-아세안 전략적 경제협력 로드맵 완성 등을 언급했다. 2013년 특별정상회의 공동성명 및 비전성명은 AJCEP 투자 및 서비스 협상 합의 환영, RCEP 추진, 일-아세안 전략적 경제협력 로드맵 실시, 아세안연결성 및 보다 광역의 연결성 강화, 항행 및 상공 비행의 자유와 안전 확보 등이 거론되었다.

가장 최근의 2023년 포괄적 전략적 파트너십 의장성명은 AOIP 4대 우선 분야의 실질적 협력 강화, RCEP 및 AJCEP의 적극적 이행, 디지털 경제 및 연결성 강화, 일-아세안 경제 파트너십 2023~2033 행동 계획 승인, 일-아세안 경제 공동창출 비전, 아세안+3 지역금융안전망 논의, 아세안 연결성 및 일-아세안 연결성 협력 강화, 수준/질 높은 인프라 투자, 아세안 개발 격차 시정 및 IAI에 대한 일본의 추가 지원, COVID-19 영향 완화를 위한 일본의 긴급금융지원 대출_33.4억 달러_ 등이 거론되었다.

장기적인 추이를 보면 우선 양측 간 경제적 파트너십이 시대적 상황이나 주요 현안에 대응하면서 발전과 진화를 거듭해 온 점을 확인할 수 있다. 아세안 공업화, 동아시아 외환위기, 지역주의 부상, 아세안공동체 구축, 중국의 경제적 부상, 그리고 미중 전략 경쟁에의 대응 등이었다. 둘째, 일본과 아세안 사이의 전통적인 경제적 후견-피후견 관계는 여전히 지속되고 있음도 알 수 있다. 여러 현안에 대한 일본의 정책적 처방에 있어서 ODA는 여전히 핵심적인 수단으로 활용되고 있었다. 셋째, 파트너십 공동선언·성명의 경제적 안건은 표면적으로 보면 아세안 측의 입장·주장을 일본 측이 지지·지원하는 내용이 대부분이었다. 일본의 아세안 중시 자세가 나타나는 것이기도 하지만 그 이상으로 양측 사이에 구축된 뿌리 깊고 긴밀한 대화·협의 시스템의 결과로 보는 것이 타당할 것으로 생각된다.

그렇다고 해서 양측 간의 의견, 가치·규범, 정책 기조 등이 늘 일치하는 것만은 아니었다. 먼저, 아세안의 대외경제 관계에서 일본이 차지하는 위상의 상대적 저하가 두드러지기 시작했다. 이는 일본 경제의 장기 침체, 일본 이외의 동북아시아 및 동남아시아 국가들의 경제성장, 그리고 무엇보다 중국경제의 가파른 부상과 중국-동남아시아 간 경제교류·협력 확대에 기인한 것이다. 동아시아 경제의 구조변화라고 할 수 있다.

통계자료도 일본 경제의 위상 저하를 반영한다(JETRO 2023). 예를 들어, 아세안사무국 통계데이터_ASEAN Stats_에 따르면 2022년 아세안 전체의 수출액은 1조 9,624억 달러, 수입액은 1조 8,845억 달러로 무역총액은 3조 8,470억 달러였다. 아세안의 수출상대국·지역은 아세안 역내 4,497억 달러(22.9%), 미국 2,909억 달러(14.8%), 중국 2,907억 달러(14.8%), EU 1,749억 달러(9.0%), 그리고 일본 1,331억 달러(6.8%) 순이었다. 수입 상대국·지역은 중국 4,314억 달러(22.9%), 아세안 역내 4,068억 달러(21.6%), 한국 1,419억 달러(7.5%), 그리고 일본 1,353억 달러(7.2%) 순이었다.

〈표 6-4〉 2022년 아세안의 주요국·지역별 수출 및 수입   (단위: 100만 달러, %)

국가·지역	금액	구성비	국가·지역	금액	구성비
아세안	449,734	22.9	중국	431,497	22.9
싱가포르	89,742	4.6	아세안	406,844	21.6
말레이시아	89,739	4.6	말레이시아	106,278	5.6
미국	290,964	14.8	싱가포르	80,374	4.3
중국	290,715	14.8	태국	72,079	3.8
EU27	176,463	9.0	한국	141,941	7.5
일본	133,168	6.8	일본	135,319	7.2
홍콩	114,664	5.8	미국	129,483	6.9
한국	80,857	4.1	대만	129,170	6.9
인도	70,614	3.6	EU27	118,775	6.3
합계(기타 포함)	1,719,736	100.0	합계(기타 포함)	1,884,570	100.0

출처: ASEAN Stats

수출입을 합한 무역총액으로는 아세안 역내(22.3%), 중국(18.8%), 미국(10.9%), EU(7.7%), 일본(7.0%), 한국(5.8%) 순이었다. 여기서 일본은 아세안의 대화 파트너로는 네 번째, 국가 단위로는 세 번째 무역 상대국이었다. 참고로, 약 20년 전인 2003년 아세안의 수입 총액에서 차지하는 일본의 비중은 14.9%, 아세안의 수출 총액에서 차지하는 일본의 비중은 11.9%였다. 아세안의 대외무역에서 차지하는 일본의 비중 저하가 역력하다.

자유무역협정(FTA)은 무역 증가와 긴밀하게 연동된다. 2023년 말까지 아세안이 체결한 FTA는 아세안물품무역협정(ATIGA, 1993년 1월), 중-아세안 FTA(ACFTA, 2005년 7월), 한-아세안 FTA(AKFTA, 2007년 6월), 일-아세안 포괄적경제연계협정(AJCEP, 2008년 12월), 호주-아세안-뉴질랜드 FTA(AANZFTA, 2010년 1월), 인도-아세안 FTA(AIFTA, 2010년 1월), 홍콩-아세안 FTA(AHKFTA, 2019년 6월), 역내포괄적경제동반자협정(RCEP, 2022년 1월)이었다. 2024년 1월 현재 캐나다-아세안 FTA가 교섭 중이다. AJCEP는 ACFTA, AKFTA보다 뒤처졌다. 한중 양국에 비해 소극적인 일본의 FTA 전략을 보여준다.

2022년 세계의 대아세안 직접 투자액은 2,242억 달러에 달했다. 산업별로는 금융·보험업(28.1%), 제조업(27.5%), 도소매업(14.9%), 운수·창고업(10.0%), 정보통신산업(4.8%), 부동산업(4.5%), 과학·기술서비스업(2.9%)이었다. 직접투자 도입국별로 보면 싱가포르 1,411억 달러(63%), 인도네시아 219억 달러(9.8%), 베트남 179억 달러(8.0%), 말레이시아 170억 달러(7.6%), 태국 99억 달러(4.4%), 필리핀 92억 달러(4.1%), 캄보디아 35억 달러(1.6%), 미얀마 29억 달러(11.3%), 라오스 6억 달러(0.3%), 브루나이 -2억 달러(-0.1%)였다. 주요 직접 투자국·지역은 미국(16.3%), 아세안 역내(12.3%), 일본(11.9%), EU(10.7%), 중국(6.9%), 홍콩(5.9%), 한국(5.7%), 영국(4.4%), 대만(3.1%) 순이었다. 일본은 아세안 역내를 제외하면 제2위 직접 투자국으로 그 규모는 267억 달러였다.

직접투자는 동아시아의 경제성장과 불가분의 관계를 갖는다. 특히 1980년대 중반 이후 일본과 동아시아신흥공업경제(NIEs: 한국, 대만, 홍콩, 싱가포르)에 의한 직접투자의 역할이 지대했다. 일본의 엔고를 배경으로 일본 기업의 NIEs에 대한 투자가 급증한 점, 1980년대 후반 일본 및 NIEs 기업의 투자가 아세안_인도네시아, 말레이시아, 태국_으로 이동한 점, 1990년대 초반 이들의 투자 대상국이 중국으로 확대된 점을 말한다. 그리고 이러한 직접투자 확대의 핵심 주체는 일본이었다. 1991년도 일본의 직접투자는 NIEs가 도입한 전체 직접투자의 28.6%, 아세안이 도입한 전체 직접투자의 20.0%를 차지했다. 이러한 일본의 직접투자는 글로벌가치사슬(GVC)의 원형인 일본 중심의 생산네트워크(production networks)를 형성하기도 했다.

참고로, 일본을 허브로 하는 생산네트워크를 대표하는 것이 자동차산업이었다. 자동차산업은 기술집약적인 산업으로 산업연관효과가 크고 국민소득 증가에 따라 수요도 지속적으로 늘어난다. 아세안의 자동차산업은 태국이 선도하고 인도네시아가 뒤따르는 구조를 갖는다. 그리고 싱가포르, 말레이시아, 필리핀도 부품을 수출한다. 여기서 말하는 자동차는 대부분이 도요타, 닛산, 혼다, 다이하쓰 등과 같은 일본 브랜드 또는 일본 기업과의 합작투자에 의한 것을 말하며 승용차, 상용차, 이륜차를 포함한다. 이들은 주로 일본 등에서 부품을 수입하여 완성차로 조립한 다음 주로 아세안 역내에 수출한다. 2018년 자동차 수출입 현황을 보면 태국은 수출 304억 달러, 수입 102억 달러, 인도네시아는 수출 75억 달러, 수입 80억 달러, 싱가포르는 수출 37억 달러, 수입 54억 달러, 말레이시아는 수출 19억 달러, 수입 63억 달러, 필리핀은 수출 11억 달러, 수입 86억 달러였다(박번순 2020, 174 재인용).

실제로 아세안의 자동차산업은 일본 기업의 독무대라고 해도 과언이 아니다. 2018년 태국의 완성차 내수 판매 대수는 도요타 314,498대, 이스즈 177,864대, 혼다 128,290대, 미쓰비시 84,560대, 닛산 72,394대였다. 같은 해 인도네시아의 경우는 도요타가 전체 내수 판매의 30.6%, 다이하쓰 17.6%, 혼다 4.1%, 스즈키 10.3%로 이들 5개 업체가 전체의 85%를 차지했다. 아세안 주요 도시를 가보면 금방 알 수 있는데 눈에 띄는 승용차의 80% 이상은 일본 브랜드이다.

1980년대 후반의 상표간보완제도(BBC)_특정 기업이 자동차 부품을 한 아세안 회원국에서 생산하여 다른 아세안 회원국에 수출할 때 관세를 50% 감면해주는 방식_ 및 아세안공업협력제도(AICO)_AICO로 승인받은 제품은 아세안 역내 수출 시 0~5%로 관세율을 우대_ 등과 같은 제도적 장치가 아세안 역내 생산네트워크 확장에 중요한 뒷받침이 되었다. BBC나 AICO는 아세안 내 자동차산업 네트워크 확장, 그리고 자동차 생산 활동에 저개발국도 참여할 수 있게 했다(박번순 2020, 181-184).

아래 <표 6-5>는 2019년 및 2020년 아세안에 대한 해외직접투자(FDI) 상위 10개국이다. 2020년의 총투자액(약 1,035억 달러)이 2019년(약 1,295억 달러)에 비해 감소한 것은 COVID-19 여파에 의한 것으로 보인다. 대표적인 특징을 보면 첫째 대아세안 직접투자는 무역과는 달리 중국의 존재감이 그다지 크지 않았다. 중국의 직접투자가 아직은 초기 단계에 있음을 보여주었다. 다만, 캄보디아 및 라오스에서는 중국의 직접투자가 가장 많았다. 둘째, 전 세계의 대아세안 직접투자 가운데 싱가포르와 인도네시아로의 유입이 막대한 비중을 차지했다. 싱가포르는 아세안 진출을 위한 창구 역할, 인도네시아는 풍부한 지하자원, 아세안의 최대 시장, 그리고 크나큰 성장잠재력이 높게 평가되었다.

셋째, 대아세안 직접투자를 견인하는 국가는 미국, 싱가포르, 일본, 그리고 홍콩 등이었다. 싱가포르의 경우는 자국 기업의 아세안 역내 직접투자는 물론 자국에 진출한 제3국 기업_글로벌 기업 등_이 다시 아세안 주변 지역에 투자하는 패턴이 눈에 띄었다. 넷째, 일본은 21세기 초까지만 하더라도 대아세안 최대 투자국이었으나 타국의 직접투자가 증가하면서 그 지위도 상대적으로 낮아졌다. 하지만 일본은 한중일 3국 가운데에서는 여전히 아세안에 가장 많은 투자를 하고 있었다. 2011~2020년 한중일 3국의 대아세안 투자액 총액은 일본(약 1,634.1억 달러), 중국(약 920.4억 달러), 한국(500.0억 달러) 순이었다.

〈표 6-5〉 2019년 및 2020년 대 아세안 해외직접투자(FDI) 상위 10개국 (단위: 십억 달러)

국가/지역	2019년	국가/지역	2020년
미국	34.6	미국	34.7
일본	23.9	싱가포르	14.0
싱가포르	15.7	홍콩(중국)	12.0
홍콩(중국)	12.9	일본	8.5
캐나다	10.1	중국	7.6
중국	9.0	한국	6.8
영국	7.9	태국	5.5
한국	7.5	캐나다	5.2
스위스	4.2	스위스	4.6
태국	3.8	네덜란드	4.6
상위 10개국/지역	129.5	상위 10개국/지역	103.5

출처: ASEAN Stats를 참조하여 작성[13]

〈표 6-6〉 한중일 3국의 대 아세안 해외직접투자(FDI) 현황 (2011~2020년) (단위: 백만 달러)

투자국	중국	일본	한국
2011년	7,194.31	7,797.57	1,774.27
2012년	7,975.22	14,852.79	1,278.51
2013년	6,165.21	24,608.62	4,302.70
2014년	6,811.74	13,436.07	5,257.24
2015년	6,571.77	12,962.33	5,608.82
2016년	10,502.68	15,047.60	6,586.42
2017년	17,511.04	15,625.37	5,649.27
2018년	12,751.70	26,724.64	5,169.42
2019년	8,827.74	23,837.89	7,527.30
2020년	7,732.62	8,520.20	6,849.50

출처: ASEAN Stats를 참조하여 작성

글로벌가치사슬(GVC)의 관점에서 본 일본-아세안 무역·투자 관계도 상황이 유사했다. 글로벌가치사슬이란 재화·서비스의 생산과정이 여러 개의 프로세스로 나뉘어 복수의 국가에 걸쳐 분담된 상태를 말한다. 동아시아 GVC의 형성은 앞서 언급한 1980년대 중반 이후 일본의 직접투자가 크나큰 역할을 했다. 그동안 일본 기업이 비교우위를 가졌던 가공조립형 산업의 가격경쟁력이 저하되자 생산비용이 낮은 주변 지역으로 생산 거점을 옮기고, 거기서 생산된 재화·서비스를 북미나 유럽 시장에 수출하거나 일본에 역수입하는 방식을 취했던 셈이다. 일본으로의 역수입 증가로 산업공동화

---

13 https://data.aseanstats.org

의 우려도 있었으나 이는 일본 기업이 현지에 설립한 법인에 중간재를 공급함으로써 수출 증가의 효과도 누릴 수 있었다.

하지만 최근 GVC에 있어서 일본의 지위도 저하되기 시작했다. 일본의 수출에 있어서 외국, 특히 중국 등 신흥국에서 생산된 부가가치의 비중이 더욱 많은 비중을 차지하기에 이르렀기 때문이다(齋藤 2022). 아시아 현지의 일본법인이 일본으로부터 중간재를 조달하는 비율이 갈수록 저하되고 있다는 의미다.[14] 게다가, 일본의 부가가치 창조의 허브로서의 존재감도 저하되면서 일-아세안 간 상호의존관계의 약화도 관찰되고 있다. 이는 일본 내 소자화·고령화 등에 의한 생산성 향상의 둔화, 일본 기업의 해외 진출에 따른 국내 산업공동화를 메울 수 있는 신산업 육성의 지연, 일본 서비스 산업의 내향적인 성격과 낮은 국제적 존재감 등에 의한 것으로 여겨진다(孟·程 307).

그렇다면, 일본의 대아세안 외교, 그리고 경제협력의 전통적이고 강력한 정책 수단인 정부개발원조(ODA)는 어떤 상황일까? 일본외무성 국제협력국이 발행한 〈정부개발원조(ODA) 국가별 데이터집 2022〉의 내용을 소개하면 다음과 같다(이하, 각종 수치는 2022년 11월 시점 기준). 일본의 동아시아_동북아시아 및 동남아시아_에 대한 ODA 지출 총액은 1,842.7억 달러에 달했다. 이 가운데 무상자금협력은 196.2억 달러, 기술협력은 261.4억 달러, 그리고 유상 차관은 1,385.0억 달러였다. 앞의 무상자금협력과 기술협력은 상환이 필요 없는 증여이다.

2020년 동아시아에 대한 OECD 개발협력위원회(DAC)의 ODA 실적은 1위 일본(51.7억 달러), 2위 독일(22.5억 달러), 3위 프랑스(11.4억 달러), 4위 미국(10.0억 달러), 5위 한국(6.5억 달러) 순이었다. 아래 표는 아세안 회원국에 대한 주요 ODA 공여국, 일본의 대아세안 회원국별 ODA 공여액(누계)이다. 중진국 말레이시아를 제외하면 일본은 모든 아세안 회원국들에게 제1위 OD

---

14 다만, 이로 인해 직접투자에 의한 수익이 증가하고 있는 점은 해석상에 주의가 필요하다.

A 공여국 지위를 유지하고 있다.

〈표 6-7〉 아세안 회원국에 대한 주요 ODA 공여국 (2020년) (단위: 백만 달러)

공여국 수원국	1위	2위	3위	4위	5위
인도네시아	일본 1,369.77	독일 997.15	프랑스 326.40	호주 183.54	미국 167.87
캄보디아	일본 271.23	미국 114.35	한국 101.43	프랑스 100.35	호주 39.05
태국	일본 220.55	미국 44.62	독일 35.38	영국 14.82	프랑스 9.08
동티모르*	호주 83.46	미국 37.73	일본 19.17	포르투갈 14.59	뉴질랜드 13.80
필리핀	일본 1,151.14	프랑스 291.94	한국 157.07	미국 153.38	호주 47.40
베트남	일본 620.42	독일 210.93	프랑스 146.07	미국 137.48	한국 137.25
말레이시아	독일 14.62	영국 13.30	일본 9.84	미국 9.54	프랑스 5.01
미얀마	일본 1,093.52	미국 177.07	영국 132.67	한국 109.25	독일 74.93
라오스	일본 89.37	미국 63.37	한국 41.55	독일 28.24	룩셈부르크 22.26

출처: 外務省国際協力局(編)『政府開発援助(ODA)国別データ集2022』pp.4-22
주: *동티모르는 아세안 후보국으로 정회원국은 아님. 브루나이와 싱가포르는 고소득국으로 대상 외.

〈표 6-8〉 일본의 대 아세안 회원국별 ODA 공여액 누계 (2022년 11월 기준) (단위: 억 엔)

	엔 차관	무상자금협력	기술협력
인도네시아	53,235.78	2,939.47	3,764.16
캄보디아	2,336.46	2,362.74	987.65
태국	23,789.02	1,729.01	2,415.73
동티모르	52.78	382.97	170.01
필리핀	36,258.56	3,113.08	2,717.77
베트남	27,841.83	1,667.89	1,783.86
말레이시아	9,238.10	153.08	1,210.51
미얀마	12,784.72	3,605.45	1,133.70
라오스	484.36	1,735.85	848.72

출처: 앞과 같음

일본은 아베 내각 시기 인프라 이니셔티브 등을 통해 ODA 공여 규모를 대폭 확대했다. 하지만 일본 등의 ODA로 아세안의 모든 인프라 투자 수요를 감당하는 것은 불가능하다. 바로 이 부분에서 일대일로 구상을 기치로 한 중국의 정부자금 협력이 중요해진다. 허원영(2022)의 일부를 소개해 두기로 하자.

중국의 정부자금은 정부개발원조(ODA)와 기타 공적자금(Other Official Flow, OOF)로 구성되는데 후자의 비중이 압도적으로 높다. 2000~2017년 중국의 ODA를 도입한 상위 25개국 가운데 아세안 회원국은 4개국_인도네시아(4위, 44.2억 달러), 미얀마(10위, 27.2억 달러), 캄보디아(14위, 22억 달러), 베트남(20위, 13.7억 달러)_이 포함되었다. 중국의 OOF를 도입한 아세안 회원국은 6개국_인도네시아(6위, 299.6억 달러), 베트남(8위, 163.5억 달러), 라오스(10위, 123.6억 달러), 말레이시아(13위, 96.7억 달러), 캄보디아(77.6억 달러), 미얀마(66.3억 달러)_이 포함되었다.

중국의 자금공급 능력이 압도적인 것을 확인할 수 있다. 예를 들어 2017년도 전 세계 개발도상국에 대한 정부자금 공급 총액이 약 2,925억 달러였는데 중국은 약 1,840억 달러로 전체의 약 3분의 2를 차지했다. 일본의 정부자금 총액은 약 337억 달러, 한국은 약 109억 달러였다. 대아세안 정부자금 공급은 전 세계가 244억 달러, 일본이 106억 달러, 한국이 17억 달러, 중국이 166억 달러였다. 아세안 주요국들에게 일본 이상으로 중국이 자금 협력의 핵심 파트너로 등장한 셈이다. 물론, 아세안 주요국들에게 일본의 ODA와 중국의 정부자금은 상호 배타적인 것은 아니다.

〈표 6-9〉 중국 ODA/OOF 도입 상위 25개국 (2000~2017) (단위: 십억 달러)

	공적개발원조(ODA)			기타 정부자금(OOF)	
1	이라크	8.15	1	러시아	125.38
2	북한	7.17	2	베네수엘라	85.54
3	에티오피아	6.57	3	앙골라	40.65
4	인도네시아	4.42	4	브라질	39.08
5	콩고	4.24	5	카자흐스탄	39.01
6	파키스탄	4.18	6	인도네시아	29.96
7	스리랑카	4.17	7	파키스탄	27.84
8	쿠바	3.35	8	베트남	16.35
9	방글라데시	2.95	9	에콰도르	15.92
10	미얀마	2.72	10	라오스	12.36
11	수단	2.57	11	페루	10.51
12	우즈베키스탄	2.24	12	이란	10.42
13	가나	2.22	13	말레이시아	9.67
14	캄보디아	2.20	14	에티오피아	8.90
15	잠비아	2.10	15	아르헨티나	8.55

16	케냐	2.03	16	투르크메니스탄	8.52
17	북한	1.71	17	수단	7.85
18	카메룬	1.46	18	캄보디아	7.76
19	모잠비크	1.40	19	스리랑카	7.69
20	베트남	1.37	20	케냐	7.02
21	세네갈	1.27	21	방글라데시	6.88
22	네팔	1.08	22	나이지리아	6.82
23	말리	1.06	23	벨라루시	6.73
24	에쿠아도르	1.05	24	인도	6.65
25	코트디브아르	0.92	25	미얀마	6.63

지역주의를 담아낼 틀은 무엇인가? 아세안+3, EAS, TPP, RCEP

지역 경제통합에 대한 양측 간 파트너십은 지역의 범위_어떤 국가를 참여시켜야 하는가_를 둘러싸고 다소 차이를 보였다. 시기별 추이를 들여다보자. 우선, 1990년대 후반 동아시아 외환위기는 일-아세안 간 경제적 파트너십 발전에 결정적인 분기점이 되었다. 일본은 패전 이후 처음으로 자신을 동아시아의 일원으로 규정하면서 미야자와 구상 및 아시아통화기금(Asia Monetary Fund, AMF) 창설을 제안하였으며 이후 아세안+3으로 이어지는 일-아세안 정상회의 개최를 추진했다. 한편, 아세안 측은 아세안 자신이나 APEC이 외환위기에 적절하게 대응할 수 없다고 판단하고 아세안+3를 그 해법으로 제시했다. 아세안이 주도권을 유지하면서 동북아시아 국가들을 적극적으로 관여시켜 동아시아가 중심이 된 새로운 지역주의를 형성하고자 한 것이다.

동아시아 지역주의가 본격적으로 시동하는 가운데 일-아세안 양측은 새로운 상황에도 대응해야 했다. 중국의 경제적 부상이었다. 21세기 초 중국의 WTO 가입과 ACFTA 체결을 통해 중-아세안 교역이 급속히 확대되었다. 아세안 측은 중국과의 협력을 통해 경제적 이익을 확보함과 동시에 대중 균형 내지는 헤징으로 안보적 이익을 확보해야 하는 복잡한 딜레마에 봉착했다. 일본은 자신의 안마당으로 여겨왔던 아세안에서 자신의 영향력이 급속히 저하되는 상황에 직면했다. 이 지점에서 일-아세안 양측은 전략적 관점을 공유하게 된다. 게다가 2010년대에 들어서자 미중 전략 경쟁도 본격화하기 시작했다. 양측이 전략적 파트너십, 포괄적 전략적 파트너십을 수립하게 된 구조적 환경이었다.

다만, 양측 사이에는 지역주의라는 새 술을 어떤 부대에 담아야 할지에 대해 뚜렷한 합의는 존재하지 않았다. 수도(Sudo Sueo 2015, 183-190)는 동아시아정상회의(EAS) 설립 과정을 다음처럼 설명한다. 아세안+3라는 틀이 널리 사용되기 시작한 것은 1999년 3월 아세안+3 재무장관회의 이후였다. 그리고 동아시아 지역주의의 추진력은 2000년 11월 아세안+3 정상회의(싱가포르)에서 고조되기 시작했다. 아세안 측이 동아시아정상회의(EAS)와 동아시아자유무역투자지대(East Asia Free Trade and Investment Area)를 제안했기 때문이다.

한국 김대중 대통령이 제안한 동아시아연구그룹(EASG) 설치도 이때 결정되었다. 이 자리에서 싱가포르 고촉통(Goh Chok Tong) 총리는 아세안+3 정상회의가 동아시아정상회의로 발전해 나갈 수 있을 것이라고 언급했다. 이어 2001년 아세안+3 정상회의(브루나이)에서는 동아시아비전그룹(EAVG) 보고서가 제출되었다. 동아시아자유무역협정(East Asia Free Trade Agreement, EAFTA) 및 EAS 창설을 포함하는 내용이었다.

그에 더하여 2002년 아세안+3(프놈펜) 정상회의는 경제, 사회적 이슈에 국한되지 않고 테러와의 전쟁, 초국가적 범죄 등과 같은 정치·안보적 이슈까지 의제에 포함시켰다. 여기서 정상들은 아세안+3 정상회의를 EAS로 단계적으로 발전시키자는 의지를 표명했다. 이때 한중일 3국은 아세안의 이니셔티브를 지원하기 위한 각각의 이니셔티브_한국의 EASG 및 EAVG, 중국의 중-아세안 경제협력 기본 틀에 관한 협정, 일본의 동아시아개발이니셔티브(Initiative for Development in East Asia, IDEA)_를 발표했다.

이어 2003년 10월 아세안+3 정상회의(발리)는 중요한 분기점이 되었다. 우선 아세안 정상들은 '발리 협약 Ⅱ'_2020년까지 아세안공동체 구축_에 합의했다. 그리고 아세안+3 정상들은 아세안사무국 내에 아세안+3 부서를 설치하기로 합의했다. 2004년 7월 아세안+3 외교장관회의는 동아시아공동체 구축에 관해 밀도 있는 논의를 진행했다. 같은 해 11월 아세안+3 정상회의는 2005년에 제1차 EAS를 개최하기로 결정했다. 아세안+3 정상회의 공동성명은 다음과 같았다: "우리는 동아시아공동체 구축이 장기적인 목표라는 점에 동의했다. 우리는 동아시아공동체 구축을 위한 주요 수단으로써 아세안+3 프로세스의 역할을 재확인했다. 한국, 중국, 일본은 동아시아 협력의 주요 원동력으로서 아세안의 역할에 대한 지지를 재차 확인했다."(Sudo 2015, 186 재인용).

다만, 2004년의 아세안+3 정상회의 결정은 불명확한 부분이 적지 않았다. 첫째, 아세안과 중국, 그리고 일본 가운데 누가 EAS를 주도할지 불분명했다. 중국은 금융 협력에서는 아직 한계가 있었으며, 중일 간 과거사를 둘러싼 대립이 문제를 복잡하게 만들고 있었다. 둘째, 동아시아 지역주의에서 EAS가 수행해야 할 역할이 무엇인지도 불명확했다. 즉, 아세안+3와 EAS의 역할이 구분되어야 했다. 셋째, 비록 아세안은 아세안이 중심적인 역할을 해야 한다고 주장하고 있었으나 어느 국가가 EAS에 참가할 수 있는지도 불분명했다.

이 가운데 가장 큰 쟁점은 세 번째였다. 중국, 말레이시아 등은 아세안+3 구성원에 국한해야 한다고 주장했다. 이에 반해 일본, 인도네시아, 싱가포르 등은 아세안+3의 틀을 넘어 호주, 뉴질랜드, 인도까지 참여시켜야 한다고 맞섰다. 특히, 인도네시아는 아세안+3 정상회의와 EAS가 중복되는 문제 외에 아세안공동체 구축을 위한 움직임이 약화될 수 있다는 이유로 EAS의 조기 개최를 원하지 않았다. 열띤 논의를 거쳐 2005년 4월 비공식 아세안+3 외교장관회의는 아세안+3 구성원이 아닌 국가들의 참여도 허용하기로 합의했다. 같은 해 7월 아세안이 EAS 가입의 조건으로 제시한 것은 다음 세 가지였다: ①아세안의 완전 대화 상대국일 것, ②동아시아 경제에

상당한 관여를 할 것, ③TAC에 서명할 것.[15]

이 과정을 거쳐 결국 2005년 12월 제1차 EAS(쿠알라룸푸르)가 개최되었다. 이때 발표된 쿠알라룸푸르 선언은 EAS가 동아시아의 평화, 안정, 경제적 번영을 촉진하는 것을 목적으로 광범위한 전략적, 정치적, 경제적 문제에 관해 대화를 나누는 포럼이 될 것이라는 점을 보여주었다. 다만 앞서 언급한 쟁점은 충분히 해소되지 않았다. 게다가 아세안+3+3 이외에 미국과 러시아의 참여 문제를 어떻게 할 것인가는 또 다른 논란을 야기했다. 말레이시아, 필리핀, 태국, 미얀마, 라오스는 참가국 제한을, 인도네시아, 싱가포르, 베트남은 참가국 확대를 주장했다. 참가국 숫자를 둘러싼 중국과 일본의 의견 충돌도 두드러졌다. 중국은 역외 국가들의 참여에 부정적이었으나, 일본은 역외국을 참여시킴으로써 대중 균형을 추구하려 했다.

EAS에 대한 고이즈미 내각의 대응이 중국을 의식한 것이었음은 분명했다. 동아시아에서 중국의 경제적, 정치적 영향력이 급속히 신장하고 일본의 경제적 존재감이 눈에 띄게 줄어드는 가운데 고이즈미 내각은 새로운 전략이 필요했다. 새 전략은 아세안의 모든 회원국과의 포괄적 경제적 파트너십 구축이었다. 그리고 아세안에 대한 전통적인 정책 수단인 ODA를 전면적으로 활용했다.

하지만, 종합적으로 볼 때 이러한 전략은 중국의 대 아세안 접근 방식과 크게 다르지 않았다. 그리고 일본이 아세안 국가들과 함께 EAS의 범위를 아세안+3을 넘어선 아세안+6 내지 아세안+8로 확대하고자 한 것은 동아시아 지역주의의 추진력을 약화시킬 우려가 있었다. 한편, 아세안 측은 중

---

15 이와 관련하여 일본외부성은 2004년 6월 EAS가 개방적이고 포용적이어야 한다는 취지의 〈이슈 페이퍼〉를 제시했다. 이 페이퍼는 3단계 어프로치_(1)폭넓은 이슈에 관한 기능적 협력의 촉진, (2)EAS와 같은 범지역적 제도적 기반의 도입, (3)공동체 인식의 창출_와 EAS의 틀에 관한 3가지 포인트_(1)EAS의 근본적인 목표, (2)EAS와 아세안+3의 차별성, (3)EAS의 조직_를 거론했다.

일 간 경쟁을 활용하여 중일 양국에 대해 자신들의 정치적 지렛대를 강화하고, 경제적 양보를 얻어내려는 경향도 보였다.

다음으로, 2010년대 초중반 일본의 환태평양경제동반자협정(TPP) 중시 자세는 동아시아 지역주의의 추진력을 약화시키는 또 하나의 계기가 되었다. 경위를 보면 먼저 미 오바마 정부의 TPP 제안에 참가 의사를 표명한 것은 민주당 정권이었다. 하지만 간 나오토, 노다 요시히코 내각은 민주당 내 의견을 통일시키지 못했다. 그에 이어 TPP 참가를 공식적으로 결정한 것은 아베 내각이었다.

아베 내각은 미일동맹 강화와 대중 견제의 관점에서 TPP 참가를 외교 정책의 중심축으로 설정했다. 또한, 경제적인 관점에서도 아베 내각은 TPP를 규제 완화의 수단으로 활용하고자 했다. TPP 교섭은 2015년 10월 미국 애틀랜타 각료회의에서 기본적인 합의에 도달하고 2016년 2월 뉴질랜드에서 정식으로 서명되었다. 일본도 2017년 1월 국내적 절차 완료를 통보하여 TPP 협정을 체결했다. 동아시아에서는 일본 이외에 브루나이, 말레이시아, 싱가포르, 베트남이 참여했다. 그 외의 참가국은 호주, 캐나다, 칠레, 멕시코, 뉴질랜드, 페루, 미국이었다.

하지만 2017년 1월 미 트럼프 정부가 일방적으로 TPP 이탈을 표명함으로써 TPP의 대전제가 붕괴되었다. 이에 일본은 미국을 제외한 11개국과의 재교섭을 주도하여 2017년 11월 각료회의(베트남 다낭)에서 '포괄적 점진적 환태평양 경제동반자 협정'(CPTPP)에 대한 기본적인 합의를 이끌어냈다. CPTPP는 2018년 3월 칠레에서 정식으로 서명되었다.

데라다 다카시(寺田貴 2022, 198)는 TPP 참가 결정 당시 아베 총리의 인식은 다음 네 가지였다고 지적한다. 첫째, TPP의 의의는 동맹국인 미국과 함께 일본이 새로운 경제권을 만드는 것이다. 둘째, TPP에는 자유, 민주주의, 기본적 인권, 법의 지배와 같은 보편적 가치를 공유하는 국가들이 참여해야 한다. 셋째, 이들 가치관을 공유하는 국가들과 함께 아시아·태평양 지역에서 새로운 경제·무역 규칙을 만들어 내야 한다. 넷째, TPP에 의한 공통의 경제질서 아래에서 이러한 국가들과 경제적 상호의존 관계를 심화시켜 일본의 안보와 아시아·태평양의 안정에도 크게 기여해야 한다.

국제 경제질서의 주도권을 중국에 넘겨주지 않을 것이며, 미일 양국이 중심이 되어 가치관을 공유하는 국가들_민주주의 국가_이 경제질서를 수립해야 하고, 이러한 노력은 안보는 물론 지역 안정에도 불가결하다는 논리였다. 이들 가운데 아베 내각이 가장 중시한 것은 세 번째였다. WTO가 세계 무역·투자의 규칙을 만드는 역할을 제대로 수행하고 있지 못하는 상황을 고려하면 TPP가 그러한 역할을 해야 한다고 판단한 것이다. 만약 그렇게 된다면 향후 중국도 TPP에 참가하여 그러한 높은 수준의 규칙을 따를 수밖에 없게 될 터였다.

TPP(환태평양 경제동반자 협정) 및 CPTPP(포괄적 점진적 환태평양 경제동반자 협정) 교섭 과정에 일본과 아세안 일부 회원국_브루나이, 말레이시아, 싱가포르, 베트남_ 사이에 어느 정도 공조 체제가 구축되었는지는 명확하지 않다. 다만, 미국의 일방적 탈퇴는 TPP에 참여한 아세안 4개국에 상당한 충격을 안겨주었다. 이들 국가는 캐나다 및 멕시코와 무역협정을 체결하지 않은 상태였고, 싱가포르를 제외하고는 미국과의 무역 교섭도 진행하고 있지 않았다. 특히, 미국은 베트남의 최대 수출상대국이었고, 말레이시아의 세 번째 수출상대국이었다. 이들은 미국의 이탈로 TPP 가입에 따른 잠재적 이익의 상당 부분을 얻지 못했다(Dasgupta and Mukhopadhyay 2017, 19).

한편, 일본은 당초 역내포괄적경제동반자협정(RCEP)에 대해 그다지 큰 관심을 보이지 않았다. 정확하게 말하면 TPP 교섭을 우선하고, TPP에서 합의된 내용을 RCEP(역내포괄적경제동반자협정)에 반영시키고자 했다. RCEP는 선진국과 개발도상국 사이에 무역자유화의 정도 및 투자, 전자상거래에 관한 규칙을 둘러싸고 적지 않은 의견 차이가 있었다. 그로 인해 원래 교섭 타결 시한은 2015년이었으나 5차례나 타결이 연장되기도 했다. 특히 중일 양국 사이의 의견 대립이 적지 않은 지장을 초래했다. 일본 측은 선진국의 입장에서 수준이 높은 협정을 체결하는 것이 중요하다고 주장했고, 중국 측은 개발도상국의 입장에서 수준에 집착하여 시간을 끌기보다는 조기 합의가 중요하다고 맞섰다.

이러한 상황에서 미 트럼프 정부의 출범이 크나큰 전환점을 제공했다. 아베 내각은 CPTPP에 서명한 직후인 2018년 초 이번에는 RCEP 타결에 역점을 두기 시작했다. 동맹국이나 우방국을 가리지 않는 트럼프 정부의 불공정 무역국 비난과 일방주의적, 미국 우선주의적 행보 때문이었다. 중국도 트럼프 정부의 거센 통상 압력에 직면하여 RCEP에 더욱 적극적인 자세를 보이기 시작했다. 아베 내각은 기존의 방침을 변경하여 높지 않은 수준의 관세 철폐 및 규칙 제정으로 물러섰다.

RCEP 교섭은 2018년 11월 RCEP 정상회의 후 실질적으로 타결되었다. 일본은 자국 내 농업 보호를 위해 '중요 5개 품목'_쌀, 보리, 소고기·돼지고기, 유제품, 감미자원작물_을 관세 인하의 대상에서 제외하고, 중국은 자동차부품 등에 관한 요구를 관철시켰다. 부연하면, 중일 양국은 조기의 교섭 타결을 중시한 결과 상호 관세 인하 품목의 비율을 80%대 후반 정도 수준으로 설정했다. 결국, TPP를 지렛대로 높은 수준의 규칙을 RCEP에 반영하려던 일본의 원래 계획은 무산되었다.

다만, 일본의 입장에서 RCEP는 한국 및 중국과 체결한 최초의 경제연계협정이었다. 이로 인해 일본의 대한국 수출에서 무관세 공업제품 비율은 19%에서 92%로, 대중국 수출에서 그 비율은 8%에서 86%로 대폭 확대되었다. 또한, RCEP 교섭 전 과정에서 아세안 중심성이 인정되었는데 아세안 가운데 RCEP 조정국을 맡은 인도네시아는 교섭 내내 일관되게 수석교섭관회의 의장직을 수행했으며 아세안사무국이 교섭 사무국 역할을 했다(吉田 2021).

한편, 아베 내각은 RCEP 타결 후 미국을 배려하는 일도 잊지 않았다. 앞서 언급한 바와 같이 당초 미일 양국은 TPP를 중국에 의한 경제적 지배를 저지하기 위한 중요한 전략적 수단으로 간주하고 있었다. 그에 반해 중국은 RCEP을 TPP에 대항하여 자국이 주도권을 발휘하기 위한 도구로 간주하는 측면도 없지 않았다. 따라서, 일본이 중국의 야심에 가담한 것은 아닌가라는 미국의 우려를 불식시킬 필요가 있었다. 2019년 9월 아베 내각이 미일무역협정_TPP와 동일한 수준으로 농산물 자유화에 합의_에 합의한 이유였다.

덧붙여, 보보프스키(Bobowski 2015, 141)는 TPP와 RCEP에 대한 일본의 접근 방식을 다음처럼 비교한다. 즉, 일본은 멤버십 문제를 활용하여 '배타적 게임'을 적극적으로 전개하는 경향이 강했다. 일본은 지역적 경제·통상의 틀 안에서 자국의 지배적인 위치를 유지 또는 차지하는 것을 가장 우선시하며, 그러한 틀 안에서 잠재적 경쟁자로 인식되는 다른 국가를 배제한다는 것이다. 예를 들어 일본은 TPP 협상에서는 미일 양국의 경쟁자로 부상한 중국을 배제하는 문제를 적극적으로 제기했다. 반면, 일본은 RCEP 협상에서는 아세안의 지지를 배경으로 중국이 강력하게 추진하고자 했던 미국 배제를 수용했다. 자국이 지역적 입지를 구축하기 위해 TPP 협상에서는 중국 카드를 사용하고, RCEP 협상에서는 미국 카드를 사용한 셈이다.

일본의 질 높은 인프라 이니셔티브는 일대일로의 대항마인가?

앞서 ODA가 일본의 대아세안 외교, 그리고 경제협력의 가장 강력한 정책 수단이라고 언급한 바 있다. 또한, ODA는 일-아세안 경제적 파트너십의 기본적인 성격, 즉 후견-피후견 관계를 상징적으로 보여주는 사례이기도 했다. 일본의 대아세안 ODA 정책 기조는 지난 십수 년 동안 많은 변화를 겪었다. 허원영(2023, 91-144)은 최근의 변화를 다음처럼 설명한다.

21세기에 들어선 이후 일본 자민당 정권은 ODA를 인프라 수출의 매개체로 활용하고자 했다. 일본 경제의 장기 침체를 극복하고 성장전략을 실현하기 위한 것이었다. 2009년 9월에 집권한 민주당 정권도 ODA를 활용하여 개발도상국, 특히 아세안 지역의 왕성한 수요에 부응하여 아시아·태평양 지역의 경제발전을 지원하고, 동시에 일본 기업의 해외사업 전개를 지원하고자 했다. 아세안 측이 아세안공동체를 내걸면서 인프라 중심의 연결성 강화를 가장 우선적인 과제로 추진하고 있는 점은 절호의 기회였다.

이러한 방침 아래 2009년 11월 제1차 일-메콩 지역 정상회의에서 하토야마 유키오(鳩山由紀夫) 총리는 베트남, 캄보디아, 라오스에 대한 ODA 확충과 더불어 메콩 지역에 대해 향후 3년 동안 5,000억 엔 규모의 ODA 공여를 표명했다. 2010~2012년 일본의 메콩 5개국에 대한 실제 공여액은 62.4억 달러_약 6,512억 엔_에 달했다. 이어 2012년 4월 제4차 일-메콩 정상회의는 「일-메콩 협력을 위한 도쿄 전략」을 채택하고 이를 실현하기 위해 2013년 이후 3년 동안 약 6,000억 엔 규모의 ODA 공여를 표명했다.

2012년 12월에 집권한 자민당 아베 내각도 일본재흥전략_이른바 아베노믹스_과 ODA를 연계시켰다. 아베노믹스의 세 개의 화살_①대담한 경제정책, ②기동적인 재정출동, ③새로운 성장전략_ 가운데 ③을 실현하기 위한 플랜으로 국제시장을 확보하는 국제전개전략을 포함시킨 것이다. 해외시장 확보를 위한 인프라 수출은 이러한 국제전개전략의 핵심적인 기둥으로 설정되었다.

아베 내각의 ODA 정책에는 이 같은 경제적 고려뿐만 아니라 지정학적 고려도 투영되었다. 센카쿠열도_중국명 댜오위다오_ 영유권 문제 등을 계기로 중국과의 대립이 격화되는 가운데 ODA는 일본의 안보 및 지역의 평화와 안정을 실현하기 위한 수단으로 새로이 규정되었다. 그리고 그 제도적 기반을 마련하기 위해 아베 내각은 〈신정부개발원조(ODA)대강〉(2003년 8월)을 대체하는 〈개발협력대강〉을 각의 결정했다(2015년 2월). 개발협력대강은 국익 규범을 처음으로 명시하면서 통상적인 자금 지원은 물론 평화 구축, 거버넌스 등으로의 협력 범위 확대, 그리고 민간 및 기업과의 연계 강화를 지향하는 것이었다.

아베 내각은 미중경쟁과 대중 견제라는 지정학적 고려, 그리고 인프라 수출 촉진이라는 경제적 고려를 종합적으로 반영하여 대아세안 ODA 정책을 추진하고자 했다. 아베 내각은 경제적 고려, 즉 인프라 수출을 촉진하기 위해 집권 직후인 2013년 3월 '경제협력 인프라 전략회의'를 설치했다. 일본 기업의 인프라 시스템 해외 진출과 에너지·광물 자원의 해외 권익 확보를 지원하고, 일본의 해외경제협력에 관한 중요사항을 논의하며, 전략적이고 효율적인 실시를 도모하기 위해서였다. 동 전략회의는 2020년까지 30조 엔 규모의 인프라 시스템 수주를 목표로 한 '인프라시스템 수출 전략'을 발표하기도 했다.

세부적으로는 일본 기업의 인프라 건설 수주 확대를 위해 구속성 원조(tied-aid)의 비율을 대폭 늘렸다. 특히, '본국기술활용조건'(Special Terms for Economic Partnership, STEP)_ 일본 기업을 주계약자로 하고 본국(일본) 조달 비율을 30% 이상으로 설정_이라는 새로운 제도를 도입했다. 우선 조건 금리 적용 대상도 기존의 환경 및 인재 육성 분야 외에 방재와 보건·의료 분야로 확대했다. 우선 조건 금리도 기존의 0.55~1.20%에서 0.01~0.6%로 낮췄다. 일본 국내의 수요 및 고용 창출 효과를 기대한 것이다. 그 결과 전체 STEP 안건 가운데 대 아세안 안건은 70% 후반대를 유지하게 되었다.

대아세안 ODA 공약도 대폭 확대되었다. 예를 들어, 2013년 12월 일-아세안 특별정상회의에서 아베 총리는 아세안 연결성 강화와 격차 시정을 위해 5년간 2조 엔, 방재 협력 강화를 위해 5년간 3,000억 엔 지원을 발표했다. 2014년 11월 일-아세안 정상회의에서는 질 높은 성장을 실현하기 위해 동남아시아 인프라 투자에서 4가지 어프로치_(1)효과적인 자금 동원, (2)피원조국이나 국제기관 등과의 파트너십 강화, (3)라이프 사이클 비용이나 환경 및 사회적 측면의 배려, (4)포괄적이고 세심한 지원_를 취할 것이라고 발표했다. 그리고 2019년 11월 일-아세안 정상회의(방콕)에서 아베 총리는 「대아세안 해외투융자 이니셔티브」를 발표했다. 아세안 지역을 중심으로 질 높은 인프라 투자, 금융 접근, 여성 지원, 그린 투자 등에 대한 지원을 확대하는 것으로 지원 규모는 30억 달러(약 3,200억 엔)였다.

특기할 만한 점은 2015년 5월의 「질 높은 인프라 파트너십: 아시아의 미래에 대한 투자」 발표였다. 아시아 지역이 세계의 성장센터가 되기 위해서는 방대한 인프라 정비와 막대한 자금이 필요하며, 이를 위해 일본이 아시아개발은행(ADB)과 연계하여 5년간 1,100억 달러(약 13조 엔) 규모의 투자를 제공하겠다는 것이었다. 2015년 7월 제7차 일-메콩 정상회의에서는 메콩 지역의 질 높은 성장을 위해 3년 동안 7,500억 엔을 지원한다는 공약도 발표했다. 이와 관련하여 (1)일본의 경제협력 도구를 총동원한 지원 규모의 확대·신속화, (2)일본과 ADB의 협업, (3)JBIC 기능 강화 등에 의한 리스크 머니 공급 배증, (4)질 높은 인프라 투자의 국제표준 정착이 주된 과제로 거론되었다.

이어 아베 내각은 '질 높은 인프라'를 국제표준으로 정착시키기 위해 2016년 5월 G7 이세시마 정상회의에서 「질 높은 인프라 투자 추진을 위한 G7 이세시마 원칙」에 대해 합의를 이끌어냈다. 동 원칙은 ①효과적 거버넌스, 운영 신뢰성, 경제성과 안전성, 복원성의 확보, ②현지 커뮤니티 고용창출, 기술이전 확보, ③사회·환경면의 영향 대응, ④기후변화와 환경 측면을 포함한 경제·개발 전략과의 정합성 확보, ⑤민관 파트너십(PPP) 등을 통한 효과적인 자금 동원 촉진 등이었다.

2016년 6월의 G20 오사카 정상회의에서도 일본은 「질 높은 인프라 투자에 관한 G20 원칙」에 대해 합의를 이끌어냈다. 여기서 제시된 원칙은 ①지속 가능한 성장과 개발에 대한 영향 최대화, ②라이프 사이클 코스트(LCC) 관점의 경제성, ③환경 배려, ④자연재해 등 리스크에 대한 복원성, ⑤사회 배려, ⑥인프라 거버넌스 강화_조달개방성 및 투명성, 채무의 지속 가능성 등_ 등이었다.

이상의 원칙들은 주로 중국의 일대일로 사업을 둘러싼 여러 가지 문제점들_중국 기업의 프로젝트 수주, 중국인 노동자 활용, 채무의 덫 문제 등_을 지양하는 내용을 담았다. 일본의 질 높은 인프라 전략이 중국의 일대일로 사업에 대항하는 듯한 성격을 갖는 이유이다. 하지만 아베 내각은 대아세안 ODA(정부개발원조) 정책에 대중 견제라는 지정학적 고려를 그다지 적극적으로 반영하지 않았다. 인프라 시장에서 중국과 윈-윈 관계를 구축할 수 있다고 보았기 때문이다. 예를 들어, 2017년 6월 국제교류회의 연설에서 아베 총리는 네 가지 조건_(1)모든 사람이 이용할 수 있는 인프라 정비, (2)투명하고 공정한 조달, (3)프로젝트의 경제성, (4)상대국 재정건전성을 해치지 않는 채무 부담_이 해결된다면 일본도 중국의 일대일로 구상과 협력할 수 있다고 밝혔다.

5. 미중 전략 경쟁 하의 일-아세안 파트너십

아베 내각, 대아세안 외교 5원칙과 FOIP를 천명하다

2010년대에 들어서자 미중 전략 경쟁은 일-아세안 양측 모두에게 중대한 지정학적 도전으로 부상했다. 그렇다면 일-아세안 파트너십은 이 도전에 어떻게 대응했을까? 미중 전략 경쟁에 어떻게 대응하는가의 문제는 미국의 대중 견제를 목적으로 한 인도·태평양전략에 대해 양측이 각각 어떤 입장을 취해왔는가의 문제로 치환할 수 있다. 여러 차례 언급한 대로 아베 내각의 FOIP는 미국의 인도·태평양전략에 대한 긴밀한 동조화를 상징했다.

그에 반해 아세안은 아세안 중심성을 기치로 미중 양국 가운데 어느 한쪽을 전략적으로 선택하는 옵션을 회피해 왔다. 아세안 중심성이란 아세안 역외의 강대국들을 아세안 주도 메커니즘 안에 적극적으로 관여시킴으로써 이들 간 세력균형을 도모하고 아세안의 전략적 자율성을 확보하기 위한 대외전략 기조를 말한다. 이러한 기조는 강대국들 가운데 특정 국가의 편을 들지 않는 아세안 중립성으로 이어진다.

일-아세안 간 입장 불일치는 당연히 갈등을 배태할 개연성이 있었다. 하지만, 흥미롭게도 지난 10년 동안 미중 전략 경쟁에 대한 양측의 입장은 상당 부분 수렴되었다. 그리고 그러한 수렴의 지향점은 FOIP(자유롭고 개방된 인도·태평양)보다는 AOIP(인도·태평양에 대한 아세안의 관점)에 근접한 것이었다. 다시 말하면, 일본의 FOIP는 초기의 대중 배타적 성격에서 대중 포용적인 성격으로, 그리고 아세안 중심성과 일체성을 전면적으로 지지하는 내용으로 바뀌었다. 물론 이는 일방적인 것은 아니었다. 아세안 측은 일본 측이 주장하는 보편적 가치·규범을 일부 받아들였다. 게다가 양측 간 파트너십도 갈수록 공동 진화적인 성격을 띠기 시작했다.

이와 관련하여 다음 두 가지를 살펴볼 필요가 있다. 하나는 2016년 8월 아베 내각이 발표한 이후 FOIP 전략이 어떻게 변화했으며, 그러한 변화에 아세안 요인이 어떻게 작용했는가? 다른 하나는 일본의 FOIP와 아세안의 AOIP는 어떠한 과정을 거쳐 상호 수렴했는가? 만약 FOIP와 AOIP가 AOIP의 주류화라는 형태로 상호 수렴되는 것이라면 이것이 향후 지역 질서에 미치는 영향은 심대할 수 있다. 강대국 간 지정학 게임의 안티테제가 될 수 있기 때문이다.

먼저, 일본 FOIP 전략의 변화 양상을 보자. 출발점은 아베 총리의 2013년 1월 연설 「열린, 바다의 혜택: 일본 외교의 새로운 5원칙」 이었다(자료 6-6).[16] 이는 '대아세안 외교 5원칙'으로도 불린다.[17] 동 5원칙은 일·아세안 간 2013년 및 그 이후의 공동선언·성명, 그리고 2016년 여름에 발표된 FOIP 전략의 핵심 요소를 제공했다.

---

16 아베 총리가 자카르타에서 발표할 예정이었으나 알제리에서 일본인 납치 사건이 발생하는 바람에 조기에 귀국하게 되어 문서 형태로 공개되었다.
17 FOIP의 연원은 2006년 제1차 아베 내각 당시의 '자유와 번영의 호' 구상, 2007년 아베 총리의 인도 의회 연설 '자유롭고 번영된 인도·태평양', 2012년 아베 당시 전 총리의 Project Syndicate지 기고문 '민주주의 안전보장 다이아몬드' 구상으로 거슬러 올라간다.

- 첫째, 두 개의 바다가 이어지는 이곳에서 사상, 표현, 언론의 자유 - 인류가 획득한 보편적 가치는 충분히 번성해야 한다.
- 둘째, 우리에게 가장 중요한 커먼즈(commons)인 바다는 힘이 아닌 법과 규칙이 지배하는 곳이어야 한다.
- 셋째, 일본 외교는 자유롭고 개방된, 서로 연결된 경제를 추구해야 한다.
- 넷째, 일본과 아세안 사이에 문화적 연결이 한층 더 충실해지도록 노력한다.
- 다섯째, 미래를 떠맡는 세대의 교류를 촉진한다.

첫 번째 원칙은 이른바 보편적 가치_기본적 인권, 자유, 민주주의 등_에 관한 것이다. 아세안 회원국 가운데 인권, 민주주의와 같은 가치가 정치체제 차원에서 실현되고 있는 국가는 아직 소수에 불과하다. 하지만, 인도네시아에서 민주주의가 공고화 단계에 들어갔고, 미얀마도 2010년대에 접어들면서 단계적 민주화 과정을 거치고 있었다. 아세안 지역에서 보편적 가치를 더욱 정착·확대시켜야 한다는 주장은 이러한 정세를 고려한 것이었다. 이는 아베 내각이 내각 출범 직후에 천명한 가치관 외교, 그리고 민주주의 국가 간 연대와도 궤를 같이했다.

두 번째의 커먼즈란 공공재를 의미한다. 바다는 법과 규칙이 지배하는 자유롭고 개방된 공공재란 의미다. 여기에는 중국이 법과 규칙에 반하는 힘에 의한 지배를 추구하고 있다는 전제가 깔려있다. 그리고 바로 뒤에 미국의 아세아·태평양 중시 자세_오바마 정부의 아시아 재균형 전략_를 환영한다는 문구를 덧붙였다. 일본은 미국과 함께 힘을 합쳐, 그리고 미국의 동맹·파트너 국가들과도 연대하여 그 도전에 대응하겠다는 메시지이다. 물론, 바다를 지키기 위해서는 해양 아시아와의 연결을 강화해야 한다. 아베 내각이 인도, 호주, 그리고 동아시아정상회의(EAS)를 중시해 온 이유이다. 무엇보다도 아세안과의 관계는 대미관계에 이어 일본 외교의 가장 중요한 기축이었다.

두 번째 원칙이 정치·안보에 관한 것이라면 세 번째와 네 번째는 경제적, 사회문화적 연결성 증진과 관련된다. 경제적 연결성은 다양한 경제 연계 네트워크를 통해 물건, 자본, 사람, 서비스 등 무역 및 투자의 흐름을 한층 더 추진하여 이를 일본 경제의 부흥으로 이어나가고 아세안 국가들과 함께 번영하자는 내용이다. 작금의 경제 상황을 고려하면 아베 내각의 최우선 과제는 일본 경제를 다시 성장 궤도에 올려놓는 것일 수밖에 없으며 일본과 아세안, 일본과 바다의 더욱 긴밀한 연결은 선택이 아닌 필수라는 인식이다.

　네 번째와 다섯 번째 원칙은 후쿠다 독트린 이래의 대원칙인 '마음과 마음의 만남', '대등한 파트너'와도 관련된다. 양측이 대등한 파트너로서 함께 나아간다는 관점에서 자유롭고 개방된 인도·태평양을 실현하기 위해 함께 노력하자는 취지이다. 물론, 일-아세안 관계는 지원과 피지원, 후견과 피후견의 다소 수직적인 관계임을 부정할 수 없다. 하지만 여기서 '대등'이란 관계의 실체라기보다 서로의 의견을 존중하고 조율해 나가면서 함께 만들어간다는 프로세스의 측면을 나타낸 것으로 이해할 수 있다.

　한편, 아베 내각은 2016년 8월 앞의 5원칙을 더욱 구체화·체계화한 '자유롭고 개방된 인도·태평양(Free and Open Indo-Pacific, FOIP)전략'을 발표했다. 일본 외무성의 개요자료를 통해 기본적인 내용을 살펴보자(日本外務省 2023). 우선, "인도·태평양 지역은 해적, 테러, 대량살상무기 확산, 자연재해, 현상 변경 등과 같은 다양한 위협에 직면. 이러한 상황에서 일본은 법의 지배를 포함하여 규칙에 기반한 국제질서 확보, 항행의 자유, 분쟁의 평화적 해결, 자유무역 추진을 통해 인도·태평양을 국제공공재로서 자유롭고 개방된 것으로 만듦으로써 이 지역의 평화, 안정, 번영의 촉진을 지향한다."고 언급한다.

　여기서 아세안은 인도양과 태평양을 잇는 가장 중요한 요충지로 규정된다. "자유롭고 개방된 인도·태평양을 통해 아시아와 아프리카의 '연결성'을 향상시켜, 그리고 두 개의 바다 중심에 위치하는 아세안과 함께 지역 전체의 안정과 번영을 촉진한다."라는 것이다(강조점 필자). 그리고 FOIP를 실현하기 위한 기본적인 인식에 대해 아래처럼 언급한다. 참고로, ⟨표 6-10⟩은 FOIP의 3개 축을 구체화한 것이다.

- 지역 전체의 평화와 번영을 보장하고 모든 나라에 안정과 번영을 가져오기 위해 아세안의 중심성, 일체성을 중시하며 포괄적이고 투명성이 있는 방법으로 규칙에 기반한 국제질서의 확보를 통해 자유롭고 개방된 인도·태평양 지역을 '국제공공재'로 발전시킨다. 이러한 인식에 찬동한다면 일본은 그 어떤 나라와도 협력해 나간다.

- 자유롭게 개방된 인도·태평양의 실현을 위한 3개의 축
  ① 법의 지배, 항행의 자유, 자유무역 등의 보급·정착
  ② 경제적 번영 추구(연결성, EPA/FTA 및 투자협정을 포함한 경제연계 강화)
  ③ 평화와 안정 확보(해상법집행능력 구축, 인도 지원 및 재해구조 등)

⟨표 6-10⟩ 자유롭고 개방된 인도·태평양의 구체화

① 법의 지배, 항행의 자유, 자유무역 등의 보급·정착
• 자유롭고 개방된 인도·태평양의 기본 원칙 및 생각을 공유하는 각국과의 협력 • 국제사회 및 미디어 등을 통한 전략적 발신
② 경제적 번영의 추구
• (1)항만, 철도, 도로, 에너지, ICT 등 질 높은 인프라 정비를 통한 '물리적 연결성', (2)인재육성 등에 의한 '인적 연결성', (3)통관 원활화 등에 의한 '제도적 연결성' 강화 ⇒ 동남아시아 역내 연결성 강화(동서경제회랑, 남부경제회랑), 서남아시아 역내 연결성 향상(인도 북동부 도로망 정비, 벵갈만 산업성장지대 등), 동남아시아~서남아시아~중동~동남부 아프리카의 연결성 향상(몸바사항 개발 등) • 경제적 파트너십 강화(FTA/EPA 및 투자협정 등을 포함) 및 비즈니스 환경 정비
③ 평화와 안정의 확보
• 인도·태평양 연안국에 대한 능력구축 지원 ⇒ 해상법집행능력 및 해양상황파악(MDA)능력 강화, 인재육성 등 • 인도지원·재해구조, 해적대책, 테러대책, 비확산 분야 등 협력

출처: 일본외무성(2023a)을 참조하여 작성.

일본 외무성 개요자료는 2023년 4월에 게시된 것이다. 따라서 2016년 당시의 내용과 최근의 그것이 반드시 똑같은 것은 아니다. 시기를 거치면서 가치·규범, 우선순위, 중점 현안 등이 점차 변화했다. 예를 들어, ⟨외교청서 2017⟩은 '자유롭고 개방된 인도·태평양전략'을 논하면서 이 전략을

구체화시키기 위해 동아프리카와 역사적 유대가 강한 인도, 동맹국인 미국, 그리고 호주와 전략적 연계를 한층 강화해 나가겠다고 강조했다. 이 전략적 연계의 강조는 FOIP 전략이 미국-일본-인도-호주를 잇는 QUAD(4자 안보 대화)와 긴밀한 관계에 있음을 시사했다. 하지만, 이후 FOIP와 QUAD는 점차 분리된 형태로 논의되어 갔다.

〈외교청서 2018〉은 2017년 9월 아베 총리의 인도 방문, 11월 트럼프 대통령 방일, 2018년 1월 말콤 턴블(Malcolm Turnbull) 호주 총리 방일 등을 통해 FOIP 실현을 위해 협력하기로 했다는 내용을 실었다. 특히, 2017년 11월 트럼프 방일 시에는 일본이 주도하는 형태로 미일 양국이 '자유롭고 개방된 인도·태평양전략'을 추진하자는 데 의견이 일치했다고 언급했다. 이 때까지도 FOIP에는 '전략'이란 용어가 붙어있었다.

그러나 〈외교청서 2019〉에서는 '전략'이 삭제되고 '자유롭고 개방된 인도·태평양(FOIP)'만으로 불리기 시작했다. 그리고 FOIP(자유롭고 개방된 인도·태평양) 실현을 위한 3개의 축으로 ①법의 지배, 항행의 자유, 자유무역 등의 보급·정착, ②국제 기준에 의거한 '질 높은 인프라' 정비 등을 통해 연결성 강화 등에 의한 경제적 번영 추구, ③해상법집행능력 향상 지원, 방재, 비확산 등을 포함한 평화와 안정을 위한 노력을 거론했다. 앞의 외무성 자료 개요와 거의 동일한 내용이다.

이상은 2018년~2019년 무렵 FOIP에 중대한 변화가 발생하였음을 말해준다. 사실, FOIP는 배타적 개념임과 동시에 포용적 개념이기도 했다(Satake 2019, 69-70). 배타적 개념으로 파악하면 FOIP는 QUAD(4자 안보 대화) 사례가 보여주는 것처럼 역내 민주주의 국가들과 해양연대를 구축하여 중국의 힘과 영향력에 대항하는 것을 목적으로 한 지정학 전략, 또는 중국의 일대일로 구상에 대항하여 그 대안을 제공하는 지경학 전략으로 이해된다. 반면에 포용적 개념으로 파악하면 FOIP는 인도·태평양의 포용적인 정치 및 경제 시스템에 중국을 비롯한 강대국들을 포섭하는 것을 궁극적인 지향점으로 한다. 공통의 규칙·규범에 따라 다양한 지역 국가를 통합하는 다원적이고 포용적인 질서 확립을 목적으로 한 지역 질서 구축 전략으로 볼 수도 있다.

시기별로 FOIP가 배타적 성격에서 포용적인 것으로 바뀌었다는 견해도 있으나 군사·안보적 경쟁 전략과 경제적 협력 전략의 병행 추진으로 이해하는 것이 더욱 타당할 듯하다. 포용적인 것으로 변화했지만 군사·안보적 측면의 배타성은 여전히 온존시키고 있기 때문이다. 이와 비슷하게 가미야(神谷 2019)도 협력 전략_평화·번영을 지향하는 방향성_은 경쟁전략_중국에 대항하여 지역 질서 형성을 추구하는 방향성_을 성공시키기 위한 수단이며 이 두 가지 방향성이 병존한다고 주장한다. 이를 들어 원래의 FOIP 전략과 구별하여 'FOIP 2.0'라고도 칭한다(Hosoya 2019).

그렇다면 FOIP의 궤도가 수정되는 데 있어서 아세안 요인은 어떤 영향을 미쳤을까? FOIP 궤도 수정을 초래한 주된 요인으로는 미 트럼프 정부의 미국우선주의와 일방주의, 중일관계 개선, 아세안 측의 우려 등이 거론되었다. 미 트럼프 정부는 중국은 물론 동맹국이나 우방국을 가리지 않고 무차별적인 무역전쟁 또는 무역 압박을 가했고 일본도 그 예외는 아니었다.

중일관계는 2013년 이후 과거사 문제 및 센카쿠열도/댜오위다오 영유권 문제 등으로 극심한 갈등을 겪었으나 2017년 가을 이후 관계 개선을 위한 움직임이 보이기 시작했다. 일본 측이 중국의 일대일로 사업에 참여할 용의가 있다는 의사 표명도 있었다. 중일관계 개선 분위기는 트럼프 정부의 압박에 대한 양측의 공통된 이해관계를 반영하는 측면도 없지 않았다.

아세안 측의 초기 FOIP 전략에 대한 우려도 적지 않게 반영된 것으로 보인다. 당초 아베 내각의 대아세안 어프로치는 의욕이 앞섰던 만큼 다소 거친 측면이 있었다. 아세안 회원국들과의 양자관계를 통해 FOIP의 개념과 비전, 그리고 일본의 전략적 의도를 이해시키기 위해 적극적으로 노력했지만, 아세안 측의 입장에서 보면 일본 측의 비전이나 가치를 강요하는 듯한 느낌도 없지 않았다. 무엇보다 중국을 대상으로 한 군사·안보적 뉘앙스가 강한 '전략'이라는 용어가 불편함을 주었다. 이러한 불편함은 미 트럼프 정부가 2017년 여름 인도·태평양전략을 발표하고, 미일 양국이 함께 인도·태평양전략을 추진하기로 합의하면서 더욱 고조되었다.

게다가, 일본의 해양 안보 역량 강화 노력은 일부 아세안 회원국_특히, 남중국해 영유권 문제 당사국_의 환영은 받았지만 모든 아세안 회원국이 그런 것은 아니었다. 특히, 인도·태평양 개념에 대한 견해는 일치하지 않는 측면이 많았다. 해양에서 일본의 지나친 대중 견제 움직임이 지역의 안정을 해칠지도 모른다는 우려도 나왔다. 사실, 아베 총리는 대 아세안 외교 5원칙, 2014년 5월 샹그릴라 대화 연설, 2016년 11월 비엔티안 비전 발표 등 다소 저돌적인 대중 해양 공세를 이어 나가고 있었다.

샹그릴라 대화 연설은 '해양에서의 법의 지배 3원칙'_①국가가 주장을 할 때는 법에 근거해야 한다, ②주장을 관철하고자 할 때 힘이나 위압을 이용해서는 안 된다, ③분쟁 해결에는 평화적 수습을 철저히 해야 한다_을, 비엔티안 비전은 아세안 개별회원국은 물론 아세안 전체와 방위 협력 강화_법의 지배를 관철하기 위한 해양·항공 분야 국제법 인식공유 촉진, 해양안보 강화를 위한 해양·상공의 정보수집, 경계 감시, 수색구조 능력 향상 지원, 다방면에 걸친 아세안의 능력향상 지원_를 지향했다.

그 위에 아베 내각은 FOIP는 물론 [전략적] 파트너십 공동선언·성명을 통해서도 보편적 가치를 거듭 강조했다. 아베 내각은 안보 전략으로 '적극적 평화주의'를 내걸면서 보편적 가치_자유, 민주주의, 기본적 인권의 존중, 법의 지배_의 국제적 확산과 민주주의 국가 간 연대를 주창하고 있었다. 보편적 가치의 추구, 남중국해 영유권 문제에 관한 국제규범 중시_중국의 공세적 현상 변경 반대, 유엔해양법협약을 비롯한 국제법 준수, 물리적 힘의 행사 반대_, 그리고 아세안 각국의 안보 능력_특히, 해양 안보 및 해상안전 분야_ 강화에 앞장섰다. 아세안 측은 보편적 가치를 서구 중심적 가치로 여기는 경향이 강했다.

이에 더하여 아베 내각의 정책 결정의 변화도 영향을 미쳤을 것으로 사료된다. 추후 연구가 필요한 부분이지만 아베 내각 초기에는 총리 자신과 야치 쇼타로(谷內正太郎) 국가안전보장국장, 그리고 외무성 북미국이 중심이 된 외교 안보 엘리트 그룹이 FOIP 전략 입안을 주도한 것으로 보인다. 초기의 FOIP가 해양_동중국해 및 남중국해_에서의 안보적 측면의 대중 견제에 역점을 둔 것도 그 때문이었을 것이다. 하지만, 2017~2018년 무렵부터 니카이 도시히로(二階俊博) 간사장을 비롯한 자민당 친중파 그룹, 경제산업성 등 경제 관련 부처, 그리고 민간 경제 행위자의 목소리가 점차 커지기 시작했다. 일본 경제의 재흥을 위해 아베노믹스를 천명하던 아베 총리로서도 대중 경제 관계 개선, 일대일로와 FOIP의 선순환 구조, 아세안 측의 아세안 연결성 노력과 FOIP의 연계는 합리적인 선택이었을 터이다.

FOIP와 AOIP가 포괄적 전략적 파트너십의 틀에서 수렴되다

아베 내각의 FOIP '전략'이 FOIP '구상'으로 그 명칭과 성격을 변화시키는 동안 아세안의 대외전략도 중대한 전환점을 맞이했다. 2019년 6월, 미일 양국이 추진한 인도·태평양전략/구상을 의식하여 인도네시아가 주도하여 발표한 「인도·태평양에 대한 아세안의 관점(AOIP)」이 그것이다. AOIP의 주된 특징은 다음 네 가지를 들 수 있다(鈴木 2021).

첫째는 새로운 틀이 아닌 아세안이 주도하는 기존 메커니즘_예를 들면 EAS_을 활용한 인도·태평양 협력 추진이다. 인도네시아는 2019년 3월 EAS(동아시아정상회의) 회원국을 초청하여 '인도·태평양에 관한 고위급 대화'를 주재했다. 둘째는 내정 불간섭, 아세안 중심성을 비롯한 제반 원칙, 개방성, 포용성, 국제법 존중 등 협력의 원칙을 강조했다. 미일 양국이 대중 배제를 염두에 두고 강조하는 인권, 민주주의 등은 거론되지 않았다.

셋째는 인도·태평양 지역을 경쟁이 아닌 대화를 중시하고 개발 및 번영을 위해 협력하는 지역으로 만든다는 방침이었다. 미일 양국의 인도·태평양전략과 중국의 일대일로 구상이 대립하는 지역이 되어서는 안 된다는 의지의 표명이었다. 넷째는 중점 협력 분야로 해양 협력, 연결성 강화, 지속 가능한 개발 목표, 경제협력을 제시했다. 정치·안보협력이 아닌 경제협력, 그 중에서 특히 연결성 강화_인프라 개발_를 추진한다는 방향성이 제시되었다.

그로부터 1년 후인 2020년 11월 일-아세안 양측은 「인도·태평양에 대한 아세안의 관점(AOIP) 협력에 대한 일본-아세안 정상회의 공동성명」을 발표했다. 이 공동성명은 일본의 FOIP(자유롭고 개방된 인도·태평양) 구상과 아세안의 AOIP(인도·태평양에 대한 아세안의 관점) 지침이 양측 간 전략적 파트너십이란 틀을 매개로 조율되었다는 점에서 중요했다.

주된 내용은 일-아세안 전략적 파트너십을 강화한다는 의지 재확인, 아세안의 일체성과 중심성, 포용성, 투명성과 같은 주요 원칙을 포함하여 아세안공동체 구축 프로세스를 보완하는 자유롭고 개방적이며 규칙에 기반한 인도·태평양 지역을 촉진한다는 공유된 견해의 상기, 개방적이고 투명하며 포용적이고 규칙에 기반한 지역 아키텍처를 형성하고 발전시키는 데 있어서 아세안이 수행하는 전략적 역할의 인식, 그리고 AOIP에서 언급한 4가지 핵심 분야에 대한 협력 실행 등이었다.

다만, 스즈키(2021)의 지적처럼 AOIP에 대한 일본의 대응은 중국의 그것에 비해 다소 소극적이었다. 중국은 AOIP에 신속하게 반응했다. 2019년 11월 중-아세안 정상회의에서는 아세안연결성마스터플랜(MPAC)과 일대일로의 시너지 추진을 담은 공동성명_양측 간 인프라 연결성 제고 및 중국의 지원 강화_을 발표했다. AOIP와 일대일로를 인프라 개발을 매개로 확실하게 연계시킨 것이다.

그에 비해 일본은 2019년 12월 FOIP 구상의 일환으로 2020년부터 3년간 총액 30억 달러에 달하는 투융자를 실시한다는 방침을 밝혔고, 2020년 11월에는 AOIP 협력에 관한 공동성명을 발표했으나 이는 어디까지나 협력의 기본 원칙을 확인하는 데 중점을 둔 것이었다. 중국처럼 아세안 측이

원하는 인프라 개발에 관한 구체적인 협력 방침은 명시되지 않았다.

다만, 2023년 이래 FOIP와 AOIP가 포괄적 전략적 파트너십(CSP)을 매개로 동조화하기 시작한 점은 주목할 만했다. 2020년 공동성명 당시 일본 스가 내각은 아베 내각 후기의 FOIP 정책 기조를 대부분 그대로 계승했다. 그에 비해 친중 성향의 자민당 보수본류 세력인 기시다 내각은 한국 문재인 정부와 마찬가지로 안보적 안건을 가능한 한 후순위로 미루고 경제적 안건을 다시 우선순위로 끌어올렸다. 그리고 경제적 안건에 있어서도 대중 배타적 성격의 지경학적 어프로치보다는 포용적인 어프로치를 취했다.

예를 들어, 기시다 총리의 2023년 3월 세계문제평의회(ICWA) 정책연설_「인도·태평양의 미래~자유롭고 개방된 인도·태평양(FOIP)을 위한 새로운 계획~필요 불가결한 파트너인 인도와 함께」_은 주목할 만하다. 일본 외무성이 공개한 개요자료에 따르면 FOIP의 핵심적 이념으로 자유, 개방성, 다양성, 포용성, 법의 지배에 대한 존중을 들었다(日本外務省 2023b). 그리고 FOIP 협력의 새로운 4가지 축_①평화의 원칙과 번영의 규칙, ②인도·태평양의 과제 대응, ③다층적 연결성, ④바다에서 하늘로 넓어지는 안전보장·안전 이용 대응_이 제시되었다.

①은 FOIP의 기둥으로 평화를 지키고 자유, 투명성, 법의 지배가 확립되어 약자가 힘으로 억압받지 않는 국제 환경 양성, ②는 FOIP의 새로운 역점으로 기후·환경, 국제보건, 사이버 공간 등의 협력 확충을 통한 각국 사회의 강인성·지속 가능성 제고, ③은 FOIP 협력의 중핵으로 연결성 강화를 통한 활력 있는 성장 실현과 각국의 취약성 극복, 그리고 ④는 FOIP의 초점인 바다의 길을 중심으로 공역 전체의 안전·안정 확보를 지향했다.

앞의 4가지 축 가운데 ①과 ④는 안보적 안건과 경제적 안건 사이의 경계가 상당 부분 희석되고 있음을 보여준다. 특히, 아래에서 인용한 FOIP의 '기본적인 인식'은 기존의 배타적 요소_지정학 게임 및 지경학 게임_를 전면적으로 부정하는 듯한 모습을 보인다는 점에서 특기할 만하다. 사실, 국제사회를 분단·대립이 아닌 협조를 이끈다는 부분, 특정국 배제와 진영 만들기,

그리고 가치관 강요를 거부한다는 부분, 지정학적 경쟁을 지양하자는 부분은 AOIP의 기본 인식과 일맥상통한다. 일본과 아세안 양측이 국제정치적 정체성을 공유하고 있다는 언급_힘이나 위압을 실행하는 주체가 아니라 그 피해를 입는 대상이라는 입장_도 흥미롭다.

- 국제사회의 다양한 목소리를 받아들여 유연한 형태로 발전하여 각국이 공유하는 '우리들의 FOIP'라는 특징을 갖는 이 비전은 국제사회를 분단과 대립이 아닌 협조로 이끈다는 커다란 목표를 위해 종래 이상으로 중요(강조점 필자).
- 작금의 전환기에 있어서도 FOIP의 기본적인 인식은 불변. 인도·태평양 지역의 연결성을 향상시켜 "힘이나 위압과는 무관하며 자유와 법의 지배 등을 중시하는 공간으로 육성하여 풍요롭게" 만들어 간다. 그러한 점에서
  → '자유', '법의 지배'를 옹호(취약한 국가일수록 법이 필요함. 유엔헌장의 제반 원칙이 지켜져야 함).
  → '다양성', '포용성', '개방성'을 존중(누구도 배제하지 않고, 진영을 만들지 않으며, 가치관을 강요하지 않는다)(강조점 필자).
- 이상을 전제로 하여 지금 취해야 하는 어프로치는,
  → '대화'에 의한 규칙 만들기. 대국·소국을 구별하지 않고 대화하여 협력해 나간다.
  → 각국 간의 '동등한 파트너십'. 일극, 양극, 다극이라는 인식이 아니라 지정학적 경쟁에 빠지는 일이 없이 법의 지배 아래에서 다양한 국가가 공존공영을 지향해 나간다(강조점 필자).
  → '사람'에 착목한 어프로치. 국가 간의 다양성·포용성을 존중하면서도 세계 어디라도 개인이 생존하고 번영하며 존엄을 갖고 살아가기 위해 필요한 조건을 갖춰 나간다.
- 미국, 호주, 인도, 아세안 회원국, 태평양도서국, 한국, 캐나다, 유럽 등과의 연계 강화. 중동 및 아프리카, 중남미에 이르기까지 FOIP의 비전을 공유하는 원을 넓혀 공동창조의 정신으로 대응해 나간다.

2023년 9월의 「제26차 일본-아세안 정상회의 의장성명」(자료 6-10), 그리고 같은 해 12월 「일본-아세안 우호 협력에 관한 공동 비전성명: 신뢰의 파

트너」(자료 6-11)는 2023년 3월의 기시다 연설을 반영한 것이라 하겠다. 앞의 의장성명은 양측 간 포괄적 전략적 파트너십 구축에 공식적으로 합의했다는 점, 그리고 AOIP를 주류화하려는 아세안의 노력을 일본이 지원하기로 했다는 점을 언급했다.

그리고 뒤의 비전성명은 AOIP 주류화에 대한 양측의 협력 추진, 양측 간 포괄적 전략적 파트너십 강화, 그리고 포괄적 전략적 파트너십의 세 가지 기둥을 언급했다. 세 가지 기둥은 ①세대를 초월하는 마음과 마음의 파트너_파트너십의 기반으로서의 상호 신뢰, 상호 이해, 상호 존중 등_, ②미래의 경제·사회를 공동 창출하는 파트너_아세안공동체, 질 높은 인프라, 공중보건, 공급망, 금융, 디지털경제, 기후변화, 재해, 외국인노동자, 여성, ODA 등_, ③평화와 안정을 위한 파트너_해양 안보, 군축·비확산, 법의 지배, 분쟁 해결 등_이다.

위 세 가지 기둥은 문재인 정부가 신남방정책을 통해 표명했던 지향점_①사람공동체, ②상생번영공동체, ③평화공동체_과 그 우선순위가 흡사하다. 자세히는 7장에서 다루겠지만 신남방정책은 강대국 간 지정학·지경학 게임에 가담하지 않으면서 최대한 이를 우회하기 위해 제시된 것이었다. ③의 군사·안보 관련 안건이 처음에서 1순위였다가 이후에 3순위로 변경된 것도 그 때문이다. 기시다 내각의 'FOIP를 위한 새로운 계획'도 지정학 게임의 지양을 표방한다. 그렇다면 적어도 탈지정학·탈지경학 게임이란 측면에서 보면 한국과 일본, 그리고 아세안은 공통의 전략적 지향점을 갖는 셈이다.

6. 나가는 말

일-아세안 간 [전략적] 파트너십은 한국과 중국의 아세안과의 파트너십과 비교하면 한층 더 긴밀한 것으로 평가할 수 있다. 교류·협력의 경험이 상당히 축적되어 있으며 정책 엘리트들 간의 대화·협의 체제도 잘 갖추어진 것으로 알려져 있다. 게다가 국민 간 상호신뢰 수준도 매우 높은 편이며 대체로 서로를 믿을 수 있는 파트너로 간주하는 경향이 강하다. 다만, 파트너십이 전략적 파트너십, 그리고 포괄적 전략적 파트너십으로 발전하는 가운데 양측 간 파트너십에 중국의 그림자가 갈수록 짙게 드리워지기 시작했다. 중국 요인은 양측 간 파트너십을 때로는 추동하고, 때로는 제약했다. 한편, 양측 간 파트너십이 발전하는 가운데 정치·안보적 의제가 점차 많아졌으나 경제적 의제의 중요성이 줄어드는 일은 없었다. 이하, 일-아세안 파트너십의 특징을 정리해 보자.

첫째, 규범과 가치가 일-아세안 파트너십을 추동한 주된 요인은 아니었다. 아세안 측은 평등/상호 존중/상호 이해, 국가주권 및 영토보전의 존중, 무력행사 포기, 분쟁의 평화적 해결 등과 같은 전통적 규범을 일관되게 중시했다. 그에 대해 일본 측은 21세기에 들어선 이후 법의 지배, 규칙 기반 질서, 인권 및 기본적 자유 옹호 등 이른바 보편적 가치를 강조하는 경향이 많아졌다. 보편적 가치를 특히 중시한 것은 아베 내각이었다. 이러한 차이점에 대해 일-아세안 양측은 당초에 두 가지 모두를 공동선언·성명에 나열하는 방식을 취했다. 하지만, 갈수록 아세안 측이 중시하는 규범·가치가 우세해지고 일본 측이 강조하는 보편적 가치에 대한 언급이 감소되는 현상을 관찰할 수 있었다.

둘째, 일-아세안 간 파트너십의 협력 범위는 한-아세안, 중-아세안 파트너십과 유사하게 경제 분야에서 정치·안보 분야로 확대되었다. 다만, 다른 파트너십과 달리 일-아세안 파트너십은 1970년대 이래의 사회·문화적 교류·협력의 전통을 갖고 있었다. 협력의 포괄성이란 측면에서 보면 가장 앞선 형태라고 할 수 있었다. 그리고 파트너십의 근간인 경제협력에서는 일본 측의 체계적이고 세밀한 지원이 두드러졌다.

2010년대 들어서 양측 간에 경제협력은 물론 정치·안보협력이 많은 진전을 보인 데에는 중국 요인을 제외하면 설명하기 어려웠다. 정치 분야에서는 아세안이 주도하는 다자주의 메커니즘에 대한 일본의 지지와 지원, 안보 분야에서는 비전통 안보에 국한되긴 했으나 일본의 해양 안보에 대한 적극적인 어프로치가 두드러졌다.

셋째, 동아시아 지역주의를 둘러싼 일-아세안 협력에서는 일본의 영향력이 여전히 강력함을 확인할 수 있었다. 특히, 일본은 중국이 선호하는 아세안+3가 아닌 EAS를 동아시아 경제통합의 기본적인 틀로 설정하는 데 성공했다. 이 과정에 일본과 아세안 주요국_인도네시아, 싱가포르, 태국 등_ 간의 정책 조율이 중요한 역할을 한 것으로 보인다. 다만, EAS의 기본적인 성격 _아세안+8 구성 및 전략적·정치적·안보적·경제적 포럼으로서의 성격_, 그리고 일본의 TPP(환태평양경제동반자협정) 중시는 동아시아 지역주의를 일정 부분 정체시키는 부작용을 초래하기도 했다.

한편, 아베 내각 이래의 FOIP 구상과 질 높은 인프라 이니셔티브 등은 본래 대중 배타적 의도를 반영한 것이었으나 점차 포용적인 것으로 변화했다. 일-아세안 간 파트너십이 지역 질서를 공동으로 형성하는 단계로 진화하고 있음을 엿볼 수 있었다.

넷째, 일-아세안 관계는 실질적으로 상당히 공고한 편이었다. 앞서 일-아세안 파트너십이 한-아세안 및 중-아세안 파트너십보다 긴밀하다고 언급한 바 있다. 물론 공고함과 긴밀함은 같은 의미는 아니다. 공고함은 리질리언스(resilience: 회복탄력성 또는 강인성)에 가까운 개념이다. 아무리 경제적 상호의존도가 높거나 정치적으로 긴밀한 관계를 맺고 있더라고 이것이 곧바로 공고함을 의미하지는 않는다. 서로 의지할 수 있는 파트너로 여겨지기 위해서는 상호이익은 물론 오랜 기간의 상호신뢰와 존중이 뒷받침되어야 한다. 그리고 경제적인 힘의 비대칭성은 불가피하나 적어도 정치적 평등성이 확보되어야 한다. 그런 의미에서 정치·안보적 개입이나 간섭의 가능성을 차단한 후쿠다 독트린의 선견지명은 높이 평가할 만했다.

현재의 일-아세안 간 파트너십은 발전할 여지가 크다. 서로를 안보 위협으로 인식하지 않고, 경제적으로 서로를 필요로 하며, 사회·문화적 유대감과 친밀성도 강하다. 지정학, 지경학적으로도 서로는 가장 유력한 제3의 옵션이다. 일-아세안 파트너십이 당면한 핵심 과제는 AOIP 주류화이다. AOIP는 경제적으로 연결성을 전면에 내걸었으나 정치·안보적으로는 서로 분열되고 전략적 자율성이 없으며 주변화되고 또한 강대국 간 권력정치에 휘둘리는 상황을 방지하기 위해 아세안의 중심성과 일체성을 재구성하려는 시도이기도 하다.

아세안 측의 AOIP 주류화_탈지정학·지경학적 경제협력 및 통합 게임_ 노력에 대해 일본은 지지와 지원을 천명했다. 일본이 AOIP의 주류화에 대해 전면적으로 지원하고 실질적인 동조화까지 해나갈 수 있다면, 다시 말해 비전과 정체성, 그리고 미래를 실질적으로 공유해 나갈 수 있다면 일-아세안은 미국이나 중국 중심의 질서나 세력권으로부터 상당한 자율성을 지닌 제3지대를 형성할 수 있을지도 모른다. 이는 미중 간 지정학·지경학적 경쟁이 초래하는 위험에 대해 강력한 방파제가 될 수도 있다.

참고문헌

박번순(2020) 『아세안의 시간: 동남아시아 경제의 어제와 오늘』(서울: 한국방송통신대학교출판문화원).

박세환·서승원(2022) "한·중·일 3국의 대 동남아시아 무기 이전 비교 연구: 자주국방, 대국 외교, 그리고 해양 안보," 『외국학연구』 제62집, pp.419-452.

서승원 (2020)"한일 양국의 대 아세안 안보정책: 신남방정책과 자유롭고 개방된 인도·태평양 지번, 그리고 역외 중간국의 전략적 영향력," 『비교일본학』 제48집, pp.57-80.

이지영(2018) "일본의 대 ASEAN 전략의 변화," 『21세기정치학회보』 제28집 4호, pp.125-146.

허원영(2022) "2010년대 한중일의 동남아시아에 대한 자금 흐름 개관," 미간행 보고서.

허원영(2023) "한일 대 동남아시아 공적개발원조(ODA) 비교연구: 원조 정책은 지역구상과 어떻게 만나고 변화하는가?" 고려대학교대학원 중일어문학과 박사학위청구논문.

青井佳恵(2020) "日本の諸外国に対する海上法執行能力構築支援: 巡視船艇及び自衛隊の装備品等の供与を中心に," 『レファレンス』第831巻, pp.63-83.

神谷万丈(2019) "'競争戦略'のための'協力戦略': 日本の'自由で開かれたインド太平洋戦略(構想)の複合的構造," SSDP安全保障·外交政策研究会 提言·論考, http://ssdpaki.la.coocan.jp/proposals/26.html

齋藤潤(2022) "齋藤潤の経済バーズアイ(第120回) GVCにおける日本の地位低下をどう考えるか," 日本経済研究センター, https://www.jcer.or.jp/j-column/column-saito/2022044-2.html

白石昌也(2014) 『日本の'戦略的パートナーシップ'外交: 全体像の俯瞰』(東京: 早稲田大学アジア太平洋研究センター).

鈴木早苗(2021) "ASEANのインド太平洋方針と日中の対応," 日本国際問題研究所研究レポート, https://www.jiia.or.jp/research-report/post-58.html

西田一平太(2018) "日本の対ASEAN防衛外交: ビエンチャン·ビジョンとは何か?" 笹川平和財団 国際情報ネットワーク分析IINA, https://www.spf.org/iina/articles/nishida-asean-economy.html

日本外務省(2023a) "自由で開かれたインド太平洋(Free and Open Indo-Pacific)," https://www.mofa.go.jp/mofaj/files/000430631.pdf

日本外務省(2023b) "自由で開かれたインド太平洋(FOIP)のための新たなプラン," https://www.mofa.go.jp/mofaj/files/100477659.pdf

JETRO(2023) "ASEANの貿易と投資(世界貿易投資動向シリーズ), 12月18日, https://www.jetro.go.jp/world/asia/asean/gtir.html

武田正徳(2020) "能力構築支援と防衛装備移転," 『郷友』9·10月合併號, http://www.goyuren.jp/20kiji/20toukou/nouryoku-koutikusienn-takeda.pdf

寺田貴(2022), "第5章. TPP·通商: 世界でも有数のFTA国家に," アジア·パシフィック·イニシアティブ『検証 安倍政権: 保守とリアリズムの政治』(東京: 文藝春秋), pp.194-230.

波多野澄雄·佐藤晋(2007) 『現代日本の東南アジア政策: 1950-2005』(東京: 早稲田大学出版部).

孟渤・程文銀(2023)"第11章 ASEANと日本との貿易・投資関係: グローバル・バリューチェーンの視点から,"濱田美紀(編)『日本ASEAN友好協力50周年に考える: ASEANと日本, 変わりゆく経済関係』(千葉: アジア経済研究所), https://www.ide.go.jp/library/Japanese/Publish/Reports/Kidou/pdf/2023_asean_11.pdf

吉田泰彦(2021)"RCEP交渉妥結と我が国の取組,"独立行政法人経済産業研究所(RIETI), https://www.rieti.go.jp/jp/papers/contribution/yoshida/02.html

ASEAN Secretariat(2013) "日・ASEAN友好協力40周年: つながる想い, つながる未来." https://www.mofa.go.jp/mofaj/area/asean/j_asean/ja40/pdfs/pamph_jp.pdf

ASEAN Secretariat(2018) "Overview of ASEAN-Japan Dialogue Relations," https://asean.org/wp-content/uploads/2012/05/Overview-ASEAN-Japan-Relations-As-of-16-August-2018-rev.pdf

ASEAN Secretariat(2023) "Overview of ASEAN-Japan Comprehensive Strategic Partnership," https://asean.org/wp-content/uploads/2023/12/Overview-of-ASEAN-Japan-CSP-full-versionas-of-December-2023.pdf

Bobowski, Sebastian (2015) "An Insight into Asian Trade Regionalism: Japan's Double Membership in the Exclusive Games of TPP and RCEP," *Review of Asian and Pacific Studies*, No.40, pp.141-166.

Bradford, John (2022) "Japan steams ahead as Southeast Asia's Vanguard Maritime Partner," in Stephen R. Nagy (ed.), *Japan in the Indo-Pacific: Investing in Partnerships in South and Southeast Asia* (Stockholm: Institute for Security and Development Policy), pp.41-47.

Dasgupta, Paramita and Kakali Mukhopadhyay (2017) "The Impact of the TPP on Selected ASEAN Economies," *Journal of Economic Structures*, Vol.26, No.6, pp.1-34.

Grønning, Bjørn Elias Mikalsen (2018) "Japan's security cooperation with the Philippines and Vietnam," *The Pacific Review*, Vol.31, No.4, pp.533-552.

Hosoya, Yuichi (2019) "FOIP 2.0: The Evolution of Japan's Free and Open Indo-Pacific Strategy," *Asia-Pacific Review*, Vol.26, Issue.1, pp.18-28.

Hughes, Chris (2018) "Japan's Emerging Arms Transfer Strategy: Diversifying to Re-centre on the US-Japan Alliance," *The Pacific Review*, Vol.31, No.4, pp.424-440.

Ishida, Yasuyuki (2018) "Japan and ASEAN: Evolving Strategic Partnership From Fukuda to Abe Doctrine," *Jindai Journal of International Affairs*, Vol.6, No.2, pp.12-37.

Koga, Kei (2022) "Southeast Asia in Japan's FOIP Vision 2022," in Nagy (ed.), *Japan in the Indo-Pacific*, pp.23-32.

Lee, John (2016) "In Defense of the East Asian Regionalism Order: Explaining Japan's Newfound Interest in Southeast Asia," *Geopolitics, History, and International Relations*, Vol.8, No.1, pp.30-53.

Nagy, Stephen (2022) "Japan-Southeast Asian Relations: Investing in Security and Strategic Autonomy," in Stephen R. Nagy (ed.), *Japan in the Indo-Pacific: Investing in*

Partnerships in South and Southeast Asia (Stockholm: Institute for Security and Development Policy), pp.16-21.

Satake, Tomohiko (2019) "Japan's 'Free and Open Indo-Pacific Strategy' and Its Implication for ASEAN," Daljit Singh and Malcolm Cook (eds.), *Southeast Asian Affairs* 2019 (Singapore: ISEAS-Yusof Ishak Institute), pp.69-82.

Sudo, Sueo (2015) *Japan's ASEAN Policy: In Search of Proactive Multilateralism* (Singapore: ISEAS).

Shoji, Tomotaka (2015) "Japan's Security Cooperation with ASEAN: Pursuit of a Status as a 'Relevant' Partner," *NIDS Journal of Defense Security*, Vol.16, pp.97-111.

7장

한국과 아세안
: 중간국 간 연대의 모색

1. 들어가는 말

중국은 전통적으로 국경을 접하는 동남아시아 대륙부 국가들과 깊은 정치·외교적 관계를 맺어왔다. 냉전 시기에는 말레이시아, 인도네시아, 필리핀 등 동남아시아 해양부 국가들의 공산주의 세력을 지원하는 등 정치적 개입을 일삼기도 했다. 일본도 제2차 세계대전 당시 동남아시아 지역_당시는 서구열강의 식민지_을 침략하거나 식민지 해방에 관여했다. 그리고 패전 이후에는 경제적 지원과 협력, 그리고 일본 기업 진출 등으로 경제적 영향력을 확대해 왔다.

중일 양국에 비해 한국의 동남아시아와의 교류는 상대적으로 짧고 관여의 경험도 많지 않다. 우선, 한국-동남아시아 관계의 개략적인 추이를 정리해 보자. 첫째는 냉전이란 구조적 요인이 크게 작용한 반공연대의 시대이다. 한국전쟁 당시 동남아시아 국가들 가운데 태국과 필리핀은 유엔군의 일원으로 참전했다. 베트남전쟁 당시는 한국이 파병했다. 태국·필리핀 및 한국의 파병은 동북아시아 및 동남아시아의 공산화 저지를 기치로 내건 미국 측의 요청에 따른 것이었다.[1]

---

1 태국은 3년 동안 지상군 1개 대대, 함정 3척, 수송기 1개 편대, 의료지원부대_참전 인원 3,650명. 사상자 1,296명_를, 필리핀은 5년 동안 지상군 5개 대대_참전 인원 7,420명. 사상

둘째는 본격적인 경제교류·협력의 시대이다. 냉전 해체 직전인 1980년대 중반 이후 한국과 동남아시아 간 경제교류·협력이 급속도로 확대되었다. 한국은 대만, 홍콩, 싱가포르와 함께 신흥공업국(NICs) 또는 '아시아의 네 마리 용'으로 불렸다. 이들은 선두 주자인 일본에 이어 경제발전을 이루었으며 값싼 노동력과 풍부한 자원을 보유한 동남아시아에 진출했다.[2] 그 위에 1990년대 후반 동아시아 외환위기는 동아시아 의식의 형성, 그리고 세계화 및 경제 블록화에 대응한 동아시아 지역주의의 중요한 계기가 되었다.

셋째는 경제교류·협력은 물론 정치·외교, 군사·안보 관계까지 포함한 전방위적 제휴의 시대이다. 21세기에 접어들면서 한국과 아세안, 그리고 한국과 동남아시아 각국의 관계는 급속도로 긴밀해졌다. 아세안은 2018년 중국에 이어 한국의 두 번째 교역 대상 지역_같은 해 교역규모 1,597억 달러_이 되었다. 최근 한국의 대아세안 투자_2016~2020년 317억 달러_는 대중 투자를 상회하기에 이르렀다.

이를 제도적으로 뒷받침한 것이 경제·통상협정이었다. 한국은 싱가포르(2005년), 아세안(기본 협정 2005년, 상품 무역협정 2006년, 서비스 무역 협정 2007년, 투자협정 2009년), 베트남(2015년), 인도네시아(2020년), 캄보디아(2021년), 필리핀(2023년)과 각각 FTA/CEPA를 체결했다.[3] 아세안과의 FTA는 한국이 거대 경제권과 체결한 최초의 사례였다. 덧붙여 한국은 아세안 10개국과 함께 역내포괄적경제동반자협정(RCEP)도 체결했다(2020년).

양측 간의 정치·외교, 군사·안보 관계도 급진전했다. 한-아세안 정상회

자 468명_를 파병했다. 한국군의 베트남 파병은 총 3차례 이루어졌으며, 전쟁 후반 베트남 주둔 병력 규모는 47,860명이었다.

[2] 한국과 동남아시아는 국제 분업질서에 편입되었다. 일본이 선두에 서고 그 뒤를 신흥공업국, 그리고 또 그 뒤를 동남아시아와 중국이 단계적으로 경제성장을 이루는 방식으로 이른바 '안행형(雁行型) 성장모델'로 일컬어졌다.

[3] 한-인도네시아와의 포괄적경제동반자협정(CEPA)은 양허 품목, 원산지 결정 기준 및 증명 방식, 서비스 투자 및 경제협력 등에서 FTA보다 더 높은 수준을 지향한다.

의는 1997년 이후 정기적으로 개최되었으며, 한국이 주최하는 한-아세안 특별정상회의도 이례적으로 세 차례(2009년, 2014년, 2019년)나 개최되었다. 더욱 중요한 것은 중국-아세안 관계, 일본-아세안 관계와 유사하게 양측도 전략적 파트너십을 관계 발전을 위한 핵심적인 틀로 설정해 왔다는 점이다.

한-아세안 파트너십(2004년)과 전략적 파트너십(2010년), 한-메콩 파트너십(2011년)과 전략적 파트너십(2020년), 한-인도네시아 전략적 파트너십(2006년. 2017년 특별 전략적 파트너십으로 격상), 한-베트남 전략적 파트너십(2009년. 2022년 포괄적 전략적 파트너십으로 격상), 한-태국 전략적 파트너십(2012년) 등이 그것이다.

그렇다면 한-아세안 양측이 서로 급속하게 접근한 배경은 무엇인가? 전략적 파트너십은 어떤 내용을 담았으며, 그 지향점은 무엇이었는가? 그리고 전략적 파트너십은 어떠한 특성을 갖는가? 유감스럽게도 전략적 파트너십의 관점에서 양측의 관계를 다룬 연구는 별로 없다. 지역주의 관점에서 한-아세안 전략적 파트너십을 분석한 창(Chang 2022), 한-아세안 간 사회·문화적 교류와 파트너십을 분석한 로스랜드(Rosland 2020), 한중일 3국의 대 동남아시아 전략적 파트너십을 비교한 정찬·서승원 (2022) 정도에 불과하다.[4]

양측 간 정치·외교 또는 군사·안보 관계에 관한 연구도 사정은 비슷하다. 게다가, 한국과 아세안 회원국 사이의 양자관계를 다룬 연구는 거의 찾아보기 어렵다. 다만, 다행스럽게도 최근 국립외교원 아세안·인도연구센터가 전반적인 한-아세안 관계를 다룬 『한-아세안 외교 30년을 말하다』(2022년)를 발간했다. 이 장을 작성하는 데 큰 도움이 되었다.

이하에서는 다른 장과 마찬가지로 파트너십 공동선언·성명을 중심으로 한-아세안 관계를 회고(2절)한 다음 주요 분야별 파트너십의 실상_정치·안보적 관계(3절), 경제교류·협력(4절), 인적·사회문화적 교류(5절), 미중 전략 경쟁 하의 협력(6절)_을 들여다본다. 그리고 마지막에서는 한-아세안 파트너십을 평가

---

4 참고로, 경제·통상이나 ICT 분야 등에서의 파트너십을 다룬 연구는 상대적으로 활발하다(Thang et al. 2016; Hartono et. al, 2021; 김지현 2023).

하고 약간의 전망을 논하겠다.

2. 회고: 한국과 아세안, 동행(同行)의 파트너십

21세기에 관계가 급속히 긴밀해지다

한-아세안 간 전략적 파트너십은 다층적 구조를 갖는다. 먼저 한국과 아세안 개별회원국 사이의 양자 간 파트너십이 존재하고, 다음으로 한국과 지역 기구로서의 아세안, 그리고 한국과 메콩 5개국 사이의 다자 간 파트너십이 존재한다. 시기별로 보면 한-인도네시아 전략적 파트너십(2006년→2017년 특별 전략적 파트너십), 한-베트남 전략적 파트너십(2009년→2022년 포괄적 전략적 파트너십), 한-아세안 전략적 파트너십(2010년), 한-태국 전략적 파트너십(2012년), 그리고 한-메콩 전략적 파트너십(2020년) 순으로 전개되었다. 중일 양국이 아세안과 전략적 파트너십을 맺은 다음에 아세안 회원국과 전략적 파트너십을 수립한 것과 차이를 보였다.[5]

먼저 다자 간 전략적 파트너십의 추이를 살펴보자. 한국-아세안 관계는 냉전 해체를 전후한 시기부터 비약적인 발전을 보였다. 그 시작은 1989년 11월 한-아세안 간 '부분 대화 파트너' 관계의 수립이었다. 아세안은 1970년대 국제사회에서 영향력을 확대하기 위해 선진국들_호주(1974년), 뉴질랜드(1975년), 미국, 일본, 캐나다, 유럽공동체(EC)(이상 1977년)_과 대화 파트너 관계를 수립하고 있었다. 당시 한국도 대화 파트너 관계를 제의했으나 아세안 측은 한국이 선진국이 아니었던 점_경제협력 동기가 크지 않았음_, 복잡한 남북 관계에 연루되고 싶지 않았던 점 등을 배경으로 미온적인 반응을 보였다.

---

5 한-말레이시아, 한-필리핀 간 전략적 파트너십은 협의 중이다.

<표 7-1> 한국-아세안 관계 전개

연월	내용
1989년	한-아세안, 부분 대화 파트너 관계 수립(11월)
1990년	마하티르 총리, 동아시아경제그룹(EAEG) 제창(12월)[1991년 10월 동아시아경제회의(EAEC)로 개칭]
1991년	한-아세안, 완전 대화 파트너 관계 수립(7월)
1993년	아세안지역안보포럼(ARF) 설립(1월)
1992년	한-베트남 수교(12월)
1995년	한-라오스 수교(10월)
1997년	한-캄보디아 수교(10월), 제1차 아세안+3 정상회의 및 제1차 한-아세안 정상회의 개최(12월)
1998년	아세안+3 정례화 합의(12월)
1999년	아세안+3, 동아시아비전그룹(EAVG) 출범(12월)
2001년	아세안+3, 동아시아비전그룹(EAVG) 보고서 채택(11월)
2004년	한-아세안 포괄적 협력 파트너십 수립(11월), 한국, 동남아시아우호협력조약(TAC) 가입(11월)
2005년	한-싱가포르 FTA 체결(8월), 제1차 동아시아정상회의(EAS) 개최(12월), 한-아세안 FTA 체결(12월)
2006년	한-아세안 FTA 상품협정 체결(8월), 한-인도네시아 전략적 파트너십 수립(12월)
2007년	한-아세안 FTA 서비스협정 체결(11월)
2009년	한-아세안센터 출범(3월), 한-아세안 특별정상회의 개최(제주)(6월), 한-아세안 FTA 투자협정 체결(6월), 한-베트남 전략적 파트너십 수립(10월)
2010년	한-아세안 전략적 파트너십 수립(10월)
2011년	제1차 한-메콩 외교장관회 개최 및 한-메콩 포괄적 파트너십 수립(10월)
2012년	주아세안 한국대표부 개설(9월), 한-태국 전략적 파트너십 수립(11월)
2013년	한-인도네시아 국방 협력 협정 체결(2018년 비준)
2014년	한-아세안 특별정상회의 개최 및 한-아세안 공동비전 성명 발표(부산)(12월)
2015년	제17차 한-아세안 정상회의(쿠알라룸푸르)(11월)
2016년	제18차 한-아세안 정상회의(비엔티안)(9월)
2017년	한국, 아세안문화원 개원(부산)(9월), 한-미얀마 국방 협력 양해각서(9월), 제19차 한-아세안 정상회의(마닐라)(11월), 한국, 한-아세안 미래공동체 구상(신남방정책) 발표(11월), 한-인도네시아 특별 전략적 파트너십 격상(11월)
2018년	한-베트남 상호군수지원협정(ACSA) 체결(4월), 한-태국 군사정보보호협정(GSOMIA) 체결(9월), 제20차 한-아세안 정상회의(싱가포르)(11월)
2019년	한-아세안 특별정상회의(부산)(11월), 제1차 한-메콩 정상회의 개최(부산)(11월)
2020년	역내 포괄적 경제동반자 협정(RCEP) 체결(11월), 제21차 한-아세안 정상회의(화상회의, 베트남 주최)(11월), 한국, 신남방정책 플러스 발표(11월), 한-메콩 전략적 파트너십 수립(11월)
2021년	제22차 한-아세안 정상회의(화상회의, 브루나이 주최)(10월), 한국, 인도·태평양전략 및 한-아세안 연대구상 발표(11월)
2022년	제23차 한-아세안 정상회의(캄보디아 주최)(11월), 한국, 한-아세안 연대구상(KASI) 발표(11월), 한-베트남 포괄적 전략적 파트너십 격상(11월)
2023년	한미일 정상회의 공동성명(캠프 데이비드 정신) 발표(8월), 한-아세안 정상회의개최(자카르타) 및 AOIP 협력 공동성명 발표(9월)

출처: 신재혁(2023, 500-501) 및 외교부, "한-아세안 개요"
(https://www.mofa.go.kr/www/wpge/m_3921/contents.do)를 참조하여 작성.

    1980년대에 들어서면서 한국의 대 아세안 외교는 더욱 활발해졌다. 전두환 정부는 대통령 자신과 외무장관의 정력적인 아세안 회원국 순방 등을 통해 분위기 조성에 나섰다. 그리고 한국의 비약적인 경제성장은 아세안 측에 한국과의 경제협력에 대한 기대감을 심어주기 시작했다. 1988년 서울올림픽 개최와 7.7선언_남북한 교차 승인 및 북방외교 표방_은 한국의 국제적 위상 제고와 남북 관계에 대한 부담 경감으로 이어졌다. 바로 이 시점에 노태우 정부가 '완전 대화 파트너 관계'의 전 단계로서 '부분 대화 파트너 관계'를 수립하자는 아이디어를 제시한 것이 주효했다. 아세안 측도 이를 받아들여 1988년 10월 경제각료회의에서 한국을 정치 분야를 제외한 여타 분야_통상·투자·관광_의 대화 파트너로 선정했다(심윤조 2019, 51-53).

채 2년이 지나지 않은 시점에 완전 대화 파트너 관계로 격상된 것은 전례 없이 빠른 것이었다. 1991년 7월 아세안 측이 한국과의 관계를 완전 대화 파트너로 격상하기로 합의한 배경에는 아세안 상임위원회 의장을 맡고 있던 마하티르 말레이시아 총리의 기여가 컸다. 마하티르 총리는 당시 아세안 7개국과 동북아시아의 한국, 중국, 일본, 홍콩, 대만을 하나의 공동시장으로 묶는 동아시아경제그룹(EAEC) 구상을 제시하고 있었다. 아세안은 1992년 인도와 부분 대화 파트너 관계, 1996년 중국 및 러시아와 완전 대화 파트너 관계를 수립했다.

완전 대화 파트너 관계는 한국의 외교가 선진국 대화 파트너 수준으로 격상되었음을 의미했다. 양측 간의 협력 범위도 투자·통상·관광 분야를 넘어 정치·안보·문화 등 제반 분야로 확대되었다. 한국이 그 후 확대아세안 외무장관회의(PMC)_6+1회의 및 6+7회의_는 물론 아세안+3, 동아시아정상회의(EAS) 등 다양한 협력체의 창립 멤버로 참여할 수 있게 된 것은 완전 대화 파트너 관계를 수립했기에 가능한 것이었다(심윤조 2022, 64-65).

21세기에 들어서자 양측 간 관계는 더욱 긴밀해졌다. 2004년 11월에는 한국의 동남아시아우호협력조약(TAC) 가입과 더불어 「대한민국과 동남아시아국가연합(ASEAN)의 포괄적 협력 동반자관계에 관한 공동선언」이 발표되었다(자료 7-2). 양측 간 파트너십은 6년 후 다시 전략적 파트너십_「2010년 평화와 번영을 위한 대한민국-아세안 전략적 동반자관계 공동선언」(2010년 10월)_으로 격상되었다(자료 7-3).

양측 간 전략적 파트너십은 박근혜 정부 시기의 「전략적 동반자관계 미래 비전 공동성명」(2014년 12월), 그리고 문재인 정부 시기의 「평화·번영과 동반자관계를 위한 한-아세안 공동비전 성명」(2019년 11월)을 통해 지속적으로 강화되었다(자료 7-4, 자료 7-6). 그에 더해, 한국-메콩 5개국 간에도 「사람·번영·평화의 동반자관계 구축을 위한 한강·메콩강 선언」(2019년 11월), 「제2차 대한민국-메콩 정상회의 공동성명」(2020년 11월)이 발표되었다(자료 7-7, 자료 7-8). 1년 만에 파트너십이 전략적 파트너십으로 격상된 점도 이례적이었다.

한편, 한국과 아세안 개별회원국 사이의 전략적 파트너십은 중일 양국에 비해 그 수는 적지만 상대적으로 견실한 면모를 보였다. 가장 앞선 것이 한-인도네시아 간 「21세기 우호 협력을 위한 전략적 동반자관계 공동선언」(2006년 12월)이었다. 한국에게 인도네시아는 아세안을 실질적으로 주도하는 지역 강국이고, 정치·안보적으로도 중요한 국가이며, 시장과 자원 등 동남아 최대의 경제적 잠재력을 보유한 국가였다. 정상회의(자카르타)에서 수실로 밤방 유도요노(Susilo Bambang Yudhoyono) 대통령은 노무현 대통령의 방문이 양국 관계 발전의 커다란 이정표가 될 것이라고 평가했고, 노무현 대통령은 교역과 자원을 넘어 모든 분야에서 상호 의존하는 파트너 관계가 되었다면서 양국이 병행 발전하기 위한 전략적 사업을 할 때가 되었다고 강조했다.

한-인도네시아 전략적 파트너십은 이후에 더욱 보완, 강화되었다. 양측은 박근혜-유도요노 시기 전략적 파트너십을 보다 구체적으로 발전·강화시키는 것을 목표로 「한국-인도네시아 정상 공동성명」(2013년 10월, 자카르타)을 발표했다. 그리고 문재인-조코 위도도(Joko Widodo) 시기에는 기존의 전략적 파트너십을 '특별 전략적 파트너십'으로 한층 더 격상시켰다. 한국이 동남아시아 측과 합의한 전략적 파트너십 가운데에서는 가장 높은 수준이었다.[6] 두 정상이 「한국-인도네시아 공동 번영과 평화를 위한 공동비전성명」(2017년 10월, 자카르타)을 통해 양국의 전략적 이해가 수렴되는 방향으로 관계를 진전시키기로 합의한 점은 주목할 만했다.

한국이 인도네시아에 이어 전략적 파트너십에 합의한 것은 베트남이었다. 한-베트남 관계에서는 경제교류·협력이 압도적인 비중을 차지했다. 2022년 말 기준 베트남은 중국, 미국에 이은 한국의 3대 교역 상대국이다. 한편, 한국은 베트남의 최대 교역 상대국이자 투자국이다. 이명박-응우옌 밍 찌엣(Nguyen Minh Triet) 시기 양측은 「한국-베트남 전략적 협력 동반자관계 구축을 위한 공동성명」(2009년 10월, 하노이)에 합의했다. 2001년 노무현-전 득 르엉(Tran Duc Luong) 시기에 합의한 '21세기 포괄적 동반자관계'를 격상시킨 것이었다.

그에 이어 2018년 3월 베트남을 방문한 문재인 대통령이 '포괄적 전략적 동반자관계'로 격상할 것을 제안한 데 이어, 2022년 12월 윤석열 대통령과 방한한 응우옌 쑤언 푹(Nguyen Xuan Puuc) 베트남 주석은 「포괄적 전략 동반자관계에 관한 한국-베트남 공동선언」을 발표했다.[7] 양측 간 교역규모의 가일층 확대와 한국의 ODA 공여 확대를 비롯한 경제협력 안건을 제외하면 정치·안보 분야의 새로운 협력 움직임이 두드러졌다. 동 공동선언은 윤석열 정부의 인도·태평양전략과 한-아세안 연대구상, 그리고 남중국해에서의 일방적 현상 변경 반대를 명시했다.

또한, 2023년 6월 윤석열 대통령의 베트남 방문을 계기로 양측은 「포괄적 전략 동반자관계 이행을 위한 대한민국 정부와 베트남 사회주의 공화국 간 행동 계획」도 마련했다. 외교·안보 대화 및 국방 협력은 한-인도네시아

---

6 한국은 인도(2015년), 인도네시아(2017년), UAE(2018년), 우즈베키스탄(2019년)과 특별 전략적 파트너십을 수립했다.
7 베트남의 포괄적 전략적 파트너십 대상국은 중국, 러시아, 인도에 이어 한국이 네 번째다.

관계와 비슷한 수준으로 발전시키려는 것으로 보이며, 특히 양측이 인도·태평양경제프레임워크(IPEF) 등에서 긴밀히 협의하기로 한 부분은 주목할 만했다. 미국의 인도·태평양전략에 대해 소극적 자세를 보였던 문재인 정부의 정책 기조와는 매우 상반되는 행보였다.

마지막으로 한-태국 간 전략적 파트너십은 이명박-잉락 친나왓(Yingluck Shinawatra) 시기에「한국-태국 공동언론발표문」(2012년 11월, 방콕)이 이루어졌다. 무역 활성화, 관광 협력 확대, 국방 및 방산 협력 심화, 한-메콩 협력_태국은 메콩 5개국 협의체의 주도국임_ 등이 주된 안건이었다. 그리고 윤석열-쁘라윳 짠오차(Prayut Chan-o-cha) 시기인 2022년 11월 양측은「한국과 태국 사이의 전략적 동반자관계를 강화하기 위한 공동행동 계획 공동선언」(캄보디아 프놈펜)을 발표했다.[8] 덧붙여, 양측은 수교 70주년인 2028년에 포괄적 전략적 파트너십으로 격상하기로 합의했다.

한-아세안 전략적 파트너십의 지향점은 어디일까?

다음으로, 한-아세안 전략적 파트너십 공동선언은 어떠한 내용을 담았을까? 첫째, 양측이 공유하는 규범·가치를 가장 포괄적으로 언급한 것은 2019년 공동성명이었다(자료 7-6). 이 공동성명은 2014년 공동성명과 마찬가지로 안정적이고 평화로운 역내 환경을 구축하기 위해 아세안 중심성과 아세안의 선도적인 역할이 최우선적인 원동력이라는 점, 그리고 유엔헌장, 아세안헌장, 동남아우호협력조약(TAC)의 핵심 규범·원칙·가치를 준수한다는 점을 강조했다.

그리고 미래 발전에 대해 다음처럼 언급했다. 즉, "통합되고, 평화롭고, 안정적인 공동체라는 아세안 비전에 대한 공통된 목표를 바탕으로 사람 중심의 평화와 번영의 공동체를 구축하여 공동 번영을 누리고, 역내 항구적

---

[8] 급히 마련되었는지 아니면 내용에 관해 구체적인 합의에 도달하지 못했는지는 불분명하지만 언론에 공개된 동 행동 계획은 개요만 간결하게 언급하고 있다.

평화와 안정을 실현하며, 상품과 서비스의 보다 자유로운 이동을 포함한 공동의 노력을 통해 역내 공동 번영을 가속하고, 상호 이해를 증진하며, 인적 이동 및 문화교류의 촉진을 통해 한-아세안 우호 관계를 심화한다."

이상은 아세안 측이 지향하는 아세안공동체 구축과 한국 측이 추진하는 신남방정책의 방향성을 접목시킨 것이라고 할 수 있었다. 한편, 미래 발전 관련 사항 가운데 "한-아세안 전략적 동반자관계를 통해 역내·국제 평화, 안보, 안정, 번영 및 협력관계 증진에 기여한다."라는 부분도 흥미롭다. 양측이 전략적 파트너십을 어떻게 규정하고 있는지를 잘 보여준다.

둘째, 정치·안보 분야에서는 2004년 공동선언 이래 한국의 한반도 평화 체제 구축 노력에 대한 아세안의 전폭적인 지지와 아세안공동체 구축 노력에 대한 한국의 전폭적인 지지가 표명되었다. 이어 2004년 및 2010년 공동 선언에서 더 나아가 2014년과 2019년의 공동성명은 동북아시아와 동남아시아의 안보가 서로 긴밀하게 연계되어 있다는 점에 이해를 공유한다고 언급했다. 정치·안보 분야의 협력 원칙으로 제시된 것은 전통적 규범_유엔헌장, 주권 존중, 영토보전 및 독립, 상호신뢰, 이익, 평등 등_이었다(2004년 공동선언). 앞서 언급한 공유하는 규범·가치와 중복된다. 그리고 정치·안보협력의 중심축이 아세안 중심성, 즉 ARF, 아세안+3, EAS, ADMM-Plus 등 아세안이 주도하는 메커니즘이라는 점이 일관되게 강조되었다.

이 분야에서의 공통 행동 전략은 비전통 안보협력_WMD 비확산 및 SEANWFZ, 초국가적 범죄 대응 협력 등_에서 전통 안보협력으로 나아가는 모습을 확인할 수 있었다. 그리고 2014년과 2019년 공동성명에서 남중국해 영유권 문제와 관련된 사항_해양 안보 및 안전, 역내 항행 및 상공 비행의 자유, 해양의 합법적인 이용 및 적법한 해양 무역 증진. 유엔해양법협력 등을 통한 분쟁의 평화적 해결 촉진_이 언급된 점은 특기할 만했다.

셋째, 전략적 파트너십의 핵심축은 경제협력이었다. 양측 모두 자유무역 및 역내 경제통합을 일관되게 지지해 왔다. 전략적 이해관계가 무엇보다 일치하는 부분이었다. 2004년 공동선언에서는 한-아세안 FTA(AKFTA) 협상 가속화를, AKFTA 체결 후인 2010년 공동선언과 2014년 공동성명에서는 AKFTA의 적극적인 활용_경제·통상관계의 확대·심화를 위한 민간 경제주체들에 대한 정책적 유도 및 권장 등_을 강조했다. 참고로 2010년 공동선언은 2015년까지 교역량 1,500억 달러 달성을, 2014년 공동성명은 2020년까지 교역량 2,000억 달러를 목표로 내걸었다. 2014년 성명은 한-아세안 간 무역 불균형 해소 문제도 언급했다.

아세안 내 및 한-아세안 간 개발 격차 해소를 위한 한국의 개발 경험 및 전문 지식 지원과 아세안 측의 경쟁력 강화 등도 일관되게 중시된 안건이었다. 특히, 2010년 공동선언부터는 아세안 측이 내거는 아세안경제공동체 실현을 위한 한국의 기여가 강조되기 시작했다. 아세안의 연결성 강화 노력 지원 문제도 이때부터 등장했다. 2014년 공동성명은 소지역 경제협력 체제를 통한 역내 개발 격차 해소에 대한 기여를, 2019년 공동성명은 더욱 세부적인 목표들, 예를 들면 인프라, 물류, 규제 혁신, 인적 이동, 그리고 한-아세안 간 항공 교통 연계성_항공협정 체결 등_ 증진 등이 거론되었다. 2014년 공동성명은 2015년 말까지 RCEP(역내포괄적경제동반자협정) 협상 타결을 위해 노력한다는 내용을 담았다.

넷째, 한-아세안 전략적 파트너십의 성격을 가장 잘 보여주는 것이 2019년 공동성명의 '동행'(同行) 개념이 아닐까 생각된다. 동 공동성명은 전술한 미래 발전 비전(1항)에 이어 평화를 향한 동행(2항), 번영을 향한 동행(3항), 연계성 증진을 위한 동행(4항), 지속 가능성과 환경 협력을 위한 동행(5항), 그리고 사람을 위한 사회, 문화 파트너십 강화(6항)로 구성되었다. 중일 양국과 아세안 사이의 힘의 비대칭성을 배경으로 한 다소 위계적인 관계와는 달리 한-아세안 관계는 수평적이었다. 한국은 경제적으로 선진국이지만 아세안의 시장과 자원에 대한 의존도가 갈수록 높아졌다. 한국과 아세안 주요국들은 중견국의 정체성을 공유하며 안보적 또는 지정학적 이해관계도 충돌하지 않았다. 한국은 아세안 측에 정치적으로 개입할 의도도 갖지 않았다.

한-인도네시아 전략적 파트너십이 양자 간 관계를 선도하다

한국과 주요 아세안 회원국 간 전략적 파트너십 공동선언·성명은 다채로운 내용을 담았다. 우선, 규범·가치와 관련하여 한-인도네시아 간 합의문은 한-베트남 간, 한-태국 간 합의문과는 차별성을 갖는다. 한-인도네시아 간 합의문은 민주주의, 인권, 개방경제라는 공동 가치 재확인(2006년 공동선언), 민주주의와 시장경제 등 가치를 공유하는 아태 지역 국가(2013년 공동성명), 민주주의, 인권, 그리고 개방경제라는 공통 가치(2017년 공동성명)를 지속적으로 강조했다. 양국이 민주주의 정체성을 공유한다는 점이 그 배경이었다. 한편, 베트남은 사회주의 국가이며, 태국은 오랜 기간 쿠데타로 집권한 군부가 정국을 장악해 왔다. 다만, 한-태국 간 공동언론발표문은 태국의 한국전쟁 참전에서 비롯된 전통적 유대감이 강조되었다.

다음으로, 한-인도네시아 간 합의문에서 또 하나 흥미로운 부분은 양자 간 파트너십과 다자 간 파트너십 사이의 관련성을 명확히 규정하고 있는 점이다. 2006년 공동선언은 한-인도네시아 간 전략적 파트너십이 "한-아세안 간 포괄적 협력 파트너십을 강화하는 중요한 기둥임을 인식하고, 이것이 상호보완적인 지역적 과정이 되어야 하는 동아시아 협력의 심화를 포함하여 아세안의 전반적인 통합 계획을 지원할 것이라는 점을 인식"한다고 언급했다. 양자 간·다자 간 파트너십의 상호보완성, 그리고 전자의 후자와의 정합성을 말한다.

좀 더 세부적으로 보면 정치·안보협력은 고위급 외교·안보전략대화 강화, 비전통 안보 분야 협력 등 대체로 유사한 내용을 담았다. 하지만, 한-인도네시아 간 국방정책 대화 및 방위산업 협력의 수준이 상대적으로 높은 점은 주목할 만했다. 전략적 파트너십에 합의한 2006년 공동선언은 "전략적 파트너십이 특히, 무역, 투자, 방위산업 및 조달, 노동 및 인력, 관광, 교육, 과학기술, 사회·문화 이슈에서 구체적인 협력 분야를 촉진하고 새로운 기회를 모색하는 데 있어서 중요한 수단이 될 것이라는 점에 동의"한다고 명시했다.

2013년 공동성명은 더욱 진일보한 내용이 담겨있는데 국방 분야 협력에 관한 협정 체결, 그리고 T-50 고등훈련기 및 잠수함 수출 사업, 무기체계 조달·공동개발·기술이전 협력 등이 거론되었다. 더 나아가 2017년 공동성명은 "양 정상은 방산 분야 협력이 상호신뢰와 전략적 동반자관계의 표상임을 재확인하였다. 양 정상은 역량 강화, 연구·개발 및 공동생산을 더욱 강조하는 방향으로 방산 협력을 지속 증진하여 나가기로 하였다."라고 명시했다.

참고로, 한-베트남 간 및 한-태국 간 합의문도 국방정책 대화 및 방산 협력에 대해 언급하고는 있으나 한-인도네시아 간 합의문에 비해 구체성이 떨어졌다. 다만, 2023년 한-베트남 간 행동 계획에서 2030년까지 국방 협력에 관한 공동비전 성명을 추진하기로 한 부분, 한국이 베트남의 해양 안보 역량 강화를 지원하는 방안을 모색하기로 한 부분은 유의미한 변화였다. 특히, 한국과 인도네시아/베트남/태국 간의 방산 협력 및 해양 안보협력은 아세안 회원국의 군사적 역량 강화_이른바 내적 균형_는 물론 역내 세력 균형_이른바 외적 균형_에 적지 않은 함의를 갖는 것이었다.

경제협력은 모든 파트너십 합의문에서 가장 많은 비중을 차지했다. 양측 간 무역 및 투자의 대규모 확대, 동남아시아 각국의 인프라 건설에 대한 한국 기업·기관의 참여, 그리고 한국의 공적개발원조(ODA) 공여 등에 대한 언급이 공통적으로 등장했다. 이 외에도 에너지, 노동, 금융, 해양·수산, 산림, 농업, 환경, 과학·기술 분야 등의 협력 안건이 망라되었다.

이들 가운데 특징적인 안건을 몇 가지 살펴보자. 우선, 양측은 교역 목표액의 구체적인 수치를 거론하면서 이를 대폭 확대하겠다고 언급했다. 예를 들면, 2006년 한-인도네시아 합의문은 2015년 500억 달러, 2020년 1,00

0억 달러를 제시했다. 2009년 한-베트남 공동성명은 2015년 200억 달러, 2022년 공동선언은 2023년 1,000억 달러, 2030년 1,500억 달러를 제시했다. 2012년 한-태국 공동언론발표문은 2016년 300억 달러를 제시했다. 그리고 이를 실현하기 위해 양자 간 포괄적경제동반자협정(CEPA) 및 다자 간 역내 포괄적경제동반자협정(RCEP)의 조속한 체결을 강조했다.

ODA 분야에서 한국 측의 공약도 눈에 띄었다. 한-인도네시아 간 2006년 공동선언은 한국이 인도네시아를 대외경제협력기금(EDCF) 차관의 최우선 공여 대상국으로 선정했다고 언급했으며, 2017년 공동성명은 한국 측이 EDCF를 활용해 인도네시아의 인프라 구축을 지원할 용의가 있음을 설명했다. 2009년 한-베트남 공동성명은 한국이 중점협력대상국인 베트남에 대해 지속적으로 협력해 나간다고 강조했고, 2023년 행동 계획은 무상원조 2억 달러(2024-2027년) 및 유상 차관 20억 달러(2024-2030년)로의 확대를 명시했다. 중소득국인 태국과는 ODA에 관한 언급은 없었다.

지역 및 국제 문제와 관련하여 동남아시아 측이 한국의 한반도 정책_한반도 비핵화, 6자 회담 합의 준수 등_에 대한 지지를 표명하고, 한국 측이 아세안공동체 실현 및 아세안 중심성 등에 대한 지지와 협력을 약속하는 패턴은 시종일관 유지되었다. 한-아세안, 아세안+3, ARF, EAS 등에서의 긴밀한 협력 약속도 마찬가지였다.

한편, 한-베트남 간 2022년 공동선언에 심상치 않은 변화가 엿보이는 점은 주목할 만했다. 한국 윤석열 정부가 자국의 인도·태평양전략과 한-아세안 연대구상을 이행하는 과정에서 "베트남을 가장 중요한 파트너 중 하나로 인식하고 있다."라고 언급한 데 이어, 양측이 "남중국해 내 군사화, 현상 변경 또는 상황을 더 복잡하게 만드는 일방적인 행동을 하지 말 것을 촉구하고, 남중국해 내 행동선언(DOC)을 전면적·효과적으로 이행해 나갈 것과 유엔해양법협약을 포함한 국제법에 부합하는 효과적이고 실질적인 남중국해 행동강령(COC)을 조속히 타결할 필요성"을 강조했다.

그에 더해 한-베트남 양측은 양자 간 및 다자 간 경제동반자협정 이외에 인도·태평양경제프레임워크(IPEF)에 대해서도 긴밀하게 협의하기로 했다. 주지하는 바와 같이 IPEF는 미일 양국의 대중 견제 전략과도 연결되어 있다. 베트남은 줄곧 미일 양국과 대중 위협 인식을 공유해 왔다. 그에 비해 이전의 한국 정부의 정책 기조는 남중국해 영유권 문제 및 미중 전략 경쟁과는 가능한 한 거리를 두고자 했었다.

3. 한국과 아세안의 정치·안보적 접근

문재인 정부, 신남방정책을 천명하다

한-아세안 양측은 부분 대화 파트너 관계를 수립한 지 21년 만에 전략적 파트너십을 수립했다. 그와 더불어 양측의 상호 접근을 상징적으로 보여주는 것이 한-아세안 특별정상회의였다. 보통 아세안과 대화 파트너 간의 정상회의(아세안+1 정상회의)는 매년 개최되는데 아세안 회원국이 의장국을 수행하며 회의 개최지도 아세안 회원국으로 한정된다. 이에 비해 특별정상회의는 통상 10년마다 아세안 회원국이 특정 대화 상대국을 방문하는 형태로 이루어진다.

하지만, 한-아세안 특별정상회의는 이례적으로 5년마다 개최되었다. 제1차 특별정상회의는 대화 파트너 관계 수립 20주년을 기념하여 2009년 6월(제주), 제2차는 동 25주년을 기념하여 2014년 12월(부산), 제3차는 동 30주년을 기념하여 2019년 11월(부산)에 개최되었다. 세 차례의 특별정상회의 개최는 아세안의 10개 대화 파트너 가운데 최초의 사례였다. 당시 외교부 관계자에 따르면 2014년 특별정상회의는 예외적인 사례였으며, 아세안 측은 그로부터 10년 후인 2024년 개최를 희망했다고 한다. 하지만, 한국 측은 특별정상회의가 신남방정책 추진과 한-아세안 관계 격상에 중요한 계기가 될 것이라고 강조하여 결국 동의를 받아냈다(윤순구 2022, 188).

〈그림 7-1〉 문재인 대통령 인도네시아 국빈방문(2017년 11월 10일, 자카르타)

출처: 한국인권신문

사실, 문재인 정부의 한-아세안 관계를 발전시키기 위한 노력은 각별했다. 문재인 정부의 신남방정책(New Southern Policy, NSP)은 2017년 7월의 '국정운영 5개년 계획'에서 처음으로 공식화되었다. 그에 이어 같은 해 11월 9일 문재인 대통령은 '한-인도네시아 비즈니스 포럼'(자카르타) 기조연설을 통해 「한-아세안 미래공동체 구상」을 천명했다(자료 7-5). 문재인 대통령은 아세안과의 관계를 한반도 주변 4대국_미국, 중국, 일본, 러시아_ 수준으로 높이겠다고 약속했다. 그리고 임기 중에 아세안 10개국 방문을 약속한 다음 2년 안에 이를 모두 실행했다.

문재인 정부는 2018년 8월에 대통령 직속 정책기획위원회 산하에 정책성과를 점검하고 정책 추진 전략의 수립·조율을 담당하는 신남방정책특별위원회_정권 교체로 2022년 폐지_를 출범시켰다. 그에 이어 2020년 11월의 한-아세안 정상회의에서는 기존의 신남방정책을 더욱 발전시킨 신남방정책 플러스(NSP Plus)를 발표했다.

전술한 2017년 11월의 한-인도네시아 특별 전략적 파트너십 격상, 2019

년 9월의 한-태국 간 전략적 파트너쉽 심화, 2019년 11월 한-아세안 특별 정상회의 개최, 2017년 9월 아세안문화원 개설, 2019년 외교부의 아세안국 개편 등은 전략적으로 중요한 아세안 국가들과의 관계를 우선시하겠다는 신남방정책 기조를 반영했다(신윤환, 2022, 43). 덧붙여, 한-아세안 협력기금은 1,400만 달러(2018년), 한-해양 동남아시아 협력기금은 300만 달러(2022년)로 증액되었다.

그렇다면 신남방정책은 어떠한 비전, 목표, 그리고 과제를 제시했을까? 신남방정책은 동북아평화플랫폼_동북아 평화·안정·번영 정책_ 및 신북방정책_대 러시아·몽골·중앙아시아_과 함께 문재인 정부의 동북아플러스 책임공동체 구상을 구성했다. 신남방정책이 상정하는 지역·국가는 아세안과 인도였다. 2017년 11월 한-아세안 미래공동체 구상이 지향한 것은 '3P 공동체'였다: ①사람과 사람, 마음과 마음이 이어지는 사람(People)공동체, ②안보협력을 통해 아시아 평화에 기여하는 평화(Peace)공동체, ③호혜적 경제협력을 통해 함께 잘사는 상생번영(Prosperity)공동체.

〈표 7-2〉 **신남방정책의 비전, 목표, 과제**

사람 중심의 평화와 번영의 공동체		
사람공동체(People)	상생번영공동체(Prosperity)	평화공동체(Peace)
1. 상호 방문객 확대 2. 쌍방향 문화교류 확대 3. 신남방 지역 학생·교원·공무원 대상 인적자원 역량 강화 4. 공공행정 역량 강화, 가버넌스 증진 5. 상호 간 체류 국민 권익 보호·증진 6. 신남방 국가 삶의 질 개선 7. 사람 분야 한·메콩 협력 강화	8. 무역·투자 증진을 위한 제도적 기반 강화 9. 신남방 지역 내 연계성 증진을 위한 인프라 개발 10. 중소·중견기업 시장 진출과 상호교류 활동 지원 11. 신산업 및 스마트협력 통한 혁신성장 제고 12. 국가별 맞춤형 협력모델 개발 13. 한·인도 신산업 협력 추진	14. 정상 및 고위급 교류 활성화 15. 한반도 평화·번영을 위한 협력 강화 16. 포괄적인 국방·방산협력 17. 역내 테러·사이버·해양 안보 공동 대응 18. 역내 긴급사태 예방 역량과 대응 복구 역량 강화 19. 한·메콩 평화 협력 증진

출처: 신남방정책특별위원회 (신재혁 2023, 506에서 재인용)
주의: 본래 제시된 과제는 16개였으나 이후에 7번, 13번, 10번을 추가.

덧붙여, 2018년 11월 신남방정책특별위원회가 책정한 '신남방정책 추진 전략'은 사람공동체, 상생번영공동체, 그리고 평화공동체 순으로 명기했다. 평화공동체를 후순위로 돌린 것을 알 수 있다. 이는 신남방정책이 평화_군사·안보_보다 번영_경제교류·협력_을 우선시했다는 것을 보여준다. 평화 문제에서도 전통 안보 분야보다는 비전통 안보 분야를 강조했다.

상생번영공동체에 대해서는 더불어 잘 사는 상생협력을 추진할 것이라고 강조했다. 자유무역과 투자는 어느 일방이 아닌 쌍방의 공동 발전이 전제되어야 하며, 수많은 시행착오와 극복 경험을 가진 한국은 아세안 국가들에 최적의 파트너라는 것이었다. 2020년까지 한-아세안 간 교역규모 2,000억 달러 달성이란 목표도 제시했다. 그리고 아세안 측이 추진하는 역내 연결성 향상을 위해 4대 중점 협력 분야_경전철, 지하철, 고속철도 등 교통 분야, 발전소 건설, 신재생 에너지 협력 등 에너지 분야, 수력발전, 상수도 사업 등 수자원 분야, 그리고 5세대 이동통신망, 스마트시티 조성 등 스마트 정보통신 분야_를 제시했다. 경제협력을 재정적으로 뒷받침하기 위해 한-아세안 협력기금 2배 확대, 한-메콩 협력기금 3배 확대, 한-아세안 FTA협력기금 활용도 제고를 약속했다. 4개 중점 협력 분야 지원을 위해 글로벌 인프라 펀드에 2022년까지 1억 달러 추가 조성도 약속했다.

상생번영공동체를 평화공동체보다 우선한다는 것은 반드시 전자의 후자에 대한 우위를 의미하는 것은 아니었다. 먼저 상생번영공동체를 구축하고, 이를 토대로 장기적으로는 평화공동체를 지향했기 때문이다. 문재인 대통령은 「한-아세안 미래공동체 구상」에서 다음처럼 언급했다. 즉, "저는 더불어 잘 사는 공동체를 넘어 위기 때 힘이 되어주는 '평화를 위한 공동체'로 발전시켜 나갈 것을 제안합니다. 우리의 '평화공동체'는 한반도 주변 4대국과 함께 아시아의 평화와 번영을 이끄는 중요한 축으로 발전할 것입니다. 이를 위해, 국방안보협력, 방위산업 협력을 더욱 강화해 나가겠습니다. 또한, 북한의 핵과 미사일 도발, 테러와 폭력적 극단주의, 사이버 위협 등 복합적 안보 위협에도 공동으로 대응해 나가겠습니다."

그렇다면 신남방정책을 기치로 한 문재인 정부의 아세안에 대한 어프로치는 구체적으로 어떤 것이었을까? 2017년 한-아세안 미래공동체 구상은 2019년 11월 한-아세안 특별정상회의에서 합의된 「평화·번영과 동반자관계를 위한 한-아세안 공동 비전성명」으로 이어졌다(자료 7-6). 2019년 비전성명의 핵심 개념은 '동행'이었다. 전술한 것처럼 평화를 향한 동행, 번영을 향한 동행, 연계성 증진을 위한 동행, 사람을 위한 사회, 문화 파트너십 강화를 목표로 내걸었다. 동행은 수직적 관계가 아닌 수평적 관계를 전제로 했다. 문재인 정부는 역대 정부와는 달리 한국의 중심성을 무조건적으로 전제하지 않았다(김유철 2018, 143).

문재인 정부는 아세안 측의 기본적인 입장, 즉 아세안 중심성과 아세안 일체성 등에 대해 전면적인 지지를 표명했다. 이는 여타 아세안 역외국들도 마찬가지다. 하지만 한국과 여타 역외국 사이에는 중요한 차이점이 있었다. 역외국들은 아세안을 이끌고 나가거나 자신의 비전이나 구상에 아세안 측이 맞춰주기를 바라는 경향이 있었다. 한국은 아세안 측과 미래를 함께 만들자는 입장이었다. 사실, 문재인 정부가 내건 사람공동체, 상생번영공동체, 평화공동체 그 자체는 아세안이 2015년에 천명한 '아세안공동체비전 2025'_정치·안보공동체, 경제공동체, 사회·문화공동체_을 강하게 의식한 것이었다.[9] 순서는 다르나 사람공동체와 사회문화공동체, 상생번영공동체와 경제공동체, 평화공동체와 정치·안보공동체가 서로 맞대응하는 구조였다.

2019년 비전 공동성명의 '평화를 위한 동행' 부분에서 전통 안보를 비롯하여 다양한 비전통 안보 이슈에 대응하기 위해 안보협력을 강화한다는 내용도 주목할 만했다. 한국과 일본의 대동남아시아 안보협력의 차이점을 들자면 한국은 전통 안보, 일본은 해양 안보에 역점을 두었다. 참고로 해양 안보, 항행 및 상공 비행의 자유, 유엔해양법협약(UNCLOS) 등 국제법 원칙에 따른 분쟁의 평화적 해결이란 내용은 아세안과 역외 국가와의 합의문에

---

9 신남방정책 입안에 참여했던 김현철 교수와의 인터뷰(2022년 9월).

빈번하게 등장하는 문구이다. 문재인 정부는 미국, 일본, 호주 등과는 달리 남중국해 영유권 문제와 관련하여 중립주의, 당사자 간 해결, 그리고 내정 불간섭주의 등을 내세우며 다소 소극적인 자세를 취했다.

한국의 무기 이전, 안보협력의 핵심 축으로 등장하다

한-아세안 간 안보협력에 대한 아세안 측의 평가는 그다지 높지 않다. 인도네시아 전략국제문제연구소(CSIS)의 까리스마와 만똥(Kharisma and Mantong 2022, 5)은 한국이 전반적으로 소극적인 자세를 보인다고 지적한다. 예를 들면, '평화'는 한국의 신남방정책의 핵심 기둥 가운데 하나지만 광범위하고 선도적인 안보협력을 포함하고 있지 않으며, 한국의 증대된 안보 역량을 고려하면 협력을 심화할 여지가 남아 있고, 지역 차원의 안보협력에의 대응은 여전히 제한적이고 전략적 요소가 부족하다는 것이다.

지극히 타당한 지적이다. 한국은 일본에 비해 동남아시아의 안보 현안에 대해 공개적이고 적극적인 자세를 보이지 않았다. 그러나 국방 및 방산 협력의 움직임은 간과할 수 없다. 우선, 문재인 정부는 신남방정책의 기조에 맞추어 양자 간_특히, 인도네시아, 필리핀, 태국, 베트남_ 국방교류협력을 활발하게 추진했다. 국방교류협력은 국방교류의 다원화_다자 간 협력_, 국가별 안보 수요에 부응하는 호혜적·맞춤형 국방·방산 협력, 그리고 역내 테러·사이버·해양 안보 등 비전통 안보 이슈에 대한 공동 대응으로 이루어진다.

문재인 정부는 국방 협력을 위한 제도적 기반을 구축하기 위해 한-미얀마 국방 협력 양해각서(2017년 9월), 한-베트남 국방 협력에 관한 공동 비전 성명 및 상호군수지원협정(ACSA)(2018년 4월), 한-캄보디아 및 한-브루나이 국방 협력 양해각서(2018년 9월), 한-태국 군사정보보호협정(2018년 9월) 등을 체결했다(국방부 2018, 137-139). 고위급 국방당국자 간 전략대화도 활발하게 진행했다. 2017년부터 2019년까지 한-베트남 대화는 6회, 한-싱가포르 대화는 4회, 한-인도 대화는 3회, 한-태국 대화는 2회, 한-필리핀 대화는 2회,

한-인도네시아 대화는 1회 실시되었다.

특히, 방위산업(이하, 방산) 협력과 사이버 안보협력에 대해 한국은 매우 적극적인 자세를 보였다. 방산 협력은 전략적 파트너십을 강화하는 핵심 중의 핵심이다. 예를 들어 인도네시아는 지상·항공·함정 등 거의 모든 분야에서 한국산 무기체계를 사용하는데 이러한 무기체계의 공유는 국가 간 협력의 최고 수준을 의미한다.[10] 이와 관련하여 문재인 정부는 2018년 '신남방협력 추진 범정부 종합계획' 및 '방위산업 육성 기본계획'(2018~2022년)을 반영하여 방위산업 경쟁력 확보 및 방산 수출 활성화, 그리고 국가별 안보 수요에 부응한 호혜적·맞춤형 협력을 기조로 설정했다(국방부 2018, 100-103 & 137-138).

한국 정부가 무기 수출에만 과도한 관심을 보인다는 비판도 있으나 방위산업 육성을 지향하는 아세안 각국의 입장에서 한국과의 협력은 관대한 조건의 기술이전, 무기체계 가성비, 대중 억지 능력 개선 등 대체로 긍정적인 반응을 보였다(최현호 2020; 김경숙 2019; Chang 2019). 한국의 세계적 수준의 IT 역량을 활용한 사이버 안보협력도 아세안 각국의 사이버 범죄로 인한 비용 절감, 제3국의 사이버 위협에 대응한 역내 안정 유지에 적지 않게 기여했다(Easley and Kim 2019, 393).

한-아세안 간 방산 협력의 현황을 개괄적으로 살펴보자.[11] 스톡홀름국제평화연구소(SIPRI) 무기 이전 데이터베이스에 따르면 한국의 무기 수출 규모는 지난 10년 동안(2012-2021년) 약 52.2억 달러를 기록했다. 이 시기 무기 도입 상위 10개국은 인도네시아(9.10억 달러), 필리핀(6.92억 달러), 영국(5.32억 달러), 태국(4.34억 달러), 인도(4.32억 달러), 이라크(4.29억 달러), 터키(4.05억 달러), 페루(3.52억 달러), 노르웨이(2.20억 달러), 콜롬비아(1.28억 달러)였다. 지역별로

---

10 김창범 전 주인도네시아 한국대사의 발언(대한민국정책브리핑 위클리공감 2019.10.15).
11 이 부분은 박세환·서승원(2022)에 의한 바가 크다.

보면 동남아시아(23.16억 달러), 유럽(9.32억 달러), 중동(9.06억 달러), 중남미(4.92억 달러), 인도(4.32억 달러), 오세아니아(0.93억 달러), 미국(0.41억 달러), 아프리카(0.09억 달러) 순이었다.[12]

〈표 7-3〉 동남아 국가의 무기 공급국 순위와 국방지출 총액 (2012-2021년)

공급국 도입국	1위	2위	3위	4위	5위	6위	국방지출
싱가포르	미국 (50.8%)	프랑스 (26.6%)	독일 (4.4%)	이스라엘 (4.3%)	이탈리아 (3.8%)	스웨덴 (3.1%)	97,158.9
인도네시아	미국 (18.3%)	한국 (16.9%)	영국 (12.8%)	네덜란드 (8.4%)	러시아 (8%)	프랑스 (7.1%)	78,348.3
태국	우크라이나 (15.9%)	중국 (15.5%)	한국 (15.5%)	미국 (10.4%)	스웨덴 (9.4%)	독일 (5.8%)	65,985.8
말레이시아	스페인 (27.5%)	터키 (16%)	프랑스 (12%)	독일 (7.6%)	중국 (7.3%)	한국 (6.9%)	38,005.0
필리핀	한국 (41.5%)	미국 (23.4%)	인도네시아 (9.7%)	이스라엘 (6.7%)	스페인 (3.6%)	독일 (3.3%)	36,013.7
베트남	러시아 (77.1%)	이스라엘 (8.9%)	벨라루스 (4.4%)	한국 (2%)	우크라이나 (1.4%)	미국 (1.8%)	34,093.6
미얀마	중국 (56.2%)	러시아 (22.1%)	인도 (9.1%)	한국 (4%)	벨라루스 (3%)	이스라엘 (1.5%)	31,293.2
캄보디아	중국 (36.7%)	우크라이나 (34.8%)	체코 (18%)	러시아 (3.2%)	슬로바키아 (2.5%)	캐나다 (2.5%)	4,600.7
브루나이	미국 (45.3%)	독일 (32.8%)	프랑스 (15.6%)	네덜란드 (2.6%)	덴마크 (2.6%)	스웨덴 (1.5%)	4,079.2
동티모르	-	-	-	-	-	-	328.3
라오스	러시아 (49.5%)	중국 (43.8%)	캐나다 (3.7%)	프랑스 (3.3%)	-	-	47

출처: 박세환·서승원(2022, 425).
주의: 국방지출은 같은 기간 합산 총액. 라오스는 2014년 이후의 국방비 데이터 부재함. 동티모르는 해당 기간 무기 수입 기록 부재함. 베트남은 2019-2021년 공식 국방비 데이터가 없으나 평균 50억 달러 이상 지출한 것으로 추정됨.

앞서 언급한 인도네시아, 필리핀, 태국은 지난 10년 동안 늘 한국의 10

---

[12] 참고로, 2017~2021년 전 세계 무기 수출에서 한국이 차지하는 비중은 미국(39%), 러시아(19%), 프랑스(11%), 중국(4.6%), 독일(4.5%), 이탈리아(3.1%), 영국(2.9%)에 이어 2.8%(8위)였다. 한국의 순위는 크게 제고되고 있다. 2022년만 하더라도 한국의 무기 수출은 약 150~200억 달러에 육박했다. 예를 들면, 폴란드 약 80억 달러(K2 전차, FA-50 경공격기, 천무 다연장로켓 등), UAE 약 35억 달러(천궁-II 등), 호주 약 20~30억 달러(레드백 장갑차 등), 이집트 약 10~20억 달러(K-2 전차, K-9 자주포 등), 말레이시아 약 7억 달러(FA-50 등) 규모의 계약이 성사되었다.

대 무기 수출 대상국이었다. 그 뒤를 베트남(1.20억 달러), 미얀마(0.86억 달러), 말레이시아(0.74억 달러)가 뒤따랐다. 이 가운데 필리핀, 인도네시아, 그리고 태국은 특히 한국 무기체계에 대한 의존도가 높았다(표 7-3). 덧붙여, 지난 3년 동안(2019~2021년)의 실적만 보면 미국은 싱가포르(51.4%)와 태국(18.6%), 한국은 인도네시아(17.4%)와 필리핀(37.8%), 러시아는 말레이시아(22.7%)와 베트남(81%), 라오스(44.5%), 그리고 중국은 미얀마(43.7%)와 캄보디아(44.4%)의 제1위 무기 공급국이었다.

〈표 7-4〉 한국의 대 아세안 회원국 주요 방산협력 실적 (2012~2021년)

도입국	내역
인도네시아	• Tanjung Dalpele 11,600t급 상륙수송선거함(2003. 대우조선) • KT-1 고등훈련기 20기(2001-2018. 절충교역. KAI) • LDP Makassaru 대형 상륙함 4척(2004. 2척 현지 건조. 대우인터내셔널) • 블랙폭스 장갑차 22대(2009-2013. 현대로템) • LVT7A1 상륙돌격장갑차 10대(2009. 무상 양도) • KH-178 105mm 곡사포 54문(2009. 한화) • KH-179 155mm 견인포 18문(2011. 무상 양도) • T-50 고등훈련기 16대(2011. KAI) • T-50 고등훈련기 6대(2021. KAI) • 구형 1300t 잠수함 2척 창정비 수주(2003. 대우인터내셔널) • 209급 잠수함 3척(2011. 대우조선해양) • 209급 잠수함 3척(2019 계약. 대우조선해양) • 신궁 휴대용 대공미사일 210발(2012, 2018. LIG넥스원) • 초계함 3척(2022. 무상 양도 약속)
말레이시아	• 훈련함 2척(2011. 대우조선해양) • 초계함 6척(언론보도. 대우조선해양) • 바라쿠다 장갑차 20대(2009) • FA-50 공격기 18대(2023 계약. KAI)
미얀마	• LPD UMS 다목적 지원선 Moattama호(2019. 포스코인터내셔널)
필리핀	• 참수리 고속정 7척(1995, 1998, 2006. 무상 양도) • T-41D 훈련기 15기(2009. 무상 양도) • FA-50 공격기 12대(2015. KAI) • K-138 구룡 다연장로켓 22문(2022. 무상 양도) • BRP Mamanwa 물개급 상륙정(2014-2021. 무상 양도) • FF-150 BRP Jose Rizal 프리깃함 2척(2016. 현대중공업) • 3200t급 초계함 2척(2021. 현대중공업) • BRP Conrado Yap 포항급 초계함(구 충주함)(2019. 무상 양도)
태국	• HTMS Bhumibol Adulyadej 3700t 푸미폰 아둔야뎃급 호위함(2013. 대우조선) • T-50 고등훈련기 14대(2015, 2017, 2021. KAI)
베트남	• 포항급 김천함(2017. 무상 양도) • 포항급 여수함(2018. 무상 양도)

출처: 박세환·서승원(2022, 427).

한-아세안 간 방산 협력은 아세안 회원국의 군사적 역량 강화에 직결된다. 주된 무기체계는 공·해역에서 군사력 투사를 가능하게 하는 함정_1,400톤급 잠수함, 전투함, 호위함, 군수지원함, 해안경비정, 함정전투체계 등_, 항공기_KT-1 기본훈련기, KA-1, T-50 고등훈련기, FA-50 경공격기 등_, 육상 기동 장비_장갑차, 군용차, 파워팩 등_ 등에 집중된다(표 7-4). 한국의 무기체계는 인도네시아의 상륙함, 잠수함 전력의 대부분, 공군 훈련기 전력의 대부분을 차지한다. 필리핀은 해군 전투함의 절대다수, 현대적 공군 전력의 대부분이 한국산이다. 태국은 고성능 구축함과 훈련기를 도입하고 있다. 참고로, 육상화력_K-9 자주포 및 K2 탱크_ 및 유도 무기체계_천궁-Ⅱ, 현궁, 천무 등_의 무기 이전은 남아시아, 중동, 유럽 등에 비해 상대적으로 적다.

그렇다면 무기 이전으로 대표되는 한국의 대동남아시아 군수·방위산업 협력은 과연 어떠한 군사·안보적 고려 아래 진행되어 왔을까? 최근의 〈외교백서〉 '동남아시아 지역 외교'를 보면 방산 협력은 정상 외교, 총리급 외교, 장관급 외교의 주된 의제로 등장한다. 한국의 방산 협력은 아세안 역내의 세력균형에도 영향을 미칠 개연성이 높다. 하지만, 한국 측이 세력균형에 대해 언급하는 일은 거의 없다. 그보다는 방산 협력이 지역의 안정과 평화 증진에 기여할 것이라는 원칙론만을 반복했다.

예를 들면, 이명박 대통령은 2010년 12월 유도요노 인도네시아 대통령과의 정상회담에서 T-50 훈련기 및 209급 잠수함 수출 문제를 어디까지나 경제협력 확대라는 문맥에서 다루고자 했다(연합뉴스 2010.12.09.). 문재인 정부 역시 동남아시아의 국가별 특성을 고려한 호혜적·맞춤형 국방·방위산업 협력을 추진할 것이라고 표명했다. 신남방정책에서 국방·방위산업 협력 확대는 전통 안보 영역이 아닌 역내 테러·사이버·해양 안보 공동 대응, 역내 긴급사태 대응 역량 강화 등과 함께 안전한 역내 안보 환경 구축을 위한 추진 과제로 설정되었다(김경숙 2019, 22-25).[13]

---

13 게다가 방산 협력은 2020년 11월의 신남방정책플러스에서 밝힌 7대 전략 방향에는 포함되지도 않았다.

이상을 정리하면 한국과 아세안 회원국 사이의 방산 협력 관계의 특징으로 다음 세 가지를 들 수 있다. 첫째, 전략적 파트너십은 양자 간 방산 협력을 제도적으로 뒷받침한 최상위 틀이었다. 양측이 발표한 각종 선언·성명에서 방산 협력은 핵심적 의제 중 하나였다. 방산 협력은 상호 군사적 역량 강화, 무기체계 공동개발 및 공동생산 등을 포함하는 개념이다. 2017년 11월의 한-인도네시아 공동 비전성명에서 방산 협력은 상호신뢰와 전략적 파트너십의 표상으로 언급되기도 했다.

게다가 국방 협력 관계의 제도화_방위산업협력 MOU 등_는 정상 간 외교 이상으로 방산 협력에 긍정적인 영향을 미치는 것으로 나타났다(나익성·장준근 2020, 63). 국방 협력 합의는 방위산업협력 양해각서(MOU), 국방 협력 양해각서, 군사비밀보호 양해각서, 상호군수지원 양해각서, 국방협력에 관한 공동비전 성명의 체결·채택의 순서로 진행된다(이강경 2018, 109).

예를 들면, 한-인도네시아 양국은 2013년 국방 협력에 관한 정식 협정을 체결했다(2018년 비준).[14] 이 협정에서 양측은 국방협력위원회 설치에 합의했다. 동 국방협력위원회는 KFX/IFX 전투기 공동개발, 북핵 문제, 인도·태평양전략, 미얀마 및 러시아 정세 등을 논의한다. 한-필리핀 양국도 정식 협정은 없지만 국방협력위원회 설치에 합의했다.[15]

둘째, 양자 간 방산 협력은 자유주의적 상호의존 관계의 양상을 보였다. 윌라드슨과 존슨(Willardson and Johnson 2022, 192; 207)은 무역이 방산 협력에 대한 가장 유력한 예측 변수라고 주장한다. 무기 이전은 무역을 따른다는 것이다. 양자 간 방산 협력은 경제협력과 함께 전략적 파트너십의 양대 축을 이루었다. 세계 5대 경제권으로 부상한 아세안은 한국의 제2위 교역 및

---

14 현재까지 한국이 국방 협력 협정을 체결한 상대는 7개국이다(미국, 러시아, 이탈리아, 인도네시아, 폴란드, 사우디아라비아, 요르단).
15 KFX/IFX 공동개발 사업을 통해 한국 측은 동남아시아 시장 판로 개척, 인도네시아 측은 첨단 기술 습득, 국내 방산 능력 향상 등을 기대했다.

해외투자 대상이다. 아세안 측의 입장에서도 한국은 제4위 교역 대상국이다.

방산 협력은 경제협력과 비슷하게 일방향이 아닌 쌍방향의 윈-윈 관계를 지향했다. 한국은 도입국의 안보적 과제, 금융 상황, 방위산업 구조 등을 고려하여 공동생산 또는 면허생산 제안, 한국산 중고 무기체계의 제공_판매 내지 무상 양도_, 적극적인 기술이전 등 전향적인 자세로 임해왔다. 예를 들면, 한화시스템은 모의 교육훈련 장비와 한화시스템의 함정전투체계 모의훈련 장비가 포함된 해군 훈련 센터를 무료로 기증한 바 있다(세계일보 2021.11.03).

셋째, 양자 간 방산 협력은 특정 제3국을 공통 위협으로 설정하지 않았다. 방산 협력을 논리적으로 정당화하기 위해 양측이 공통의 규범·가치관을 내거는 일은 거의 없었다. 관념적 유대관계가 아니라 실용주의적 이해관계가 중시되었다. 전략적 파트너십 차원에서 인도네시아와는 민주주의 공유, 필리핀 및 태국과는 한국전쟁 참전 및 대미 동맹 공유를 수사적으로 거론하곤 하지만 이것이 방산 협력에 결정적인 영향을 미치는 것은 아니었다.

양측의 방산 협력은 국제정세 요인, 특히 미중 전략 경쟁으로부터 자율성을 추구하는 경향을 보였다. 뒤에서 다시 논하겠지만, 아세안 회원국들은 아세안 중립성을 표방하며 미중 사이에서 헤징 전략을 추구하는 경향이 강하다. 한국도 최근까지 대중 군사적 견제를 목적으로 한 미일 양국 주도의 인도·태평양전략과는 가급적 거리를 두려고 했다. 양측의 유사한 지정학적 이해관계는 방산 협력의 활성화에 적지 않게 이바지했다.

4. 경제교류·협력: 의지할 수 있는 파트너

무역·투자 관계가 전례 없이 확대·심화하다

지난 20년간 한-아세안 간 경제·통상관계는 그야말로 상전벽해라고 해도 무방할 정도로 크나큰 발전을 이루었다. 한-아세안센터(ASEAN-Korea Cent er)가 2009년부터 발간하는 〈한-아세안 통계집〉이 개략적인 추이를 보기에 도움이 된다. 특히, 〈2022 한-아세안 통계집〉은 흥미로운 수치들을 보여준다(한-아세안센터 2022).[16] 2022년 기준 아세안의 GDP 추정치는 3,646조 달러(세계 GDP의 3.51%)로 한국의 1,804조 달러(세계 GDP의 1.74%)보다 2배가 약간 넘는다. 중국은 19,911조 달러(동 19.17%), 일본은 4,912조 달러(동 4.73%)이다. 아세안의 GDP는 아직 일본에는 미치지는 못하나 연간 5% 내외의 경제성장률을 고려하면 머지않아 일본을 추월할 것이다.

한-아세안 무역 규모는 폭발적인 성장세를 보였다. 수출입 합계는 2000년의 약 380억 달러에서 2010년에는 약 970억 달러로 2배 정도 증가했고, 2021년에는 약 1,770억 달러로 10년 전보다 2배 정도 증가했다. 2000년에서 2021년까지 약 4.65배 늘어난 셈이다(표 7-5). 2021년 기준 한국에게 아세안은 제1위 중국(23.9%)에 이은 제2위(14.0%) 무역 파트너이다. 제3위는 미국(13.5%), 제4위는 EU(10.3%), 제5위는 일본(6.7%)이다. 한편, 아세안에게 한국은 제1위 아세안 역내(21.4%), 제2위 중국(20.1%), 제3위 미국(11.1%), 제4위 EU(8.1%), 제5위 일본(7.2%)에 이은 제6위(5.6%)_아세안 역내 무역 및 EU를 제외하고 개별국가로만 보면 제4위_ 무역 파트너이다.

〈표 7-5〉 한-아세안 무역량 추이 (2000~2021년)   (단위: 10억 달러)

	2000	2010	2015	2016	2017	2018	2019	2020	2021
수출	20	53	75	75	94	100	95	89	109
수입	18	44	45	44	53	60	56	55	68
합계	38	97	120	119	147	160	151	144	177

출처: IMF 『무역통계연감』 (한-아세안센터 2022 xi 재인용)

무역은 해외직접투자와 밀접하게 관련된다. 2021년 기준 한국에게 아세안은 미국(278.2억 달러), EU(89.2억 달러)에 이은 제3위(88.9억 달러) 해외투자

---

16 동 통계집은 한-아세안센터 정보자료국과 서울대 아시아연구소 아시아지역정보센터가 공동으로 작업한 결과이다.

대상 지역이다. 2020년에는 대아세안 투자액이 대EU 투자액을 상회했다. 같은 해 한국의 대아세안 회원국별 투자 현황을 보면 베트남(24.7억 달러), 싱가포르(24.4억 달러), 인도네시아(18.0억 달러), 말레이시아(84.3억 달러), 캄보디아(54.5억 달러), 미얀마(46.2억 달러) 순이었다. 베트남과 싱가포르에 대한 투자가 상대적으로 감소하고 인도네시아 및 말레이시아에 대한 투자가 점차 증가하는 모습을 보였다. 아세안에 진출한 한국 기업 법인 수는 2016년 12,248개에서 2021년 17,379개로 증가했다.

아세안에게 한국은 미국(400.07억 달러, 23%), EU-27(265.34억 달러, 15.2%), 아세안 역내 투자(209.25억 달러, 12.0%), 싱가포르(133.44억 달러, 7.7%), 일본(119.83억 달러, 6.9%), 네덜란드(111.71억 달러, 6.4%), 홍콩(81.13억 달러, 4.7%), 스위스(76.88억 달러, 4.4%)에 이은 제10위 투자국(70.77억 달러, 4.1%)이었다.

〈표 7-6〉 한국의 대 아세안 해외직접투자 추이 (단위: 백만 달러, 건)

	2011	2012	2013	2014	2015	2016	2017	2018	2019	2020	2021
총투자액	4,962.6	4,586.3	3,893.9	4,204.2	4,420.8	5,351.6	5,279.2	6,622.4	9,940.7	9,946.5	8,897.5
누적법인수	8,025.0	8,644.0	9,383.0	10,232.0	11,160.0	12,248.0	13,380.0	14,668.0	16,069.0	16,859.0	17,379.0
신규법인수	636.0	619.0	739.0	849.0	928.0	1,088.0	1,132.0	1,288.0	1,401.0	790.0	520.0
총신고액	6,388.1	4,640.3	4,640.4	5,060.2	6,594.7	6,518.4	6,227.5	8,871.3	13,600.1	11,973.5	9,336.6
신규법인당 신고액	10.0	7.5	6.3	6.0	7.1	6.0	5.5	6.9	9.7	15.2	18.0

출처: 한국수출입은행 『해외투자통계』(한-아세안센터 2022, 121에서 재인용).

참고로, 2021년 기준 한국에게 아세안은 미국(278.19억 달러, 36.4%), EU(89.23억 달러, 11.7%)에 이은 제3위 해외직접투자 대상 지역(88.97억 달러, 11.6%)으로 중국(66.78억 달러, 8.7%)과 일본(11.82억 달러, 1.5%)을 상회했다. 1968년부터 2021년까지 총투자액 규모는 미국(1,649.73억 달러, 25.1%), EU(907.04억 달러, 13.8%), 아세안(916.21억 달러, 13.9%_대 베트남 총투자액 307.88억 달러 포함_), 중국(823.98억 달러, 12.5%), 그리고 일본(131.66억 달러) 순이었다.[17]

그렇다면 전략적 파트너십의 관점에서 한·아세안 무역/투자는 어떤 특징을 보였을까? 첫째, 한·아세안 간 무역·투자의 급격한 증가는 다자 간 AKFTA 및 RCEP(2022년 발효), 그리고 양자 간 FTA_한-싱가포르(2006년 발효), 한-베트남(2015년 발효), 한-필리핀(2021년 협상 타결), 한-캄보디아(2022년 발효), 한-인도네시아(CEPA, 2023년 발효)_에 기인한 바가 크다. 이러한 제도적 기반은 그 밖에도 적지 않은 의의가 있다.

예를 들어, 한-싱가포르 FTA는 동남아시아 주요국들과의 본격적인 FTA 추진을 알리는 서막이었다. 한-베트남 FTA는 베트남 시장 진출 강화, 베트남 시장 내 경쟁 조건 개선, 한국 투자자 보호 강화, 한류 진출 확대를 위한 기반 마련 등에 기여했다. 한-캄보디아 FTA는 아세안 시장 확대, 시장접근 개선, 공급망 다변화에 의의가 있었다. 한-인도네시아 CEPA는 한-아세안 FTA보다 더 높은 개방 수준, 아세안 최대 시장인 인도네시아 진출, 그동안 미개방 상태였던 온라인게임·문화콘텐츠·유통 서비스 시장 진출 등에 의의가 있었다.[18]

한국에게 AKFTA는 거대 경제권_미국, 아세안, 중국, 일본, EU_과 맺은 최초의 FTA로서 아세안 시장접근에서 일본보다 우위를 선점할 수 있는 기회를 제공함은 물론 중-아세안 FTA보다 질적으로 향상된 내용을 가졌다.[19] RCEP는 양자 간 FTA의 부정적 효과를 최소화하면서 시장 확대 및 경제성장 기반을 마련할 수 있으며 역내 경제통합의 진전에도 기여한다. 한-아세안 전략적 파트너십에서 천명한 AKFTA 체결은 원래 제시된 시간표에 따라 순탄하게 진행되었다.

---

17 아세안은 중동(112.23억 달러, 전체 계약액의 36.7%)에 이은 한국의 두 번째 해외 건설 수주 대상 지역이다. 2021년 계약액은 64.32억 달러(21.0%)_싱가포르 19.72억 달러, 베트남 16.19억 달러, 말레이시아 14.19억 달러 등_였다.
18 자세히는 산업통상자원부 FTA 홈페이지를 참조(https://www.fta.go.kr/main/).
19 2022년 기준 아세안은 아세안FTA(AFTA)와 RCEP 이외에 한국, 중국, 일본, 홍콩, 인도, 호주, 뉴질랜드와 FTA를 체결했다.

2009년 한-아세안 특별정상회의에서 제시한 2015년 교역량 1,500억 달러 달성 목표는 1,200억 달러로 약간 미치지 못했다. 2014년 한-아세안 미래비전 공동성명에서 제시한 2020년까지 2,000억 달러 달성 목표도 1,440억 달러에 머물렀다. 이같은 이유로는 코로나-19 사태로 인한 부정적 영향도 작용했다. 하지만, FTA/CEPA 체결을 통해 무역·투자 규모를 대폭 확대하자는 합의는 전반적으로 소기의 성과를 거둔 것으로 평가할 수 있었다.

둘째, 동시에 한-아세안 간 무역·투자의 증대가 반드시 긍정적인 결과만 낳은 것은 아니었다. 앞서 언급한 것처럼 대아세안 무역·투자는 베트남에 압도적으로 집중되었다. 한국의 대베트남 무역은 대아세안 전체 무역의 46%(806.9억 달러)를 차지했다. 그 뒤는 싱가포르 14%(248.4억 달러), 말레이시아 12%(205.6억 달러), 인도네시아 11%(192.7억 달러), 태국 9%(155.3억 달러), 필리핀 8%(248.4억 달러), 캄보디아 0.5%(96.5억 달러), 미얀마 0.5%(81.4억 달러), 브루나이 0.1%(16.8억 달러) 순이었다.

해외직접투자 대상국도 베트남이 전체 투자액의 거의 절반을 차지했다. 이는 삼성반도체와 같은 한국 대기업의 베트남에 대한 대규모 직접투자와 그로 인한 글로벌 가치사슬(GVC)에 관련되었다. GVC의 전략적 다변화가 필요한 이유이다. GVC 다변화는 아세안 측이 역내 개발 격차 해소를 위해 내걸고 있는 제도적 연결성 증진에도 부합한다.

무역수지의 불균형도 완화해야 할 과제였다. 한-아세안 무역에서 지난 30년 동안 한국은 무역 흑자 기조를 유지해 왔다. 1990년 8백만 달러, 2000년 19.62억 달러, 2010년 90.96억 달러, 2015년 297.94억 달러, 2016년 311.15억 달러, 2017년 409.18억 달러, 2018년 405.59억 달러, 2019년 389.45억 달러, 2020년 343.02억 달러, 2021년 411.21억 달러이다. 아세안 회원국 중 최대 무역 흑자 대상국은 베트남이었다. 2021년 한국의 대아세안 무역흑자 411.21억 달러 가운데 대베트남 무역 흑자는 327.63억 달러로 약 79%를 차지했다.

무역 수지 흑자의 주된 원인은 한국 기업의 대아세안 투자가 중간재와 부품 수출을 파생시키기 때문이다. 현지의 부품·소재산업 기반이 취약한 상황에서 한국 및 아세안 기업들은 이를 한국에서 수입한다(박번순 2022, 482). 이 문제는 전략적 파트너십 선언·성명에도 빈번하게 등장했다. 하지만 GVC 다변화 및 확대균형 기조 이외에 뾰족한 해법은 나오지 않았다.

셋째, 독자들의 예상과는 달리 한-아세안 경제관계는 중-아세안 및 일-아세안에 비해 뒤지지 않았다(박번순 2022, 480-481). 물론 중국과 일본에 비해 한국의 경제 규모는 절대 규모에서 차이가 있다. 하지만, 각국 경제 전체에서 차지하는 상대적 비중은 거의 엇비슷하다. 2018년 기준 한국의 총수출에서 아세안의 비중은 16.6%로 일본의 15.5%, 중국의 12.9%보다 높았다. 한국의 총수입에서 아세안의 비중은 11.2%로 일본의 15.0%, 중국의 12.6%보다 적었다. 대아세안 투자도 상황은 유사했다. 2017년 말 한국의 총 누적 해외투자 가운데 아세안의 비중은 한국이 13.7%, 일본이 13.2%, 그리고 중국은 5%였다.

아세안 국가들 상호 간의 역내 무역(intra-regional trade)보다 아세안 개별국과 동북아시아 국가들 사이의 지역 간 무역(inter-regional trade)의 비중이 큰 점도 주목할 만했다. 아세안의 총무역에서 아세안 역내 무역이 차지하는 비중은 대체로 20% 내외에 그치지만 한중일 3국이 차지하는 비중은 평균 30% 이상이었다. 한중일 3국과 아세안 각국이 GVC에 통합되어 있기 때문이다. 투자도 이와 관련되는데 일본은 태국 등, 중국은 캄보디아, 라오스, 미얀마 등, 한국은 베트남 등이 투자의 교두보 역할을 한다. 아세안 회원국과 한중일 3국 사이의 무역은 아세안을 기준으로 보면 지역 간 무역이지만 동아시아를 기준으로 보면 역내 무역에 해당된다.

참고로, 중국, 일본, 그리고 한국은 아세안 주요국의 최상위 무역 파트너들이다. 경제 규모가 작은 브루나이_제1위 교역국은 싱가포르_와 라오스_제1위 교역국은 태국_를 제외한 나머지 아세안 회원국의 제1위 무역 파트너는 모두 중국이다. 한국과 일본의 제1위 무역 파트너도 중국이다. 한국의 대베트남 무역·투자 집중도가 높다고는 하나 한국은 베트남의 제4위 수출 파트너, 제2위 수입 파트너이다. 한편, 한국과 선발 아세안 그룹_싱가포르, 말레이시아, 태국, 인도네시아, 필리핀, 브루나이_ 간의 무역·투자는 정체 국면에 있다.

아세안경제공동체, 동아시아공동체, 그리고 한-아세안 경제공동체?

앞서 언급한 FTA, AKFTA, RCEP 등은 한-아세안 양측이 무역자유화 및 다자주의 기조를 함께 견지해 왔다는 것을 보여주는 사례들이다. 그렇다면 동아시아 지역주의_내지 경제통합_에 대한 양측의 협력은 구체적으로 어떻게 진행되어 왔는지 들여다보기로 하자. 지역주의 협력의 주된 양상은 크게 세 시기로 나눌 수 있다.

첫 번째는 냉전 종언 직후인 1990년대 초반으로 아세안이 동아시아 지역 협력을 주도하는 시기이다. 여기서 핵심적인 역할을 한 사람은 마하티르 말레이시아 총리였다. 마하티르 총리는 1980년대부터 국가 발전을 위해 일본, 한국, 대만을 본받자는 동방정책을 추진했다. 같은 동아시아에 속하는 일본과 한국이 서구를 따라잡았으므로 자신들도 그 경험을 배워 서구를 따라잡자는 취지였다. 그리고 그는 1990년 12월 탈냉전기 최초의 동아시아 지역공동체 구상인 동아시아경제그룹(EAEG)을 제창했다.[20] EAEG는 1991년 10월 아세안경제장관회의에서 동아시아경제회의(EAEC)로 개칭했다.

EAEC는 동아시아라는 지역 범주를 처음으로 설정했다는 점에서 중요한 의미를 갖는다. EAEC는 아세안 7개국과 한국, 중국, 일본, 홍콩, 대만을 하나의 공동시장으로 묶자는 구상이었다. EAEC 구상은 당시의 세계화 흐

---

[20] 마하티르 총리 1990년대 말 동아시아 경제위기 직후에는 아세안+3(한중일) 틀의 출범에 주도적인 역할을 했다. 동아시아 지역 협력의 최종 목표로 공동체를 구축할 것을 주장한 것도 그였다. 그리고 그는 동아시아정상회의(EAS)의 출범에도 결정적인 공헌을 했다(이재현 2007, 123).

름, 그리고 유럽과 북미 등의 지역주의를 다분히 의식한 행보였다. 유럽과 북미에서의 배타적 지역 블록화 및 보호무역 추세_서유럽의 마스트리히트조약 및 북미자유무역협정(NAFTA) 등_에 효과적으로 대응하고, 열린 다자주의 무역 체제를 유지하기 위해서는 아세안과 동북아시아 국가들 사이의 공동보조, 그리고 유럽과 북미를 견제할 수 있는 동아시아의 협상력 제고가 필요하다는 판단이었다. 또한, EAEC는 동아시아의 역동적인 경제를 포괄할 수 있는 틀이 될 수 있을 것으로 기대되었다(이재현 2007, 131-132).

하지만, 마하티르의 야심찬 구상은 좌초되었다. 이 구상에 대해 중국은 적극적인 반응을 보였다. 그러나 아세안 내부적으로 의견이 통합되지 않았다. 게다가, 인도네시아는 APEC과 분리하여 EAEC를 독자적으로 운용하자는 말레이시아의 주장에 동의하지 않았다. EAEC를 APEC의 틀 안에서 운용해야 한국, 일본 등의 참여를 용이하게 할 수 있다는 판단이었다. 더욱이, 미국은 아시아·태평양경제협력체(APEC)가 존재하는 상황에서 자국을 배제하는 지역협의체를 만드는 것에 강력하게 반발했다.[21] 미국은 EAEC 참여를 고려하던 한국, 일본에도 참여 반대 의사를 공개적으로 표명했다(배긍찬 2022, 230).

사실, 한국은 APEC이 태동하는 과정에 중요한 역할을 수행했으며, APEC 각료회의 유치에도 매우 적극적이었다. 한국의 APEC 각료회의 유치 움직임에 대해 아세안 측은 한국에 적지 않게 불편한 시각을 내비쳤다. 아세안 측은 APEC이 APEC 각료회의가 아닌 확대아세안외무장관회의(PMC)를 활용하도록 하는 방안을 선호하고 있었기 때문이다. 아세안 측은 한국의 P

---

[21] 마하티르 총리는 APEC에 매우 비판적이었다. 개도국과 선진국을 모두 포괄한다는 점에서 효율적이지 않으며, 보다 근본적으로 서구, 특히 미국의 이익을 대변하는 틀로 보았기 때문이다. 배긍찬(2022, 229)은 미국, 일본, 한국, 호주 등 역외국들이 주도하는 APEC이 중소국가 연합체인 아세안의 전략적 중요성을 희석시킬 가능성도 우려했다고 지적한다.

MC 참여에 대해서도 소극적인 입장이었다(심윤조 2022, 62).[22]

두 번째는 동아시아 경제위기 이후 시기이다. 동아시아 경제위기는 아세안+3(APT) 창설이라는 중대한 계기를 제공했다. 마하티르 총리가 1997년 12월 아세안 창설 30주년을 맞이하여 한중일 3국 정상들을 초청한 것이 직접적인 계기였다(제1차 APT 정상회의, 쿠알라룸푸르). 사실상 EAEC 구상의 아세안+3로의 재탄생이었다.

아세안+3는 그 이듬해인 1998년 12월 아세안+3 정상회의 정례화에 합의했고(제2차 APT 정상회의, 하노이), 1999년 11월에는 「동아시아 협력에 관한 공동성명」이 발표되었다(제3차 APT 정상회의, 마닐라). 제3차 정상회의에서는 최초로 한중일 3국 정상회의가 개최되었다. 아세안+3는 동북아시아와 동남아시아를 아우르는 범 동아시아 지역 협력의 비약적인 발전을 일거에 이루어 내는 계기를 마련한 것으로 평가되었다(신윤환 2009, 109).

이 시점에 한-아세안 협력도 급진전되었다. 특히, 김대중 정부의 기민한 대응과 리더십, 그리고 오늘날 아세안+3를 중심으로 한 협력체제가 만들어질 수 있는 제도적 밑그림을 제시한 부분이 두드러졌다. 부연하면, 김대중 대통령은 제2차 하노이 회의에서 중장기적 비전을 연구하는 민간 전문가들의 모임인 동아시아비전그룹(EAVG) 설치를 제안했다. EAVG는 2001년 11월 APT 정상회의에 「동아시아공동체를 향하여: 평화, 번영, 발전의 지역」이라는 제목의 보고서를 제출했다.[23]

---

22 결국 1993년 EAEC 구상은 APEC의 틀 안에서 추진하기로 합의되었다. 1994년에는 아세안 6개국과 한중일 3국의 비공식 경제장관 회동(6+3) 추진도 합의되었다. 그러나 이마저도 최종적으로 무산되었다. 미국의 집요한 반대로 한국, 일본의 참여는 실질적으로 불가능했다(배긍찬 2022, 230-231).

23 EAVG 보고서는 경제위기 발발 시 효과적으로 대응하기 위한 지역 협력의 제도화, 평화·번영·발전을 추구하는 동아시아공동체 구축을 비전으로 제시했다. 동아시아자유무역지대(EAFTA)와 동아시아투자지역(EAIA) 설립, 동아시아통화기금(Asian Monetary Fund, AMF) 설립, 역내 평화 정착 메커니즘 수립_전통 및 비전통 안보협력, 정치

EAVG 보고서는 이후 회원국 정부 대표로 구성된 동아시아연구그룹(EASG)_2000년 11월 제4차 아세안+3 정상회의에서 김대중 대통령이 설치를 제안_의 검토를 거쳐 2002년 제5차 아세안+3 정상회의(브루나이)에서 최종보고서 형태로 제출되었다. EAVG 보고서는 '동아시아공동체'(East Asian community) 창설을 궁극적인 목표로 제시했고, 이를 위해 아세안+3 정상회의를 동아시아정상회의(EAS)로 격상시키기로 했으며, 동아시아포럼(East Asia Forum) 및 동아시아자유무역지대(EAFTA) 설치를 제안했다.

1990년대 후반에서 2000년대 초반 사이에 아세안+3 정상회의가 출범하고 제도화가 진행된 것은 거의 기적과도 같았다(배긍찬 2022, 240). 동아시아 지역 협력체 결성을 반대하던 미 부시 정부가 물러나고 다자주의에 상대적으로 유연한 클린턴 정부가 들어선 것도 그 배경 중 하나였다. 동아시아 외환위기가 역내 국가들 사이에 지역공동체 내지 운명공동체라는 인식을 확산시키는 데 일조했다. 더 중요했던 것은 마하티르 총리와 김대중 대통령의 리더십이었다. 이 두 지도자는 동아시아 지역 협력의 아버지와 같은 존재로 마하티르 총리가 지역 협력의 하드웨어를 제공했다면, 김대중 대통령은 그 소프트웨어를 제공했다.[24]

이러한 기획은 회원국 사이의 소통을 확대·강화하고, 동북아시아와 동남아시아를 아우르는 동아시아 개념의 확산 및 동아시아인 정체성의 동질화에 기폭제가 되었다(신윤환 2009, 125). 이후에 이명박 정부도 EAVG II를

대화 증진, 동아시아의 세계질서 관련 역할 확대 등_, 환경·에너지 협력, 동아시아공동체의 정체성 함양 등과 같은 내용을 담았다.
24 김대중 대통령은 1998년 아세안+3 정상회의 직후 다음처럼 술회했다고 전해진다. "우리는 그동안 역사적 배경 때문에... 동남아시아와는 약간의 거리가 있었습니다. 이제부터는 과거의 친구들도 소중히 생각하며 관계를 더욱 발전시켜 나가야 하겠지만, 동남아시아와도 '서로 한 집안이다, 이웃사촌이다'라는 생각으로 손잡고 협력해 나가는 것이 21세기 세계화 시대에 걸맞는 일이라고 생각합니다."(박사명 2022, 449에서 재인용).

제안하고 보고서 작성을 주도했다. 이러한 지적 공헌에의 집중은 한국의 전략적 선택에 의한 것이었다. 중일 양국에 비해 국력이 상대적으로 약한 점, 정치적 위험성과 경제적 지원의 부담을 최소화할 수 있는 점, 중견국의 입장에서 중견국·약소국으로 구성된 아세안과 보조를 함께 하기 쉬운 친화성 등을 반영했다(김기석 2022, 220-221).

세 번째는 2000~2010년대이다. 이 시기의 동아시아 지역 협력은 주로 역외 국가들에 의한 두 가지 교란 요인에 직면했다. 하나는 2000년대 동아시아통합의 주도권을 둘러싼 중일 간 경쟁이었다. 2002년 아세안+3 정상회의를 장기적으로 EAS로 전환해 나간다는 합의가 있었으나, 2005년 아세안+3 정상회의와는 별도로 아세안+3에 인도, 호주, 뉴질랜드를 추가한 아세안+6 형태의 EAS가 조기 출범하게 되었다. 이로 인해 아세안+3를 중심으로 한 동아시아 지역 협력은 정체될 수밖에 없었다. 동아시아공동체라는 지역 정체성에도 혼란이 가중되었다.

부연하면, 일본은 아세안+3를 중심으로 한 동아시아공동체 건설에서 중국이 주도권을 쥘 것을 우려했다. 동아시아 지역의 범위를 더욱 확대한 이유였다. 그에 더해 일본은 동아시아 지역 협력에 대한 미국의 참여를 용이하게 하는 방안도 모색했다. 결국, EAS는 미국, 러시아까지 포함한 아세안+8 형태가 되었다.

한편, 아세안 측은 아세안+3의 틀을 선호했다. 이로 인해 동아시아공동체 창출의 과제를 아세안+3가 담당할 것인가, 아니면 EAS가 담당할 것인가의 의견 대립이 발생했다. 아세안 측은 아세안+3가 동아시아공동체 문제를 맡고, EAS는 아세안+3 사후에 열리는 대화 포럼으로 간주하고자 했다. 이에 대해 일본과 호주 등은 EAS는 동아시아공동체 문제, 아세안+3은 기능적 협력을 맡아야 한다고 강조했다(이신화 2022, 254-255).[25]

---

25 물론 아세안 내부에서도 아세안+3와 아세안+8에 대한 선호는 일정치 않다. 라오스, 캄보디아, 미얀마, 말레이시아, 브루나이는 아세안+3를 선호하고, 베트남, 라오스, 인

다른 하나는 2010년대 이후 미중 간 전략 경쟁의 격화이다. 중국은 경제적 부상을 배경으로 대외적 자기주장을 적극화하고, 다른 한편 미국의 트럼프 정부는 미국 우선주의와 보호무역주의를 내걸면서 중국과 대립각을 세우기 시작했다. 특히, 트럼프 정부의 다자 간 FTA에 대한 부정적 태도와 미중 무역마찰은 동아시아의 촘촘한 양자 간, 다자 간 FTA에 타격을 가함은 물론 자유무역과 호혜 협력을 근간으로 한 동아시아공동체의 추진도 뒤흔들 수 있었다(김기석 2022, 223-224).

더구나 이후 중국은 일대일로_특히 해상 실크로드_ 구상, 미일 양국은 인도·태평양전략을 통해 동남아시아 각국에 대한 개별적 접근을 강화하기 시작했다. 박사명(2022, 452)은 중국과 미일 양국의 구상 모두 동남아시아의 아세안 중심성을 외면하는 자국 중심적 전략으로서 아세안공동체에 대한 중대한 도전이며, 아세안 중심성을 전제로 한 동아시아공동체에 대한 중대한 도전이라고 비판한다. 강대국 간 세력 다툼은 지역주의를 압도함은 물론 동북아시아에 이은 동남아시아의 양대 진영화 가능성을 내재하는 것이기도 했다.

그럼에도 불구하고 한-아세안 양측의 경제공동체를 향한 자세와 공동보조는 조용하지만 건실하게 진행되고 있는 것으로 보인다. 동아시아공동체를 향한 발걸음이 갈지자 행보를 보이는 가운데 아세안은 2003년에 합의한 아세안공동체를 2015년에 공식적으로 출범시켰다. 그와 더불어 구체적으로 이행계획인 '아세안 비전 2025'를 제시했다. 내부의 단결성 및 대외적 영향력 약화에 직면한 아세안은 아세안공동체 실현을 앞당김으로써 자신의 중심성을 유지하고자 2019년 '아세안 비전 2040'을 발표했다(최영종 2022, 469).

주아세안 한국대사를 역임한 서정인(2023)은 아세안 측이 자체적으로 아

도네시아, 필리핀, 싱가포르는 아세안+8를 선호한다. 선호를 가르는 주된 기준은 중국에 대한 시각이다(박사명 2022, 456). 전자는 친중 성향이 강하고, 후자는 반중 성향이 강하다.

세안공동체로의 이행 현황을 조사한 결과 50% 이상으로 평가했다고 전한다. 아세안공동체 진전을 키워드로 평가하면 4C_아세안 중심성(Centrality), 아세안헌장(Charter), 아세안 연계성(Connectivity), 그리고 협의와 합의(Consultation and Consensus)_가 정착했고 각 분야마다 성과를 이루었다는 말이다.

한국은 미중일 3국과는 달리 아세안공동체 건설에 진지한 자세와 협력 의지를 보였다. 한-아세안 및 한-메콩 전략적 파트너십은 물론 인도네시아, 베트남, 태국과의 양자 간 전략적 파트너십, 그리고 FTA 등을 통해 아세안 경제공동체 건설, 이를 위한 아세안 역내 및 한-아세안 간 연결성 증진에도 전향적으로 대응했다. 캄보디아, 인도네시아, 라오스, 미얀마, 필리핀, 베트남 등에 대한 ODA도 지속적으로 증가했다. 중국과 일본이 동아시아공동체를 독자적으로 주도할 수 없는 상황은 입장이 유사한 한-아세안 양측이 서로 긴밀한 연대를 형성하는 것을 자연스럽게 했다(박사명 2022, 455). 최근 아세안은 당장 동아시아공동체를 지향하기보다는 과도기적으로 아세안+1 경제공동체를 지향하는 것으로 보인다. 한-아세안 경제공동체의 본격적인 추진도 염두에 두어야 하는 상황이다.

5. 동아시아인으로서의 연대와 정체성 구축이란 과제

사람 중심의 한-아세안 공동체를 지향하다

2010년 한-아세안 전략적 파트너십 공동선언은 관광 증진, 문화와 인적 교류, 그리고 아세안 사회·문화공동체 실현에 기여한다는 점을 명시했다. 2014년 한-아세안 미래 비전 공동성명은 동아시아인으로서의 연대와 정체성 구축을 위한 문화 및 인적 교류 증진에 합의했다. 그리고 2019년 한-아세안 공동 비전성명은 사람 중심의 평화와 번영의 공동체 구축을 천명했다. 이는 사람 지향의 공동체 건설을 궁극적인 목표로 설정한 아세안공동체와 맥을 같이 하는 것이며, 신남방정책도 이에 적극적으로 호응하여 사람공동체를 한 축으로 설정한 바 있다.

각종 선언·성명을 통해 인적·문화적 교류를 강조하고는 있으나 경제나 정치·안보 분야에 비해 정책적 우선순위가 높다고는 보기 어렵다. 상대적으로 추동력이 약한 셈이다. 하지만, 인적·문화적 교류를 통한 정체성 공유는 공동체 건설의 핵심적 요건이다. 사람 중심과 사람 지향의 공동체 건설은 사회·문화 분야를 넘어 정치·안보와 경제 분야를 포괄한다(김형종 2022, 505). 이하에서는 먼저 인적, 사회·문화적 교류의 개략적인 현황을 점검해 본 다음, 양측 간 상호 인식이 어떠한 특징을 보이는지를 살펴보기로 하겠다.

인적 교류의 측면에서 한국인이 가장 많이 방문하는 지역이 아세안이다. 〈2022 한-아세안 통계집〉(한-아세안센터 2022, vxi-xix)에 따르면, 코로나19 사태 직전인 2019년 기준 아세안을 방문한 한국인 수는 10,463천 명으로 일본 방문 5,585천 명, 중국 방문 4,347천 명을 크게 상회했다. 같은 해 아세안 회원국별로 보면 베트남 4,291천 명, 태국 1,888천 명, 필리핀 1,783천 명, 싱가포르 646천 명, 말레이시아 508천 명, 인도네시아 388천 명, 캄보디아 255천 명, 라오스 172천 명, 미얀마 112천 명, 브루나이 11천 명 순이었다.

한편, 아세안 측의 한국 방문객은 2020년 440천 명, 2021년 268천 명이었다. 2019년 양측 간 상호 방문객 합계가 약 12,751천 명_한국인의 아세안 방문 10,053천 명, 아세안 방문객의 한국 방문 2,698천 명_이었던 점을 고려하면 코로나 이전 수준을 한참 미치지 못한다(표 7-7, 표 7-8). 2021년 기준 한국 방문객을 회원국별로 보면 필리핀 116천 명(43%), 미얀마 57천 명(21%), 인도네시아 47천 명(17%), 베트남 23천 명(9%), 태국 8천 명(3%), 싱가포르 8천 명(3%), 캄보디아 5천 명(2%), 말레이시아 4천 명(2%), 라오스 0.4천 명(0%), 브루나이 0.1천명(0%) 순이었다.

<표 7-7> 한국인 방문객의 아세안 방문 현황 (2010~2021년)   (단위: 천명)

국가	2010	2015	2017	2018	2019	2020	2021
세계	12,488	19,310	26,496	28,696	28,714	4,276	1,223
아세안	3,319	5,844	7,870	8,981	10,053	1,813	36
브루나이	2	3	9	9	11	2	불명
캄보디아	290	395	345	300	255	56	5
인도네시아	296	354	423	359	388	70	9
라오스	27	165	170	174	172	40	불명
말레이시아	264	421	485	617	508	119	1
미얀마	19	64	66	73	112	19	불명
필리핀	741	1,340	1,608	1,588	1,783	339	6
싱가포르	379	577	631	629	646	89	7
태국	805	1,373	1,718	1,797	1,888	260	8
베트남	496	1,152	2,415	3,435	4,219	910	불명

출처: 『2022 한-아세안 통계집』 p.144에서 재인용.

<표 7-8> 아세안 방문객의 한국 방문 현황 (2010~2021년)   (단위: 천명)

국가	2010	2015	2017	2018	2019	2020	2021
세계	8,798	13,232	13,336	15,503	17,503	2,519	967
아세안	1,039	1,608	2,140	2,462	2,698	440	269
브루나이	1	2	4	5	7	0.7	0.1
캄보디아	7	26	31	33	42	10	5
인도네시아	95	194	231	249	279	62	47
라오스	2	6	9	12	13	1	0.4
말레이시아	114	223	308	383	409	48	4
미얀마	58	59	70	71	74	38	57
필리핀	297	404	449	460	504	106	116
싱가포르	113	160	216	232	246	18	8
태국	261	372	499	559	572	76	8
베트남	90	163	325	458	554	80	23

출처: 『2022 한-아세안 통계집』 p.145에서 재인용.

 2021년 기준 아세안 회원국별 한국인 체류자 현황은 베트남 208,740명, 태국 171,800명, 필리핀 46,871명, 캄보디아 41,525명, 인도네시아 34,188명, 미얀마 26,096명, 말레이시아 5,053명, 싱가포르 2,225명, 라오스 1,683명 순이다. 이상 합계는 538,181명이다. 반대로 아세안의 비자별 한국 체류 현황은 단기 체류 179,758명, 결혼이민자 62,895명, 근로자 168,072명, 유학생 72,535명, 기타 54,988명이었다. 합계 538,248명으로 2019년 647,439명에서 감소했는데 코로나 사태의 여파였다.

참고로, 총 아세안 유학생 72,535명 가운데 베트남 국적이 66,094명으로 91%를 차지했으며, 두 번째인 인도네시아 국적은 1,732명으로 3%에 불과했다. 2021년 주한 외국인 등록자 현황을 보면 아세안 출신이 349,871명_이 중 베트남 출신 180,687명_으로 중국 출신 168,490명, 미국 27,674명, 일본 24,014명을 압도했다.

한-아세안 간 인적 교류 확대는 경제·통상관계 확대와 더불어 1990년대 말부터 시작된 한류 붐_한국 드라마(K-Drama), 한국 음악(K-Pop), 한국 화장품(K-Beauty), 한국 음식(K-Food) 등_의 영향도 적지 않았다. 아세안 주요 국가에 대한 한류 콘텐츠 수출액은 연평균 10% 가까이 성장하고 있는 것으로 전해진다. 특히, 한류의 인기도가 높은 나라는 인도네시아, 태국, 필리핀, 베트남, 싱가포르, 미얀마 등이다. 한류 등의 영향으로 아세안에서의 한국 이미지도 매우 긍정적이다. 해외홍보문화원의 2018년 조사에 따르면 인도네시아, 태국 등에서의 한국에 대한 긍정적 이미지는 90% 이상으로 65%인 중국과 20%인 일본에 비해 월등히 높았다(김현철 2022, 204).

아세안의 한국 인식은 긍정적, 한국의 아세안 인식은 부정적?

한일 간, 중일 간, 한중 간 상호 인식 조사는 권위 있는 기관이 거의 매년 실시하기 때문에 자료·데이터가 비교적 충실하다. 그에 반해 한-아세안 간 상호 인식 조사는 시작 단계에 불과하다. 그나마 이를 메우기 위한 일부 시도가 이루어지고 있는 점은 다행스럽다. 여기서는 한-아세안센터의 〈2021년 한-아세안 청년 상호 인식 조사〉와 〈2022 한-아세안 청년 상호 인식 조사 보고서〉의 내용을 소개하고자 한다(한-아세안센터 2021; 한-아세안센터 2022). 다만, 표본 크기_2021년 조사 대상자 수 3,319명, 2022년 147명_에 한계가 있는 점은 유의할 필요가 있다.

첫째는 한-아세안 양측의 상호 관심에 관련된 항목이다. 우선, 상호 관심의 정도에 불균형이 적지 않았다. 아세안 측은 매우 관심 있음(47.6%), 관심 있음(42.8%), 별로 관심 없음(8.1%), 전혀 관심 없음(1.5%)이었는데 비해 한국 측은 매우 관심 있음(5.5%), 조금 관심 있음(47.3%), 별로 관심 없음(42.3%), 전혀 관심 없음(4.9%)이었다. 관심 있음의 합계는 각각 90.4%와 52.8%였다.

현지 아세안 청년들이 '한국'하면 떠오르는 이미지는 K-Pop(685명), 드라마(353명), 음식(303명), 김치(257명), 문화(153명), 아름다운(133명), 서울(83명), 사람(77명), 도시(71명), 영화(65명) 순이었다.[26] 한국 청년들이 '아세안'하면 떠오르는 이미지는 개발도상국(122명), 더위(99명), 가난한(57명), 휴양지(49명), 낮은 물가(46명), 열대기후(42명), 여행(35명), 후진국(35명), 더운 날씨(32명), 관광지(28명) 순이었다. 아세안 측의 한국 이미지가 대체로 긍정적이었던 비해 한국 측의 아세안 이미지는 긍정적인 것과 부정적인 것이 혼재된 양상을 보였다.

둘째는 양측의 국가에 대한 호감도 및 신뢰도 항목이다. 아세안 측의 한국에 대한 호감도_괄호 안은 각각 호감, 보통, 비호감_는 베트남(92.0%, 6.0%, 2.0%), 태국(86.0%, 12.5%, 1.5%), 말레이시아(83.5%, 16.0%, 0.5%), 인도네시아(83.0%, 15.5%, 1.5%), 싱가포르(81.5%, 16.5%, 2.0%), 필리핀(78.5%, 19.0%, 2.5%), 브루나이(71.5%, 27.0%, 1.5%), 라오스(49.0%, 48.5%, 2.5%), 캄보디아(36.5%, 58.5%, 5.0%) 순이었다. 캄보디아를 제외하고 모두 호감이 보통을 앞섰다.

한국에 대한 호감도의 평균치는 호감 73.5%, 보통 24.4%, 비호감 2.1%였다. 한국 측이 가장 호감을 느끼는 국가는 베트남(32.0%), 태국(29.4%), 필리핀(27.0%), 싱가포르(19.0%), 없음(11.2%) 순이었다. 아세안에 대한 호감도의 평균치는 호감(41.6%), 보통(48.5%), 비호감(9.9%)이었다. 아세안 측의 한국에 대한 호감도 평균은 73.5%, 한국 측의 평균은 41.6%였다. 첫 번째 항목과 크게 다르지 않은 결과였다. 덧붙여, 한국 측이 생각하는 한국과 경제적, 사회문화적, 외교·안보적으로 가장 가까운 아세안 국가는 베트남, 싱가

---

26 동 조사의 대상자는 현지 아세안 청년, 주한 아세안, 한국 청년이다. 여기서는 주한 아세안 청년을 대상으로 한 조사 결과는 제외했다.

포르, 태국, 필리핀, 인도네시아, 말레이시아, 미얀마, 캄보디아, 라오스, 브루나이 순으로 나타났다.

셋째는 주변국과의 신뢰수준 및 미래 도움 비교 항목이다. 주변국과의 신뢰도 비교에서 아세안 측 평균 응답은 1위(한국), 2위(일본), 3위(호주), 4위(아세안), 5위(미국), 6위(중국) 순이었다. 한국 측 평균 응답은 1위(미국), 2위(호주), 3위(아세안), 4위(일본), 5위(중국) 순이었다. 주변국과의 미래 도움 비교에서 아세안 측은 1위(아세안), 2위(일본), 3위(한국), 4위(미국), 5위(호주), 6위(중국), 그리고 한국 측은 1위(미국), 2위(아세안), 3위(호주), 4위(일본), 5위(중국) 순으로 꼽았다. 아세안 청년들이 가장 신뢰하는 국가로 한국을 꼽은 점이 흥미롭다. 뒤에서 다루겠지만 엘리트 계층의 인식과는 많은 차이를 보인다. 아세안 회원국별 응답에서도 아세안 9개국 청년 모두 90% 이상이 한국을 꼽았다. 반면에 한국 측의 아세안을 신뢰한다는 응답은 64.4%에 머물렀다.

자국의 미래에 도움이 되는 주변국에 대해 아세안 측 응답은 아세안(92.5%), 일본(91.9%), 한국(91.2%), 미국(85.4%), 호주(83.8%), 중국(78.5%) 순이었다. 한국 측 응답은 미국(89.9%), 아세안(82.2%), 호주(77.4%), 일본(48.7%), 중국(38.1%) 순이었다. 양측 모두 중국에 대한 부정적 인식이 두드러졌다. 한국의 경우 대중, 대일 부정적 인식이 강했다. 또한, 이들은 모두 실제의 경제적 상호의존도와는 동떨어진 양상을 보였다.

넷째는 한-아세안 관계의 현재와 미래에 대한 긍정도, 분야별 협력관계 인식, 그리고 한-아세안 관계의 중요한 이슈(상위 3개)에 관한 것이다. 현재와 미래에 대한 긍정도에 있어서 아세안 측은 94.5%(매우 좋음 55.9%, 약간 좋음 39.4%)와 95.3%(매우 좋음 47.2%, 약간 좋음 47.3%)), 한국 측은 82.5%(매우 좋음 18.3%, 약간 좋음 64.2%)와 87.9%(매우 좋음 30.3%, 약간 좋음 57.6%)였다. 앞으로 더욱 발전할 것이라는 인식은 같았다.

분야별 협력관계 인식에 대한 아세안 측 응답은 문화교류 협력이 긍정적(92.0%), 부정적(3.5%), 경제개발 협력이 긍정적(90.0%), 부정적(3.4%), 외교·안보협력이 긍정적(84.3%), 부정적(4.8%)이었다. 한국 측 응답은 문화교류 협력이 긍정적(86.3%), 부정적(7.1%), 경제개발 협력이 긍정적(86.3%), 부정적(8.1%), 외교·안보협력이 긍정적(74.4%), 부정적(15.4%)이었다. 양측 모두 외교·안보협력에 대한 긍정적 인식이 낮았다.

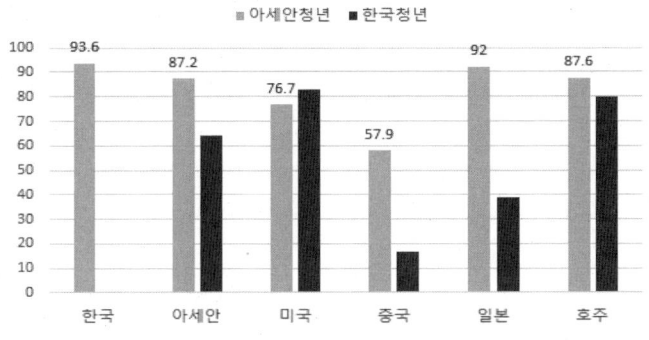

〈그림 7-2〉 한-아세안 청년의 주변국 신뢰수준 (단위: %, 긍정 응답)

출처: 한-아세안센터(2021, 57).
주의: 아세안 청년(n=1,800), 한국 청년(n=1,000).

〈표 7-9〉 현지 아세안 청년의 주변국 신뢰수준-국가별 (단위: %, 긍정 응답)

국가별 순위	브루나이	캄보디아	인도네시아	라오스	말레이시아	필리핀	싱가포르	태국	베트남
1	일본 (93.5)	아세안 (93.5)	일본 (98.5)	한국 (92.5)	한국 (93.0)	한국 (96.5)	일본 (91.0)	한국 (95.5)	일본 (94.5)
2	아세안 (93.0)	한국 (93.5)	아세안 (96.0)	아세안 (87.5)	아세안 (87.5)	아세안 (91.0)	한국 (90.0)	일본 (94.0)	한국 (93.5)
3	한국 (93.0)	일본 (90.0)	한국 (94.5)	일본 (86.5)	일본 (89.0)	일본 (91.0)	호주 (86.5)	미국 (93.5)	미국 (91.5)
4	호주 (88.5)	호주 (90.0)	호주 (87.5)	중국 (85.5)	호주 (84.0)	호주 (88.5)	아세안 (78.0)	호주 (91.5)	호주 (91.5)
5	미국 (40.5)	중국 (89.0)	미국 (79.5)	미국 (82.0)	중국 (58.5)	미국 (87.5)	미국 (70.0)	아세안 (73.0)	아세안 (85.5)
6	중국 (37.0)	미국 (88.5)	중국 (63.0)	호주 (80.0)	미국 (57.0)	중국 (30.5)	중국 (54.5)	중국 (64.0)	중국 (39.5)

출처: 한-아세안센터(2021, 58)를 다시 정리.
주의: 브루나이 항목 아세안-한국 동 순위; 캄보디아 항목 일본-호주 동 순위; 필리핀 항목 아세안-일본 동 순위; 베트남 항목 미국-호주 동 순위.

중요한 이슈에서는 아세안 측 응답이 1위(관광 42.2%), 2위(문화교류 27.8%), 3위(외국인투자 27.2%), 한국 측 응답이 1위(국제결혼/다문화가정 35.8%), 2위(이주노동 25.5%), 3위(문화교류 23.6%)였다. 전자는 아세안 측의 관광산업 비중, 한류 인기 등을 반영하는 것으로, 후자는 한국 측의 국내 동남아 관련 이슈들과 관련된 것으로 보인다.

다섯째는 한-아세안 분야별 협력관계 인식이다. 지속 가능한 발전을 위한 우선 과제 상위 3가지에 대해 아세안 측은 1위(민간 차원의 상호 교류 확대), 2위(경제협력관계 강화), 3위(정부 수준의 소통과 신뢰 증진), 한국 측은 1위(경제협력관계 강화), 2위(민간 차원의 상호 교류 확대), 3위(정부 수준의 소통과 신뢰 증진)였다.

미래를 위한 협력 분야에 대해 아세안 측은 4차 산업혁명(23.8%), 교육(21.9%), 의료보건(20.4%), 사회보장제도(12.8%), 사이버보안(10.9%), 환경/기후변화(9.8%) 순이었다. 한편, 한국 측은 4차 산업혁명(36.9%), 환경/기후변화(25.2%), 사회보장제도(15.8%), 의료보건(10.2%), 사이버보안(7.0%), 교육(3.5%) 순이었다. 아세안의 입장에서 IT 강국인 한국은 매력적인 파트너로 여겨졌다. 한국 측은 환경/기후변화 문제에서 아세안의 역할을 상대적으로 더 중시하는 양상을 보였다.

여섯째, 아세안공동체에 대한 인식에 대해 아세안 측은 대체로 긍정적이었다(매우 긍정적 46.6%, 긍정적 46.1%, 약간 부정적 2.9%, 매우 부정적 0.2%). 참고로, 한국 측은 '한국에 도움이 되는 아세안 국가'로 싱가포르(38.7%)와 베트남(35.8%)을 지목했다. '한국의 도움이 필요한 아세안 국가'에 대해서는 미얀마(30.1%)와 베트남(20.7%)을 지목했다. 미얀마는 최근의 민주화 운동 및 군부의 탄압, 베트남은 한국과의 경제적 파트너십을 반영한 것으로 보인다. '한국과의 교류 협력 확대가 필요하나 현재 부족하다고 생각되는 국가'로는 없음(21.4%), 브루나이(18.5%), 미얀마(17.3%), 라오스와 싱가포르(15%)를 지목했다.

이상의 양적 데이터는 주로 2021년 조사에 근거한 것이다. 그렇다면 20

22년 초점 집단 인터뷰 결과는 어떨까? 마지막으로 주요 관찰 및 분석 결과의 요지는 다음과 같았다(한-아세안센터 2023, 94-103). 우선, 상호 인식의 차이가 발생하는 주요 원인은 양측 간 정보의 비대칭 문제였다. 아세안 측은 한국 관련 미디어 콘텐츠나 제품을 일상적으로 접하는 데 비해 한국 측은 여행, 관광, 음식 등 이외에 미디어 콘텐츠나 제품을 접할 기회가 비교적 적었다.

양측의 상호 인식은 모두 정치·외교보다 사회·문화 분야에 집중되는 경향을 보였다. 양측 간 협력관계에 대해서는 경제적 격차로 인해 서로를 동등한 파트너로 인식하는 경향이 적었다. 아세안 측은 한국인들이 아세안과의 협력보다는 강대국과의 협력에 우선순위를 둘 것으로 보았고, 한국 측도 한-아세안 간 협력에 대한 관심과 기대가 상대적으로 낮았다.

양측 모두 자국의 경제발전에 도움이 되는지를 기준으로 상대국에 대한 신뢰도를 평가하는 경향을 보였다. 아세안 측은 미국, 중국 등 강대국에 대한 의존도를 줄이기 위해 파트너십의 다변화가 필요하며 선진국인 한국이 주요 파트너라는 인식을 보였다. 또한, 자국의 정치·경제에 큰 영향력을 미치는 강대국들과 달리, 한국은 아세안에 대해 정치적 중립성을 유지할 것이라는 인식도 존재했다.

이에 대해 한국 측은 아세안에 대한 신뢰도에 다소 무관심한 경향을 보였다. 한국 측은 미국, 중국 등과 비교하여 아세안에 대해 더욱 호의적인 반응을 보였는데, 이는 아세안이 중립적이고 한국에 대해 경제적·정치적 보복 가능성이 낮다고 인식했기 때문이다. 양측이 강대국과의 관계를 염두에 두고 중견국(또는 비강대국) 정체성을 공유한 결과였다.

다음으로, 아세안 측은 한국이 현지에서 가진 영향력을 어떻게 보고 있을까? 앞서 언급한 싱가포르 〈ISEAS 2022년 조사 보고서〉를 살펴보자.[27]

---

27 ISEAS 조사에서 한국이 포함된 것은 2021년 보고서부터이다. 2019년 및 2020년 보고서는 한국을 경제적, 정치적·전략적 영향력을 지닌 국가로 상정하지 않았다.

미중 전략 경쟁의 가열화는 아세안으로 하여금 새로운 전략적 옵션을 찾고자 하는 동기로 작용했다. 이에 관한 조사 결과를 소개하면 다음과 같다.

우선, 미중 전략 경쟁을 헤징하기 위한 제3자로 아세안 측이 선호하는 국가는 EU(40.2%), 일본(29.2%), 호주(10.3%), 영국(8.4%), 한국(6.8%), 인도(5.1%) 순이었다. EU를 가장 선호하는 국가는 말레이시아(49.6%), 캄보디아(48.1%), 미얀마(46.0%), 태국(41.9%), 인도네시아(40.5%), 싱가포르(39.2%), 브루나이(30.2%) 순이었다. 일본을 가장 선호하는 국가는 라오스(47.7%)였다. 일본이 그동안 아세안에 들인 공이나 현지에서의 존재감을 고려하면 기대치에 미치지 못하는 결과였다.

[질문] 만약 아세안이 미중 전략 경쟁에서 기인한 불안정성을 헤징하기 위해 "제3자"를 선택해야 한다면 당신이 아세안의 파트너로서 가장 선호하고 신뢰하는 상대는 누구인가? (단위: %)

국가	호주		EU		인도		일본		한국		영국	
	2021	2022	2021	2022	2021	2022	2021	2022	2021	2022	2021	2022
아세안	8.2	10.3	41.4	40.2	6.7	5.1	37.4	29.2	3.5	6.8	2.9	8.4
브루나이	18.2	20.8	30.3	30.2	6.1	0.0	30.3	20.8	3.0	9.4	12.1	18.9
캄보디아	3.8	6.2	42.3	48.1	15.4	9.9	38.5	13.6	0.0	8.6	0.0	13.6
인도네시아	7.8	10.7	55.8	40.5	3.1	3.8	23.3	31.3	7.8	6.9	2.3	6.9
라오스	5.0	4.5	50.0	36.4	2.5	2.3	35.0	47.7	7.5	6.8	0.0	2.3
말레이시아	7.7	5.9	43.6	49.6	6.8	6.7	30.8	23.0	5.1	6.7	6.0	8.1
미얀마	7.7	6.3	15.4	46.0	10.3	1.7	62.8	26.6	0.6	11.4	3.2	8.0
필리핀	13.4	19.0	43.3	34.5	3.0	3.0	35.8	34.5	4.5	1.8	0.0	7.2
싱가포르	6.3	9.9	44.9	39.2	5.1	5.0	38.0	35.1	3.8	5.9	1.9	5.0
태국	6.1	8.5	47.3	41.9	8.4	7.7	35.1	25.6	2.3	6.8	0.8	9.4
베트남	5.7	11.1	40.6	35.4	6.9	11.1	44.6	33.3	0.0	4.2	2.3	4.9

출처: ISEAS(2022, 33).

위 표에서 전년 대비 일본과 인도의 수치가 감소한 데 비해 호주, 영국, 한국의 수치가 증가한 것이 눈에 띈다. 2022년 기준 전략적 옵션으로 한국을 선택한 경우는 미얀마(11.4%), 브루나이(9.4%), 캄보디아(8.6%), 인도네시아(6.9%), 라오스(6.8%), 태국(6.8%), 말레이시아(6.7%), 싱가포르(5.9%), 베트남(4.2%), 필리핀(1.8%) 순이었다. 친중 성향으로 분류되는 미얀마, 브루나이, 캄보디아에서 수치가 상대적으로 높고, 친미 성향의 베트남, 필리핀이 낮은 점이 흥미롭다.

한편, 소프트 파워에 대한 아세안 측 인식의 단면도 살펴보기로 하자(ISEAS 2022, 53-54). 한류에 관한 응답과 괴리가 있을 수 있으므로 주의를 요한다. "[질문] 당신(또는 당신의 자녀)이 대학 장학금을 지원받는다면 어느 국가를 가장 먼저 선택하겠는가?"에 대해 아세안 평균 응답은 미국(25.8%), 영국(20.8%), EU회원국(12.0%), 호주(9.9%), 일본(9.6%), 중국(8.8%), 아세안 회원국(5.8%), 뉴질랜드(5.4%), 한국(2.0%), 인도(0.2%)순이었다. 서구, 선진국, 영어권의 우위가 엿보인다. 물론, 응답자가 엘리트 계층인 점을 감안해야 할 것이다. 다음으로 "[질문] 휴가 중 가장 방문하고 싶은 국가는 어디인가?"에 대해서는 일본(22.8%), EU회원국(19.2%), 아세안 회원국(14.0%), 뉴질랜드(9.5%), 한국(8.5%), 미국(8.4%), 중국(7.2%), 호주(5.1%), 영국(5.0%), 인도(0.3%) 순이었다.

6. 미중 전략 경쟁과 중간국 간 제휴

아세안은 한반도 대화를 지지하고, 한국은 남중국해 문제에 중립적 자세를 취하다

동아시아 지역 안보에 대한 한-아세안 간 협력 상황은 어떨까? 지역 안보의 주요 과제로는 한반도의 북핵 문제, 대만해협 문제, 그리고 남중국해 영유권 문제, 미중 전략 경쟁 문제 등이 있다. 북핵 문제는 한-아세안 사이에서 비교적 활발하게 논의가 진행되었다. 대만해협 문제는 주요 의제로 다뤄진 적이 거의 없다. 남중국해 문제에 대해 한국은 적극적인 관여를 회피해 왔다. 참고로, 남중국해 영유권 문제를 둘러싼 중국과 일부 아세안 회원국 간 갈등은 미국, 일본 등 역외국이 개입하면서 미중 전략 경쟁 구도에 포섭되었다.

북핵 문제를 둘러싼 한-아세안 간 협력부터 살펴보자. 아세안 회원국들은 모두 남북한과의 동시 수교국이다. 그중에서도 당대당 관계가 존재하는 베트남과 라오스가 북한과 긴밀하다. 또한, ARF는 북한이 참가하는 유일한 지역 다자협력 틀이다. 이 ARF(아세안지역안보포럼)를 무대로 남북한 양측은 매년 한반도 문제와 북핵 문제를 놓고 자국 의사를 의장성명에 반영하기 위해 경쟁을 펼쳐왔다. 아세안 측은 북한을 이러한 다자 간 틀에 끌어들여서 변화시키는 것이 합리적인 방법이라고 주장해 왔다(이재현 2022, 336-338).

한국 측은 북한을 압박하거나 대화하고자 할 때 아세안 회원국들의 영향력을 적극적으로 활용하고자 했다. 북핵 문제는 한-아세안 다자 간, 양자 간 공동선언·성명에 빠짐없이 등장했다. 한국 측은 핵·미사일 개발이나 무력도발을 계기로 대북 압박이 필요할 경우 아세안 측에 유엔 대북 재제안의 이행 또는 동참을 촉구했다. 그와 반대로, 남북한 관계가 개선되거나 개선할 필요가 있을 때 한국 측은 아세안 측에 중재자 역할을 요청했다.

한편, 아세안 측은 두 가지 방식으로 대응했다. 첫째, 한국이 대북 압박을 주문할 경우 아세안 측은 대체로 미온적인 반응을 보였다. 아세안 측은 남북한 간의 관계로 인해 북한과의 관계가 불편해지거나 악화되는 것을 원하지 않았다. 한국 측이 남중국해 영유권 문제에 대해 당사자 입장을 취하지 않는 것처럼 아세안 측도 북핵 문제에 대해 비당사자 입장을 취했다. 안보 위협 인식의 차이에 따른 것이었다. 아세안 측은 한반도 문제를 강대국 간 문제로 파악하면서 남북한 가운데 양자택일을 간접적으로 미중 사이의 양자택일로 받아들이는 경향도 있었다(김재현 2022, 343).

둘째, 그와 반대로 남북한이 대화 국면에 들어서면 아세안 측은 한반도 문제에 적극적으로 관여하고자 했다. 북한은 국제사회에서 고립될 경우 아세안을 통해 돌파구를 찾으려고 노력해 왔다. 아세안 측도 남북한 간, 북미 간 대화, 비핵화를 위한 노력을 꾸준히 지지해 왔다(앞의 논문 344). 특히, 문재인 정부 시기 두 차례에 걸친 북미 정상회의에서 아세안이 수행한 건설적인 역할은 주목할 만했다. 북미 정상회의는 아세안 회원국_2018년 6월 싱가포르, 2019년 2월 하노이_에서 성사되었다.

싱가포르는 남북한과 좋은 관계를 유지하고 있으며 미중 간 균형 외교를 전개해 왔다. 베트남도 남북한 모두와 좋은 관계를 유지하고 있으며 친미 성향을 보여왔다(안영집 2022, 365-370). 덧붙여, 2019년 한-아세안 특별정상회의 직전 인도네시아 조코 위도도 대통령은 문재인 대통령에게 북한 김정은 국무위원장을 특별정상회의에 초청하자고 제안하기도 했다.

한국 역대 정부는 남중국해 영유권 문제에 대해 가능하면 중립적, 원론적 입장을 유지하고자 했다. 그 배경에는 남중국해 문제가 미중 간 갈등으로 비화하면서 이에 연루되지 않으려는 의도가 있었음은 부정할 수 없었다. 한반도에서 미중 간 대리 경쟁이 가속화하는 가운데 남중국해 문제에까지 개입한다면 한국의 안보딜레마는 더욱 심화될 소지가 있었다.

이동률(2017, 79-85)은 한국의 대응을 다음처럼 설명한다. 우선, 이명박 정부는 2011년 7월 미국 측의 한미일 공동보조 요청에 대해 남중국해에서 국제해양법상의 평화롭고 자유로운 항행이 존중되어야 하며, 관련국 간 이견은 남중국해 행동선언(DOC)에 따라 대화를 통해 평화롭게 해결되어야 한다는 기본 입장을 밝혔다. 미국의 요청에 대한 화답은 없었다.

박근혜 정부에 들어서자 자국 입장에 동조해야 한다는 미국 측의 요청은 더욱 거세졌다. 2013년 12월 방한한 바이든 미국 부통령은 "미국의 반대편에 베팅하는 것은 좋은 베팅이 아니다. 미국은 계속 한국에 베팅할 것"이라고 언급했다. 2015년 10월 한미 정상회의 공동기자회견에서 오바마 대통령은 "박 대통령에게 유일하게 요청하는 것은 우리는 중국이 국제규범과 법을 준수하기를 원한다는 것이다. 만일 중국이 그런 면에서 실패한다면 한국이 목소리를 내야 한다"라고도 발언했다. 그럼에도 불구하고 한국 측의 기본 입장에는 변화가 없었다.

2015년 11월 동아시아정상회의(EAS)에서 박근혜 대통령은 기존의 입장을 재확인하면서 3원칙_①항행과 상공 비행의 자유, ②분쟁의 평화적 해결, 그리고

③남중국해 행동선언 상의 비군사화 공약 준수_을 제시했다. 여기서 '비군사화'란 용어가 새롭게 등장했는데 이는 미중 양국이 각기 유리하게 해석할 수 있는 여지를 주는 것이었다. 중국은 평화적 해결을 주장하고, 미국은 중국의 인공섬 건설을 비판하는 상황이었다.

남중국해 영유권 문제에 관련된 국제상설중재재판소(PCA) 판결_필리핀 주장 수용, 중국 패소_에 대한 입장도 별반 다르지 않았다. 동 판결에 유의하면서 이를 계기로 분쟁의 평화적이고 외교적 노력에 의한 해결을 기대한다는 것이었다. 미국은 동 판결을 최종적이고 법적 구속력이 있다고 주장한 반면, 중국은 이를 무효이고 법적 구속력이 없다고 맞서고 있었다. 미중 양국 사이에서 한국의 중립적인 입장은 계속되었다. 문재인 정부도 박근혜 정부가 제시한 3원칙을 유지했다.

아세안의 헤징 전략과 신남방정책은 상호 친화적이었다

동남아시아 지역이 미중 전략 경쟁의 핵심적인 무대로 등장했다는 점은 앞서 언급한 바와 같다. 미일 양국이 주도하는 인도·태평양전략, 그리고 중국의 해상 실크로드 구상이 가장 역점을 두는 지역도 다름 아닌 동남아시아였다. 미일 양국으로 대표되는 서방 주요국과 중국이 각각의 지역구상을 내걸면서 동남아시아에서 영향력을 유지하거나 확대하기 위해 치열한 경합을 펼치고 있는 것이다. 미중 전략 경쟁에 대한 아세안 개별회원국 사이의 입장 차이는 매우 크다. 예를 들면 캄보디아, 라오스, 미얀마, 브루나이는 친중 성향, 베트남, 필리핀, 싱가포르는 친미 성향, 그리고 인도네시아, 말레이시아, 태국은 친미 성향과 친중 성향을 모두 갖춘 중간 성향으로 분류할 수 있다. 여기서 친미 성향을 가진 국가들 대부분은 중국과 남중국해 영유권 갈등을 겪고 있는 당사국이다.

그럼에도 불구하고 이들은 아세안 차원에서는 미중 경쟁에 대한 기본적인 입장을 견지해 왔다. 이는 앞의 ISEAS 조사보고서와 크게 다르지 않다.

강대국 간 힘의 정치 또는 지정학 게임에 휩쓸리지 않도록 아세안 자체의 단결력과 회복력을 향상시켜야 하며, 미중 양국 가운데 어느 한쪽을 선택하지 않는다는 것이다. 아세안 측이 아세안 중심성, 중립성, 일체성을 내세우는 기본적인 동기는 역외 강대국들의 정치적, 군사적, 경제적 개입 내지 간섭을 최소화하는 데 있다.

예를 들어, 아세안 중심성이란 역외국들, 특히 역외 강대국들을 아세안이 주도하는 메커니즘 안에 관여시킴으로써 이들이 자의적으로 힘을 행사하지 못하게 방지하는 외교 전략 기조를 말한다. 이 기조는 서로 대립하는 강대국들 가운데 특정 국가의 편을 들지 않는 아세안 중립성과 밀접하게 연결되어 있다. 아세안이 동아시아정상회의(EAS), 아세안+3, 아세안지역포럼(ARF), 확대아세안국방장관회의(ADMN-Plus) 등과 같은 다양한 협의체를 마련한 것도 그 때문이다. 아세안이 지향하는 정치·안보공동체는 동남아시아 평화·자유 및 중립지대 선언, 동남아시아우호협력조약, 동남아시아비핵지대조약, 평화화해조정기구 등을 통한 평화, 그리고 타협과 합의에 의한 만장일치 대화방식을 핵심 가치로 한다.

이와 관련하여 2019년 6월 아세안이 발표한 「인도·태평양에 대한 아세안의 관점(AOIP)」은 매우 중요한 의미를 갖는다. AOIP는 미중 전략 경쟁에 대해 동남아시아 국가들이 최초로 아세안 차원의 공식적인 대응 방침으로 제시한 것이다. 이후 AOIP는 유엔헌장, 아세안헌장, TAC(동남아시아우호협력조약)와 함께 아세안의 대외관계에서 주요한 지침으로 인용되고 있다. 아세안 측은 미국 등이 제시한 '인도·태평양'이란 지정학적 개념을 원용하면서도 지역 협력에서 중국 등 특정 국가를 배제하지 않을 것임을 의미하는 개방성과 포용성을 동시에 강조했다. 강대국 간 지정학 게임, 특히 미중 사이의 양자택일 구도에 휘말리지 않겠다는 명확한 의사 표시였다.

이는 아세안 측이 그동안 견지해 왔던 헤징(hedging) 전략을 앞으로도 일관되게 유지할 것임을 재차 강조한 것이기도 했다. 헤징 전략은 전통적인 의미의 균형(balancing) 전략이나 편승(bandwagoning) 전략과는 달리 위험 회피 또는 위험 분산에 역점을 둔다. 헤징 전략은 강대국의 영향력에 대한 균형(balance of influence) 추구로 이해되기도 한다. 따라서 헤징 전략은 양자택일을 회피하기 위해 전략적 모호성을 추구하며, 가능한 한 특정 강대국과 공식적인 안보협력을 추진하려 하지 않는다(오윤아 2021, 83).

AOIP 발표 이후 아세안 측은 역외 파트너 국가들과의 회의, 특히 아세안+1 정상회의 등에서 AOIP을 언급하며 이를 수용시키기 위해 노력했다. 중-아세안 정상회의 공동성명(2019년 11월 3일), 일-아세안 정상회의 공동성명(2019년 11월 4일), 미-아세안 확대외교장관회의 의장성명(2020년 9월) 등이 그것이다. 다만, 비슷한 시기에 발표된 「평화·번영과 동반자관계를 위한 한-아세안 공동 비전성명」(2019년 11월 26일)이 AOIP에 대해 언급하고 있지 않은 점은 흥미롭다. 한국을 헤징 전략의 대상인 강대국이 아니라 비슷한 처지의 중견국·중간국으로 간주한 결과가 아닐까 사료된다.

만약 그렇다면 아세안은 정책 차원에서도 자신의 전략적 공간을 확대하기 위한 '제3자' 옵션으로 한국과의 제휴를 모색해 왔다는 추론이 가능하다. 한국과의 전략적 파트너십은 당연히 이를 위한 핵심 수단이 될 수 있다. 사실, 아세안 측은 한-아세안 미래비전 공동성명을 통해 문재인 정부의 신남방정책에 적극적인 지지를 표명했다. 그리고 미중 전략 경쟁에 대한 언급은 없었지만 장기적인 목표로서 정치·안보적 협력 강화를 천명했다. 신남방정책은 당시 문재인 정부의 미중 간 균형 외교, 전략적 모호성을 상징했다.

신남방정책은 나름대로 지정학적 코드를 내재하고 있었다. 문재인 정부는 미중 경쟁 구도의 '밖'에서 아세안과의 관계를 능동적으로 강화하고자 했다(김경숙 2019, 121). 이러한 능동성은 다시 두 가지로 나눌 수 있었다. 하나는 아세안·인도와의 관계 강화를 통해 미국, 중국, 일본, 러시아에 편중되어 온 기존의 대외관계를 다변화하고 이를 통해 동북아시아에서 한국이 처한 안보딜레마_특히, 미중 간 지정학적 경쟁으로 인한 대리 경쟁 상황_를 우회하겠다는 발상이었다(김준형 2017, 3).

다른 하나는 한반도의 안보적 과제를 해결하기 위해 외교·안보 공간을 아세안·인도로 확장하여 전체적인 균형을 맞추려는 시도였다(서승원 2020, 64). 이들 국가·지역은 북한과 전통적인 우호 관계를 유지하고 있으며 아세안지역포럼(ARF)은 북한이 유일하게 참석하는 역내 안보 대화 틀이었다. 문재인 정부가 추진하는 한반도 비핵화 및 항구적 평화 체제 구축을 위해서도 이들의 지지를 확보하고, 이들이 남북 간, 북미 간 중재자 역할을 하는 것은 바람직했다.

하지만, 문재인 정부의 전략적 모호성은 많은 어려움에 직면해야 했다.[28] 특히 동맹국, 우방국의 압력이 거셌다. 중국에 배타적인 인도·태평양전략에 동조하라는 미 트럼프 정부와 일본 아베 내각의 압력에 대해 문재인 정부는 개방성, 포용성, 투명성이란 역내 협력 원칙에 따라 신남방정책과 인도·태평양전략 사이의 '조화로운 협력'을 추진하는 방식으로 대응했다. 국제적으로 확립된 법과 규범에 따른 분쟁의 평화로운 해결, 자유로운 접근, 항행과 비행을 포함한 국제 규칙과 규범 준수 등 인도·태평양전략이 강조하는 규범을 지지하면서도 동참하겠다는 의사는 밝히지 않았다.

'조화로운 협력'이란 용어는 중국 측에 대해서도 동일하게 적용되었다. 중국과는 일대일로 구상과 한국의 신남방·신북방정책 사이의 연계 협력을 모색하기로 합의했다. 경제 분야의 다자주의, 개방적 지역주의에 부합하는 것이라면 미중 양국의 지역구상을 지지함은 물론 자국이 추진하는 정책과도 적극적으로 시너지를 모색해 나가겠다는 것이었다. 미국과는 한반도 이외 지역에서의 안보협력_예를 들면 남중국해 문제 등_도 한미동맹의 전략적 신뢰를 제고한다는 차원에서 전통 안보가 아닌 비전통 안보 및 연성 안보 분야에 제한했다.

---

28 이 부분은 서승원(2020)에 의한 바가 크다.

한국판 인도·태평양전략과 한-아세안 연대구상은 연대를 위축시킬 가능성이 크다

2021년 5월에 출범한 윤석열 정부는 같은 해 11월에 열린 한-아세안 정상회의에서 한국판 「인도·태평양전략」과 「한-아세안 연대구상」(Korea-ASEAN Solidarity Initiative, KASI)을 발표했다(자료 7-9, 자료 7-10). 한국판 인도·태평양전략은 글로벌 중추 국가 실현을 목표로 자유, 평화, 번영이라는 3대 비전을 제시하면서 특정 국가를 배제하지 않는 포용, 신뢰, 호혜라는 3대 원칙 하에 지역별 맞춤식 외교를 지향한다. 한·아세안 연대구상은 이러한 인도·태평양전략의 틀 안에서의 아세안에 대한 맞춤식 전략을 말한다.

그리고 윤석열 정부는 한·아세안 연대구상을 재원으로 뒷받침하기 위해 한-아세안협력기금 연 3,200만 달러, 한-메콩협력기금 연 1,000만 달러, 한-해양동남아협력기금 연 600만 달러 등 2021년 대비 2배 규모로 늘리겠다고 약속했다. 그리고 2024년 한-아세안 대화 관계 수립 35주년을 맞이하여 양측 간 관계를 포괄적 전략적 파트너십으로 격상시키자고 공식적으로 제안했다. 아세안은 미국, 중국, 그리고 호주와 포괄적 전략적 파트너십을 수립한 상태였다.

그렇다면, 윤석열 정부의 인도·태평양전략과 한-아세안 연대구상은 어떤 특징을 갖고 있을까? 첫째, 한국판 인도·태평양전략은 미일 양국이 중심이 된 인도·태평양전략에의 급속한 동조화를 보여주었다. 앞에서 논한 것처럼 박근혜-문재인 정부 시기 한국 정부는 이른바 미중 간 균형 외교 또는 전략적 모호성을 유지했다. 강대국 간 지정학 게임을 회피·우회하기 위한 것이었다. 하지만, 윤석열 정부는 이를 과감히 폐기하고 한미일 안보협력을 중심으로 한 '전략적 선명성'으로 크게 전환했다. '미일 vs. 중국' 구도의 지정학 게임에 한국도 가담할 것임을 명확히 한 셈이다.

참고로, 에반스와 퀵(Evans and Kuik 2023, 9)은 인도·태평양 개념이 상징하는 내용으로 다음을 든다: 억지(deterrence), 민주주의 대 권위주의, 가치의 공유, 시장 효율성보다 안보, 동맹과 파트너십의 촘촘한 강화, 미국의 리더십 및 규칙 기반 국제질서의 정의; 균형 잡힌 무역; 공급망의 탄력성; 프렌드 쇼어링(friend-shoring)_동맹국 간 핵심 기술 공유 및 공급망 구축_; 니어 쇼어링(near-shoring)_인근 국가로의 생산시설 이전_; 탈동조화(decoupling), 디리스킹(de-risking) 및 다각화(diversifying); 특정 첨단기술 이전 분야의 산업 정책, 보조금, 좁은 정원과 높은 울타리; (미중 양국에 의한) 취약성과 무기화의 도구로서의 경제적 상호의존과 통합; 이중 순환; 기존의 다자주의 개혁보다 인도·태평양경제프레임워크(IPEF), 그리고 4개국 안보 대화(Quad), AUKUS, 새로운 한미일 정상회담 프로세스 등 소다자주의의 우선시.

둘째, 한국판 인도·태평양전략이 지향하는 목표는 국제규범 지지와 자유, 민주주의, 법치주의, 인권 등 보편적 가치에 기초한 규칙 기반 질서의 강화이다. 인도·태평양 지역, 특히 남중국해 해상교통로, 안보적 불확실성, 민주주의 및 보편적 가치_자유, 법치주의, 인권 등_의 후퇴, 지정학적 경쟁 심화, 배타적 보호무역주의와 공급망 분절, 힘에 의한 일방적인 현상 변경 시도 등과 같은 제반 도전에 대해 규범과 가치를 공유하는 국가들이 연대하여 대응하자는 것이다. 신남방정책이 가능한 한 보편적 가치_아세안 측은 서구 중심적 가치라면서 비판적 입장이 적지 않았음_에 대한 언급을 자제하면서 주권 존중 및 내정불간섭 등과 같은 전통적 규범을 존중했던 것과는 극명한 대조를 이룬다.

규범·가치를 공유하는 국가 간 연대의 핵심적인 틀로 간주되는 것이 소다자주의인 한미일 협력이다. 한국판 인도·태평양전략에서 한미일 3자 협력은 북한의 핵·미사일 위협에 대한 대응뿐만 아니라 공급망 불안정, 사이버 안보, 기후변화, 국제보건 위기와 같은 새로운 지역·글로벌 문제를 해결하기 위한 유용한 협력 기제로 거론된다. 한미일 협력의 대상이 기존의 북한에서 비록 전통 안보에 대한 언급은 없으나 중국을 염두에 두기 시작한 것을 확인할 수 있다. 이어 2023년 8월의 한미일 정상회의 공동성명_이른바

'캠프 데이비드 정신'_은 한미일 안보협력이 중국을 대상으로 한다는 점을 아래와 같이 적시했다(대한민국정부 2023).

> 우리는 역내 평화와 번영을 약화시키는 규칙 기반 국제질서에 부합하지 않는 행동에 대한 우려를 공유한다. 최근 우리가 목격한 남중국해에서의 중화인민공화국에 의한 불법적 해상 영유권 주장을 뒷받침하는 위험하고 공격적인 행동과 관련하여, 우리는 각국이 대외 발표한 입장을 상기하며 인도-태평양 수역에서의 어떤 일방적 현상 변경 시도에도 강하게 반대한다. 특히, 우리는 매립 지역의 군사화, 해안경비대 및 해상 민병대 선박의 위험한 활용, 강압적인 행동에 단호히 반대한다. 아울러, 우리는 불법·비신고·비규제 조업을 우려한다. 우리는 유엔해양법협약에 반영된 항행과 상공 비행의 자유를 포함하여 국제법에 대한 우리의 확고한 의지를 재확인한다. 2016년 7월의 남중국해 중재재판소 판결은 절차 당사국 간 해양 분쟁의 평화적 해결을 위한 법적 토대를 제시한다. 우리는 국제사회의 안보와 번영에 필수 요소로서 대만해협에서의 평화와 안정 유지의 중요성을 재확인한다. 우리의 대만에 대한 기본 입장은 변함이 없으며, 양안 문제의 평화적 해결을 촉구한다.

셋째, 기존의 신남방정책이 경제 및 사회·문화 분야의 협력을 기조로 한 것임에 비해 한국판 인도·태평양전략과 한-아세안 연대구상은 안보 분야 협력을 더욱 중시한다. 동 연대구상은 아세안을 아세안 주도의 다양한 협력 메커니즘, 태평양과 인도양을 연결하는 전략적 요충지, 핵심 해상물류의 통로, 다양한 분야에서의 최적의 협력 파트너, 핵심적 교역 파트너 등으로 묘사하면서 한-아세안 협력이 협력의 넥서스임을 강조한다.

연대구상에서 제시하는 중점 추진 과제 가운데 가장 두드러진 부분은 평화 분야로 '포괄안보협력 확대'와 '전략적 공조 활성화'를 들었다. 전자에서는 해양 안보 등 해양 협력 강화, 해양법 집행 역량 강화, 연합훈련 공조 확대, 남중국해에서의 힘에 의한 일방적 현상 변경 반대, 사이버 안보협력 강화, 그리고 아세안과의 방산·군수 협력을 거론했다. 후자에서는 한-아세안 국방 당국 협의 확대, 한-아세안 국방장관회의 정례화, 북핵·북한 문제

협력 등을 거론했다.

앞의 해양 안보, 해양법 집행, 연합훈련 등은 이미 미일 양국이 긴밀한 연계 하에 남중국해 영유권 문제 당사국들과 협력을 추진해 온 것들이다. 한국은 이러한 안건에 대해 본격적으로 관여하기 시작했다. 그리고 이후에 발표되는 캠프 데이비드 성명도 한미일 해양안보협력 프레임워크 등을 통한 아세안 및 태평양 도서국의 역량 강화 지원을 언급했다.

넷째, 이상의 결과로써 신남방정책이 지향했던 아세안공동체에 대한 전면적인 지원과 장기적인 목표로 상정했던 동아시아공동체로의 지향성은 상당 부분 후퇴할 수밖에 없게 되었다. 한국판 인도·태평양전략과 한-아세안 연대구상은 캠프 데이비드 정신과 마찬가지로 형식적으로는 아세안이 제시한 AOIP, 그리고 아세안 중심성에 대해 확고한 지지를 표명한다. 하지만, 앞서 언급한 것처럼 AOIP는 특정 국가를 배제하지 않는 포용성을 핵심 가치로 한다. 그에 반해 미일 양국과 한국의 인도·태평양전략은 대중 배타성을 전제한다.

더욱이 한국판 인도·태평양전략이 아세안 중심성과 일체성을 훼손할 가능성도 적지 않다. 연대구상은 아세안을 '역내 자유 수호·촉진의 주요 파트너'로 묘사했다. 여기서 자유를 침해하는 국가가 중국이라고 한다면 자유를 위한 파트너는 아세안 전체가 아닌 필리핀, 베트남 등 반중 성향 국가들에 한정될 수밖에 없다. 또한, 한국판 인도·태평양전략은 미일 양국의 그것과 마찬가지로 안보적 고려를 중시한다. 연대구상의 '번영' 파트에 언급되어 있는 경제안보 관련 안건_공급망 다변화와 IPEF 틀 내 협력 등_은 경제의 안보화를 나타낸다. 강대국 간 지정학 게임의 우위는 열린 지역주의, 세계화, 포용적 다자주의, 아세안 주도의 다자주의적 메커니즘, RCEP 등과 같은 기존의 규범과 관행을 갈수록 주변화시킬 가능성이 크다.

그렇다면, 윤석열 정부의 전략 및 연대구상과 아세안의 입장은 어느 정도 상호 친화적일까? 한국의 새로운 노선이 발표된 지 얼마 지나지 않은 시점이기 때문에 위 질문에 대해 평가하기는 이르다. 다만, 2023년 9월 자카르타에서 발표된 「제24차 한-아세안 정상회의 AOIP 협력에 관한 공동성명」은 앞으로의 전망을 가늠하는 데 참고가 될 수 있을 듯하다(자료 7-11).[29]

동 공동성명은 그동안 한-아세안 양측이 합의한 공동체를 위한 협력_2019년 공동비전 성명_, 전략적 파트너십의 발전_22차 한-아세안 공동성명_, 그리고 AOIP에서 제시된 원칙의 관철을 기본 취지로 한다. 성명이 담고 있는 내용은 지역 아키텍처에서의 아세안 중심성과 그 선도적 역할, 아세안 주도를 지원한다는 한-아세안 연대구상의 역할, 아세안공동체 구축 지원, 아세안 중심의 지역 구조 강화, AOIP의 4대 우선 분야_해양 협력, 연결성, 유엔 지속가능발전목표, 경제 및 기타 협력_ 협력 강화, 새로운 메커니즘 창설이 아닌 아세안 중심성·일체성 유지 하의 협력 등이다.

공동성명은 지정학 게임의 색채가 짙은 한국판 인도·태평양전략과 연대구상이 한 발짝 뒤로 물러선 모양새를 보여주었다. AOIP는 미일 양국이 주도하는 인도·태평양전략의 대중 배타성에 대한 거부 의사 표시였다. 아세안은 QUAD(4자 안보 대화)를 비롯한 새로운 형태의 소다자주의 안보협력에 대해서도 그다지 긍정적으로 보지 않는다. 해양에서의 군사·안보적 협력도 AOIP가 중시하는 보다 큰 틀의 해양 협력_해양 정책 대화, 해양 안전·보안, 해양법 집행 강화, 해양 연결성, 해양환경 보존, 해양 오염 예방 등_이란 범위 안에서 이루어지는 구조이다.

---

[29] 한-아세안 정상회의 의장 공동성명은 한국 정부 웹사이트를 통해 확인할 수 있다. 그러나 이유는 정확하지 않지만 AOIP 협력 공동성명은 공개하고 있지 않다.

7. 나가는 말

한-아세안 간의 전략적 파트너십은 다양한 공통의 이익을 바탕으로 하면서 공식적인 문서와 유연한 제도적 틀을 통해 다차원적 협력을 추진해왔다. 윤석열 정부 출범 이후 한국의 대외전략 노선에 큰 변화가 발생한 점을 고려하여 먼저 그 이전 시기까지의 한-아세안 관계의 특징을 정리해 두고자 한다.

첫째, 양측 간 전략적 파트너십에서 규범과 가치는 주된 동인으로 작용하지는 않았다. '선택에 의한 파트너십'이 아닌 '필요에 의한 파트너십'이 대부분이었다. 양측이 합의한 공동선언·성명에서는 주권, 영토 보존, 상호 존중, 내정불간섭, 분쟁의 평화적 해결 등과 같은 전통적 규범이 일관되게 언급되었다. 그에 비해 인권, 민주주의, 법의 지배와 같은 이른바 보편적 가치는 '보편적'인 가치로 다뤄지지 않았다. 인권, 민주주의를 언급한 것은 한-인도네시아 선언·성명이 유일했다. 그 외의 아세안 회원국이 상이한 정치체제나 이념, 또는 정치 상황을 안고 있는 점을 반영한 결과였다. 서구와 달리 한국은 아세안에 보편적 가치를 확산시키려는 적극적인 의도를 보이지 않았다.

둘째, 협력의 포괄성 측면에서 양측 간 전략적 파트너십은 경제·통상 협력이 압도적인 비중을 차지했다. 번영과 지속 가능한 발전은 양측의 공통된 전략적 이해관계였다. 전략적 파트너십은 양자 간 교역 및 투자 확대, FTA 체결 및 보완, RCEP의 추진 등 지역 경제통합을 추진하기 위한 핵심적인 기제로 활용되었다. 단기적으로는 경제 다변화가 공통된 목표였다. 양측은 모두 중국 등 특정국에 대한 과도한 무역 의존이 야기하는 취약성을 극복할 필요가 있었다. 양측의 상호 접근을 낳은 구조적 배경이었다. 이 과정에 양측이 서로에 대해 주요 교역 상대국·지역으로 부상한 것은 다변화 전략이 거둔 소기의 성과로 평가할 수 있었다(최원기 2021, 11).

정치·안보협력은 역내의 평화 유지라는 공통된 전략적 이해관계를 배경으로 전개되었다. 다만, 이는 경제·통상 협력에 비하면 그다지 두드러지지 않았다. 한국은 한반도 문제와 관련하여 아세안의 지지를 확보하고자 했으며, 남중국해 영유권 문제에 대해서는 중립적인 입장을 취했다. 신남방정책은 경제·통상 분야에 집중되면서 역내 안보나 평화 이슈들이 상대적으로 주변화되는 결과도 있었다. 그로 인해 아세안 일부 회원국으로부터 한국의 지역 안보에 대한 관심과 노력이 요구된다는 지적이 나오기도 했다.

한편, 한국의 무기 이전은 안보협력의 핵심 틀로 부상했다. 한국은 방산시장 확대를, 아세안 주요국은 무기 수입 다변화와 국산화율 제고를 위해 방산 협력에 전향적인 자세를 보였다(김경숙 2019, 35-41). 양측 간 무기 공여와 방산 협력은 앞으로 더욱 강력한 군사 관계로의 관문이 될 수도 있다(Guan 2020, 21).[30]

셋째, 양측의 지역 다자주의 협력에 대한 지향성은 거의 동일했다. 지역 경제통합은 자유무역주의, 열린 지역주의, 포괄적 다자주의 등과 같은 공통 규범에 근거하여 이루어졌다. 특히, 양측은 지역통합 프로세스에서 중국을 배제하지 않는다는 입장을 공유했다. 덧붙여, 상생번영공동체에 역점을 둔 문재인 정부의 신남방정책을 비롯하여 역대 정부의 대아세안 어프로치는 지역 경제통합을 무엇보다 우선시했다. 따라서 한국 측은 아세안이 주도하고 제기하는 아세안경제공동체 구축, 아세안 역내 및 역외 연결성 증진, 메콩 협력 등 소지역 개발 등의 노력에 부응하고자 했다.

넷째, 관계의 실질적 공고함의 측면에서 보면 한-아세안 관계는 수평적이긴 하지만 실질적으로 공고한 수준에 도달했다고 보기는 어려웠다. 다만, 한국이 미국, 중국, 일본과 같은 주변 강대국보다 아세안과의 관계를 더욱 발전시킬 수 있는 유리한 여건을 갖고 있는 점은 분명했다. 양측은 중간국·

---

30 한국 무기 이전이 아세안 역내 또는 동아시아의 세력균형에 어떤 영향을 미치는지는 본격적인 연구가 필요할 것으로 생각된다.

중견국이란 정체성을 공유하기 때문에 힘의 비대칭성으로 인한 구조적 모순을 안고 있지 않았다. 과거의 역사나 영토 문제 등으로 인한 갈등도 거의 없다.

게다가 양측은 대외지향적 경제발전을 추구하며, 강대국 중심의 권력정치와 지정학 게임을 선호하지 않는다. 전략적 파트너로서 손색이 없는 관계라 할 수 있다. 물론, 과제가 없는 것은 아니었다. 무엇보다도 동아시아인이란 정체성의 형성은 요원했다. "동아시아인으로서의 연대와 정체성이 역내 우호 협력 인식의 기반을 마련할 것이라는 데 공감"했다고 언급한 2014년 공동성명은 앞으로의 나침반이 되어야 할 것으로 생각된다.

마지막으로 윤석열 정부의 새로운 대외전략 노선은 기존의 한-아세안 간의 공통된 지정학적 이해관계에 작지 않은 균열을 초래할 가능성이 있다. 본래 양측이 처한 지정학적 입장은 매우 유사했다. 신남방정책과 AOIP는 미중 간 양자택일을 거부한다는 점에서 반지정학 게임의 속성을 지니고 있었다. 역대 정부가 미중 사이에서 균형 외교를 추구했기 때문에 아세안에게 한국의 전략적 가치는 제고될 수 있었다. 양측이 서로에게 전략적 제휴를 위한 제3자 옵션으로 등장한 핵심적인 배경이었다. 이는 양측이 대외전략적 자율성을 최대한 유지하면서 역내 협력 메커니즘 구축을 위해 함께 노력하도록 하는 기본적인 동인으로 작용했다(Yang and Mansor 2016, 5-6).

하지만, 한국의 대외전략이 미일 양국이 주도하는 인도·태평양전략에 동조화하면서 아세안에 대한 한국의 전략적 가치는 상대적으로 낮아질 것으로 보인다. 일찍이 미국의 인도·태평양전략에 동조화했던 일본이 아세안에서 갖는 정치·외교적 영향력도 생각보다 크지 않았다. 아세안과의 관계를 중시하겠다는 수사에도 불구하고 한미일 협력을 무엇보다 중시하는 자세는 아세안 중심성이나 아세안 주도 메커니즘과 양립시키기 어렵다. 게다가 아세안을 수평적 파트너가 아닌 위계적인 질서 속에서의 지원 대상으로 여기는 경향도 엿보인다.

참고문헌

국방부(2018) 『2018 국방백서』 (서울: 대한민국 국방부).
국정자문위원회(2017) "문재인정부 국정운영 5개년 계획: 국민의 나라 정의로운 대한민국(7월 19일)."
김경숙(2019) 『신남방정책 추진의 전략적 환경과 과제』 (서울: 국가안보전략연구원).
김기석(2022) "동아시아 지역 협력: 동아시아 지역 협력은 어떻게 발전해왔나," 최원기 외 『한·아세안 외교 30년을 말하다』 (서울: 국립외교원 아세안·인도연구센터), pp.210-225.
김유철(2018) "위험분산을 위한 다층적 그룹핑 전략: 문재인 정부 신남방 정책 구상의 전략적 배경과 이행방안," 『국제정치연구』 제21권 제1호, pp.129-150.
김준형(2017) "문재인 정부의 지역 다자외교 추진 방향: 동북아플러스 책임공동체," 『ROK Angle』 11월(제1호), 국방연구원, http://policy.nl.go.kr/search/searchDetail.do?rec_key=SH2_PLC20180220844
김지현(2023) "한-인도네시아 CEPA 타결에 따른 시장진출을 위한 교역구조 변화 연구: 정보통신·철강·전자기기 산업을 중심으로," 『e-비즈니스연구』 제24권 2호, pp.225-235.
김진하(2019) "인도태평양 지정학과 신남방정책에 대한 전략적 고려," 외교안보연구소 아세안인도연구센터 (편) 『신남방정책의 전략환경 평가 및 추진방안』 (서울: 국립외교원), pp.128-206.
김현철(2022) "신남방정책의 목표와 과제: 왜 지금 신남방정책인가," 최원기 외 『한·아세안 외교 30년을 말하다』, pp.196-207.
김형종(2022) "한·아세안 사회문화 형성의 미래: 사람 중심의 공동체를 향해," 최원기 외 『한·아세안 외교 30년을 말하다』, pp.494-509.
나익성·장준근(2020) "무기 수입 영향요인에 관한 실증적 연구: 한국무기 수입국을 중심으로," 『한국방위산업학회지』 제27권 1호, pp.53-66.
박번순(2022) "한·아세안 경제협력의 미래: 호혜적이고 지속가능한 경제공동체를 향해," 최원기 외 『한·아세안 외교 30년을 말하다』, pp.476-493.
박사명(2022) "동아시아공동체의 도전과 과제: 아세안과 함께하는 지역 협력," 최원기 외 『한·아세안 외교 30년을 말하다』, pp.446-463.
박세환·서승원(2022) "한·중·일 3국의 대 동남아시아 무기 이전 비교 연구: 자주국방, 대국 외교, 그리고 해양 안보," 『외국학연구』 제62집, pp.419-452.
배긍찬(2022) "아세안+3 협력체제: 동아시아 지역 협력의 새로운 전기를 마련하다," 최원기 외 『한·아세안 외교 30년을 말하다』, pp.226-241.
서승원(2020) "한국과 일본의 대 아세안 안보정책: 신남방정책과 자유롭고 개방된 인도·태평양 비전, 그리고 역외 중간국의 전략적 영향력," 『비교일본학』 제48집, pp.57-80.
서정인(2019) "특별기고: 한국과 아세안의 시간: 과거, 현재 그리고 미래," 박번순 『아세안의 시간: 동남아시아 경제의 어제와 오늘 그리고 내일』 (서울: 한국방송통신대학교출판문화원), pp.405-441.
서정인(2023) "키워드로 본 아세안: 아세안공동체 현실인가, 신화인가?" 고려대학교 아세아문제연구원 아세안센터 콜로키움, 6월 8일.
신윤환(2009) "동남아의 지역주의와 '동아시아공동체': 그 역사에 대한 재해석," 『동아연구』 제56집, pp.107-137.
신윤환(2022) "한-아세안 관계 발전사: 한-아세안 관계는 어떻게 발전해왔나," 최원기 외 『한-아세안 외교 30년을 말하다』, pp.32-49.
신재혁(2023) "대동남아시아관계," 김계동 외 『한국의 외교정책과 대외관계』 (서울: 명인문화사), pp.492-518.
심윤조(2019) "아세안 대화상대국 관계 수립: 한-아세안 외교는 어떻게 시작되었나," 최원기 외 『한-아세안 외교 30년을 말하다』, pp.50-65.
안영집(2022) "북·미 정상회담: 아세안과 한반도 평화프로세스," 최원기 외 『한-아세안 외교 30년을 말하다』, pp.363-377.
오윤아(2021) "일대일로 구상과 인도태평양 전략의 지정학적 경쟁과 동남아시아," 『국제·지역연구』 30권 1호, pp.77-106.
윤석열(2023) "한-아세안 연대구상으로 협력의 외연 확장: 한-아세안 공동 번영을 향해 함께 나아갈 것," 9월 6일, https://www.president.go.kr/president/speeches/tt9y8mSv
윤순구(2022) "2019년 한-아세안 특별정상회의: 평화를 향한 동행, 모두를 위한 번영," 최원기 외 『한-아세안 외교 30년을 말하다』 pp.184-194.
이강경(2018) "한-베트남 군사협력 추진전략: 방산분야를 중심으로," 『융합보안논문지』 제18권 3호, pp.105-112.
이기태·배정호(2019) 『KINU 정책연구시리즈 19-02: 국제전략환경의 변화와 한국의 신남방정책』 (서울: 통일연구원).
이동률(2017) "남중국해 갈등과 한국의 선택," 서울대 아시아연구소 미중관계연구센터 (편) 『미·중 사이 한국의 딜레마: 사례와 평가』 (서울: 코보), pp.75-91.
이신화(2022) "한국과 동아시아비전그룹(EAVG): 동아시아가 지향하는 지역공동체란 무엇인가," 최원기 외 『한-아세안 외교 30년을 말하다』, pp.242-257.
이재현(2007) "마하티르의 동아시아 지역주의 담론 분석: 서구에 비판적인 아시아주의적 발전연대의 추구," 『국제정치논총』 제47집 1호(2007), pp.121-144.
이재현(2022) "북한과 아세안: 북한과 아세안은 어떤 관계인가" 최원기 외 『한-아세안 외교 30년을 말하다』 pp.332-347.
정찬·서승원(2022) "한중일 3국의 대 동남아시아 전략적 동반자관계 외교 비교 연구: 동맹의 대체재인가, 아니면 보완재인가?" 『일본연구논총』 제55호, pp.9-38.
최영종(2022) "동아시아 지역 협력의 미래: 열린 지역주의를 향해," 최원기 외 『한-아세안 외교 30년을 말하다』 pp.464-475.
최원기(2021) 『IFANS 주요국제문제분석: 신남방정책 4년 평가: 외교적 성과와 향후 과제』 (서울: 국립외교원 외교안보연구소).
최현호(2020) "방위산업 발전을 위해 노력하는 동남아 국가들-인도네시아: 중요 장비 현지 생산을 위한 기술 이전에 집중," 『국방과 기술』 제491호, pp.44-57.
한-아세안센터(2021) 『2021 한-아세안 청년 상호 인식 조사: 제1부 한-아세안 청년 상호 인식 온라인 설문조사』(서울: 한-아세안센터 정보자료국).
한-아세안센터(2022) 『2022 한-아세안 통계집』(서울: 한-아세안센터 정보자료국).
한-아세안센터(2022) 『2022 한-아세안 청년 상호 인식 조사: 제2부 한-아세안 청년 상호 인식 초점 집단 인터뷰 결과』(서울: 한-아세안센터 정보자료국).

Chang, Felix K.(2019) "The Rise of South Korea's Defense Industry and Its Impact on South Korean Foreign Relations," Foreign Policy Research Institute, 22 April. https://www.fpri.org/article/2019/04/the-rise-of-south-koreas-defense-industry-and-its-impact-on-south-korean-foreign-relations/

Chang, Rachel Liting(2022) "ASEAN-Korea Strategic Partnership in New Asian Regionalism," *SMU ASEAN Perspectives*, Vol.1, pp.1-18.

Easley, Lief Eric and Sea Young Kim(2019) "New North-Southeast Asia Security Links: Defending, Recentring, and Extending Regional Order," *Australian Journal of Politics and History*, Vol.65, No.3, pp.377-394.

Evans, Paul and Cheng-Chwee Kuik(2023), "Middle-Power Agency in an Indo-Pacific Era," *Global Asia*, Vol.18, No.3, pp.8-13.

Guan, Teo Ang (2020) "The Korean Peninsula and South China Sea as Opportunities to Deepen ASEAN-ROK Strategic Relations," ASEAN-Korea Center (ed.), *The Future of ASEAN-Korea Partnership*, Vol.4.

Hartono, Anthony Setiawan, Nguyen Thao Phuong, Anak Agung Banyu Perwita(2021) "ASEAN-Republic of Korea Digital Partnership: The Imperatives of Trans-regional Cooperation in Controlling COVID-19," *Journal of International Studies*, Vol.17, pp.101-129.

ISEAS(2022) *The State of Southeast Asia 2022: Survey Report* (Singapore: ISEAS-Yosof Ishak Institute), https://www.iseas.edu.sg/wp-content/uploads/2022/02/The-State-of-SEA-2022_FA_Digital_FINAL.pdf

Kharisma, Waffaa and Andrew W. Mantong(2022) "Building a Case for ROK-Maritime Southeast Asia Security Cooperation," in Andrew W. Mantong and Waffaa Kharisma (eds.), *Navigating Uncharted Waters: Security Cooperation between ROK and ASEAN* (Jakarta: CSIS Indonesia), pp.1-21.

Rosland, Nur Nazifah Ahmad(2020) "'New Regionalism': ASEAN-Republic of Korea(ROK) Partnership in Socio-Cultural and Education Exchanges," *AEI-Insights: An International Journal of Asia-Europe Relations*, Vol.6, Issue 1, pp.55-68.

Thang, Tran Toan, Nguyen Dinh Cung, Dang Quang Vinh, Dang Thi Thu Hoai, Truong Minh Huy Vu, Thai Thu Phuong, Hoang Thi Hai Yen, Tran Thi Thu Ha, Pham Viet Tuan(2016) *Regional Inter-dependence and Vietnam-Korea Economic Relations*, Studies in Comprehensive Regional Strategies 16-10 (Seoul: KIEP).

Yang, Bong Ryull and Norma Mansor(2016) "South Korea and Asean: Strategic Partnership for

Building an East Asian Community," Norma Mansor, et.al (eds.), *The Dynamics of South Korea's Relationship with Asia-Pacific* (Kuala Lumpur: Universiti Malaya Press).

부록

공동선언·성명(자료)

한일관계 자료(2장)

중일관계 자료(3장)

한중관계 자료(4장)

중-아세안 관계 자료(5장)

일-아세안 관계 자료(6장)

한-아세안 관계자료(7장)

◐ 한일관계 자료(2장)

자료 2-1 ┃ 대한민국과 일본국 간의 기본관계에 관한 조약(한일기본조약)
(1965년 6월 22일, 도쿄)

1965년 6월 22일 도쿄에서 서명　　　　　　1965년 12월 18일 발효

　대한민국과 일본국은 양국 국민 관계의 역사적 배경과 선린관계와 주권 상호 존중의 원칙에 입각한 양국 관계의 정상화에 대한 상호 희망을 고려하여, 양국의 상호 복지와 공동 이익을 증진하고 국제평화와 안전을 유지하는 데 있어서 양국이 국제연합헌장의 원칙에 합당하게 긴밀히 협력함이 중요하다는 것을 인정하며, 또한 1951년 9월 8일 샌프란시스코시에서 서명된 일본국과의 평화조약의 관계 규정과 1948년 12월 12일 국제연합 총회에서 채택된 결의 제195(III)호를 상기하며, 본 기본관계에 관한 조약을 체결하기로 결정하여, 이에 다음과 같이 양국의 전권위원을 임명하였다.

　　　　　　　　　　대한민국　　　　　　대한민국 외무부장관 이동원
　　　　　　　　　　　　　　　　　　　　대한민국 특명 전권대사 김동조
　　　　　　　　　　일본국　　　　　　　일본국 외무대신 시이나 에스사부로오
　　　　　　　　　　　　　　　　　　　　다까스기 싱이찌

　이들 전권위원은 그들의 전권 위임장을 상호 제시하고, 그것이 양호 타당하다고 인정한 후, 다음 제 조항에 합의하였다.

제1조 양 체약 당사국 간에 외교 및 영사관계를 수립한다. 양 체약 당사국은 대사급 외교사절을 지체없이 교환한다. 양 체약 당사국은 또한 양국 정부에 의하여 합의되는 장소에 영사관을 설치한다.

제2조 1910년 8월 22일 및 그 이전에 대한제국과 대일본제국 간에 체결된 모든 조약 및 협정이 이미 무효임을 확인한다.

제3조 대한민국 정부가, 국제연합 총회의 제195(III)호에 명시된 바와 같이, 한반도에 있어서의 유일한 합법 정부임을 확인한다.

제4조.(가) 양 체약 당사국은 양국 상호 간의 관계에 있어서 국제연합헌장의 원칙을 지침으로 한다.
　　　(나) 양 체약 당사국은 양국의 상호의 복지와 공통의 이익을 증진함에 있어서 국제연합헌장의 원칙에 합당하게 협력한다.

제5조 양 체약 당사국은 양국의 무역, 해운 및 기타 통상상의 관계를 안정되고 우호적인 기초 위에 두기 위하여 조약 또는 협정을 체결하기 위한 교섭을 가능한 한 조속히 시작한다.

제6조 양 체약 당사국은 민간 항공운수에 관한 협정을 체결하기 위하여 실행 가능한 한 조속히 교섭을 시작한다.

제7조 본 조약은 비준되어야 한다. 비준서는 가능한 한 조속히 서울에서 교환한다. 본 조약은 비준서가 교환된 날로부터 효력을 발생한다.

이상의 증거로서, 각 전권위원은 본 조약에 서명 날인하였다.
　1965년 6월 22일 토오쿄오에서, 동등히 정본인 한국어, 일본어 및 영어로 본서 2통을 작성하였다. 해석에 상위가 있을 경우에는 영어본에 따른다.

　　대한민국을 위하여　　　　　　일본국을 위하여
　　(서명) 이동원　　　　　　　　(서명) 시이나 에쓰사부로오
　　　　　김동조　　　　　　　　　　　　다까스기 싱이찌

자료 2-2 ▎대한민국과 일본국 간의 재산 및 청구권에 관한 문제의 해결과 경제협력에 관한 협정 (1965년 6월 22일, 도쿄)

　　1965년 6월 22일 도쿄에서 서명　　　　　1965년 12월 18일 발효

　대한민국과 일본국은, 양국 및 양국 국민의 재산과 양국 및 양국 국민 간의 청구권에 관한 문제를 해결할 것을 희망하고, 양국 간의 경제협력을 증진할 것을 희망하여, 다음과 같이 합의하였다.

제1조
1. 일본국은 대한민국에 대하여
　(a) 현재에 있어서 1천 8십억 일본 원(108,000,000,000원)으로 환산되는 3억 아메리카합중국불($ 300,000,000)과 동등한 일본 원의 가치를 가지는 일본국의 생산물 및 일본인의 용역을 본 협정의 효력 발생일로부터 10년 기간에 걸쳐 무상으로 제공한다. 매년의 생산물 및 용역의 제공은 현재에 있어서 1백 8억 일본 원(10,800,000,000원)으로 환산되는 3천만 아메리카합중국불($ 30,000,000)과 동등한 일본 원의 액수를 한도로 하고 매년의 제공이 본 액수에 미달되었을 때에는 그 잔액은 차년 이후에 제공액에 가산된다. 단, 매년의 제공한도액은 양 체약국 정부의 합의에 의하여 증액될 수 있다.
　(b) 현재에 있어서 7백 20억 일본 원(72,000,000,000원)으로 환산되는 2억 아메리카합중국불($ 200,000,000)과 동등한 일본원의 액수에 달하기까지의 장기 저리의 차

관으로서, 대한민국 정부가 요청하고 또한 3의 규정에 근거하여 체결될 약정에 의하여 결정되는 사업의 실시에 필요한 일본국의 생산물 및 일본인의 용역을 대한민국이 조달하는 데 있어 충당될 차관을 본 협정의 효력 발생일로부터 10년 기간에 걸쳐 행한다. 본 차관은 일본국의 해외경제협력기금에 의하여 행하여지는 것으로 하고, 일본국 정부는 동 기금이 본 차관을 매년 균등하게 이행할 수 있는 데 필요한 자금을 확보할 수 있도록 필요한 조치를 취한다. 전기 제공 및 차관은 대한민국의 발전에 유익한 것이 아니면 아니된다.

2. 양 체약국 정부는 본조의 규정의 실시에 관한 사항에 대하여 권고를 행할 권한을 가지는 양 정부 간의 협의기관으로서 양 정부의 대표자로 구성될 합동위원회를 설치한다.

3. 양 체약국 정부는 본조의 규정의 실시를 위하여 필요한 약정을 체결한다.

제2조

1. 양 체약국은 양 체약국 및 그 국민(법인을 포함함)의 재산, 권리 및 이익과 양 체약국 및 그 국민 간의 청구권에 관한 문제가 1951년 9월 8일에 샌프런시스코우 시에서 서명된 일본국과의 평화조약 제4조(a)에 규정된 것을 포함하여 완전히 그리고 최종적으로 해결된 것이 된다는 것을 확인한다.

2. 본조의 규정은 다음의 것(본 협정의 서명일까지 각기 체약국이 취한 특별조치의 대상이 된 것을 제외한다)에 영향을 미치는 것이 아니다.
   (a) 일방 체약국의 국민으로서 1947년 8월 15일부터 본 협정의 서명일까지 사이에 타방 체약국에 거주한 일이 있는 사람의 재산, 권리 및 이익
   (b) 일방 체약국 및 그 국민의 재산, 권리 및 이익으로서 1945년 8월 15일 이후에 있어서의 통상의 접촉의 과정에 있어 취득되었고 또는 타방 체약국의 관할 하에 들어오게 된 것

3. 2의 규정에 따르는 것을 조건으로 하여 일방 체약국 및 그 국민의 재산, 권리 및 이익으로서 본 협정의 서명일에 타방 체약국의 관할 하에 있는 것에 대한 조치와 일방 체약국 및 그 국민의 타방 체약국 및 그 국민에 대한 모든 청구권으로서 동일자 이전에 발생한 사유에 기인하는 것에 관하여는 어떠한 주장도 할 수 없는 것으로 한다.

제3조

1. 본 협정의 해석 및 실시에 관한 양 체약국 간의 분쟁은 우선 외교상의 경로를 통하여 해결한다.

2. 1의 규정에 의하여 해결할 수 없었던 분쟁은 어느 일방 체약국의 정부가 타방 체약국의 정부로부터 분쟁의 중재를 요청하는 공한을 접수한 날로부터 30일의

기간 내에 각 체약국 정부가 임명하는 1인의 중재위원과 이와 같이 선정된 2인의 중재위원이 당해 기간 후의 30일의 기간 내에 합의하는 제3의 중재위원 또는 당해 기간 내에 이들 2인의 중재위원이 합의하는 제3국의 정부가 지명하는 제3의 중재위원과의 3인의 중재위원으로 구성되는 중재위원회에 결정을 위하여 회부한다. 단, 제3의 중재위원은 양 체약국 중의 어느 편의 국민이어서는 아니된다.

3. 어느 일방 체약국의 정부가 당해 기간 내에 중재위원을 임명하지 아니하였을 때, 또는 제3의 중재위원 또는 제3국에 대하여 당해 기간 내에 합의하지 못하였을 때에는 중재위원회는 양 체약국 정부가 각각 30일의 기간 내에 선정하는 국가의 정부가 지명하는 각 1인의 중재위원과 이들 정부가 협의에 의하여 결정하는 제3국의 정부가 지명하는 제3의 중재위원으로 구성한다.

4. 양 체약국 정부는 본조의 규정에 의거한 중재위원회의 결정에 복한다.

제4조

본 협정은 비준되어야 한다. 비준서는 가능한 한 조속히 서울에서 교환한다. 본 협정은 비준서가 교환된 날로부터 효력을 발생한다.

이상의 증거로서, 하기 대표는 각자의 정부로부터 정당한 위임을 받아 본 협정에 서명하였다.

1965년 6월 22일 토오쿄오에서 동등히 정본인 한국어 및 일본어로 본서 2통을 작성하였다.

대한민국을 위하여	일본국을 위하여
(서명) 이동원	(서명) 시이나 에쓰사부로오
김동조	다까스기 싱이찌

자료 2-3 ▎ 21세기의 새로운 한일 파트너십 공동선언 (1998년 10월 8일, 도쿄)[1]

1. 김대중 대한민국 대통령 내외분은 일본국 국빈으로서 1998년 10월 7일부터 10일까지 일본을 공식 방문하였다. 김대중 대통령은 체재 중 오부치 케이조 일본국 내각총리대신과 회담을 가졌다. 양국 정상은 과거의 양국관계를 돌이켜 보고, 현재의 우호협력관계를 재확인하는 동시에 미래의 바람직한 양국관계에 관

---

[1] 출처: 주일본 대한민국 대사관 홈페이지(한일관계 동향, 한일 간 주요 합의문, 공동선언 및 공동성명). https://overseas.mofa.go.kr/jp-ko/brd/m_1059/view.do?seq=643913

하여 의견을 교환하였다.
　이 회담의 결과, 양국 정상은 1965년 국교정상화 이래 구축되어 온 양국 간의 긴밀한 우호협력관계를 보다 높은 차원으로 발전시켜, 21세기의 새로운 한·일 파트너쉽을 구축한다는 공통의 결의를 선언하였다.

2. 양국 정상은 한·일 양국이 21세기의 확고한 선린 우호협력관계를 구축해 나가기 위해서는 양국이 과거를 직시하고, 상호 이해와 신뢰에 기초한 관계를 발전시켜 나가는 것이 중요하다는 데 의견의 일치를 보았다.
　오부치 총리대신은 금세기의 한·일 양국관계를 돌이켜 보고, 일본이 과거 한때 식민지 지배로 인하여 한국 국민에게 다대한 손해와 고통을 안겨주었다는 역사적 사실을 겸허히 받아들이면서, 이에 대하여 통절한 반성과 마음으로부터의 사죄를 하였다.
　김대중 대통령은 이러한 오부치 총리대신의 역사 인식 표명을 진지하게 받아들이고 이를 평가하는 동시에, 양국이 과거의 불행한 역사를 극복하고 화해와 선린우호협력에 입각한 미래지향적인 관계를 발전시키기 위하여 서로 노력하는 것이 시대적 요청이라는 뜻을 표명하였다.
　또한, 양국 정상은 양국 국민, 특히 젊은 세대가 역사에 대한 인식을 심화시키는 것이 중요하다는 점에 대하여 견해를 함께 하고, 이를 위하여 많은 관심과 노력을 기울일 필요가 있다는 점을 강조하였다.

3. 양국 정상은 과거 오랜 역사를 통하여 교류와 협력을 유지해 온 한·일 양국이 1965년 국교정상화 이래 각 분야에서 긴밀한 우호협력관계를 발전시켜 왔으며, 이러한 협력관계가 서로의 발전에 기여하였다는 데 인식을 같이 하였다.
　오부치 총리대신은 한국이 국민들의 꾸준한 노력에 의하여 비약적인 발전과 민주화를 달성하고, 번영되고 성숙한 민주주의 국가로 성장한 데 대하여 경의를 표하였다. 김대중 대통령은 전후 일본이 평화헌법하에서 전수방위 및 비핵 3원칙을 비롯한 안전보장정책과 세계경제 및 개발도상국에 대한 경제지원 등을 통하여 국제사회의 평화와 번영을 위하여 수행해 온 역할을 높이 평가하였다.
　양국 정상은 한·일 양국이 자유민주주의, 시장경제라는 보편적 이념에 입각한 협력관계를 양국 국민 간의 광범위한 교류와 상호 이해에 기초하여 앞으로 더욱 발전시켜 나간다는 결의를 표명하였다.

4. 양국 정상은 양국 간의 관계를 정치, 안전보장, 경제 및 인적·문화교류 등 폭넓은 분야에서 균형되고 보다 높은 차원의 협력관계로 발전시켜 나갈 필요가 있다는 데 의견을 같이하였다. 또한 양국 정상은 양국의 파트너쉽을 단순히 양자차원에 그치지 않고 아시아·태평양지역, 나아가 국제사회 전체의 평화와 번영을 위하여, 또한 개인의 인권이 존중되는 풍요한 생활과 살기 좋은 지구환경을 지향하는 다양한 노력을 통해 진전시켜 나가는 것이 매우 중요하다는데 의견의 일

치를 보았다.
　이를 위하여 양국 정상은 20세기의 한·일관계를 마무리하고, 진정한 상호 이해와 협력에 입각한 21세기의 새로운 한·일 파트너쉽을 공통의 목표로서 구축하고 발전시켜 나가는데 있어서 다음과 같이 의견의 일치를 보았으며, 이러한 파트너쉽을 구체적으로 실천해 나가기 위하여 이 공동선언에 부속된 행동 계획을 작성하였다.
　양국 정상은 양국 정부가 앞으로 양국의 외무장관을 책임자로 하여 정기적으로 이 한·일 파트너쉽에 기초한 협력의 진척상황을 확인하고, 필요에 따라 이를 더욱 강화해 나가기로 하였다.

5. 양국 정상은 현재의 한·일관계를 보다 높은 차원으로 발전시켜 나가기 위하여 양국 간의 협의와 대화를 더욱 촉진시켜 나간다는 데 의견의 일치를 보았다.
　양국 정상은 이러한 관점에서 정상 간의 지금까지의 긴밀한 상호 방문·협의를 유지·강화하고 정례화해 나가기로 하는 동시에, 외무장관을 비롯한 각 분야의 각료급 협의를 더욱 강화해 나가기로 하였다. 또한 양국 정상은 양국 간 각료 간담회를 가능한 한 조기에 개최하여 정책실시의 책임을 갖는 관계 각료들의 자유로운 의견교환의 장을 설치하기로 하였다. 아울러 양국 정상은 지금까지의 한·일 양국 국회의원 간 교류의 실적을 평가하고, 한·일/일·한 의원연맹의 향후 활동 확충 방침을 환영하는 동시에, 21세기를 담당할 차세대의 소장 의원 간의 교류를 장려해 나가기로 하였다.

6. 양국 정상은 냉전 후의 세계에 있어서 보다 평화롭고 안전한 국제사회 질서를 구축하기 위한 국제적 노력에 대하여 한·일 양국이 서로 협력하면서 적극적으로 참가해 나가는 것이 중요하다는 데 의견의 일치를 보았다. 양국 정상은 21세기의 도전과 과제에 보다 효과적으로 대처해 나가기 위해서는 국제연합의 역할이 강화되어야 하며, 이는 안전보장 이사회의 기능강화, 국제연합 사무국 조직의 효율화, 안정적인 재정기반의 확보, 국제연합 평화유지 활동의 강화, 개발도상국의 경제사회개발에 대한 협력 등을 통해 이룩할 수 있다는 데 대해 의견이 일치하였다.
　이러한 점을 염두에 두고, 김대중 대통령은 국제연합을 비롯한 국제사회에 대한 일본의 기여와 역할을 평가하고, 금후 일본의 그와 같은 기여와 역할이 증대되는 데 대한 기대를 표명하였다.
　또한, 양국 정상은 군축 및 비확산의 중요성, 특히 어떠한 종류의 대량파괴무기일지라도 그 확산이 국제사회의 평화와 안전에 대한 위협이 된다는 것을 강조하는 동시에, 이러한 분야에서의 양국 간 협력을 더욱 강화하기로 하였다.
　양국 정상은 양국 간의 안보정책협의회 및 각급 차원의 방위교류를 환영하고, 이를 더욱 강화해 나가기로 하였다. 아울러 양국 정상은 양국이 각각 미국과의 안전보장체제를 견지하는 동시에, 아시아·태평양지역의 평화와 안정을 위한 다자간 대화 노력을 더욱 강화해 나가는 것이 중요하다는 데 의견의 일치를 보았다.

7. 양국 정상은 한반도의 평화와 안정을 위해서는 북한이 개혁과 개방을 지향하는 동시에, 대화를 통한 보다 건설적인 자세를 취하는 것이 매우 중요하다는 인식을 공유하였다. 오부치 총리대신은 확고한 안보 체제를 유지하면서 화해와 협력을 적극적으로 추진한다는 김대중 대통령의 대북한 정책에 대한 지지를 표명하였다. 이와 관련하여 양국 정상은 1992년 2월 발효된 '남북 사이의 화해와 불가침 및 교류·협력에 관한 합의서'의 이행과 4자회담의 순조로운 진전이 바람직하다는 데 의견을 같이하였다.

또한, 양국 정상은 1994년 10월 미국과 북한 간에 서명된 '제네바 합의' 및 한반도에너지개발기구(KEDO)를 북한의 핵 계획 추진을 저지하기 위한 가장 현실적이고 효과적인 메카니즘으로서 유지해 가는 것이 중요하다는 것을 확인하였다. 이와 관련하여 양국 정상은 북한의 미사일 발사에 대하여, 국제연합 안전보장이사회 의장이 안보리를 대표하여 표명한 우려 및 유감의 뜻을 공유하는 동시에, 북한의 미사일 개발이 중지되지 않는다면, 한국, 일본 및 동북아시아 지역 전체의 평화와 안전에 악영향을 미친다는 데 의견을 같이하였다.

양국 정상은 양국이 북한에 관한 정책을 추진함에 있어서 상호 긴밀히 연대해 나가는 것이 중요함을 재확인하고, 각급 차원에서의 정책 협의를 강화하는 데 의견을 같이하였다.

8. 양국 정상은 자유롭고 개방된 국제경제체제를 유지·발전시키고, 또한 구조적 문제에 직면한 아시아 경제의 회복을 실현해 나감에 있어서 한·일 양국이 각각 안고 있는 경제적 과제를 극복하면서, 경제분야의 균형된 상호 협력관계를 보다 강화해 나가는 것이 중요하다는 데 합의하였다. 이를 위하여 양국 정상은 양자 간의 경제정책 협의를 더욱 강화하는 동시에, WTO, OECD, APEC 등 다자무대에서의 양국 간 정책 협조를 더욱 촉진해 나간다는 데 의견을 같이하였다.

김대중 대통령은 금융, 투자, 기술이전 등 여러 분야에 걸친 지금까지의 일본의 대한국 경제지원을 평가하는 동시에, 한국이 안고 있는 경제적 문제의 해결을 위한 노력을 설명하였다. 오부치 총리대신은 일본의 경제회복을 위한 각종 시책 및 아시아의 경제난 극복을 위하여 일본이 시행하고 있는 경제적 지원에 관해 설명하는 한편, 한국의 경제난 극복을 위한 노력을 계속 지지한다는 의향을 표명하였다. 양국 정상은 재정 투융자를 적절히 활용한 일본 수출입은행의 대한국 융자에 관하여 기본적인 합의가 이루어진 것을 환영하였다.

양국 정상은 양국 간의 커다란 현안이었던 한·일 어업협정 교섭이 기본 합의에 도달한 것을 마음으로부터 환영하는 동시에, 국제연합 해양법 협약을 기초로 한 새로운 어업질서 하에 어업 분야에 있어서의 양국 관계의 원활한 진전에 대한 기대를 표명하였다.

또한, 양국 정상은 이번에 새로운 한·일 이중과세방지협약이 서명되는 것을 환영하였다. 아울러 양국 정상은 무역·투자, 산업기술, 과학기술, 정보통신 및 노·사·정 교류 등 각 분야에서의 협력·교류를 더욱 발전시켜 나간다는 데 의견의 일치를 보았으며, 한·일 사회보장협정을 염두에 두고, 장래 적절한 시기에 서로의 사회보장제도에 대한 정보·의견 교환을 실시하기로 하였다.

9. 양국 정상은 국제사회의 안전과 복지에 대한 새로운 위협이 되고 있는 국경을 초월한 각종 범세계적 문제의 해결을 위하여 양국 정부가 긴밀히 협력해 나간다는 데 의견의 일치를 보았다. 양국 정상은 지구환경 문제, 특히 온실가스 배출 제한, 산성비 대책을 비롯한 제반 문제에 대한 대응에 있어서의 협력을 강화하기 위하여, 한·일 환경정책대화를 추진하기로 하였다.

또한, 개발도상국에 대한 지원을 강화하기 위하여 원조분야에서의 양국 간 협조를 더욱 발전시켜 나간다는 데 의견의 일치를 보았다. 아울러 양국 정상은 한·일 범죄인인도조약 체결을 위한 협의를 시작하는 동시에, 마약·각성제 대책을 비롯한 국제조직범죄 대책분야에서의 협력을 더욱 강화한다는 데 의견의 일치를 보았다.

10. 양국 정상은 이상 각 분야의 양국 간 협력을 효과적으로 추진해 나가는 기초는 정부 간 교류뿐만 아니라 양국 국민 간의 깊은 상호 이해와 다양한 교류에 있다는 인식하에 양국 간의 문화·인적 교류를 확충해 나간다는 데 의견의 일치를 보았다.

양국 정상은 2002년 월드컵의 성공을 위한 양국 국민의 협력을 지원하고, 2002년 월드컵 개최를 계기로 문화 및 스포츠 교류를 더욱 활발히 추진해 나가기로 하였다.

양국 정상은 연구원, 교사, 언론인, 시민단체 등 다양한 계층의 국민 및 지역 간 교류의 진전을 촉진하기로 하였다.

양국 정상은 이러한 교류·상호 이해 촉진의 토대를 조성하는 조치로서 이전부터 추진해 온 사증제도의 간소화를 계속 추진하기로 하였다.

또한, 양국 정상은 한·일 간의 교류 확대와 상호 이해 증진에 이바지하기 위하여 중·고생 교류사업의 신설을 비롯하여 정부 간의 유학생 및 청소년 교류사업의 내실화를 기하는 동시에, 양국의 청소년을 대상으로 한 취업관광사증제도를 1999년 4월부터 도입하기로 합의하였다.

또한, 양국 정상은 재일한국인이 한·일 양국 국민의 상호교류·상호 이해를 위한 가교로서의 역할을 담당할 수 있다는 인식에 입각하여 그 지위의 향상을 위하여 양국 간 협의를 계속해 나간다는 데 의견의 일치를 보았다.

양국 정상은 한·일포럼 및 역사공동연구의 촉진에 관한 한·일 공동위원회 등 관계자에 의한 한·일 간 지적교류의 의의를 높이 평가하는 동시에, 이러한 노력을 계속 지지해 나간다는 데 의견의 일치를 보았다.

김대중 대통령은 한국 내에서 일본 문화를 개방해 나가겠다는 방침을 전달하였으며, 오부치 총리대신은 이러한 방침이 한·일 양국의 진정한 상호 이해에 기여할 것으로 환영하였다.

11. 김대중 대통령과 오부치 총리대신은 21세기의 새로운 한·일 파트너쉽이 양국 국민의 폭넓은 참여와 부단한 노력에 의하여 더욱 높은 차원으로 발전될 수 있다는 공통의 신념을 표명하는 동시에, 양국 국민에 대하여 이 공동선언의 정신을 함께하고, 새로운 한·일 파트너쉽의 구축·발전을 위한 공동의 작업에 동참해 줄 것을 호소하였다.

대한민국 대통령　　　　　　　　　　　　일본국 내각총리대신
김 대 중　　　　　　　　　　　　　　　　오부치 케이조

1998년 10월 8일, 도쿄

자료 2-4 ▮【부속서】21세기의 새로운 한일 파트너십을 위한 행동 계획
(1998년 10월 8일, 도쿄)

1. 양국 간 대화채널의 확충
   - 정상 간 교류의 긴밀 정례화
     대한민국 대통령과 일본국 총리대신은 정상회담을 적어도 연 1회 실시하여 정상 간의 의견 교환을 촉진한다.
   - 외무장관 및 여타 각료 간 교류의 긴밀화
     외무장관회담을 비롯하여, 양국 각료 간 협의를 더욱 긴밀화하여 양국 간 정책 협조 및 신뢰증진을 도모한다.
   - 각료간담회
     양국은 한·일 양국의 다수의 각료들이 한자리에 모여, 자유로운 의견 교환을 하기 위한 한·일 각료간담회를 가급적 조속한 기회에 개최한다.
   - 의원 교류(의원연맹활동 포함)
     양국은 한·일/일·한 의원연맹 회원의 확충 및 양국 의원연맹을 중심으로 한 의원 간 교류의 확대를 환영한다. 특히 1998년도 한·일/일·한 의원연맹 합동총회에서 여성의원 교류를 위한 특별위원회를 설치하자는 의견이 제시되고, 또한 기존의 21세기위원회에서의 토론을 보다 활성화하기 위하여 동 위원회에서 청소년 교류 및 양국에 공통되는 청소년 문제를 적극적으로 논의하기로 결정한 것을 환영한다.
     또한, 양국은 한·일 소장 의원 간의 자발적인 교류가 더욱 확대될 것을 기대하며, 이를 권장해 나간다.

- 초임 외교관의 상호파견
    양국은 양국관계 발전에 기여할 전문가 양성을 위하여 우선 초임 외교관의 상호 파견을 통한 연수 교류를 실시한다.

2. 국제사회의 평화와 안전을 위한 협력
    - 국제연합에서의 협력
        양국은 국제연합의 개혁의 실현을 위하여 서로 협력하여 적극적으로 대응해 나간다. 이와 관련, 한국은 국제연합을 비롯한 국제사회에서의 일본의 기여와 역할을 평가하고, 앞으로 일본의 이러한 기여와 역할이 증대되어 나갈 것을 기대한다.
        또한, 양국은 양국의 국제연합 담당부서 간의 협의를 정기적으로 개최하고, 국제연합에서의 양국 간 정책 협력을 강화한다.
        양국은 2000년 국제연합 총회를 천년 기념총회로 개최하고자 하는 국제연합 사무총장의 제안을 지지한다.
    - 군축 및 비확산 문제에 있어서의 협력
        양국은 동북아 지역에서의 대량파괴무기 및 그 운반수단인 미사일의 확산이 동 지역의 평화와 안정에 매우 우려할 만한 것이라는 공통 인식 하에 이의 해소를 위한 양국 간 협력을 더욱 강화해 나간다.
        양국은 북한의 핵비확산조약(NPT), IAEA 안전조치협정 등의 의무이행을 계속 촉구하는 한편, 북한이 포괄적 핵실험금지조약(CTBT) 및 화학무기금지협약(CWC)에 가입토록 촉구해 나간다.
        양국은 군축 및 비확산 문제와 관련 바세나르체제(Wassenaar Arrangement), 원자력 공급국 회의 등 양국이 참가하는 각종 국제적 수출관리 체제의 장 등 국제무대에서 양국 간 협의 협력을 강화한다.
    - 한·일 안보정책협의회
        양국은 양국 간 안전보장 분야에 있어서의 상호 이해와 신뢰관계의 증진을 도모하기 위하여 1998년 6월에 개시된 한·일 안보정책협의회를 앞으로 적어도 연 1회, 계속하여 실시한다. 차기 한·일 안보정책협의회는 1999년에 개최될 예정이다.
    - 한·일 방위 교류
        양국은 국방 방위당국 간 방위교류의 확대 강화를 도모한다. 이를 위하여 양국 국방 방위담당장관의 상호 방문을 비롯한 각급 차원의 인적 교류의 확대, 한·일 국방정책 실무회의를 비롯한 각종 대화채널의 확충, 유학생 교환 등의 교육 교류 등을 추진해 나간다.
        또한 양국은 함정의 상호 방문을 계속하는 등 부대 간 교류를 추진해 나간다.
    - 다자간 지역안전보장 대화에 있어서의 협력
        양국은 신뢰 구축 및 예방외교를 촉진하고, 또한 분쟁 해결을 위한 노력의 구체화를 지향하는 아세안지역포럼(ARF)이 더욱 발전 강화되도록 적극적으로 협력한다. 양국은 동북아의 안전보장과 협력에 관한 정부 차원의 다자 대화의 장을 설치하기 위한 협력을 추진해 나간다.

- 남북 관계 개선 및 한반도의 평화와 안정 유지를 위한 협력

  양국은 한반도의 긴장 완화와 항구적인 평화 정착을 위한 남북대화의 중요성을 확인하고, 아울러 4자회담을 통한 새로운 평화 체제 수립의 중요성에 대한 인식을 같이 한다.

- 대북정책에 관한 한·일 정책 협의의 강화

  양국은 한·일·미 3국 간에 지금까지 실시되어 온 정책 협의를 계속해 나가는 동시에, 양국 각료 차원의 협의를 포함한 양국 간 정책 협의를 더욱 강화한다. 이러한 협의에는 양국의 대북한 정책, 북한의 핵무기 개발 문제, 미사일 개발 배치 및 수출, 미사일 관련 물자와 기술의 이전 문제와 북한에 대한 경제관계의 바람직한 방향이 포함된다.

- 북한 핵무기 개발 억지를 위한 협력

  양국은 1994년 10월 미국과 북한 간에 서명된 '제네바 합의'를 유지해 나가는 중요성을 확인하는 동시에 한반도에너지개발기구(KEDO)에 대한 공약을 다시 한 번 표명하였다.

- 아시아 유럽 정상회의(ASEM)에 있어서의 협력

  양국은 아시아 유럽 간 관계를 다양한 분야 차원에서 강화해 나가기 위한 ASEM의 활동을 지지하고, ASEM의 활동을 통하여 아시아 국가 간의 활발한 교류와 협력도 모색해 나간다. 또한, 양국은 2000년 한국에서 개최될 예정인 제3차 ASEM 정상회의의 성공을 위하여 협력한다.

3. 경제 분야에서의 협력관계 강화

- 자유롭고 번영된 세계경제의 실현을 위한 협력

  양국은 WTO, OECD, APEC 등 국제기구 및 지역적인 정책 협조 체제에 있어서 세계경제의 안정적인 발전, 다각적인 자유무역체제의 강화 및 아시아·태평양 지역의 안정과 발전을 위하여 적극적으로 협력한다. 이를 위하여 양국 정부 간 협의를 빈번히 개최한다.

- 양국 간 경제분야에서의 협력관계 강화

  양국은 한·일 각료간담회의 장을 활용하여, 양국의 경제정책 등에 관한 의견교환을 실시해 나간다.

  양국은 한·일 양국을 둘러싼 새로운 경제정세를 기초로 포괄적인 고위급 경제협의를 실시한다.

  양국은 아시아 지역의 금융 문제를 비롯한 경제난 극복을 위하여 협력하고, 또한 국제사회에 있어서의 그밖의 새로운 경제문제와 관련하여 OECD 등 국제 무대에서의 협력을 강화해 나간다.

- 대한국 경제지원

  일본은 한국의 경제난 극복 노력을 지원하기 위하여 재정 투융자를 적절히 활용하여 총액 30억 불 상당엔 정도의 일본 수출입은행에 의한 융자 실현을 도모한다.

- 한·일 투자 교류

양국은 양국 간 투자 교류의 촉진을 위하여 1998년 5월 일본으로부터의 대규모 투자조사단 파견과 이번 김대중 대통령의 방일시 한국으로부터의 투자유치단 파견을 높이 평가하고, 그 성과를 바탕으로 후속 조치를 취한다. 양국은 '민·관투자촉진협의회'를 개최하는 동시에, 한·일 양국의 투자상담 및 투자분쟁 처리의 창구를 활용하고, 투자 촉진을 위하여 민관일체로 대응해 나간다. 또한, 양국은 투자 문제에 관한 정부 간 협의도 실시한다.

- 한·일 어업협정

양국은 국제연합 해양법협약을 기초로 한 새로운 어업 질서를 구축하기 위하여 진행되어온 한·일 어업협정 체결 교섭이 이번에 기본합의에 도달한 것을 높이 평가한다. 양국은 앞으로 필요한 국내절차를 거쳐 가능한 한 조기에 신협정을 발효시키고, 새로운 어업 질서를 구축할 수 있도록 계속 협력한다.

- 한·일 이중과세방지협약

양국은 이번에 개정된 한·일 이중과세방지협약이 서명된 것을 환영하며, 이에 의하여 양국 간의 투자와 인적 교류가 더욱 촉진될 것을 기대한다. 양국은 앞으로 신 협약의 발효를 위하여 필요한 국내절차를 신속하게 추진한다.

- 무역 확대 및 산업기술분야에서의 협력

양국은 한·일/일·한 산업기술협력재단을 통하여 실시하고 있는 산업기술 분야에서의 보다 효율적인 협력 등을 통하여 한·일 간 무역의 확대 균형을 추구해 나간다. 특히 산업기술 인재 육성 사업에 대한 협력, 한국 산업의 생산성 향상에 대한 협력 및 산업기술 교류의 각 분야에서의 사업을 내실화한다.

- 산업교류 추진

양국은 전기 전자, 정보산업의 교류를 심화시키기 위하여 교류시찰단의 파견, 접수를 실시한다. 또한, 한국의 부품산업 진흥을 위하여 견본시장 사업을 지원한다.

- 과학기술 분야에서의 협력

양국은 한·일 과학기술협력협정에 의거하여 개최된 제10차 과학기술협력위원회에서의 논의를 바탕으로, 뇌과학 등 신규 분야에서의 공동연구를 검토한다.

- 정보통신 분야에서의 협력

양국은 지금까지의 한·일 통신장관 회담에서 확인된 아·태 초고속 정보통신 선도 시험망 프로젝트(APII Test-bed Project)에 관한 공동연구 추진, 멀티미디어 콘텐츠에 있어서의 민간 상호 교류의 촉진, 정보통신 분야에서의 양국 연구소 간 교류 등을 추진해 나간다.

- 컴퓨터 2000년 문제에 관한 협력

양국은 컴퓨터 2000년 문제가 세계 각국 공통의 문제인 동시에 상호 중대한 영향을 미칠 수 있는 문제라는 인식하에 APEC, OECD 등의 국제적인 틀에서 적극적으로 협력한다.

- 지적소유권 분야에서의 협력

양국은 경제활동의 세계화가 진전되는 가운데 양국 간 경제관계의 건전한 발전을 위하여 지적소유권을 보다 효과적으로 보호할 목적으로 정보 교환 및 인적 교류를 촉진한다. 양국은 지적소유권의 보호를 강화하기 위하여 WTO, WIPO 등 국제적인 틀에서 적극적으로 협력한다.
- 전자상거래 분야에서의 협력
  양국은 범세계적인 전자 상거래를 촉진하기 위하여 기본적인 원칙 및 정책에 관하여 계속적으로 의견을 교환하고 협력을 추진한다.
- 농업 분야에서의 협력
  양국은 농업 분야에 관한 고위급 실무대화를 강화한다.
- 노사정 교류의 활성화
  양국은 경제발전과 근로조건의 향상이라는 균형 있는 목표의 달성을 위한 협조를 해나가기 위하여 양국의 정부 근로자 사용자 3자 대표들의 상호 방문 등의 교류를 강화한다.
- 사회보장 분야에서의 협력
  양국은 사회보장 분야에서의 양국 간 협력관계를 진전시키기 위하여 사회보장협정을 염두에 둔 양국 당국 간의 정보 의견 교환을 장래 적절한 시기에 실시한다.
- 자연재해 및 인적 재해 경감을 위한 협력
  양국은 양국의 재해 대응과 관련한 제도, 재해방지 체제 및 시설에 관한 정보 의견 교환을 통하여 협력을 추진한다.
- 양국 경제인 교류의 확대
  양국은 앞으로 한·일 경제관계의 발전을 위하여 젊은 기업인을 포함한 양국 경제인간의 상호교류의 확대를 권장한다.

4. 범세계적 문제에 관한 협력 강화
- 환경 분야에서의 협력
  양국은 한·일 환경협력공동위원회에서의 협의와 함께 환경 정책에 관한 대화를 실시해 나간다.
  양국은 범세계적인 환경문제에 대한 대응에 있어 적극적으로 대처한다. 특히, 양국은 기후변화 문제의 중요성을 인식하고 기후변화협약 제4차 당사국 총회의 성공을 위하여 협력하는 동시에 교토의정서에서 미해결된 과제의 해결을 위하여 적극적으로 노력한다.
  양국은 산성비, 해양 오염 등의 문제 해결을 위하여 동북아시아 지역에서의 환경협력 강화에 관해 관련국 각료급의 긴밀한 협의 및 관련 환경 협력 체제하에서의 대응 등을 촉구한다.
  양국은 내분비 교란 화학물질(소위 환경호르몬)에 관한 공동조사 및 연구를 시작한다. 양국은 환경산업 분야에 있어서 상호 교류의 가능성을 검토한다.
- 원조 분야에서의 협조
  양국은 지금까지의 원조정책협의 등의 정책대화를 강화하고, 개발도상국 지역에 대한 원조와 관련하여 원조 정책, 원조실적, 원조 방법, 원조에 관한 여론 홍보 등 분야에서의 정보 교환 등을 통한 협력 활동을 더욱 진전시킨다. 또한, 직원 교류를 포함한 한국국제협력단(KOICA)과 일본 국제협력사업단(JICA)간 협력 및 제휴를 한층 진전시킨다.

양국은 원조 협력과 관련, 대아시아 아프리카 협력이 중요하다는 인식을 공유하고, 일본이 1998년 10월 도쿄에서 개최하는 제2회 아프리카 개발회의(TICAD II) 및 그 후속 사업과, 한국이 국제연합의 아프리카 및 최빈 개도국을 위한 특별조정실(OSCAL)과의 공동 주최로 1998년 12월 서울에서 개최할 예정인 [수출진흥에 있어서의 아시아 아프리카 협력포럼]과의 유기적인 연관을 도모하는 등 상호 협력을 추진한다.

일본은 한국이 개발도상국의 아동보호를 위해 1997년 5월 서울에 설립된 국제백신연구소(IVI) 사업 등을 중시하는 데 대해 이해를 표시하였다.

- 원자력의 평화적 이용 증진을 위한 협력

양국은 원자력의 평화적 이용 증진을 위하여 원자력 발전소 가동에 있어서의 안전성, 방사선 방호 및 환경감시, 방사성 동위원소 및 방사선의 연구 응용 등의 분야에서 양국 간 협력을 더욱 촉진시키고, 한·일 원자력 협의의 장을 통한 의견 교환을 활성화시켜 나간다.

또한, 양국은 아시아 지역에서의 원자력의 안전성 증진을 위하여 아시아 원자력 안전회의 등을 통한 역내 원자력 안전에 관한 협력을 강화하는 한편, 아시아 지역 원자력 협력 국제회의의 틀을 활용하는 등, 원자력 개발 이용에 관한 협력을 추진한다.

- 범죄인 인도조약 체결 교섭의 개시

양국은 범죄인인도조약의 체결을 위한 교섭을 조기에 시작한다.

- 국제조직범죄 대책에서의 협력 강화

양국은 마약 각성제 문제를 비롯하여 국제적으로 조직화되고 있는 범죄에 적절히 대처하기 위해 계속하여 긴밀히 협력해 나간다.

양국은 마약 각성제 문제에 관한 지금까지의 양국 간 협력을 바탕으로 양국 공통의 과제를 효과적으로 극복하기 위하여 주변국과의 바람직한 협력관계를 모색하면서 앞으로 더욱 협력하여 나간다.

5. 국민 교류 및 문화교류의 증진
- 2002년 월드컵과 이를 계기로 한 국민교류 사업

양국은 2002년 월드컵의 성공을 위하여 계속 협력한다. 이와 관련, 양국은 월드컵 공동 개최에 따른 경비에 관하여 상호 협력한다.

양국은 월드컵대회 기간 중 대회 관계자, 보도 관계자 및 제3국을 포함한 관전 목적의 각국 국민이 양국에 입국을 쉽게 할 수 있도록 사증 발급 및 입국심사 면에서의 편의를 도모하기 위하여 조정을 개시한다.

양국은 월드컵의 성공을 위하여 양국이 공동으로 노력해 나가는 기회를 계기로, 다양한 경기종목의 한·일 스포츠 교류를 추진하는 한편, 양국 국민 간 교류를 폭 넓은 분야로 확대하여 나가기 위한 문화교류 사업을 실시하는 동시에, 산업 기술,

물산도 대상으로 하는 전시회 등을 서로 상대국에서 개최하는 것을 검토한다.

양국은 2002년 월드컵을 계기로 한·일 양국에의 외국인 관광객 유치 및 한·일 양국간의 관광교류의 촉진을 도모하기 위하여 관광홍보 및 수용 체제를 정비해 나간다.

- 한·일 국민 교류의 촉진

  양국은 21세기의 새로운 미래지향적인 한·일 교류의 모습으로서 양국의 폭넓은 분야의 사람들이 함께 협력하여 국제사회의 문제에 대처해 나가는 등 보다 진전된 차원에서의 교류를 실현한다. 이를 위하여 환경, 지역진흥, 국제 협력 등에 대한 공동연구, 공동프로젝트, 인적 교류(연구원, 교사, 언론인, NPO 관계자, 시민단체, 지방관계자 등 다양한 국민 각계각층을 대상으로 하는 상호 교류 사업)를 적극적으로 촉진해 나간다.

  양국은 건전한 인적 교류를 촉진시키기 위하여 사증 절차를 가능한 한 간소화시키기로 하며, 이를 위한 협의를 더욱 긴밀화한다. 그 일환으로 양국은 1998년 12월부터 양국 간 외교 관용 목적의 인적 교류에 대하여 사증을 면제키로 한다.

  양국은 인적 교류 증진을 통한 경제 사회 문화 등 제반 분야의 교류를 촉진하기 위하여 양국 항공 당국 간의 협력을 계속 추진하기 위한 노력을 한다.

- 청소년 교류 확대

  양국은 장래의 보다 나은 한·일관계를 위해 양국 간에 유학생, 청소년 교류가 중요하다는 것을 재확인하고, 한국의 공과대학 학부 유학생의 파견 접수 사업을 공동으로 실시하며, 금후 10년을 예정으로 그 시점에서 일본의 공과대학에 재학하는 한국인 학부 유학생이 1000명에 이르는 것을 목표로 한다.

  또한, 양국은 1999년 여름으로 예정된 제2차 한·일 청소년 교류 네트워크 포럼 등 청소년 교류사업을 지원한다.

  양국은 차세대를 짊어질 청소년의 교류 촉진을 위하여 양국 청소년을 대상으로 상대국에 1년간 체재하며, 그 문화와 생활양식 등을 배우는 것을 목적으로 하고, 부수적으로 취업도 가능한 취업관광사증제도(Working Holiday Program)를 1999년 4월부터 개시한다.

  아울러, 양국은 중고등학생 등 젊은 세대 간의 교류도 추진해 나간다. 이를 위하여 양국은 금후 10년간 1만명, 10억엔 규모를 목표로 중고등 학생 교류 사업을 실시한다.

- 학술교류

  양국은 상대국 및 양국관계 역사에 대한 이해를 심화시키기 위한 민간 차원의 공동연구 및 그 밖의 사회 인문 자연과학 등 폭넓은 분야에 있어서의 공동연구 활동, 상호 번역 출판 사업 등을 계속 지원 장려하고 이를 다방면으로 확대한다.

  또한, 양국은 한·일 포럼 등에서 이루어지고 있는 지적 교류의 중요성을 인식하고, 이러한 기존의 틀에 의한 지적 교류를 계속 지원해 나간다.

  양국은 쌍방의 민간 지식인 간에 자율적인 교류 네트워크가 구축되고 있는 것을 환영하며, 이러한 네트워크 안에서 양국이 안고 있는 공통의 과제에 대처해 나가기 위한 방안을 찾기 위하여 민간 지식인 간의 공동연구가 진진되는 것에 대한 기대를 표명한다.
양국의 대학 교류 및 대학 간 협정 체결을 지원한다.
- 지역 간 교류
양국은 양국 국민 간 상호 이해와 신뢰중진에 있어서 지역 간 교류가 갖는 중요성을 확인하고, 지방의 국제화 시대에 걸맞는 지역 간의 다양한 형태의 교류와 협력을 적극적으로 지원한다.
양국은 지역 차원에서의 교류 촉진을 위하여 대한국 JET 프로그램의 내실화, 지방자치단체 간 교류의 촉진, 광주 일본주간 등 지방에서의 문화교류 행사에 대한 지원 및 지역교류 촉진에 관한 심포지움 개최 지원 등 가능한 지원을 실시한다.
- 문화교류의 내실화
한국은 한국 내에서 일본문화를 개방해 나가겠다는 방침을 일본 측에 전달하였다.
양국은 1992년 및 1994년 상호 교환 개최된 바 있는 한·일 문화통신사 사업의 성과를 토대로 앞으로도 민간, 지방 차원을 포함한 양국 간 다양한 문화교류를 추진해 나간다. 또한, 양국은 그밖에 특히 양국의 젊은 예술가, 문화재 전문가 등의 인적 교류, 양국의 현대 무대 예술이나, 민속예능의 파견 초빙, 문화재 복원을 위한 공동연구 등을 통한 문화교류를 확대한다.

자료 2-5 ▎ 대한민국 정부와 일본국 정부 간의 군사비밀정보의 보호에 관한 협정 (2016년 11월 23일, 서울)[2]

대한민국 정부와 일본국 정부(이하 "양 당사자", 개별적으로는 "당사자"라 한다)는, 양 당사자 간에 교환되는 군사비밀정보의 상호 보호를 보장할 것을 희망하면서, 다음과 같이 합의하였다.

제1조 목적
양 당사자는 각 당사자의 유효한 국내법령에 부합할 것을 전제로 여기에 제시된 조건에 따라 군사비밀정보의 보호를 보장한다.

제2조 정의
이 협정의 목적상,
가. "군사비밀정보"란 대한민국 정부나 일본국 정부의 권한 있는 당국에 의하여 또는 이들 당국의 사용을 위하여 생산되거나 이들 당국이 보유하는 것으로, 각 당사

---

[2] 출처: 국방저널 편집부 (2016) "한일 군사비밀정보보호협정 전문(全文)," 『국방저널』 제516호, pp.92-95.

자의 국가안보 이익상 보호가 필요한 방위 관련 모든 정보를 말한다. 그 정보는 비밀분류를 지니며, 필요한 경우 그러한 정보가 군사비밀정보임을 나타내는 적절한 표시를 한다. 그러한 정보는 구두, 영상, 전자, 자기 또는 문서의 형태이거나 장비 또는 기술의 형태일 수 있다.
나. "제공당사자"란 군사비밀정보를 제공하는 당사자를 말한다.
다. "접수당사자"란 제공당사자가 제공한 군사비밀정보를 접수하는 당사자를 말한다.
라. "권한 있는 당국"이란 당사자가 방위 관련 정보의 보호를 책임질 당국으로 지정한 그 당사자의 기관을 말한다. 각 당사자는 자신의 권한 있는 당국을 외교경로를 통하여 다른 쪽 당사자에게 통보한다. 그리고,
마. "개인보안인가"란 각 당사자의 적절한 절차에 따라 개인에게 부여되는 것으로 군사비밀정보를 안전하게 취급할 수 있는 자격을 말한다.

제3조 국내 법령
각 당사자는 요청에 따라 군사비밀정보의 보호에 관한 자신의 유효한 국내법령과 이 협정에 따른 군사비밀정보의 보호에 영향을 미칠 수 있는 모든 국내법령 변경을 다른 쪽 당사자에게 통보한다.

제4조 비밀분류 및 군사비밀정보 표시
1. 군사비밀정보는 다음의 비밀 분류 중 하나로 표시된다.
  가. 대한민국 정부와 관련하여, GUNSA II-KUP BI MIL 군사 Ⅱ급 비밀 또는 GUNSA Ⅲ- KUP BI MIL 군사 Ⅲ급 비밀 그리고,
  나. 일본국 정부와 관련하여, Gokuhi 極秘, Tokutei Himitsu 特定秘密, 또는 Hi 秘 대한민국 일본국(참고 : 상응하는 영문 GUNSA Ⅱ-KUP BI MIL 군사 Ⅱ급 비밀 Gokuhi 極秘/Tokutei Himitsu 特定秘密 SECRET GUNSA Ⅲ-KUP BI MIL 군사 Ⅲ급 비밀 Hi 秘 CONFIDENTIAL)
2. 접수당사자는 제공된 모든 군사비밀정보에 제공당사자의 명칭과 접수 당사자의 상응하는 비밀 분류를 다음과 같이 표시한다.
3. 제공당사자가 제공한 군사비밀정보를 포함하고 있는 접수당사자 생산 문서나 매체에는 적절한 비밀 분류를 표시하며, 그 문서나 매체가 제공당사자가 제공한 군사비밀정보를 포함하고 있다는 표시를 한다.

제5조 보충 이행 약정
양 당사자의 권한 있는 당국은 이 협정에 따른 보충 이행 약정을 맺을 수 있다.

제6조 군사비밀정보 보호의 원칙
제공된 군사비밀정보를 보호하기 위하여, 양 당사자는 다음을 보장한다.
  가. 접수당사자는 제공당사자의 사전 서면 승인 없이 제3국의 어떠한 정부, 사람, 회사, 기관, 조직 또는 그 밖의 실체에게 군사비밀정보를 공개 하지 아니할 것

나. 접수당사자는 제공당사자가 부여하는 보호에 실질적으로 상응하는 정도의 보호를 군사비밀정보에 제공하기 위하여 자신의 유효한 국내 법령에 따라 적절한 조치를 할 것
　다. 접수당사자는 제공당사자의 사전 서면 승인 없이 군사비밀정보를 제공 된 목적 외의 어떤 다른 목적으로도 사용하지 아니할 것
　라. 접수당사자는 특허권, 저작권 또는 기업비밀과 같이 군사비밀정보에 적용될 수 있는 지식재산권을 자신의 유효한 국내법령에 따라 준수할 것
　마. 군사비밀정보를 취급하는 각 정부 시설은 개인보안인가를 가지고 있고 그러한 정보에 접근하는 것이 허가된 개인들의 등록부를 유지할 것
　바. 군사비밀정보의 배포 및 이에 대한 접근을 관리하기 위하여 각 당사자는 군사비밀정보의 확인, 소재, 목록 및 통제를 위한 절차를 수립할 것
　사. 제공당사자는 전에 접수당사자에게 제공된 군사비밀정보의 비밀분류상 모든 변경을 접수당사자에게 서면으로 즉시 통보할 것, 접수당사자는 제공당사자의 통보에 따라 군사비밀정보의 비밀 분류를 변경할 것, 그리고
　아. 군사비밀정보가 그것이 제공된 목적상 더 이상 필요하지 않을 때 접수당사자는 적절한 경우
　　　1) 군사비밀정보를 제공당사자에 반환하거나
　　　2) 제13조에 따라서 그리고 접수당사자의 유효한 국내 법령에 따라 군사비밀정보를 파기할 것

제7조 군사비밀정보에 대한 인원의 접근

 1. 어떠한 정부직원도 제공된 군사비밀정보에 접근할 자격이 계급, 직위 또는 개인보안인가만으로 부여되지는 아니한다.
 2. 제공된 군사비밀정보에 대한 접근은 정부직원으로서 공무상 그러한 접근이 필요하고 접수당사자의 유효한 국내법령에 따라 개인보안인가를 부여 받은 정부직원에게만 허용된다.
 3. 양 당사자는 정부직원에 대한 개인보안인가 허용 결정이 국가안보상 이익에 부합하며 제공된 군사비밀정보의 취급 시 그 정부직원이 신뢰할 수 있고 믿을 수 있는지를 나타내는 모든 가용 정보에 근거하고 있음을 보장한다.
 4. 제공된 군사비밀정보에의 접근이 허용된 모든 정부직원과 관련하여 전 항에서 언급된 기준이 각 당사자의 유효한 국내법령에 따라 충족되었음을 보장하기 위하여, 양 당사자는 적절한 절차를 이행한다.
 5. 한쪽 당사자의 대표가 다른 쪽 당사자의 대표에게 군사비밀정보를 제공 하기 전에 접수당사자는 제공당사자에게 다음을 보장한다.
　가. 그 대표가 필요한 수준의 개인보안인가를 보유하고 있을 것
　나. 그 대표가 공적 목적으로 접근을 요청할 것, 그리고
　다. 제공당사자가 부여하는 보호에 실질적으로 상응하는 정도의 보호를 군사비밀정보에 제공하기 위하여 접수당사자가 자신의 유효한 국내 법령에 따라 적절한 조치

를 할 것

제8조 방문

한쪽 당사자 대표가 군사비밀정보에의 접근이 요구되는 다른 쪽 당사자 시설을 방문하는 것에 대한 허가는 공적 목적상 필요한 방문으로 한정된다. 한쪽 당사자 국가의 영역 안에 있는 시설에 대한 방문 허가는 그 당사자에 의해서만 부여된다. 방문대상인 당사자는 제안된 방문, 의제, 범위 및 방문자에게 제공될 수 있는 군사비밀정보의 최고 등급을 알려줄 책임이 있다. 당사자 대표의 방문 요청은 방문 당사자의 권한 있는 관련 당국에 의하여 방문대상인 당사자의 권한 있는 관련 당국에게 제출된다.

제9조 군사비밀정보의 전달

군사비밀정보는 정부 대 정부 간 경로를 통하여 당사자 간에 전달된다. 그러한 전달이 이루어지면 접수당사자가 군사비밀정보의 보관, 통제 및 보안에 대한 책임을 맡는다.

제10조 시설의 보안

각 당사자는 제공된 군사비밀정보가 보관되어 있는 모든 정부 시설의 보안에 대하여 책임을 지며, 그러한 각 시설에는 군사비밀정보의 통제 및 보호의 책임과 권한을 지닌 자격 있는 정부 직원이 임명되도록 보장한다.

제11조 보관

양 당사자는 제7조 및 제16조에 따라 접근이 허가된 개인에 의해서만 접근이 보장되는 방식으로 제공된 군사비밀정보를 보관한다.

제12조 군사비밀정보 전달 시 보안 요건

전달 시 군사비밀정보의 보안을 위한 최소한의 요건은 다음과 같다.

가. 비밀문서 및 매체

1) 군사비밀정보를 포함하고 있는 문서 및 매체는 이중으로 봉인된 봉투에 담아 전달하되, 가장 안쪽 봉투에는 문서 또는 매체의 비밀 분류 및 수신 대상인 권한 있는 접수 당국의 기관 주소만을 표시하고, 바깥쪽 봉투에는 권한 있는 접수 당국의 기관 주소, 권한 있는 제공 당국의 기관 주소, 그리고 가능할 경우 등록번호를 표시한다.
2) 바깥쪽 봉투에는 동봉된 문서나 매체의 비밀 분류를 표시하지 아니한다. 그 후 봉인된 봉투는 제공당사자의 정해진 규정과 절차에 따라 전달된다.
3) 비밀문서 또는 매체를 포함하고 있고 양 당사자 간에 전달되는 포장물에 대해서는 영수증을 준비하고, 동봉된 문서나 매체에 대한 영수증은 권한 있는 최종 접수 당국이 서명하여 권한 있는 제공 당국에게 반환된다.

나. 비밀 장비

1) 비밀 장비는 그 세부 사항 식별을 방지하기 위하여 차폐되고 덮개 있는 차량으로

전달되거나 또는 안전하게 포장되거나 보호되며, 허가 받지 않은 사람의 접근을 방지하기 위하여 지속적인 통제 하에 둔다.
   2) 선적을 기다리는 동안 일시 보관되어야 하는 비밀 장비는 그 장비의 비밀분류등급에 상응하는 보호를 제공하는 보관 구역에 둔다. 허가받은 인원만이 그 보관 구역에 접근할 수 있다.
   3) 비밀 장비 운송자가 운송 중 변경되는 경우, 그때마다 영수증이 발부된다.
   4) 영수증은 권한 있는 최종 접수 당국이 서명하여 권한 있는 제공 당국에게 반환된다.
  다. 전자전달
      전자 수단으로 전달되는 군사비밀정보는 전달되는 동안 그 군사비밀정보의 비밀 분류등급에 적절한 암호체계를 이용하여 보호된다. 군사비밀정보를 처리하고 저장하거나 운반하는 정보체계는 그 체계를 사용하는 당사자의 적절한 당국으로부터 보안인증을 받는다.

제13조 파기
1. 양 당사자는 비밀문서 및 매체를 소각, 파쇄, 펄프화 또는 제공된 군사 비밀정보의 전부나 일부의 복원을 방지하는 그 밖의 수단으로 파기한다.
2. 양 당사자는 제공된 군사비밀정보의 전부나 일부의 복원을 불가능하게 하기 위하여 인식할 수 없도록 비밀 장비를 파기하거나 변경한다.

제14조 복제
    양 당사자가 비밀문서 또는 매체를 복제할 경우, 이들 당사자는 그 위에 모든 원본 보안 표시도 복제한다. 양 당사자는 그러한 복제된 비밀문서 또는 매체를 비밀문서 또는 매체의 원본과 동일한 통제 하에 둔다. 양 당사자는 복사본의 수를 공적 목적에 필요한 수로 한정한다.

제15조 번역
    양 당사자는 제공된 군사비밀정보의 모든 번역이 제7조 및 제16조에 따라 개인보안인가를 소지한 개인에 의하여 이루어지도록 보장한다. 양 당사자는 복사본의 수를 최소한으로 유지하고 배포를 통제한다. 그러한 번역에는 적절한 비밀 분류가 표시되며 번역되는 언어로 그 문서나 매체가 제공당사자의 군사비밀정보를 포함하고 있음을 나타내는 적절한 표기를 한다.

제16조 계약자에 대한 군사비밀정보의 공개
    제공당사자로부터 접수된 모든 군사비밀정보를 계약자(이 용어가 이에 사용될 경우마다 하청계약자를 포함한다)에게 공개하기 전에 접수당사자는 자신의 유효한 국내법령에 따라 다음을 보장하기 위한 적절한 조치를 한다.
  가. 어떠한 개인에 대해서도, 계급, 직위 또는 개인보안인가만으로 군사비밀정보에 대한 접근 자격을 부여하지 아니할 것

나. 계약자 및 계약자의 시설은 군사비밀정보를 보호할 능력을 갖출 것
다. 공무상 군사비밀정보에 대한 접근이 필요한 모든 개인은 개인보안인가를 소지할 것
라. 개인보안인가는 제7조에서 규정된 바와 같은 방법으로 결정될 것
마. 군사비밀정보에 대한 접근이 허용된 개인과 관련하여, 제7조제3항에 언급된 기준이 충족되었음을 보장하기 위하여 적절한 절차가 이행될 것
바. 군사비밀정보에 접근할 수 있는 모든 개인은 이를 보호할 그들의 책임을 통지받을 것
사. 접수당사자는 군사비밀정보가 보관되거나 군사비밀정보에 대한 접근이 이루어지는 각 계약자 시설에 대하여 이 협정에서 요구되는 대로 그 정보가 보호되도록 보장하기 위하여 최초의 그리고 정기적인 보안감사를 실시할 것
아. 군사비밀정보에 대한 접근은 공무상 그러한 접근이 필요한 사람들로 제한될 것
자. 개인보안인가를 소지하고 군사비밀정보에 대한 접근이 허가된 개인의 등록부가 각 시설에서 유지될 것
차. 군사비밀정보의 통제 및 보호의 책임과 권한을 가진 자격 있는 개인이 임명될 것
차. 군사비밀정보는 제11조에서 규정된 바와 같은 방법으로 보관될 것
타. 군사비밀정보는 제9조 및 제12조에서 규정된 바와 같은 방법으로 전달 될 것
파. 비밀문서 및 매체, 그리고 비밀장비는 제13조에서 규정된 바와 같은 방법으로 파기될 것
하. 비밀문서 및 매체는 제14조에서 규정된 바와 같은 방법으로 복제되고 통제될 것, 그리고
거. 군사비밀정보의 번역은 제15에서 규정된 바와 같은 방법으로 이루어 지며 복사본도 제15조에서 규정된 바와 같은 방법으로 취급될 것

제17조 분실 및 훼손

제공당사자는 자신의 군사비밀정보의 모든 분실이나 훼손 및 분실이나 훼손 가능성에 대하여 즉시 통지받으며, 접수당사자는 상황을 밝히기 위한 조사를 시작한다. 접수당사자는 조사의 결과 및 재발 방지를 위해 취한 조치에 관한 정보를 제공당사자에게 전달한다.

제18조 보안 대표의 방문

상기 보안 요건의 이행은 양 당사자 보안 대표의 상호 방문을 통하여 증진될 수 있다. 따라서 사전 협의 후 각 당사자의 보안 대표는 각자의 보안체계가 상당히 동등한 수준을 달성하는 것을 목표로 보안 절차를 논의하고 그 이행을 관찰하기 위하여 상호 합의된 장소에서 상호 만족스러운 방법으로 다른 쪽 당사자를 방문하도록 허용된다. 각 당사자는 다른 쪽 당사자로부터 제공된 군사비밀정보가 적절히 보호되고 있는지 여부를 보안 대표자가 판단하는 것을 지원한다.

제19조 비용
　각 당사자는 자신의 유효한 국내 법령에 따라, 그리고 그 예산 할당 한도 내에서, 이 협정을 이행하는 데 수반되는 자신의 비용을 부담한다.

제20조 분쟁해결
1. 이 협정의 해석 또는 적용에 관한 모든 분쟁은 양 당사자 간 협의에 의하여만 해결된다.
2. 제1항에 따라 분쟁을 해결하는 동안, 양 당사자는 제공된 군사비밀정보를 이 협정에 따라 계속 보호한다.

제21조 발효, 개정, 기간 및 종료
1. 이 협정은 양 당사자가 협정 발효를 위한 그들 각자의 법적 요건이 충족 되었음을 확인하기 위하여 외교경로를 통하여 서면 통보하는 날 중 나중의 날에 발효한다.
2. 이 협정은 양 당사자의 상호 서면 동의에 의하여 언제든지 개정할 수 있다.
3. 이 협정은 1년간 유효하며, 그 후로는 어느 한쪽 당사자가 다른 쪽 당사자에게 이 협정을 종료하려는 의사를 90일 전에 외교경로를 통하여 서면 통보하지 않는 한, 자동적으로 1년씩 연장된다.
4. 이 협정의 종료에도 불구하고 이 협정에 따라 제공된 모든 군사비밀정보는 이 협정의 규정에 따라 계속 보호된다.

　이상의 증거로, 아래 서명자들은 그들 각자의 정부로부터 정당하게 권한을 위임받아 이 협정에 서명하였다.

2016년 11월 23일 서울에서 정본인 영어로 2부 작성되었다.

대한민국 정부를 대표하여　　　　　일본국 정부를 대표하여

자료 2-6 ▮ 캠프 데이비드 정신: 한미일 정상회의 공동성명[비공식 번역문]
(2023년 8월 18일, 워싱턴 캠프 데이비드)[3]

　우리 대한민국, 미합중국, 일본국 정상들은 3국 간 파트너십의 새로운 시대를 출범시키기 위해 캠프 데이비드에 모였다. 우리는 우리 3국과 우리 국민들을 위한 전례 없는 기회의 시기에, 그리고 지정학적 경쟁, 기후 위기, 러시아의 우크라이나 침략 전쟁, 그리고 핵 도발이 우리를 시험하는 역사적 기로에서 만나게 되었다. 진정한 파트너들 간 연대와 조율된 행동을 요구하는 순간이자, 우리가 함께 만나고자

---

3 출처: 대통령실 보도자료, https://www.president.go.kr/newsroom/press/yeE9qWlT

하는 순간이다. 한미일은 우리 공동의 노력을 조율해 나가고자 하며, 이는 우리 3국 간 파트너십이 모든 우리 국민들과 지역, 그리고 세계 안보와 번영을 증진시킨다고 믿기 때문이다. 이러한 정신 하에서 바이든 대통령은 한일 관계를 변화시킨 윤석열 대통령과 기시다 후미오 총리의 용기 있는 리더십을 평가하였다. 새롭게 다져진 우정의 연대와 함께, 철통같은 한미동맹과 미일동맹으로 이어진 우리 각각의 양자관계는 지금 그 어느 때보다 강력하며, 우리의 3자 관계도 그 어느 때보다 강력하다.

이 역사적 계기를 맞이하여, 우리는 모든 영역과 인도-태평양 지역과 그 너머에 걸쳐 3국 협력을 확대하고 공동의 목표를 새로운 지평으로 높이기로 약속한다. 우리는 경제를 강화하고, 회복력과 번영을 제공하며, 법치에 기초한 자유롭고 열린 국제질서를 지지하고, 특히 현재 그리고 차기 유엔 안전보장이사회 이사국으로서 지역 및 글로벌 평화와 안보를 강화할 것이다. 우리는 민주주의를 증진하고 인권을 보호하기 위한 공조를 강화할 것이다. 우리는 한미동맹과 미일동맹 간 전략적 공조를 강화하고, 3국 안보협력을 새로운 수준으로 끌어올릴 것이다. 우리가 이 새로운 시대에 함께 접어듦에 따라, 우리가 공유하는 가치는 길잡이가 될 것이며, 한미일의 5억 명 국민들이 안전하고 번영하는 자유롭고 열린 인도-태평양이 우리의 공동의 목표가 될 것이다.

***

오늘, 우리는 우리가 함께 사는 지역을 강화하겠다는 공동의 목표에 있어 단합한다는 점을 공개 선언한다. 우리가 부여받은 책무는 인도-태평양이 번영하고, 연결되며, 회복력 있고, 안정적이고, 안전해질 수 있도록 하기 위해 필요한 공동의 역량을 이끌어 내면서 한미일이 목표와 행동에 있어 공조하도록 하는 데 있다. 한미일 협력은 단지 우리 국민들만을 위해 구축된 파트너십이 아닌, 인도-태평양 전체를 위한 것이다.

우리는 우리 공동의 이익과 안보에 영향을 미치는 지역적 도전, 도발, 그리고 위협에 대한 우리의 대응을 조율하기 위해 서로 신속하게 협의한다는 3국 정부의 공약을 발표한다. 이러한 협의를 통해, 우리는 정보를 공유하고, 메시지를 동조화하며, 대응 조치를 조율하고자 한다. 이를 위해 우리는 정기적이고 시기적절한 3국 간 소통을 강화하기 위한 국가정상급을 포함한 소통 메커니즘을 개선할 것이다. 우리는 최소한 연례적으로 3국 정상, 외교장관, 국방장관 및 국가안보보좌관 간 협의를 가질 것이며, 이를 통해 기존의 외교 및 국방장관 간 각각 가져왔던 3국 협의를 보완할 것이다. 아울러 우리는 첫 3국 재무장관회의를 개최할 것이며, 상무·산업 장관 간 연례적으로 만나는 협의를 새롭게 출범시킬 것이다. 우리는 또한 3국의 인도-태평양에 대한 접근법의 이행을 조율하고 협력이 가능한 새로운 분야를 지속적으로 식별하기 위해 연례 3자 인도-태평양 대화를 발족할 것이다. 해외 정보 조작과 감시 기술의 오용이 제기하는 위험이 증가하고 있다고 인식하면서 우리는 허위 정보 대응을 위한 노력을 조율하기 위한 방안에 대해서도 협의할 것이다. 우리는 개발 정책 공조를 심화하기 위한 구체 논의를 진전시키기 위해 10월로 예정된 3국간 개발정책대화를 환영한다. 우리는 지역 안보를 수호하고, 인도-태평양에 대한 관여를 강화하며, 공동의 번영을 증진하고자 하는 결연한 의지를 갖고 있다.

우리는 아세안 중심성 및 결속과 함께, 아세안이 주도하는 지역 구조에 대한 지지를 전적으로 재확인한다. 우리는 '인도-태평양에 대한 아세안의 관점'의 탄탄한 이행과 주류화를 지원하기 위해 아세안 파트너들과 긴밀히 협력할 것을 약속한다. 우리는 메콩강 유역의 지속 가능한 에너지를 지원하고 수자원 안보 및 기후 회복력을 증진하기 위해 공동으로 노력하고 있다. 우리는 또한 태평양 도서국들에 대한 우리의 지지를 재확인하며, 개별 국가 및 태평양 지역을 강화하는 '태평양 방식'에 부합하고, 투명하고 효과적인 방식으로 태평양 지역과 진정한 파트너십 아래 협력해 나가고자 한다. 우리는 사이버 안보 및 건전한 금융 질서 분야에서 역량 구축 노력과 새로이 출범한 한미일 해양안보협력 프레임워크 등을 통해 아세안과 태평양도서국 대상 지역 역량 강화 노력들이 상호보완적이며, 우리의 소중한 파트너 국가들에게 최대한 이로울 수 있도록 동 역량 강화 노력들을 조율해 나갈 계획이다.

우리는 역내 평화와 번영을 약화시키는 규칙 기반 국제질서에 부합하지 않는 행동에 대한 우려를 공유한다. 최근 우리가 목격한 남중국해에서의 중화인민공화국에 의한 불법적 해상 영유권 주장을 뒷받침하는 위험하고 공격적인 행동과 관련하여, 우리는 각국이 대외 발표한 입장을 상기하며 인도-태평양 수역에서의 어떤 일방적 현상변경 시도에도 강하게 반대한다. 특히, 우리는 매립지역의 군사화, 해안경비대 및 해상 민병대 선박의 위험한 활용, 강압적인 행동에 단호히 반대한다. 아울러, 우리는 불법·비신고·비규제 조업을 우려한다. 우리는 유엔해양법협약에 반영된 항행과 상공비행의 자유를 포함하여 국제법에 대한 우리의 확고한 의지를 재확인한다. 2016년 7월의 남중국해 중재재판소 판결은 절차 당사국 간 해양 분쟁의 평화적 해결을 위한 법적 토대를 제시한다. 우리는 국제 사회의 안보와 번영에 필수 요소로서 대만해협에서의 평화와 안정 유지의 중요성을 재확인한다. 우리의 대만에 대한 기본 입장은 변함이 없으며, 양안 문제의 평화적 해결을 촉구한다.

아울러, 우리는 관련 유엔 안보리 결의에 따른 북한의 완전한 비핵화를 위한 공약을 재확인하며, 북한이 핵·미사일 프로그램을 포기할 것을 촉구한다. 우리는 모든 유엔 회원국이 모든 관련 유엔 안보리 결의를 완전히 이행할 것을 촉구한다. 우리는 한반도 그리고 그 너머의 평화와 안보에 중대한 위협을 야기하는 다수의 대륙간탄도미사일(ICBM) 발사를 포함한 북한의 전례 없는 횟수의 탄도미사일 발사와 재래식 군사 행동을 강력히 규탄한다. 우리는 불법적인 대량살상무기 및 탄도미사일 프로그램의 자금원으로 사용되는 북한의 불법 사이버 활동에 대해 우려를 표명한다. 우리는 북한의 사이버 위협에 대응하고 사이버 활동을 통한 제재 회피를 차단하기 위해 국제사회와의 공조를 포함, 3국간 협력을 추진해 나가고자 3자 실무 그룹 신설을 발표한다. 한미일은 북한과의 전제조건 없는 대화를 재개한다는 입장을 지속 견지한다. 우리는 북한 내 인권 증진을 위해 협력을 강화할 것이며, 납북자, 억류자 및 미송환 국군포로 문제의 즉각적 해결을 위한 공동의 의지를 재확인한다. 우리는 대한민국의 담대한 구상의 목표에 대한 지지를 표명하며, 자유롭고 평화로운 통일 한반도를 지지한다.

미국은 대한민국과 일본에 대한 미국의 확장억제 공약이 철통같으며, 모든 범주의 미국의 역량으로 뒷받침되고 있음을 분명히 재확인한다. 오늘 우리 3국은 우리의 조율된 역량과 협력을 증진하기 위하여 3자 훈련을 연 단위로, 훈련 명칭을 부여하여, 다영역에서 정례 실시하고자 함을 발표한다. 우리 3국은 고도화되는 북한의 핵·미사일 위협을 더욱 효과적으로 억제하고 대응하는 우리의 역량을 보여주기 위해 8월 중순 미사일 경보정보 실시간 공유를 위한 해상 탄도미사일방어 경보 점검을 실시하였다. 우리는 2022년 11월 프놈펜 성명상 공약을 이행하기 위해 2023년 말까지 북한 미사일 경보정보가 실시간으로 공유되도록 하고자 하며, 미사일 경보정보 실시간 공유에 필요한 우리의 기술적 역량을 시험하기 위해 초기 조치들을 시행하여 왔다. 우리는 북핵·미사일 위협에 대응하기 위해 증강된 탄도미사일 방어 협력을 추진할 것이다. 우리는 핵무기 없는 세계 달성이 국제사회의 공통의 목표라는 점을 재확인하며, 우리는 핵무기가 다시는 사용되지 않도록 계속해서 모든 노력을 기울여 나갈 것이다.

우리는 안보 파트너십을 심화하는 동시에 각 국가가 가진 고유한 역량을 활용하여 경제 안보와 기술 분야에서 굳건한 협력을 구축하는 데에도 계속 초점을 둘 것이다. 프놈펜 성명 상 우리의 약속을 이행하는 차원에서 우리의 국가안보팀들은 공동의 목표를 진전시키기 위해 한미일 경제안보대화로 두 차례 만났다. 우리는 현재 특히 반도체와 배터리를 포함한 공급망 회복력, 기술 안보 및 표준, 청정에너지 및 에너지 안보, 바이오 기술, 핵심 광물, 제약, 인공지능(AI), 양자컴퓨팅, 과학연구에 있어 3국 간 협력하고 있다. 앞으로 우리 국가들은 정보공유를 확대하고 잠재적인 국제 공급망 교란에 대한 정책 공조를 제고하며 경제적 강압에 맞서고 이를 극복하는 데 더 잘 대비해나가기 위해 공급망 조기경보시스템 시범사업을 출범코자 긴밀히 협력해 나갈 것이다. 우리는 개발도상국들이 청정에너지 제품의 공급망 내에서 보다 큰 역할을 수행할 수 있도록 회복력 있고 포용적인 공급망 강화 파트너십(RISE)을 계속해서 발전시켜 나갈 것이다. 또한 우리는 우리가 개발한 첨단 기술이 해외로 불법 유출되거나 탈취되지 않도록 기술 보호 조치에 대한 협력을 강화할 것이다. 이를 위해, 미국 혁신기술타격대 그리고 일본 및 대한민국의 상응 기관 간 첫 교류를 실시하여 집행기관 간 정보 공유와 공조를 강화할 것이다. 우리는 또한 국제 평화와 안보를 잠재적으로 위협할 수 있는 군사 또는 이중용도 역량에 우리 기술이 전용되는 것을 방지하기 위해 수출통제에 대한 3국 협력을 지속 강화할 것이다.

기술 보호 조치에 대한 협력과 동시에, 우리는 3국 국립연구소 간 새로운 협력을 추진하고 특히 과학, 기술, 공학 및 수학(STEM) 분야에서 3국 간 공동연구·개발 및 인력 교류 확대하는 등을 통해 연합되고 공동의 과학·기술 혁신을 강화할 것이다. 이에 더해 우리는 개방형 무선접속망(RAN)과 관련된 3국 간 협력을 확대하고, 특히 우주 영역에서의 위협, 국가 우주 전략, 우주의 책임 있는 이용 등을 포함한 우주 안보협력에 관한 3국 간 대화를 한층 더 증진하고자 노력할 것이다. 우리는 전환적 기술로서 AI의 중대한 역할을 인정한다. 우리가 공유하는 민주주의 가치에 합치하며, 프론티어 AI 시스템에 대한 국제적 논의의 기초로서 AI 국제 거버넌스 형성 및 안전성, 보안성, 신뢰성을 갖춘 AI 보장을 지원하기 위한 우리 각자의 노력을 확인한다.

우리는 경제적 참여를 막는 장벽을 제거하고, 여성과 소외계층을 포함하여 우리의 모든 국민들이 성공할 수 있는 다양하고, 접근 가능하며, 포용적인 경제를 구축해 나가기 위해 계속해서 매진하고 있다. 우리는 청년과 학생들을 포함한 3국 간 인적 유대를 더욱 강화하기 위해 노력해 나갈 것이다. 우리는 인도-태평양 경제 프레임워크(IPEF) 협상의 성공적인 타결을 향한 협력을 지속해 나갈 것이며, 윤석열 대통령과 기시다 총리는 올해 미국의 아시아태평양경제협력체(APEC) 의장국 수임을 환영한다. 윤석열 대통령과 바이든 대통령은 국제 사회가 직면한 도전에 대응하기 위해 히로시마 G7 정상회의에서 일본이 보여준 강력하고 원칙 있는 리더십을 평가한다. 우리는 함께 청정에너지 전환을 가속화하고, 개발금융기관 간 3자 협력과 글로벌 인프라·투자 파트너십(PGII) 등을 통해 양질의 인프라와 회복력 있는 공급망을 위한 자금을 조달하며, 지속가능한 경제성장과 금융 안정, 그리고 질서 있고 잘 작동하는 금융시장을 촉진해 나가기로 약속한다. 우리는 다자개발은행들이 공동의 지구적 도전 과제에 보다 기민하게 대응할 수 있도록 진화시키기 위한 야심찬 의제를 지속해 나갈 것이다. 정상들은 다가오는 양허성 프레임워크에 맞추어 글로벌 도전 과제들에 대응함으로써 세계은행그룹의 새로운 양허성 재원과 빈곤퇴치 여력을 마련하고, 위기 대응을 포함하여 최빈국들을 위한 재원 확대를 모색하기로 약속한다.

우리는 우크라이나에 대한 지원에 있어 단합한다. 우리는 국제질서의 근간을 뒤흔든 러시아의 우크라이나에 대한 정당화될 수 없고 잔혹한 침략전쟁에 대항하여 우크라이나와 함께 한다는 우리의 의지를 재확인한다. 우리는 계속해서 우크라이나를 지원하고 러시아에 대해 조율된 강력한 제재를 부과할 것이다. 우리는 러시아 에너지에 대한 의존도 경감을 가속해 나갈 것이다. 우리가 이 재앙과도 같은 침략전쟁으로부터 얻을 오랫동안 지속될 교훈은 영토보전, 주권, 분쟁의 평화적 해결 원칙을 수호하고자 하는 국제사회의 변함없는 의지여야 한다고 믿는다. 우리는 어디에서든 이러한 기본적인 원칙들이 거부된다면 우리 지역에 대해서도 위협을 의미한다는 견해를 재확인한다. 우리는 이러한 언어도단의 행위가 다시는 자행되지 않도록 해야 한다는 우리의 의지에 있어 단결한다.

***

우리는 미래를 위한 공동의 의지와 낙관을 갖고 캠프 데이비드를 떠난다. 우리 앞에 놓여진 기회는 주어진 것이 아니라, 우리가 그 기회를 붙잡은 것이다. 한미일 국민과 인도-태평양 지역 국민들에게 평화롭고 번영하는 미래를 가져다주기 위해서는 우리가 보다 자주 연대해야 한다는 것은 우리 각자가 치열하게 지켜온 의지의 산물이다. 오늘, 우리는 한미일 관계의 새로운 장이 시작되었음을 선언한다. 우리는 비전을 공유하고, 우리 시대의 가장 어려운 도전 앞에 흔들림 없으며, 무엇보다도 한미일이 지금 그리고 앞으로 그러한 도전들에 함께 대처해 나갈 수 있다는 믿음을 함께 한다.

자료 2-7 ▎캠프 데이비드 원칙 및 한미일 간 협의에 대한 공약
(2023년 8월 18일, 워싱턴 캠프 데이비드)[4]

윤석열 대한민국 대통령, 조셉 R. 바이든 미합중국 대통령, 그리고 기시다 후미오 일본국 내각총리대신은 우리의 파트너십 및 인도-태평양 지역과 그 너머에 대한 공동의 비전을 확인한다. 우리의 파트너십은 공동의 가치, 상호 존중, 그리고 우리 3국과 지역, 세계의 번영을 증진하겠다는 단합된 약속의 토대에 기반해 있다. 앞으로 나아가는 과정에서 우리는 우리의 파트너십이 아래의 원칙에 따르게끔 하고자 한다.

한미일은 인도-태평양 국가로서 국제법, 공동의 규범, 그리고 공동의 가치에 대한 존중을 바탕으로, 자유롭고 열린 인도-태평양을 계속해서 증진해 나갈 것이다. 우리는 힘에 의한 또는 강압에 의한 그 어떠한 일방적 현상 변경 시도에도 강력히 반대한다.

우리 3국 안보협력의 목적은 역내 평화와 안정을 촉진하고 증진하는 것이며, 앞으로도 그러할 것이다.

우리의 역내 공약에는 아세안 중심성과 결속, 그리고 아세안 주도 지역 구조에 대한 우리의 확고한 지지가 포함된다. 우리는 인도-태평양에 대한 아세안의 관점의 이행과 주류화를 촉진하기 위해 아세안 파트너들과 긴밀히 협력할 것이다.

우리는 태평양도서국 및 역내 주도적 협의체인 태평양도서국포럼과 태평양 방식에 따라 긴밀하게 협력해 나갈 것이다.

---

4 출처: 대통령실 보도자료, https://www.president.go.kr/newsroom/press/NtwVwRMc.

우리는 관련 유엔 안보리 결의에 따른 북한의 완전한 비핵화 공약을 함께 견지한다. 우리는 북한과의 전제조건 없는 대화에 대한 입장을 지속 견지한다. 우리는 납북자, 억류자 및 미송환 국군포로 문제의 즉각적인 해결을 포함한 인권 및 인도적 사안 해결을 추진할 것이다. 우리는 자유롭고 평화로운 통일 한반도를 지지한다.

우리는 국제사회의 안보와 번영에 필수 요소로서 대만해협에서의 평화와 안정의 중요성을 재확인한다. 대만에 대한 우리의 기본 입장에 변화가 없음을 인식하며, 양안 문제의 평화적 해결을 촉구한다.

선도적인 글로벌 경제로서, 우리는 금융 안정뿐 아니라 질서 있고 잘 작동하는 금융시장을 촉진하는 개방적이고 공정한 경제 관행을 통해 우리의 국민들, 지역 및 전 세계를 위한 지속적인 기회와 번영을 추구한다.

상호신뢰, 신임 및 관련 국제법과 표준에 대한 존중에 기반하여 우리가 개방적이고, 접근 가능하며, 안전한 기술 접근법을 위해 협력해 나감에 따라, 우리의 기술협력은 인도-태평양의 활기와 역동성에 기여할 것이다. 우리는 우리 3국 간 및 국제기구 내에서 핵심·신흥기술의 개발, 이용 및 이전을 지도하기 위한 표준 관행과 규범의 발전을 모색할 것이다.

우리 3국은 기후변화 대응을 위해 협력하기로 하고, 관련 국제기구·협의체를 통해 리더십을 발휘하고 해결책을 제시하기 위해 협력할 것이다. 우리는 전 지구적 이슈와 불안정의 근본 원인을 함께 해결하기 위해 개발과 인도적 대응 협력을 강화해 나갈 것이다.

우리는 유엔헌장의 원칙, 특히 주권, 영토보전, 분쟁의 평화적 해결과 무력 사용에 관한 원칙을 수호한다는 공약에 있어 흔들리지 않는다. 어느 한 곳에서든 이러한 원칙이 위협받을 경우 모든 곳에서 그 원칙에 대한 존중이 훼손된다. 책임감 있는 국가 행위자로서, 우리는 모두가 번영할 수 있도록 법치의 증진 및 역내 및 국제 안보 보장을 모색한다.

우리 3국은 핵비확산조약 당사국으로서 비확산에 대한 우리의 공약을 지킬 것을 서약한다. 우리는 핵무기 없는 세계 달성이 국제사회의 공통된 목표라는 점을 재확인하며, 핵무기가 다시는 사용되지 않도록 모든 노력을 기울여 나갈 것이다.

우리 3국은 우리의 사회가 강력한 만큼만 강하다. 우리는 여성의 완전하고 의미 있는 사회 참여 증진과 모두의 인권과 존엄에 대한 우리의 의지를 재확인한다.

이러한 공동의 원칙들이 향후 수년간 계속해서 우리의 3국 파트너십을 이끌어갈 것이라는 믿음으로, 우리가 함께할 새로운 장의 시작에 이를 발표한다.

● 중일관계 자료(3장)

자료 3-1 ▎ 일본국 정부와 중화인민공화국 정부의 공동성명(중일공동성명) (1972년 9월 29일, 베이징)[1]

일본 수상 다나카 가쿠에이(田中角栄)는 중화인민공화국 수상 저우언라이(周恩來)의 초청으로 1972년 9월 25일부터 9월 30일까지 중화인민공화국을 방문했다. 다나카 수상 측에는 오히라 마사요시(大平正芳) 외상, 니카이도 스스무(二階堂進) 내각관방장관 및 기타 정부 직원이 수행했다.

마오쩌둥(毛澤東) 주석은 9월 27일 다나카 수상과 회견했다. 쌍방은 진지하고 우호적인 회담을 했다.

다나카 수상 및 오히라 외상과 저우언라이 수상 및 지펑페이(姫鵬飛) 외교부장은 중일 양국 간의 제반 문제 및 쌍방이 관심을 갖는 제반 문제에 대해 시종 우호적인 분위기 가운데 진지하고 솔직하게 의견을 교환하고 다음과 같이 양 정부의 성명을 발표하는 데 합의했다.

중일 양국은 일의대수(一衣帯水) 사이에 있는 이웃 나라이며 오랜 전통적 우호의 역사를 갖고 있다.

양국 국민은 양국 간에 지금까지 존재해온 비정상적인 상태에 종지부를 찍는 것을 간절히 바라고(원문: 切望) 있다.

전쟁상태의 종결과 중일 국교의 정상화라는 양국 국민의 요망(원문: 願望)의 실현은 양국 관계의 역사에 새로운 한 페이지를 열게 될 것이다.

일본 측은 과거에 있어서 일본국이 전쟁을 통해 중국 국민에 중대한 손해를 끼친 것에 대한 책임을 통감하고 깊이 반성한다. 또 일본 측은 중화인민공화국 정부가 제기한 '수교(원문: 復校) 3원칙'을 충분히 이해하는 입장에 서서 주변 정상화의 실현을 도모한다는 견해를 재확인한다.

중공 측은 이것을 환영한다.

중일 양국 간에는 사회제도의 차이(원문: 相異)가 있는데도 불구하고 양국은 평화우호관계를 수립해야 하며 또 수립하는 것이 가능하다. 양국 간의 국교를 정상화하고 상호 선린우호관계를 발전시키는 것은 양국 국민의 이익에 합치하는 것이며 또 '아시아'에 있어서 긴장 완화와 세계 평화에 공헌한다.

1. 일본국과 중화인민공화국 간의 지금까지의 비정상 상태는 이 공동성명이 발표되는 날로 종료한다.

---

[1] 이하 중일관계 자료는 일본 정책연구대학원 대학, 도쿄대학 동양문화연구소 데이터베이스 '세계와 일본'(일본 정치·국제관계 데이터베이스)에 따랐다 (https://worldjpn.net/). 한글 번역은 필자.

2. 일본국 정부는 중화인민공화국 정부가 중국의 유일·합법 정부임을 승인한다.

3. 중화인민공화국 정부는 대만이 중화인민공화국의 영토의 불가분의 일부인 것을 거듭 표명한다. 일본 정부는 이 중화인민공화국 정부의 입장을 충분히 이해하고 존중하며 '포츠담' 선언 제8항에 입각한 입장을 견지한다.

4. 일본국 정부 및 중화인민공화국 정부는 1972년 9월 29일부터 외교관계를 수립할 것을 결정했다. 양 정부는 국제법 및 국제관행에 따라 각기 수도에 있어서의 쌍방의 대사관 설치 및 그 임무 수행을 위해 필요한 모든 조치를 취하고 또 되도록 신속히 대사를 교환할 것을 결정했다.

5. 중화인민공화국 정부는 중일 양 국민의 우호를 위해 일본국에 대한 전쟁배상의 청구를 포기한다는 것을 선언한다.

6. 일본국 정부 및 중화인민공화국 정부는 주권 및 영토보전의 상호 존중, 상호불가침, 내정에 대한 상호불간섭, 평등 및 호혜 그리고 평화공존의 제반 원칙의 기초위에 양국 간의 항구적인 평화우호관계를 확립할 것에 합의한다. 양 정부는 위의 제반 원칙 및 국제연합헌장의 원칙에 따라 일본국 및 중국의 상호의 관계에 있어서 모든 분쟁을 평화적 수단으로 해결하고 무력 혹은 무력에 의한 위협에 호소하지 않을 것을 확인한다.

7. 중일 양국 간의 국교정상화는 제3국에 대한 것이 아니다. 양국의 어느 쪽도 '아시아'·태평양 지역에 있어서의 패권을 구하지 않고 이와 같은 패권을 확립하려는 다른 어떠한 국가 또는 국가의 집단에 의한 시도에도 반대한다.

8. 일본국 정부 및 중화인민공화국 정부는 양국 간의 평화우호조약의 체결을 목적으로 교섭을 행하는 것에 합의했다.

9. 일본국 정부 및 중화인민공화국 정부는 양국 간의 관계를 일층 발전시키고 인적 왕래를 확대하기 위해 필요에 따라 혹은 기존의 민간 결정도 고려하면서 무역, 해운, 항공, 어업 등의 사항에 관한 협정의 체결을 목적으로 교섭을 행할 것에 합의했다.

1972년 9월 29일 北京에서

일본국 내각총리대신 다나카 가쿠에이   중화인민공화국 국무총리 저우언라이

일본국 외무대신 오히라 마사요시   중화인민공화국 국무원외교부장 지평페이

자료 3-2 ┃ 일본국 정부와 중화인민공화국 정부 간의 평화우호조약
(중일평화우호조약) (1978년 8월 12일, 베이징)

일본국 및 중화인민공화국은 1972년 9월 29일에 베이징에서 일본국 정부 및 중화인민공화국 정부가 공동성명을 발표한 이래, 양국 정부 및 양 국민 간의 우호 관계가 새로운 기초 위에서 커다란 발전을 이룩하고 있음을 만족하는 마음으로 회고하고, 앞서 언급한 공동성명이 양국 간의 평화우호관계의 기초가 된다는 것 및 앞서 언급한 공동성명에 표시된 제반 원칙이 엄격하게 준수되어야 한다는 것을 확인하며, 국제연합헌장의 원칙이 충분히 존중되어야 한다는 것을 확인하고, '아시아' 및 세계의 평화와 안정에 기여할 것을 희망하며 양국 간의 평화우호관계를 확고히 하고, 발전시키기 위하여 평화우호조약을 체결하기로 결정하고 이를 위하여 다음과 같이 각자 전권위원을 임명하였다.

일본국 외무대신 소노다 스나오(園田直)   중화인민공화국 외교부장 황화(黃華)

이들 전권위원은 상호 간에 그 전권위원장을 제시하고, 그것이 양호 타당하다고 확인된 후 다음과 같이 협정하였다.

제1조
1. 양 체약국은 주권 및 영토보전의 상호 존중, 상호불가침, 내정에 대한 상호 불간섭, 평등 및 호혜와 평화공존의 제반 원칙의 기초 위에서, 양국 간의 항구적인 평화우호관계를 발전시킨다.

2. 양 체약국은 앞서 언급한 제반 원칙 및 국제연합헌장의 원칙에 의거하여, 상호관계에 있어서 모든 분쟁을 평화적 수단에 의하여 해결하며, 무력 또는 무력에 의한 위협에 호소하지 않을 것을 확인한다.

제2조
양 체약국 그 어느 국가도 '아시아', 태평양 지역에 있어서나 또는 다른 어떠한 지역에 있어서도 패권을 추구해서는 안되며, 또한 이와 같은 패권을 확립하려는 다른 어떠한 국가 또는 국가의 집단에 의한 시도에도 반대한다는 것을 표명한다.

제3조
양 체약국은 선린우호의 정신에 의거하여, 또한 평등 및 호혜와 내정에 대한 상호 불간섭의 원칙에 따라, 양국 간의 경제관계 및 문화관계의 가일층의 발전과 양 국민의 교류 촉진을 위하여 노력한다.

제4조
이 조약은 제3국과의 관계에 관한 각 체약국의 입장에 영향을 미치지 아니한다.

제5조

1. 이 조약은 비준되어야 하며, 도쿄에서 행하여지는 비준서의 교환일에 효력을 발생한다. 이 조약은 10년간 효력을 가지며 그 후는 2의 규정에 정하는 바에 따라서 종료할 때까지 효력을 존속한다.

2. 어느 한 편의 체약국이라도 1년 전에 다른 편의 체약국에 대하여 문서에 의한 예고를 함으로써, 최초의 10년 기간의 만료 시 또는 그 후 언제든지 이 조약을 종료시킬 수 있다.

이상의 증거로서, 각 전권위원은 이 조약에 서명 조인하였다.

1978년 8월 12일에 베이징에서 똑같이 정문인 일본어 및 중국어로써 본서 2통을 작성하였다.

(서명 생략)

자료 3-3 ▮ 평화와 발전을 위한 우호·협력 파트너십 구축에 관한 중국과 일본의 공동선언 (1998년 11월 26일, 도쿄)

일본국 정부의 초청에 따라 장쩌민(江沢民) 중화인민공화국 주석은 1998년 11월 25일부터 30일까지 국빈으로 일본국을 공식 방문했다. 이 역사적 의의가 있는 중국 국가주석에 의한 최초의 일본 방문에 즈음하여, 장쩌민 주석은, 천황폐하와 회견함과 동시에, 오부치 게이조(小渕恵三) 내각총리대신과 국제정세, 지역 문제 및 중일관계 전반에 대해 깊이 있는 의견을 교환하고, 광범위한 공통 인식에 달했으며, 이 방문의 성공을 바탕으로 다음과 같이 공동으로 선언했다.

1

양측은 냉전 종료 후 세계가 새로운 국제질서 형성을 향해 큰 변화를 이루고 있는 가운데, 경제가 한층 더 글로벌화함에 따라 상호의존관계가 심화하고, 또한 안전보장에 관한 대화와 협력도 끊임없이 진전하고 있다는 점에 인식을 같이했다. 평화와 발전은 여전히 인류사회가 직면한 주요 과제이다. 공정하고 합리적인 국제정치·경제의 새로운 질서를 구축하고, 21세기에서 더욱 흔들리지 않는 평화로운 국제 환경을 추구하는 것은 국제사회의 공통된 바람이다.

양측은 주권 및 영토보전의 상호 존중, 상호불가침, 내정에 대한 상호 불간섭, 평등과 호혜, 평화공존의 제반 원칙 및 국제연합헌장의 원칙이 국가 간의 관계를 처리하는 기본 준칙이라는 점을 확인했다.

양측은 국제연합이 세계의 평화를 지키고, 세계의 경제 및 사회의 발전을 촉진하기 위해 기울이고 있는 노력을 적극적으로 평가하고, 국제연합이 국제 신질서를 구축하고 유지하는 데 중요한 역할을 해야 한다고 생각한다. 쌍방은 국제연합이 그러한 활동 및 정책 결정 과정에서 모든 회원국의 공통된 소망과 전체의 의사를 더욱 더 잘 구현할 수 있도록 안전보장이사회를 포함한 개혁을 행하는 것에 찬성한다.

양측은 핵무기의 궁극적 폐기를 주장하며, 어떠한 형태의 핵무기 확산에도 반대한다. 또한, 아시아 지역 및 세계의 평화와 안정에 도움이 되도록 관계국에 대해 일체의 핵실험과 핵군비 경쟁을 중지할 것을 강력하게 호소한다.

양측은 중일 양국이 아시아 지역 및 세계에 영향력을 가진 국가로서, 평화를 지키고, 발전을 촉구해 나가는 데 중요한 책임을 지고 있다고 생각한다. 양측은 중일 양국이 국제정치·경제, 지구 규모의 문제 등의 분야에서 협조와 협력을 강화하고, 세계의 평화와 발전, 더 나아가서는 인류의 진보라는 사업을 위해 적극적으로 공헌해 나간다.

2

양측은 냉전 종언 후 아시아 지역의 정세는 계속해서 안정 방향으로 향하고 있으며, 역내 협력도 한층 더 깊어지고 있다고 생각한다. 그리고 양쪽은 이 지역이 국제정치·경제 및 안전보장에 미치는 영향력은 더욱 확대되며, 다음 세기에도 계속 중요한 역할을 할 것이라고 확신한다.

양측은 이 지역의 평화를 유지하고, 발전을 촉진하는 것이 양국의 흔들림 없는 기본방침인 점, 또한 아시아 지역에서의 패권은 이를 추구하지 않으며, 무력 또는 무력에 의한 위협에 호소하지 않고, 모든 분쟁은 평화적 수단에 의해 해결되어야 한다는 점을 다시금 표명했다.

양측은 현재 동아시아의 금융위기 및 그것이 아시아 경제에 초래한 어려움에 대해 큰 관심을 표명했다. 동시에, 양측은 이 지역 경제의 기초가 강고한 것으로 인식하고 있으며, 경험을 바탕으로 합리적인 조정과 개혁의 추진, 그리고 역내 및 국제적인 협조와 협력 강화를 통해 아시아 경제는 반드시 어려움을 극복하고, 계속하여 발전할 수 있다고 확신한다. 양측은 적극적인 자세로 직면한 각종 도전에 맞서서, 이 지역의 경제발전을 촉구하기 위해 각각 가능한 한 노력을 한다는 점에 일치했다.

양측은 아시아·태평양 지역의 주요국 간의 안정적인 관계는 이 지역의 평화와 안정에 극히 중요하다고 생각한다. 양측은 ASEAN지역포럼 등 이 지역의 모든 다국 간 활동에 적극적으로 참여하고, 동시에 협조와 협력을 추진하여, 이해 증진과 신뢰 강화를 위해 노력하는 모든 조치를 지지한다는 점에 의견의 일치 보았다.

양측은 중일 국교 정상화 이후의 양국 관계를 회고하고 정치, 경제, 문화, 인적 왕래 등 각 분야에서 놀라울 정도의 발전을 이룬 점에 만족의 뜻을 표명했다. 또한, 양측은 현재의 정세에서 양국 간 협력의 중요성은 한층 더 커지고 있는 점, 그리고 양국 간 우호 협력을 더욱 강고하게 발전시키는 것은 양국 국민의 근본적인 이익에 부합할 뿐만 아니라, 아시아·태평양 지역, 더 나아가 세계의 평화와 발전에 적극적으로 공헌하는 것이라는 데 대해 인식의 일치를 보았다. 양측은 중일관계가 양국 모두에게 가장 중요한 양자관계 가운데 하나라는 점을 확인함과 동시에, 평화와 발전을 위한 양국의 역할과 책임을 깊이 인식하고, 21세기를 향한 평화와 발전을 위한 우호 협력 파트너십의 확립을 선언했다.

양측은 1972년 9월 29일에 발표된 중일 공동성명 및 1978년 8월 12일에 서명된 중일 평화우호조약의 제반 원칙을 준수한다는 점을 다시 표명하고, 상기 문서는 앞으로도 양국 관계의 가장 중요한 기초임을 확인했다.

양측은 중일 양국은 지난 2천여 년에 걸친 우호 교류의 역사와 공통의 문화적 배경을 가지고 있으며, 이러한 우호의 전통을 계승하여, 한층 더 호혜 협력을 발전시키는 것이 양국 국민의 공통된 바램이라는 점에 인식이 일치했다.

양측은 과거를 직시하고 역사를 올바르게 인식하는 것이 중일관계를 발전시키는 중요한 기초라고 생각한다. 일본 측은 1972년의 중일 공동성명 및 1995년 8월 15일의 내각총리대신 담화를 준수하고, 과거 한 시기에 중국에 대한 침략으로 인해 중국 국민에게 다대한 재난과 손해를 끼친 책임을 통감하고, 이에 대해 깊은 반성을 표명했다. 중국 측은 일본 측이 역사의 교훈에 배우고, 평화 발전의 길을 견지하기를 희망했다. 양측은 이 기초 위에서 장기간의 우호 관계를 발전시켜 나간다.

양측은 양국 간의 인적 왕래를 강화하는 것이 상호 이해의 증진 및 상호신뢰의 강화에 매우 중요하다는 데 인식이 일치했다.

양측은 매년 어느 한 나라의 지도자가 상대국을 방문하는 것, 도쿄와 베이징에 양 정부 간 핫라인을 설치하는 것, 또한 양국의 각층, 특히 양국의 미래의 발전이라는 중책을 맡아나갈 청소년 간 교류를 더욱 강화해 나간다는 점을 확인했다.

양측은 평등 호혜의 기초 위에 서서, 장기 안정적인 경제·무역 협력관계를 세우고 하이테크, 정보, 환경보호, 농업, 인프라 등의 분야에서의 협력을 더욱 확대한다는 데 의견의 일치를 보았다. 일본 측은 안정적이고 개방적이며 발전하는 중국은 아시아·태평양 지역 및 세계의 평화와 발전에 중요한 의의를 가지고 있으며, 계속해서 중국의 경제개발에 대해 협력과 지원을 해나간다는 방침을 다시 표명했다. 중국 측은 일본이 지금까지 중국에 대해 행해온 경제협력에 감사의 뜻을 표명했다. 일본 측은 중국이 WTO 조기 가입을 실현시키기 위해 기울이고 있는 노력을 계속 지지해 나갈 것임을 거듭 표명했다.

양측은 양국의 안전보장 대화가 상호 이해 증진에 유익한 역할을 하고 있음을 적극적으로 평가하고, 이 대화 메커니즘을 더욱 강화하는 것에 대해 의견의 일치를 보았다.

일본 측은 일본이 중일공동성명에서 표명한 대만 문제에 대한 입장을 계속 준수하며, 다시금 중국은 하나라는 인식을 표명했다. 일본은 계속 대만과 민간 및 지역적인 왕래를 유지한다.

양측은 중일공동성명 및 중일평화우호조약의 제반 원칙에 근거하여, 또한 소이를 남기고 대동에 취한다는 정신에 따라, 공통의 이익을 최대한 확대하고, 차이점을 축소함과 동시에, 우호적인 협의를 통해 양국 간에 존재하며, 그리고 향후 출현할 수 있는 문제, 의견의 차이, 분쟁을 적절히 처리하며, 이로써 양국의 우호 관계의 발전이 방해되거나 저해되지 않도록 노력해(원문: 回避) 나간다는 점에 의견의 일치를 보았다.

양국은 양국이 평화와 발전을 위한 우호협력 파트너십을 확립함으로써, 양국 관계가 새로운 발전 단계에 진입했다고 생각한다. 이를 위해서는 양 정부뿐만 아니라 양국 국민의 광범위한 참여와 끊임없는 노력이 필요하다. 양측은 양국 국민이 함께 손을 잡고, 이 선언에 제시된 정신을 유감없이 발휘해 나간다면, 양국 국민의 대대손손에 걸친 우호에 기여할 뿐만 아니라, 아시아·태평양 지역 및 세계의 평화 그리고 발전에 대해서도 반드시 중요한 공헌을 해나갈 것으로 굳게 믿는다.

자료 3-4 ▎ 중일공동언론발표 (2006년 10월 8일, 베이징)

1. 아베 신조(安倍晋三) 일본국 내각총리대신은 원자바오(溫家宝) 중화인민공화국 국무원 총리의 초청에 응하여 2006년 10월 8일부터 9일까지 중화인민공화국을 공식 방문했다. 아베 총리는 후진타오 중화인민공화국 주석, 우방궈(吳邦国) 전국인민대표대회 상무위원회 위원장, 원자바오 국무원 총리와 각각 회견, 회담을 행했다.

2. 일본 측 및 중국 측 양측은 국교 정상화 이후 34년 동안 중일 양국 간 각 분야에서 교류와 협력이 끊임없이 확대·심화하고, 상호의존이 더욱 깊어짐으로써 중일관계가 양국에게 가장 중요한 양자 간 관계의 하나가 되었다는 점에 인식이 일치했다. 또한, 양측은 중일관계의 건전하고 안정적인 발전의 지속을 추진하는 것이 양국의 기본적 이익에 합치하며, 아시아 및 세계의 평화, 안정 및 발전에 대해 함께 건설적인 공헌을 하는 것이 새로운 시대에 양국 및 양국 관계에 주어

진 엄숙한 책임이라는 인식에 일치했다.

3. 양측은 중일공동성명, 중일평화우호조약 및 중일공동선언의 제반 원칙을 계속 준수하며, 역사를 직시하고, 미래를 향해, 양국 관계의 발전에 영향을 미치는 문제를 적절히 처리하며, 정치와 경제라는 두 개의 바퀴를 힘차게 작동시켜, 중일관계를 더욱 높은 차원으로 발전시켜 가자는 점에 의견의 일치를 보았다. 양측은 공통의 전략적 이익에 입각한 호혜 관계 구축에 노력하며, 또한 중일 양국의 평화공존, 세대우호, 호혜 협력, 공동 발전이라는 숭고한 목표를 실현하자는 점에 의견의 일치를 보았다.

4. 양측은 양국 지도자들 사이의 교류와 대화가 양국 관계의 건전한 발전에 중요한 의미를 갖는다고 생각한다. 일본 측이 중국 지도자의 일본 방문을 초대한 것에 대해 중국 측은 감사의 뜻을 표명하면서 원칙적으로 이에 동의했으며, 양측은 외교 루트를 통해 협의한다는 점에 의견의 일치를 보았다. 양측은 양국의 지도자가 국제회의장 무대에서도 빈번하게 회담을 한다는 점에 의견의 일치를 보았다.

5. 중국 측은 중국의 발전은 평화적 발전이며, 중국이 일본을 비롯한 각국과 함께 발전하며, 함께 번영해 나갈 것을 강조했다. 일본 측은 중국의 평화적 발전 및 개혁·개방 이후의 발전이 일본을 포함한 국제사회에 커다란 호기를 가져오고 있음을 적극적으로 평가했다. 일본 측은 전후 약 60년 동안 일관되게 평화국가로 걸어온 점, 그리고 계속해서 평화국가로서 계속 걸어갈 것임을 강조했다. 중국 측은 이를 적극적으로 평가했다.

6. 양측은 동중국해를 평화·협력·우호의 바다로 만들기 위해 양측이 대화와 협의를 견지하고, 의견의 차이를 적절히 해결해야 한다는 점을 확인했다. 또한, 양측은 동중국해 문제에 관한 협의 프로세스를 가속화하고, 공동개발이라는 큰 방향을 견지하며, 양측이 수용할 수 있는 해결 방법을 모색하자는 점을 확인했다.

7. 양측은 정치, 경제, 안전보장, 사회, 문화 등의 분야에서 각 레벨의 교류와 협력을 촉진하는 점에 의견의 일치를 보았다.
   - 에너지, 환경보호, 금융, 정보통신기술, 지적재산권 보호 등의 분야를 중점으로 하여 호혜 협력을 강화한다.
   - 경제 분야에서 각료 간 대화, 관계 당국 간 협의나 민관 대화를 추진한다.
   - 2007년 중일국교정상화 35주년을 계기로 중일문화·스포츠 교류의 해를 통해 양국민, 특히 청소년 교류를 비약적으로 전개하여, 양 국민 간의 우호적인 감정을 증진한다.
   - 중일 안전보장 대화 및 방위교류를 통해 안전보장 분야에서 상호신뢰를 증진한다.

• 중일 지식인에 의한 역사공동연구를 연내에 개시한다.

8. 양측은 국제 문제 및 지역 문제에 대해 협조와 협력을 강화하자는 점에 의견의 일치를 보았다.

    양측은 핵실험 문제를 포함한 최근의 한반도 정세에 깊은 우려를 표명했다. 이와 관련하여 양측은 관계 방면과 함께 6자 회의 공동성명에 따라 6자 회의 과정을 추진하며, 대화와 협의를 통해 한반도 비핵화 실현, 동북아 지역의 평화와 안정을 유지하기 위해, 협력하고 함께 진력한다는 점을 확인했다.

    양측은 동아시아 지역 협력, 한중일 협력에 대해 협조를 강화하고, 동아시아의 일체화 과정을 함께 추진한다는 점을 확인했다.

    양측은 유엔에 대해 안전보장이사회 개혁을 포함하여 필요하고 합리적인 개혁을 실시하는 것에 찬성하고, 이에 대해 대화를 강화할 의향을 표명했다.

9. 일본 측은 아베 신조 내각총리대신의 중국 방문 기간 중에 중국 측의 진심이 담긴 우호적인 접대에 대해 감사의 뜻을 표명했다.

2006년 10월 8일 베이징에서 발표했다.

자료 3-5 ▮ 중일공동언론발표 (2007년 4월 11일, 도쿄)

1. 원자바오(温家宝) 중화인민공화국 국무원총리는 일본 정부의 초청에 응하여 2007년 4월 11일부터 13일까지 공빈 자격으로 일본을 공식 방문했다. 원자바오 총리는 일본 체재 중 아베 신조(安倍晋三) 내각총리대신과 회담을 했다. 또한, 천황폐하를 알현하고, 국회에서 연설을 행하며, 일본의 각계의 인사들과 폭넓게 접촉을 실시한다.

2. 중일 양측은 중일공동성명, 중일평화우호조약 및 중일공동선언의 제반 원칙을 계속 준수할 것을 확인했다.

3. 양측은 역사를 직시하고, 미래를 향하여, 양국 관계의 아름다운 미래를 함께 개척할 것을 결의했다. 대만 문제에 관련하여 일본 측은 중일공동성명에서 표명한 입장을 견지한다는 취지를 표명했다.

4. 양측은 2006년 10월 아베 총리 방중 시 양측이 발표한 '중일공동언론발표'에 따라 '공통의 전략적 이익에 입각한 호혜 관계'(이하 '전략적 호혜 관계'라고 칭한다)의 구축을 위해 노력하며, 또한 중일 양국의 평화공존, 세대 우호, 호혜 협력, 공동 발전이라고 하는 숭고한 목표를 실현하는 것을 재확인하는 것과 동시에, '전략적 호혜 관계'의 구축에 관해, 이하의 공통 인식에 도달했다.

(1) '전략적 호혜 관계'의 기본정신은 다음과 같다.
중일 양국이 아시아 및 세계의 평화, 안정 및 발전에 대해 함께 건설적인 공헌을 하는 것이 새로운 시대에 양국에게 주어진 엄숙한 책임이다. 이러한 인식 하에 중일 양국은 장래에 걸쳐 양자 간, 지역, 국제사회 등 다양한 차원에서 호혜 협력을 전면적으로 발전시켜, 양국, 아시아 및 세계를 위해 함께 공헌하며, 그러한 가운데 서로 이익을 확보하고 공통이익을 확대한다. 이를 통해 양국 관계를 새롭게 높은 수준으로 발전시켜 나간다.

(2) '전략적 호혜 관계'의 기본적인 내용은 다음과 같다.
- (ㄱ) 평화적 발전을 서로 지지하고, 정치면의 상호신뢰를 증진한다. 양국 고위급 인사의 왕래를 유지하고 강화한다. 각각의 정책적 투명성을 향상시키기 위해 노력한다. 양국 정부, 의회, 정당 간의 교류와 대화를 확대하고 심화시킨다.
- (ㄴ) 호혜 협력을 심화시켜 공동발전을 실현한다. 에너지, 환경보호, 금융, 정보통신 기술, 지적재산권 보호 등의 분야에서 협력을 강화하고 협력 메커니즘을 충실히 하고 정비한다.
- (ㄷ) 방위분야의 대화 및 교류를 강화하고, 함께 지역의 안정을 위한 힘을 다한다.
- (ㄹ) 인적, 문화적 교류를 강화하고, 양 국민의 상호 이해 및 우호적 감정을 증진한다. 양국의 청소년, 미디어, 우호도시, 민간단체 간의 교류를 폭넓게 전개하고, 다종다양한 문화교류를 전개한다.
- (ㅁ) 협조와 협력을 강화하고, 지역 및 지구 규모의 과제에 함께 대응한다. 동북아의 평화와 안정을 유지하기 위해 함께 힘을 다하며, 한반도의 핵 문제를 대화를 통해 평화적으로 해결하는 것을 견지하며, 한반도 비핵화라는 목표를 실현한다. 국제연합이 안전보장이사회 개혁을 포함해 필요하고 합리적인 개혁을 하는 것을 찬성한다. ASEAN이 동아시아 지역 협력에서 중요한 역할을 하는 것을 지지하며, 함께 개방성, 투명성, 포괄성의 3가지 원칙의 기초 위에서 동아시아 지역 협력을 촉진한다.

5. 양측은 '전략적 호혜 관계' 구축을 위해 구체적인 협력을 할 것을 결정하고, 다음과 같은 성과를 얻었다.

(1) 대화와 교류의 강화·상호 이해의 증진
- (ㄱ) 정상 차원의 교류
양국의 지도자는 빈번한 왕래를 유지함과 동시에, 국제회의 무대에서 계속 빈번하게 회담을 실시한다.
- (ㄴ) 중일 고위급 경제 대화
두 총리는 출범 회합에 함께 참석하여 동 회합을 출범시키기로 하며, 각각 아소 타로(麻生太郎) 외무대신 및 쩡페이옌(曾培炎) 부총리를 동 대화의 공동 의장으로 지명하고, 대화의 구성 및 임무를 명확히 하며, 양국의 경제 및 경제면에서 양국의 협력의 세계경제에 대한 중요성을 확인하고, 연내에 베이징에서 제1회 회합을 실시하는 것에 일치했다.
(ㄷ) 외교 당국 간의 대화

양측은 두 외교장관이 양자 간 문제 및 함께 관심을 가지는 지역·국제 문제에 대해 긴밀한 협력을 유지하는 것을 확인하고, 중일 전략대화, 중일 안보 대화, 중일 경제파트너십협의, 유엔 개혁에 관한 중일협의, 아프리카에 관한 중일협의, 중일 외무보도관협의 등 폭넓은 분야에 이르는 다양한 차원의 대화를 강화해 나가는 것을 확인했다.

(ㄹ) 방위교류

중국 국방부장은 초대에 응하여 금년 가을 방일한다. 양측은 중국해군 함정의 방일, 그 이후 일본해상자위대 함정의 방중을 조기에 실현하는 것에 일치했다. 또한, 양국 방위당국 간의 연락메커니즘을 정비하여, 해상에서의 예기치 않은 사태의 발생을 방지한다.

(ㅁ) 인적 왕래 및 청소년 교류

중국 측은 홍차오(虹橋)공항과 하네다(羽田) 공항 간 정기적인 국제여객 전세항공편 개설에 동의했다.

양측은 중일국교정상화 35주년에 맞춰 일본과 직행편을 보유한 중국 19개 도시에 총 2만 명 규모의 방문단을 파견하는 등의 계획을 함께 실시한다.

또한, 일본은 '21세기 동아시아 청소년 대교류 계획'에 근거하여 향후 5년 간 중국 고교생을 일본에 대규모로 초대하고 싶다는 뜻을 표명했고, 중국 측은 이를 환영했다. 양측은 양국 청소년의 대규모 교류 계획을 쌍방향으로 실시하는 것에 일치했다.

(ㅂ) 문화교류

양측은 긴밀히 협력하여, 중일 문화·스포츠 교류의 해가 적극적인 성과를 낼 것을 확보한다. 양측은 서로 상대국의 수도에 문화센터를 개설하는 것에 일치했다.

(2) 호혜 협력의 강화
(ㄱ) 에너지·환경 협력

양측은 '환경보호 협력의 한층 강화에 관한 공동성명' 발표를 환영하고, 중일 쌍방의 지구 규모 환경문제에 대한 진지한 대처를 확인함과 동시에 발해, 황해구역 및 장강 유역 등 중요한 수역에서 수질오염 방지, 순환형 사회 구축, 대기오염 방지, 기후변동 대책, 해양 표류 쓰레기 방지, 산성비 및 황사 대책 등의 협력을 중점적으로 전개해 나가는 것에 일치했다.

양측은 제1회 에너지 각료 정책 대화, 그 외의 사이트 개최 및 중일 간 에너지 분야의 협력 강화에 관한 공동성명 발표를 환영하고, 에너지 절약·환경 비즈니스 추진 모델 프로젝트를 개시하여 에너지 절약, 석탄, 원자력 등 에너지 분야와 아시아 지역의 에너지 절약 추진 등 다자 간 틀에서 양국의 협력을 중점적으로 강화해 나가는 것에 일치했다.

양측은 중일 민간녹화협력위원회의 활동을 지지하고, 일본 민간 단체 등에 의한 중국에서의 식림협력사업을 한층 촉진하는 것, 또한 지속 가능한 삼림경영에도 양국이 협력하여 임한다는 것을 확인했다.
(ㄴ) 농업 협력
　　양측은 농업 분야 협력을 적극적으로 전개해 나가는 것에 일치했다. 중국 측은 중국의 검역기준에 합치하는 일본산 쌀 수입에 동의하고, 일본 측은 이를 환영했다. 양측은 양측의 농산물 수출문제에 대해 계속 적극적으로 협의를 진행해 나가기로 했다.
(ㄷ) 따오기
　　중국 측은 일본에게 두 마리의 따오기를 제공하는 데 동의했고, 일본 측은 사의를 표명했다. 양측은 따오기 보호에 관한 협력을 전개하는 것에 일치했다.
(ㄹ) 의약품 분야의 협력
　　양측은 신형 인플루엔자 대책 및 암 대책을 중점으로 하는 중일 의학협력구상을 추진해 나가는 것에 일치했다. 일본 측은 암 대책 협력에 대해 관민의 관계자로 구성된 미션을 조기에 중국에 파견하여 교류를 한다는 취지를 전달하고, 중국 측은 이를 환영했다.
(ㅁ) 지적재산권
　　양측은 상호 존중, 호혜로 양측이 이익을 얻을 수 있다는 기초 위에서 지적재산권 분야의 대화와 협력을 강화하고, 지적재산권의 운영 및 보호 수준을 부단히 높여, 중일 간 경제면에서의 협력을 원활하게 발전시켜 나가는 것에 일치했다.
(ㅂ) 중소기업 박람회
　　일본 측은 요청에 응하여 9월 광저우(広州)에서 개최되는 중소기업박람회에 대해 주빈국으로써 중국 측과 공동으로 박람회를 주최하는 것에 동의했다.
(ㅅ) 정보통신기술 분야 협력
　　양측은 차세대 이동통신 및 차세대 네트워크 등 정보통신 분야 협력을 한층 강화하고 추진해 나가는 것에 일치했다.
(ㅇ) 금융 분야 협력
　　양측은 금융 및 금융감독 분야의 협력관계를 더욱 강화해 나가는 것에 일치했다.
(ㅈ) 형사 · 사법 분야 협력
　　양측은 중일 간의 형사 · 사법 분야의 협력관계를 강화해 가는 중요한 일환으로서, 중일형사공조조약 체결 교섭의 연내 실질적 합의를 향해 노력해 나가는 것에 일치했다. 양측은 또한 중일범죄인인도조약 및 수형자이송조약의 체결에 관한 사항에 대해 협의를 계속 추진하는 것에 일치했다.

(3) 지역 · 국제사회에서의 협력
(ㄱ) 유엔 개혁
　　양측은 유엔개혁 문제에 대해 대화와 의사소통을 강화하고, 공통인식을 늘리기 위해 노력하는 것에 일치했다. 중국 측은 일본이 국제사회에서 더욱 큰 건설적인 역할을 할 것을 바라고 있다.
(ㄴ) 6자 회담 협력

양측은 6자 회담의 2005년 9월 19일 공동성명에 따라 6자 회담 과정을 추진하고, 대화와 협의를 통해 한반도 비핵화를 실현하고, 동북아 지역의 평화와 안정을 유지하기 위해 함께 협력하여 힘을 다하는 것을 재확인했다. 또한, 양측은 2007년 2월 13일 6자 회담이 달성한 '초기 단계 조치'에 관한 공동문서를 6자가 함께 노력하여 전면적으로 실시해야 한다는 인식에 일치했다. 일본 측은 납치 문제를 포함한 북일 간 현안 사항을 해결하고, 북일 국교정상화 교섭을 진행한다는 방침을 설명했다. 중국 측은 일본 국민의 인도주의적 관심에 대한 이해와 동정을 표하고, 이 문제의 조기 해결을 희망함과 동시에, 북일관계가 진전될 것에 대한 기대를 표명하고, 이를 위해 필요한 협력을 제공하겠다는 취지를 표명했다.

(ㄷ) 투자교류

양측은 실무적이고 함께 이익을 얻는 한중일투자협정의 조기 합의 및 한중일 비즈니스 환경개선 행동의제를 책정하기 위해 자연스럽게 노력해 갈 것에 일치했다.

(ㄹ) 경제협력

양측은 2008년에 종료되는 일본의 대중 엔 차관이 중국의 경제건설 및 경제면에서의 중일 협력에 적극적인 역할을 했다는 인식에서 일치하고, 중국 측은 이에 대해 감사의 뜻을 표명했다. 양측은 협력하여 제3국에 원조를 제공하는 문제에 대해 대화를 한다는 점 일치했다.

6. 양측은 동중국해 문제를 적절히 처리하기 위해 다음과 같은 공통인식에 도달했다.
  (1) 동중국해를 평화·협력·우호의 바다로 하는 것을 견지한다.
  (2) 최종적인 경계 획정까지의 잠정적인 틀로서, 양측의 해양법에 관한 제반 문제에 대한 입장을 해치지 않는 것을 전제로, 호혜의 원칙에 따라 공동개발을 실시한다.
  (3) 필요에 응하여 기존보다 고위급 레벨의 협의를 실시한다.
  (4) 양측이 수용 가능한 비교적 넓은 해역에서 공동개발을 실시한다.
  (5) 협의 프로세스를 가속하여, 금년 가을에 공동개발의 구체적 방책에 대해 정상들에게 보고하는 것을 목표로 한다.

7. 양측은 '중국 내 일본의 유기화학무기 처리에 관한 중일연합기구' 설립에 환영의 뜻을 표명했다. 또한, 일본 측은 중국 측의 제안을 바탕으로 폐기 프로세스를 가속하기 위해 이동식 처리설비를 도입하여 작업을 진행해 나갈 것을 표명하고, 중국 측은 이를 환영했다.

8. 중국 측은 원자바오 총리의 일본 방문 기간 중 일본 측의 마음이 담긴 우호적인 접대에 대해 감사의 뜻을 표명했다.

2007년 4월 11일 도쿄에서 발표했다.

자료 3-6 ┃ '전략적 호혜 관계'의 포괄적 추진에 관한 중일공동성명
(2008년 5월 7일, 도쿄)

　　후진타오(胡錦濤) 중화인민공화국 주석은 일본 정부의 초청에 응하여 2008년 5월 6일부터 10일까지 국빈으로 일본국을 공식 방문했다. 후진타오 주석은 일본국 체류 중 천황폐하와 회견했다. 또한, 후쿠다 야스오(福田康夫) 내각총리대신과 회담을 열고 '전략적 호혜 관계'의 포괄적 추진에 관해, 많은 공통인식에 달했으며, 이하와 같이 공동성명을 발표했다.

1. 양측은 중일관계가 양국 모두에게 가장 중요한 양자관계 중 하나이며, 현재에 이르러 중일 양국이 아시아 · 태평양 지역 및 세계의 평화, 안정, 발전에 큰 영향력을 가지고 있으며, 엄숙한 책임을 갖고 있다는 인식에 일치했다. 또한, 양측은 장기간에 걸친 평화 및 우호를 위한 협력이 중일 양국에게 유일한 선택지라는 인식에 일치했다. 양측은 '전략적 호혜 관계'를 포괄적으로 추진하고, 또한 중일 양국의 평화공존, 세대우호, 호혜 협력, 공동발전이라는 숭고한 목표를 실현해 나갈 것을 결의했다.

2. 양측은 1972년 9월 29일에 발표된 중일공동성명, 1978년 8월 12일에 서명된 중일평화우호조약 및 1998년 11월 26일에 발표된 중일공동선언이 중일관계를 안정적으로 발전시키고, 미래를 개척하는 정치적 기초임을 다시금 표명하고, 세 개의 문서의 제반 원칙을 계속 준수할 것을 확인했다. 또한, 양측은 2006년 10월 8일 및 2007년 4월 11일의 중일 공동언론발표에 있는 공통 인식을 계속 견지하며, 전면적으로 실시할 것을 확인했다.

3. 양측은 역사를 직시하고 미래를 향해 중일 '전략적 호혜 관계'의 새로운 국면을 끊임없이 열어나갈 것을 결심하며, 장래에 걸쳐 끊임없이 상호 이해를 깊이 하고, 상호신뢰를 구축하며, 호혜 협력을 확대하면서, 중일관계를 세계의 조류에 따라 방향을 설정하고, 아시아 · 태평양 및 세계의 바람직한 미래를 함께 만들어 나갈 것을 선언했다.

4. 양측은 서로 협력의 파트너이며, 서로 위협이 되지 않을 것을 확인했다. 양측은 서로의 평화적인 발전을 지지할 것을 재차 표명하고, 평화적인 발전을 견지하는 일본과 중국이 아시아 및 세계에 큰 기회와 이익을 가져올 것이라는 확신을 공유했다.
(1) 일본 측은 중국의 개혁 · 개방 이래의 발전이 일본을 포함한 국제사회에 커다란 호기(好機)를 가져오고 있는 것을 적극적으로 평가하며, 항구적 평화와 공동 번영을 가져다주는 세계의 구축에 공헌해 나간다는 중국의 결의에 대해 지지를 표명했다.
(2) 중국 측은 일본이 전후 60여년 동안 평화국가로서의 행보를 견지하고, 평화적 수단에 의해 세계의 평화와 안정에 공헌해 온 점을 적극적으로 평가했다. 양측은 국

제연합 개혁 문제에 대해 대화와 의사소통을 강화하고, 공통 인식을 늘리기 위해 노력할 것에 일치했다. 중국 측은 일본의 국제연합에서의 지위와 역할을 중시하고, 일본이 국제사회에서 한층 더 큰 건설적 역할을 하기를 바라고 있다.
(3) 양측은 협의 및 교섭을 통해 양국 간의 문제를 해결해 나갈 것을 표명했다.

5. 대만 문제에 관해 일본 측은 중일공동성명에서 표명한 입장을 계속 견지한다는 취지를 다시 표명했다.

6. 양측은 다음 5개의 축에 따라 대화와 협력의 틀을 구축하면서, 협력해 나갈 것을 결의했다.
   (1) 정치적 상호신뢰의 증진
     양측은 정치 및 안전보장 분야에서 상호신뢰를 증진하는 것이 중일 '전략적 호혜관계' 구축에 중요한 의의를 가지고 있음을 확인함과 동시에, 다음을 결정했다.
     - 양국 정상의 정기적인 상호 방문 메커니즘을 구축하고, 원칙적으로 매년 어느 한쪽의 정상이 다른 쪽의 국가를 방문하기로 하며, 국제회의 무대를 포함하여 정상회담을 빈번하게 실시하고, 정부, 의회 및 정당 간 교류, 그리고 전략적 대화의 메커니즘을 강화하며, 양자 간 관계, 각각의 국내외 정책 및 국제정세에 대한 의사소통을 강화하고, 그 정책의 투명성 향상에 노력한다.
     - 안전보장 분야에서의 고위급 상호 방문을 강화하고, 다양한 대화 및 교류를 촉진하여, 상호 이해와 신뢰관계를 한층 더 강화해 나간다.
     - 국제사회가 모두 인정하는 기본적이고 보편적인 가치를 한층 더 이해하고 추구하기 위해 긴밀하게 협력함과 동시에, 오랜 교류 속에서 서로 길러오고 공유해 온 문화에 대해 다시 한번 이해를 심화시킨다.
   (2) 인적, 문화적 교류의 촉진 및 국민 우호 감정의 증진
     양측은 양 국민, 특히 청소년 간의 상호 이해와 우호 감정을 끊임없이 증진하는 것이 중일 양국의 대대손손에 걸친 우호와 협력의 기초 강화에 도움이 되는 것을 확인함과 동시에, 다음을 결정했다.
     - 양국의 미디어, 우호도시, 스포츠, 민간 단체 간 교류를 폭넓게 전개하여, 다양한 문화교류 및 지적 교류를 실시해 나간다.
     - 청소년 교류를 계속적으로 실시한다.
   (3) 호혜 협력 강화
     양측은 세계경제에 중요한 영향력을 가진 중일 양국이 세계경제의 지속적 성장에 공헌해 나가기 위해 다음과 같은 협력에 특히 노력해 나갈 것을 결정했다.
     - 에너지, 환경 분야에서의 협력이 우리들의 자손과 국제사회에 대한 책무라는 인식에 근거하여 이 분야에서 특히 중점적으로 협력을 진행해 나간다.
     - 무역, 투자, 정보통신기술, 금융, 식품·제품의 안전, 지적재산권 보호, 비즈니스 환경, 농림수산업, 교통운수·관광, 물, 의료 등 폭넓은 분야에서 호혜 협력을 진행하여 공통 이익을 확대해 나간다.

- 중일 고위급 경제 대화를 전략적이고 실효적으로 활용해 나간다.
- 함께 노력하여 동중국해를 평화·협력·우호의 바다로 만든다.

(4) 아시아·태평양에의 공헌

양측은 중일 양국이 아시아·태평양의 중요한 나라로서 이 지역의 여러 문제에 대해 긴밀한 의사소통을 유지하며, 협조와 협력을 강화해 나갈 것에 일치함과 동시에, 이하와 같은 협력을 중점적으로 전개할 것을 결정했다.

- 동북아 지역의 평화와 안정을 유지하기 위해 함께 진력을 다하며, 6자회담 프로세스를 함께 추진한다. 또한, 양측은 북일 국교 정상화가 동북아 지역의 평화와 안정에 중요한 의의를 가지고 있다는 인식을 공유했다. 중국 측은 북일 양국이 여러 현안을 해결하여 국교정상화를 실현하는 것을 환영하며, 지지한다.
- 개방성, 투명성, 포괄성의 3가지 원칙을 바탕으로 동아시아의 지역 협력을 추진하고, 아시아의 평화, 번영, 안정, 개방의 실현을 함께 추진한다.

(5) 지구적 과제에의 공헌

양측은 중일 양국이 21세기 세계의 평화와 발전에 대해 더욱 더 큰 책임을 지고 있으며, 중요한 국제 문제에 대해 협력을 강화하고, 항구적 평화와 공동 번영을 가져오는 세계 구축을 함께 추진해 나간다는 점에 일치함과 동시에, 이하와 같은 협력에 임해 나가는 것을 결정했다.

- '기후변화에 관한 국제연합 틀 조약'의 틀 아래에서, '공통으로 갖고 있지만 차이가 있는 책임 및 각국의 능력' 원칙을 바탕으로, 발리행동 계획에 의거하여 2013년 이후의 실효적인 기후변동의 국제적 틀 구축에 적극적으로 참여한다.
- 에너지 안전보장, 환경보호, 빈곤 및 감염증 등의 지구적 문제는 양측이 직면한 공통의 도전이며, 양측은 전략적으로 유효한 협력을 전개하여, 상기 문제 해결을 추진하기 위해 합당한 공헌을 함께 행한다.

일본국 내각총리대신 후쿠야 야스오 (서명)
중화인민공화국 주석 후진타오 (서명)

2008년 5월 7일 도쿄

자료 3-7 ▎ 중일 양 정부의 교류와 협력 강화에 관한 공동언론발표
(2008년 5월 7일, 도쿄)

후진타오(胡錦濤) 중화인민공화국 주석은 일본 정부의 초청에 응해, 2008년 5월 6일부터 10일까지 국빈으로 일본국을 공식 방문하여, 후쿠다 야스오(福田康夫) 일본국 내각총리대신과 결실 있는 회담을 진행했다. 양측은 '전략적 호혜 관계'의 포괄적 추진에 관한 중일 공동성명을 발표하고, 동 공동성명을 착실하게 실시하기 위해, 이하의 공통인식에 도달했다.

1. 일본 측은 후진타오 주석을 올해 7월 홋카이도 도야코(北海道洞爺湖)에서 개최되는 G8 정상회의 아웃리치 세션에 초대했으며, 중국 측은 이를 진지하고 적극적으로 검토하겠다는 취지를 표명했다.

2. 중국 측은 후쿠다 총리를 올해 10월 베이징에서 개최되는 아시아·유럽회의(ASEM) 제7회 정상회의에 초대했으며, 일본 측은 이를 진지하고 적극적으로 검토하겠다는 취지를 표명했다.

3. 일본 측은 금년 가을 일본에서 한중일 정상회의를 개최할 것을 제안했고, 중국 측은 이를 진지하고 적극적으로 검토하겠다는 취지를 표명했다.

4. 양측은 중일 전략대화가 중일관계 개선 및 발전에 이바지하고 있는 중요한 역할을 적극적으로 평가하고, 동 대화를 계속 중시해 나간다.

5. 양측은 금년 4월 도쿄에서 개최된 중일 외무보도관협의에서 양국 국민 간의 상호 이해를 더욱 심화하기 위해 보도 및 홍보 면에서 협력하여 양국 보도 담당 부서 간의 직접적인 연락 체제를 강화하고, 양국 미디어에 대해 객관적이고 정확한 정보를 제공하도록 함께 노력한다는 점에 일치한 것을 환영하며, 다음 협의를 쌍방의 편리한 시기에 베이징에서 개최한다.

6. 양국 방위당국 간의 상호신뢰를 증진하기 위해 금년 중에 일본국 방위대신이 방중한다.

7. 양측은 금년 3월에 개최된 중일 방위당국 간 협의를 환영했다. 양국 방위당국 간의 상호 이해를 심화하기 위해 계속해서 고위급 방위당국 간 협의를 계속한다.

8. 금년 2월 통합막료장 방중에 이어, 금년 6월에는 중국인민해방군 공군사령원이, 금년 후반에는 해군사령원 및 부총참모장이 각각 방일한다.

9. 지난해 11월 중국인민해방군 해군함정의 방일에 이어, 금년 6월에는 일본국 해상자위대 함정이 방중한다.

10. 양측은 해상에서의 예측 불가능한 사태의 발생을 방지하기 위해, 4월 하순에 베이징에서 중일 방위당국 간 해상연락 메커니즘 설립을 위한 제1회 공동작업그룹 협의가 개최된 것을 환영함과 동시에, 조기에 해당 메커니즘이 설립되도록 계속 노력한다.

11. 양측은 군종 간, 방위관계의 교육기관·연구기관 간의 교류 확대를 검토해 나간다.

12. 양측은 국제연합평화유지활동(PKO), 재해구호 등 분야에서 협력 가능성을 검토해 나간다.

13. 양측은 양국 방위당국 간의 상호 이해 및 상대국에 대한 이해를 심화하기 위해 중국인민해방군 청년 장교와 일본 자위대 젊은 간부와의 상호 방문을 강화하는 것에 일치했으며, 연도 내에 각각 15명 정도의 위관급 간부를 상대국에 1주일 정도 상호 초빙하는 것에 일치했다.

14. 양측은 신중일우호21세기위원회가 두 정상의 관심 하에 중일관계 개선 및 발전을 위해 유익한 제언을 해왔다는 점을 적극 평가하고, 이 위원회가 금년 말에 최종보고서를 제출할 것을 기대한다.

15. 양측은 중일역사공동연구의 역할을 높이 평가하고, 앞으로도 계속해 나간다.

16. 양측은 지난해 양국 간의 인적 왕래가 500만 명 규모에 달한 것을 환영하며, 앞으로도 계속해서 인적 교류를 확대하고, 상호 이해를 심화하기 위해 긴밀히 협력한다.

17. 양측은 '중일 청소년 우호 교류의 해'의 순조로운 출발에 만족의 뜻을 표명한다. 양측은 향후 4년 간 매년 4,000명 규모의 청소년 교류를 실시하는 것을 확인하고, 최대한 효과적인 청소년 교류가 이루어지도록 노력한다.

18. 양측은 중일 청소년 우호 교류를 장기간에 걸쳐 지속적으로 행해가는 것에 일치하고, 양국의 각계에 청소년 교류를 촉진하기 위한 협력을 강화할 것을 호소한다.

19. 양측은 양국 중견간부의 교류를 한층 강화하는 것이 적극적인 의의를 가지며, 향후 이 분야에서 교류 및 협력에 임할 것을 계속 지지한다는 데 일치했다.

20. 양측은 베이징올림픽을 성공시키고, 베이징올림픽을 계기로 양국 국민의 교류가 더욱 촉진되고, 상호 이해와 우정이 증진되기를 희망한다.

21. 양측은 문화센터의 상호설치에 관한 협정이 서명된 것을 환영하며, 이 센터가 양국 국민의 상호 이해 촉진에 적극적인 역할을 할 것이라는 점에 기대를 표명했다.

22. 양측은 인문 분야의 교류 및 협력에 적극적으로 임하고, 관계 부문 및 사회단체가 문화유산의 보호 등의 분야에서 공동연구를 할 것을 장려한다.

23. 지난해 12월 후쿠다 총리 방중 시 일본 측은 베이징대학의 대일 교류 강화를

위한 계획을 제안했다. 양측은 관련 준비가 진행되고 있음을 환영하며, 지적 교류를 한층 더 강화하기 위해 협력을 계속한다.

24. 양측은 작년 12월 베이징에서 열린 제1회 중일 고위급 경제 대화에서 양국의 관계 각료가 한자리에 모여 각각의 거시 경제정책, 기후변화를 포함한 에너지 절약·환경, 무역·투자, 검사·검역 및 지역·국제적인 경제문제에 대해 부문을 뛰어넘은 직접 대화를 함으로써 상호 이해가 촉진되고 향후 문제 해결과 협력 추진에 대한 지침이 제시된 점을 높게 평가했다. 다음번 대화는 금년 가을을 목표로 도쿄에서 개최하는 방향으로 검토한다.

25. 양측은 양국 관계부문이 '지속 가능한 경제발전에 부합하는 호혜 관계 구축을 추진해 나가기 위한 포괄 협력문서', '에너지 절약 및 환경 분야에서의 협력의 계속적인 강화에 관한 각서' 및 '중소기업 분야의 협력 추진에 관한 각서'의 3개의 문서에 서명한 것을 환영하고, 계속 협력을 추진해 나가는 것에 일치했다.

26. 양측은 현재의 석유 가격에 대해 우려를 표명했다. 또한, 양측은 계속적으로 중일 에너지 각료 정책 대화를 실시하고, 에너지 분야에서의 호혜적 협력에 대해 검토해 나가는 것에 일치했다.

27. 양측은 석탄 분야의 기술협력으로 중국의 석탄화력발전소의 설비진단·설비개조·인재육성을 추진한다. 양측은 석탄화력발전소의 이산화탄소 격리·저장(CCS)을 통해, 석유회수율의 향상(EOR)을 위한 실증연구를 계속적으로 전개한다. 또한, 양측은 철강 및 시멘트 분야의 에너지 절약 환경진단을 계속 추진하는 것을 환영한다.

28. 양측은 '중일 에너지 절약·환경 비즈니스 추진 모델 프로젝트'가 순조롭게 진행되고 있는 것을 확인하고, 중국의 지방정부와 함께 노력하여 동 프로젝트를 한층 추진하며, 프로젝트 발굴과 그 성과 보급을 강화한다.

29. 양쪽은 에너지 절약 정책에 관한 초청연수를 통해 중국의 에너지 절약법 및 중국의 에너지 절약 정책이 진전된 것을 높이 평가한다. 양측은 향후 정책연수를 실시함과 동시에 일본 측이 중국 측에 대해 에너지 절약 계측 분야의 에너지 절약에 관련된 전문가를 파견하고, 중국 측이 에너지 절약 제도의 확립과 기업의 에너지 관리를 더욱 강화하도록 지원하는 것에 동의한다.

30. 양측은 환경 관련 대학원 네트워크 구축을 추진하고, 환경인재 양성을 추진한다.

31. 양측은 후쿠다 총리의 방중 시 확인한 '중일 에너지 절약 환경협력 상담 창구'가 금년 4월부터 업무를 개시한 것을 환영함과 동시에, 본 창구를 통해 양국의

에너지 절약 환경보호 비즈니스의 발전이 촉진되도록 노력한다.

32. 양측은 원자력발전의 에너지 안전보장과 지구온난화 방지에 대한 중요성에 비추어, 이 분야의 협력을 강화하는 데 동의한다.

33. 양측은 양측을 포함한 주요 에너지 소비국이 에너지 절약에 관한 정책 수법 등에 대해 폭넓게 정보를 공유하고 의견 교환을 할 필요성을 공유한다.

34. 양측은 톈진시(天津市)와 기타큐슈시·고베시(北九州市·神戸市)와의 순환경제, 에너지 절약·환경보호 분야에서의 협력을 환영하는 것과 동시에, 계속 지지해 나간다.

35. 양측은 양국의 환경보호 부문이 농촌지역 등에서의 분산형 배수처리 모델 사업 협력의 실시에 관한 각서에 서명한 것을 환영한다.

36. 양측은 양국의 협력에 의해 황사 공동연구가 진전되고 있음을 평가하고, 계속해서 아시아 국가들의 이산화황 등을 포함한 대기환경 분야에서의 교류와 협력을 촉진한다.

37. 양측은 공해 대책 등과 기후변화 완화를 양립시키는 코베네핏 접근법에 관한 구체적인 협력을 촉진한다.

38. 양측은 양국 주관부문이 중국 농촌지역에서의 물 안전 공급 및 일본에서의 간이수도 보급에 관한 성공 경험의 소개 등에 관한 각서를 기초한 것을 환영하고, 각서 실시를 위해 협력해 나간다.

39. 양측은 수자원의 효율적 관리, 수질오염 예방, 치수 재해대책 등의 수자원 분야의 협력에 대해, 물이 지구온난화의 영향을 가장 받기 쉬운 자원이라고 인식하고, 기후변화에 대한 적응의 관점에서도, 이 분야의 협력을 한층 강화해 나간다.

40. 양측은 두 정부 간의 삼림·임업 협력 및 중일 민간녹화협력위원회의 착실한 활동을 적극적으로 평가함과 동시에, 세계적인 삼림 감소 및 열화의 억제 문제에 대해, 식림·불법 벌채 단속을 강화하고, 아시아 지역의 삼림 회복과 지속가능한 경영을 촉진한다.

41. 양쪽은 식량과 경쟁하지 않는다는 원칙을 견지하면서, 바이오매스 연료의 발전에 대해 정보 교환 및 기술 교류를 한다.

42. 양측은 중국 측이 일본 측에 제공한 따오기가 순조롭게 번식하고 있다는 것을 기쁘게 생각함과 동시에, 앞으로도 따오기 보호 및 야생 복귀에 관한 협력을 계

속 강화한다.

43. 중일 양국 국민의 우호적인 감정을 증진하기 위해, 중국 측은 일본 측에 한 쌍의 팬더를 제공하고, 공동으로 협력 연구를 하는 것에 동의했으며, 일본 측은 이에 사의를 표명했다.

44. 양측은 광물 자원 분야에 관한 대화를 계속하며, 건설적인 논의를 해나가기를 희망함과 동시에, 해당 분야의 교류와 협력을 더욱 더 심화하기 위해 연내에 양측이 편리한 시기에 희토류 교류회의를 개최한다는 데 공통 인식에 달했다.

45. 양측은 지적재산권 분야에서 협력을 계속 강화하고, 양국의 지적재산권 교류의 기존 워킹 메커니즘을 이용하여 지적재산권의 입법, 집행 및 행정 심사실무에 관한 정보 교환을 실시한다. 양측 기업 간의 지적재산권 보호 및 이용경험 교류를 강화한다. 지적재산 인재 육성을 공동으로 실시하여 지적재산권 제도의 영향력을 확대한다.

46. 양측은 한중일 비즈니스 환경 개선 액션 아젠다에 대해 중일 간에 의견일치를 본 것을 환영한다. 또한, '무역·투자 관련 법률제도의 연구 교류에 관한 각서'가 서명된 것을 환영하며, 무역·투자 법률의 교류·협력을 강화한다.

47. 양측은 양국 관계 부문이 '기술 무역의 발전과 원활화에 관한 협력각서'에 서명한 것을 환영한다.

48. 양측은 양국 관계 부문이 '중소기업 해외사업 전개 원활화 협력을 위한 각서'에 서명한 것을 환영하며, 향후 중소기업의 비즈니스·투자의 원활화를 더욱 추진해 나간다.

49. 양측은 양국 국민의 생명·건강을 지키기 위해 협력을 한층 강화해 나간다. 양측은 이번에 발생한 냉동가공식품 중독 사안에 대해 한시라도 빠른 진상규명을 위해 중일 양측 모두 수사 및 협력을 한층 강화해 나간다.

50. 양측은 지금까지의 동식물 검역 분야에서의 협력을 적극적으로 평가하고, 양측의 협력·교류를 한층 강화하며, 당면한 기술적 문제를 적절히 해결하고, 무역의 순조로운 발전을 촉진하기를 희망하는 것에 일치했다. 중국 측은 일본산 정미의 정식 대중 수출을 허가했으며, 일본 측은 이를 환영했다. 일본 측은 중국산 신선 호박의 대일수출을 허가했으며, 중국 측은 이를 환영했다.

51. 양측은 정보통신 분야에서의 정책 협의를 적극적으로 평가하고, 정보통신 분야의 협력을 함께 촉진해 나가도록 노력한다.

52. 양측은 도쿄증권거래소의 베이징사무소 개설 등을 포함하여, 최근의 중일 간 금융 및 금융감독관리 분야의 협력을 강화함으로써 얻은 성과를 적극적으로 평가하고, 앞으로도 계속 해당 분야의 협력을 강화할 것을 표명했다.

53. 양측은 중일 양국의 농림수산 분야에서의 지금까지의 협력을 높이 평가하고, 기존의 메커니즘을 활용하여 이를 더욱 추진해 나간다.

54. 양측은 관광교류를 더욱 확대하여 철도, 물류, 해운, 항공 등의 분야에서의 협력을 적극적으로 추진한다.

55. 양측은 지난해 말 관민공동미션에서 얻은 성과의 기초에 서서, 계속하여 암 예방협력에 임하며, 중일 의학교류를 촉진하고, 관민미션을 파견하여 교류를 행한다. 또한, 양측은 의약품 분야의 정보 교환 강화 등을 도모한다.

56. 양측은 지구관측·예측을 위한 대응을 가속함과 동시에, 확보한 데이터나 성과를 공유하여, 전 지구 관측시스템(GEOSS)의 구축에 임한다. 또한, 양측은 기후변화 분야에서 과학기술 연구 교류를 추진해 나간다.

57. 양측은 중일 영사협정 체결 교섭이 실질적인 합의에 달했음을 환영함과 동시에, 이를 조기에 서명하고, 발효를 위한 절차를 마치도록 노력한다.

58. 양측은 중일 형사공조조약의 조기 발효를 위해 노력을 가속한다.

59. 양측은 중일 범죄인인도조약의 체결 교섭을 개시함과 동시에, 그때의 상황을 고려하여 중일 수형자이송조약의 체결 교섭도 신속하게 개시한다. 두 조약은 같은 시기에 서명하는 것을 목표로 한다.

60. 양측은 '화학무기금지조약'의 규정에 따라, 협력을 더욱 강화하고, 중국 내 일본의 유기 화학무기 폐기를 가능한 한 조속히 추진한다.

61. 양측은 아시아 경제의 지속적이고 안정적인 성장을 실현하기 위해, 치앙마이 이니셔티브의 다자화 및 아시아채권시장 육성 이니셔티브 등 지역 재정·금융 협력에 착수하는 것이 매우 중요하다고 인식하며, 이 협력을 함께 추진하여 더욱 큰 진전을 얻는다.

62. 일본 측은 북일 평양선언에 따라 핵문제, 인도 문제 등의 현안 사항을 해결하며, 불행한 과거를 청산하고, 북일 국교 정상화를 도모하겠다는 방침을 표명했다. 양측은 북일관계가 전진하는 것의 중요성을 확인하고, 중국 측은 필요한 협력을 할 것이라는 취지를 언급했다.

63. 양측은 금년 4월 베이징에서 열린 유엔개혁에 관한 국장급 협의에서 안전보장 이사회 개혁을 포함한 유엔문제 등에 대해 의견을 교환하고, 앞으로도 협의를 계속해 나가자는 점에 일치했다.

64. 양측은 '일본국 정부와 중화인민공화국과의 기후변화에 관한 공동성명'의 발표를 환영했다.

65. 양측은 지난해 11월 베이징에서 열린 제3국 원조 문제에 관한 국장급 대화에서 대외 원조에 관한 경험 공유 및 대외원조 분야에서의 협력 가능성을 검토했다. 양측은 계속해서 실무차원에서 대화를 계속해 나간다.

66. 양측은 작년 9월 도쿄에서 행해진 아프리카 국장급 협의에서, 각각의 대 아프리카 정책 및 아프리카 정세 등에 대해서 솔직한 의견을 교환하고, 가능한 협력을 위해 계속해서 협의를 강화해 나가자는 점에 일치했다. 또한, 중국은 금년 5월 일본에서 개최되는 제4회 아프리카개발회의(TICADIV)가 아프리카의 발전 촉진을 향해 더 큰 성과를 거둘 것이라는 점에 기대를 표명했다.

67. 양측은 금년 4월 베이징에서 열린 중일 메콩 정책 대화에서 메콩 지역의 현황, 각각 대 메콩 지역 정책, 메콩 지역 개발, 무역·투자 촉진 등의 문제에 대해 폭넓게 논의한 점을 환영했다.

68. 양측은 지난해 5월 도쿄에서 열린 중일 군축·비확산협의에서 최근의 국제군축, 비확산 분야의 주요 문제에 대해 폭넓게 의견을 교환했다. 양측은 계속 협의를 진행해 나간다.

69. 양측은 평등과 상호 존중의 기초 위에 인권 문제에 대해 대화를 행하고, 국제 인권 분야에서 대화와 협력을 추진한다는 점에 일치했다.

70. 양측은 현재 세계경제가 많은 새로운 과제와 어려움에 직면하고 있고, 도하 라운드를 연내에 성공적으로 타결시키는 것이 각국의 공통 이익에 합치하며, 다각적 무역체제 강화 및 세계경제 안정과 성장 유지에 부합한다고 인식했다. 양측은 도하 라운드가 광범위하고 균형 잡힌 합의에 도달할 수 있도록 추진하고, 그 목표를 실현하기 위해 계속 협력해 나간다.

2008년 5월 7일 도쿄

● 한중관계 자료(4장)

자료 4-1 ┃ 대한민국과 중화인민공화국 간의 외교관계 수립에 관한
          공동성명 (1992년 8월 24일, 베이징)[1]

1. 대한민국 정부와 중화인민공화국 정부는 양국 국민의 이익과 염원에 부응하여 1992년 8월 24일 자로 상호 승인하고 대사급 외교관계를 수립하기로 결정하였다.

2. 대한민국 정부와 중화인민공화국 정부는 유엔헌장의 원칙들과 주권 및 영토보전의 상호 존중, 상호 불가침, 상호 내정 불간섭, 평등과 호혜, 그리고 평화공존의 원칙에 입각하여 항구적인 선린우호 협력관계를 발전시켜 나갈 것에 합의한다.

3. 대한민국 정부는 중화인민공화국 정부를 중국의 유일 합법 정부로 승인하며, 오직 하나의 중국만이 있고 대만은 중국의 일부분이라는 중국의 입장을 존중한다.

4. 대한민국 정부와 중화인민공화국 정부는 양국 간의 수교가 한반도 정세의 완화와 안정, 그리고 아시아의 평화와 안정에 기여할 것을 확신한다.

5. 중화인민공화국 정부는 한반도가 조기에 평화적으로 통일되는 것이 한민족의 염원임을 존중하고, 한반도가 한민족에 의해 평화적으로 통일되는 것을 지지한다.

6. 대한민국 정부와 중화인민공화국 정부는 1961년의 외교관계에 관한 비엔나 협약에 따라 각자의 수도에 상대방의 대사관 개설과 공무수행에 필요한 모든 지원을 제공하고 빠른 시일 내에 대사를 상호 교환하기로 합의한다.

1992년 8월 24일 베이징

대한민국 정부를 대표하여	중화인민공화국 정부를 대표하여
외무부장관 이상옥	외교부장 첸지천(錢基琛)

---

[1] 출처: 성균관대 성균중국연구소 편 (2022) 『정상회담으로 본 한중수교 30년』 서울: 선인, pp.180-181.

자료 4-2 ▎ 노태우 대통령 공식 방중 계기 한·중 공동언론발표문
(1992년 9월 30일, 베이징)[2]

1. 대한민국 노태우 대통령은 중화인민공화국 양상쿤 주석의 초청으로 1992년 9월 27일부터 30일까지 중국을 공식 방문하였다. 노태우 대통령은 중국을 방문한 첫 번째 한국 대통령으로서 중국 정부와 국민의 정중한 환영과 열렬한 영접을 받았다.

2. 방문기간 동안 대한민국의 노태우 대통령은 중화인민공화국의 양상쿤 주석과 우호적인 분위기 속에서 회담을 가졌으며, 중국 공산당중앙위원회 장쩌민 총서기 및 국무원 리펑 총리와 각각 면담하였다. 동 회담과 면담 중 양측은 각각 자국의 정치·경제 현황에 관해 소개하였으며, 양국 간의 우호 협력관계를 더욱 발전시키는 문제에 관해 토의하였다. 또한 양측은 국제정세와 동북아 지역 정세에 관해 광범위한 의견을 교환하였다.

3. 한·중 양국 지도자들은 한·중 수교의 의의를 높이 평가하면서 양국이 과거의 비정상 관계를 청산하고 수교 공동성명의 기초 위에서 상호 선린 협력관계를 발전시키는 것이 양국 국민의 이익에 부합될 뿐만 아니라 현재의 국제정세의 발전 추세에도 일치되며, 아세아와 세계의 평화와 발전에 중요한 의의를 가지고 있다고 인식하였다.

4. 양국 지도자들은 양국 정부가 무역협정, 투자보장협정, 경제·무역·기술협력위원회 설립에 관한 협정 및 과학기술협력 협정을 서명한 데 대해 만족을 표하였으며, 양국은 향후 경제·무역·과학기술, 교통, 문화, 체육 등 제반 분야에서 교류와 협력을 적극 추진키로 결정하였다.

5. 노태우 대통령은 한반도의 남북대화 비핵화 및 평화통일 실현에 관한 한국 측의 입장을 설명하였다. 중국 지도자들은 한반도에서의 남북대화가 진전을 이룩하고 있는 것을 높이 평가하고, 한반도 비핵화 공동선언의 목표가 하루속히 실현되기를 희망하고 남북한 쌍방이 한반도의 자주 평화통일을 조속히 실현하는 것을 지지함을 재천명하였다. 양국 지도자들은 한반도에 있어서의 긴장 완화가 전체 한국민들의 이익에 부합할 뿐만 아니라 동북아 지역 및 아세아 지역 전체의 평화와 안정에 유익하며 이와 같은 완화 추세가 계속 발전되어 나가야 한다는 데 합의하였다.

6. 양국 지도자들은 동북아 지역 및 아태 지역의 경제협력을 강화하는 것이 역내 국가들의 발전과 공동 번영에 유익하다고 인식하고, 양측은 아세아 태평양경제

---

2 출처: 앞의 책, pp. 266-267.

협력체(APEC) 등 기타 역내 경제협력 기구에서 협력하는 데 합의하였다.

7. 한·중 양측은 노태우 대통령의 성공적인 중국 방문이 장차 양국 간의 선린 협력 관계를 가일층 발전시킬 것임을 확신하였다.

8. 노태우 대통령은 중국 측의 열렬한 환대에 사의를 표하고, 양상쿤 국가주석이 편리한 시기에 한국을 방문해 주도록 요청하였으며, 양상쿤 주석은 이에 감사를 표하고 동 방한 초청을 흔쾌히 수락하였다.

자료 4-3 ▌ 김대중 대통령 국빈 방중 계기 한·중 공동성명
('21세기를 향한 협력 동반자관계 공동성명')
(1998년 11월 13일, 베이징)[3]

1. 대한민국의 김대중 대통령은 중화인민공화국 장쩌민 주석의 초청으로 1998년 11월 11일부터 15일까지 중국을 국빈 방문하여 중국 정부와 국민의 따뜻한 영접을 받았다.

2. 방문기간 동안 대한민국 김대중 대통령은 중화인민공화국 장쩌민 주석과 우호적인 분위기 속에서 회담을 가졌다. 김대중 대통령은 중화인민공화국 전국인민대표대회 상무위원회 리펑 위원장, 주룽지 국무원 총리, 후진타오 국가부주석과 면담하였다. 회담과 면담을 통해 양측은 한·중 관계의 진일보한 발전과 공동으로 관심을 갖고 있는 지역 및 국제 문제에 관해 심도 있는 의견을 교환하고, 광범위한 인식의 일치를 보았다.

3. 한·중 양국 정상은 수교 이래 6년여 기간 동안 양국 간 선린우호 협력관계가 정치·경제·사회·문화 등 제반 분야에서 주목할 만한 발전을 이루어 온 데 대해 만족을 표명하고, 이러한 발전은 양국 각자의 발전에 유리할 뿐만 아니라, 동북아를 포함한 이 지역의 안정과 번영에 기여해 왔음을 평가하였다. 양국 정상은 UN헌장의 원칙과 한·중 수교 공동성명의 정신 및 수교 이래 발전해 온 양국 간 선린우호 협력관계에 기초하여, 미래를 바라보면서 21세기의 한·중 협력 동반자관계를 구축키로 합의하였다.

---

3 출처: 앞의 책, pp. 182-189. 영어번역본은 다음 참조.
　"Korea-China Joint Statement," World Affairs: *The Journal of International Issues*, Vol. 3, No. 1 (JANUARY-MARCH 1999), pp. 146-150, https://www.jstor.org/stable/45064581

4. 양측은 아시아 금융위기의 심각성을 인식하고, 양국이 금융위기 극복을 위해 정보 교류와 경제연구기관 간 협력을 강화해 나가기로 결정하였다. 한국 측은 중국의 인민폐 환율 안정과 내수확대를 통한 경제성장 유지 정책이 아시아 금융위기를 완화하는 데 크게 기여하고 있음을 높이 평가하였다. 중국 측은 앞으로도 능력 범위 내에서 이러한 기여를 계속할 것임을 표명하고, 동시에 한국 정부가 추진하고 있는 광범위한 경제개혁 및 금융위기 극복과 경제 회복을 위한 노력에 대해 긍정적인 평가를 하였다.

5. 중국 측은 앞으로 한반도의 평화와 안정 유지를 위해 계속 노력해 나갈 것을 재천명하고, 최근 남·북한 민간경제교류에서 얻어진 긍정적인 진전을 환영하며, 한반도 남·북 양측의 대화와 협상을 통한 한반도에서의 자주적인 평화통일 실현을 지지하고, 한반도 비핵화 공동선언의 목표가 하루속히 실현되기를 희망하였다. 양측은 4자회담의 추진을 통해 한반도에서 항구적인 평화 체제가 점진적으로 수립되기를 희망하였다.

6. 중국 측은 세계에 하나의 중국만이 있으며, 대만은 중국 영토의 불가분의 일부분임을 재천명하였다. 이에 대해 한국 측은 충분한 이해와 존중을 표시하고, 지금까지 실행해 온 하나의 중국의 입장을 견지한다고 하였다.

7. 양측은 양국 지도자, 정부의 각 부문, 의회 및 정당 간의 교류를 확대, 강화해 나가기로 합의하였다.

8. 양측은 수교 이래 6년여 기간 동안 이룩해 온 양국 간 경제·무역 관계의 발전을 높이 평가하고, 21세기에도 계속해서 경제·무역 협력을 확대, 심화시켜 양국의 공동 번영과 이 지역의 안정 및 발전에 기여하기로 합의하였다. 양측은 양국 간 '경제·무역 및 기술협력 공동위원회'의 수석대표를 차관급으로 격상시키기로 결정하였다. 양측은 현재 양국 간 무역의 불균형에 대해 유의하고, 이러한 무역 불균형 현상을 양국 간 무역확대를 통해 개선해 나가기 위하여 공동 노력하기로 결정하였다.

한국 측은 한·중 간 무역 확대를 위한 중국의 한국 측에 대한 수출금융 제공 제의를 환영하고, 동 수출금융이 양국 간 무역 확대에 도움이 되기를 희망하였으며, 중국 측은 한국 정부의 조정관세 축소 방침을 환영하였다. 양측은 새로운 무역상품 발굴 및 반덤핑제도 등 무역 제한 조치 완화를 위해 협력을 강화해 나가기로 합의하였다. 한국 측은 중국의 방콕협정 가입을 적극적으로 지지하였고, 중국 측은 이에 대해 사의를 표시하였다. 한국 측은 양국 간 경제협력을 확대하기 위해 중국 안후이성의 2개 사업에 대한 70억 원(한화)의 대외경제협력기금(EDCF) 차관 제공을 금년 중 결정하기로 하였다. 양측은 금융감독관리 부문과 금융시장 상호개방 분야에서 협력을 강화해 나가기를 희망하였다.

9. 양측은 산업, 과학기술, 정보통신, 환경, 에너지, 자원, 농업, 임업, 원자력의 평화적 이용, 사회간접자본 건설, 철도 등 부문에서 협력을 가일층 강화하는데 있어 아래와 같이 인식을 같이 하였다. '한·중 산업협력 위원회'의 협력사업을 지속적이고 적극적으로 추진하여 21세기 양국 간 산업 협력관계를 더욱 많은 성과를 거둘 수 있는 새로운 단계로 발전시켜 나가기로 하였다. 양측은 '한·중 과학기술협력에 관한 협정'에 따라 양국 정부 및 민간의 과학기술협력을 지속적으로 강화해 나가기로 하였다.

양측은 최근 홍수, 가뭄, 지진 등 자연재해가 양국에 막대한 피해를 주고 있음을 감안하여 양측은 상술한 부문에서의 정보교류 및 조기 예보, 연구 조사 등 분야에서의 협력을 강화해 나가기로 결정하였다. 양측은 기초과학 부문에서의 교류를 강화하고, 동시에 첨단 기술의 산업화 분야에서의 협력을 적극 촉진해 나가기로 결정하였다. 정보화 시대를 맞이하여 양측은 초고속 정보통신망 및 전자상거래 등 국가 정보화 부문에서 협력을 강화하고, 첨단 통신기술 연구개발 분야에서의 협력을 지속적으로 추진해 나가기로 결정하였다.

양측은 '한·중 환경협력협정'에 기초하여 양국 정부 간 환경보호 및 환경산업 협력을 강화하고, 양국이 관심을 가지고 있는 황사 및 산성비 등 환경오염, 황해 환경보호 등 문제에 대하여 정부 간 공동조사 연구를 강화해 나가고, 동북아 지역 협력 활동에 적극 참여하기로 결정하였다. 양측은 황해 환경보호를 위해 양국 유조선 사고 발생 시 해상오염 예방을 위해 공동 협력하기로 합의하였다.

양측은 에너지, 자원 등 부문의 공동개발 이용 분야에서 협력을 확대해 나가기로 합의하였다. 한국 측은 1999년 쿤밍 세계원예박람회 참가를 결정하고, 중국 측은 이를 환영하였다. 양측은 이를 계기로 원예 부문에서 교류와 협력을 강화해 나가기로 합의하였다. 양측은 한·중 시범농장을 공동으로 건립하고 농작물 병해충 방지에 대하여 공동연구를 추진해 나가리고 결정하였다.

양측은 삼림이 자연생태계에서 차지하는 중요성과 삼림의 유지와 합리적 이용이 생태환경 개선, 나아가 인류생존 환경에 매우 중요한 역할을 한다는 것을 인식하고, '한·중 간 임업협력 약정'에 기초하여 산림녹화, 토사 유실 방지 등 분야에서 임업협력을 강화해 나가기로 합의하였다. 양국은 '한·중 간 원자력의 평화적 이용에 관한 협력을 위한 협정'에 근거하여 핵 과학기술 및 핵에너지 분야에서의 교류와 협력을 강화해 나가기를 희망하였다.

한국 측은 호혜의 원칙 하에 중국의 사회간접자본 건설에 참가하기를 희망하였으며, 중국 측은 이를 환영하였다. 양측은 또한 제3국 건설 분야에서 공동 진출 협력을 추진하기를 희망하였다. 양측은 '한·중 철도분야 교류 및 협력 약정'을 체결하였고, 철도 분야에서 과학기술 교류와 교육훈련 분야의 협력을 강화해 나가기로 결정하였다.

10. 양측은 미래지향적인 양국 관계를 발전시키기 위해서 정부 간 교류뿐 아니라, 양국 국민 간 상호 이해 증진과 다양한 교류 확대가 필요하다는 데 인식을 같이 하였다.

양측은 양국의 각 분야에서의 문화교류 및 협력을 강화, 발전시키기 위하여 한·중 양국 정부 간 문화협정에 의거, '한·중 문화공동위원회'를 정기적으로 개최키로 하였다. 양측은 양국 각각의 정부수립 및 건군 50주년을 기념하여 금년과 내년에 각종 행사를 개최키로 하고, 양국 정부는 이를 적극 지원하기로 합의하였다. 양측은 1998년 체결된 '교육교류 약정'을 기초로 교육 및 학술 부문의 교류를 강화해 나가기로 하였다. 양측은 양국 관광 분야의 교류 및 협력을 강화하도록 장려하고, 양국 관광업계의 발전을 공동으로 촉진해 나가기로 합의하였다.

양측은 양국의 각급 지방정부 간 자매결연 등 방식을 통해 경제, 문화 등 제반 분야에서의 교류를 확대해 나가기로 합의하였다. 양측은 양국이 '한·중 형사사법공조조약', '한·중 사증 발급 절차 간소화 및 복수 사증발급에 관한 협정' 및 '한·중 양국 정부 간 청소년 교류 양해각서' 등 문서에 서명하고, 어업협정을 가서명한 데 대해 환영을 표시하고 상술한 문서가 양국 관계 발전과 양국 간 교류 및 협력의 확대에 기여하기를 희망하였다.

11. 양측은 핵무기 확산 방지와 핵에너지의 평화적 이용 및 생·화학무기 감축, 환경, 마약, 테러, 국제조직범죄 등 국제 문제에 있어서 협력을 강화하기로 합의하였다. 한국 측은 중국의 세계무역기구(WTO) 조기 가입을 지지하는 입장을 재천명하였으며, 양측은 아시아·태평양경제협력체(APEC), 아시아·유럽정상회의(ASEM), 아세안지역안보포럼(ARF) 및 UN 등 국제 무대에서의 협력을 강화하고, 2000년 한국에서 개최되는 제3차 아시아·유럽정상회의의 성공적인 개최를 위해 협력해 나가기로 합의하였다.

12. 양측은 김대중 대통령의 중국 방문이 순조롭게 이루어져 성공을 거두었다고 평가하였다. 김대중 대통령은 중국 측의 따뜻한 환대에 대해 사의를 표시하고, 장쩌민 주석이 편리한 시기에 한국을 방문해 주도록 초청하였다. 장쩌민 주석은 이에 대해 사의를 표시하고 동 방한 초청을 흔쾌히 수락하였다.

자료 4-4 ┃ 노무현 대통령 국빈 방중 계기 한·중 공동성명
(전면적 협력 동반자관계 공동성명) (2003년 7월 8일, 베이징)[4]

1. 대한민국 노무현 대통령은 중화인민공화국 후진타오 주석의 초청으로 2003년 7월 7일부터 10일까지 중국을 국빈 방문하여 중국 정부와 국민의 정중한 환영과 따뜻한 영접을 받았다.

방문기간 동안 노무현 대통령은 후진타오 주석과 정상회담을 가졌으며, 중화

---

4 출처: 앞의 책, pp.190-195.

인민공화국 우방궈 전국인민대표대회 상무위원회 위원장, 원자바오 국무원 총리, 쩡칭훙 국가부주석과 면담하였다. 회담과 면담을 통해 양측은 한·중 우호협력관계의 더 나은 발전과 지역 및 국제 문제에 관한 공동 관심사에 관해 심도 있게 의견을 교환하고, 광범위한 분야에서 인식의 일치를 보았다.

2. 한·중 양국 정상은 수교 후 11년 동안의 양국 선린우호 협력관계의 발전을 전반적으로 회고하면서 총결산하고, 양국의 정치·경제·사회·문화 등 제반 분야에서의 협력이 그간 현저한 성과를 거둔 데 대해 만족을 표명하였으며, 이는 양국 국민에게 큰 이익을 가져다줄 뿐만 아니라, 이 지역의 평화, 안정 및 번영을 촉진시키는 데에도 중요한 기여를 해왔다고 평가하였다.
    양국 정상은 유엔헌장의 원칙과 한·중 수교 공동성명의 정신 및 기존의 협력 동반자관계를 기초로, 미래를 지향하여 전면적 협력 동반자관계를 구축하기로 합의하고 이를 선언하였다.

3. 양측은 각기 국내 정세 및 대외정책을 소개하였다. 중국 측은 한국 정부가 경제발전과 한반도 및 이 지역의 평화와 번영을 위해 적극적으로 노력해온 점을 높이 평가하였다. 한국 측은 중국 정부가 개혁개방 및 현대화 건설을 추진하여 거둔 성과와 중국이 추진하고 있는 인접국과의 선린·동반자 외교정책을 높이 평가하였다.

4. 양측은 한반도의 평화와 안정을 유지하고, 한반도의 비핵화 지위가 확보되어야 한다는 데 인식을 같이 하였다. 양측은 북한 핵 문제가 대화를 통해 평화적으로 해결될 수 있다고 확신하였다. 한국 측은 북한 핵 문제가 검증 가능하고 불가역적인 방식으로 완전히 해결되어야 한다는 점을 강조하였다. 중국 측은 북한 핵 문제가 대화를 통해 평화적으로 해결될 수 있다고 확신하였다.
    양측은 금년 4월 개최된 베이징회담이 유익했다고 인식하였다. 한국 측은 중국 측이 동 회담 개최를 위해 기울인 노력을 평가하고 지지하였다. 양측은 베이징회담으로부터 시작된 대화의 모멘텀이 지속되어 나가고, 정세를 긍정적인 방향으로 발전시켜 나가기를 희망하였다. 중국 측은 한국 측이 남북 관계 개선과 긴장 완화를 위해 취해 온 긍정적인 조치들을 평가하고, 한국 측이 한반도 문제의 당사자로서 건설적인 역할을 발휘하는 것을 지지하였다. 양측은 북한 핵문제를 포함한 한반도 문제에 관하여 협조와 협력을 가일층 강화해 나가기로 합의하였다.

5. 중국 측은 세계에 하나의 중국만이 있으며, 대만은 중국 영토의 불가분의 일부분임을 재천명하였다. 한국 측은 여기에 대해 충분한 이해와 존중을 표시하고 중화인민공화국 정부가 중국의 유일 합법 정부라는 것과 하나의 중국 입장을 계속 견지해 나갈 것임을 밝혔다.

6. 양측은 한·중 고위층 교류 및 양국 정부, 의회, 정당 간 교류가 양국 간 전면적

협력을 가일층 강화해 나가는 데 중요한 의의를 가진다는 데 인식을 같이 하였다. 이를 위하여 양측은 양국 지도자 간 상호 방문과 회동을 강화하고, 교류와 대화체제를 확대하고 발전시켜 나가기로 하였다.

7. 양측은 양국 간 경제·통상협력을 더욱 확대·심화하는 것이 양국의 공동 이익에 부합되고, 양국의 공동 발전에 도움이 된다는 데 인식을 같이 하였다. 양측은 양국 간 경제·통상협력 방향을 연구하기 위한 공동팀을 구성하기로 합의하였다.
   양측은 적극적인 조치를 취하여 양국 간 무역의 건전하고도 순조로운 발전을 추진하고, 또한 무역을 확대하면서 균형을 이루어 나간다는 원칙 하에 무역 불균형을 개선토록 상호 노력하기로 하였다. 양측은 상호이익과 우호적인 협의 정신에 따라 무역과 관련하여 발생하는 문제를 예방하고 원만히 해결해 나가기로 합의하였다. 이를 위하여 양측은 양국 간에 품질감독·검사·검역 협의체를 조속히 설치하기로 합의하였다. 양측은 한·중 투자보장협정을 개전하여 양국 상호 간 투자 확대를 위해 유리한 환경을 함께 조성해 나가기로 합의하였다.

8. 양측은 새로운 협력 분야의 협력 방식을 개발하여 양국 간 '미래지향적 경제협력관계'를 모색해 나가기로 합의하였다. 양측은 완성차 생산, 금융, CDMA 등 분야에서의 협력을 높이 평가하고, 동 분야의 협력을 계속 강화하기로 합의하였다. 또한, 이러한 분야에서의 성과를 바탕으로 차세대 IT산업, 생명공학, 신소재 등 첨단기술 분야에서의 공동연구와 산업화 협력을 강화하고, 유통, 자원개발 및 에너지, 교통 등 인프라 건설 분야에서의 교류와 협력을 확대해 나가기로 합의하였다.
   양측은 환경보호와 환경산업 분야에서의 협력을 강화하고, 양국 정부와 업계, 학계 및 관련 단체들이 참가하는 '한·중 환경보호 산업 투자 포럼'을 공동 개최하기로 합의하였다. 양측은 황사 모니터링, 사막화 방지 및 생태계 건설 등 분야에서의 협력을 강화하기로 합의하였다. 한국 측은 2008년 베이징올림픽, 2010년 상하이엑스포와 중국의 서부 대개발 계획을 적극 지지하였으며, 중국 측은 한국 기업의 적극적인 참여를 환영하였다.

9. 양측은 '2002 한·중 교류의 해' 활동이 성공적으로 이루어진 것에 대해 만족을 표명하고, 동 성과를 바탕으로 '한·중 교류제'를 매년 정기적으로 개최하는 방안을 검토키로 하였으며, 양국 간 문화교류와 문화산업 협력을 더욱 강화하기로 합의하였다.
   양측은 양국 간 교육, 체육, 언론 등 분야와 우호 단체, 청소년 및 양국의 자매도시 간의 교류를 더욱 확대하여 양국 국민들 간 우호협력의 기초를 튼튼히 하기로 합의하였다.
   한국 측은 중국 정부와 국민이 SARS 퇴치에 있어서 큰 성과를 거둔 것을 높이 평가하였다. 중국 측은 한국 측이 중국의 SARS 퇴치 노력을 지지하고 지원해 준

데 대해 사의를 표명하였다. 양측은 양국 간 전염병 예방과 퇴치 등 분야에서 교류 협력을 강화하기로 합의하였다.

양측은 양국 국민의 왕래가 빠르게 증가하고 있는 데에 따른 수요에 부응하기 위하여 양국 간 항공 협력을 확대해 나가는 한편, 항공 자유화를 점진적으로 추진하기로 합의하였다. 양측은 영사 및 사법 분야에서 협력을 강화하고, 양국의 법집행 기관 간의 협의와 인적 교류를 확대하여 양국 국민들의 정상적인 왕래를 위한 법적인 보장을 제공하기로 합의하였다.

양측은 '한·중 민사 및 상사 사법공조 조약', '한·중 간 표준화 및 적합성 평가 분야 협력에 관한 약정' 및 '한국공학한림원과 중국공정원 간의 공학기술협력에 관한 양해각서'를 체결하게 된 것을 환영하였다. 중국 측은 한국이 청두에 총영사관을 설치하는 데 동의하였다. 양측은 이러한 조치가 양국 관계의 발전과 양국 간 교류·협력의 확대에 기여할 수 있기를 희망하였다.

10. 양측은 아태지역에서 부상하고 있는 역내 협력 과정의 추진을 위해 적극적으로 노력하기로 합의하였다. 양측은 ASEAN+3 과정을 통해 동아시아 협력을 지속적으로 확대·심화시켜 나가는 것을 지지하여 지역 평화와 공동 번영을 위해 기여해 나가기로 하였다. 양측은 한·중·일 간 협력 강화가 동아시아 협력의 발전을 촉진시키는 데 도움이 된다는 인식을 같이하고, 현재 3국의 경제연구기관 간에 진행되고 있는 한·중·일 FTA의 경제적 효과에 관한 공동연구가 많은 성과를 거두기를 기대하였다.

양측은 유엔, 세계무역기구, 아·태 경제협력기구, 아시아·유럽정상회의 등 지역 및 국제 무대에서의 협조와 협력을 강화하는 데 의견을 같이하고 특히, 2005년 한국에서 개최되는 APEC 정상회의의 성공적 개최를 위하여 긴밀히 협력하기로 하였다. 양측은 마약, 국제테러리즘, 금융경제범죄, 해적, 하이테크범죄 등 비전통적 안보 분야를 포함한 공동 관심사에 관하여 협력을 더욱 강화해 나가기로 합의하였다.

11. 양측은 노무현 대통령의 중국 방문 성과에 대해 만족을 표명하고, 노무현 대통령의 금번 방문이 향후 양국 관계의 장기적인 발전에 중요한 계기가 될 것이라는 데 인식을 같이 하였다. 노무현 대통령은 중국 측의 환대에 사의를 표하고, 편리한 시기에 후진타오 주석이 한국을 방문하여 주도록 초청하였다. 후진타오 주석은 이에 대해 사의를 표하고 초청을 흔쾌히 받아들였다.

자료 4-5 ▎ 후진타오 주석 국빈 방한 계기 한·중 공동성명
(2005년 11월 17일, 서울)[5]

중화인민공화국 후진타오(胡錦濤) 국가주석은 대한민국 노무현 대통령의 초청으로 2005년 11월 16일부터 17일까지 대한민국을 국빈 방문하였다.
방문기간 중 후진타오 주석은 노무현 대통령과 정상회담을 가졌으며, 김원기 국회의장, 이해찬 국무총리 등 한국 지도자들과 각각 면담하였다.
양국 정상은 2003년 7월 베이징에서의 만남 이후 한·중 관계가 새로운 진전을 거둔 데 대해 만족을 표하고, 양국 간 합의한 '한·중 간 전면적 협력 동반자관계'를 더욱 심화시켜 나갈 것, 지역 및 국제 문제 등 상호 공동 관심사에 대해 허심탄회하고 심도 있는 의견 교환을 하였으며, 광범위한 공동인식에 도달하였다.

Ⅰ. 양측은 1992년 한·중 수교 이래 양국이 외교, 안보, 경제, 사회, 문화, 인적 교류 등 각 분야의 교류와 협력에 있어 중요한 진전을 거두게 된 것을 높이 평가하였다. 양측은 2003년 7월의 '한·중 공동성명'이 효과적으로 이행되고 있는데 대해 만족을 표명하였다. 양측의 정치적 상호신뢰는 계속 깊어지고 있으며, 각 분야에서의 교류와 협력이 날로 확대·심화되고 있는 바, 한·중 간 전면적 협력 동반자관계가 새로운 발전 단계에 접어들었다는 데 인식을 같이 하였다.
양측은 양국 간 '전면적 협력 동반자관계'에 따라 선린우호 협력관계를 계속 공고히 하고 발전시켜 나가는 것이 양국 국민의 근본적인 이익에 부합되며, 이 지역은 물론 세계의 평화, 안정 및 번영에도 긍정적인 기여를 할 것이라는 데 공감하였다.
또한, 양측은 각 분야에서의 양국 간 교류와 협력을 계속 확대, 심화시켜 나가고, 양국 관계 발전 과정에서 발생하는 문제들을 한·중 우호·협력관계 발전의 큰 틀 속에서 원만하게 해결해 나감으로써, 한·중 관계가 장기적으로 건전하고 안정적으로 발전해 나갈 수 있도록 공동의 노력을 기울여 나가기로 하였다.

Ⅱ. 양측은 베이징 제4차 6자회담에서 채택한 공동성명을 환영하고, 동 공동성명을 통해 6자회담의 목표와 원칙에 합의함으로써, 한반도 비핵화 실현을 위한 중요한 기초를 다졌다는 데 인식을 같이 하였다. 양측은 관련 각측이 계속 성의를 가지고 신축성을 보여주어야 하며, 동 성명을 성실히 이행하여 회담의 프로세스가 계속 진전을 이루도록 해야 한다는 데 인식을 같이 하였다.
중국 측은 남북한 간 화해 협력이 적극적인 진전을 거두게 된 것을 환영하고, 남북한 양측의 관계가 개선되어 최종적으로는 평화통일이 실현되기를 계속 확고 불변하게 지지한다는 점을 재천명하였다. 중국 측은 한국 측이 남북 관계 개선 및 한반도 평화와 안정 유지를 위해 기울여온 노력을 평가하고, 한국 측이 한반도 문제의 직접 당사국으로서 이를 위해 계속적으로 적극적인 역할을 발휘하기를 바라며,

---

5 출처: 앞의 책, pp. 196-206.

이를 지지한다고 하였다.

양측은 한반도 및 동북아의 평화와 공동의 번영을 위해 계속 협력해 나가기로 하였다. 양측은 동북아 지역의 교류와 협력이 날로 증대되고 있는 것을 환영하고, 역내 통합과 협력의 질서 창출을 위해 적극 협력하기로 하였다. 중국 측은 한국 측의 '평화와 번영 정책'을 평가하였으며, 한국 측은 중국이 동북아의 평화와 발전을 위해 수행하고 있는 건설적인 역할을 높이 평가하였다.

III. 중국 측은 세계에서 중국은 오직 하나뿐이며, 대만은 중국 영토의 불가분의 일부분이라고 강조하였다. 한국 측은 이에 대해 충분한 이해와 존중을 표명하였으며, 중화인민공화국 정부만이 중국을 대표하는 유일한 합법정부임을 재확인하고, 하나의 중국 입장을 계속 견지해 나갈 것임을 밝혔다.

IV. 양측은 양국의 고위급 교류 및 정부, 의회, 정당간의 교류가 양측의 상호 이해와 신뢰를 증진하고, 양국 간 전면적 협력 동반자관계의 지속 심화 발전을 촉진하는 데 있어서 중요한 의의가 있다는 데 의견을 같이 하였다. 양측은 고위급 상호 방문 모멘텀을 계속 유지하기로 하고, 양국 지도자 간의 빈번한 만남을 강화하기로 하였다. 양측은 양국 의회 간 고위급 정기교류체제의 조속한 구축과 양국 정당, 단체 간 각종 형식의 교류와 협력을 지지하기로 하였다.

양측은 양국 외교부 간의 협상과 협력을 보다 강화해 나가자는 데 동의하고, 양국 외교장관 간 상시 의견교환이 가능하도록 직통전화 채널(hot-line)을 개설하기로 하였다. 또한, 양국 외교부 차관급 정례협의 채널을 설치하고, 공동 관심사에 대해 논의하기로 하였으며, 양측 외교 당국 간 다양한 수준에서의 정기협의 메커니즘을 활성화하기로 하였다.

양측은 양국 국방, 안보 분야의 대화와 접촉을 강화하고, 양국 군사 교류를 확대해 나가기로 하였다. 양측은 2002년 베이징에서 개최된 한·중 외교·국방 당국 간 제1차 안보 대화를 긍정적으로 평가하고, 2006년 서울에서 제2차 대화를 개최키로 합의하였으며, 이를 정례화하기 위해 노력하기로 하였다.

V. 양측은 양국 간 경제무역 관계가 날로 긴밀해지는 것은 양국 국민들에게 실질적인 이익을 가져다줄 뿐만 아니라, 양국의 공동 발전과 번영에도 도움이 된다고 하고, 이에 대해 만족을 표명하였다. 양측은 양국의 공동연구팀이 2003년 양국 정상 간 합의에 따라 완성한 '한·중 경제통상협력 비전 공동연구보고서'에 대해 높이 평가하고, 동 보고서가 향후 양국의 무역·투자 등 중장기 경제협력의 중요한 지침이 될 것이라고 하였다.

양측은 양국 간 연간 1,000억 불 무역 목표액이 3년 앞당겨 2005년 달성이 예상되는 것을 기쁘게 생각하며, 한·중 수교 20주년이 되는 2012년에 양국 간 무역액이 2,000억 불을 달성할 수 있도록 지속적인 노력을 기울여 나가자고 하였다.

양측은 양국 간 무역을 확대시켜 나감과 동시에 점진적으로 균형을 이루어 나가도록 상호 적극적인 노력을 기울여 나가자는 데 의견을 같이 하였다. 이를 위하여 한국 측은 구매사절단 파견 등 적극적인 노력을 계속해 나가기로 하였다.

한국은 중국의 시장경제 지위를 인정하기로 하였다.

양측은 한·중 양자 간 FTA 민간공동연구가 2005년부터 2년 예정으로 가동되고 진전을 거둔 데 대해 만족을 표명하고, 양국의 연구기관이 이를 심도 있게 논의, 연구보고서를 예정대로 완성하여 정부에 정책 건의를 하게 되기를 희망하였다.

양측은 양국 경제무역과학기술 공동위원회, 경제장관 회의 등 대화와 협력체제를 가일층 강화, 정비하고, 양국 경제협력의 분야와 채널을 지속·확대해 나가기로 하였다. 양측은 현재 운용 중인 한·중 무역 구제기관 협력회의의 기능을 확대 강화시켜 상호이익, 호혜와 우호 협상의 정신에 따라, 무역 과정에서 발생하는 문제들을 사전에 예방하고 원만하게 처리해 나가기로 하였다. 양측은 품질감독 검사검역에 관한 고위급 협의체를 조속히 가동시킴으로써, 식품위생, 동식물 검사검역 등 품질검사 분야의 문제를 대화와 협상을 통해 해결하기로 하였으며, 상업정보분야 교류 협력을 추진해 나가기로 하였다.

양측은 투자 협력 확대를 위한 양호한 환경 조성에 필요한 지원을 하고, '한·중 투자보장협정' 개정에 조속히 합의하여 양국의 상호 투자확대라는 수요에 부응할 수 있도록 하기로 합의하였다.

양측은 '대한민국 산업자원부와 중화인민공화국 상무부 간의 무역구제 분야 협력 확대에 관한 양해각서' 및 '대한민국 산업자원부와 중화인민공화국 상무부 간의 무역투자협력 확대에 관한 양해각서'의 체결을 환영하고, 이들 양해각서의 체결을 통해 양국의 기업들에게 보다 개선된 비즈니스 환경을 제공하게 될 것으로 기대하였다.

양측은 첨단기술, 인프라, 서비스업 및 대형프로젝트 분야에서의 양국의 협력을 긍정적으로 평가하고, '한·중 경제통상협력 비전 공동연구보고서'에서 건의한 양자 간 무역 투자 원활화를 위한 5개 조치 및 정보통신, 자동차, 철강 등 12개 분야에서의 협력 등 17개 중점산업 분야에서의 협력을 한층 더 강화해 나가자는데 합의하였다.

양측은 정보기술, 생명공학, 신소재 등 첨단기술 분야에서 더욱 긴밀한 협력을 전개하고, 과학기술정보 교류를 확대하며, 관련 연구 성과를 공유하고 효과적으로 이용하는 방안을 추진하자는 데 동의하였다.

양측은 또한, 환경 기술에 대한 공동연구 및 응용방안을 추진하며 순환 경제, 황사 모니터링, 사막화 방지, 위생매립장 관리, 매립가스 발전 등 분야에서의 협력을 계속해서 강화해 나가기로 하였다.

양측은 차세대 인터넷과 이동통신, 공개 소프트웨어 등의 IT 분야에서 보다 더 긴밀하고 구체적인 협력관계를 구축하는 등 양국 간 IT 협력을 한 단계 더 발전시키기로 합의하였다. 양측은 정보화 혜택으로부터 소외되어 지식정보사회로의 진입에 어려움을 겪고 있는 아시아와 세계 각국의 빈곤계층에 대한 정보 접근기회 제공 등 국제정보격차 해소를 위해서 협력하기로 합의하였다.

양측은 에너지 문제가 세계경제발전에 미치는 영향에 대해 깊은 관심을 표명하고, 석유수입에 관한 양국 간 대화체제를 구축하는 방안을 검토하기로 하였으며, 에너지 분야에서의 기업 간 교류와 협력을 장려하고, 평등호혜, 상호협의의 원칙 하에 양국 간 에너지 분야의 협력을 강화하기로 하였다.

또한, 양측은 석유 공동 비축, 전력건설 및 신재생 에너지 등 분야에서 교류를 계속 강화해 나가기로 합의하였다.

양측은 양국 간 물류·유통 분야의 협력체제를 계속 정비시키고, 동북아 전체의 물류 분야 협력을 공동으로 추진하기로 하였다. 이를 위해 양국 간 해상운수협력 장관급 회의를 정례적으로 개최하기로 합의하였다.

양측은 양국이 현재의 기초 위에 전통의약 및 전염병 방지 등 분야에서의 교류와 협력을 보다 강화해 나가자는 데 동의하였다.

양측은 조류 인플루엔자의 예방과 치료 분야에서의 정보교류와 협력을 강화해 나가자는데 동의하였다.

한국 측은 2008년 베이징 올림픽과 2010년 상하이 세계박람회, 중국의 서부대개발, 동북노후공업지역 진흥계획 등에 지속적으로 협력하고 참여할 뜻을 밝혔으며, 중국 측은 이를 환영하였다.

VI. 양측은 양국의 문화, 교육, 관광, 스포츠, 언론 등 분야와 우호 단체, 지자체 간의 교류를 더욱 확대하여 양 국민의 우호 협력을 위한 기초를 공고히 해나가기로 하였다.

양측은 한·중 수교 15주년이 되는 2007년을 한·중 교류의 해로 정하기로 하고, 양국 정부 차원에서 각종 행사를 진지하게 기획하고 조직하여, 양국의 민간교류 확대와 이해 증진의 중요한 계기가 되도록 하자는 데 인식을 같이하였다.

양측은 청소년 교류가 양국 관계의 미래에 중요한 의의가 있다고 하고, 최근 2년 간 '한·중 청소년교류합의' 의 운영 상황을 높이 평가하였다. 중국 측은 양국 청소년 간의 교류를 더욱 활성화시키기 위해, 2006년부터 방중 초청대상 한국청년 규모를 100명을 추가하여 초청해 나갈 것이라고 하였으며, 한국 측이 매년 500명의 중국청년을 한국으로 초청하는 사업이 중국 청년들의 한국에 대한 이해와 양국 청년 간 우의를 제고시키는 데 좋은 성과를 거두고 있음을 기쁘게 생각한다고 하였다.

양측은 경제무역, 인적 교류의 신속한 발전 요구에 부응하기 위하여, 항공, 해운 협력을 지속 확대해 나가기로 하였으며, 항공, 해운 자유화를 점진적으로 추진하기로 하였다. 한국 측은 중국의 항공사를 위해 중국에서 제주도까지의 항공노선에 최대한 편의를 제공해줄 의향이 있다고 하였다.

양측은 양국 문화공동위원회가 금년 5월 채택한 '2005~2007년도 한·중 문화교류 계획'에 대해 긍정적으로 평가하고, 동 계획에 따라 정기적으로 문화분야의 전문가, 배우 및 관련 공무원을 상호 파견하여 학술교류와 문화산업협력을 추진해 나가기로 하였다.

중국 측은 한국 측이 시안(西安)에 총영사관을 개설하는 것을 환영하였으며, 한국 측은 중국의 주한 중국대사관 주광주 영사사무소 개설을 환영하였다.

양측은 '해상 수색 및 구조협정'을 조속히 체결하여 해상 인명과 재산의 안전을 확보하자는 데 동의하였으며, 양국 간 정상적인 경제활동과 인적 왕래를 위한 법률 및 제도적 보장을 위해 영사, 사법 등 분야의 협력을 지속 강화해 나가자는 데 동의하였다.

양측은 '중국 국가임업국과 한국 산림청 간 동북 호랑이 번식 협력에 관한 약정'의 체결을 환영하고, 동 약정의 체결이 양국 국민들 간의 우호와 협력을 가일층 증진시키는 데 도움이 되기를 기대하였다.

Ⅶ. 양측은 ASEAN+3, 동아시아정상회의, 한·중·일 협력, ARF, APEC, ASEM, 아시아·라틴아메리카 포럼 등 각종 지역 및 지역 간 협력체에서 긴밀히 협력하고, 역내 FTA 연구와 구축을 촉진하며, 지역 협력의 과정을 추진해 나가자는 데 동의하였다.

양측은 21세기 국제사회가 당면한 기회와 도전에 대처하기 위하여 효율적 다자체제를 보다 강화해 나가야 할 필요성에 공감하면서, 유엔 등 국제 무대에서 지속적으로 상호 협력키로 하였다.

양측은 특히 효율적 다자주의의 미래를 위해 광범위하고 합리적인 유엔개혁이 필요함을 강조하고, 유엔체제가 유엔의 권위 및 효율성 제고, 새로운 도전과 위협에 대처할 수 있는 능력 제고, 보다 투명하고 민주적이며 대표성을 확보하는 방향으로 개혁되어야 한다는 데 의견을 같이 하였다.

양측은 또한 안보리 개혁이 충분한 협상과 가장 광범위한 공감대가 형성된 기조 위에서 추진됨으로써 유엔의 전반적 개혁에 긍정적 영향을 미치는 방향으로 이루어져야 함을 강조하였다.

양측은 마약 퇴치, 국제테러리즘, 금융경제범죄, 해적, 하이테크범죄, 종교적 극단주의 등 비전통적 안보 분야에서의 협력을 강화해 나가자는 데 동의하였다.

양측은 부산 APEC 정상회의의 성공적 개최를 위해 협력하고, 궁극적으로 아시아·태평양지역의 공동 번영을 위해 함께 노력해 나가기로 하였다.

Ⅷ. 양측은 후진타오 주석의 방한이 큰 성과를 거두게 된 데 대해 만족을 표명하고, 금번 방문이 장래 양국 관계 발전에 있어서 중요한 의의가 있다는 데 의견을 같이 하였다.

후진타오 주석은 노무현 대통령에게 한국 정부와 국민들의 따뜻하고 우호적이며 성대한 환대에 대해 사의를 표하고, 노무현 대통령께서 편리한 시기에 중국을 재차 방문해 주실 것을 초청하였다. 노무현 대통령은 후진타오 주석의 초청을 수락하였다. 구체적인 방문 일시는 양측 간 외교채널을 통하여 협의 후 결정하기로 하였다.

자료 4-6 ┃ 이명박 대통령 국빈 방중 계기 한·중 공동성명
(전략적 협력 동반자관계 공동성명) (2008년 5월 28일, 베이징)[6]

　이명박 대한민국 대통령은 후진타오(胡錦濤) 중화인민공화국 주석의 초청으로 2008년 5월 27일부터 30일까지 중국을 국빈 방문하여 중국 정부와 국민의 정중한 환영과 따뜻한 영접을 받았다
　방문기간 동안 이명박 대통령은 후진타오 주석과 정상회담을 가졌으며, 원자바오(溫家宝) 국무원 총리, 자칭린(賈慶林) 전국정치협상회의 주석과 각각 면담하였다. 이명박 대통령은 최근 쓰촨성(四川省) 원촨(汶川)에서 발생한 지진으로 막대한 인명피해 및 재산 피해가 발생한 데 대해 깊은 애도와 위로를 표시하고, 중국 측의 피해자 구호에 필요한 지원을 제공할 용의가 있음을 표명하였다. 후진타오 주석 등 중국 지도자들은 한국 정부와 국민들이 중국의 재난 상황에 관심을 갖고, 긴급원조를 제공하고 구조대를 파견한 것에 대해 사의를 표명하였다. 양측은 지진, 해일, 태풍 등 자연재해 분야에서 양국 간 협력을 강화해 나가기로 하였다.
　회담과 면담을 통해 양측은 한·중 우호협력관계의 가일층 발전과 지역 및 국제문제 상호 관심사에 대해 심도 있게 의견을 교환하고 광범위한 분야에서 인식의 일치를 보았다.

1. 한·중 관계 발전
　양국 정상은 1992년 수교 이래 한·중 양국이 이룬 급속한 관계 발전을 높이 평가하고, 양국 관계를 '전면적 협력 동반자관계'에서 '전략적 협력 동반자관계'로 격상하기로 하였으며, 외교, 안보, 경제, 사회, 문화, 인적 교류 등 분야에서 교류와 협력을 한층 강화시켜 나가기로 하였다.
　양측은 양국이 외교·안보 분야 대화와 협력을 증진시켜 나갈 필요가 있다는 인식 하에, 외교 당국 간 고위급 전략대화 체제를 구축하기로 합의하고, 기존 양측 간 '한·중 외교·안보 대화'를 정례화하기로 하였다.
　양측은 양국 지도자, 정부 각 부처, 의회와 정당 간의 교류를 더욱 강화시켜 나가기로 하였다.
　중국 측은 세계에 하나의 중국만이 있으며, 대만은 중국 영토의 불가분의 일부분임을 재천명하였다. 한국 측은 이에 대해 충분한 이해와 존중을 표시하고, 중화인민공화국 정부가 중국의 유일 합법 정부라는 것과 하나의 중국 입장을 계속 견지해 나갈 것임을 밝혔다.

2. 경제·통상 협력 확대
　양측은 2005년 양국 정상이 채택한 '한·중 경제통상협력 비전 공동연구보고서'를 양국 간 경제·통상관계 발전의 새로운 상황을 반영하여 보다 실질적인 경제·통상

---

6 출처: 앞의 책, pp. 207-213.

협력의 토대로 활용할 수 있도록 조정·보완해 나가기로 하였다.
 양측은 한·중 자유무역협정(FTA) 산관학 공동연구가 순조롭게 진행 중임을 평가하고, 동 연구 결과를 토대로 한·중 자유무역협정(FTA) 추진에 대하여 양국 간 상호이익이 되는 방향으로 계속 적극 검토해 나가기로 하였다.
 양측은 '한·중 투자보장협정'의 개정 및 공포에 대해 환영을 표하고, 이 협정이 한·중 양국 간의 상호 투자를 확실히 보호하고 확대하는 데 도움이 되며, 양국 호혜공영의 경제·통상관계 발전 방향에 부합한다는 데 인식을 같이 하였다.
 양측은 양국 간 무역이 점차적으로 확대 균형을 이룰 수 있도록 공동 노력해 나가기로 하였다. 한국 측은 중국수출입상품교역회, 중국국제중소기업박람회 등 각종 무역투자박람회 적극 참가, 구매사절단 및 투자조사단 파견 등 노력을 계속해 나가기로 하였다. 중국 측은 이를 높이 평가하였다.
 양측은 이동통신 분야에서의 구체적인 협력의 필요성에 공감하고, 양국 통신기업 간 자본 및 기술협력이 확대될 수 있도록 적극 지원하며, 전자정보통신 분야에서의 협력을 소프트웨어, 무선주파수 식별시스템(RFID) 등의 분야로 확대해 나가도록 상호 긴밀히 노력하기로 하였다.
 양측은 원전, 석유비축, 자원 공동개발과 신재생 에너지 등 에너지 분야에서 포괄적이고 호혜적인 협력을 지속적으로 강화해 나가고, 향후 에너지 절약 분야에서도 구체적인 성과를 도출하기 위해 노력하기로 하였다.
 양측은 지적재산권 보호, 식품안전 및 품질검사, 물류 및 노무 협력 등 분야에서의 협력을 강화하기로 하였다.
 양측은 금융 분야에서의 협력 강화가 양국의 금융업 발전에 유리하다는 데 인식을 같이 하였다. 양측은 금융시스템 구축 과정에서 얻은 경험을 상호 교류하고 배우며, 금융시장의 개혁과 개방을 추진하고, 국제 및 지역 금융기구에서의 협조와 협력을 강화하기로 하였다.
 양측은 남북 극지 과학기술 등 분야에서 양국 간 공동연구 및 조사 등의 협력을 강화하기로 하였다.
 양측은 환경보호 강화를 위한 협력의 중요성에 인식을 같이하고, 특히, 환경산업, 황사 관측 황해 환경보전 등 분야의 교류와 협력을 강화하기로 합의하였다.
 양측은 2010년 상하이 세계박람회와 2012년 여수 세계박람회의 성공적 개최를 위해 적극 협력하기로 하였다.

3. 인적·문화 교류 강화
 양측은 기존의 청소년 상호 초청 규모를 점진적으로 확대하는 한편, 상호 초청을 통한 청소년 홈스테이 프로그램 및 대학 장학생 교류도 확대하기로 합의하였다.
 양측은 양국 국민 간 교류 확대를 위해 사증 편리화 조치를 취하는 것을 적극 검토하기로 하였다.
 중국 측은 한국 측의 주우한(武漢) 총영사관 설립 계획을 환영하였다.
 양측은 양국의 유구한 교류역사가 한·중 우호 관계의 소중한 자산임을 인식하고,

상호 이해를 강화하기 위해 양국 학술기관이 역사, 문화 등 분야에서 교류를 전개하는 것을 지원해 가기로 하였다.

4. 지역 및 국제 무대에서의 협력 추진

중국 측은 남북한 양측이 대화와 협상을 통해 관계를 개선하고, 궁극적으로 평화적인 통일을 실현하는 것을 변함없이 지지한다는 점을 재확인하였다.

한국 측은 한반도 평화와 안정 실현을 위한 그간의 중국 측의 역할을 평가하고, 앞으로도 계속 건설적인 역할을 할 것을 기대하였다.

한국 측은 북핵 문제의 해결을 진전시키고 남북한 간 경제·사회 등 제반 분야의 교류와 협력의 폭을 확대하고자 하는 입장을 표명하였다. 중국 측은 이에 대해 이해를 표시하고 남북한 화해 협력이 증진되기를 기대하였다.

양측은 6자회담 관련 '9.19 공동성명'의 이행을 위한 제2단계 행동 계획이 '행동 대 행동'의 원칙에 따라 전면적이고 균형적으로 조기에 이행되어야 한다는 데 인식을 같이 하였다.

양측은 관계 각측과 함께 다음 단계 행동 계획을 검토·작성하고, 9.19 공동성명의 전면적인 이행을 위해 건설적인 노력을 하기로 하였다.

양측은 한·중 협력이 6자회담과 한반도 비핵화 과정을 추진하는 중요한 요인으로 작용한다는데 인식의 일치를 보았으며, 한반도 및 동북아의 평화와 안정을 실현하기 위해 계속 긴밀히 협력해 나가기로 하였다.

양측은 범세계적 문제 해결을 위한 유엔의 역할의 중요성을 재확인하고, 유엔관련 사안에 대해 계속 긴밀히 협력하기로 합의하였다. 또한, 유엔 개혁이 유엔의 권위와 역할 및 효율을 강화하고, 유엔의 투명성, 민주성, 대표성을 제고하는 방향으로 회원국들 간의 최대한 광범위한 합의를 바탕으로 이루어져야 한다는 데 의견을 같이 하였다. 양측은 유엔의 효율성과 책임성을 제고하기 위한 유엔사무총장의 제반 노력에 대한 지지 입장을 표명하였다.

양측은 한·중·일 협력이 아시아의 평화, 안정 및 번영에 있어 매우 중요하다는데 인식을 같이 하였다. 양측은 3국 정상회의와 외교장관회의의 3국 내 순환 개최 등 3국 간 빈번한 교류를 지속시키기 위해 노력하기로 하였다.

양측은 금년 베이징에서 개최되는 제7차 아시아·유럽 정상회의(ASEM)의 성공적인 개최를 위해 공동 노력하기로 하였다. 양측은 기후변화, 대량살상무기(WMD)의 확산방지, 국제테러리즘, 금융경제 범죄, 해적, 하이테크범죄 등 공동관심 문제에 대해 협력을 강화하기로 하였다.

5. 조약·양해각서 서명

양측은 양국이 '한·중 수형자 이송 조약', '중화인민공화국 과학기술부와 대한민국 교육과학기술부간 극지(極地)에서 과학기술협력에 관한 양해각서', '한·중 학위학력 상호인증 양해각서' 체결을 환영하였다.

6. 평가 및 향후 정상교류

양측은 이명박 대통령의 금번 중국 방문의 긍정적인 성과에 대해 만족을 표명하고, 금번 방문이 향후 양국 관계 발전에 중요한 의의를 지닌다는 데 인식을 같이 하였다.

후진타오 주석은 이명박 대통령의 베이징올림픽 개막식 참석을 기대하며, 이를 환영한다고 하였다. 이에 대해 이명박 대통령은 베이징올림픽이 인류 화합의 제전으로서 큰 성공을 거두기를 기대한다는 입장을 표명하고, 개막식에 참석하겠다는 의향을 표명하였다.

이명박 대통령은 중국 측의 환대에 사의를 표하고, 후진타오 주석이 조기에 한국을 방문하여 주도록 초청하였다. 후진타오 주석은 이에 대해 사의를 표명하고 이 대통령의 초청을 흔쾌히 수락하였다.

자료 4-7 ▌ 후진타오 주석 국빈 방한 계기 한·중 공동성명
(전략적 협력 동반자관계 공동성명) (2008년 8월 25일, 서울)[7]

I. 후진타오(胡錦濤) 중화인민공화국 주석은 이명박 대한민국 대통령의 초청으로 2008년 8월 25일부터 26일까지 한국을 국빈 방문하였다. 방문기간 동안 후진타오 주석은 이명박 대통령과 정상회담을 갖고 광범위한 분야에서 인식의 일치를 보았다.

II. 양 정상은 1992년 한·중 수교 이래 양국 관계가 정치, 경제, 사회, 문화 등 각 분야에서 이룩한 다대한 발전에 만족을 표시하였고, 이것이 양국의 발전을 촉진하였을 뿐만 아니라, 아시아를 비롯한 전 세계의 평화와 발전에도 긍정적인 기여를 한 것으로 평가하였다.

III. 이명박 대통령은 중국이 베이징올림픽을 성공적으로 개최한 것을 축하하였다. 후진타오 주석은 이명박 대통령이 베이징올림픽 개막식에 직접 참석하는 등 베이징올림픽의 성공적 개최를 지원하여 준 데 대해 사의를 표하였다.

양측은 한·중 관계가 양측 모두에게 중요한 양자관계라는 데 인식을 같이 하였다. 양측은 2008년 월 이명박 대통령 방중 시 양측이 발표한 '한·중 공동성명'을 기초로 한·중 전략적 협력 동반자관계를 전면적으로 추진해 나가기로 하였다.

IV. 양측은 장기적인 공동발전 실현을 기본 목표로 상호 협력을 전방위적으로 확대·심화하고, 지역 및 국제사회의 중요 문제에 있어 협조를 강화하기로 하였다. 또한, 양측은 항구적인 평화와 공동 번영의 세계를 구축하기 위해 노력하고, 인

---

7 출처: 앞의 책, pp. 214-220.

류 발전과 진보를 위하여 힘쓰기로 하였나. 이를 위해 양측은 아래와 같은 방향으로 양국 관계를 발전시켜 나가기로 하였다.

1. 정치적 신뢰를 증진하고, 상대방의 평화적 발전을 상호 지지한다. 양국 간의 고위층 교류를 유지 강화한다. 양국 정부, 의회 및 정당 간의 교류와 대화를 심화 확대한다. 국방 분야의 대화와 교류를 강화한다.
2. 호혜 협력을 심화한다. 서로의 장점으로 상호 보완하고 호혜 상생하는 원칙에 입각하여 양측 간 새로운 협력 분야를 부단히 발굴하고, 협력의 폭과 깊이를 확대해 나간다. 실용적 협력을 통해 양국의 지속 가능한 발전을 촉진한다.
3. 인적·문화적 교류를 촉진한다. 양국 간 유구한 교류의 역사와 깊은 인적·문화적 유대를 바탕으로 교류를 폭넓게 전개함으로써 양국 국민 간 상호 이해와 우호적인 감정을 심화시켜 나간다.
4. 지역 및 범세계적인 문제에 대한 조율과 협력을 강화한다. 한반도 및 동북아의 평화와 안정을 유지하기 위해 함께 노력한다. 아시아 지역 협력에 적극적으로 참여한다. 국제다자무대에서 대화와 협력을 강화한다. 인류 생존 및 발전과 관련된 중대한 문제에 적극적으로 협력한다.

V. 한국 측은 남북한 간 화해와 협력을 통해 상생·공영의 남북 관계를 발전시켜 나가고자 하는 입장을 표명하였다. 중국 측은 남북한이 화해·협력하고 남북 관계를 개선하여, 궁극적으로 평화통일을 실현하는 것을 계속 지지한다고 재천명하였다. 한국 측은 대만 문제 관련, 2008년 5월 '한·중 공동성명'에서 밝힌 입장을 재천명하고, 하나의 중국 정책을 계속 견지하기로 하였다.

VI. 양측은 양국관계 발전을 위하여 우선적으로 아래와 같은 구체사업을 추진해 나가기로 하였다.
1. 정치 분야
(1) 양측은 양국 고위 지도자들의 빈번한 상호 방문 및 접촉을 유지하기로 합의하였다.
(2) 양측은 양국 외교부 간 차 고위급 전략대화를 2008년 내 개최함으로써 양국의 공동이익과 관련된 중대 문제에 대해 의견을 교환하는 전략대화 체제를 가동하기로 하였다. 또한, 양국 외교부 간 실무급 업무협의 체제를 정례화하여 대외정책 및 국제정세에 대한 의사소통을 강화하기로 하였다.
(3) 양측은 양국 전문 학자들로 하여금 한·중 교류 및 협력의 전면적 추진에 관하여 공동연구를 추진하고 양국 정부에 관련 보고서를 제출하는 방안을 추진하기로 하였다.
(4) 양측은 양국 국방 당국 간 고위급 상호 방문을 활성화하고, 상호 연락 체제를 강화하며, 다양한 직급과 다양한 영역에서의 교류와 협력을 추진해 나가기로 하였다.
(5) 양측은 한·중 해양경계획정 문제를 조속히 해결하는 것이 양국 관계의 장기적이

고 안정적인 발전을 위하여 중요한 의미가 있다는 데 동의하고, 이를 위해 회담을 가속화하기로 하였다.

2. 경제 분야

(6) 양측은 2,000억 불 무역액 달성 목표를 2010년으로 앞당기기 위해 함께 노력하고, 이를 위해 무역 및 투자 원활화, 품질 검사·검역, 무역구제조치, 지적재산권 분야 등에 있어서 협력을 강화하여 나가기로 하였다.

(7) 양측은 2008년 5월 정상회담 합의에 따라 '한·중 경제통상 협력 비전 공동연구 보고서'의 보완·수정·작업을 계속해 나가기로 하였다.

(8) 양측은 경제무역을 확대하기 위하여 양국 경제무역 협의와 무역실무 협력체제를 진일보 강화하기로 하였다.

(9) 양측은 환경보호, 에너지, 통신, 금융, 물류 등 중점 분야에서의 협력을 가일층 강화하기로 하였다.

(10) 양측은 상호 투자 확대가 양국의 호혜적 경제발전에 기여한다는 데 인식을 같이하고, 이를 위해 정부 차원의 협력과 지원을 강화하고, 양호한 투자환경 조성을 위해 서로 노력하기로 하였다.

(11) 양측은 한·중 FTA 산·관·학 공동연구 결과를 토대로 한·중 FTA 추진을 상호이익의 원칙에 따라 적극 검토해 나가기로 하였다.

(12) 양측은 2010년 상하이 세계박람회와 2012년 여수 세계박람회의 성공적인 개최를 위하여 '중국 2010년 상하이 세계박람회 조직위원회와 한국 2012년 여수 세계박람회 조직위원회 간 교류 양해각서' 등을 체결하여 상호 협력을 강화하고 경험을 공유하며 정보를 교환해 나가기로 하였다.

(13) 양측은 양국 정부 간 합의에 따라 고용허가제 노무협력을 가동하고, 양국 노무자들의 합법적인 권익을 보장하기로 하였다.

(14) 양측은 금융 분야에서 호혜적인 협력 성과를 환영하고, 향후에도 양국 금융기관의 상호 금융시장 진출과 관련하여 협력을 강화해 나가기로 하였다.

(15) 양측은 유관 정부 및 기업 간 '정보기술 혁신 협력에 관한 양해각서'를 체결하고, 이동통신 분야에서 기존 협력관계를 더욱 강화·발전시켜 나가기로 하였다.

(16) 양측은 친환경적·자원 절약형 사회 건설을 위해 상호 적극 협력하기로 하였다.

(17) 양측은 지진, 쓰나미, 태풍 등 자연재해 대응 분야의 교류와 협력을 강화하기로 하였다.

(18) 양측은 '에너지 절약 분야 협력에 관한 양해각서'를 체결하여, 에너지 절약 컨설팅, 인력 교류, 기술 개발 등 협력을 추진하여 나가기로 하였다.

(19) 양측은 지구생태환경 보호의 중요성에 대해 공감하고, '사막화 방지 과학기술협력 관련 양해각서' 체결을 통해 사막화 방지를 위한 생명공학 분야 공동연구, 전문가 교류, 정보교환 등을 추진해 나가기로 하였다.

(20) 양측은 '무역투자정보망의 운영 및 유지 협력에 관한 양해각서'를 체결하고, 양국 간 무역투자정보망을 개통하여 최신 무역·투자 관련 정보를 제공해 나가기로 하였다.

(21) 양측은 '첨단기술 분야 협력에 관한 양해각서'를 체결하여 향후 5년간 전자정보, 통신 기술, 신에너지 등 분야에서 협력하고, 앞으로 첨단기술 협력사업을 적극 발굴해 나가기로 하였다.
(22) 양측은 '수출입수산물 위생관리에 관한 약정서' 체결을 환영하고, 수산물 수입의 검사 검역 강화, 관련 법률 정보 교환, 수산물 검역을 위한 검사관 양국 상호 방문 보장 등 위생관리 협조를 강화해 나가기로 하였다.

3. 인적·문화 교류 분야

(23) 양측은 현재 연간 600만 명 수준인 인적 교류를 가일층 확대하고, 이를 위해 사증 편리화 조치 검토를 포함하여 필요한 모든 편리를 제공하기로 하였다.
(24) 양측은 2010년 및 2012년을 각각 중국 방문의 해와 한국 방문의 해로 정하고, 관광을 비롯한 다양한 양자 교류 행사를 추진하여 양국 간 인적 교류를 촉진하기로 하였다.
(25) 중국 측은 주한 중국대사관의 광주 영사사무소를 총영사관으로 승격하기로 하였으며, 한국 측은 이를 환영하였다.
(26) 양측은 '한·중 교육교류약정' 개정을 통해, 정부 상호 초청 장학생을 각각 40명에서 각각 60명으로 확대하고, 매년 상호 초청을 통한 한·중 청소년 교류 프로그램을 실시하기로 하였다.
(27) 양측은 양국 문화계, 언론계, 우호 도시, 학술계, 민간단체 간 교류 활성화를 통하여 상호 이해를 증진시켜 나가기로 하였다. 이와 관련, 양국 민간 부문에서 진행되고 있는 문화 및 언론 분야 교류 행사와 역사·문화 등 분야에서의 양국 학술기관 간 교류를 지원하기로 하였다.
(28) 양측은 '중국 따오기 기증 및 한·중 따오기 증식·복원 협력 강화를 위한 양해각서'를 체결하여, 중국 측은 한국 측에 따오기 한 쌍을 기증하기로 하였고, 한국은 이에 사의를 표하였으며, 멸종 위기종인 따오기 복원을 위한 양국 간 협력을 강화하기로 하였다.

4. 지역 및 국제 협력

(29) 양측은 6자회담 틀 내에서의 협의와 협력을 강화하여, 조기에 2단계 조치의 전면적이고 균형 있는 이행을 촉진시키고, 9·19 공동성명을 전면적으로 이행하기 위한 건설적인 노력을 계속 경주하기로 하였다.
(30) 양측은 ASEAN+한·중·일, 한·중·일 협력, 동아시아정상회의(EAS), 아세안 지역안보포럼(ARF), 아시아태평양 경제협력체(APEC), 아시아 협력대화(ACD), 아시아유럽회의(ASEM), 동아시아-라틴아메리카포럼(FEALAC), 아시아-중동대화(AMED), 아시아-아프리카정상회의 등에서의 조율과 협력을 유지하기로 하였다.
(31) 양측은 양국 외교부 간 유엔업무 협의 체제를 수립하여 유엔업무에서의 상호 이해와 협력을 강화하기로 하였다.
(32) 양측은 국제 인권 분야에서의 대화와 협력을 추진해 나가기로 하였다.
(33) 양측은 대량파괴무기 확산 방지, 국제테러리즘 대응, 마약, 금융경제범죄, 하이테크범죄, 해적 등 문제에 대한 협력을 강화하기로 하였다.

(34) 양측은 전 세계적인 공동 관심사인 기후변화 문제 해결을 위하여 국제사회와 함께 계속 노력하기로 하였다.

Ⅶ. 양측은 상기 분야에서의 합의를 충실히 이행하기 위해, 양국 외교부 간 고위급 전략대화, 경제무역공동위원회, 관광장관회의 등 양자 협의체를 통해 구체 계획을 세우고 이를 효과적으로 추진해 나가기로 하였다.

Ⅷ. 중국 측은 후진타오 주석 방한기간 동안 한국 측이 보여준 따뜻한 우의와 환대에 사의를 표하였다.

자료 4-8 ▎박근혜 대통령 국빈 방중 계기 한·중 미래비전 공동성명
(2013년 6월 27일, 베이징)[8]

박근혜 대한민국 대통령은 시진핑(習近平) 중화인민공화국 국가주석의 초청으로 2013년 6월 27일부터 30일까지 중국을 국빈 방문하여 중국 정부와 국민들의 성대한 환영과 따뜻한 영접을 받았다. 방문 기간 중 박근혜 대통령은 시진핑 국가주석과 정상회담을 가졌으며, 리커창 국무원총리, 장더장 전인대 상무위원장과도 면담하였다.

양측은 1992년 수교 이래 양국관계 발전 성과를 평가하고, 한·중 관계, 한반도 정세, 동북아를 포함한 지역 정세 및 국제 문제 등 상호 관심사에 대해 심도 있는 의견 교환을 가졌으며, 한·중 간 전략적 협력 동반자관계를 신뢰에 기반하여 내실 있게 발전시켜 나가기 위한 미래비전을 제시하였다.

1. 양국관계 발전 방향 및 원칙
1-1. 양국관계 발전 평가
　　양측은 수교 이래 양국 관계가 상호 존중, 호혜 평등, 평화공존, 선린우호의 정신 하에 제반 분야에서 눈부신 발전을 이루었다고 평가하였다.
　　양측은 양국 간의 역사적인 수교와 지난 20여 년간의 관계 발전이 양국의 번영, 양국민의 복지증진과 한반도의 평화와 안정, 그리고 아시아의 공동 번영에도 기여해 왔다는 데 의견을 같이 하였다.

1-2. 양국 관계 발전 방향
　　양측은 양국 관계 발전 성과를 토대로 양국 간 전략적 협력 동반자관계를 양자 및 지역 차원뿐만 아니라 국제사회의 평화와 번영을 위한 협력 차원으로까지 더욱 진전시켜 나갈 필요성이 있다는 데 인식을 같이 하였다. 아울러, 양측은 앞으로 정치

---

8 출처: 앞의 책, pp. 221-228. 첨부된 부속서는 앞의 책, pp. 229-240.

안보 분야의 협력과 경제통상, 사회문화 분야의 협력을 모두 대폭 발전시켜 나가기로 하였다.

이러한 방향으로 나아가는 데 있어, 양측은 향후 5년간 함께 협력할 양국 신정부가 공히 국민 행복과 인류사회의 복지증진을 국정 목표의 우선순위로 두고 있다는 점이 중요한 추동력으로 작용할 것이라는 데에 의견을 같이 하였다.

1-3. 양국관계 발전 원칙

이러한 공통된 인식 하에, 양측은 향후 양국 관계 발전의 기본 원칙으로 첫째, 상호 이해와 상호신뢰 제고, 둘째, 미래지향적 호혜 협력 강화, 셋째, 평등원칙과 국제규범의 존중, 넷째, 지역국제사회의 평화 안정과 공동 번영 및 인류의 복지증진에의 기여를 제시하였다.

2. 전략적 협력 동반자관계의 내실화
2-1. 중점 추진 방안

이러한 기본 원칙을 바탕으로, 양측은 한·중 전략적 협력 동반자관계를 신뢰에 기반하여 내실화하기로 하고, 이를 위해 다음 세 가지 방안을 중점적으로 추진해 나가기로 하였다.

첫째, 정치·안보 분야에서 전략적 소통을 강화한다.

이를 위해, 양국 지도자가 긴밀히 소통하고, 양국의 정부, 의회, 정당, 학계 등 다양한 주체 간의 전략적 소통을 포괄적·다층적으로 추진하여 상호 전략적 신뢰를 가일층 제고한다.

이를 통해, 한·중 관계 발전, 한반도와 동북아의 평화·안정, 지역 협력 및 글로벌 이슈의 해결에도 함께 기여한다.

둘째, 경제·사회 분야에서 협력을 더욱 확대한다.

이를 위해, 기존 협력을 더욱 확대하는 동시에 새로운 협력 분야와 사업을 지속적으로 개발한다. 특히, 양측은 실질적인 자유화와 폭넓은 범위를 포괄하는, 높은 수준의 포괄적인 한·중 자유무역협정(FTA) 체결을 목표로 한다는 점을 재확인하였다. 양측은 모델리티 협상의 실질적 진전을 평가하고, 한·중 FTA 협상팀이 협상을 조속히 다음 단계로 진전시킬 수 있도록 노력을 강화할 것을 지시하였다.

아울러 양국 국민의 건강과 안전 확보를 통한 삶의 질 제고를 위해 공동으로 노력하며, 새로운 성장 동력을 조성하기 위한 교류 협력을 증진시켜 나간다.

이를 통해, 양국의 호혜적 이익과 양 국민뿐만 아니라 인류의 복지증진에도 기여해 나간다.

셋째, 양 국민 간 다양한 형태의 교류를 촉진하고, 특히 인문 유대 강화 활동을 적극 추진한다.

이를 위해, 학술, 청소년, 지방, 전통 예능 등 다양한 인문 분야에서 교류를 적극적으로 추진한다. 아울러 양국 간 공공외교 분야에서의 협력, 그리고 다양한 문화교류도 가일층 촉진시킨다.

이를 통해, 양국 관계의 장기적, 안정적 발전의 기반이 되는 양 국민 간의 상호 이해와 신뢰를 제고한다.

2-2. 세부 이행계획

양측은 전략적 협력 동반자관계의 내실화를 위한 상기 세 가지 중점협력 방안을 구체적으로 이행하기 위해, 이 공동성명의 첨부 부속서를 통해 아래와 같은 다섯 가지 사항을 중심으로 하는 세부 이행계획을 제시하였다.

첫째, 정상 및 지도자 간 빈번한 상호 방문과 회담, 서한 교환, 특사 파견, 전화 통화 등 방식으로 상시적 소통을 추진한다. 한국의 청와대 국가안보실장과 중국의 외교담당 국무위원 간 대화 체제를 구축한다. 외교장관 상호 방문의 정례화 및 핫라인의 구축, 외교차관 전략대화의 연간 2회 개최, 외교안보 대화, 정당 간 정책 대화, 양국 국책연구소 간 합동 전략대화 등을 추진한다.

둘째, 거시경제정책 공조와 국제금융위기 등 외부경제위험에 대한 공동대처 등 경제통상 협력을 더욱 강화하고, 정보통신, 에너지, 환경, 기후변화 등 미래 지향적인 분야에서의 협력사업을 지속 개발한다. 또한, 보건의료, 식품 안전, 인구 구조 변화 등 사회 분야에서도 발전 경험을 공유하기 위해 다양한 협의 채널 확충 등의 노력을 강화한다.

셋째, 인문 유대 강화를 위한 정부 차원의 협의기구로서 '한·중 인문교류 공동위원회'를 설치하고, 동 공동위를 연례 개최하여 관련 협력사업 계획을 수립하고 그 이행을 지도한다. 또한, 교육, 관광, 문화, 예술, 스포츠 등 분야에서의 다양한 교류를 강화한다. 아울러, 이 분야에서의 교류 협력을 제3국으로 확대하는 데에도 협력해 나간다.

넷째, 양 국민 간 교류 과정에서 국민에 대한 편의 제공과 권익 보호 등 분야에서 영사 협력을 강화한다.

다섯째, 지역 및 국제 무대에서의 협력을 강화한다.

3. 한반도

한국 측은 한반도의 긴장을 완화시키고 지속가능한 평화를 구축하기 위한 '한반도 신뢰프로세스' 구상을 설명하였다. 이에 대해 중국 측은 박근혜 대통령이 주창한 '한반도 신뢰프로세스' 구상을 환영하고, 남북 관계 개선 및 긴장 완화를 위하여 한국 측이 기울여 온 노력을 높이 평가하였다.

양측은 한국과 북한이 한반도 문제의 직접 당사자로서 당국 간 대화 등을 통해 한반도 문제 해결을 위하여 적극적인 역할을 해야 한다는 데 의견을 같이 하였다.

한국 측은 북한의 계속되는 핵실험에 대해 우려를 표명하고, 어떤 상황에서도 북한의 핵보유를 용인할 수 없음을 분명히 하였다. 이와 관련, 양측은 유관 핵무기 개발이 한반도를 포함한 동북아 및 세계의 평화와 안정에 대한 심각한 위협이 된다는 점에 인식을 같이 하였다. 양측은 한반도 비핵화 실현 및 한반도 평화와 안정 유지가 공동이익에 부합함을 확인하고 이를 위하여 함께 노력해 나가기로 하였다.

양측은 안보리 관련 결의 및 9·19 공동성명을 포함한 국제 의무와 약속이 성실히 이행되어야 한다는 데 인식을 같이 하였다.

양측은 6자회담 틀 내에서 각종 형태의 양자 및 다자 대화를 강화하고, 이를 통하여 한반도 비핵화 실현 등을 위한 6자회담의 재개를 위해 긍정적인 여건이 마련되도록 적극 노력하기로 하였다.

한국 측은 한반도 평화와 안정을 위한 중국 측의 노력을 평가하고, 한반도에서의 새로운 변화를 통해 동 지역의 평화와 안정이 증진될 수 있도록 중국 측이 건설적인 기여를 해 줄 것을 희망하였다. 중국 측은 남북한 양측이 대화와 신뢰에 기반하여 관계를 개선하고 궁극적으로 한민족의 염원인 한반도의 평화통일 실현을 지지한다고 표명하였다.

4. 대만

중국 측은 세계에 하나의 중국만이 있으며, 대만은 중국 영토의 불가분의 일부분임을 재천명하였다. 한국 측은 이에 대해 충분한 이해와 존중을 표시하고, 중화인민공화국 정부가 중국의 유일 합법정부라는 것과 하나의 중국 입장을 계속 견지해 나가기로 하였다.

5. 지역·국제 무대 협력

5-1. 한·중·일 3국 협력

양측은 한·중·일 3국 협력이 3국 각자의 발전에는 물론 동북아의 평화와 공동 번영에 매우 중요한 역할을 하고 있다고 평가하였다. 이를 위해, 양측은 3국 정상회의를 정점으로 하는 3국 협력체제가 안정적으로 발전해 나가야 한다는 데 인식을 같이하고, 금년 제6차 3국 정상회의가 성공적으로 개최될 수 있도록 공동 노력하기로 하였다.

5-2. 동북아 평화협력 구상

양측은 아시아 지역이 경제발전과 상호의존의 확대에도 불구하고 정치·안보협력은 이에 미치지 못하는 역설적인 현상에 직면하고 있고, 특히 최근에는 역사 및 그로 인한 문제로 역내 국가 간 대립과 불신이 심화되는 불안정한 상황이 지속되고 있는데 대해 우려를 표명하고, 역내 신뢰와 협력의 구축이라는 공통의 목표를 달성하기 위해 노력하기로 합의하였다. 이러한 맥락에서 중국 측은 박근혜 대통령이 제시한 '동북아 평화 협력 구상'에 대해 적극적으로 평가하고 원칙적으로 지지한다는 입장을 표명하였다.

5-3. 지역 및 국제 이슈에 대한 협력

양측은 지역의 안보 증진과 공동 번영을 위해 함께 노력하기로 하였다. 또한 양측은 국제사회의 안전과 인류의 복지에 새로운 위협이 되고 있는 대량파괴무기 확산, 국제 테러리즘, 사이버 범죄, 마약, 해적, 금융범죄, 하이테크 범죄, 원자력 안전 등 국경을 초월한 각종 범세계적 문제의 해결을 위해 상호 협력을 강화해 나가기로 하였다. 이를 위해 양측은 양국이 지역 및 국제 협력체에서도 아래와 같이 긴밀히 협력해 나가기로 하였다.

첫째, 개방적 지역 협력을 더욱 확대해 나갈 필요성에 공감하고, ASEAN+한·중·일, 동아시아정상회의(EAS), 아세안지역안보포럼(ARF), 아시아태평양경제협력체(APEC), 아시아유럽정상회의(ASEM) 등에서 정책적 조율과 협력을 계속 유지한다.

둘째, 유엔헌장의 정신을 존중하고 국제사회의 평화와 공동 번영, 인권 존중을 위한 업무에 관해 협력을 더욱 긴밀화한다. 2013~14년 한국의 유엔 안보리 비상임이사국 수임을 계기로 양국 간 유엔 차원의 협력을 강화해 나가기로 한다.

셋째, 세계경제의 건실하고 지속 가능한 균형성장을 이룩하기 위해 G20을 포함한 국제경제협력체제에서 협력을 더욱 강화해 나간다. 또한, 한·중·일 자유무역협정(FTA), 역내 포괄적 경제동반자협정(RCEP) 등 동아시아 자유무역협정 논의 과정에서 긴밀히 협력해 나간다.

[부속서] 한중 전략적 협력 동반자관계 이행계획

1. 정치 협력 증진
  [전략대화의 포괄적 강화]
    양측은 기존 대화채널의 활성화와 다층적인 대화채널 신설을 통해 양국 간 전략대화를 포괄적으로 강화한다.
    양측은 양자방문 및 국제회의 계기를 충분히 활용하고, 상호 서한·전보 교환, 특사 파견, 전화 통화 등 방식을 통해 양국 정상 및 지도자 간 소통을 더욱 강화하고, 공동 관심사에 대한 논의를 심화시킨다.
    양측은 한국의 청와대 국가안보실장과 중국의 외교 담당 국무위원 간 대화체제를 구축한다.
    양측은 외교장관 간 상호 교환방문 정례화를 추진하고, 외교장관 간 핫라인을 가동하여 전략적 사안에 대한 협의를 강화한다.
    양측은 외교차관 전략대화를 연 1회에서 연 2회로 확대하고, 전략적 사안에 대한 논의를 심화시킨다.
    양측은 외교안보대화를 추진한다.
    양측은 양국 정당 간의 국정경험 공유 등을 위한 정당 간 정책 대화 설립을 지원한다.
    양측은 양국 국책연구소 간 합동전략대화를 연례적으로 개최한다.

  [한·중 주요 현안]
    양측은 양국 간 해양 경계를 획정하는 것이 양국관계의 장기적 및 안정적 발전과 해양 협력을 추진해 나가는 데 매우 중요하다는 점을 재확인하고, 해양경계획정 과정을 추진하기 위해, 해양경계획정 협상을 조속히 가동하기로 한다.

양측은 한·중 어업공동위 등 어업 문제에 관한 기존 협의체가 원만히 운영되고 있음을 긍정적으로 평가하고, 한·중 외교 당국이 주관하는 어업문제협력회의가 정례화된 것을 환영하면서, 양측은 상호 협의 하에 어업 자원 보호와 조업 질서 강화를 위해 소통과 협력을 지속 증진하고, 양국 어업 수산 및 유관 기관 간에 공동 단속 등 협조체제를 강화하고, 한·중 수산협력 연구 체제를 구축하고, 수산고위급 회의를 포함한 인적·기술적 교류를 확대한다.

양측은 역사 연구에 있어서 상호 교류와 협력을 통해 양국 관계 증진에 기여할 수 있도록 노력한다. 이와 관련하여 양측은 양국 학계 간에 사료의 발굴과 열람 그리고 연구 등 방면에서 상호 교류와 협력을 전개해 나가는 것을 장려하기로 한다.

2. 경제·통상 협력 확대
[무역·투자]

양측은 지역 및 세계경제 현황을 평가하고, 상생의 발전과 성장을 위해 거시경제 정책 공조를 강화하고, 대외경제 위험에 공동 대응해 나가고, 보호무역주의에 반대한다.

양측은 '한·중 경제통상협력 수준 제고에 관한 양해각서' 체결을 통해 양국 간 통상협력을 강화한다.

양측은 2015년까지 무역액 3,000억 불 목표를 달성하기 위해 양국 간 무역을 지속 확대한다. 양측은 점진적으로 무역균형을 이루어 나가도록 적극 노력한다. 또한, 상대 국가가 주최하는 각종 전시회를 적극 지지하고, 보다 많은 기업들의 참여를 독려한다.

양측은 높은 수준의 포괄적인 한·중 자유무역협정(FTA)의 체결이 미래 양국 경제통상관계 발전의 제도적 기반을 마련하고, 나아가 양국 간 전략적 신뢰 구축에도 크게 기여한다는 점에 인식을 함께 하고 협상 진전을 위한 노력을 강화해 나간다. 또한, 양측은 한·중·일 자유무역협정(FTA), 역내 포괄적 경제동반자협정(RCEP), 아태무역협정 협상, 광역두만개발계획(GTI), 한·중·일 환황해 경제기술교류 회의 등 아시아 지역 경제통합 과정에서도 긴밀히 협조한다.

양측은 세계무역기구(WTO)의 다자무역체제에 대한 지지를 재확인하며, 도하라운드의 추진 및 다자무역체제의 양호한 발전을 위해 지속 노력한다. 양측은 무역·투자 증가에 따른 통상 협력을 증진시켜 나갈 필요가 있다는 인식 하에, 한·중 투자협력위원회 개최 등 다양한 계기에 양국 통상장관 회담 개최, 국장급 통상협력 조율기제 구축 등 양국 간 통상투자 협력을 강화한다.

양측은 양국의 지방정부가 다양한 계층과 형식으로 지방경제협력을 강화하고, 산업협력단지 조성 지지를 통해 지방경제발전을 이끌도록 한다.

양측은 지속적으로 양호한 투자 환경 조성을 위해 협력하고, 상호 투자 확대를 위한 노력을 강화한다. 중국 기업의 한국 투자와 한국 기업의 중국 투자, 특히 신흥산업 분야, 중국 중서부 지역 및 동북 지역에 대한 상호투자를 확대하기 위해 공동 노력하고, 한국 기업의 중국 신형 도시화 발전전략 참여를 지원한다.

양측은 한·중 경제장관회의, 한·중 경제·무역 및 기술협력 공동위원회, 무역실무 회담 등 주요 경제협의체를 보다 활성화하고, 새로운 협력 분야를 지속적으로 개발한다.
  양측은 브랜드 및 마케팅 네트워크 구축 분야의 협력을 강화하고, 기업 교류 및 교육 등 행사를 공동 개최한다.
  양측은 하이테크 분야의 협력을 강화하고, 한·중 기술 전시상담회를 계속해서 번갈아가며 개최한다.
  양측은 한·중 고용허가제 관련 협력을 더욱 강화한다.
  양측은 양국 간 무역 및 투자 증진에 더 우호적인 환경을 만들기 위해 기업의 사회적 책임(CSR) 활동이 중요하다는 점에 인식을 함께 하고, CSR 활동을 적극 추진한다. 양측은 재한 중국상회 및 재중 한국상회의 업무를 지지하고, 관련 부처에서는 상회 및 투자기업과 비정기적인 좌담회를 갖고 의견 및 건의를 청취한다.
  양측은 '대한민국 수출입 안전관리 우수공인업체 제도와 중화인민공화국 해관기업분류 관리제도의 상호인정에 관한 약정' 체결을 환영하고, 향후 양국 기업의 통관 원활화와 교역 확대에 기여할 수 있기를 기대한다.

[미래지향적 협력 분야]
  양측은 정보통신 분야에서의 협력을 강화해 나가기 위해 한국 미래창조과학부와 중국 공업정보화부 간 '한·중 정보통신 협력 장관급 전략대화'를 신설하여 정례적으로 개최하고, 정보통신, 사이버 안보, 인터넷 주소 자원 관리, 국가 정보화, 클라우드 컴퓨팅 등 양측이 공동 주목하는 중요 의제에 대해 논의하고 교류한다.
  양측은 양국 연구 기구 및 기업 간에 특히 차세대 이동통신 분야의 육성을 위해 5G 이동통신 표준 및 신서비스 발굴 등에서 상호 협력을 강화하기로 한다.
  양측은 과학기술 분야에서의 협력을 강화하기 위해 한국 미래창조과학부 등과 중국 과학기술부 등 간의 대기과학, 해양, 생명과학, 신소재, 정보통신기술(ICT) 등 과학기술 분야의 전략적 대형 공동연구를 강화하여 그 성과를 공유해 나가기로 한다. 또한, 중대한 기초과학 분야 연구기관 간 교류 협력을 추진한다.
  양측은 '응용기술 연구개발 및 산업화 협력 강화에 관한 양해각서' 체결을 통해 신소재, 신재생에너지, 바이오 등 전략적 신흥산업 분야에서의 기술협력, 공동 R&D 확대 등의 협력을 강화하고, 기업협력혁신센터 공동 설립을 장려한다.
  양측은 '에너지 절약 분야 협력 강화에 관한 양해각서'를 체결하여 한·중 양국의 에너지절약 분야 협조 메커니즘 구축을 추진하고, 연구기관 간 공동연구 등 에너지 절약 및 에너지 효율 분야에서의 구체적 협력사업을 발굴하여 공동 추진한다.
  양측은 친환경 도시, 스마트 도시 건설 관련 기술 경험 공유 및 시범사업 등 지속 가능한 도시개발 분야에서의 협력을 강화한다.
  양측은 적절한 시기에 양국 항공회담을 개최하여 양자 간 항공운송 시장의 추가 확대 가능성에 대해 논의한다.
  양측은 양국 간 무역에서 역내통화결제를 촉진하고, 금융 및 통화부문 협력을 강화해 나가기로 합의하였다. 한·중 양국은 2011년 10월 3,600억 위안(64조 원) 규모로 확대 체결된 한·중 통화스왑협정이 금융시장을 안정시키고, 양국 상호 간의 무역 및 경제발전을 진전시키는 데 기여하였다는 인식을 같이한다. 양국은 2014년 10월 통화스왑 협정 만기 도달 시 만기를 연장하고, 이후 스왑계약의 존속기간(duration)을 연장하는 데 대해서도 추가적으로 고려하기로 합의한다. 양국은 앞으로 국제금융시장상황, 교역규모, 역내 통화 결제의 진전 등을 감안하여 필요시 통화스왑협정의 규모를 확대하기로 한다.

양측은 양국 기업의 제3국 공동 진출을 활성화하기 위한 '한·중 수출입은행 간 공동 금융 지원에 관한 상호리스크참여약정(RRPA)' 체결을 환영한다. 또한 치앙마이 이니셔티브의 다자화(CMIM) 등 역내금융협력 분야에서 그간의 진전을 환영하고, 협력을 보다 강화한다. 양측은 대기환경, 황사, 생물 다양성 및 환경산업 분야에서 교류와 협력을 강화한다. 양측은 기후변화 대응에 관한 양자 및 다자 협력의 중요성에 인식을 같이하고, 기후변화 협상에 대한 의견 교환 및 협력 모색을 위한 정례 대화 개최 및 양국 국내 기후변화대응정책에 관한 교류와 협력을 전개하기로 합의하고, 해당분야에서의 다양하고 실질적인 호혜 협력사업을 발굴하여 추진해 나간다. 양측은 해양과학 연구, 해양환경보호, 해양경제, 극지 연구, 대양 탐사 및 개발, 해상 법집행 등 해양분야의 협력 및 공동연구를 추진한다.

양측은 동북아 지역 역내 원전의 안전 증진을 위한 협력 필요성에 인식을 같이하고 정보 공유, 기술협력, 사고 시 조기 통보 등 협력 체제를 강화하기 위해 상호 노력한다.

양측은 기존의 협력 기초위에서 지식재산권 분야의 교류 협력을 더욱 강화하고, 지식재산권의 창출·활용·보호·관리에 관한 호혜적인 협력사업을 추진한다.

양측은 한·중 사회보장협정의 원활한 이행을 위해 지속 협력한다.

양측은 양국 의료기관 간 협력, 건강보험 운영 경험 공유, 기초의학과 전통 의학 교류 및 협력 등 보건의료 분야의 교류 협력을 활성화하고, 신변종 감염병의 대유행 예방 및 전파 차단을 위한 정보 공유, 인력 교류 및 공동대응체계 구축 등에 지속 협력하기로 한다.

양국은 보건의료 교류를 지원하고 양국 환자의 안전을 보호하기 위한 소통기제를 구축해 나가는데 협력하기로 한다.

양측은 인구 구조의 급속한 고령화 추세에 대비하여 노후소득보장체계 구축 등 사회복지 정책분야 협력을 확대하고, 고령친화 산업·항노화 공동연구 등 고령화 대응을 위한 기술개발 협력을 강화해 나가기로 한다. 양측은 양국 간 현지 실사제 도입과 긴급대응체계 구축 등 식품안전 확보와 위해 요인 차단을 위한 협력을 강화하고, 의약품·의료기기 분야 GMP 상호인증 등을 위한 국장급 협의체를 설치·운영한다.

양측은 농촌 개발을 포함한 양국 농업 및 농촌 경제정책에 대해 교류하고, 가축전염병 방역 공조, 농업 과학기술 및 위생검역 분야 협력을 강화한다. 양측은 어업자원 보존 및 관리 정책 공유 등 수산분야 협력을 촉진한다.

3. 인적 · 문화적 교류 강화
 [인문 유대 강화]
　　양측은 한·중 전략적 협력 동반자관계를 더욱 높은 수준으로 발전시켜 나가기 위해서는 양 국민 간의 심적 거리를 단축시키고 보다 돈독한 신뢰를 구축하는 것이 매우 중요하다는 데에 인식을 같이하고, 이를 위해 한·중 간 인문 유대를 강화해 나간다. 양측은 한·중 인문 유대 강화를 위한 정부 차원의 협의기구로서 양국 외교부 차관급을 수석대표로 하는 '한·중 인문교류 공동위'를 출범시키고 향후 동 공동위를 매년 개최하여 관련 구체사업들을 심의, 확정하고 그 이행을 지도한다.

[인적 교류 지원, 관광, 스포츠, 자연]
　　양측은 한·중 관계의 미래를 짊어지고 나갈 양국 청소년 간 교류의 중요성을 재확인하고, 향후 청소년 교류를 대폭 확대시켜 나가기 위한 구체 방안을 협의해 나간다.
　　양측은 양국의 학생이 상대방 국가에서 공부하고 연수하는 것을 장려하며, 장학금 유학생 상호 교환을 위해 지속적으로 노력한다.
　　양측은 중학생 상호 교환 교류를 지속적으로 추진한다.
　　양측은 양국 대학 간 협력을 중요시하며, 양국 대학생 간 교류를 지속적으로 내실화한다.
　　양국은 한국어의 해, 중국어의 해 상호 지정을 통해 양국에서의 상대국 언어에 대한 이해 제고와 언어 관련 교류 사업 활성화를 위해 협력한다.
　　양측은 원어민 중국어 보조교사 초청 및 한국 교사의 중국 파견에 대해서 상호 협력을 강화한다.
　　양측은 양국 간 공공외교 분야의 협력 확대를 통해 양국 국민들이 상대국에 대한 이해와 인식을 제고할 수 있도록 금년에 한·중 공공외교포럼을 신설한다.
　　양국은 한·중 문화 관계의 지속적인 발전을 위해 적극적으로 노력한다.
　　양측은 문화·예술단의 계기별 상호 방문을 장려하고, 예술 분야의 공동 창작을 육성한다. 한·중 문화산업포럼을 조속히 개최하고, 양국 문화산업 협력을 지속적으로 추진한다.
　　양측은 영화, TV프로그램, 게임, 뮤지컬 등 문화산업 분야의 협력을 추진하고 공동 제작 및 유통을 강화한다.
　　양측은 한·중 문화협력협정의 틀 안에서 차기 문화교류 시행계획 체결을 추진한다.
　　양측은 한·중 간 지방 차원의 인적·문화적 교류 협력을 더욱 확대한다.
　　양측은 양국이 서로에게 중요한 관광시장이고, 지속적이고 건전한 관광 발전이 양국 국민 정서 증진과 상호 우호 관계 발전에 중요한 역할을 했다는 것을 인식하였다. 양측은 또한 관광업계 간 협력 확대를 지속적으로 장려하는데 인식을 같이하였다.
　　양측은 스포츠 분야 교류를 강화한다. 중국 측은 한국의 2013년 실내 무도 아시안게임, 2014년 아시안게임, 2018년 평창 동계올림픽 개최를 적극 지지하며, 한국 측은 중국 측의 2013년 아시아 청소년게임, 2013년 동아시아 경기대회, 2014년 청소년 올림픽 개최를 적극 지지한다. 양측은 한·중 청소년 스포츠 교류대회, 한·중대중 스포츠 교류 행사를 개최한다. 양측은 '따오기보호 · 협력에 관한 양해각서'를 체결하여 한국 측에 따오기 2마리를 기증하고, 멸종 위기종 복원을 위한 양국 간 협력을 강화한다.

4. 영사 분야 협력 확대

　양측은 이번 정상회담 계기에 양국이 '외교관 여권 소지자에 대한 상호 사증 면제에 관한 협정'을 체결한 것을 환영하고, 중장기적으로 상호 사증면제범위 확대를 위해 노력한다.

　양측은 양국 국민 간 교류 과정에서 더 많은 법적 보장을 제공하기 위해 양국 영사협정의 조속한 체결을 위해 적극 노력한다.

　양측은 상호 재외국민보호를 위해 상대국 내 자국 공관을 포함한 당국 간 상호 협력을 강화한다.

5. 지역 및 국제 무대에서의 협력 추진

　양측은 전략적 관점과 장기적 시각에서 한 · 중 · 일 3국 협력을 바라보고, 그간의 협력 성과를 바탕으로 한 3국 간 신뢰 구축이 긴요하다는 점에 인식을 같이한다. 그러한 측면에서 양측은 3국 협력 체제의 안정적 발전 및 3국 협력 사무국의 기능과 역할을 보다 강화하는 것을 검토해 나가기로 한다. 양측은 3국 협력의 미래 방향으로서 경제통합을 추진하고, 지속 가능한 발전 협력을 강화하고, 인문사회 교류 및 지방협력을 확대하는 한편, 3국 및 지역의 평화 안정 · 번영에 기여한다.

　양측은 범세계적 문제 해결을 위한 유엔 역할의 중요성을 재확인하고, 유엔 업무에서의 긴밀한 협력을 유지하기로 한다.

　양측은 유엔헌장의 취지와 원칙을 존중하는 전제 하에, 유엔개혁이 유엔의 투명성, 민주성, 대표성을 제고하는 방향으로 이루어질 수 있도록 계속해서 긴밀히 협의한다.

　양측은 ASEAN+한 · 중 · 일, 동아시아정상회의(EAS), 아세안지역안보포럼(ARF), 아시아태평양경제협력체(APEC), G20, 아시아협력대화(ACD), 아시아유럽회의 (ASEM), 동아시아―라틴아메리카협력포럼(FEALAC) 등 다자협의체에서의 조율과 협력을 유지한다. 한국은 2014년 중국에서 개최되는 제22차 APEC 정상회의의 성공적 개최를 위해 협력한다.

　양측은 개발 협력 분야에서 대화와 교류를 유지하고 개발도상국의 의사를 존중하는 것을 기초로, 개발도상국 농업 및 농촌 발전에 기여할 수 있는 개발 협력 가능성을 연구, 검토한다.

　양측은 대량파괴무기 확산, 국제 테러리즘, 사이버 범죄, 마약, 해적, 금융 범죄, 하이테크 범죄, 원자력 안전 등 문제를 방지하는 데 대한 협력을 강화한다.

　양측은 금년 서울 개최 세계 사이버스페이스 총회와 대구 개최 세계에너지총회(WEC)의 성공적 추진을 위해 협력한다.

6. 정상회담 계기 체결 문건

양측은 이번 정상회담 계기에 '대한민국 정부와 중화인민공화국 정부 간의 외교관 여권 소지자에 대한 상호 사증면제에 관한 협정', '대한민국 산업통상자원부와 중화인민공화국 과학기술부 간의 응용기술 연구개발 및 산업화 협력 강화에 관한 양해각서', '대한민국 해양수산부와 중화인민공화국 국가해양국 간의 해양과학기술협력에 관한 양해각서', '대한민국 산업통상자원부와 중화인민공화국 상무부 간의 한·중 경제통상협력 수준 제고에 관한 양해각서', '대한민국 환경부와 중화인민공화국 임업국 간 따오기 보호·협력에 관한 양해각서', '대한민국 관세청과 중화인민공화국 해관총서 간 대한민국 수출입 안전관리 우수공인업체 제도와 중화인민공화국 해관기업분류관리제도의 상호인정에 관한 약정', '대한민국 수출입은행과 중화인민공화국 수출입은행 간 공동 금융 지원에 관한 상호리스크참여약정', '대한민국 산업통상자원부와 중화인민공화국 국가발전개혁위원회 간 에너지절약 분야 협력 강화에 관한 양해각서'를 체결한 것을 환영하였다.

자료 4-9 ┃ 시진핑 주석 국빈 방한 계기 한·중 공동성명 (2014년 7월 3일, 서울)[9]

1. 시진핑(習近平) 중화인민공화국 국가주석은 박근혜 대한민국 대통령의 초청으로 2014년 7월 3일부터 4일까지 한국을 국빈 방문하여 한국 정부와 국민들로부터 성대하고 뜨거운 환영을 받았다. 방문 기간 동안 시진핑 국가주석은 박근혜 대통령과 정상회담을 가졌으며, 정의화 국회의장, 정홍원 국무총리와도 각각 면담하였다.

2. 양 정상은 한중 양국이 1992년 수교 이래 다양한 분야에서 비약적으로 관계를 발전시켜 왔으며, 이러한 관계 발전은 양국 간 호혜적 이익 증진과 동북아시아 지역의 공동 번영에 기여해 왔다는 데 인식을 같이 하였다. 양 정상은 한중 양국이 2013년 박근혜 대통령의 국빈 방중과 2014년 시진핑 주석의 국빈 방한을 통해 전략적 협력 동반자관계 내실화 목표의 완성을 향해 착실히 나아가고 있다는 데 대해 의견을 같이 하였다.

3. 양 정상은 2013년 6월 '한중 미래비전 공동성명'이 제시한 양국관계 발전의 청사진에 따라, 지난 1년여간 ○양국 지도자 간 소통을 긴밀히 유지하고, 각 급에서의 다양한 전략대화 메커니즘을 신설하는 등 이전에 볼 수 없었던 높은 수준의 전략적 소통 관계를 구축하였으며, ○창조와 혁신을 원동력으로 하는 새로운 경제 체제 구축과 관련한 협력을 증진하고, 양국 경제협력의 제도적 기반을 착실히 다져 왔으며, ○인문 유대 사업 활성화, 공공외교 분야 협력 개시, 교육·문화

---
9 출처: 앞의 책, pp. 241-246.

교류 강화 등을 통해 인적·문화적 교류의 깊이와 폭을 심화·확대하여 왔다는 데 인식을 같이 하였다.

4. 양측은 한국과 중국이 동북아 지역의 가깝고 중요한 이웃이자 동반자로서, 공동발전을 실현하는 동반자, 지역 평화에 기여하는 동반자, 아시아의 발전을 추진하는 동반자, 세계 번영을 촉진하는 동반자가 되기 위해 '한중 미래비전 공동성명'과 금번 '공동성명'을 토대로 양국관계의 미래를 다음과 같은 방향으로 발전시켜 나가기로 합의하였다.

첫째, 상호신뢰를 바탕으로 각 급에서 공동의 관심사 및 중·장기적 문제를 수시로 긴밀하게 논의하는 성숙한 전략적 협력 동반자관계를 구축한다. 한반도와 동북아의 평화와 안정의 증진을 위한 협력을 강화해 나간다.

둘째, 함께 창조와 혁신을 통해 미래지향적인 전략적 경제통상 및 산업협력을 확대하고, 양국 국민의 삶의 질을 지속적으로 향상시켜 나가며, 동아시아 지역 경제통합 및 세계경제 회복을 추진하기 위해 양국이 함께 노력함으로써 지역 및 세계경제 성장에 있어서 견인차 역할을 해 나간다.

셋째, 쌍방향적이고 국민체감적인 인적·문화적 교류를 통해 양 국민 간 정서적 유대감을 심화함으로써, 마음과 마음이 서로 통하는 신뢰관계를 구축해 나간다.

넷째, 양국 정부와 국민 간 상호 이해와 신뢰를 기초로, 지역 및 국제사회의 다양한 문제에 대한 협력을 가일층 강화해 나감으로써, 동북아 지역의 평화와 안정은 물론, 세계의 발전과 공동 번영에도 기여해 나간다.

5. 이를 위해 양 정상은 다음과 같은 주요 사업 추진에 합의하였으며, 분야별 세부 사업은 본 '공동성명'의 부속서에 명기하기로 하였다.

정치·안보 분야에서는 양국 지도자 간 상호 방문 및 한국 청와대 국가안보실장과 중국 외교담당 국무위원 간 외교안보 고위전략대화를 정례화하고, 양국 외교장관 간 연례적인 교환 방문을 정착시키며, 양국 정부와 민간이 함께 참여하는 1.5 트랙 대화 체제를 설치하고, 양국의 미래를 이끌어 나갈 청년 지도자들이 참여하는 한·중 청년 지도자 포럼을 정례적으로 개최한다. 양국 국방·군사관계의 양호한 발전 추세를 유지하고, 상호 이해와 신뢰를 부단히 증진하며, 역내 평화와 안정 유지에 기여해 나간다. 또한, 2015년에 해양경계획정 협상을 가동하기로 한다.

미래지향적 호혜 협력 분야에서는 높은 수준의 포괄적인 한·중 자유무역협정(FTA)을 체결하기 위한 협상의 진전을 긍정적으로 평가하고, 연말까지 협상을 타결하기 위한 노력을 강화한다. 자국 통화 결제를 활성화하는 것이 양국 간 경제·무역 발전에 이익이 된다는 데 인식을 같이 하고, 원화와 위안화 간 직거래 체제를 구축하기 위해 적극 노력하며, 한국 서울에 위안화 청산체제를 구축하고, 중국 측은 한국 측에 800억 위안 규모의 위안화 적격해외기관투자자(RQFII) 자격을 부여하기로 합의한다. 아울러, 국민 위생 및 안전을 위하여 미세먼지 등 대기오염 감축, 사고·천재지변 등에 대한 긴급구호·지원, 원전 안전, 구제역・조류인플루엔자 등을 포함한 동물 질병과 인체 감염병 대처 등에 있어서의 협력을 강화하고, 기후변화 대응 및 해양 분야의 협력을 확대・심화해 나간다.

인적・문화적 교류 분야에서는 '대한민국과 중화인민공화국 간의 영사협정' 체결을 계기로, 양국 인적 왕래의 법률적 기초를 가일층 다지고, 양국 영사관계 및 협력의 수준을 제고한다. 2015년과 2016년을 각각 '중국 관광의 해'와 '한국 관광의 해'로 지정하고, 양측 간 합의된 2014년 인문교류 세부사업을 공동 추진하며, 교육 및 청소년 분야의 교류와 협력을 강화하고, 관용・공무 여권 소지자에 대한 상호 사증면제 협정 문안 합의를 환영하며, 사증면제 범위의 단계적 확대 방안을 적극적으로 협의해 나가기로 한다. 지방정부 간 교류와 협력을 활성화하고, 2016년까지 양국 간 인적 교류 1000만 명 목표를 실현하기 위해 노력한다. 양국의 유관기관 등이 판다 공동연구를 실시하는 것을 지지하기로 한다. '대한민국 정부와 중화인민공화국 정부 간의 영화 공동제작에 관한 협정'을 체결한다.

6. 양측은 한반도에서의 핵무기 개발에 확고히 반대한다는 입장을 재확인하고, 한반도 비핵화 실현과 한반도의 평화와 안정 유지가 6자회담 참가국들의 공동의 이익에 부합되며, 관련 당사국들이 대화와 협상을 통하여 이러한 중대한 과제를 해결해야 한다는 데 인식을 같이 하였다.

양측은 6자회담 참가국들이 2005년 9월 19일에 합의한 9・19 공동성명 및 유엔 안보리 관련 결의들을 성실히 이행해야 한다는 데 입장을 같이 하였다.

양측은 한반도 비핵화 실현을 위하여 관련 당사국들이 6자회담 프로세스를 꾸준히 추진하며, 이 과정에서 관련 당사국들이 상호 존중의 정신 하에 양자 및 다자 간 소통과 조율을 강화하고, 9・19 공동성명에 따른 관련 당사국들의 관심 사항을 해결해야 한다는 데 인식을 같이 하였다.

양측은 6자회담 참가국들이 공동인식을 모아 6자회담 재개를 위한 조건을 마련해야 한다는데 견해를 같이 하였다. 양측은 6자회담 수석대표 간 다양한 방식의 의미 있는 대화를 통해 한반도 비핵화의 실질적 진전을 이루기 위해 노력하는 것을 지지하였다.

7. 한국 측은 한반도 신뢰프로세스를 통해 남북 간 상호신뢰를 형성함으로써 남북 관계를 발전시키고 한반도에 평화를 정착시키기를 희망하였다. 또한, 남북한 주민들의 인도적 문제 해결, 남북한 공동 번영을 위한 민생 인프라 구축, 남북 주민 간 동질성 회복을 위한 노력이 한반도 평화통일과 동북아의 공동 번영에 기여하게 될 것임을 강조하였다.

이와 관련하여, 중국 측은 남북 관계 개선을 위해 기울인 한국 측의 노력을 적극적으로 평가하였다. 또한, 남북이 대화를 통해 관계를 개선하고 화해와 협력을 해 나가는 것을 지지하고, 한반도의 평화적 통일에 대한 한민족의 염원을 존중하며, 궁극적으로 한반도의 평화적 통일이 실현되기를 지지하였다.

아울러, 양측은 이 지역의 평화와 협력, 신뢰 증진 및 번영을 위하여 양자・다자 차원에서의 협력을 강화하고 소지역 협력을 검토해 나가기로 하였다.

8. 중국 측은 세계에 하나의 중국만이 있으며, 대만은 중국 영토의 불가분의 일부분임을 재천명하였다. 이에 대해 한국 측은 충분한 이해와 존중을 표시하고, 중화인민공화국 정부가 중국을 대표하는 유일한 합법 정부라는 것과 하나의 중국만이 있다는 입장을 계속 견지해 나가기로 하였으며, 양안 관계의 평화적 발전을 지지하기로 하였다.

9. 한국 측은 중국 측의 제22차 아시아태평양경제협력체(APEC) 정상회의 개최를 지지하고 이를 위해 긴밀히 협력하기로 하였다. 양측은 금번 APEC 정상회의를 통해 지역경제통합 진전, 혁신적 발전·경제개혁 및 성장 촉진, 포괄적 연계성 및 인프라 개발 강화 등 핵심의제에서 실질적 성과를 거두어 아태지역 발전에 기여할 수 있도록 함께 노력하기로 하였다.

10. 양측은 시진핑 국가주석의 금번 국빈 방한이 양국 관계가 새로운 도약을 하는 데 있어서 이정표적 의미를 지닌다는 데 인식을 같이 하였다. 시진핑 국가주석은 대한민국 정부와 국민들의 진심 어린 환대에 사의를 표하고, 박근혜 대통령이 편리한 시기에 중국을 재차 방문하여 줄 것을 초청하였다. 박근혜 대통령은 이를 흔쾌히 수락하였다.

2014년 7월 3일 서울

자료 4-10 ┃ 문재인 대통령 국빈 방중 계기 한·중 정상회담 언론발표문
(2017년 12월 14일, 베이징)[10]

오늘 확대 정상회담과 소인수 정상회담을 합쳐서 2시간 15분 정도 진행이 됐고, 무려 예상 시간보다 시간 이상 길게 회의가 진행됐다. 그만큼 양국 정상 간에 허심탄회하고 솔직하게 대화를 나눴다는 말씀을 드린다.

시진핑(Xi Jinping·習近平) 중국 국가주석의 초청으로 중국을 국빈 방문 중인 문재인 대통령은 14일 오후 베이징 인민대회당에서 시진핑 주석과 정상회담을 갖고 한반도 평화와 안정을 확보하기 위한 4가지 원칙에 합의했다.

양 정상이 합의한 4대 원칙은, 첫째 한반도에서의 전쟁은 절대 용납할 수 없다. 둘째, 한반도의 비핵화 원칙을 확고하게 견지한다. 셋째, 북한의 비핵화를 포함한 모든 문제는 대화와 협상을 통해 평화적으로 해결한다. 넷째, 남북한 간의 관계 개선은 궁극적으로 한반도 문제를 해결하는 데 도움이 된다는 것이다.

양 정상은 양자 방문 및 다자 정상회의에서의 회담은 물론, 전화 통화, 서신 교환

---
10 출처: 앞의 책, pp. 273-278.

등 다양한 소통 수단을 활용하여 정상 간 '핫라인(Hot Line)'을 구축함으로써 긴밀한 소통을 계속해 나가기로 했다.

양 정상은 경제, 통상, 사회, 문화 및 인적 교류 등을 중심으로 이루어져 오던 양국 간 협력을 정치, 외교, 안보, 정당 간 협력 등 분야로 확대해 나가기로 하였으며, 이를 위해 정상 차원은 물론 다양한 고위급 수준의 전략적 대화를 활성화해 나가기로 했다.

문 대통령은 한반도는 물론, 동북아의 평화·안정과 번영을 위해 한중 양국은 물론, 관련 역내 국가들과의 협력이 필요하다고 강조하고, 한미중, 한중일 등 다양한 형태의 3자 협의를 활성화하자고 제의했다.

양 정상은 북한의 도발 중단을 강력히 촉구하는 한편, 북한의 핵 및 미사일 개발이 한반도뿐만 아니라 동북아와 국제사회의 평화와 안정에 심각한 위협이라는 데 인식을 같이하고, 안보리 관련 결의를 충실히 이행하는 것을 포함하여 제재와 압박을 통해 북한을 대화의 장으로 유도하기로 했다.

시 주석은 사드 문제와 관련, 중국 측 입장을 재천명하고, 한국 측이 이를 계속 중시하고 적절히 처리하기를 바란다고 말했다.

시 주석은 "좌절을 겪으면 회복하는 데 시간이 오래 걸리지만 지금 양국 관계는 빠른 속도로 개선이 되고 있고, 이런 일이 다시 반복되지 않도록 각별히 신경 쓰고 관리를 잘해 나가자"라고 말했다.

문 대통령은 10·31 한중관계 개선 관련 양국 간 협의 결과를 평가하고, "양국 중대 관심사에 대한 상호 존중의 정신에 기초해 양국 관계를 조속히 회복, 발전시켜 나가는 것이 중요하다"라고 말했다.

문 대통령은 시 주석의 국빈 방중 초청과 따뜻한 환대에 감사의 뜻을 표하고, 이번 방문이 양국 간에 아름다운 동행의 새롭고 좋은 첫걸음이 되기를 기대한다고 말했다.

시 주석은 난징대학살 80주년 계기에 문 대통령이 따뜻한 추모의 뜻을 표명해 준 데 대해 사의를 표명했다.

문 대통령은 한중 간 유구한 공영의 역사는 양국이 공동 번영의 길을 함께 걸어가면서, 한반도와 동북아, 나아가 세계의 평화와 번영을 위해 함께 협력해 나가야 할 운명적 동반자임을 잘 보여준다고 하고, 최근 양국 간 일시적 어려움도 오히려 역지사지(易地思之)의 기회가 되었다고 말했다.

시 주석은 지난 25년간 한중 관계가 양국 국민들에게 실질적 혜택을 가져다 준 것은 물론, 역내 평화·안정에도 기여해 왔다고 평가하고, 한국과 함께 노력해 양국 관계를 건강하고 안정적으로 발전시켜 나가기를 희망한다고 말했다.

문 대통령은 19차 당대회에서 시 주석이 제시한 민주적인 리더십과 국민들의 삶의 질 향상을 위한 가치들이 '사람이 먼저다'라는 본인의 정치철학과 국정 목표와도 통하는 것이라고 강조하고, 양국의 국가 비전, 성장전략의 교집합을 바탕으로 양국의 미래 성장 동력을 함께 마련하고, 양국 국민들이 체감할 수 있는 실질 분야의 협력사업들을 추진해 나가길 희망했다.

이에 대해 시 주석은 양국의 공동 발전을 위해 상호호혜적인 교류 협력을 더욱 적극적으로 추진해 나가자고 했다.

양 정상은 한중 산업 협력 단지 조성, 투자 협력 기금 설치 등 그간 중단된 협력 사업을 재개해 나가기로 하고, 양국 기업의 상대방 국가에 대한 투자 확대도 장려해 나가기로 했다. 이러한 맥락에서, 양 정상은 한중 FTA 서비스·투자 후속 협상 개시를 선언하게 된 것을 환영했다.

양 정상은 미세먼지 공동 저감, 암 관련 의료협력 등 환경·보건 협력, 교육·과학 협력 신재생 에너지 협력, 지방정부 간 협력을 증진시켜 나가는 것과 함께 빅데이터, 인공지능, 5G, 드론, 전기자동차 등 4차 산업혁명에 대해 함께 대비해 나가기 위한 미래지향적 협력사업을 추진해 나가기로 했다.

양 정상은 우리의 新북방·新남방정책과 중국의 일대일로 구상 간 궤를 같이 하는 측면이 있다는 데 주목하고, 구체적인 협력 방안을 적극적으로 발굴해 나가기로 했다.

양 정상은 양국 국민 간 상호 이해 제고 및 정서적 공감대 확대가 중요하다는 데 인식을 같이 하고, 문화·스포츠, 인문, 청년 교류를 지속 확대해 나가기로 했다. 특히, 양국 관계의 미래를 이끌어 나갈 양국 청소년들 간의 교류 사업을 더욱 확대·발전시켜 나가기로 했다.

문 대통령은 중국 측이 중국 내 우리 독립운동 사적지 보호를 지원해 오고 있는데 대해 평가하고, 앞으로도 계속 관심을 가지고 지원해 줄 것을 당부했다.

시 주석은 한국 정부가 중국군 유해 송환을 위해 지속적으로 협력 중인 데 대해 사의를 표명하고, 자신이 저장성 당서기 시절 한국 유적지 보호 사업을 지원했다고 회고하면서, 앞으로도 중국 내 한국의 독립운동 사적지 보존 사업을 위해 계속 협력해 나가겠다고 했다.

양 정상은 한반도와 동북아는 물론, 국제사회의 평화와 안정을 확보하기 위해 노력을 강화해 나가기로 했다.

이와 관련 시 주석은 한국과 국제 테러에 대응하기 위한 협력을 제고해 나가기를 희망한다고 말했다.

이에 문 대통령은 전폭적인 공감을 표시하면서 할 수 있는 노력을 다해 나가겠다고 말했다.

양 정상은 평창 동계올림픽이 양국 간 인적 교류를 활성화하는 데 좋은 계기가 될 것이라는 데 인식을 같이하고, 2018 평창 동계올림픽과 2022 베이징 동계올림픽을 성공적으로 개최하여, 한반도와 동북아는 물론 전 세계 인류의 평화와 화합을 위한 장이 되도록 긴밀히 협력해 나가기로 했다.

문 대통령은 시 주석의 평창 동계올림픽 참석을 초청하였고, 시 주석은 이를 진지하게 검토할 것이며 만약 참석할 수 없게 되는 경우 반드시 고위급 대표단을 파견할 것이라고 말했다.

한편, 양 정상은 평창 동계올림픽 및 패럴림픽에 북한이 참가하는 것이 남북 관계 개선 및 동북아 긴장 완화에 기여할 것이라는 데 인식을 같이하고, 이를 위해 함께 노력해 나가기로 했다.

◐ 중-아세안 관계 자료(5장)

자료 5-1 ▎ 동남아시아우호협력조약 (1976년 6월 21일 발효)[1]

전 문

    체결당사국들은 각자의 국민들을 함께 묶는 기존의 역사, 지리, 문화 체계를 의식하며,
    정의와 법치를 존중하고 관계의 지역적 회복탄력성을 강화함으로써 지역의 평화와 안정을 증진하기를 열망하며,
    유엔헌장의 정신과 원칙, 1955년 4월 25일 반둥에서 열린 아시아-아프리카회의에서 채택한 10대 원칙, 1967년 8월 8일 방콕에서 서명된 동남아시아국가연합 선언문, 그리고 1971년 11월 27일 쿠알라룸푸르에서 서명된 선언(필자 역주: 동남아시아 평화, 자유, 중립지역 공동선언, ZOPFAN)에 따라 동남아시아에 영향을 미치는 문제에 대해 평화, 우호 및 상호 협력을 증진하기를 희망하며,
    각국 간 차이점이나 분쟁의 해결은 협력을 위태롭게 하거나 방해할 수 있는 부정적인 태도를 피하면서 합리적이고 효과적이며 충분히 유연한 절차에 의해 규제되어야 한다고 확신하며,
    세계 평화, 안정 및 화합을 촉진하기 위해 동남아시아 안팎의 평화를 사랑하는 모든 국가들과의 협력이 필요하다고 믿으며,
    다음과 같이 우호협력조약을 체결할 것에 엄숙히 동의한다.

제1장 목적과 원칙

제1조
    이 조약의 목적은 체결당사국의 역량 · 연대 및 관계의 긴밀화에 기여하는 체결당사국 국민 간의 영구적 평화, 지속적 우호 및 협력을 촉진하는 데 있다.

제2조
    체결당사국은 체결당사국 간의 관계에 있어서 다음의 기본 원칙을 지침으로 한다.
  1) 모든 국가의 독립 · 주권 · 평등, 영토의 보전 및 국가정체성에 대한 상호 존중
  2) 모든 국가가 외부의 간섭 · 전복 또는 강압 없이 국가의 존립을 영위할 권리
  3) 각 체결당사국의 내부 문제에 대한 불간섭
  4) 불화나 분쟁의 평화적 수단에 의한 해결

---

1 출처: ASEAN Main Portal, "Treaty of Amity and Cooperation in Southeast Asia,"
    https://asean.org/wp-content/uploads/2021/01/20131230235433.pdf.

5) 무력의 위협 또는 사용에 대한 포기
6) 체결당사국간 효과적 협력

제2장 우호

제3조
　체결당사국은 이 조약의 목적을 달성하기 위하여 체결당사국을 서로 결속하는 우호 · 선린 및 협력의 전통적 · 문화적 및 역사적 유대를 발전 · 강화하도록 노력하며, 이 조약 하에서 부담하는 의무를 성실하게 이행한다. 체결당사국은 체결당사국 간의 보다 긴밀한 상호 이해의 촉진을 위하여 국민 간의 접촉과 교류를 장려 · 진흥한다.

제3장 협력

제4조
　체결당사국은 경제 · 사회 · 문화 · 기술 · 과학 및 행정 분야에서 뿐만 아니라 지역의 국제 평화와 안정에 관한 공동의 이상과 열망에 관한 사항, 그리고 그 밖의 모든 공동 관심 사항에 대해 활발한 협력을 촉진한다.

제5조
　체결당사국은 제4조의 규정을 이행함에 있어서 평등 · 비차별 및 상호이익에 기초하여 다자 및 양자 차원에서 최대한의 노력을 기울인다.

제6조
　체결당사국은 동남아시아 국가공동체의 번영과 평화를 위한 기초를 강화하기 위하여 이 지역의 경제성장을 촉진하는데 협력한다. 이를 목적으로 체결당사국은 국민의 상호이익을 위하여 농업과 산업의 이용 증대, 교역의 확대 및 경제기반시설의 개선을 촉진한다. 이러한 측면에서 체결당사국은 역외의 다른 국가 및 국제기구 · 지역 기구와 긴밀하고 유익한 협력을 위하여 모든 방법을 지속적으로 모색한다.

제7조
　체결당사국은 사회정의를 달성하고 역내 국민의 생활수준을 향상시키기 위한 경제협력을 강화한다. 체결당사국은 이를 위하여 경제발전과 상호 지원을 위한 적절한 지역 전략을 채택한다.

제8조
　체결당사국은 사회 · 문화 · 기술 · 과학 및 행정 분야에서 광범위한 규모의 가장 긴밀한 협력을 이루도록 노력하며, 훈련 및 연구의 형태로 상호 간에 지원을 제공하도록 노력한다.

제9조
　체결당사국은 역내의 평화 · 화합 및 안정이라는 대의의 증진을 위한 협력을 촉진하도록 노력한다. 체결당사국은 이를 위하여 국제적 · 지역적 문제에 관하여 그들의 견해 · 행동 및 정책을 조정하기 위한 상호 간의 정기적 접촉 · 협의를 유지한다.

제10조
각 체결당사국은 다른 체결당사국의 정치적 · 경제적 안정, 주권 또는 영토의 보전을 위협하는 활동에 어떠한 방식 또는 형태로도 참여하지 아니한다.

제11조
체결당사국은 각국의 국가정체성을 보전하기 위하여 내부의 전복 활동뿐만 아니라 외부의 간섭 없이 각국의 이상과 열망에 입각하여 자국의 안보 분야에서 뿐만 아니라 정치 · 경제 · 사회 및 문화 분야에서도 각국의 발전 능력을 강화하도록 노력한다.

제12조
체결당사국은 지역의 번영과 안보를 달성하기 위하여 노력하는 과정에서 강력하고 성장가능한 동남아시아 국가공동체의 근간을 이루는 자신감 · 자조 · 상호 존중 · 협력 및 연대의 원칙에 기초하여 지역의 발전능력의 촉진을 위하여 모든 분야에서 협력하도록 노력한다.

제4장 분쟁의 평화적 해결

제13조
체결당사국은 분쟁의 발생을 방지하려는 결의와 성의를 가진다. 체결당사국에게 직접적으로 영향을 미치는 사안에 관한 분쟁, 특히 지역의 평화와 화합을 저해할 수 있는 분쟁이 발생하는 경우에는 체결당사국은 무력의 위협 또는 사용을 삼가고, 항상 그러한 분쟁을 체결당사국 간의 우호적인 교섭을 통하여 해결한다.

제14조
체결당사국은 지역적 절차를 통한 분쟁 해결을 위하여 지역 평화와 화합을 저해할 가능성이 있는 분쟁 또는 사태의 존재를 인지하기 위하여 각 체결당사국의 장관급 대표로 구성된 이사회를 상설기관으로 설치한다. 그러나 이 조는 이 협정에 가입한 동남아시아 역외 국가에 대해서는 이러한 지역적 절차로 해결하려는 분쟁에 이 국가가 직접적으로 관련이 있는 경우에만 적용된다.

제15조
이사회는 직접 교섭을 통하여 해결이 되지 못한 경우에는 그 분쟁 또는 사태를 인지하고 분쟁 당사국에게 주선 · 중개 · 심사 또는 조정과 같은 적절한 분쟁 해결 방법을 권고한다. 한편, 이사회는 자신에 의한 주선을 제의할 수 있으며, 분쟁 당사국이 합의하는 경우에는 스스로 중개 · 심사 또는 조정 위원회로 될 수 있다. 이사회는 필요하다고 간주하는 경우에는 분쟁 또는 사태의 악화를 방지하기 위한 적절한 조치를 권고한다.

제16조

이 장의 상기 규정은 모든 분쟁당사국이 분쟁에 이 규정을 적용하기로 합의하지 아니 하는 한, 그 분쟁에 적용하지 아니한다. 그러나 이는 그 분쟁의 당사자가 아닌 다른 체결당사국이 상기 분쟁을 해결하기 위하여 모든 가능한 지원을 제의하는 것을 배제하지 아니한다. 분쟁 당사국은 그러한 지원의 제의에 대하여 호의적이어야 한다.

제17조

이 조약의 어떠한 규정도 국제연합헌장의 제33조 제1항에 포함되어 있는 평화적인 해결 방법을 원용하는 것을 배제하지 아니한다. 분쟁의 당사자인 체결당사국은 국제연합헌장에 규정되어 있는 다른 절차를 이용하기 전에 우호적 교섭을 통하여 분쟁을 해결하도록 주도하는 것이 장려된다.

제5장 일반규정

제18조

이 조약은 인도네시아공화국, 말레이시아, 필리핀공화국, 싱가포르공화국 및 타이왕국에 의하여 서명된다. 이 조약은 각 서명국의 헌법 절차에 의하여 비준된다. 이 조약은 동남아시아 역외 국가의 가입을 위하여 개방된다. 동남아시아 역외 국가 역시 동남아시아의 모든 국가, 즉, 브루나이다루살람, 캄보디아왕국, 인도네시아공화국, 라오인민민주주의공화국, 말레이시아, 미얀마연방, 필리핀공화국, 싱가포르공화국, 타이왕국 및 베트남사회주의공화국의 동의를 얻어 이 조약에 가입할 수 있다.

제19조

이 조약은 이 조약과 비준서 또는 가입서의 수탁처로 지정된 서명국의 정부에 다섯 번째 비준서가 기탁된 날에 발효한다.

제20조

이 조약은 체결당사국의 공식 언어로 작성되었으며, 모든 공식 언어는 동등한 권한을 가진다. 영어로 공통 번역본을 작성한다. 공통 번역본의 해석상 상위는 교섭을 통하여 해결한다.

이상의 증거로, 체결당사국은 이 조약에 서명·날인하였다.
1976년 2월 24일 발리 덴파사르에서 작성되었다.

(이하, 서명)
인도네시아공화국 대통령 수하르토

말레이시아 총리 다툭 후세인
필리핀공화국 대통령 페르디난드 마르코스
싱가포르 총리 리콴유
태국왕국 총리 쁘릿 쁘라못

자료 5-2 ┃ 중화인민공화국 주석과 아세안 회원국 국가/정부 정상회의 공동성명
: 21세기를 향한 중국-아세안 협력 (1997년 12월 16일, 쿠알라룸푸르)[2]

1. 중화인민공화국 주석과 아세안 회원국 국가/정부 정상들은 중국과 아세안 간, 그리고 중국과 아세안 개별 회원국 간 관계가 빠르게 발전하고 있는 데 대해 만족을 표시했다. 양측은 이러한 관계 강화가 아시아·태평양 지역의 평화, 안정, 번영뿐만 아니라 양측 국민의 근본적인 이익에도 도움이 된다는 데 동의했다.

2. 양측은 유엔헌장, 동남아시아우호협력조약, 평화공존 5원칙, 그리고 보편적으로 인정된 국제법이 양측 간 관계를 규율하는 기본 규범이 되어야 한다는 점을 확인했다. 특히, 양측은 서로의 독립, 주권, 영토보전에 대한 존중과 다른 국가의 내정에 대한 불간섭 원칙을 재확인했다.

3. 양측은 선린우호관계를 증진하고 고위급 교류를 확대하며 모든 분야에서 대화와 협력 메커니즘을 강화하여 이해와 호혜를 증진하기로 약속했다.

4. 양측은 아세안지역안보포럼(ARF)과 기타 지역 및 국제기구와 포럼에서 협력을 강화하기로 합의했다.

5. 양측은 21세기 국가와 지역의 번영을 달성하기 위해 평등, 호혜 및 공동 책임의 원칙에 기초하여 경제성장, 지속 가능한 발전 및 사회 진보를 촉진하기 위한 양자 및 다자 차원의 협력을 강화하기로 약속했다. 양측은 중국-아세안 공동협력위원회, 중국-아세안 경제 및 무역 협력 공동위원회, 중국-아세안 과학기술협력 공동위원회 등의 메커니즘을 통해 협력을 더욱 강화할 것이다. 양측은 APEC 및 ASEM과 같은 지역 또는 하위 지역 조직이나 프로젝트와 관련하여 긴밀한 조정

---

2 출처: ASEAN Main Portal, "Joint Statement of the Meeting of Heads of State/ Government of the Member States of ASEAN and the President of the People's Republic of China Kuala Lumpur, Malaysia, 16 December 1997,"
https://asean.org/joint-statement-of-the-meeting-of-heads-of-state-government-of-the-member-states-of-asean-and-the-president-of-the-peoples-republic-of-china-kuala-lumpur- malaysia-16-december-1997/

과 협력을 계속할 것이다.

6. 중국은 아세안 지역 경제의 탄탄한 기초를 인정하고 아세안 지역 경제와 미래 전망에 대해 전폭적인 신뢰를 표명했다. 중국은 동아시아 지역의 경제가 계속해서 세계에서 가장 빠르게 성장하는 지역 중 하나가 될 것이라는 확신을 강조했다. 중국과 아세안 회원국들은 무역과 투자를 촉진하고 시장 접근을 촉진하며 기술의 흐름을 개선하고 무역 및 투자 관련 정보의 흐름과 접근을 강화함으로써 긴밀한 경제 관계를 더욱 강화해야 한다는 데 동의했다. 양측은 메콩강 유역 개발에 대한 공동의 관심을 재확인하고 무역, 관광 및 운송 분야의 활동을 촉진함으로써 동 유역 주변 국가에 대한 지원을 강화할 것을 약속했다. 양측은 세계무역기구(WTO) 회원국의 보편성과 중국 및 아세안 신청국의 WTO 조기 가입에 대한 지지를 재확인했다.

7. 양측은 1997년 12월 2일 쿠알라룸푸르에서 열린 최근 회의에서 중국과 아세안 재무장관들이 이 지역의 현재 재정 상황을 해결하기 위한 국가적 노력과 지역적, 국제적 협력에 대해 논의했다고 언급했다. 양측은 지역의 금융 안정을 촉진하기 위한 건설적인 단계로서 마닐라 프레임워크(Manila Framework)의 신속한 이행에 관한 재무장관들의 합의를 승인했다. 양측은 마닐라 프레임워크에 따른 계획을 추진하고 IMF, 세계은행, ADB 및 국제 규제 기관과 긴밀히 협력하려는 노력을 장려했다. 아세안 회원국들은 최근 이 지역의 자금 조달 패키지에 대한 중국의 기여를 높이 평가했으며, 양측은 중화인민공화국과 아세안 재무장관들 간 경제 및 금융 문제에 대한 협력 강화의 중요성을 재확인했다.

8. 양측은 지역 평화와 안정 유지가 모든 당사국의 이익에 부합한다는 점을 인식하면서 위협이나 무력 사용에 의존하지 않고 평화적인 수단을 통해 차이점이나 분쟁을 해결하기로 약속했다. 양측은 1982년 유엔해양법협약 등 보편적으로 인정된 국제법에 따라 우호적인 협의와 협상을 통해 남중국해 분쟁을 해결하기로 합의했다. 양측은 해결책을 찾기 위한 노력을 지속하는 한편, 관련 분야의 협력 방안을 모색해 나가기로 했다. 관련 당사국들은 지역의 평화와 안정을 증진하고 상호신뢰를 증진하기 위해 앞으로도 자제력을 발휘하고 관련 이견을 냉정하고 건설적인 방식으로 처리해 나가기로 합의했다. 또한, 양측은 기존의 차이점이 우호 관계와 협력의 발전을 방해하지 않도록 노력하기로 합의했다.

9. 중국은 국제 및 지역 문제에서 아세안의 긍정적인 역할을 높이 평가하고 지지했다. 중국은 동남아시아에 평화, 자유, 중립지대를 구축하려는 아세안의 노력을 존중하고 지지할 것임을 재확인했다. 이와 관련하여 중국은 동남아시아비핵지대(SEANWFZ) 조약의 발효를 환영했다. 또한, 양측은 핵무기 보유국의 SEANWFZ 조약 의정서 가입을 촉진하기 위한 조약 당사국과 핵무기 보유국 간의 지속적인 협의를 환영했다. 아세안 회원국들은 안정되고 평화로우며 번영하는 중국

이 특히 아시아·태평양 지역은 물론 세계 전반의 장기적인 평화, 안정 및 발전을 위한 중요한 요소가 될 것이라고 믿었다. 아세안 회원국들은 '하나의 중국' 정책을 계속해서 견지할 것임을 재확인했다.

10. 중국과 아세안 회원국들은 아시아·태평양 지역과 세계의 평화와 발전을 공동으로 촉진하고 역동적인 지역 및 국제 환경의 도전에 적극적으로 대응할 것을 약속했다.

11. 중국은 다가오는 세기의 도전에 대처하려는 아세안의 역동성과 결단력을 반영하는 아세안비전 2020의 채택을 환영했다.

12. 중국과 아세안 회원국들은 양측 간 선린우호와 상호신뢰의 파트너십 발전을 21세기 중국과 아세안 간 관계의 중요한 정책목표로 간주했다.

자료 5-3 ▮ 중국-아세안 '남중국해 당사국 행동선언'(DOC)
(2002년 11월 4일, 프놈펜)[3]

중화인민공화국 정부와 아세안 회원국 정부는 21세기를 향한 선린과 상호신뢰의 파트너십을 증진하기 위해 국민과 정부 사이에 존재하는 우호와 협력을 공고히 하고 발전시키겠다는 결의를 재확인한다.

양측은 지역의 평화, 안정, 경제성장 및 번영을 강화하기 위해 중국과 아세안 간 남중국해의 평화롭고 우호적이며 조화로운 환경을 조성할 필요성을 인식한다.

양측은 1997년 중화인민공화국 주석과 아세안 회원국 국가/정부 정상회의 공동성명의 원칙과 목표를 강화하기로 약속한다.

양측은 관련 국가 간의 차이점과 분쟁에 대한 평화적이고 항구적인 해결을 위한 유리한 조건을 강화하기를 희망한다.

이에 다음과 같이 선언한다.

1. 당사국들은 유엔헌장, 1982년 유엔해양법협약, 동남아시아우호협력조약, 평화공

---

[3] 출처: ASEAN Main Portal, "Declaration on the Conduct of Parties in the South China Sea," https://asean.org/declaration-on-the-conduct-of-parties-in-the-south-china-sea-2/

존의 5대 원칙, 그리고 국가 간 관계를 규정하는 기본규범이 될 국제법의 기타 보편적으로 인정된 원칙을 재확인한다.

2. 당사국들은 위에서 언급한 원칙에 따라 평등과 상호 존중을 바탕으로 신뢰와 믿음을 구축하는 방법을 모색하기 위해 최선을 다하고 있다.

3. 당사국들은 1982년 해양법에 관한 UN협약을 포함하여 보편적으로 인정된 국제법 원칙에 따라 남중국해 내 항행 및 상공 비행의 자유에 대한 존중과 약속을 재확인한다.

4. 당사국들은 1982년 해양법에 관한 UN 협약을 포함하여 보편적으로 인정된 국제법 원칙에 따라 직접 관련 주권 국가와의 우호적 협의 및 협상을 통해 위협이나 무력 사용에 의존하지 않고 평화적인 방법으로 영토 및 관할권 분쟁을 해결하기로 약속한다.

5. 당사국들은 분쟁을 복잡하게 하거나 확대하고 평화와 안정에 영향을 미칠 수 있는 활동을 자제할 것을 약속한다. 이에는 현재 무인도, 암초, 모래톱, 산호초 및 기타 지형에 거주하는 행위를 자제하고 이들의 차이점을 건설적인 방식으로 처리하는 것이 포함된다.

  영토 및 관할권 분쟁이 평화적으로 해결될 때까지 관련 당사국은 협력과 이해의 정신으로 그들 사이에 신뢰와 확신을 구축하기 위한 방법을 모색하기 위한 노력을 강화할 것을 약속한다. 여기에는 다음이 포함된다: ① 국방 관계자와 군 관계자 사이에 적절한 대화와 의견 교환의 진행; ② 위험에 처해 있거나 고통을 겪고 있는 모든 사람에 대한 정의롭고 인도적인 대우의 보장; ③ 임박한 합동/연합 군사훈련의 다른 관련 당사국에 대한 자발적 통보; ④ 자발적인 관련 정보 교환.

6. 분쟁이 포괄적이고 항구적으로 해결될 때까지 관련 당사자는 협력 활동을 모색하거나 수행할 수 있다. 여기에는 다음이 포함될 수 있다: ① 해양 환경 보호; ② 해양 과학 연구; ③ 해상에서의 항해 및 통신의 안전; ④ 수색 및 구조 작전; ⑤ 불법 마약 밀매, 해적 행위, 해상 무장 강도, 불법 무기 거래를 포함하되 이에 국한되지 않는 초국가적 범죄의 퇴치.

  양자 및 다자 협력과 관련된 방식, 범위 및 위치는 실제 이행에 앞서 관련 당사국들에 의해 합의되어야 한다.

7. 당사국들은 선의와 투명성을 증진하고 화합, 상호 이해 및 협력을 확립하며 양국 간 분쟁의 평화적 해결을 촉진하기 위한 목적 아래 이 선언의 준수에 관한 정기적인 협의를 포함하여 그들이 합의하는 방식을 통해 관련 문제에 관한 협의와 대화를 계속할 준비가 되어 있다.

8. 당사국들은 본 선언문의 조항을 존중하고 이에 부합하는 조치를 취할 것을 약속한다.

9. 당사국들은 다른 국가들이 이 선언문에 포함된 원칙을 존중하도록 권장한다.

10. 당사자국은 남중국해 행동강령의 채택이 지역의 평화와 안정을 더욱 촉진할 것임을 재확인하고, 합의에 기초하여 이 목표의 궁극적인 달성을 위해 노력하기로 합의했다.

이상은 캄보디아 왕국 프놈펜에서 2002년 11월 4일에 작성되었다.

(중국 및 아세안 회원국 외교장관 서명 생략)

자료 5-4 ┃ 평화와 번영의 전략적 파트너십에 관한 중화인민공화국과 아세안 회원국 국가/정부 정상들의 2003년 공동선언 (2003년 10월 8일, 발리)[4]

1. 우리, 중화인민공화국과 아세안 회원국의 국가 · 정부 정상들은 최근 몇 년 동안 양자관계의 발전 과정을 되돌아보았다. 우리는 1997년 중화인민공화국과 아세안 회원국 국가 · 정부 정상회의 공동성명 발표 이래 중국과 아세안 사이의 관계가 빠르고 포괄적이며 심도 있는 발전을 이루었으며, 중국과 아세안은 중요한 협력 파트너가 되었다는 데 의견을 같이했다.

   a) 정치적으로 우리 양측은 서로의 주권과 영토보전, 그리고 각자의 발전 경로의 독립적인 선택을 존중한다. 1997년 중화인민공화국과 아세안 회원국의 국가 · 정부 정상회의 공동성명 정신에 따라 중국은 아세안 10개국과 21세기 양자관계의 발전에 초점을 맞춘 정치문서에 각각 서명했다. 2003년 10월 중국은 동남아시아 우호협력조약을 체결하여 양측 간의 정치적 신뢰가 눈에 띄게 향상되었음을 보여줬다.

   b) 경제적으로 양측은 상호보완적이고 유익한 협력을 위해 접촉과 교류를 강화했다. 농업, 정보통신, 인적자원 개발, 쌍방향 투자, 메콩강 유역 개발 등 5대 우선

---

4 출처: Center for International Law, National University of Singapore, "2003 Joint Declaration of the Heads of State/Government of the Association of Southeast Asian Nations and the People's Republic of China on Strategic Partnership for Peace and Prosperity,"https://cil.nus.edu.sg/wp-content/uploads/2019/02/2003-ASEAN-China-JD-on-Strategic-Partnership-for-Peace-and- Prosperity-1.pdf

분야 협력이 꾸준한 신선을 이루었다. 2002년 양측은 중국과 아세안 간 포괄적 경제협력에 관한 기본 협정(Framework Agreement on Comprehensive Economic Cooperation)에 서명하여 중국-아세안 자유무역지대(ACFTA)를 향한 과정을 시작했으며 양측 간 경제협력을 더 넓은 범위와 깊이로 진전시켰다.

c) 안보 분야에서 중국과 아세안은 대화를 통해 상호신뢰를 강화하고, 협상을 통해 분쟁을 평화적으로 해결하며, 협력을 통해 지역 안보를 실현한다는 이념을 실천하기 위해 적극적으로 노력해 왔다. 남중국해의 평화와 안정을 확보하기 위해 양측은 '남중국해 분쟁 당사국 행동선언'(Declaration on the Conduct, DOC)에 서명하고 이 목표의 궁극적인 달성을 위한 합의에 기초하여 노력하기로 합의했다. 양측은 초국가적 문제에 대한 적극적인 협력을 진행하며 새로운 안보협력 분야의 길을 여는 '비전통적 안보 분야 협력 공동성명'을 발표했다.

d) 지역 및 국제 문제에서 중국과 아세안은 생산적인 협력을 진행해 왔다. 양측은 아세안+3 협력, 아세안지역안보포럼(ARF), 아시아협력대화(ACD), 아시아·태평양경제협력체(APEC), 아시아-유럽 정상회담(ASEM), 동아시아-라틴아메리카 협력포럼 (FEALAC) 및 기타 지역 및 초지역 협력 메커니즘의 건전한 발전을 위해 협력해 왔다. 양측은 상호 관심과 관심 사항에 대해 원활한 소통과 협력을 해 왔으며 상호 이해를 바탕으로 유엔, 세계무역기구(WTO) 및 기타 국제기구에서 상호 지지와 협력을 제공해 왔다.

2. 우리는 양측 간 상호이익이 되는 협력의 깊이와 범위에 만족을 표한다. 우리는 중국-아세안 관계가 상호 관심이 있는 모든 분야에서 중요하고 긍정적인 발전과 광범위하고 실질적인 협력을 이룩했다는 데 동의한다. 우리는 우리 지역의 평화, 발전, 협력에 있어서 중국-아세안 관계의 전략적 중요성을 강조하고, 그러한 관계가 세계 평화와 발전에 긍정적인 기여를 한다는 것을 인정한다.

3. 복잡하고 심대한 변화를 겪고 있는 오늘날의 세계에서 아시아·태평양 지역의 두 중요한 파트너로서 중국과 아세안 간의 협력 강화는 양측의 즉각적이고 장기적인 이익에 도움이 될 것이며 지역의 평화와 번영에 도움이 될 것이다. 이러한 목적을 위해 우리는 중국과 아세안이 "평화와 번영을 위한 전략적 파트너십"을 구축하는 것에 동의한다.

4. 우리는 평화와 번영을 위한 전략적 파트너십 구축의 목적이 21세기 중국-아세안 협력관계를 포괄적인 방식으로 심화·확대하여 중국과 아세안 간 우호 관계, 호혜 협력, 그리고 선린우호를 촉진하고, 이를 통해 지역의 장기적인 평화, 발전, 그리고 협력에 더욱 기여하는 데 있음을 선언한다. 이 전략적 파트너십은 비동맹적, 비군사적, 비배타적이며 참가 당사자들이 그 외의 제3자와 전방위적인 우호 및 협력관계를 발전시키는 것을 방해하는 것은 아니다.

5. 우리는 중국-아세안 협력이 유엔헌장, 동남아시아우호협력조약, 평화공존 5원칙, 기타 보편적으로 인정된 국제관계 규범, 그리고 1997년 중화인민공화국과 아세안의 국가·정부 지도자 회의 및 양측이 다양한 분야에서 서명한 기타 협력 문서를 기초로 하여 그 지침으로 삼을 것임을 거듭 강조한다.

6. 우리는 평화와 번영을 위한 중국-아세안 전략적 파트너십이 정치, 경제, 사회 문제, 안보, 국제 및 지역 문제에 초점을 맞춘 포괄적이고 미래 지향적인 협력이라는 점에 동의한다. 이를 위해 우리는 다음에 동의한다:

(1) 정치 협력
   a. 고위급 교류와 접촉을 강화하고, 중국과 아세안 국민 간의 이해와 우호를 공고히 하고 심화하며, 각급 대화와 협상 메커니즘의 역할을 더욱 완전하고 효과적으로 발휘하게 한다.
   b. 중국의 동남아시아우호협력조약 가입이라는 새로운 출발점으로부터 상호신뢰를 더욱 강화하고 양국 관계의 견고한 기반을 마련하는 단계로 더욱 나아가야 한다.
   c. 중국의 동남아시아비핵지대조약의정서(Protocol to the Treaty on the Southeast Asia Nuclear Weapon-Free Zone) 가입 문제에 대해 계속해서 협의한다.

(2) 경제협력
   a. 2005년까지 연간 쌍방향 무역 1,000억 달러 목표를 달성하기 위해 각각의 시장의 강점을 최대한 활용하고, 빠르게 성장하는 경제 관계 및 무역 모멘텀을 유지한다.
   b. 중국-아세안 경제협력의 핵심 축이 된 중국-아세안 FTA 협상을 가속화하여 2010년까지 FTA가 원활하게 체결되도록 하고, 이를 통해 아세안 신규 회원국들(CLMV)이 중국-아세안 FTA에 효과적으로 참여하고 그로부터 혜택을 누릴 수 있도록 지원한다.
   c. 농업, 정보통신, 인적자원 개발, 쌍방향 투자, 메콩강 유역 개발 등 핵심 분야에서의 협력을 심화하고 중장기적 협력 프로그램들을 성실하게 실행한다.
   d. 경제성장과 발전을 위한 서로의 노력을 지지한다. 중국은 개발 격차를 줄이는 아세안의 노력을 강력히 지지하며 새로운 회원국들을 지원할 것을 약속한다. 이를 위해 중국은 아세안통합이니셔티브(IAI)에 대한 참여를 늘리고 브루나이-인도네시아-말레이시아-필리핀 동아세안성장지역(BIMP-EAGA), 동서회랑(WEC), 그리고 캄보디아, 라오스, 베트남 성장 삼각지대를 포함한 소지역 차원에 대한 협력을 지원할 것이다. 아세안은 중국 서부지역 개발에 참여할 준비가 되어 있다.

(3) 사회 협력
   a. 공중보건 분야 협력 강화 등을 비롯한 2003년 4월 개최된 중국-아세안 사스(SARS) 특별정상회의의 합의 사항을 이행한다. 보건 협력을 위한 10+1 특별 기금이 마련되고 10+1 보건장관회의 메커니즘이 개시될 것이다.

b. 과학기술, 환경, 교육, 문화 분야의 교류와 인적 교류를 더욱 활성화하고 이들 분야의 협력 메커니즘을 개선한다. 또한, 관광 협력을 강화하고 양측 국민 간의 이해와 우호를 심화시키기 위한 노력도 기울여질 것이다.
c. 청년교류협력을 중시하고 강화하며, 10+1 청년장관회의 체제를 구축하여 영원한 우정의 저변을 넓혀간다.

(4) 안보협력
a. 비전통적 안보 분야 협력에 관한 공동성명 이행을 촉진하고, 해당 분야 협력을 적극적으로 확대, 심화한다.
b. 적절하다고 판단할 경우, 상호 이해를 강화하고 지역의 평화와 안보를 증진하기 위해 중국-아세안 안보 관련 대화를 개최한다.
c. 남중국해 당사국 행동선언(DOC)을 이행하고 후속 조치의 방식, 영역 및 프로젝트를 논의하고 계획한다.

(5) 지역 및 국제 협력
a. UN의 권위와 중심적 역할을 유지하면서 지역의 평화와 안정을 유지하기 위해 주요 지역 및 국제 문제에 협력한다.
b. ARF 틀 내에서 긴밀한 조정과 협력을 유지하고 ARF의 건전한 발전을 촉진한다. 중국은 ARF의 가장 핵심적인 동력으로서 아세안의 역할과 모든 당사자들에게 편안한 페이스로 진행되는 ARF의 중복적인 단계들을 진행시키려는 아세안의 공약을 지지한다.
c. 아세안+3 메커니즘을 동아시아와 아시아 전체의 협력과 지역 경제통합을 추진하는 주요 채널로 삼아 지속 가능한 발전과 공동 번영을 촉진한다.
d. ACD, APEC, ASEM, FEALAC 및 기타 지역 및 지역 간 협력 계획을 더욱 촉진한다.
e. 전 세계적으로 자유롭고 공정한 무역과 경제적 세계화의 균형 잡힌 발전을 위해 노력한다. 중국은 라오스와 베트남의 조속한 WTO 가입을 강력하게 지지한다.
f. 아시아·태평양 지역의 다양성, 특히 지역 국가의 개발 경로, 안보 우려, 가치, 문화 및 전통의 차이를 존중한다. 지역 내 협력과 발전을 위한 관용과 개방의 환경을 조성하기 위해 공동으로 노력한다.
g. 지역과 세계의 역동적인 발전을 적절히 고려하면서 필요한 경우 현 공동선언을 정기적으로 검토한다.

인도네시아 발리에서 2003년 10월 8일에 작성되었다.

브루나이왕국을 위해: 하지 하사날 볼키아(HAJI HASSANAL BOLKIAH), 술탄
캄보디아왕국을 위해: 삼덱 훈센(SAMDECH HUN SEN), 총리
인도네시아공화국을 위해: 메가와티 수카르노푸트리(MEGAWATI SOEKARNOPUTRI), 대통령

라오스인민민주의공화국을 위해: 분냥 보라칫(BOUNNHANG VORACHITH), 총리
말레이시아를 위해: 마하티르 빈 모하마드(DR. MAHATHIR BIN MOHAMAD), 총리
미얀마연방을 위해: 킨 눈 장군(GENERAL KHIN NYUNT), 총리
필리핀공화국을 위해: 글로리아 마카파갈-아로요(GLORIA MACAPAGAL-ARROYO), 대통령
싱가포르공화국을 위해: 고촉통(GOH CHOK TONG), 총리
타이왕국을 위해: 탁신 친나왓 박사(DR. THAKSIN SHINAWATRA), 총리
베트남사회주의공화국을 위해: 판반카이(PHAN VAN KHAI), 총리
중화인민공화국을 위해: 원자바오(WEN JIABAO), 국무원총리

자료 5-5 ┃ 2018년 중국-아세안 전략적 파트너십 비전 2030
(2018년 11월 14일, 싱가포르)[5]

우리 중화인민공화국과 동남아시아국가연합(ASEAN) 회원국 국가·정부 지도자들은 2018년 11월 14일 싱가포르에서 개최된 제21차 중국-아세안 정상회의에 모여 평화와 번영을 위한 중국-아세안 전략적 파트너십 15주년을 기념했다.

2003년 10월 8일 인도네시아에서 서명된 평화와 번영을 위한 전략적 파트너십에 관한 중화인민공화국과 아세안 국가·정부 정상들의 공동선언, 그리고 2013년 10월 9일 브루나이에서 채택된 중국-아세안 전략적 파트너십 10주년 기념 제16차 중국-아세안 정상회의 공동성명에 따라 중국과 아세안 간의 우호 관계, 호혜 협력 및 선린관계를 발전시키겠다는 우리의 약속을 상기한다.

지난 15년 동안 중국-아세안 전략적 파트너십이 지역의 평화, 안정 및 번영에 크게 기여했으며 중국과 아세안 간의 광범위한 협력 의제를 확대함으로써 가장 실질적이고 역동적이며 상호이익이 되는 관계 가운데 하나인 중국-아세안 관계를 강화했다는 점을 인식한다.

2015년 아세안공동체의 실현, 지난 50년 동안 아세안의 발전, 지난 40년 동안 중국의 개혁·개방의 성과로 인해 중국과 아세안 관계가 새로운 시대에 접어들었음을 인식한다.

2017년 11월 13일 필리핀 마닐라에서 열린 제20차 중국-아세안 정상회의에서 미래 방향을 제시하고 평화와 안전 그리고 공동 번영을 누리는 개방적이고 포용적이며 지속 가능한 세계 건설에 기여하기 위해 중국-아세안 전략적 파트너십 비전 2030을

---

5 출처: Center for International Law, National University of Singapore, "2018 ASEAN-China Strategic Partnership Vision 2030,"
https://cil.nus.edu.sg/databasecil/2018-asean-china-strategic-partnership-2030/

발표하기로 합의했음을 상기한다.
　국제법에 따른 서로의 독립, 주권, 영토보전에 대한 상호 존중과 다른 국가의 내정에 대한 불간섭 원칙을 더욱 재확인한다.
　아세안 국가들은 하나의 중국 정책을 지지한다는 점을 재확인한다.
　현재 지역의 평화와 안정을 당연하게 여겨서는 안 되며, 상호신뢰와 확신을 강화하고 중국과 아세안 간 협력을 증진하는 것이 중요하다는 점을 인식한다.
이로써 다음에 동의한다.

전반적인 중국-아세안 관계

1. 평화와 번영을 위한 중국-아세안 전략적 파트너십 및 후속 문서의 이행을 위한 2016~2020년 행동 계획의 완전하고 효과적인 이행을 포함하여, 중국과 아세안의 상호이익이 되는 미래를 위해 긴밀한 협력을 구축함으로써 중국-아세안 전략적 파트너십을 새로운 차원으로 발전시킨다. 아세안은 운명공동체를 구축하려는 중국의 비전을 포함하여 더욱 긴밀한 중국-아세안 협력을 촉진하고자 하는 중국의 노력에 감사를 표한다.
2. 전략적 관계의 심화를 포함하여 지역의 평화, 안보 및 안정을 촉진하고, 위협이나 무력 사용에 의존하지 않고 상호신뢰와 확신, 고위급 교류 등 우호적인 대화와 협의, 국제법에 따른 분쟁의 평화적 해결을 촉진한다.
3. 상호이익이 되는 지역의 다양한 연결성 전략들 사이의 시너지를 추구하는 노력의 일환으로서 아세안연결성마스터플랜(MPAC) 2025와 중국 일대일로구상(BRI)의 공통된 우선순위의 시너지화와 자원 동원, 역량 구축 등을 통해 아세안 통합과 공동체 구축에 관한 호혜적 협력을 통해 전략적 파트너십을 강화한다. 아세안은 중국이 정치·안보협력, 경제협력, 인적 교류의 세 가지 기둥으로 구성되고 상호 합의된 협력 분야를 지원하는 '3+X 협력 프레임워크'를 발표한 점을 높이 평가한다.
4. 유엔헌장, 아세안 헌장, 동남아시아 우호협력(TAC), 평화공존 5원칙, 동아시아정상회의(EAS) 호혜 관계 원칙에 관한 선언(발리원칙) 및 보편적으로 인정되는 국제법 원칙 및 협정에 명시된 것들을 포함하여 1991년 이래 중국-아세안 대화 관계를 이끌어 온 기본적인 원칙, 공유 가치 및 규범을 계속 견지하면서 전략적 파트너십을 발전시킨다.
5. 점증하는 보호주의와 반세계화 정서에 굳건히 맞서며, 국제 무역과 투자가 지속 가능한 경제성장과 발전, 사회적 불평등 감소, 국민의 더 나은 미래 보장을 위한 중요한 엔진임을 재확인한다.
6. 남-남 협력 확대를 통해 아세안 비전 2025와 유엔의 지속 가능한 발전 의제 2030 사이의 보완성을 강화한다.
7. IAI 작업 계획 III의 이행을 포함하여 아세안 회원국 간의 개발 격차를 줄이기 위한 아세안의 노력과 중국과 아세안 회원국 간의 기타 양자, 소지역 및 지역 협력을 지지하고 지원하겠다는 우리의 약속을 다시 한번 강조하며, 아세안 2025(함

께 나아가기: Forging Ahead Together)에 부합하는 아세안 통합을 촉진한다.
8. 지역의 개발 격차를 줄이기 위한 노력을 지원하기 위해 관련 소지역 프레임워크 및 협력 메커니즘 하에서 협력이 지속적으로 강화되는 것을 환영한다.

정치 · 안보협력
9. 중국과 아세안 회원국 간의 오랜 우호를 재확인하고, 국가 상황에 따른 발전 경로의 독립적인 선택을 존중한다.
10. 국방, 안보, 비전통적 안보, 초국가적 위협 분야에서 대화, 신뢰 구축 조치, 협력을 통해 상호신뢰와 이해를 강화한다.
11. 발전하는 지역 구조에서 아세안 중심성을 유지하는 것의 중요성을 재확인하고, 아세안+3(APT), 동아시아정상회의(EAS), 아세안지역안보포럼(ARF), 아세안국방장관회의플러스(ADMM-Plus) 등과 같은 다양한 아세안 주도 메커니즘을 통해 개방적이고 투명하며 포용적이며 규칙 기반 지역 아키텍처를 유지하기 위한 지속적인 논의와 조정을 통해 지역 및 안보협력을 강화한다.
12. 고위급 교류, 접촉, 정책 소통을 강화하고 각급 방문 교류를 확대하며 거버넌스 경험 공유를 촉진한다.
13. 남중국해의 평화, 안보, 안정, 안전을 유지하고 증진하겠다는 우리의 약속을 재확인한다. (i) 남중국해 상공 및 항행의 자유; (ii) 1982년 유엔해양법협약(UNCLOS)을 포함하여 보편적으로 인정된 국제법 원칙에 따라 위협이나 무력의 사용 없이 직접적으로 관련된 주권국의 우호적 협의와 협상을 통한 평화적인 방법으로의 영토 및 관할권 분쟁 해결; 그리고 (iii) 분쟁을 복잡하게 하거나 확대하고 평화와 안정을 방해하는 것을 피하기 위한 활동 수행에 있어서의 자제력 행사에 대한 우리의 존중과 약속을 다시 한번 강조한다.
14. 남중국해 당사국 행동 선언(DOC) 전체를 완전하고 효과적으로 이행하겠다는 우리의 약속을 재확인하며, 합의에 기초하여 남중국해에서의 실질적이고 효과적인 행동강령(COC)의 조기 결론과 채택을 위해 노력한다. 우리는 2017년 8월 중국과 아세안 회원국의 외교부장관들이 채택한 COC 프레임워크가 효과적인 COC 타결을 향한 중요한 단계였다는 점에 주목했다. 우리는 각 외교부 간 핫라인, 중국 남부의 해상에서의 예상치 못한 조우에 대한 코드(CUES) 적용에 관한 공동성명 이행, 그리고 남중국해 연안 및 해양 환경 보호 10년에 관한 바다와 정상들의 선언(2017-2027) 등을 비롯한 실질적인 대화와 해양 협력을 통해 신뢰와 확신을 계속 구축해 나갈 것이다.
15. ADMM-Plus 하에서 중국과 아세안 간의 실질적인 국방 협력을 심화하여 상호 이해와 우호를 강화하고, 지역의 평화와 안정을 위협하는 공통의 초국가적, 비전통적 안보 과제를 해결한다. 우리는 중국과 아세안 해군 간의 신뢰 구축을 위한 첫 번째 중국-아세안 해상 훈련의 성공적인 개최를 환영한다.
16. 관련 메커니즘을 통한 반부패 협력을 강화한다.
17. 비전통적 안보 위협과 테러, 초국가적 범죄를 포함한 초국가적 도전에 효과적

으로 대처하기 위해 집단적 지역 회복력과 협력을 강화해야 할 필요성이 커지고 있음을 인정한다.

경제협력

18. 중국이 현재 아세안의 최대 무역 파트너이자 세 번째로 큰 대외직접투자(FDI) 공급원이자 외국인 관광객의 중요한 원천임을 인정하고 중국과 아세안 간의 무역, 투자 및 관광 흐름이 지속적으로 강화되고 증가하는 것을 환영한다.
19. 경제적 연계의 심화와 연결성의 향상을 통해 2020년까지 무역 1조 달러, 투자 1,500억 달러라는 공동목표 달성을 위해 노력을 강화하며, 2030년까지 무역과 투자에서 더욱 풍성한 성과가 있기를 기대한다.
20. 중국-아세안 자유무역지대(ACFTA) 및 포괄적 경제협력에 관한 기본 협정 개정 의정서를 포함한 중국과 아세안 간의 무역, 투자 및 관광 흐름과 ACFTA 업그레이드 의정서에 따른 미래 작업 프로그램 완료를 포함한 중국과 아세안 간의 특정 협정들(ACFTA 업그레이드 의정서)을 강화하며, 중국-아세안 무역 및 투자 흐름을 강화 및 촉진하고 ACFTA에 대한 가능한 업그레이드와 전자 상거래, 경쟁 및 지적재산권과 같은 새로운 영역에서의 협력을 모색하는 등 비즈니스 환경을 개선하기 위한 새로운 이니셔티브를 모색한다.
21. 현대적이고 포괄적이며 고품질이며 상호이익이 되는 역내포괄적경제동반자협정(RCEP)을 위한 협상을 마무리하기 위한 노력을 강화하겠다는 우리의 약속을 재확인한다. 동 협정은 포괄적인 방식으로 세계 무역 성장에 크게 기여하고, 경제성장을 강화하며, 더 많은 일자리를 제공하고, RCEP 지역 주민들의 생활을 개선할 것이다.
22. MPAC 2025의 전략적 목표에 맞춰 시장을 더욱 긴밀하게 연결하기 위한 물리적 및 제도적 연결성을 강화하고 아세안 ICT 마스터플랜 2020 실현 지원을 포함한 디지털 연결성을 개선한다.
23. 아시아인프라투자은행(AIIB) 등 국제금융기관의 적극적인 참여, 민간자본 동원, 지역 인프라 개발 지원을 위한 역량 강화 등을 통해 금융 협력을 심화한다.
24. 포용성, 상호이익, 국제법 존중의 원칙에 기초하여 관련 플랫폼을 통해 해양 경제협력의 대화와 교류를 지속적으로 촉진한다. 적절한 경우 여기에는 중국의 일대일로구상과 같은 이니셔티브가 포함될 수 있다.
25. 중국-아세안 항공운송협정(AC-ATA)과 프로토콜 I 및 II를 활용하여 중국과 아세안 회원국의 항공사가 잠재력을 최대한 활용하도록 장려하겠다는 우리의 약속을 재확인하며, 더욱 강력한 지역 연결성을 실현하고 ASEAN-중국 항공 서비스 체제의 완전한 자유화라는 궁극적인 목표를 향해 노력한다.
26. 적시에 지적재산권(IPR)을 부여, 보호하고 국경 간 IP 상용화 및 활용을 촉진하는 등 혁신을 지원하고 발전시키는 지역 내 지적재산권(IPR) 생태계 구축을 촉진한다.
27. 디지털 경제와 기술 혁신에서 기회를 포착하고 이러한 신기술의 잠재적 공통

과제를 해결하는 등 상호 관심 분야에서 과학, 기술 및 혁신(STI) 협력을 탐구하며 이를 통해 통신, 전자상거래, 스마트시티 개발 등의 분야에서 혁신 주도 개발을 달성한다. 이러한 맥락에서 우리는 아세안 스마트시티 네트워크(ASCN)의 설립과 ASCN 이니셔티브에 대한 중국의 지원을 환영한다.
28. 중소기업(MSME)을 강화하고 지역 성장을 촉진하기 위한 조치로 생산능력, 기술 및 혁신을 촉진한다. 이와 관련하여 중소기업 개발에 관한 모범 사례와 경험을 공유하고 세미나, 워크숍, 심포지엄과 같은 역량 강화 활동을 소집하여 중소기업 개발을 위한 아세안 전략적 행동 계획(2016-2025)의 이행을 지원한다.
29. 중국과 아세안 간 관광 분야 협력을 강화, 심화, 확대하기 위한 공식적인 고위급 협력 프레임워크를 구축한다.
30. 지역 주민들의 상호이익을 위한 동아시아공동체 구축이라는 장기목표를 지원하는 것을 포함하여 경제 세계화 과정에 참여하고 추가적인 경제 통합을 촉진한다.
31. 새로운 중국-아세안 청정에너지 역량구축 프로그램 및 아세안의 청정 석탄 활용 로드맵에 관한 연구에 따라 청정에너지 개발을 촉진하는 지역적 접근 방식의 중요성을 인식한다.
32. 중국과 아세안 간 블루 경제에 대한 파트너십을 장려하고 해양 과학 및 기술, 해양 관찰 및 위험 완화, 해양 경제개발 협력을 포함하여 해양 생태계 보존과 해양, 바다 및 해양자원의 지속 가능한 사용을 촉진한다.
33. 새로운 과학, 디지털 및 기술 혁신에서 발생할 수 있는 기회를 탐색하고 이러한 신기술의 잠재적인 공통 과제를 해결하여 경제성장을 촉진한다. 이러한 맥락에서 2018년 중국-아세안 혁신의 해를 혁신 분야의 중국-아세안 협력에 새로운 자극을 불어넣은 중요한 이니셔티브로 환영한다.

사회 · 문화 협력

34. 중국-아세안 교육협력 주간 등을 통해 중국-아세안 간 교육 혁신, 학술 교류 및 연계를 강화한다.
35. 더 나은 미래를 위해 중국과 아세안의 인적 교류와 협력을 장려하고, 상호 이해 증진을 위해 언어, 문화, 예술, 유산 분야의 청소년 교류를 계속 추진한다. 우정을 더욱 돈독히 하고, 관련 교육기관을 통해 다양한 수준, 다양한 분야의 젊은 전문가들을 위한 훈련 과정을 개최한다.
36. 아세안사회문화공동체(ASCC) 청사진 2025의 관련 전략적 조치를 지원하기 위해 2016-2020년 중국-아세안 환경협력 전략 이행을 통해 환경보호, 수자원 관리, 지속 가능한 개발, 기후변화 분야의 협력을 강화한다.
37. 중국-아세안 문화 관계의 중요성을 재확인하고 인식을 제고하며 문화교류 기회를 장려한다. 중국과 아세안의 문화유산 보존 및 보호에 대한 인식을 지속적으로 촉진한다.
38. 활동적인 노령화를 위한 건설적인 대화와 협력을 강화하고, 노령사회 문제에

대한 대응 준비를 강화한다.
39. 정부 간 정책 소통을 촉진하고, 적절한 경우 아세안 회원국이 각각의 지속 가능한 개발 목표에 따라 목표를 이행할 수 있도록 지원하려는 중국의 노력을 환영한다.

자료 5-6 ▎ 인도·태평양에 대한 아세안의 관점(AOIP) (2019년 6월 23일, 방콕)[6]

I. 배경 및 근거

1. 아시아·태평양 및 인도양 지역은 세계에서 가장 역동적인 지역이자 지난 수십 년 동안 경제성장의 중심지였다. 그로 인해 이들 지역은 계속해서 지정학적, 지전략적 변화를 경험하고 있다. 이러한 변화는 기회인 동시에 도전이기도 하다. 한편으로, 이 지역의 경제성장은 빈곤을 완화하고 수백만 명의 생활수준을 향상시키기 위한 협력의 가능성을 열어주었다. 다른 한편으로, 경제력, 군사력 등 물리적 힘의 부상은 불신과 오산, 제로섬 게임에 기반한 행동 패턴의 심화를 방지할 것을 요구한다.

2. 동남아시아는 이러한 역동적인 지역의 중심에 위치하며 이를 향한 매우 중요한 통로이자 관문이다. 따라서, 이러한 경제 및 안보 구조 형성을 주도하고, 그러한 역동성이 동남아시아는 물론 아시아·태평양 및 인도양 지역 또는 인도·태평양의 사람들에게 평화, 안보, 안정 및 번영을 지속적으로 가져올 수 있도록 보장하는 것은 아세안의 이익에 부합한다.

3. 지난 수십 년 동안 포용적인 지역 아키텍처 발전에 참여해 온 아세안은 인도·태평양 지역의 보다 긴밀한 협력을 위한 비전을 구축하고 형성하는 데 있어 집단적 리더십을 흔들림 없이 제시해야 하며, 동남아시아와 그 주변 지역의 지역 아키텍처의 진화에 있어서도 계속하여 중심적 역할을 유지해나가야 한다. 아세안은 또한 이해관계를 둘러싸고 경쟁하는 전략적 환경 내에서 계속하여 정직한 중개자 역할을 수행해야 한다.

4. 이러한 배경 하에 아세안 정상들은 아세안 중심적 지역 아키텍처를 강화하는 이니셔티브, 즉 인도·태평양에 대한 아세안의 관점을 추가로 논의하기로 합의했다. 이 관점은 새로운 메커니즘을 만들거나 기존 메커니즘을 대체하는 것을 목

---

6 출처: ASEAN Main Portal, "ASEAN Outlook on the Indo-Pacific,"
https://asean.org/asean2020/wp-content/uploads/2021/01/ASEAN-Outlook-on-the-Indo-Pacific_FINAL_22062019.pdf

표로 하지 않는다; 오히려 이 관점은 아세안의 공동체 구축 프로세스를 강화하고 현재와 미래의 지역 및 글로벌 환경에서 발생하는 도전에 더 잘 대처하고 기회를 포착하기 위해 기존의 아세안 주도 메커니즘을 강화하고 새로운 추진력을 제공하기 위한 것이다. 더욱이, 이 관점은 아이디어와 제안의 측면에서 포괄적인 것이 되도록 의도되었다.

5. 인도·태평양에 대한 아세안의 관점은 아세안 중심성을 인도·태평양 지역 협력 증진을 위한 기본 원칙으로 삼고, 동아시아 정상회담(EAS)과 같은 아세안 주도 메커니즘을 그러한 형식을 유지하면서 대화와 이행을 위한 플랫폼으로 삼는다. 또한, 아세안은 적절한 것으로 판단할 경우 유관 이니셔티브들을 보완하기 위해 특정 공통 이익 분야와 관련하여 아시아·태평양 및 인도양 지역의 여타 지역 및 소지역 메커니즘과의 협력을 발전시키기 위해 노력할 수 있다.

II. 인도·태평양에 대한 아세안의 관점

6. 지난 수십 년 동안 동남아시아 및 그 외 지역의 지역 아키텍처를 구축하고 발전시키는 데 있어 아세안이 수행해 온 역할, 그리고 아세안헌장 및 기타 관련 아세안 문서에 포함된 아세안의 규범 및 원칙에 바탕을 둔 인도·태평양에 대한 아세안의 관점은 다음과 같은 핵심 요소들로 구성된다:
    - 아시아·태평양과 인도양 지역을 서로 인접한 영토적 공간이 아닌 아세안이 중심적이고 전략적인 역할을 수행하는 밀접하게 통합되고 상호 연결된 지역으로 본다는 관점;
    - 경쟁이 아닌 대화와 협력의 인도·태평양 지역;
    - 모두를 위한 발전과 번영의 인도·태평양 지역;
    - 진화하는 지역 아키텍처에서 해양 영역과 해양 관점의 중요성.

III. 목표

7. 인도·태평양에 대한 아세안의 관점은 인도·태평양 지역의 현재의 역동성을 위한 안정 기제를 지원하고 제공해야 하며, 현재의 진전을 더욱 장려하는 관점에서 바라봐야 한다. 그 자체는 기존의 여러 지역 협약에 더욱 가치를 부여하는 것이 되어야 한다. 따라서, 인도·태평양에 대한 아세안의 관점이 지향하는 목표는 다음과 같다: (1) 지역 내 협력을 이끌어내는 전망의 제시; (2) 공동의 과제를 해결하면서 지역의 평화, 안정, 번영을 위한 환경을 조성하기 위한 도움, 규칙 기반 지역 아키텍처의 유지와 긴밀한 경제협력 촉진, 그리고 이를 통한 자신감과 신뢰의 강화; (3) 아세안의 공동체 구축 프로세스의 강화와 EAS와 같은 기존 아세안 주도 메커니즘의 한층 강화; (4) 해양 협력, 연결성, 지속 가능한 개발목표(SDGs), 경제 및 기타 가능한 협력 영역을 포함한 아세안의 기존의 우선 협력 영역의 이행과 새로운 협력 영역의 모색.

8. 인도·태평양에 대한 아세안의 관점은 동아시아정상회담(EAS), 아세안지역포럼(ARF), 아세안국방장관회담플러스(ADMM-Plus), 확장아세안해양포럼(EAMF) 및 유관 아세안+1 메커니즘 등을 포함한 아세안 주도 메커니즘을 더욱 강화하고 최적화하는 것이 포함된다.

9. 인도·태평양에 대한 아세안의 관점은 평화, 자유, 번영의 유지에 기여하기 위한 것이다.

IV. 제반 원칙

10. 인도·태평양에 대한 아세안의 관점은 아세안 중심성 강화, 개방성, 투명성, 포괄성, 규칙 기반 프레임워크, 올바른 거버넌스, 주권 존중, 불간섭, 기존 협력 프레임워크와의 보완성, 평등, 상호 존중, 상호신뢰, 상호이익 및 유엔헌장, 1982년 유엔해양법협약, 기타 관련 유관 조약 및 협약, 아세안헌장, 다양한 아세안 조약 및 협정, 상호이익관계를 위한 EAS 원칙(2011)과 같은 국제법의 존중에 근거한다.

11. 40년 이상 이 지역의 평화와 안정을 유지하는 데 있어 동남아시아우호협력조약(TAC)의 지속적인 중요성, 타당성, 긍정적인 기여를 인식하면서 인도·태평양에 대한 아세안의 관점은 인도·태평양 지역 국가 간 우호와 협력을 더욱 증진시켜 나간다는 시점에서 무엇보다 분쟁의 평화적 해결, 위협이나 무력 사용의 포기, 법치 증진을 포함한 TAC의 제반 목표와 원칙에 의해 이끌어질 것이다.

12. 인도·태평양에 대한 아세안의 관점은 동시에 이 지역에서 전략적 신뢰 구축과 상생협력을 위한 모멘텀을 생성하는 데 도움이 될 것이며, 또한 이는 아세안이 TAC의 목적과 원칙을 재확인하고 적절한 아세안 문서를 통해 더 넓은 인도·태평양 지역의 국가 간 관계 수행에 TAC의 적용을 촉진함으로써 더욱 강화될 것이다.

V. 협력의 영역

13. 인도·태평양에 대한 아세안의 관점의 핵심 요소를 실현하기 위해 아세안은 다음을 포함한 광범위한 분야에서 협력을 수행할 것이다.

해양 협력

14. 지역 국가들이 직면하고 있는 기존 및 현재의 지정학적 도전과제는 빈번한 분쟁 가능성이 있는 해결되지 않은 해양 분쟁과 같은 해양 문제를 중심으로 전개되고 있다. 또한, 해양자원의 지속 가능하지 않은 이용과 해양 오염도 점점 더 큰 문제가 되고 있다. 보다 집중적이고 평화적이며 포괄적인 방식으로 이러한 문제를 예방, 관리하고 궁극적으로 해결해야 할 필요가 있다.

15. 1982년 유엔해양법협약을 포함하여 보편적으로 인정된 국제법 원칙에 따른 해양 협력 분야는 다음 사항의 한층 강화를 포함할 수 있다:
    - 분쟁의 평화적 해결을 위한 협력; 해상 안전과 보안, 항해와 비행의 자유 증진; 인신매매, 불법 마약 밀매, 해상 해적 행위, 강도, 해상 선박에 대한 무장 강도 등을 포함한 초국가적 범죄에의 대응 등.
    - 해양자원의 지속가능한 관리를 위한 협력; 해상 연결성의 지속적인 촉진; 해안 지역의 생계 보호 및 소규모 어업 지역 지원; 블루 이코노미(Blue Economy) 발전 및 해상 무역 진흥 등
    - 해양 오염, 해수면 상승, 해양 쓰레기, 해양 환경 및 생물 다양성 보존 및 보호를 해결하기 위한 협력; 녹색배송 추진 등
    - 해양과학 협력을 위한 기술협력; 연구 및 개발; 경험 및 우수사례 공유, 역량 강화, 해상 관리

연결성

16. 두 번째 협력 영역은 연결성을 연결하는 것이다. 인도·태평양 지역의 기존 및 미래 연결 이니셔티브는 기존의 아세안연결성마스터플랜(MPAC) 2025를 보완하고 지원해야 한다. 연결성에 관한 아세안의 비전, 즉 경쟁력, 포용성, 더 큰 공동체 의식을 촉진할 원활하고 포괄적으로 연결되고 통합된 지역을 달성하는 것뿐만 아니라 제6차 아세안 연결성에 관한 동아시아정상회의 선언문은 인도·태평양 지역의 연결성에 대한 아세안의 관점의 지침이 되어야 한다. 인도양과 태평양 국가들 사이의 통합과 상호 연결이 증가함에 따라 물리적, 제도적, 사람 간 연결을 포함한 연결 인프라를 구축하기 위한 투자와 노력이 필요하다. 장기적으로 그러한 이니시어티브의 지속 가능성을 확인하려면 환경 및 생태학적 영향과 고려 사항이 감안되어야 한다.

17. 연결성의 연결에는 다음이 포함될 수 있다:
    - 기존의 MPAC 2025를 강화하고 인도·태평양 지역의 번영과 발전을 촉진하기 위한 핵심 우선순위 협력 영역의 모색;
    - 인도·태평양 지역의 인프라 프로젝트를 포함한 연결성 프로젝트를 위한 자원을 동원하기 위한 지역 공공-민간 파트너십(PPP) 발전 의제의 개발;
    - IORA, BIMSTEC, BIMP-EAGA, ACMECS를 포함한 메콩 소지역 협력 프레임워크 등 소지역 프레임워크와의 잠재적 시너지 효과의 모색;
    - 안전을 강화하는 동시에 항공 교통 관리 역량과 효율성을 높이기 위한 조화롭고 상호 운용 가능한 절차와 운영을 갖춘 아세안의 빈틈 없는 공역 블록으로서의 빈틈없는 아세안 공역(Seamless ASEAN Sky)의 구축을 지향하는 협력;
    - 학계와 기업 간의 협력, 협조, 교류 등을 통한 사람과 사람 사이의 연결성; 그리고
    - ASCN(아세안 스마트시티 네트워크) 이니셔티브를 통한 급속한 도시화 문제에의 대응.

유엔 지속가능한 개발 목표 2030

18. SDGs 목표는 아세안공동체 비전 2025 및 더 넓은 EAS 비전의 목표와 일치한다. 인도·태평양에 대한 아세안의 관점에 따라 SDG를 실현한다는 공통 목표는 이 지역이 글로벌 커뮤니티로 나아가는데 크게 기여할 것이다.

19. SDGs 달성을 위한 활동에는 다음이 포함될 수 있다:
    - 디지털 경제 활용을 통한 SDGs 달성에의 기여;
    - 보완성 강화 및 아세안공동체 비전 2025 및 2030 유엔 지속가능한 개발 의제와 같은 SDG와 지역개발 의제와의 연계; 그리고
    - 아세안 지속 가능한 발전 연구 및 대화 센터(ASEAN Center for Sustainable Development Studies and Dialogue)와 기타 지역 내 유관 기관과의 협력 촉진
    - 남남 협력(남남 삼각 협력/SSTC[South-South Triangular Cooperation] 포함)
    - 무역 원활화, 물류 인프라 및 서비스
    - 디지털 경제와 국경 간 데이터 흐름 촉진
    - 마이크로기업 및 중소기업
    - 과학, 기술 연구 및 개발, 스마트 인프라
    - 기후변화 및 재난 위험 감소 및 관리
    - 활동적인 노화 및 혁신
    - ASEAN 경제공동체 청사진 2025와 역내포괄적경제동반자협정(RCEP)을 포함한 기타 자유무역협정 이행의 지원을 통한 경제통합 심화, 금융 안정성 및 회복력 보장, 무역과 투자의 강화와 촉진
    - 디지털 혁명의 혜택과 과제를 해결하는 방법에 대한 경험과 전문 지식 공유 촉진 등 4차 산업혁명에 대비하기 위한 협력
    - 지역 및 글로벌 공급망에 참여할 수 있도록 하는 마이크로기업 및 중소기업을 포함한 민간 부문의 개발도 추가로 모색될 수 있다.

20. 경제적 및 기타 가능한 협력 분야:

VI. 메커니즘

21. 인도·태평양에 대한 아세안의 관점은 아시아·태평양 및 인도양 지역에 대한 아세안의 관여에 지침을 제공한다.

22. 이 관점은 또한 EAS와 같은 유관 아세안 주도 메커니즘을 기반으로 한 혁신적이고 학제 간 상호보완적인 접근 방식을 통해 공동 이익 문제에 대해 아시아·태평양 및 인도양 지역의 다른 지역 메커니즘과의 협력 가능성을 인식한다.

23. 이 문제에 대한 전략적 논의와 실질적인 협력 활동은 EAS, 아세안+1 메커니즘, ARF, ADMM-Plus 등 아세안 주도 메커니즘에서 추진될 수 있다.

자료 5-7 ▎ 2021년 중국-아세안 대화 관계 30주년 기념 특별정상회의 공동 성명
: 평화, 안보, 번영, 그리고 지속 가능한 발전을 위한
포괄적 전략적 파트너십 (2021년 11월 22일, 비디오회의)[7]

우리 중화인민공화국과 동남아시아국가연합(ASEAN) 회원국은 2021년 11월 22일 중국-아세안 대화 관계 30주년 기념 특별정상회의에 모였다. 정상회담은 브루나이 다루살람의 술탄 · 섭정 하지 하사날 볼키아(Haji Hassanal Bolkiah) 각하, 그리고 중화인민공화국 주석 시진핑 각하가 공동 의장을 맡았다.

1991년 중국-아세안 대화 관계 수립 이후에 달성한 놀라운 성과를 만족스럽게 회상한다.

중국-아세안 관계는 아시아 · 태평양 지역의 평화, 안정, 발전 및 번영에 크게 기여했고 지역 협력의 좋은 사례가 된 아세안과 아세안의 대화 파트너들 사이에서 가장 역동적이고 실질적이며 상호이익이 되는 파트너십 가운데 하나임을 인식한다.

지난 30년 동안 가까운 이웃으로서 중국-아세안 관계가 양측의 발전과 함께 크게 성장하고 성숙했음을 인식한다.

중국-아세안 대화 관계 30주년을 기념하여 양측이 개최한 뜻깊은 기념행사를 환영한다.

1997년 중화인민공화국 주석과 아세안 회원국 국가/정부 정상들의 회담 공동성명, 2003년에 체결된 평화와 번영을 위한 중국-아세안 전략적 파트너십에 관한 공동선언, 그리고 2018년에 체결된 중국-아세안 전략적 파트너십 비전 2030을 포함하여 양측 간 협력의 토대를 마련하고 방향을 제시한 중요 문서를 재확인한다.

유엔헌장, 아세안헌장, 동남아시아우호협력조약(TAC), 평화공존 5원칙, 그리고 호혜적 관계 원칙(발리 원칙) 및 보편적으로 인정되는 국제법 원칙에 관한 동아시아 정상회담(EAS) 선언에 명시된 원칙, 공유 가치, 규범을 더욱 재확인한다.

---

7 출처: Center for International Law, National University of Singapore, "2021 Joint Statement of the ASEAN-China Special Summit to Commemorate the 30th Anniversary of ASEAN-China Dialogue Relations: Comprehensive Strategic Partnership for Peace, Security, Prosperity and Sustainable Development (Unofficial Text)," https://cil.nus.edu.sg/databasecil/2021-joint-statement-of-the-asean-china-special-summit-to-commemorate-the-30th-anniversary-of-asean-china-dialogue-relations-comprehensive-strategic-partnership-for-peace-security-prosperity-and-su/

아세안헌장, TAC 및 발리 원칙에 반영된 원칙에 따라 아세안 주도 메커니즘을 통해 긴밀한 협력을 촉진함으로써 지역 경제 및 안보 아키텍처 형성에 있어서 아세안의 선도적인 역할을 인식한다.

아세안의 개방적이고 포용적이며 독립적 이니셔티브이자 아세안의 공동체 구축 프로세스를 강화하기 위한 것으로서 새로운 메커니즘을 만들거나 기존 메커니즘을 대체하는 것을 목표로 하지 않는 '인도·태평양에 대한 아세안의 관점'(AOIP)의 제반 원칙을 재확인한다.

중국과 아세안이 코로나19 대응에 대해 상호 지지하고 긴밀하게 협력한 점, 그리고 팬데믹의 도전에도 불구하고 중국과 아세안의 우호와 단결, 그리고 전략적 파트너십의 회복력과 잠재력을 강조하면서 중국-아세안 협력이 계속해서 진전되고 있는 점을 평가한다.

코로나19 팬데믹과 기타 글로벌 도전으로 인해 모든 국가가 직면한 경제 회복과 장기적 회복력 발전이라는 어려운 과제를 고려하여 상호 지원, 지원, 협력을 더욱 강화하려는 공동의 결의를 강조한다.

아세안 공동체 비전 2025와 유엔 2030 지속가능발전 어젠다, 그리고 중국이 제안한 글로벌 개발 이니셔티브(Global Development Initiative) 사이의 보완성을 촉진하려는 아세안의 노력을 비롯한 지속가능발전에 관한 유엔 2030 의제 이행을 지지하는 제76차 유엔(UN) 총회에서의 중국과 아세안 회원국 지도자들의 성명과 비전을 인정한다.

중국-아세안 전략적 파트너십 비전 2030과 같은 중요 문서에서 중국과 아세안의 상호이익이 되는 미래를 위한 긴밀한 협력을 구축하고 평화와 번영을 위한 중국-아세안 전략적 파트너십 이행을 위한 행동 계획(2021~2025)의 완전하고 효과적인 이행을 통해 중국-아세안 전략적 파트너십을 새로운 차원으로 발전시키겠다는 정상들의 합의를 재확인한다.

아세안은 더욱 긴밀한 운명을 공유하는 중국-아세안 공동체를 구축하려는 중국의 비전을 포함하여 더욱 긴밀한 중국-아세안 간 협력을 촉진하려는 중국의 적극적인 노력을 인정한다.

이로써 다음에 동의한다.

전반적인 중국-아세안 관계
1. 평화, 안보, 번영, 지속 가능한 발전을 향유하는 개방적이고 포용적이며 지속 가능한 지역의 구축에 기여하는 모든 분야에서 중국-아세안 협력을 증진하고, 의미 있고 실질적이며 상호이익이 되고 우리 공직자들이 그 이행에 대해 후속 조

치를 취하도록 임무를 부여하는 중국-아세안 포괄적 전략적 파트너십 구축을 공동으로 선언한다.

2. 발전하는 지역 아키텍처 안에서 아세안 중심성 유지의 중요성을 재확인하고, 아세안 통합 및 공동체 구축에 대한 지원, 그리고 아세안 공동체 비전 2025를 실현하기 위한 아세안의 노력을 지지한다.

3. 일대일로 이니셔티브와의 상호이익이 되는 협력 모색을 포함하여 TAC의 목적과 원칙에 따라 지역 내 국가 간 강화된 전략적 신뢰와 상생협력을 발전시키기 위해 AOIP에서 확인된 관련 분야의 협력을 발전시킨다.

4. 아세안포괄적복구체제(ACRF)에 대한 지원을 포함하여 상호이익과 장기적으로 지속 가능한 발전을 위해 포스트 팬데믹 시대에 중국-아세안 협력을 강화한다.

5. 지역의 평화와 안정을 유지하기 위한 아세안 주도의 대화 플랫폼과 메커니즘을 통해 포괄적인 협력을 증진하고 상호신뢰를 강화하며 정치 및 안보협력을 심화한다. 무역, 투자, 개발 분야에서 포괄적이고 적극적인 경제 관계를 촉진하고, 지역 공급망을 강화한다. 모든 분야에서 다양한 사회, 문화, 인적 협력을 촉진한다. 지역 및 국제 협력을 촉진한다.

6. 중국과 아세안 간 기술협력 협정에 관한 협상 개시를 포함하여 아세안과 그 회원국의 필요와 우선순위에 부합하는 분야에서 아세안과 중국 간 기술협력을 강화하는 방법을 지속적으로 모색한다.

정치 · 안보협력

7. 국제법과 타국 내정 불간섭 원칙에 따라 서로의 독립, 주권, 영토보전에 대한 상호 존중을 재확인하고 아세안 회원국들이 하나의 중국 정책을 견지한다는 점을 재확인한다.

8. 고위급 교류와 정책 소통을 빈번하게 유지하고, 모든 수준에서 양자 및 다자 간 대화와 교류를 촉진하며, 거버넌스 경험 공유를 확대하여 상호신뢰를 심화한다.

9. 아세안+3(APT), 동아시아정상회담(EAS), 아세안지역포럼(ARF) 및 아세안국방장관회의플러스(ADMM-Plus)를 포함한 아세안 주도 프레임워크에서 대화와 조정을 강화한다.

10. ADMM-Plus, ARF 등 기존 프레임워크와 메커니즘을 통해 국방 교류와 안보협력을 강화한다. 비전통적 안보 문제 분야 협력에 관한 양해각서(MOU)와 그 실행 계획을 계속 이행하고, 테러리즘과 초국가적 범죄를 포함한 비전통적 안보 위협과 과제를 공동으로 해결한다.

11. 아세안 헌장, TAC은 물론 평화, 자유, 중립 선언(ZOPFAN), 동남아시아 핵무기 없는 지역에 관한 조약(SEANWFZ)의 목적과 원칙에 따라 핵무기 및 기타 대량살상무기가 없는 지역으로 동남아시아를 보존하려는 아세안의 노력을 지원하는 동시에 핵에너지의 군축, 비확산, 평화적 이용을 위한 세계적 노력에 기여한다.

12. 1982년 유엔해양법협약(UNCLOS)을 포함한 국제법 수호의 중요성을 재확인하고 계속해서 해양 안보와 안전을 증진하고 상호신뢰와 확신을 강화하며 남중국해의 평화와 안정을 유지한다. 남중국해 상공 항행 및 비행의 자유, 분쟁을 복잡하게 하거나 확대하고 평화와 안정에 영향을 미칠 수 있는 활동 수행에 대해 자제하며, 관련 당사국이 영토 및 관할권 문제를 해결하기 위한 약속을 재확인한다. 1982년 유엔해양법협약(UNCLOS)을 포함해 보편적으로 인정된 국제법 원칙에 따라 위협이나 무력의 사용 없이, 직접 관련 주권국 간의 우호적 협의와 협상을 통해 평화적인 수단으로 분쟁을 해결한다. 남중국해 연안 및 해양 환경 보호 10년 선언(2017~2027)의 열망을 충족시키기 위해 계속 노력한다.

13. 남중국해당사국행동선언(DOC) 전체를 완전하고 효과적으로 이행하겠다는 우리의 약속을 더욱 재확인하고, 남중국해행동강령(COC) 협상에 도움이 되는 환경을 유지하고 촉진할 필요성을 강조하며, 1982년 유엔해양법협약(UNCLOS)을 포함한 국제법에 부합하는 효과적이고 실질적인 COC가 상호 합의된 일정 내에 조속히 타결되기를 기대한다.

경제협력

14. 세계무역기구(WTO)를 핵심으로 하는 개방적이고, 자유롭고, 포용적이고, 투명하고, 비차별적인 규칙 기반 다자 무역 시스템에 대한 우리의 약속과 경제 세계화를 더욱 개방적이고, 포용적이고, 균형 있고, 모두에게 유익하게 만들려는 우리의 의지를 재확인한다.

15. 2022년 1월 1일 역내포괄적경제동반자협정(RCEP) 발효를 환영한다. RCEP 협정의 효과적인 이행을 위해 함께 협력하여 지역 기업과 국민에게 혜택을 제공한다. 중국-아세안 자유무역협정(ACFTA)과 ACFTA 업그레이드 의정서에 따른 미래 작업 프로그램의 나머지 요소를 효과적으로 이행하고, 추가로 포함될 수 있는 다른 영역을 식별하기 위한 공동 타당성 조사를 신속하게 수행하기 위한 노력이 이루어질 것이다. 디지털 경제를 통해 더 많은 무역 기회를 창출하고 협력을 위한 새로운 성장 원천을 육성하며 보다 포용적이고 현대적이며 포괄적이며 상호이익이 되는 중국-아세안 자유무역지역을 향한 노력을 포함하여 ACFTA를 한층 더 강화한다.

16. 2025년 아세안 연결성 마스터플랜(MPAC)과 일대일로 이니셔티브(BRI)의 시너지 효과에 관한 중국-아세안 공동성명의 이행을 강화하여 호혜적이고 높은 수

준의 협력을 수행하며 높은 기준, 사람 중심적, 그리고 지속 가능한 개발 목표를 달성하기 위해 필요한 경우 아시아인프라투자은행(AIIB)을 포함한 금융기관의 지원을 장려한다.

17. 4차 산업혁명(4IR)을 수용하면서 아세안 디지털 마스터플랜 2025와 디지털 경제에 대한 중국-아세안 파트너십 구축 이니셔티브 및 실행 계획 간의 시너지 효과를 탐색하고 디지털 경제, 스마트시티 개발, 인공 지능, 전자상거래, 빅 데이터, 5G 사용 사례, 디지털 변환, 사이버 및 데이터 보안 분야의 협력을 강화한다.

18. 미래를 위한 과학, 기술 및 혁신의 긴밀한 파트너십에 관한 중국-아세안 행동 계획(2021-2025)을 공동으로 수립하고 실행하는 등 과학, 기술 및 혁신 분야에서 더욱 긴밀한 파트너십을 구축하여 혁신적인 개발 전략을 연결하고 협력을 위한 새로운 추진력을 육성한다.

19. 녹색 개발과 바이오, 순환, 녹색경제에 관한 일대일로 파트너십과 같은 지역 및 국가 행동 계획에서 영감을 얻은 지속 가능한 경제 모델 및 이니셔티브를 포함하여 최신 과학기술 개발 및 산업 변혁의 추세를 따라 저탄소, 순환 및 녹색 경제에 대한 협력을 모색한다.

20. 사람을 중심에 두는 혁신적이고 조화로우며 개방적이고 포용적이며 지속가능한 발전을 추구하기 위한 협력을 강화한다.

21. 에너지 신기술, 녹색 투자 및 금융 등 분야의 협력을 촉진하고, 지속 가능한 녹색 성장과 저탄소 발전을 실현하기 위해 경제, 에너지 시스템, 산업의 구조 조정과 업그레이드를 위해 노력한다.

22. 중국과 아세안 간의 블루 경제 파트너십을 지속적으로 장려하고 해양 생태계 보존과 해양, 바다 및 해양자원의 지속 가능한 사용을 촉진한다.

23. SPS 협력 강화에 관한 중화인민공화국 정부와 동남아시아국가연합 회원국 정부 사이의 양해각서 이행을 통해 중국-아세안 관세청장 일반 협의 및 중국-아세안 위생 및 식물위생(SPS) 협력 장관회의 프레임워크 하에서 협력을 지속적으로 강화한다.

사회 · 문화 협력

24. 코로나19 백신 협력을 포함한 공중보건 협력을 강화하고, 지역 내 저렴하고 우수한 백신에 대한 시기적절하고 공평한 접근을 통해 모두를 위한 백신 안보와 자립을 위한 아세안의 노력을 지원한다. 중국-아세안 보건 협력 양해각서 및 중국-아세안 공중보건 협력 이니셔티브를 본격적으로 실행한다: 미래의 공중 보건 비상사태에 더 잘 대처하고 모든 사람의 건강을 증진하기 위한 기관 역량 구축

을 강화하기 위한 공중 보건 비상 대비 역량(PROMPT) 프로그램.

25. 아세안 통합 이니셔티브(IAI) 작업 계획 IV(2021~2025) 이행을 지속적으로 지원하고, 메콩-란창 협력(MLC), BIMP-EAGA-중국 협력(BECC), 그리고 아세안의 개발 격차를 줄이기 위한 기타 유관 소지역 프레임워크 및 메커니즘 내 협력 강화를 환영한다.

26. 기후변화, 생물 다양성 보전, 환경 보호, 저탄소 솔루션, 청정에너지, 지속 가능한 도시 및 농촌 개발에 대한 협력을 강화하고, 아세안-중국 환경 협력 전략 프레임워크 및 실행 계획(2021~2025) 이행을 지원하여 지역의 녹색 및 지속 가능한 복구와 높은 수준의 개발을 촉진한다.

27. 중국-아세안 재난 관리 장관회의(AMMDM Plus China)를 통해 재난 예방, 완화 및 구호에 대한 협력을 강화 및 촉진하고, 지역 내 역량 구축 및 재난 대응 조정을 개선한다.

28. 아세안 회원국 유학생들의 건강하고 안전하며 질서 있는 중국 입국을 조기 재개하는 등 교육 분야의 협력과 문화, 관광, 미디어, 인적자원, 청소년 교류, 지난 10년간 양국 간 사회문화적, 인적 교류 증진에 긍정적인 역할을 해온 중국-아세안센터의 긍정적인 역할을 통한 싱크탱크와 지방정부 분야의 협력을 지속적으로 강화한다.

29. 중국-아세안 협력기금(ACCF) 및 기타 자금 출처를 활용하여 사람들 간의 친화력을 구축하기 위한 중국-아세안 젊은 지도자 장학금(ACYLS)을 포함하여 더 많은 인적 교류를 위한 더 많은 주력 프로젝트를 개발하는 방법을 모색한다.

지역 및 국제 협력

30. 다자주의에 대한 의지를 재확인하고, 개방적이고 포용적인 지역 협력체제를 유지하며, 발전하는 지역 구조에서 ASEAN 중심성을 지원하고 유엔 헌장의 원칙과 국제법, 포괄성, 투명성, 공정성, 정의, 개방성, 상호이익, 상호 존중의 원칙에 기초하여 지역적, 세계적 과제에 공동으로 대응하는 국제 시스템을 실현한다.

31. 국제 및 지역 문제, 특히 기후변화, 공중 보건, 생물 다양성 보전, 식량 및 에너지 안보 등 공동 관심 문제에 대한 소통과 협력을 지속적으로 강화한다. 유엔, G20, 아시아태평양경제협력체(APEC)에서 아세안이 더 큰 역할을 하는 것에 대한 중국의 지지를 재확인한다.

◐ 일-아세안 관계 자료(6장)

자료 6-1 ▌후쿠다 총리 마닐라 연설: 우리나라의 동남아시아 정책
　　　　　(후쿠다 독트린 연설) (1977년 8월 18일, 마닐라)[1]

마르코스 대통령 각하, 이멜다 마르코스 부인, 참석해주신 여러분

1. 쿠알라룸푸르의 정상회담 출석으로 시작된 본인의 동남아시아 국가 방문도 드디어 그 끝에 가까워졌습니다. 지금 우리나라와 가장 가까운 이웃 나라인 여기 필리핀에서 아시아에서 가장 걸출한 지도자 중 한 명이며 본인의 친한 친구인 마르코스 대통령 각하의 참석을 통해 이번 여행을 마무리하는 의미로 본인의 소신을 표명할 수 있는 기회를 얻게 된 점을 매우 기쁘게 생각합니다.

2. 본인은 우선 이번 방문을 통해 얻은 본인의 솔직한 인상부터 이야기를 시작하고자 합니다. 그것은 이 지역의 '다양성'에 관한 것입니다. 본인이 방문한 지역은 인종, 언어, 종교, 문화는 물론 그 역사적 배경에 대해서도, 또한 경제구조의 측면에서도 진정으로 다양한 양상을 노정하고 있습니다. 동남아시아는 결코 동질적이고 획일적인 지역은 아닙니다. 따라서 이 지역의 역내 협력 가능성에 대해 일부에 회의적인 견해가 존재한다고 해도 무리는 아니라고 할 수 있을 것입니다.
   그러나 이번에 창립 10주년을 맞이한 동남아시아국가연합(ASEAN)은 이 지역의 자주적인 지역 협력기구로서 꾸준하게 그 기반을 다져가고 있습니다. 특히, 발리 섬에서의 제1차 정상회의는 아세안 연대로의 지향을 전진시켰다는 점에서 획기적이었습니다. 또한, 이번 정상회의의 성공에 의해 아세안 회원국 간의 연대에 대한 의사는 정착했다고 말할 수 있을 것으로 생각합니다.
   아세안은 바로 그 회원국들의 풍부한 다양성을 긍정하고 그 자랑스러운 내셔널리즘을 존중하면서 연대 강화를 통해 이 지역의 일체성을 추구하려는 역사적이며, 그리고 성공적인 시도입니다. 본인은 쿠알라룸푸르에서 회담을 가진 가맹국 정상들의 아세안 연대에 기하는 열정을 이러한 창조적인 노력의 발로로 이해하고 평가한 것입니다.

3. 아세안이라는 협력의 장에서 공동 작업을 통해 공통의 이익이 생겨나고, 그에 의해 강화된 연대가 그다음의 협력을 위한 계획을 가능하게 하는 그와 같은 과

---

[1] 출처: 이하 별도의 출처 표기가 있는 것을 제외하고는 일본 정책연구대학원 대학, 도쿄대학 동양문화연구소 데이터베이스 '세계와 일본'의 일본과 동남아시아 관계 자료집 및 아세안 관련 문서에 따랐다(https://worldjpn.net/). 한글 번역은 필자.

정의 반복이 아세안의 미래 행보라고 생각합니다. 그러한 연대에의 행보는 더욱 동질성이 높은 지역, 예를 들어 유럽과 비교할 때 때로는 느리고 때로는 많은 순회를 수반할 수도 있습니다.

본인은 여기서 아세안 국가들의 지도자와 국민 여러분들에게 한 가지 약속을 하고자 합니다. 그것은 일본 정부와 국민은 아세안의 연대와 강인성 강화를 위한 노력에 대해 결코 회의적인 방관자가 되지 않고, 아세안과 함께 걸어가는 '좋은 협력자'로 남을 것이라는 점입니다.

아세안 국가의 정부 정상들은 이번 회담에서 일본을 아세안의 '특히 친한 친구'로 불렀습니다. 일이 순조로울 때뿐만 아니라 일이 뜻대로 되지 않을 때도 이해와 우정의 손을 내밀어주는 것이 진정한 친구입니다. 일본은 아세안에게 그러한 친구가 되고 싶습니다.

4. 열석하신 여러분. 여기서 본인은 오늘날의 일본이 그 가운데에서도 특히 아시아에서 어떠한 자세로 다른 나라들과의 관계를 쌓으려고 하는지에 대해 한마디 말씀드리고 여러분들의 이해를 얻고자 합니다.

제2차 대전 후 30년 동안 일본국민은 자유와 민주주의에 입각한 사회를 건설하기 위해 노력을 거듭해 왔습니다. 이 기간 동안 우리나라는 이 열린 사회체제 하에서 1억 1천만 명의 국민과 5천억 달러를 넘는 국민총생산을 지닌 국가로 성장하여 세계경제의 성장과 발전에 적극적으로 협력할 의사와 능력을 함께 가질 수 있게 되었습니다.

과거의 역사를 보면 경제적인 대국은 항상 동시에 군사적인 대국이기도 했습니다. 그러나 우리나라는 여러 국민의 공정과 신의를 신뢰하고 그 안전과 생존을 유지하려고 하는 역사상 전례가 없는 이상을 내세워 군사대국으로의 길은 선택하지 않을 것을 결의했습니다. 그리고 핵무기를 만들 수 있는 경제적, 기술적 능력을 보유하면서도 그러한 무기를 가질 것을 굳이 거부하고 있는 것입니다.

이는 역사상 유례가 없는 실험에 대한 도전입니다. 동시에 인구가 과밀하고 자원이 부족하며 해외 국가들과의 교류와 협조를 필요로 하는 우리나라의 입장에서 이것 이외의 선택은 있을 수 없는 것입니다. 나는 이러한 일본의 선택이야말로 아시아 지역, 더 나아가서는 세계 전체의 기본적인 이익에도 부합하는 것이라고 믿습니다. 우리나라가 주변의 그 어느 나라에 대해서도 군사적으로는 물론 그 밖의 어떠한 형태로든 다른 나라를 위협하는 존재가 아니며, 그 보유한 힘을 오직 국가 내외의 평화적인 건설과 번영을 지향하고자 하는 국격이라는 것, 우리는 이러한 일본의 존재 방식이야말로 세계의 안정 세력으로서 세계의 평화, 안정 및 발전에 공헌할 수 있는 길이라고 확신합니다.

5. 본인이 항상 말씀드리고 있는 바와 같이 오늘날 사람들은 협조와 연대 이외에 살길이 없는 시대에 살고 있습니다. 인간은 혼자 살아갈 수는 없습니다. 한 사람 한 사람이 태어나면서 가진 각각의 재능을 살려 나가고, 그러한 재능을 서로

나누며, 서로 보충하고, 그러한 구조로서의 사회가 있습니다. 그리고 사회가 좋아지는 그러한 가운데 한 사람 한 사람의 인간이 완성되어 가는 것입니다.

똑같이 상호 의존의 정도를 점점 강화하고 있는 오늘날의 국제사회에 있어서도 그 어떤 나라도 한 나라의 힘만으로 생존하는 것은 더 이상 불가능해지고 있습니다. 모든 국가는 국제사회에서 서로 돕고, 보완하고, 책임을 나누고, 세계 전체가 좋아지는 그 안에서 자국의 번영을 모색하지 않으면 안 됩니다.

6. 이러한 점은 일본과 동남아시아 국가 간의 관계를 고려할 때 특히 중요합니다. 일본과 동남아시아 국가 간의 관계는 단순히 물질적 상호이익에 기초한 것에 머물러서는 안 됩니다. 같은 아시아의 구성원으로서 서로 돕고, 서로 보완하는 것을 진심으로 원하는 마음이 있어야 물질적, 경제적인 관계도 생기는 것이라고 생각합니다. 이것이야말로 일본과 동남아시아의 사람들이 머리뿐만 아니라 마음을 가지고 서로 이해할 필요성, 즉 '마음과 마음의 만남'의 필요성을 본인이 이번 순방을 통해 계속하여 호소해온 이유입니다. 같은 아시아인인 여러분들에게는 본인이 말하는 의미를 잘 이해해 주실 수 있을 것으로 믿습니다. 물질적 충족만으로는 만족하지 않으며 정신적인 풍요로움을 추구하는 것이 아시아의 전통이며 아시아인의 마음이기 때문입니다.

7. 동남아시아 국민 한 사람 한 사람과 일본국민의 한 사람 한 사람 사이에 마음과 마음이 만나는 상호 이해를 육성하기 위해 문화교류가 수행하는 중요한 역할에 대해서는 다시 많은 말이 필요하지 않습니다. 오늘날 일본과 동남아시아 사이에는 과학, 예술, 스포츠 등의 분야에서의 교류가 활발히 이루어지고 있으며, 그것은 단순히 일본 문화를 동남아시아에 소개하는 데 그치지 않고 동남아시아의 오래된 뛰어난 문화를 일본에 소개하는 것도 포함하고 있습니다.

앞으로도 우리나라와 아세안 국가들 사이에 이러한 일방통행이 아닌 문화교류를 더욱 적극적으로 추진해 가야 하는 것은 물론이지만, 동시에 아세안 국가 간의 연대감이 고양됨에 따라 역내의 문화, 학술, 특히 지역연구 등의 분야에서 교류가 갈수록 중시되고 있는 점에 주목하고자 합니다. 본인은 이러한 관점에서 아세안 측에서 역내 교류 촉진을 위한 구체적인 구상이 마련된다면 이에 대해 가능한 한 협력을 아끼지 않는다는 취지를 밝혔습니다. 이 제안은 아세안 국가 간의 상호 이해 증진이라는 아세안 국민들의 바람에 대한 일본 국민의 공감을 나타내는 것에 다름 아닙니다. 다행히, 아세안 회원국 정상과 본인과의 회담에서 각 정상들은 이러한 본인의 제안에 찬성을 표해주었기 때문에 이는 멀지 않아 실현될 것으로 생각합니다.

8. 게다가 본인이 아세안 공업프로젝트에 대해 10억 달러 규모의 협력에 적극적인 자세를 보인 것도 지역 연대 강화를 열망하는 아세안 국민들의 마음에 '마음과 마음의 만나는' 이해를 가지고 대응하는 것이 중요하다고 생각했기 때문입니다.

일본의 협력이 역내 분업의 시도로서 역사적인 의의를 가지는 이 계획의 실현을 촉진하여 아세안의 여러 역내 협력이 향후 한층 더 강화·발전해 가는 계기가 될 것으로 기대합니다.

　우리나라는 이미 향후 5년 이내에 정부개발원조를 두 배 이상 늘릴 방침을 표명했습니다. 이 원조의 중요한 부분은 동남아시아의 산업화 계획을 촉진하기 위한 공업프로젝트 및 기반 정비에 계속 공여되겠습니다만, 일본 정부로서는 이에 더하여 농업, 의료, 교육 등 사람들의 복지에 밀착된 분야에서의 협력에 한층 더 역점을 두어가고자 합니다.

9. 우리나라의 정부개발원조 절반이 아세안 국가들 및 버마에 공여되고 있는 것에서도 알 수 있듯이 일본과 이들 국가들 사이에는 이미 밀접한 경제적 관계가 존재합니다. 본인은 쿠알라룸푸르 정상회의와 각국 수도에서 지도자와의 회담 결과를 고려하여 이러한 관계를 더욱 확대·강화하는 방안에 대해 협의해 나가고자 합니다. 물론 우리나라는 세계적인 공업국으로서 무역에서도 세계경제 전체에 대해 각별한 책임을 갖고 있습니다. 세계가 배타적인 경제블록으로 분열하는 것은 전 세계로서도 자살 행위입니다. 특히, 향후 널리 세계시장에 진출하려는 아세안 국가들의 이익에도 반하는 것으로 생각합니다. 우리나라와 아세안 국가들이 특별히 밀접한 경제·무역 관계를 발전시키려 할 때 우리들은 세계적, 장기적인 시야에 서서 우리들의 상호 입장과 이익을 이해하는 것이 지속적인 협력관계를 만들어 나가기 위해 긴요하다고 생각하는 것입니다.

10. 마지막으로 아세안 지역의 안정과 번영은 동남아시아 전체의 평화가 유지되지 않으면 확보되기 어렵다는 점은 두말할 나위도 없습니다. 동남아시아의 일각에 여러 해에 걸쳐 불타고 있던 전화(戰火)가 드디어 종식한 오늘날, 우리는 동남아시아 전역의 항구적인 평화와 안정을 위한 노력을 강화할 수 있는 호기를 맞이했습니다. 이러한 관점에서 본인은 지난 아세안 정상회의 공동성명을 통해 아세안 국가들이 인도차이나 국가들과 평화롭고 호혜적인 관계를 발전시키고자 한다는 소망을 표명하고 "이 국가들과의 이해와 협력의 영역을 호혜를 기초로 확대하기 위해 한층 더 노력을 하겠다."는 방침을 표명한 점에 경의를 표하고자 합니다. 이러한 인내력 있는 노력을 통해 상호 이해와 협력의 고리가 결국에는 동남아시아 전역으로 확대될 것으로 기대하고자 합니다. 우리나라로서도 같은 목적을 가지고 인도차이나 국가들과 상호 이해의 관계를 정착시키기 위해 노력하고자 합니다.

11. 열석하신 여러분. 본인은 이번 아세안 국가들 및 버마의 정부 정상들과의 결실이 많은 회담에서 이상과 같은 동남아시아에 대한 우리나라의 자세를 밝혀 왔습니다. 이러한 우리나라의 자세가 각국 정상의 충분한 이해와 찬동을 얻은 것은 이번 순방의 커다란 수확이었습니다. 그 요점은 다음과 같습니다.

첫째, 우리나라는 평화에 철저히 하고 군사대국이 되지 않을 것을 결의하며, 그러한 입장에서 동남아시아 더 나아가 세계의 평화와 번영에 공헌한다.
둘째, 우리나라는 동남아시아 국가들과 정치, 경제뿐만 아니라 사회, 문화 등 광범위한 분야에서 진정한 친구로서 마음과 마음이 만나는 상호신뢰 관계를 구축한다.
셋째, 일본은 '대등한 협력자'의 입장에 서서 아세안 및 그 회원국의 연대와 강인성 강화를 위한 자주적 노력에 대해 뜻을 같이하는 다른 역외 국가들과 함께 적극적으로 협력하며, 또한 인도차이나 국가들과는 상호 이해에 기초한 관계 양성을 도모하여, 이로써 동남아시아 전역의 평화와 번영의 구축에 공헌한다.
본인은 향후 이상의 3개 항목을 동남아시아에 대한 우리나라 정책의 기둥에 두고 이를 힘차게 실행해 가고자 합니다. 그리고 동남아시아 전역에 상호 이해와 신뢰에 근거한 새로운 협력의 틀이 정착되도록 노력하며, 이 지역의 국가들과 함께 평화와 번영을 함께 나누면서, 협력하여, 세계 인류의 행복에 공헌해 나갈 것을 염원하는 바입니다.

12. 마르코스 대통령 각하 및 필리핀 국민 여러분. 어제 마닐라에 도착한 직후 본인은 필리핀 독립지사 리잘 박사의 기념물에 헌화했습니다. 동남아시아의 식민지 지배에 맞서 처음으로 독립운동의 횃불을 치켜든 것은 필리핀 국민들이었습니다. 오늘날 국제관계에 새로운 국면이 열리고 있을 때 아세안 아래에서의 협력의 진전, 남북문제 해결을 위한 국제적인 노력 등의 측면에서 필리핀이 귀 대통령의 지도 아래 적극적인 이니셔티브를 취하고 있는 것도 어쩌면 당연한 일입니다.
본인은 일본과 동남아시아 국가들 사이에 마음과 마음의 만나는 상호신뢰 관계를 세우고, 우리들 관계의 역사에 새로운 한 페이지를 열어나감에 있어서 특히 귀 대통령 및 필리핀 국민들의 주도적인 역할을 기대하면서 본인의 이야기를 끝내고자 합니다.
고맙습니다. 살라마 뽀.

자료 6-2 ▮ 일본-아세안 정상회의 공동성명: 21세기를 향한 일본-아세안 협력 (1997년 12월 16일, 쿠알라룸푸르)

1. 일본 총리와 아세안 회원국 정상들은 일본과 아세안 국가들이 오랜 세월에 걸쳐 긴밀한 협력관계를 발전시켜 아시아·태평양 지역의 평화, 안정 및 번영에 공헌해 온 점을 만족을 갖고 유의했다. 일-아세안 관계의 기초를 더욱 강고한 것으로 만들어 나갈 필요성, 그리고 이 지역 및 세계가 직면한 공통의 제반 문제에 대처하기 위한 협조적 노력의 중요성을 인식하면서, 정상들은 더욱 폭넓고 더욱 깊은 관계를 구축하기 위해 현재의 우호 관계를 한층 더 강화함으로써 21세기를

향한 일-아세안 협력을 한층 더 추진해 나갈 것을 결의했다.

파트너십 강화를 위한 대화 긴밀화

2. 정상들은 미래 세대가 평화와 안정 속에 삶을 영위하며 사회적 및 경제적인 개발을 지속해 나갈 수 있도록 협력해 나갈 것이라는 결의를 표명했다. 보다 견고한 파트너십을 만들어 나가기 위해 정상들은 모든 차원에서 대화와 교류를 긴밀화하기로 결정했다. 정상들은 고위급 대화의 중요성에 특히 유의하고, 가능한 한 자주 정상회의를 개최하기로 결정했다. 정상들은 정치 및 안보에 관한 대화와 교류를 강화해 나가는 것의 중요성을 인식했다.

사람과 사람과의 교류 및 문화교류 촉진

3. 정상들은 정책결정자 차원뿐만 아니라 다른 분야, 특히 청년과 지식인 간의 사람과 사람과의 직접적인 교류를 교류계획을 통해 더욱 촉진하기로 결정했다. 정상들은 일-아세안 양측이 보유한 풍부한 전통 및 문화를 유지하고 발전시켜 가는 것과 동시에 문화면에서의 교류나 협력을 통해 상호 이해를 심화시켜 나가는 것의 중요성을 인식했다. 이와 관련하여 정상들은 다국적 문화 미션의 목적과 지금까지의 작업의 진전을 환영하며 이 미션에 의한 제언에 기대감을 나타냈다.

지역 평화와 안정 촉진

4. 정상들은 지역의 평화와 안정을 촉진하기 위한 긴밀한 협력의 중요성을 인식했다. 이와 관련하여 정상들은 안보협력 및 안보체제를 포함한 안보에 관한 사항에 대한 견해 및 전망에 대해 의견을 교환했다. 정상들은 또한 아세안지역포럼(ARF)에서 협력을 강화할 의도를 확인했다. 일본 측은 아세안 측이 동남아시아 평화, 자유, 중립지대(ZOPFAN)에 중요성을 부여하고 있는 점을 인식했다. 일본 측은 동남아시아 비핵무기지대(SEANWFZ) 조약 발효가 이 지역의 안보 강화를 위한 아세안의 중요한 노력이라는 점을 환영했다.

경제면의 협력 강화

5. 정상들은 무역과 투자 확대 및 산업협력의 긴밀화에 비추어 일본과 아세안 간의 상호의존이 증대되고 있음을 인식했다. 정상들은 이 때문에 이 지역의 발전과 공유된 번영을 지속시키는 것을 목표로 긴밀한 경제 관계를 한층 더 견고한 것으로 만들기로 결정했다.

6. 일본 측은 아세안이 강력한 경제 펀더멘털을 갖고 있기 때문에 현재의 경제적 곤란에도 불구하고 경제성장을 지속하는 역동적인 지역이며, 일본과 아세안 사이의 경제면에서 협력을 강화하기 위한 큰 기회를 제공한다는 신뢰를 표명했다. 일본 측과 아세안 회원국 측은 각국 경제의 경쟁력을 한층 더 강화하기 위한 경제구조개혁의 중요성을 강조했다.

7. 정상들은 1997년 12월 2일 쿠알라룸푸르 회합에서 일본과 아세안의 재무장관들이 현재 지역의 금융정세에 대처하기 위한 각국의 노력 및 지역적·국제적 협력에 대해 논의한 것을 유의했다. 정상들은 마닐라 프레임워크의 조속한 실시에 관한 재무장관 간의 합의를 지역의 금융 안정 촉진을 향한 건설적인 한 걸음으로서 지지했다. 정상들은 마닐라 프레임워크 하에서의 이니셔티브를 추진하고 IMF, 세계은행, ADB, 국제적 금융감독기관과 긴밀히 협력하기 위해 아시아 재무장관·중앙은행 총재 대리회합을 1998년 빠른 시점에 일본이 개최하는 것에 유의했다. 아세안 국가들은 최근 금융 패키지에 대한 일본의 공헌에 감사의 뜻을 갖고 유의했으며, 양측은 일·아세안 재무장관 간에 경제·금융 문제에 대한 협력을 추진하는 것의 중요성을 재확인했다.

8. 아세안 측은 일본이 공여한 유익하고 효과적인 원조에 감사의 뜻을 표명했다. 일본 측은 정부개발원조(ODA) 및 기타 프로그램을 통해 아세안 국가들의 노력을 계속 지원하는 동시에 민간부문의 이니셔티브를 촉진해 가겠다는 정책을 재확인했다. 일본과 아세안은 협력에 있어서 다음을 우선 사항으로 한다.
   - 시장의 접근과 산업 분야의 구조변화를 다루어 가며, 일·아세안 무역의 균형 잡힌 발전을 촉진
   - 고급 기술 및 친환경 기술을 포함한 아세안으로의 기술이전을 촉진
   - 특히 다음 사항을 통해 아세안의 경쟁력을 강화
     - 하드 측면 및 소프트 측면의 인프라 정비
     - 파생 분야가 넓은 산업의 강화
     - 중소기업 근대화 및 기타 산업 협력
     - 인재 육성. 이와 관련하여 일본은 아세안으로부터 5년 동안 2만 명을 대상으로 한 종합적인 인재 육성 프로그램을 제안했다.
     - 환경관리 및 환경보전에 관한 개선
   - 이 지역의 거시 경제 및 금융시장의 안정 촉진
   - 아세안 내의 경제 격차 및 빈곤의 감소, 그리고 아세안의 경제발전 및 세계화의 메인스트림에 대한 아세안 신규 회원국의 통합을 촉진
   - 지역 및 하위 지역 프로그램, 특히 대메콩권에서의 프로그램을 촉진 및 지원
   - 일·아세안 포럼 틀 안에서, 또는 동 포럼과 긴밀하게 협력하는 형태로 적절한 메커니즘을 설치. 예를 들면, 일·아세안 개발협력 안건에 관한 의견·정보 교환을 실시하기 위한 일·아세안 개발 라운드테이블의 신설이나, 산업 협력의 추진, 아세안 경쟁력의 개선, 신규 회원국에의 개발협력 지원을 위한 기존 AEM-MITI 아래에 CLM 워킹그룹개조에 의해 장관급을 두 의장으로 하는 새로운 조직을 설치.

9. 정상들은 아세안자유무역지대(AFTA)과 아세안산업협력(AICO) 체계의 착실하고 완전한 실시로 아세안 내부의 경제적 연계가 강화되어, 투자·생산기지로서의 경쟁력과 매력이 제고될 것이라는 견해를 공유했다.

10. 정상들은 강화된 다각적 자유무역체제가 장래의 번영에 불가결하다는 점을 인식하고, 개발도상국의 경제 상황을 감안하면서 세계무역기구(WTO), 아시아·태평양경제협력(APEC) 등에서의 활동을 추진함으로써 무역의 가일층 자유화·원활화를 도모하기 위한 작업을 실시해 나갈 용의가 있음을 확인했다. 이와 관련하여 정상들은 공공부문과 민간부문 간의 더욱 강화된 상호연관과 긴밀한 관계를 촉진하기로 결정했다.

국제 문제에 대한 협력

11. 세계 전체 및 특히 이 지역의 평화, 안정 및 번영에 기여하기 위한 노력에 있어서 정상들은 국제연합(UN)의 여러 기능 강화, 특히 유엔안전보장이사회를 포함한 유엔의 개혁 및 군축과 비확산체제를 위한 국제적 노력의 촉진을 향해 행동해 나갈 것을 결의했다. 이와 관련하여 한반도에너지개발기구(KEDO)의 진전을 환영하며, 이 기구의 활동에 대한 지속적인 지원을 재확인했다. 정상들은 특히 다음 분야에서의 공동 노력을 통해 다음 세기의 제반 과제에 협력하여 대처해 나갈 필요성을 강조했다.
   - 환경보전 강화
   - 에너지 자원의 효율적, 지속적인 사용 촉진
   - 보건과 복지 향상
   - 국제테러리즘, 소화기 부정거래, 약물, 그 외 국제적 조직범죄에의 대처 강화
   - 아세안의 경제성장 경험을 개발도상국과 공유하기 위한 남남협력 강화

12. 일본 측은 다음 세기의 도전에 대응해 나갈 아세안의 활력과 결의를 나타내는 아세안 비전 2020의 채택을 환영했다.

자료 6-3 ▎새천년기 역동적이고 영속적인 일본과 아세안의 파트너십을 위한 도쿄선언 (2003년 12월 12일, 도쿄)

우리 일본국 및 동남아시아국가연합 회원국 정상은 일-아세안 특별정상회의를 위해 2003년 12월 11일 및 12일 일본의 도쿄에 모여 우리 국가들이 지금까지 30년 이상에 걸쳐 긴밀한 협력관계를 발전시켜 이 지역의 평화, 안정, 발전 및 번영에 공헌해 온 점에 대해 깊은 만족감을 갖고 유의하며,

정치·안보, 경제, 사회·문화, 그리고 개발협력 분야에 걸쳐 일본과 아세안의 관계에서 이룩한 두드러진 진전에 고무되어,

파트너십, 오너십의 공유, 상호 존중 및 상호이익 등 우리들의 관계를 이끌어 온 여러 원칙을 재확인하고,

특히, 지난 10년 간 일본의 아세안에 대한 ODA는 일본이 아세안을 특별히 중시해 온 것을 반영하고, 양자 간 ODA 총액의 약 30%에 해당하며, 일본 ODA의 최대

부분을 구성해 온 점 등 일본이 지금까지 30년 간에 걸쳐 아세안 국가들의 경제발전 및 번영에 중요한 공헌을 해온 것에 감사하며,
　　아시아의 풍부한 전통과 가치관이 천년기의 기회를 활용하여 그 과제에 대처하려는 우리들의 결연한 노력을 결집시키는데 중요하다는 점을 인식하고,
　　일본 국민과 동남아시아 국민 사이에 상호신뢰와 존중에 뒷받침되어 길러져 온 '마음과 마음의 만남'은 미래의 우리 관계의 토대가 되는 '함께 걷고 함께 나아가는' 파트너십으로 발전해 왔다고 확신하며,
　　일본과 아세안은 지역의 평화, 안정 및 번영을 확보하기 위해 그 전략적 파트너십 아래에서 협력을 심화시키고 확대시킬 것을 결의하고,
　　「1977년 8월 7일자 쿠알라룸푸르에서의 일본국 총리와 아세안 정상들의 정상회의공동성명」 및 「1997년 12월 16일 자 쿠알라룸푸르에서의 일본국 총리와 아세안 회원국 정상들의 정상회의 공동성명」이 포괄적인 일본과 아세안의 협력을 위한 기초를 구축하여 21세기에 있어서 이 파트너십을 더욱 진전시켜야 한다는 결의를 강고하게 한 점을 상기하며,
　　장벽을 최소화하고, 경제적 연계를 심화시키고, 상거래 비용을 낮추고, 역내 무역 및 투자를 증가시키고, 경제적 효율성을 개선하며, 일본과 아세안 양측의 기업을 위해 더 많은 기회와 더 큰 규모의 경제를 수반하는 한층 더 큰 시장을 창설하여, 자본과 인재를 끌어들이는 우리의 매력을 높이기 위해, 2002년 11월 5일 프놈펜에서 서명 한 '포괄적 경제연계에 관한 일본과 아세안 국가들 정상의 공동선언' 및 2003년 10월 8일 발리에서 서명 한 '포괄적 경제연계에 관한 일본과 아세안 간 틀'을 고려하며,
　　아세안비전 2020의 실현을 촉진하고, 역동적이고 보다 깊은 일-아세안 협력을 추진하기 위해 2002년 10월의 하노이 행동 계획에 관한 일본-아세안 협의회에 의한 비전 2020을 위한 제언을 수반하는 최종 보고에 유의하고,
　　아세안안보공동체, 아세안경제공동체 및 아세안사회·문화공동체로 이루어지는 한층 통합된 아세안공동체의 형성을 이끄는 2003년 10월 7일에 발리에서 서명된 제2차 아세안협화선언의 실시에 대해 전면적으로 지지할 것을 다시금 언급하고,
　　동남아시아의 상호신뢰, 평화 및 안정을 더욱 강화하게 될 동남아시아우호협력조약에 대한 일본 가입의 의도 및 그 외의 아세안 대화국상대국의 가입을 환영하며,
　　모든 인류의 행복을 위해 대화상대국 및 세계의 다른 국가들과의 파트너십이나 연계를 추진하고, 강화하며, 심화시킨다는 점에서 일본과 아세안의 관계는 전향적이고 행동 지향적임을 재확인하며,

　　여기서 다음을 채택한다.

1. 기본 원칙과 가치관
　　• 일본과 아세안은 상호 관계, 자연스러운 경제적 보완성, 그리고 인적 접촉과 교류의 증대를 향한 바람을 포함한 사회적·문화적 친근감을 더욱 심화시키고 확대한다.

- 일본과 아세안은 긴밀한 협의와 유엔헌장 및 국제법이 정한 제반 원칙의 준수를 통해 양자의 협력을 강화하고 국가주권 및 영토보전의 존중, 무력의 행사 또는 무력에 의한 위협의 포기, 분쟁의 평화적 해결 및 불간섭 등 동남아시아우호협력조약의 목적, 원칙 및 정신을 상찬한다.
- 일본과 아세안은 국가들 및 사람들이 서로, 그리고 전 세계와의 관계에 있어서 공정하고, 민주적이며 조화를 이룬 환경 속에서 평화적으로 삶을 영위하는 동아시아 지역의 창설에 기여한다.
- 일본과 아세안은 법의 지배 및 정의의 존중, 개방성, 유엔헌장, 세계인권선언, 비엔나선언 및 행동 계획에 근거한 모든 인류의 인권, 그리고 기본적 자유의 옹호 및 촉진, 문화 및 문명에 대한 상호 이해 촉진 및 시장경제의 상호이익 확대를 포함한 공통의 비전과 원칙을 양성한다.
- 일본은 아세안공동체를 실현하기 위한 노력에 있어서 개발원조 및 지원 프로그램을 통해 아세안의 경제발전 및 통합 노력에 높은 우선순위를 부여한다.
- 일본과 아세안은 지역 내 및 다른 지역 간의 틀, 특히 아세안+3 프로세스, 아세안 지역포럼 (ARF), 아시아협력대화(ACD), 아시아·태평양경제협력(APEC), 아시아유럽회의(ASEM), 동아시아·라틴아메리카협력(FEALAC) 및 동남아시아 지역 내 소지역 협력계획의 진전을 공동으로 추진한다.
- 일본과 아세안은 평등, 상호 존중 및 상호이익에 기초한 양자의 특별한 관계를 고려하여 지역의 과제 및 세계의 과제에 대응한다.

2. 행동을 위한 공통 전략

　　일본과 아세안은 다음 분야에서 공동행동을 위한 공통전략을 신속하고 실체적으로 실시하기 위해 이들 전체적인 능력을 활용한다.

(1) 포괄적 경제협력 및 금융·재정 협력 강화
- 상호주의, 투명성 및 상호이익의 원칙에 유의하면서 「포괄적 경제연계 구상에 관한 일본과 아세안 국가들의 정상 공동선언」에 근거하여 경제면에서의 연계와 통합을 강화함으로써 이들 국가들의 경제 연계를 증강한다.
- 양자 간 및 지역적 대응을 실시한다. 즉, 어떤 아세안 회원국이라도 일본과 양자 간 경제 연계를 구축할 수 있다. 또한, 아세안 신규 가맹국에 의한 완료에는 추가적으로 5년간 연장하는 것을 포함하여 아세안 국가들에 대한 특별하고 차별적인 대우를 허용함과 동시에 일본 및 아세안 회원국 각각의 경제발전 정도 및 민감한 분야를 고려하여 2012년까지 포괄적 경제 연계의 틀에 기재된 조치를 실시함으로써 포괄적 경제 연계의 실현을 강구한다.
- 시장개방과 확대, 무역에 대한 기술적 장벽을 포함한 비관세 장벽의 점진적 철폐, 산업계를 위한 규모의 경제를 가능하게 하는 일, 그리고 기준인증 및 상호승인 계약에 관한 협력 강화 등을 통해 물품 및 서비스 무역에 대해 더욱 더 많은 기회를 제공한다.

- 무역 관련 투자 절차 및 무역·투자 촉진 원활화의 조치를 향상시키고 무역·투자 정책 및 비즈니스 대화를 실시하며 비즈니스 환경을 개선하고 사업가와 숙련 노동자의 이동을 원활하게 하며 기준인증에 대해 협력하고 기타 경제면에서의 연계 강화를 위한 조치를 취함으로써 투명하고 자유로운 투자 제도를 창설한다.
- 자본시장 개발, 자본계정 자유화, 통화 분야 협력 등 금융재정 협력을 양성하고 강화한다.
- 상호이익을 가져오는 폭넓은 분야, 특히 연구개발을 포함한 과학기술 분야, 안전하고 효율적인 교통망 확보를 포함한 제반 산업 분야 및 관광 분야에서 협력을 조성한다.
- 상호이익을 창출하는 정보통신기술 협력계획의 실현을 통해 아시아의 정보통신망과 그 유량의 확대 및 심화에 협력한다.
- 중소기업이 물품 및 서비스의 무역 및 투자를 위한 시장 접근을 효과적으로 이용하고 비즈니스 기회를 확대하기 위해 아세안 내에 있는 중소기업의 능력 강화 프로그램에 관해 공동으로 대응한다.

(2) 경제발전과 번영을 위한 기초 강화
- 경제발전과 번영의 기초를 강화하기 위해 공동으로 대응한다. 일본은 아세안 국가들의 실제적인 필요성에 대응하여 지원을 적극적으로 제공함으로써 ODA 사업에서 앞으로도 아세안 국가들에 우선순위를 부여해 나간다. 아세안 국가들이 직면한 새로운 과제를 감안하여 일본의 협력이 눈에 띄는 결과를 가져오는 주요 문제에 대응하기 위해 일본은 특히 인재개발 및 관련 분야 협력을 강화한다.
- 협력을 강화하고, 여러 사업, 특히 아세안통합이니셔티브(IAI) 아래의 사업 실시에 의한 아세안의 통합이라는 목표의 실현을 지원한다.
- 경제적 및 사회적 발전을 촉진하고 아세안의 경쟁력을 강화하며 생활수준을 향상시키기 위해 메콩 지역 및 동아세안성장지대(BIMP-EAGA)를 포함한 지역 내 및 소지역 내 개발을 증진함으로써 아세안 통합에 대한 지원 노력을 강화한다.
- 개발은 지역통합 강화에 기여하는 것이며, 또한 환경보전에 충분히 배려하면서 경제협력과 무역·투자 촉진을 통합한 접근법에 의해 지속적으로 경제성장을 가져온다는 공통 인식을 바탕으로, 신규 아세안 회원국과 그 외의 아세안 회원국 간의 격차를 줄이기 위해 메콩지역 개발에 대한 지원과 협력을 충실화한다.
- 특히 인재 육성과 같은 능력 구축, 아세안 제반 기관의 육성 및 강화, 공중위생 및 사회보장의 향상, 그리고 기능 및 경영 노하우의 지도에 있어서 계속적으로 협력을 확대·심화한다.
- 인프라의 정비를 촉진하고 산업 기반을 강화하며 전문 지식과 기술을 이전한다.
- 기술 개발에서 경제 연계 및 협력을 강화하기 위해 연구개발을 위한 공동 노력을 촉진하고 첨단 연구를 공유하기 위한 양식을 개발하며 지적 교류를 촉진한다.
- 에너지 안보, 식량 안보 및 식품 안전에 대해 협력을 강화한다.

(3) 정치·안보협력 및 파트너십 강화
- 이 지역의 평화를 확고히 하기 위해 정치 및 안보협력과 파트너십을 모든 차원에서 강화함과 동시에 양국 간, 또한 ARF 및 기타 지역적 및 국제적인 틀을 통해 이 지역에서 분쟁의 평화적 해결을 위해 함께 노력한다.
- ARF, 아세안+3 프로세스, 국경을 넘는 범죄에 관한 아세안+3 장관회의, 기타 지역적 및 국제적 틀을 통해 테러 대책, 해적 대책, 기타 국경을 넘는 범죄에 대한 대처에서 협력을 강화한다.
- 대량살상무기와 그 운반수단 및 이들 관련물자의 군축·비확산 분야에서 협력을 강화한다.

(4) 인적 교류 및 인재육성 원활화 및 촉진
- 상호신뢰, 존중 및 서로의 전통과 가치관에 대한 이해를 바탕으로 젊은 세대와 미래의 지도자들 간에 일체감을 조성하고, 이를 통해 인적 교류가 활발하고 인적자원의 한층 더 개발이 가능해지는 그러한 사려 깊은 사회를 구축한다.
- 연구기관, 대학 및 기타 교육기관 간의 네트워크 구축을 통해 교육 및 인재 육성 면에서의 파트너십 및 상호 지원을 강화하고, 또한 인적 상호 교류를 높이기 위해 청년 교류를 촉진함으로써 청년의 기치와 협력적 정신을 지원한다.

(5) 문화 및 홍보 협력 확대
- 유형 및 무형의 문화유산을 감정하고 보존하는 것에 관해, 또한 문화적인 가치관 및 규범 및 풍부한 문화유산을 장래의 세대에 전승하는 것에 관해 협력하여 동아시아에 대한 자부심을 고양한다.
- 공공 홍보기관, 미디어 및 기타 기관 간의 협력과 일본 및 아세안에 관한 정보를 효과적으로 보급시키는 데 있어서 정보통신기술의 한층 더 활용하여 일본 및 아세안, 그리고 양자의 입장에 대한 국제사회의 인식과 이해를 높인다.

(6) 동아시아 커뮤니티를 위한 동아시아 협력 심화
- 지속 가능한 개발과 공통의 번영이라는 목적을 달성하기 위해 아세안+3 프로세스는 동아시아의 협력과 지역 경제통합의 네트워크를 촉진하는 중요한 경로라는 점을 인식한다.
- 보편적인 규칙과 원칙을 존중하면서 외향적이며 풍부한 창의성과 활력으로 가득하고 상호 이해와 아시아의 전통과 가치를 이해하는 공통의 정신을 가진 동아시아 커뮤니티의 구축을 추구한다.

(7) 지구 규모의 문제에 대처하기 위한 협력
- 정치적, 경제적, 사회적 현실 사이에 강한 상호 관련성이 있음을 고려하고 또한 정치, 경제, 사회 및 문화에 이르는 폭넓은 측면을 갖는 종합안전보장이라는 사고방식을 받아들이며 테러대책, 대량살상무기 및 그 운반수단의 군축·비확산의 강화, 유엔평화유지활동에 있어서의 협력 강화, 규칙에 근거한 국제적인 틀의 촉진,

국제연합의 강화, 세계무역기구(WTO)를 통한 다각적 무역체제 강화, 빈곤 감소 및 경제적 격차 축소, 환경보호, 방재 촉진, 사람의 밀입국 및 인신 거래에의 대처, 감염증에의 대처, 인간 안보 강화, 그리고 남남협력 추진 등 지구 규모의 문제에 대처하기 위해 적극적으로 협력한다.

3. 이 선언의 실시를 위한 제도적·자금적 조치
   - 일본과 아세안은 부속 행동 계획에 따라 이 선언의 목적을 실현하기 위해 구체적인 활동과 기간 프로젝트를 실시한다.
   - 일본과 아세안은 이 선언과 행동 계획을 효과적으로 조정하고 실시하기 위해 기존 자금메커니즘을 강화한다.
   - 행동 계획에 약술된 다양한 전략과 조치를 달성하기 위해 일본과 아세안은 효과적이고 혁신적인 자금동원을 서로 모색하는 것을 포함하여 각각의 능력과 양립시키면서 필요한 자원의 제공에 공약한다.
   - 이 선언과 행동 계획의 실시에 관한 진전 상황은 일본·아세안 외교장관회의에서 재검토되며, 매년 개최되는 일본·아세안 정상회의에 보고된다.
   - 행동 계획은 이 지역과 세계에서의 동적 진전을 고려하여 정기적으로 재검토된다.

2003년 12월 12일 일본 도쿄에서 영어로 2통 정본에 서명했다.

자료 6-4 ▎ 제9차 일본-아세안 정상회의 공동성명 「일본-아세안 전략적 파트너십의 심화와 확대」(2005년 12월 13일, 쿠알라룸푸르)

1. 우리, 일본국과 동남아시아국가연합 회원국의 국가원수 및 행정부 수반은 일-아세안 대화에서의 착실한 진전에 만족의 뜻으로 유의했다. 우리는 지역의 평화, 안정, 발전 및 번영에 기여함과 동시에 우리들, 그리고 지역이 직면한 공통의 과제에 대해 협조하여 대응할 수 있도록 긴밀하고 협력적인 파트너십을 지난 32년 동안에 걸쳐 구축해 온 점을 환영했다.

일-아세안 대화 관계 강화
2. 지난 30년 동안의 실적을 바탕으로 일본과 아세안은 대등한 입장에서 공통의 과제와 기회에 대해 긴밀하게 대응하고 있다. 일본은 아세안이 동아시아 지역 협력에서 특히 그 추진력으로서의 역할, 그리고 아세안 통합을 더욱 추진하기 위한 역동적인 이니셔티브를 통해서 갈수록 적극적인 공헌을 하고 있는 점을 완전하게 지지한다. 이러한 인식에 근거하여 우리는 일본과 아세안 사이의 전략적 파트너십을 심화하고 확대하는 것을 재확인했다. 우리는 또한 일-아세안 관계는 동남아시아우호협력조약, 그리고 기타 주요한 국제법의 제반 원칙, 세계적인

규범, 그리고 보편적으로 인정되는 가치에 바탕을 두는 것이 되어야 한다는 점을 재확인했다.

일-아세안 행동 계획 실시

3. 2003년 12월 12일 도쿄에서 개최된 일-아세안 특별정상회의에서「새천년기 역동적이고 영속적인 일본과 아세안의 파트너십을 위한 도쿄선언」이 서명되고, 일-아세안 행동 계획이 채택된 이후 일-아세안 대화 관계가 착실하게 진전된 것에 유의했다. 이와 관련하여 우리는 21세기에 일본과 아세안 간 파트너십의 기초를 강화함에 있어서 도쿄선언의 목표와 목적을 달성하기 위해서 일-아세안 행동 계획의 중요성을 재확인함과 동시에 일-아세안 행동 계획을 효과적으로 실시한다는 우리의 약속을 재확인했다.

지역의 최근 진전

4. 우리는 2003년 일-아세안 특별정상회의 이후 지역에서 급속한 진전이 일어나고 있음을 인식했다. 이러한 급속한 진전에는 2004년 비엔티안행동계획(VAP) 서명, 2004년 아세안안보공동체(ASC) 및 아세안사회·문화공동체(ASCC) 행동계획 채택, 2004년 아세안경제공동체(AEC)에 근거한 아세안 경제통합을 위한 주요 11개 분야에 관한 로드맵 채택, 2004년 일본의 동남아시아우호협력조약 가입, 2004년 국제 테러리즘과의 투쟁 협력에 관한 일-아세안 공동선언 채택, 2005년 아세안개발기금(ADF) 설립, 2005년 아시아·아프리카 정상회의 개최, 2005년 제2차 ACMECS 정상회의 개최, 그리고 2005년 12월 14일 제1차 동아시아 정상회의 개최 결정이 포함된다. 우리는 대화 관계, 그리고 아세안 통합을 강화하고, 또한 지역의 평화, 안정 및 번영을 위해 활발한 발전을 촉진하기 위한 노력에 있어서 공동 대응을 서로 지원해 나가기로 합의했다.

아세안공동체 구축 노력에 대한 지지

5. 우리는 1997년 12월의 아세안비전 2020, 그리고 2003년 10월의 제2 아세안협화 선언에 근거하여 2020년까지 아세안공동체를 실현하는 것을 완전히 지지함을 확인했다. 이와 관련하여 아세안은 아세안통합이니셔티브(IAI)를 통한 아세안 회원국 간 개발격차 시정, 비엔티안 행동 계획, 각종 아세안 계획 및 이니셔티브, 그리고 대메콩지역(GMS) 경제협력 프로그램, 이라와지·차오플라야·메콩 경제협력전략(ACMECS), 브루나이-인도네시아-말레이시아-필리핀 동아세안 성장지대(BIMP-EAGA)와 같은 서브지역 개발 노력을 통한 아세안공동체 구축을 위한 노력, 그리고 아세안 회원국 간 개발격차 시정에 대한 지원을 강화하겠다는 일본의 약속에 대해 감사를 표명했다. 아세안은 일본이 아세안 통합을 위해 아세안개발기금 및 일-아세안 간 협력에 관한 기금을 통해 총액 75억 엔(약 7,000만 달러) 규모의 새로운 재정지원을 약속한 것을 환영한다. 또한, 아세안은 일본의 아세안 통합노력에 대한 지속적인 지원을 환영했다.

경제연계의 강화

6. 우리는 일본과 아세안 간의 경제관계를 강화하기 위한 「포괄적 경제 연계에 관한 일본과 아세안 국가 정상의 공동선언」과 「일본과 아세안 간의 포괄적 경제 연계의 틀」(각각 2002년과 2003년에 작성)을 상기했다. 우리는 2005년 4월의 시작일로부터 2년 이내의 가능한 한 조기에 일-아세안 포괄적 경제 연계(AJCEP) 협정 협상을 마칠 수 있도록 최선의 노력을 다할 것을 약속한다. 이와 관련하여 우리는 일-아세안 포괄적 경제 연계를 실현하기 위해 협상을 가속화하는 방안을 검토하도록 각료에게 지시했다.

일본-아세안센터 개혁

7. 우리는 일본-아세안센터의 개혁에 관한 일-아세안 현인회의(EPC)의 활동을 높이 평가했다. 우리는 일-아세안 현인회의의 중간보고를 각국의 관계 당국이 정밀하게 검토할 것을 장려한다.

역내 및 지구 규모의 과제에 대한 대응

8. 우리는 역내뿐만 아니라 지구 규모로 안전에 대한 우려가 많아지고 있는 테러의 위협, 국경을 넘는 범죄, 조류 독감 대유행, 석유 가격 고등, 그리고 자연재해 등 지역은 많은 과제에 직면하고 있다는 점을 인식했다. 우리는 이러한 과제에 대응하고 지역 내의 평화, 안정 및 번영에 기여하기 위해 함께 노력하고 함께 나아감으로써 우리의 파트너십을 강화하고 또 심화시킬 것을 희구한다.

국경을 넘는 범죄 및 테러와의 투쟁

9. 우리는 유엔헌장, 국제법, 그리고 국제 테러리즘에 관한 모든 관련된 유엔결의 또는 선언에 따라 모든 형태의 국제 테러리즘을 예방, 억제, 근절한다는 결의를 재확인했다. 우리는 또한 국경을 넘는 범죄에 관한 아세안+3 각료회의, 그리고 기타 기존의 메커니즘을 통해 국경을 넘는 범죄, 해적, 인신 거래, 부정 약물에 의한 위협을 근절하기 위해 일본과 아세안 간 양자 간 및 다자 간 협력을 강화하기로 합의했다. 아세안과 일본은 「국제 테러리즘과의 투쟁에서의 협력에 관한 일-아세안 공동선언」 및 기타 관련된 유엔결의 및 국제 테러리즘에 관한 조약의 이행을 통해 포괄적인 방법으로 테러를 예방하고 또한 테러와 투쟁하기 위해 양자 간, 지역적 및 국제적인 차원의 협력을 강화한다. 이와 관련하여 아세안은 일본에 의한 양자 간 및 다자 간 채널을 통한 테러 대책 분야에서 아세안에 대한 지원을 확대하겠다는 약속을 환영했다. 아세안은 2006년의 이른 시점에 테러 대책에 관한 대화를 시작한다는 일본의 제안을 환영했다.

방재 강화

10. 우리는 쓰나미, 지진, 홍수 및 기타 자연재해로 인한 도전에 대응하기 위해 일-아세안 간, 더 나아가 지역 및 세계의 다른 국가들과의 협력에 노력할 것이라는

결의를 재확인했다. 이와 관련하여 일본은 조기경계체제, 방재 및 긴급사태 대응을 위한 신속대응체제 구축, 그리고 재해 후의 복구·부흥 노력을 확립하기 위한 지역의 노력에 대해 지원한다.

감염증 대책

11. 우리는 HIV/AIDS, 말라리아, 결핵, 조류 인플루엔자와 같은 감염증 및 재흥감염증 문제와 그 발생에 대응하기 위한 협력의 중요성을 재확인했다. 일본은 아세안 회원국이 조류 인플루엔자의 확산 및 기타 감염증의 대발생 문제에 대응할 수 있도록 역량구축에 있어서 아세안에 필요한 지원을 행한다. 이 점에서 일본은 아시아의 조류 인플루엔자 대책에 대한 대규모 지원으로서 아세안 역내 50만 명분의 타미플루 공여를 포함한 1억 3,500만 달러의 지원을 표명했다.

에너지 협력

12. 우리는 석유가격 고등에 관해 의견을 교환하고, 또한 에너지 안보와 그 지속적 이용을 확보하기 위해 에너지효율화 및 에너지 절약을 위한 방안, 에너지 공급원의 다양화 및 바이오연료와 수력 등과 같은 대체·재생 가능 에너지의 이용, 자원의 효과적이고 깨끗한 이용, 석유비축 시스템 정비, 그리고 에너지 관련 통계 정비 등의 분야에서의 협력을 통해 에너지 협력을 진전시킬 의사를 재확인했다. 우리는 각료 및 실무자에 대해 일본과 아세안 간에 단기적으로, 또한 중장기적으로 협력이 가능한 분야를 검토하도록 지시했다.

인적 교류 촉진

13. 사람과 사람과의 교류 차원에서 일-아세안 파트너십에 실질과 형식의 쌍방을 부여한다는 관점에서 우리는 문화, 인재개발 및 중소산업을 포함한 다양한 분야에서 공동으로 기함프로젝트를 함께 진행시켜간다는 점에 의견이 일치했다. 일본과 아세안은 고위급 교류를 포함한 정기적인 대화와 교류를 강화하고, 청소년과 학생 간의 교류를 비롯한 사람과 사람과의 교류를 촉진하여 시민 의식 향상 및 이해 심화를 촉진한다. 이와 관련하여 아세안은 직업교육 및 고등교육을 포함한 교류 프로그램에 자금을 제공할 것이라는 일본의 약속에 감사를 표명했다.

동아시아 협력 심화

14. 우리는 동아시아공동체가 이 지역, 더 나아가 이를 넘는 지역의 평화, 안전, 번영 및 발전의 유지에 기여하는 장기적인 목표라는 점을 확인했다. 이와 관련하여 우리는 앞으로도 아세안을 추진력으로 하여 아세안+3 프로세스 협력을 적극적으로 촉진함과 동시에 동아시아정상회의를 통해 관심과 우려를 공유하는 광범위한 전략적, 정치적, 경제적 제반 문제에 대한 대화를 강화한다. 우리는 앞으로도 동아시아스터디그룹(EASG)의 최종보고서에 기재된 단기적, 중기적 및 장기적 조치, 그리고 아세안+3의 틀 아래에서 기타 활동의 실시를 가속화한다. 우

리는 지난 10년 간의 협력 실적을 검토하기 위해 아세안+3 협력을 재검토함과 동시에 2007년 아세안+3 정상회의에서 발표되게 될 동아시아 협력에 관한 제2의 공동성명을 준비하기 위해 긴밀하게 대응한다.

국제 문제에의 대응

15. 우리는 국제 문제에 관해 의견을 교환하고 환경, 비확산 및 유엔개혁 등 지역적·지구적 규모의 차원에서 보다 효과적인 협력을 해 나가야 한다는 점에 합의했다. 앞선 유엔 정상회의에서의 성과문서에 근거하여 우리는 유엔을 21세기의 현실을 보다 잘 반영한 조직으로 만들기 위해 이번 회기 유엔총회 중에 안전보장이사회를 포함한 유엔 시스템의 포괄적인 개혁을 촉진하기 위해 우리의 힘을 결집한다.

16. 우리는 모든 인류, 특히 개발도상국의 국민들의 요구나 욕구에 대응하기 위해 유엔이 효과적인 지도력을 발휘한다는 점을 강조했다. 우리는 2006년 말 유엔 사무총장의 포스트를 차지하는 것은 아시아 지역의 차례라는 원칙에 대한 지지가 명확해지고 있음을 환영했다. 이와 관련하여 태국의 후보자를 아세안이 강력하게 지지하고 있는 점은 아시아가 이 중요한 지위에 강력하고 충분한 자격을 갖춘 후보자가 존재한다는 점을 확실히 한다는 점에서 한 가지 전향적인 공헌이라는 점에 유의했다.

17. 우리는 이 공동성명에 포함된 조치를 실시하도록 각료와 고위급 실무자에게 지시했다.

자료 6-5 ▍ 함께 번영하는 일본과 아세안의 전략적 파트너십 강화를 위한 공동선언 (발리 선언) (2011년 11월 18일, 발리)[2]

우리, 일본 및 동남아시아국가연합(ASEAN) 회원국 정상들은 제14차 일-아세안 정상회의를 위해 2011년 11월 18일, 인도네시아 발리에 모여,
「새천년기 역동적이고 영속적인 일본과 아세안 간 파트너십을 위한 도쿄선언」에 근거한 우리의 장기간에 걸친 우정과 전략적 파트너십을 통해 지역 및 세계의 평화, 안정, 번영 및 발전을 위해 달성된 진전에 깊은 만족의 뜻을 갖고 유의하고,
아세안이 갈수록 중요한 역할을 맡고 있는 아시아·대양주지역으로의 중점 이동과, 2005년 동아시아정상회의(EAS) 설립, 그리고 러시아와 미국으로의 멤버십 확

---

2 출처: 外務省, "共に繁栄する日本とASEANの戦略的パートナーシップの強化のための共同宣言(バリ宣言), https://www.mofa.go.jp/mofaj/area/asean/j_asean/pdfs/bali_declaration_jp_1111.pdf

대를 포함한 2003년 도쿄선언 이래의 글로벌한 정치경제 환경의 극적인 변화를 인식하며,

도쿄선언 이후의 주된 진전 가운데 하나가 2008년 아세안헌장 발효 및 아세안공동체 청사진 실행 로드맵에 관한 아세안 정상선언의 채택에 의한 보다 통합되고 강인하며 통일된 아세안의 대두임 인식하고,

정치·안보, 경제, 그리고 사회·문화공동체라는 3개의 기둥으로 구성되는 2015년 아세안공동체 구축의 명확한 비전을 제시하며,

거대한 인구, 경제성장 및 아시아·태평양 지역의 일각으로의 아세안의 전략적 중요성에 의해 지역 협력을 추진하고 지역의 아키텍처를 구축함에 있어서 아세안의 역할이 증대되고 있는 점, 그리고 민주적 가치, 법의 지배 및 인간 본위의 접근에 대한 아세안의 강력한 약속이 지역의 안정 요인으로서의 아세안의 중요성을 강화했다는 점을 인식하고,

"마음과 마음의 만남," 상호신뢰와 존중, 그리고 1973년 이후 일본과 아세안 간 파트너십을 이끌어 온 여러 원칙에 근거한 일본과 아세안 사이의 특별한 유대와 지역의 발전과 안정에 공헌해 온 아세안의 발전과 통합을 지원하는 일본의 강력하고 지속적인 공약을 평가하며,

2015년까지 아세안공동체 구축을 실현하겠다는 아세안의 강력한 공약 및 아세안공동체 구축 프로세스에 대한 일본의 흔들림 없는 지원을 다시금 표명하고,

일본과 아세안이 아세안의 통합을 지원하고, 지역의 개발격차를 시정하기 위해 밀접하게 대응하는 것에 대한 공약을 재확인하고 또한 무역, 투자, 관광 및 인적 교류의 강화를 목적으로 일본 정부가 아세안 연결성 마스터플랜의 실시를 지원한다는 점을 재확인하며,

또한, 지역의 연결성 심화와 확대가 동아시아 지역의 중심으로서의 아세안의 지위를 강화하고, 보다 넓은 지역의 파트너와 보다 장기적이고, 보다 광범위한 연결성의 잠재력을 이끌어내는 것을 통해 아세안의 지위가 한층 더 강화될 것이라는 점을 재확인하고,

동아시아의 새로운 기회, 그리고 금융위기, 기후변화, 빈발하는 자연재해, 식량 및 에너지 안보, 인구동태 변화, 감염증 발생, 국경을 넘는 범죄, 그리고 테러리즘과 같은 지구 규모의 과제에 대응하기 위해 일-아세안 밀접한 파트너십과 협력이 요구되고 있는 것을 인식하며,

일본과 아세안의 전략적 파트너십을 강화함에 있어서 경제적 상호의존성 및 공영의 가능성이 증대되고 있는 점, 그리고 인적 교류의 촉진이 필요하다는 점을 재확인하고,

일본과 아세안을 연결하는 해양의 평화와 안정이 지역의 번영에 필수불가결하다는 점을 인식하며,

일본과 아세안이 직면하는, 이미 존재하는 과제 및 새롭게 발생하고 있는 과제에 대응함에 있어서 양측이 협동하여 경험과 지식을 공유한다는 결의를 다시금 표명하고,

동일본대지진에 의해 고통받는 일본 정부 및 국민에 대한 아세안의 공감, 연대 및 지원, 그리고 일본의 조기 복구·부흥에 대응하기 위해 아세안이 제공해 온 지원에 대해서도 다시금 언급하며,

2011년 4월 9일 일-아세안 특별외무장관회의 개최에 대한 일본의 감사의 뜻과 일본이 아세안공동체 구축에 대한 흔들림 없는 공약을 재확인한 점에 유의하고,

일본의 주아세안대사 임명 및 자카르타의 아세안대표부 설립이 일본과 아세안의 대화 파트너십 강화에 한층 더 공헌한다는 점을 인식하며,

국제사회에서 강력하게 통합된 아세안공동체가 지역 내 및 지역을 넘어 평화와 안정을 유지하고 번영을 촉진하기 위한 동아시아의 전략적 기반으로 기능할 것이라는 점을 재확인하고,

일본과 아세안 각국이 회원인 지역에서 각종 포럼의 고유한 특성 및 공헌, 그리고 적절한 범위에서 이들 포럼 간의 개방적, 상호보완적이며 또 효율적인 네트워크를 통해 개별적인 대응에 있어서 시너지 효과를 가져올 수 있다는 점의 유용성에 유의하며,

변화하는 지역 환경 및 그 거대한 잠재력에 의해 일본과 아세안의 전략적 파트너십 강화가 요구되고 있음을 인식하고,

지역의 평화, 안정 및 번영을 더욱 촉진하기 위해, 특히 다음 5가지 전략을 여기서 승인하면서 다음을 채택한다.

전략 1: 지역의 정치 및 안보협력 강화
전략 2: 아세안공동체 구축을 위한 협력 강화
전략 3: 일본과 아세안의 유대를 강화하기 위한 양측의 연결성 강화
전략 4: 재해에 더욱 강인한 사회 구축
전략 5: 지역의 공통 과제 및 지구 규모 과제에의 대응

Ⅰ. 정치 및 안보협력

1. 유엔헌장 및 관련된 국제법의 제반 원칙, 그리고 동남아시아우호협력조약(TAC) 제반 원칙과 정신에 근거하여 협의 및 공동 활동을 추진하며 협력을 강화한다.

2. 지역의 평화와 안정을 유지하고, 지역의 모든 분쟁의 국제법에 따른 평화적 해결을 촉진하며, 지역의 번영과 안정을 위한 공통의 비전 및 제반 원칙을 양성하기 위해 모든 차원에서 정치 및 안보협력을 지속적으로 확대하고 심화시킨다.

3. 동아시아 지역 협력을 한층 더 강화하고 개방되고 투명성이 있는 포용적인 지역 아키텍처 구축에 대한 공약을 재확인하며, 일본은 아세안+3(APT), 동아시아정상회의(EAS), 아세안지역포럼(ARF), 전문가회의를 포함한 확대아세안국방장관회의(ADMM 플러스), 기타 지역 프로세스를 포함한 발전하는 지역의 아키텍처에서 아세안 중심성에 대한 지속적인 지원을 재확인한다.

4. 1982년 유엔해양법협약(UNCLOS) 및 기타 관련된 해양에 관한 국제법을 포함한, 보편적으로 합의된 국제법의 제반 원칙에 따라 항행의 자유, 항행의 안전, 원활한 상업활동 및 분쟁의 평화적 해결 등 지역의 해양 안전보장 및 해상안전에 관한 일본과 아세안의 협력을 촉진하고 심화시킨다.

5. 「남중국해 당사국 행동선언」의 이행을 위한 가이드라인이 채택된 점을 환영하며, 남중국해 및 그 상공의 평화, 안정, 자유의 존중 및 항행의 안전에 대해 더욱 더 기여하기 위해 국제법을 준수하면서 행동강령이 책정될 것을 기대한다.

6. 아세안 회원국의 수출관리능력 강화 및 대량살상무기 관련 기자재의 불법이전 및 불법거래에 대한 대응을 포함하여 대량살상무기 및 그 운반수단의 군축 및 비확산 협력을 촉진한다.

7. 유엔 소형무기 행동 계획에 따라 소형무기의 불법 이전 및 이 무기의 과도한 축적 문제에 대응하기 위해 협력한다.

8. 아세안이 주도하는 기존의 메커니즘을 통해 테러리즘, 인신거래 및 기타 국경을 넘는 범죄 등 비전통 안보 측면의 과제를 예방하고 이에 맞서기 위한 협력을 강화한다.

9. 자카르타의 주아세안 일본상주대표부, 아세안 각국 내 일본 측 외교단 및 일본 내 아세안 각국 외교단을 통해 일본과 아세안 사이의 조정을 강화한다.

10. 인권 및 기본적 권리의 촉진과 보호를 목적으로 인권에 관해 협력함과 동시에 인권에 관한 아세안정부간위원회(AICHR), 아세안 여성과 어린이 권리 보호·촉진위원회(ACWC), 더 나아가 적절하다고 판단될 경우에는 인권을 다루는 아세안 내 관련 부서의 대응을 지원한다.

11. 필요에 따라 발리민주주의포럼, 기타 포럼을 통해 법의 지배 및 민주주의를 촉진하기 위한 대화 및 협력을 강화한다.

12. 양자 간 및 확대아세안국방장관회의 및 아세안지역포럼 등 다자주의 틀을 통해 방위·군사 측면에서 협력 및 교류를 더욱 촉진한다.

Ⅱ. 경제 분야 협력

13. 필요한 자원을 동원하여 일본과 아세안 사이, 그리고 이를 넘는 연결성을 실질적으로 강화하기 위해 전면적으로 협력하며, 원활하고 안전한 일본과 아세안 간의 연결성을 실현하고, 더 나아가 무역, 투자, 인적 교류, 관광을 증대하기 위해 다양한 정책수단을 활용한다.

14. 아세안연결성마스터플랜(MPAC) 및 '동서・남부 경제대동맥 구상' 및 '해양 아세안 경제회랑 구상'에 따른 기간(基幹) 프로젝트의 실시를 통해 아세안의 연결성 향상을 지원함과 동시에 아세안을 넘는 연결성을 모색하는 장래 비전인 '아세안 연결성 플러스'에 대해 검토를 행한다.

15. 지역의 경제성장을 촉진하는 데 필요한 교통망을 포함한 인프라 개발에 대한 협력을 강화한다.

16. 2008년 12월에 발효된 일-아세안 포괄적 경제연계협정(AJCEP)에 대해 계속하여 원활하게 실시할 수 있도록 대응하고, 또한 최대한의 활용을 촉진함과 동시에, 서비스무역 및 투자에 대한 협상을 타결할 수 있도록 노력한다.

17. '아시아・카고・하이웨이 구상'을 실현하기 위한 협력을 진행하면서 아세안 회원국과 일본, 더 나아가 그것을 넘는 보다 나은 인터페이스를 달성하기 위해 내셔널・싱글・윈도우 및 아세안・싱글・윈도우 실현 등 아세안 회원국 전체의 제도적 조화 및 연결성을 강화한다.

18. 지역의 무역을 촉진하기 위해 세관 절차의 간소화 및 가능한 범위에서 조화를 이룰 수 있도록 노력한다.

19. 치앙마이・이니셔티브・다자화(CMIM) 등의 이니셔티브를 통해 향후 일어날지도 모르는 경제・금융위기의 발생의 방지와 그에 대한 지역의 회복력을 강화하기 위해 지역 금융협력을 강화한다.

20. 아세안이 일본 및 세계에게 비즈니스 투자를 수행하는 데 이상적인 지역이 될 수 있도록 정책・규제 환경을 구축하는 것에 더하여 콘텐츠 보급과 혁신적인 산업 진흥으로 이어지는 차세대 정보통신인프라 개발에 관한 중장기적 계획을 책정하고 행동함으로써 아세안스마트네트워크 등 정보통신기술(ICT) 분야의 협력을 강화한다.

21. 아세안공동체 구축을 위한 대응을 지원함에 있어서 인재 육성 협력을 한층 더 강화한다.

22. 아세안통합이니셔티브(IAI) 실현 및 일-메콩 정상회의, 일-BIMP=EAGA (빔프 동아세안 성장 지대) 협력 및 아세안의 기타 관련 프로세스를 통한 개발 격차 시정을 위한 서브지역 개발에 대한 지원을 강화하고 지역통합을 촉진한다.

23. 지역 주민들의 생활 및 식량 안보에 있어서 특히 중요한 수자원의 지속적인 활용을 위해 기후변화 상황을 고려하면서 기존의 이니셔티브를 활용한 구체적인 행동을 발전시키는 협력을 포함하여 수자원 관리에 관한 일본과 아세안의 협력

을 촉진한다.

24. 비즈니스 기회를 확대하고 지역의 공정한 경제발전을 촉진하여 개발격차를 시정하기 위해 아세안 중소기업의 능력 향상을 위한 협력을 한층 더 강화한다.

25. 에너지 효율, 에너지 절약 및 원자력 에너지의 평화적 이용(원자력 안전도 포함)을 촉진하면서 에너지 인프라, 재생 가능한 에너지원 및 신에너지 기술에 관한 협력을 강화함으로써 지역의 에너지 안보를 증진시킨다.

26. '동아시아 저탄소 성장 파트너십 구상'을 활용하면서 그린·테크놀로지의 이전 촉진 및 환경 인프라 투자 증진을 통해 환경보호·보전 협력을 강화한다.

27. 아세안+3 긴급쌀비축제도(APTERR) 협정 및 아세안 식량안보정보시스템(AFSIS)의 틀을 활용하면서 지역 안정 및 식량안보 유지를 위한 협력을 강화한다.

28. 경제계와의 대화를 통해, 또한 2012년 제18차 일-아세안 경제장관회의까지 '일-아세안 10년의 전략적 경제협력 로드맵'을 완성시켜 번영되고 지속 가능한 사회라는 비전을 실현함으로써 아세안의 비즈니스 환경 및 경쟁력을 강화한다.

29. 국내 통화에 의해 국내 시장을 개척할 가능성을 포함한 일련의 이니셔티브를 통해 일본과 아세안의 협력을 촉진함으로써 무역 및 대외직접투자를 위한 보다 큰 기회를 창출하고 아세안 회원국의 생산능력을 향상시키고 지역 내 무역을 확대한다.

III. 사회·문화면에서의 협력

30. 아세안 방재 긴급대응 협정(AADMER)의 실시, 특히 아세안 방재 인도적 지원 조정센터(AHA 센터)의 강화를 통해 경험과 교훈을 공유하면서 훈련과 능력 개발을 실시하며, 게다가 특히 '아세안 방재 네트워크 구축 구상'에 관한 일본의 이니셔티브를 통해 포괄적인 정보공유 시스템을 구축하고 긴급 대응, 인도적 지원 및 재해 구호 분야에서 지역 협력을 강화한다.

31. 일본의 조기 복구·부흥을 위한 협력을 강화한다.

32. 교육연구기관, 대학, 직업훈련기관, 기업 관계자 및 청소년 교류 등 일본과 아세안 간의 인적 네트워크의 발전을 포함한 사회·문화적 친화성에 대한 협력을 더욱 심화시키고 확대한다. 이와 관련하여 동일본대지진의 피해를 입은 일본의 부흥에 대한 국제적인 이해 증진을 목적으로 한 새로운 청년 교류 프로그램의 실시를 검토한다는 일본 측의 의도를 환영한다.

33. 일-아세안 환경 협력의 틀에서 일본과 모든 아세안 회원국이 합의한 이니셔티브 및 프로그램의 진전과 실시를 통해 "공통으로 가지지만 차이가 있는 책임"의 원칙 및 각국의 능력에 근거한 기후변화, 생물 다양성 상실, 지속 가능한 수자원 관리, 지속 가능한 개발 및 환경보호 등 지구 규모와 같은 지구 규모의 과제에 대처하기 위해 공동 대응을 추진한다.

34. 클린·테크놀로지 및 그린·테크놀로지를 포함한 기술이전 확대를 목적으로 공동연구개발 활동을 촉진한다.

35. 미래 세대의 이익을 위해 문화적 가치와 규범 보전을 포함하여 유형 및 무형의 문화유산을 보존하기 위한 협력을 강화하는 것의 중요성을 강조한다.

36. 일본과 아세안의 전략적 파트너십 보급·계발과 이해 증진을 도모하기 위해 정보통신기술을 활용하면서 홍보 기관, 미디어 등과의 협력을 촉진한다.

37. 국경을 넘는 역병의 확대를 막는 것에 더하여 유행하는 역병의 위협이 나타나지 않도록 대응하기 위해 역내의 건강한 생활양식을 추진하고 일-아세안, 아세안+3, EAS 등과 같은 관련 된 틀에서의 협력을 계속하기 위해 보건시스템을 충실화하기 위한 공동 대응을 강화한다.

38. 포괄적인 복지사회 촉진 및 고령자나 장애인과 같은 사회적 약자에 대한 사회적 안전망을 충실화하기 위한 협력을 강화한다.

Ⅳ. 지역·국제 정세 협력

39. 아래의 분야에서 일본과 아세안의 정책 대화와 협력을 계속 강화한다.
    - 유엔 개혁 프로세스
    - 군축·비확산
    - 원자력의 평화 이용 및 원자력 안전
    - 유엔 평화유지활동
    - 한반도
    - 밀레니엄 개발목표(MDGs)
    - 기후변화
    - 생물 다양성
    - 식량 안보 및 에너지 안보
    - 지속적인 수자원 관리
    - 국제 보건
    - 동아시아 지역 경제통합
    - WTO 도하 개발 아젠다

- G20 및 국제금융기관을 포함한 국제경제금융프레임워크

40. 일본과 아세안의 협력 목표와 목적을 달성하기 위해 아세안+3 정상회의, 동아시아정상회의, 확대아세안국방장관회의(ADMM-Plus) 및 아세안지역포럼(ARF)이 아세안공동체의 3개의 기둥을 커버하는 각 분야의 협력을 추진하기 위한 중요한 과정임을 인식한다.

41. 아시아협력대화(ACD), 아시아·태평양경제협력(APEC), 아시아·유럽회의(ASEM), 동아시아·라틴아메리카협력(FEALAC) 및 기타 관련된 서브지역협력 등의 틀 아래에서 한층 더 협력을 추진한다.

42. 일본과 아세안의 협력 목표와 목적을 달성하고 지역 및 다자주의적 포럼의 협력을 보완하여 시너지 효과를 창출할 수 있도록 아세안공동체의 3개의 기둥을 커버하는 각 분야의 협력을 심화시키고 확대한다.

V. 이 선언의 이행을 위한 제도적·자금적 조치

43. 일본과 아세안은 부속 행동 계획에 따라 이 선언의 목적을 실현하기 위해 구체적인 활동과 기간(基幹) 프로젝트를 실시한다.

44. 일본과 아세안은 이 선언 및 행동 계획의 효과적인 조정 및 실시를 위한 일·아세안통합기금(JAIF)의 시의적절하고 효과적인 활용을 확보하기 위해 긴밀하게 대응한다. 아세안은 일본과 아세안의 협력을 촉진하는 중요한 수단으로 기능해 온 JAIF에 대한 일본의 지속적인 거출을 평가한다.

자료 6-6 ▎ 아베 총리 연설: "개방된 바다의 축복: 일본외교의 새로운 5원칙"
(2013년 1월 18일)[3]

I. 국익의 만고불이(万古不易)

열석해주신 여러분, 특히 인도네시아를 대표하는 싱크탱크인 CSIS 여러분, 오늘은 이렇게 훌륭한 기회를 주셔서 감사합니다. 올해로 일본과 아세안의 관계는 40주년을 맞이합니다. 이러한 분기점에서 본인은 일본 외교의 지난날들을 되돌아봄과 동시에 앞날에 대해 어떤 결의를 말씀드리고자 이 자리에 왔습니다.

일본의 국익이란 만고불이(万古不易)·미래영겁(未来永劫) 아시아의 바다를 철저

---

[3] 이 연설은 18일 자카르타에서 행할 예정이었으나 아베 총리가 알제리 일본인 납치 사건으로 직접 지휘하기 위해 예정을 앞당겨 귀국함으로써 직접 행해지지는 않았다.

하게 오픈된 것으로 하며 자유롭고 평화롭게 하는 데 있습니다. 법의 지배가 관철되는 세계·인류의 공공재로서 계속 유지해 나가는 데 있습니다. 우리 일본은 바로 이 목적을 달성하기 위해 20세기 후반부터 오늘에 이르기까지 일관되게 두 가지에 힘을 쏟아왔습니다. 그것은 바다에 둘러싸여, 바다에 의해 삶을 영위하고, 바다의 안전을 자신의 안전이라고 생각하는, 일본이라는 나라의 지리적 필연을 말합니다. 시대가 바뀌어도 변하지 않는 것입니다.

두 가지 가운데 하나는 미국과의 동맹입니다. 세계 최대의 해양 세력이며 경제 대국인 미국과 아시아 최대의 해양 민주주의이며 자유자본주의 국가로서 미국에 뒤이은 경제를 가진 일본이 파트너를 이루는 것이 당연한 이치입니다. 지금 미국 자신이 인도양에서 태평양으로 가는 두 개의 바다가 만나는 지점, 바로 우리가 지금 서 있는 이 장소로 무게의 중심을 옮기고 있는 시점에 미일동맹은 과거보다 더 중요한 의의를 갖고 있습니다.

본인은 2개의 대양을 온화한 결합으로서 세상의 모든 사람에게 행운을 가져오는 공간으로 만들기 위해 지금이야말로 미일동맹에 한층 더 힘과 역할을 부여해야 하며, 이를 위해 우리나라는 지금까지보다 더한 노력과 새로운 궁리, 창의를 기울이지 않으면 안 된다고 생각합니다. 앞으로는 미일동맹에 대해 안전과 번영을 함께 담보하는 두 개의 바다에 걸친 확장된 네트워크라는 의미를 부여해야 할 것입니다. 미국이 가진 동맹·파트너 국가들과 일본과의 결합은, 우리나라에게 전례 없는 소중함을 갖게 되는 것입니다.

바다에 안전과 번영을 의지하는 우리나라의 외교를 관철해온 또 하나의 모티브는 해양 아시아와의 연결을 강화하는 것이었습니다. 이를 위해 본인 자신이 한때 인도와, 또는 호주와 일본의 연결을 넓고 깊게 만들려고 노력했습니다. 또한, 출범 이래 8년을 맞이하는 동아시아정상회의(EAS)가 뜻을 같이하고 이익을 공유하는 국가 간 협의체로서 2개의 대양을 연결하여 성장하고 있는 것만큼 본인에게 더한 기쁨은 없습니다.

하지만, 무엇보다도 아세안과의 관계야말로 이러한 의미에서 우리나라의 외교에서 가장 중요한 기축이었던 것입니다. 그렇게 생각하면, 정치와 통상·투자의 관계에 있어서 평화의 구축에서부터 역내 연결성의 향상에 이르기까지 이 지역에서 우리 선배들이 한 번이라도 노력을 게을리하지 않았습니다. 수많은 일본인이 이를 위해 일했으며 자본이나 기술, 경험이 일본에서 이곳으로 향했던 것입니다. 우리가 세계에 내세우고 소중히 생각해 온 '인간 안보'라는 생각에 있어서 중요한 실천의 공간이 된 것도 역시 이곳이었습니다.

2015년, 여러분들의 아세안은 명실공히 공동체로서 하나의 탈피를 이루게 됩니다. 진심으로 축하의 말씀을 드립니다. 인도네시아가 그 가장 두드러진 사례입니다 다만 법의 지배와 인권을 중시하고 민주주의를 뿌리내리는 움직임은 아세안 국가들을 관통하는 기조가 되었습니다. 이제 미얀마도 여러분을 따라오기 시작했습니다. 이에 대해 저는 놀랍고 기쁜 마음으로 바라보았습니다. 만인이 보면 인도네시아에는 지금 세계 유수의 폭과 깊이를 가진 중간층이 태어나기 시작했습니다. 아세안은 역내 연결을 강화하면서 서로의 간격을 메우면서 각각의 국가에 풍요로운 중산계급을 키워나갈 것에 틀림이 없습니다.

그러할 때 세계는 어떤 훌륭한 달성을, 즉 번영과 체제의 진화 두 가지로 이룬, 아름다운 달성을 보게 될 것입니다. 그리고 본인은 아세안이 그러한 의미에서 인류사의 모범이 될 것이라고 믿기 때문에 일본외교의 지평을 어떻게 확대해 나갈지 새로운 결의를 이곳에서 말하고 싶었습니다.

II. 미래를 만드는 5원칙이란?

이것은 다음 다섯 가지를 원칙으로 합니다. 첫째, 두 개의 바다가 이어지는 이곳에서 사상, 표현, 언론의 자유―인류가 획득한 보편적 가치는 충분히 번성해야 합니다.

둘째, 우리에게 가장 중요한 커먼즈인 바다는 힘이 아닌 법과 규칙을 지배하는 곳이어야 합니다. 본인은 지금 이를 추진하는 데 있어서 아시아와 태평양에 중점을 이동시키고 있는 미국을 크게 환영하고자 합니다.

셋째, 일본외교는 자유롭고 개방된, 서로 연결된 경제를 추구해야 합니다. 교역과 투자, 사람이나 물건의 흐름에 있어서 우리들의 경제는 더욱더 연결됨으로써 네트워크의 힘을 획득해 나갈 필요가 있습니다. 메콩의 남부경제회랑 건설 등 아시아의 연결성을 높이고자 일본이 계속해 온 노력과 공헌은 지금 그 성과를 거둘 시기를 맞이하고 있습니다.

진정으로 바다의 아시아라는 것은 유사 이래 문물이 교차하는 곳이었습니다. 여러분들의 인도네시아가 그 좋은 사례인 것처럼 종교나 문화 사이에 대립이 아닌 공존을 가져온 것이 해양 아시아의, 자연스럽게도 개방된 성질입니다. 이는 많은 일본인을 매료시키고 있습니다. 그러므로 우리나라에는 예를 들어 인류의 보물, 앙코르와트 복구를 위해 애써 일하는 전문가들이 있습니다.

그러므로 넷째, 본인은 일본과 여러분들 사이에 문화적 연결이 한층 더 충실해지도록 노력하겠습니다.

그리고 다섯째는 미래를 떠맡는 세대의 교류를 촉진하는 것입니다. 이에 대해서는 나중에 다시 말씀드리겠습니다.

지금부터 36년 전 당시의 후쿠다 다케오 총리는 아세안 측에 세 가지 약속을 했습니다. 일본은 군사 대국이 되지 않는다. 아세안과 '마음과 마음이 만나는' 관계를 만든다. 그리고 일본과 아세안은 대등한 파트너가 된다는 세 가지 원칙입니다. 여기에 계신 여러분은 본인의 나라가 이 '후쿠다 독트린'을 충실히 신봉하면서 오늘날까지 온 점을 누구보다도 잘 알고 계십니다.

이제 일본과 아세안은 말 그대로 대등한 파트너로서 서로 손을 잡고 세계를 향해 함께 선을 행할 때가 되었습니다. 큰 바다에서 전 세계와 이어지는 일본과 아세안은 우리들의 세계가 자유롭고 개방된, 힘이 아닌, 법이 통치하는 곳이 되도록 함께 노력해야 한다고 믿습니다. 사람과 사람이 서로 자유롭게 교제함으로써 서로를 존중하는 문화가 뿌리내릴 수 있도록 노력해야 한다고 믿습니다.

III. 일본을 강하게 만든다

여러분, 일본에는 세계에 짊어져야 할 숭고한 책임이 있으며, 이뤄야 할 수많은 과제가 있습니다. 하지만 우리 경제가 약해지는 상황에서는 어떠한 의욕도 실현할 수가 없습니다. 저에게 가장 중요한 과제는 일본 경제를 다시 한번 강력한 성장의 궤도에 올려놓는 것입니다. 한창 성장하고 있는 아세안과 연결하여, 바다라는 바다를 향해, 자신을 더욱 개방하는 것은 일본에게 선택의 대상이 되지 않습니다. 필요로 하며, 불가결한 일이기 때문입니다.

일본에게는 자본이 있습니다. 기술이 있으며, 사회의 고령화라는 점에서 역사의 첨단을 걷는 국가로서의 독특한 경험도 많아지고 있습니다. 불황이 계속되고, 지난해는 천년에 한 번 있을까 말까 하는 재해를 당해 수많은 희생이 있었음에도 불구하고 사회의 안정은 아직 꿈쩍도 하지 않았습니다. 지금까지 육성하기를 게을리하지 않은 인적자원도 있습니다. 일본 여성들 얘기입니다만, 본인은 이들의 잠재력을 일거에 개방하여 일본을 활력이 충만한 미래를 믿는 사람들이 사는 나라로 만들고 싶습니다.

지금 일본인에게 필요한 것이 한 가지 있다고 한다면 그것은 '자신감'입니다. 여름에 피고 태양을 쫓는 해바라기와 같은 '해를 쫓는 성격'입니다. 한때 일본에 넘칠 정도로 많았던 것이 지금 결핍된 상태입니다. 그렇다고 해서 본인은 무엇 하나 비관하려는 것은 아닙니다. 우리들 일본인이 '자신감 결핍증'에 걸려 있다고 한다면 그것을 고쳐주는 사람이 있으며 노래가 있기 때문입니다. 여기서부터 본인의 이야기는 여러분에 대한 감사 얘기로 초점을 바꾸겠습니다.

IV. 인도네시아에게 Terima kasih

이미 여러분, 인도네시아 사람들은 일본인에게 많은 자신감과 용기를 주었습니다. 그런 분들 중 한 분이 이 자리에 계시지 않은 것을 너무나도 유감스럽게 생각합니다. 인도네시아와 일본이 체결한 EPA는 많은 간호사를 일본에 보냈습니다. 일본의 자격을 따려는 사람도 적지 않습니다. 이를 위해서는 어려운 시험을 통과해야 합니다. 2011년 자격시험은 지진이 발생한 직후에 결과 발표일을 맞이했습니다. 난관을 돌파한 한 사람이 효고현 병원에서 일하는 인도네시아인 여성 스와르티 씨였습니다. 합격 발표를 받아들고 병원에서 스와르티 씨가 기자회견을 했을 때입니다. 기쁨의 얼굴이 갑자기 어두워지면서 그녀는 이렇게 말하기 시작했습니다.

"후쿠시마현에서, 미야기현에서도, 쓰나미가 발생했습니다."

목이 막혀 말이 잘 나오지 않던 스와르티 씨는 병원 의사를 돌아보면서 눈물을 흘리면 떨리는 목소리로 말했습니다.

"가능하면 저도 데려가 주세요, 선생님. 모두에게 도움이 되고 싶습니다. 부탁합니다."
　스와르티 씨는 피해지역 피난소에 갔습니다. 가옥 절반이 쓸려나가 500명 이상이 목숨을 잃은 마을의 대피소였습니다. 거기에서 그녀는 신기한 능력을 발휘했습니다. 충격 때문에 울기만 하던 한 소녀가 스와르티 씨와 이야기를 나누기 시작하자 얼굴에 미소가 나타나기 시작했습니다. 나이든 여성이 마치 손자와 만나는 것처럼 그녀에게 미소를 보여주었습니다. 불편한 대피소에서 그런 광경이 벌어졌습니다.
　"괜찮아요. 앞으로 여러분, 밝은 미래가 기다리고 있으니 함께 힘을 냅시다."
　대피소를 떠날 때, 그것은 스와르티 씨의 인사였습니다.

> Wahai sakura,
> mekarlah,
> mekarlah dengan penuh bangga,
> di seluruh pelosok Jepang.
> Mari Jepang,
> bangkitlah,
> bangkitlah, dengan percaya diri,
> di dunia ini.

　본인의 서툰 인도네시아어는 널리 헤아려주십시오. 이 노래는 가사가 원래 일본어입니다. "벚꽃이여"라는 노래의 한 구절입니다. "벚꽃, 피는 자랑, 일본 한가운데에서 피는 자랑," "일본이여, 피는 자랑, 세계의 한가운데에서 피는 자랑"이라고 노래해 줍니다.
　자카르타에 대학생들이 일본어로 뮤지컬을 하는 '엔쥬쿠'이라는 극단이 있습니다. 2011년 3월 11일의 비극을 듣고 마음이 아팠던 엔쥬쿠 학생들은 일본이여 힘을 내라, 벚꽃처럼, 세계에서 피어나는 자랑이라고 하는 노래를 아름다운 곡에 실어 주었습니다. 그리고 5월 1일, 30개가 넘는 대학에서 500명의 학생이 모여 훌륭한 합창을 해주었습니다. 본인은 그들의 합창을 보고 목소리를 들었습니다. 그리고 깊은 감명을 받았습니다.
　지금부터 1분 20초 정도만 보여드리겠습니다. 부디 함께 봐 주십시오. 이 자리에 계신 여러분, 이 노래를 작곡한 청년이 있습니다. JCC, 자카르타・커뮤니케이션・클럽에서 홍보를 담당하고 있는 파드리 군입니다. 그리고, JCC를 창립해 엔쥬쿠를 지도해오신 선생님, 가이키리 스가코(甲斐切清子) 씨입니다. 파드리 군, 고맙습니다. 친절한 인도네시아 여러분. 여러분과 일본인은 여러분을 좋아한다는 일본의 노래, 이쓰와 마유미(五輪真弓)의 노래가 말하는 "마음의 친구"입니다. 이것을 스와르티 씨와 파드리 군들이 다시 가르쳐주었습니다. Terima kasih.

V. Jenesys 2.0 시작되다

본인은 파드리 군을 비롯한 청년들, 20년, 30년 뒤 인도네시아를 떠맡을 세대들, 아세안의 미래를 이끌어갈 젊은이들이 일본을 방문해 주길 바랍니다. 엔쥬쿠의 훌륭한 학생들도 일본의 여러 곳에 보러 와주기 바랍니다. 그런 생각에 이번에는 아세안이나 아시아의 젊은이들을 초대하는 프로그램을 확충하고 강화하기로 했습니다.

바로 6년 전입니다. 본인은 일본 총리로서 EAS 참가국을 중심으로 널리 아시아 · 태평양 각국에의 고교생이나 대학생, 젊은이를 일본에 초청하는 사업을 시작했습니다. 제네시스라는 이름으로 당시의 환율로 약 3억 달러 상당의 예산을 들여 시작한 프로그램으로 지금까지 아세안 각국에서 1만 4,000명을 넘는 젊은이들을 일본에 초청해 왔습니다. 이것을 다시 한번 "제네시스 2.0"으로 명명하여 열의와 감사의 마음을 담아 시작하기로 했습니다. 제네시스 2.0은 3만 명의 젊은이들을 아세안을 포함한 아시아 국가에서 일본에 초대합니다. 어떤가요 파드리 군, 그리고 가이키리 선생님께서도 잘 홍보해 주시겠습니까?

VI. 아시아의 바다여 평안하기를

40년 전 일본이 아세안과 파트너가 되었을 때 인도네시아의 경제가 이처럼 성장할 것이라고 상상했던 사람들이 과연 있었을까요? 명목 GDP의 변화를 비교해 보면, 지난 40년 동안 인도네시아 경제는 10층 건물 정도의 어느 곳이나 있는 빌딩 정도의 높이였던 것이 스메르산 높이까지 성장한 것을 알 수 있습니다. 옛날, 인도에서 태어난 불교를 소중히 해 온 일본인들은 스메르산을 수미산(須弥山)이라고 칭했는데 이는 세계의 중심에 우뚝 솟은 산을 의미했습니다.

인도네시아가 지난 40년 동안 이룬 성취를 이렇게 비유하는 것은 따라서 우리에게 이중적인 의미에서 감개무량한 일이 아닐 수 없습니다. 본인은 또한 아체에 쓰나미가 덮친 이래로 여러분이 거둔 성취를 인류사가 특필해야 할 챕터라고 생각합니다. 그것은 부흥과 화해, 그리고 나라 전체의 온화한 민주화를 함께 달성한 위대한 발자취였습니다.

저는 그런 여러분이 우리의 이웃인 인도네시아란 점을 자랑스럽게 생각합니다. 앞서 본인은 바다에 둘러싸여 바다에서 삶을 영위하고 바다의 안전을 우리 안전으로 하는 나라가 일본이고 인도네시아이며 아세안의 국가들이라고 말씀드렸습니다. 그것은 또한 아시아 · 태평양에서 인도양으로 넓어지는 일대에 사는 우리 모두에게 공통된 조건입니다.

그러한 우리가 한층 더 안녕과 번영을 구가할 수 있도록 본인은 오늘 일본외교가 따라야 할 5가지 원칙을 말씀드렸습니다. 우리에게 소중한 가치의 신봉. 커먼즈, 그중에서도 바다를 힘이 지배하는 공간으로 만들지 않는 것. 경제 네트워크의 추구. 그리고 문화교류와 미래 세대 육성, 교류를 추구하는 것입니다.

아시아의 바다여, 평안하라 라고 기원합니다. 이를 위해 경제가 강력하고, 의사(意思)가 강고하며, 국가의 성격에서 어디까지나 열린 일본을 만들기 위해 본인은 신명을 다하고자 합니다. 인도네시아 여러분에게 본인의 결의를 말할 수가 있어서 정말 보람이 있었다고 생각합니다. 경청해 주서서 감사합니다.

자료 6-7 ▎일-아세안 특별정상회의 공동성명: 손을 맞잡고 지역과 세계의 과제에 도전한다 (2013년 12월 14일, 도쿄)

1. 우리, 일본 및 동남아시아국가연합(ASEAN) 회원국 정상들은 2013년 12월 14일에 도쿄에서 일-아세안 관계 40주년을 기념하는 일-아세안 특별정상회의를 개최했다. 이 정상회의에는 아베 신조 일본 총리와 아세안 회원국 정상들이 참석했다.

2. 우리는 일본과 아세안이 지역 및 지구 규모의 과제에 대한 대응에서 수행할 수 있는 중요한 역할을 인식하고 공통의 관심 사항에 대해 의견을 교환했다.

지역의 과제

3. 지역 아키텍처: 우리는 아시아·태평양 지역의 평화, 안정 및 번영을 위한 지역 협력체제를 더욱 강화할 필요성을 인식하고 일본도 중요한 일원인 아세안+3(APT), 동아시아정상회의(EAS), 아세안지역포럼(ARF), 확대아세안국방장관회의(ADMM 플러스)를 포함한 다양한 아세안 주도의 프로세스를 통해 진화하는 지역의 아키텍처에 있어서 아세안 중심성이 중요하다는 점을 강조했다. 우리는 동아시아의 평화, 안정, 경제적 번영 및 일체성을 더욱 촉진하기 위해 정치, 안보, 경제 및 개발 문제를 포함하여 지역에 전략적으로 중요한 문제에 대한 대화와 협력을 행하기 위한 정상 주도의 포럼으로서 EAS가 수행하는 역할을 강조했다.

4. 해양 안보 및 협력: 우리는 이 지역의 평화, 안정 및 번영을 유지하고 해양 안보 및 해상안전, 항행의 자유, 방해받지 않는 통상 활동, 자제 및 1982년 유엔해양법협약(UNCLOS)을 포함한 국제법의 보편적인 원칙에 따른 분쟁의 평화적 수단에 의한 해결을 추진하는 것의 중요성을 강조했다. 우리는 ARF 및 아세안해양포럼확대회의 등을 통한 정보 공유 및 능력 구축을 포함한 해양 안보 및 해상안전에 관한 협력을 강화할 것을 결의했다. 아세안 정상들은 또한 해양 문제에 관한 아세안 회원국과의 대화 촉진을 위한 노력에 대한 일본의 이니셔티브 및 적극적인 참여를 평가했다. 일본은 남중국해행동규범에 관한 아세안과 중국의 공식적인 협의를 환영했다.

5. 자유롭고 안전한 해양 항행 및 비행: 우리는 일본과 아세안의 연결성 강화가 가져오는 이익을 인식하고 하늘과 바다에서의 연결에 관한 협력을 강화하기로 합의했다. 우리는 또한 1982년 UNCLOS를 포함한 국제법의 보편적인 원칙과 국제민간항공기관(ICAO)에 의한 관련 기준 및 권장 관행에 따라 상공 비행의 자

유 및 민간항공의 안전을 확보하기 위한 협력을 강화하기로 합의했다.

6. 한반도: 우리는 한반도의 평화, 안전 및 안정을 유지할 필요성을 강조하고 6자회의를 재개할 수 있는 상황을 조성하는 것을 포함하여 평화적 대화를 통한 한반도 비핵화를 요구했다. 우리는 이 목적을 위하여 관련 유엔안보리 결의를 완전히 이행하겠다는 약속을 재확인했다. 우리는 북한에 대하여 관련된 모든 유엔안보리 결의 아래의 의무, 그리고 2005년 9월 19일 6자회의 공동성명 아래의 공약을 완전히 이행하도록 촉구했다. 또한, 우리는 납치문제를 포함한 국제사회가 갖는 인도적 우려에 대응하는 것의 중요성을 강조했다.

지구 규모 과제

7. 세계경제: 우리는 강인하고 지속가능하며 포괄적이고 균형이 잡힌 세계경제의 성장에 계속하여 기여한다는 결의를 새롭게 했다. 우리는 일본 경제의 부흥이 지역 및 세계경제에 큰 이익을 가져올 것이라는 점에 큰 기대를 보였다. 아베 총리는 아세안의 경제통합을 위한 노력을 높이 평가했다. 우리는 경제성장을 달성하고 재정문제에 대응하며 보호주의를 배제하기 위한 노력의 중요성을 특히 강조했다. 이러한 관점에서 우리는 일·아세안 포괄적경제연계협정(AJCEP)의 투자 및 서비스 부문 협상이 실질적인 합의에 도달한 점을 환영함과 동시에 일본과 아세안 국민들의 복리와 생활을 향상시킬 수 있도록 역내포괄적경제동반자협정(RCEP) 등과 같은 지역 경제 연계를 계속적으로 강화한다. 경제개발, 고용창출 및 지속 가능한 개발의 원천이 되는 국제무역확대를 지키는 데 있어서 강인한 다각적 무역체제(MTS)의 중요성을 인식하고 발리에서의 제9차 WTO각료회의의 성과를 환영함과 동시에 WTO 회원국이 MTS를 강화하기 위해 계속 노력할 것을 요청한다.

8. 여성이 빛나는 사회: 우리는 개발의 원동력으로서의 여성의 역할을 촉진하고 개발에서 얻을 수 있는 이익에서 여성이 차지하는 비중을 향상시키는 남녀평등 및 여성의 임파워먼트(능력 강화)를 촉진하는 것의 중요성을 인식했다. 최종적으로는 남녀불평등 철폐 노력은 엄청난 사회적 개선을 가져오고 모두에게 공정하고 포용적인 성장으로 이어진다. 그러므로 우리는 2013년 9월 유엔총회에서 아베 총리가 표명한 '여성이 빛나는 사회'를 만들겠다는 일본의 이니셔티브를 환영했다.

9. 사회적 과제: 우리는 인구동태에 관한 과제, 그리고 이의 사회복지 및 고용에 대한 영향, 도시화가 일으키는 여러 문제 등 공통 과제로 나타나고 있는 사회적 과제에 대해 경험과 교훈을 공유하고 협력을 강화해 나가기로 결의했다.

10. MDGs, 포스트 2015년 개발 아젠다: 우리는 밀레니엄개발목표(MDGs)의 진척 가속, 그리고 포스트 2015년 개발 아젠다 책정의 중요성을 강조했다. 이에 대해

우리는 새로운 글로벌 파트너십 틀에서 지속 가능한 개발의 맥락에서 극도의 빈곤을 박멸하고 방재와 유니버설·헬스·커버리지(UHC)와 같은 과제를 촉진한다는 비전을 환영했다. 이러한 관점에서 우리는 포스트 2015년 아세안공동체 비전을 책정한다는 아세안의 결정을 지지했다.

11. 기후변화: 우리는 기후변화가 지역 및 국제사회의 공통된 과제임을 강조했다. 우리는 유엔기후변화협약(UNFCCC) 하에서 공정하고 실효적인 틀에 합의한다는 목표를 다시금 확인했다. 우리는 인적 교류, 지식 공유, 지역의 저탄소 성장을 달성하기 위한 중요한 도구인 친환경 기술의 이전을 포함한 기후변화 분야에서 협력을 강화하는 것의 중요성을 인식하고 이러한 관점에서 일본이 진행하는 공동감축메커니즘(JCM)에 유의했다.

12. 인도적 지원 및 재해 구호: 우리는 이 지역이 보다 강인하고 재해에 의한 영향의 경감에 있어서 보다 자립하기 위해 이 지역의 능력을 향상시킬 필요가 있다는 점을 인식하고 재해관리에 관한 협력을 촉진하는 것의 중요성과 긴급성을 재확인했다. 또한, 우리는 올해 6월 17일부터 20일까지 브루나이에서 열린 확대아세안국방장관회의 인도지원·재해구호·군사의료합동연습(ADMM플러스 HADR/MMEX)이 ADMM플러스를 구성하는 국가의 방위부대 간 협력으로서 획기적인 사건이었다는 점에서 이러한 활동을 환영했다. 이와 관련하여 아세안은 이 협력 분야에서 일본의 관심을 환영하며, 이 문제 및 기타 비전통 안보 과제에 대해 논의하기 위해 방위담당 장관을 포함한 일본과 아세안의 비공식 회의를 주최하자는 일본 측의 제안에 유의했다.

13. 지속 가능한 수자원 및 천연자원 이용·관리와 환경보호: 우리는 지속 가능한 개발, 다시 말하면 희소한 수자원 및 천연자원의 지속 가능한 이용·관리와 환경보호 사이의 매우 중요한 관계성의 중요성을 강조했다. 이와 관련하여 우리는 일본과 아세안 쌍방의 이익에 봉사하고 국제사회에 대한 공통의 책임을 보여주기 위해 이러한 문제에 대처한다는 점, 그리고 MDGs의 실현과 지역의 지구온난화와의 싸움을 포함한 아세안사회·문화공동체 청사진의 목적을 달성하기 위해 아세안 지역의 지속 가능한 개발을 확보하는 것에 대해 긴밀하게 협력할 필요성을 강조했다.

14. 국경을 넘는 위협: 우리는 테러와 인신 매매 및 마약 거래를 포함한 국제조직범죄와 같은 국경을 넘는 위협에 대한 대응과 관련하여 연계의 중요성을 강조했다. 우리는 이러한 국경을 넘는 위협에 대항하기 위한 능력 향상에 대해 지역 협력을 강화하기로 결의했다.

15. 중동 정세: 우리는 일본과 아세안이 중동의 평화와 안정을 향한 전향적인 공헌을 계속할 것임을 재확인했다. 우리는 시리아분쟁이 계속되는 점에 대해 우려를

표명하고 폭력의 즉각적인 정지, 포괄적인 정치 대화 시작, 인도적 지원의 신속한 제공을 요청했다. 또한, 중동 평화와 관련하여 우리는 양자 간에 현재 계속되고 있는 협상을 지지함과 동시에 팔레스타인 지원에 관한 동아시아협력촉진회의(CEAPAD)의 팔레스타인 국가건설 노력에 대한 관계국의 지원 노력을 평가했다.

16. 유엔 개혁: 우리는 유엔안보리 개혁을 포함한 유엔 개혁이 시급하다는 점을 다시금 확인했다. 우리는 이 개혁을 실현하기 위해 다른 유엔 회원국 및 관련 유엔 기구와 긴밀하게 연계해 나갈 결의를 재차 확인했다.

17. 일본의 적극적 평화주의: 우리는 이 지역의 평화, 안정 및 번영을 유지하기 위한 서약을 재확인했습니다. 이와 관련하여 아베 신조 총리는 일본의 오랜 원칙인 국제협조주의에 근거한 '적극적 평화주의'의 입장에서 지역과 국제사회의 평화와 안정에 그 어느 때보다 적극적으로 공헌해 가기 위한 안보 정책에 대해 자세히 설명했다. 아세안 국가의 정상들은 지역의 평화, 안정 및 발전에 건설적으로 공헌해 나갈 것이라는 일본의 대응에 기대를 표명했다.

자료 6-8 ▎ 일본-아세안 우호 · 협력에 관한 비전성명: 함께,
그리고 함께 삶을 영위하고 함께 나아간다 (2013년 12월 14일, 도쿄)

우리 일본과 동남아시아국가연합(ASEAN) 회원국 정상들은 「함께 번영하는 일본과 아세안의 전략적 파트너십 강화를 위한 공동선언(발리선언)」의 중요성을 인식하고 2013년 1월 18일에 일본 총리가 발표한 일본의 대 아세안 외교 5원칙에 유의하며 아세안헌장 및 동남아시아우호협력조약(TAC)에 규정된 원칙, 공통의 가치 및 규범을 약속하면서 이하 4개의 파트너십 분야에서 일본과 아세안이 협력을 강화한다는 점을 여기서 재차 확인한다.

평화와 안정을 위한 파트너
우리는 다음을 통해 지역 및 세계의 이익인 평화, 안전 및 안정을 유지하기 위한 추가적인 약속을 확인한다.
- 국제법의 보편적인 원칙의 존중 및 온건 원칙의 옹호 등을 통해 평화애호국가로서의 입장을 유지하고 평화 지향적 가치를 강화한다.
- 대화와 협의 및 힘에 의한 위협 또는 힘의 행사의 포기 등을 통해 국제법의 보편적인 원칙에 따라 평화적인 수단으로 분쟁을 해결한다.
- 법의 지배, 굿 거버넌스, 민주주의 및 인권을 촉진하기 위해 대화와 협력을 강화한다.
- 재해관리, 유엔PKO, 군축 · 비확산, 테러대책, 국경을 넘는 범죄 및 해양안보 등에 대한 협력을 강화한다.

번영을 위한 파트너
　우리는 다음을 통해 포괄적인 경제연계를 더욱 강화할 것을 약속한다.
　　- 일-아세안 포괄적경제연계협정의 활용 및 「일-아세안 10년의 전략적 경제협력 로드맵」의 실시를 촉진하는 것을 포함하여 물품 무역, 서비스 무역 및 투자에 관한 쌍방의 관심 분야에서의 협력을 강화한다.
　　- 아세안의 연결성 및 보다 광역의 연결성 강화를 위한 대응 및 비즈니스 부문에 의해 강화된 연결성의 활용을 지지하고, 지속 가능한 경제개발 및 지식에 기초한 혁신에 의해 견인되는 산업을 더욱 촉진하고, 또한 지역의 개발격차 시정을 위한 협력을 계속한다.
　　- 이 지역의 하늘과 바다의 연결에 관한 일본과 아세안 사이의 협력을 강화하고, 1982년 유엔해양법협약(UNCLOS)을 포함한 국제법의 보편적인 원칙 및 국제민간항공기관(ICAO)에 의한 관련 기준 및 권장되는 관행에 따라 항행 및 상공비행의 자유와 안전을 확보한다.

더 나은 삶을 위한 파트너
　우리는 다음을 통해 인재육성을 촉진하고 사회경제 및 환경문제를 극복할 것을 약속한다.
　　- 과학, 기술과 혁신, 정보통신기술 및 사이버 보안에서 협력을 촉진한다.
　　- 농업, 식량 안보, 에너지 안보, 원자력 안전, 환경보호 및 수자원 관리에서 파트너십을 강화한다.
　　- 빈곤을 박멸하고 기후변화, 재해, 도시화 및 고령화 사회에 기인하는 문제에 대처하기 위해 협력을 강화한다.
　　- 유니버설·헬스·커버리지를 위한 의료제도 및 사회적 보호막의 개선, 그리고 정치, 경제 및 사회·문화적 개발에 참여하기 위한 여성의 능력 강화에 대해 경험과 지식을 공유한다.
　　- 2015년까지의 밀레니엄 개발 목표 달성 및 2015년 이후를 위해 계속 협력함과 동시에 유엔총회 결의 66/290에 따라, 특히 일본과 아세안 국민들의 복지와 생활을 더욱 개선하기 위해 인간 안보를 강화한다.

마음과 마음의 파트너
　우리는 다음을 통해 상호신뢰 및 마음과 마음을 통한 이해를 계속 높여감과 동시에 우정을 심화한다.
　　- 문화·예술교류 및 관광, 청소년, 스포츠를 통한 사람과 사람과의 교류를 촉진한다.
　　- 어학 학습 등을 포함한 교육에서 협력을 강화한다.
　　- 다양한 문화와 전통을 보호한다.

　2013년 12월 14일 도쿄에서 행동 계획과 함께 채택

자료 6-9 ▮ 인도·태평양에 대한 아세안의 관점(AOIP) 협력에 대한
제23차 일본-아세안 정상회의 공동성명 (2020년 11월 12일)[4]

우리, 일본과 동남아시아국가연합(ASEAN) 회원국의 정상들은 2020년 11월 12일 화상회의를 통해 제23차 일본-아세안 정상회의를 개최했다. 응우옌 쑤언 푹(Nguyen Xuan Phuc) 베트남 총리가 정상회의 의장을 맡았으며 스가 요시히데 일본 총리와 모든 아세안 회원국 정상들이 참석했다.

2013년 일본-아세안 우호·협력에 관한 비전 성명문, 그리고 2018년 일본-아세안 우호·협력 45주년 기념 제21차 일본-아세안 정상회의 공동성명에 명시된 바와 같이 상호이익을 위해 일본-아세안 전략적 파트너십을 강화한다는 우리의 의지를 재확인하며;

2017년 8월 6일 필리핀 마닐라에서 채택된 '일본-아세안 우호·협력에 관한 비전 성명 실행계획 개정판: 비전의 공유, 정체성의 공유, 미래의 공유'의 완전하고 효과적인 실시에 관한 실질적인 진전을 주목하고 더욱이 우리의 약속을 재확인하며;

아세안의 일체성과 중심성, 포용성, 투명성과 같은 주요 원칙을 포함하여 아세안 공동체 구축 프로세스를 보완하는 자유롭고 개방적이며 규칙에 기반한 인도·태평양 지역을 촉진한다는 공유된 견해를 상기하며;

개방적이고 투명하며 포용적이고 규칙에 기반한 지역 아키텍처를 형성하고 발전시키는 데 있어서 아세안이 수행하는 중심적이고 전략적인 역할을 인식하며;

아시아·태평양 및 인도양 지역에 있어서 아세안의 관여에 관한 지침을 제공하는 인도·태평양에 대한 아세안의 관점(AOIP)의 목표와 원칙을 재확인하고, AOIP에 기재된 4가지 핵심 분야에 관한 실질적인 협력을 실행하기 위해 아세안과 함께 대응하도록 파트너 국가들을 촉구하면서;

AOIP와 일본이 제시하는 자유롭고 개방된 인도·태평양(FOIP) 구상이 평화와 협력을 증진하는 데 있어서 관련된 기본적인 원칙들을 공유한다는 점에 유의하며;

상호신뢰, 상호 존중, 상호이익 및 원-윈 협력을 촉진하고 지역의 평화, 안정 및 번영에 기여하는 것을 목적으로 한 AOIP를 통한 일본의 아세안에 대한 지원 및 협력을 환영하며;

다음과 같이 선언한다.

1. 아세안공동체 구축을 지원함과 아울러 지역의 평화, 안정 및 번영을 향한 일본-아세안 전략적 파트너십을 한층 더 강화할 것을 약속한다.

---

4 출처: 日本外務省, "Joint Statement of the 23rd ASEAN-Japan Summit on Cooperation on ASEAN Outlook on the Indo-Pacific,"
https://www.mofa.go.jp/mofaj/files/100114942.pdf

2. 일본-아세안 간 메커니즘 및 아세안이 주도하는 메커니즘을 활용함과 아울러 일본-아세안 통합기금(JAIF), 양자 간 정부개발원조(ODA) 프로그램(무상자금협력, 엔차관, 기술협력) 및 일본-아세안 센터 등과 같은 기존의 협력 메커니즘에 더하여 일본-아세안 기술협력협정(2019년), 대 아세안 해외투융자 이니셔티브(2019년), 일본-아세안 경제 회복탄력성 액션플랜(2020년) 및 혁신적이고 지속 가능한 성장대화(2020년)를 포함하여 현재 실시 중인 이니셔티브를 추진하고 일본-아세안 행동 계획 개정판의 완전하고 효과적인 실시를 통해 협력을 강화한다.

3. AOIP의 기초를 구성하는 아세안 중심성의 강화, 개방성, 투명성, 포용성, 규칙에 기반한 틀, 굿 거버넌스, 주권 존중, 불간섭, 기존의 협력 틀과의 보완성, 평등, 상호존중, 상호신뢰, 상호이익, 및 유엔헌장, 1982년 유엔해양법협약 및 기타 관련된 유엔조약·협정, 아세안헌장, 다양한 아세안의 조약·협정 및 호혜 관계를 위한 동아시아정상회의(EAS) 원칙(2011년) 등의 국제법의 존중의 강화와 원칙을 지지한다.

4. AOIP에 기재된 4가지 분야, 즉 해양협력, 연결성, 유엔의 지속 가능한 개발목표 2030, 경제 및 아래에서 거론되지 않은 것도 포함한 기타 가능한 분야에서 실질적인 협력과 시너지 강화를 통해 일본-아세안 전략적 파트너십을 한층 더 강화한다.
   - 해양 안보
   - 해양 플라스틱 쓰레기
   - 아세안 연결성 마스터플랜 2025의 지원을 통한 높은 수준의 인프라
   - 아세안 스마트시티 네트워크(ASCN) 지원
   - 사람과 사람 간의 연결성
   - 아세안의 격차 시정 지원을 포함한 지속 가능한 개발
   - 디지털 이코노미와 4차 산업 혁명
   - 환경 및 재해 관리, 그리고 기후변화의 영향
   - COVID-19 팬데믹 및 공중위생 위기의 완화, 그리고 아세안 포괄적 재건 프레임워크 및 COVID-19 아세안 대응기금을 포함한 COVID-19에 관한 아세안의 이니셔티브 지원
   - 경제적 회복탄력성 강화
   - 공중보건 및 식량안보를 포함한 인간 안보
   - 인적자원 개발

이상, 2020년 11월 12일 베트남 하노이에서 채택되었다.

자료 6-10 ▎ 제26차 일본-아세안 정상회의 의장성명 (2023년 9월 6일, 자카르타)

1. 제26차 일-아세안 정상회의가 2023년 9월 6일 인도네시아 자카르타에서 개최되

었다. 조코 위도도 인도네시아 공화국 대통령이 정상회의 의장직을 맡았다. 이번 정상회의에는 아세안 회원국, 일본의 기시다 후미오 총리, 그리고 참관인 자격으로 동티모르민주공화국 총리가 참석했다. 아세안 사무총장도 참석했다.

2. 우리는 "아세안 문제: 성장의 중심"이라는 주제로 인도네시아의 아세안 의장국에 대한 지지를 재확인하고, 2023년 아세안의 우선순위 실현이 진전을 이룬 점에 고무됐다. 아세안 우선순위는 오늘날의 과제를 해결하고 국민, 지역, 세계와 관련성을 유지하는 동시에 지역 성장과 번영의 진원지 역할을 계속할 수 있는 강력하고 민첩하며 강화된 역량과 제도적 효율성을 갖춘 조직으로 강화하는 것을 목표로 한다.

3. 우리는 '일-아세안 우호 협력에 관한 비전 성명: 비전 공유, 정체성 공유, 미래 공유'의 수정된 이행 계획의 완전하고 효과적인 이행을 포함한 일-아세안 파트너십과 협력의 중요한 진전에 환영을 표명했다.

4. 우리는 일본과 아세안 우호협력 50주년을 맞이하며 실질적이고 구체적이며 의미 있고 상호이익이 되는 일본과 아세안 간의 포괄적 전략적 파트너십(CSP)을 구축하기로 합의했으며, 이 이정표를 기념하기 위해 일본-아세안 포괄적인 전략적 파트너십 구축에 관한 공동성명을 채택했다.

5. 우리는 일-아세안 우호 협력 50주년을 기념하여 민관이 공동으로 진행하는 활동을 환영하며, 연말까지 진행될 기념행사와 프로그램에 대해 기대를 표명했다.

6. 우리는 향후 수십 년 동안 파트너십의 방향을 설정하기 위한 새로운 공동비전 선언문 및 행동 계획의 채택을 포함하여 2023년 12월 16~18일 도쿄에서 개최되는 제50주년 일-아세안 우호 협력 특별정상회의의 성공적인 개최와 그 실질적인 성과를 기대했다.

7. 우리는 세계 및 지역의 평화, 안정, 번영에 기여하는 데 있어 다자주의, 지역주의, 국제법 수호의 중요성을 강조했다. 아세안은 아세안 중심성과 일체성뿐만 아니라 일본의 자유롭고 개방된 인도·태평양(FOIP) 비전과 평화 및 협력을 증진하는 관련 기본 원칙을 공유하는 인도·태평양에 대한 아세안의 관점(AOIP)에 대한 일본의 지지를 환영했다. 우리는 AOIP를 주류화하려는 아세안의 노력을 지원하기 위해 2023년 3월 설립된 일본-아세안 통합기금(JAIF) 3.0에 대해 일본이 1억 달러를 기부한 데 대해 감사를 표명했다.

8. 우리는 제23차 아세안-일본 AOIP 협력 정상회의 공동성명을 기반으로 AOIP의 4대 우선 분야에서의 실질적인 협력과 협력 강화를 통해 일본-아세안 파트너십을 강화하겠다는 의지를 재확인했다. 이를 위해 우리는 2023년 9월 5-6일 자카

르타에서 개최되는 '아세안-인도-태평양 포럼: AOIP의 이행'에 대한 일본의 지원과 적극적인 기여를 환영했다.

9. 우리는 2021-2024년 주기로 일본과 베트남이 공동의장직을 수행하는 평화유지활동(PKO)에 관한 ADMM-Plus 전문가실무그룹(EWG)을 포함한 아세안국방장관회의플러스(ADMM-Plus) 하의 일본과 아세안 간 방위 협력의 진전을 환영했다. 우리는 9월 하노이에서 열리는 성공적인 주요 행사(flagship event)와 다가오는 2024~2027년 해양안보에 관한 ADMM-Plus EWG에서 일본과 필리핀이 공동의장직을 맡기를 기대했다. 우리는 또한 "비엔티안 비전 2.0: 일본의 아세안과의 국방 협력 이니셔티브"를 통해 아세안 회원국의 국방당국의 역량을 강화하기 위한 일본의 기여를 평가했다. 우리는 일본-아세안 방위차관포럼과 일본과 아세안 회원국 간 아세안직접통신인프라(ADI)의 운영화에 감사를 표했다.

10. 우리는 역량구축 지원과 아세안지역지뢰대책센터(ARMAC) 활동을 포함하여 지역 내 지뢰 및 전쟁 잔여 폭발물에 대한 인도주의적 측면을 해결하기 위한 일본의 지속적인 지원을 평가했다.

11. 우리는 초국가적 범죄, 해양안보, 국제경제범죄 등 공동의 관심과 우려가 있는 안보 문제를 해결하기 위한 협력을 지속적으로 강화해 나가기로 합의했다. 우리는 초국가적 범죄에 관한 일본+아세안장관회의(AMMTC+일본) 협의 하에 갱신된 초국가적 범죄에 관한 일본+아세안 고위급관리회의(SOMTC+일본) 초국가적 범죄 퇴치를 위한 협력작업계획(2023~2027)이 채택된 것을 환영하고 프레임워크 제시와 시기적절하고 효과적인 구현을 보장할 필요성을 강조했다. 우리는 특히 일본+아세안 마약 문제에 관한 고위급 공식회의(ASOD+일본) 협의의 틀 하에서 이 지역의 불법마약 퇴치를 위한 일본과 아세안 간 협력 강화의 중요성을 강조했다. 우리는 일본-아세안 사이버보안 역량구축 센터(AJCCBC)와 아세안-싱가포르 사이버보안우수센터(ASCCE)를 통해 아세안 회원국을 위한 사이버보안 분야 역량강화 활동에 대한 일본의 지속적인 지원을 환영하고 사이버 위협에의 대응 강화를 장려했다. 우리는 특히 IUU(불법 비보고 및 비규제) 어업의 근절을 위한 동남아수산개발센터(SEAFDEC)에 대한 일본의 지원을 주목했다.

12. 우리는 법과 사법 분야에서 협력을 더욱 강화하기 위해 일본과 아세안이 착수한 이니셔티브를 환영했다. 여기에는 2023년 7월 5일-7일에 열리는 일본-아세안 법무장관특별회의, 아세안-G7 법무장관 인터페이스, 법치 증진을 위한 일본-아세안 특별청년포럼 등이 포함된다.
우리는 이번 회의의 결과, 특히 공동성명과 법과 정의에 관한 일-아세안 업무계획을 우정, 협력, 평등한 파트너십의 정신 하에 이행하도록 장려하며, 법과 정의 분야에서 일본과 아세안의 협력을 다음 단계로 격상시키기 위해 노력하기로 했다.

13. 우리는 일-아세안 경제 관계의 꾸준한 성장을 환영했다. 일본은 아세안의 제4위 교역 파트너로 2022년 양측 간 상품 무역은 2,685억 달러에 달했다. 일본은 또한 아세안에 대한 제2위 외국인직접투자(FDI) 공급국으로 2022년 일본으로부터의 총 FDI 유입액은 267억 달러에 달했다. 우리는 역내포괄적경제동반자협정(RCEP)과 일본-아세안 포괄적 경제연계협정(AJCEP)의 이행을 포함하여 무역과 투자를 더욱 심화하고 확대할 필요성을 강조했다. 우리는 국경을 넘는 자유로운 데이터 흐름 촉진, 디지털 연결성 개발, 디지털 경제에서 소비자와 기업의 신뢰 강화의 중요성을 인식했다. 우리는 AEM-METI 경제산업협력위원회(AMEICC), 주아세안일본상공회의소연맹(FJCCIA), 일본무역진흥기구(JETRO), 일본-아세안 비즈니스협의회(AJBC)가 수행한 활동에 주목했다. 일본-아세안센터(AJC)와 AJCEP 협정에 대한 전자원산지증명서(e-CO) 도입을 위한 논의 진행 상황을 확인했다.

14. 우리는 2023년 8월 22일 개최된 제29차 AEM-METI 협의에서 "혁신적이고 지속 가능한 일본-아세안 경제 파트너십 2023-2033의 미래 설계 및 행동 계획"이 승인되었음을 기쁘게 생각한다. 우리는 관계자들이 일본-아세안 순환경제 이니셔티브(AJCEI)와 같은 미래 지향적 조치를 포함하여 미래 설계 및 행동 계획에 따른 이니셔티브의 효과적인 이행을 보장하고, 공정하고 호혜적인 경제의 공동 창출을 통해 안전하고 번영하며 자유로운 사회의 발전을 추구하는 일본-아세안 경제의 공동창출 비전을 실현하도록 독려했다. 우리는 또한 치앙마이·이니셔티브·다자화(CMIM), 아세안+3 거시경제조사국(AMRO), 아시아채권시장이니셔티브(ABMI), 재난위험자금조달(DRF), 특히 5월 일본-아세안 50주년 기념 재무장관 및 중앙은행총재 특별회의에서 새로운 신속한 금융 시설 창설을 위한 아세안+3 금융프로세스의 지역금융안전망에 대한 논의의 진전을 환영했다.

15. 우리는 아세안 경제통합 의제를 지원하고 지역 경제통합의 효과적인 정책 수립을 촉진하는 주요 지역경제 문제에 대한 지속적인 연구 및 분석을 진행하고 있는 아세안동아시아경제연구소(ERIA)를 높이 평가했다. 우리는 또한 ERIA 디지털 혁신 및 지속 가능한 경제센터(E-DISC) 설립에 대한 일본의 지원을 포함하여 ERIA에 대한 일본의 기여를 평가했다.

16. 아세안은 일본이 아세안과 협력할 수 있는 잠재적 영역을 탐색하도록 장려했으며, 특히 디지털 무역, 녹색 인프라, 연결성, 지속 가능한 경제, 지속 가능한 발전과 번영, 공급망 탄력성, 인적자원 개발, 지속 가능한 산림 관리, 과학기술, 에너지 전환, 법치 등과 같은 떠오르는 분야에서 다양한 프로젝트 및 활동에서 지속적인 협력을 높이 평가했다. 아세안은 농업, 임업, 수산업, 식량 안보 분야에서 일본의 지원을 환영했다. 우리는 회복력 있고 지속 가능한 농업 및 식량 시스템을 위한 일본-아세안 녹색(MIDORI) 협력계획을 발표하기 위해 2023년 10월

일본-아세안 농업 및 임업 특별장관회의를 개최할 것을 기대했다. 우리는 농업 생산에서 유해 화학물질의 사용을 줄이고, 효과적이고 위험이 적은 것으로 입증된 실행 가능한 대안의 사용을 장려하려는 아세안의 노력을 지지했다.

17. 우리는 일본-아세안 기술협력협정(TCA)의 효과적인 이행을 장려하여 아세안 공동체 구축 노력에 더욱 기여할 것이다. 우리는 일본-아세안센터가 무역, 투자, 관광, 인적 교류 증진에 기여하고, 일본-아세안 우호협력 50주년 준비에 적극적으로 참여하고 있는 점을 높이 평가했다.

18. 우리는 역내 연결성 강화의 중요성을 강조하고 아세안연결성마스터플랜 2025(MPAC 2025) 및 제22차 일본-아세안 연결성 정상회의 공동성명 이행을 진전시키기 위한 지속적이고 심도 있는 협력을 기대했다. 우리는 일본-아세안 연결성 이니셔티브의 이행을 환영하고 일본이 새로운 일본-아세안 포괄적 연결성 이니셔티브를 발표한 것에 주목했다. 우리는 일본과 아세안 회원국 간의 항공 연결성을 향상시키기 위한 보다 자유롭고 상호이익이 되는 일본-아세안 항공서비스 협정의 체결을 기대했다. 우리는 또한 AJTP(일본-아세안 교통 파트너십) 하의 다양한 협력 프로젝트 및 활동의 진행 상황을 평가하고, AJTP 20주년의 이정표와 AJTP를 기반으로 한 교통 부문에 대한 일본의 적극적이고 지속적인 지원을 환영하며, AJTP 20주년을 맞아 2023년 11월 일본-아세안 교통장관회의에서 채택될 향후 10년 간의 새로운 행동 계획을 통해 파트너십을 강화하기로 했다.

19. 우리는 '일본-아세안 상호 파트너십'(SmartJAMP)이 지원하는 스마트시티와 연례 일본-아세안 스마트시티 네트워크 고위급회의 소집을 통해 아세안 스마트시티 네트워크에 대한 일본의 적극적이고 지속적인 지원에 감사를 표했다. 우리는 2023년 10월 일본에서 제5차 일본-아세안 스마트시티 네트워크 고위급회의를 개최할 계획을 환영했다.

20. 아세안은 아세안의 개발 격차를 시정하기 위한 일본의 지속적인 지원과 아세안·통합·이니셔티브(IAI) 작업계획 III(2016-2020) 이행 및 IAI 작업계획 IV(2021-2025) 이행을 통한 아세안의 통합 및 공동체 구축 노력에 대한 지원을 높이 평가했다. 우리는 또한 2024년 라오스의 아세안 의장직을 지원하기 위해 라오스 출신의 추가 소속 임원 4명을 포함하여 캄보디아, 라오스, 미얀마, 베트남의 하급 외교관을 위한 IAI 파견 프로그램(17차 배치), AEC 및 베트남의 캄보디아, 라오스, 미얀마, 베트남 장교 파견 제6차 배치, 그리고 ASEAN 사무국의 ASCC 참여에 대한 일본의 지속적인 지원을 환영했다. 우리는 인적자원 개발을 촉진하고, 개발 격차를 줄이고 아세안 회원국 간의 소지역 개발을 촉진하는 프로그램은 물론 지역 전반에 걸쳐 포용적이고 지속가능한 개발을 촉진하기 위한 일본-메콩 협력 및 아세안 통합을 위한 이니셔티브를 포함한 아세안의 소지역 개발 노력에

대한 일본의 추가 지원을 기대했다.

21. 우리는 코로나19 팬데믹의 영향을 완화하고 공동적이고 장기적이며 지속 가능한 회복을 위한 공동 노력을 강화하는 데 있어 협력의 중요성을 강조했다. 아세안은 JAIF를 통한 아세안 공중보건 응급상황 및 신흥질병센터(ACPHEED) 설립에 대한 일본의 지원과 5천만 달러 약속을 높이 평가했다. 아세안은 또한 가능한 한 조속히 운영화를 위한 노력을 더욱 가속화하려는 일본의 의지를 높이 평가했다. 아세안은 총 33억 4천만 달러 규모의 긴급금융지원 대출을 제공하여 아세안 국가의 경제를 유지하고 활성화하려는 일본의 이니셔티브를 환영했다. 우리는 공중보건 비상사태를 위한 아세안지역의료물자비축(RRMS)과 아세안포괄적부흥체제(ACRF)에 대한 일본의 지속적인 지원을 기대했다.

22. 우리는 '아시아 건강 및 웰빙 이니셔티브'(AHWIN)에 따라 의료 및 복지 시스템을 강화하려는 노력과 이 지역에서 보다 탄력적이고 공평하며 지속 가능한 보편적 의료보장(UHC)을 달성하기 위한 일본의 새로운 글로벌 건강 전략을 인정했다.

23. 우리는 아세안 활동적 노화 및 혁신 센터(ACAI)와의 협력을 포함하여 아세안 회원국과 일본의 노인 건강 및 복지 서비스 개선을 위한 협력 강화를 장려했다. 우리는 또한 연례 아세안 및 일본 배려사회 고위급 회의와 SLOM+3, SLOM-WG, 그리고 아세안-OSHNET 플랫폼 관련 이니셔티브 등 다양한 행사를 통해 사회 보호, 사회 보험, 기술 인정, 산업 안전 및 보건에 대한 일본의 협력을 환영했다.

24. 우리는 대학 내 아세안 코너, AUN-동남아시아공학개발네트워크(AUN/SEED-Net), 일본-동아시아 학생·청소년 교류 네트워크(JENESYS), 일본어 교육지원을 포함한 WA 프로젝트, 사쿠라 과학교류 등 프로그램, 동남아시아 및 일본 청소년을 위한 선박 프로그램(SSEAYP), 일본-아세안 협의회(ASCOJA) 및 ASJA 인터내셔널을 통한 교류, 내일을 위한 스포츠, 일본-아세안 스포츠 활동, MEXT 장학금 및 ASIA KAKEHASHI 프로젝트+(플러스)를 포함한 다양한 프로그램을 통해 인적, 교육, 스포츠 및 문화, 지식, 과학 및 기술 교류, 연구 협력을 촉진하기 위한 노력을 평가했다. 우리는 재해위험경감(DRR) 분야에서 청소년 리더십을 촉진하기 위한 아세안 자원봉사자 프로젝트 시행에 대한 일본의 지원에 감사를 표했다. 우리는 국제적십자 및 적신월사연맹(IFRC)과 아세안 회원국 호스트 조직의 기술 지원을 받아 앞으로 WA 프로젝트가 확장되고 2023년 마지막 분기에 청소년 자원봉사자 배치가 이루어지기를 기대했다. 우리는 또한 공무원 문제에 관한 일본-아세안 협력을 더욱 강화하는 것으로 목적으로 한 공무원의 미래에 관한 국제 심포지엄이 2023년 9월에 개최되기를 기대했다.

25. 우리는 2021-2025년 아세안 스포츠 업무계획 이행을 통해 스포츠 메커니즘에

관한 일본+아세안 장관회의를 통해 스포츠 협력을 더욱 강화할 수 있기를 기대했다. 우리는 기존 스포츠 이니셔티브의 발전을 더욱 강화하고 2030년까지 협력을 위한 잠재적인 방안을 모색하기 위해 2030년까지 일본-아세안 스포츠 협력 강화에 관한 치앙마이 선언의 제정을 환영했다. 아세안공동체 구축 및 SDGS 달성에서 스포츠의 역할 활용에 관한 2022 아세안 선언에 더하여 우리는 일본-아세안 통합기금의 자금 지원을 통해 아세안 축구 4SDGs 프로젝트의 구현을 환영했다.

26. 우리는 2022~2025년 문화예술 협력에 관한 일본-아세안 행동 계획의 이행을 포함하여 문화 협력 강화의 필요성을 모색했다. 아세안은 WA 프로젝트의 확장을 기대하고 향후 디지털 문화 및 미디어 개발에 대한 이니셔티브를 환영했다. 우리는 ACCSM+3 행동 계획 2021-2025의 이행을 통해 ACCSM(아세안 공무원 문제 협력)에 대한 협력을 강화하기를 기대했다. 우리는 세 가지 아세안공동체 기둥 모두에서 아세안 성 주류화 전략 프레임워크(AGMSF)의 이행을 통해 성평등과 사회적 포용을 달성하기 위한 지원을 강조했다.

27. 우리는 또한 여성의 역량 강화와 양성평등 개선을 위한 협력을 강화할 필요성을 인식했다. 따라서 아세안은 여성, 평화, 안보에 관한 지역 행동 계획(RPA WPS)의 이행을 포함하여 지역 내 여성, 평화, 안보(WPS) 의제의 발전과 관련 행동 계획 및 이니셔티브를 지원하기 위해 일본과의 협력을 모색하고자 했다.

28. 우리는 일본-아세안 재난 관리 업무 계획, 재난 관리 및 비상 대응에 관한 아세안 협정(AADMER) 업무 프로그램 2021-2025 및 중간 검토 이행, 그리고 중기 검토, 재난 위험 감소를 위한 센다이 프레임워크 2015-2030, 재난 관리에 대한 인도적 지원을 위한 아세안 조정센터(AHA 센터)의 운영화 등이 포함한 일본의 지속적인 지원에 감사를 표했다. 우리는 또한 아세안(DELSA) 3단계 재난 비상 물류 시스템, 지역 아세안 비상 대응 및 평가팀(ASEAN-ERAT) 2단계 역량구축 강화를 통한 아세안의 집단적 대응역량 강화, 그리고 동남아시아 재해위험보험 시설(SEADRIF) 및 아시아재해감소센터(ADRC)를 통한 일본의 지원 및 자금 지원을 높이 평가했다.

29. 우리는 해양 쓰레기, 생물 다양성 보전, 기후변화 문제를 해결하고 기후 회복력, 청정에너지, 탈탄소 사회로의 전환을 촉진하기 위한 추가 협력을 장려하고 이와 관련하여 아세안 기후 및 환경 전략 프로그램(SPACE)의 승인을 환영했다. 우리는 아세안 기후변화현황보고서에서 확인된 우선순위 조치를 지원하기 위한 아세안 기후변화 전략적 행동 계획 2025-2030(ACCSAP) 개발에 대한 일본의 지원을 환영했다. 우리는 2023년 8월 22~24일 라오스 비엔티안에서 개최된 일본-아세안 환경 주간의 성공을 주목했다. 우리는 또한 해양오염, 기후변화, 생물 다양성 보존 및 환경적으로 지속 가능한 도시를 다루는 개발 연구 및 대화(ACSDS

D)에 대응함에 있어서 아세안 기후변화센터(ACCC), 아세안 국경 간 연무오염 방지 조정센터(ACC THPC), 아세안 생물다양성센터(ACB), 아세안 지속가능센터 등을 통해 녹색 성장을 위한 실질적인 협력을 진전시켜 나갈 것을 기대했다.

30. 우리는 지속 가능한 경제성장을 실현하고 기후변화에 대처하고 지역 내 에너지 전환 가속화를 지원하기 위해 에너지 협력을 강화하고 적절한 자금 조달이 필요하다는 점을 확인했다. 우리는 일본이 주도하는 '아시아 제로 배출 공동체(AZEC)' 이니셔티브와 일본의 '아시아 에너지 전환 이니셔티브(AETI)' 등 관련 이니셔티브에 주목했다. 이는 아시아 에너지 전환을 위한 폭넓은 지원과 기술 도입을 위한 실증사업에 대한 각종 금융 지원, '아시아 전환 금융 연구회'에서의 지속적인 논의 등의 착실한 추진을 포함한다.

31. 우리는 일본-아세안 IP 사무국 수장회의 및 일본-아세안 IP 행동 계획의 틀을 통해 높은 수준의 지적재산권(IP) 협력 구축의 중요성에 주목했다.

32. 우리는 일본-아세안 STI 코디네이터, 일-아세안 과학기술혁신플랫폼(JASTIP), 일본-아세안 혁신 주간 등 상호이익을 위한 이니셔티브를 통해 연구자 교류 및 연구 협력을 포함한 과학기술혁신(STI) 협력 강화에 대한 일본의 노력에 감사를 표했다. 일본-아세안 과학기술협력위원회(AJCCST)를 통해 우리는 STI 지역 협력의 초점을 근본적인 것에서 긴급한 글로벌 과제를 해결하고 지역의 요구를 충족시키며 과학의 첨단화를 목표로 하는 응용연구로 전환할 필요가 있음을 강조했다.

33. 우리는 남중국해 상황을 논의하고 남중국해가 평화, 안정, 우호, 번영, 협력의 바다라는 이점을 인식했다. 우리는 특히 최근의 상황을 고려할 때 남중국해의 평화, 안보, 안정을 보호하고 증진하기 위한 공동의 약속을 재확인하고, 따라서 상호신뢰와 신의를 강화하고, 긴장을 고조시키고 분쟁을 복잡하게 하거나 격화시키며 평화와 안정에 영향을 미칠 행위에 대해 자제할 필요가 있음을 재확인하며, 1982년 UNCLOS를 포함하여 보편적으로 인정된 국제법 원칙에 따라 분쟁의 평화적 해결을 추구할 필요가 있음을 재확인했다. 우리는 2002년 남중국해 당사국 행동선언(DOC)에 언급된 것을 포함하여 당사국들과 다른 모든 국가들의 상황을 더욱 복잡하게 만들고 남중국해의 긴장을 고조시킬 수 있는 모든 활동에 있어서 비군사화와 자제의 중요성을 강조했다. 우리는 전체적으로 DOC의 완전하고 효과적인 이행의 중요성을 강조하고 1982년 UNCLOS를 포함하여 국제법과 일치하는 COC 협상에 도움이 되는 환경을 유지하고 촉진할 것을 강조했다.

34. 우크라이나 전쟁과 관련하여 우리는 유엔 안전보장이사회와 유엔총회를 포함한 여타 포럼에서 표현된 바와 같은 국가적 입장을 반복했다. 2022년 3월 2일자

결의안 제11/1호에서 다수결로 채택된 바와 같이 우크라이나에 대한 러시아 연방의 침략을 가장 강력한 용어로 개탄하고 우크라이나 영토에서 완전하고 무조건적인 철수를 요구했다. 대부분의 국가들은 우크라이나에 대한 침략을 강력하게 비난하고 우크라이나의 영토보전, 주권, 정치적 독립을 포함한 유엔헌장의 원칙에 근거하여 정의롭고 지속적인 평화에 도달해야 할 필요성을 강조했다. 우크라이나 전쟁은 특히 개발도상국과 극빈 개도국에서 전 세계적으로 진행 중인 식량 안보 위기를 더욱 악화시켰다. 우리는 우크라이나 전쟁의 악영향에 대해 깊은 우려를 표하며 성장 억제, 인플레이션 증가, 공급망 붕괴, 에너지 및 식량 불안정 고조, 금융안정 위험 증가 등 엄청난 인간 고통을 초래하고 세계경제의 기존 취약성을 악화시키고 있다고 강조했다. 이런 맥락에서 핵무기의 사용이나 사용의 위협은 용납될 수 없다. 아세안은 지역과 세계 성장의 진원지로서 유지와 강화를 위해 공동의 관심사를 강조했다.

35. 우리는 북한의 탄도미사일 발사와 탄도미사일 기술 사용에 대해 심각한 우려를 표명했다. 최근 북한의 대륙간탄도미사일(ICBM) 시험 발사와 탄도미사일 발사 및 한반도 긴장이 고조되고 있는 것은 이 지역의 평화와 안정을 위협하는 우려스러운 상황이다. 우리는 모든 당사국들이 평화적 대화를 재개하고 비핵화된 한반도의 항구적인 평화와 안정 실현을 위해 계속 노력할 것을 촉구했다. 우리의 우선순위는 모든 당사국이 평화적으로 대화할 수 있는 환경을 조성하기 위한 외교적 노력을 포함하여 이를 위한 노력을 하는 것이다. 우리는 모든 관련 유엔 안전보장이사회 결의의 완전한 이행에 대한 우리의 약속을 되풀이하고, 한반도의 완전하고 검증 가능하며 되돌릴 수 없는 비핵화를 평화적으로 실현하기 위한 국제적 노력에 주목했다. 우리는 납치와 억류자 문제의 즉각적인 해결을 포함한 국제사회의 인권과 인도적 문제 해결의 중요성을 강조했다.

36. 우리는 미얀마의 발전, 특히 5개 항의 합의(5PC) 이행에 대해 논의하고 폭력의 지속적인 확대, 미얀마 국민의 장기적 고통 유발, 인도적 위기, 학교, 병원, 시장, 교회, 수도원 등의 주택 및 공공시설 파괴, 특히 국경 지역의 지역 안정에 악영향을 미치는 것을 강력히 비난했다.

37. 우리는 5PC가 미얀마의 정치적 위기를 해결하기 위한 아세안의 주요 참고 사항으로 남아 있다는 우리의 입장을 반복했고, 이와 관련하여 우리는 2021년 4월 5PC에 대한 약속에도 불구하고 미얀마 당국의 이행에 대한 실질적인 진전이 없는 것에 대해 심각하게 우려했다.

38. 우리는 아세안 의장국의 노력과 5PC 이행에 대한 구체적인 진전을 보장하기 위한 특사실의 집중적이고 포괄적인 참여에 감사하며 의장국의 종합적인 보고와 평가를 환영했다. 우리는 5개 항의 합의 사항 이행에 대한 아세안 정상들의 검토와 결정을 환영했다. 우리는 미얀마 국민들이 평화롭고 포괄적이며 지속 가

능한 해결책을 찾을 수 있도록 지원하기 위한 아세안의 지속적이고 지속 가능한 전략과 접근에 대한 우리의 약속을 재확인했다.

자료 6-11 ▎ 일본-아세안 우호·협력에 관한 공동 비전성명: 신뢰의 파트너
(2023년 12월 16일, 도쿄)

우리, 일본과 동남아시아국가연합(ASEAN) 회원국은 2023년 12월 17일 일본-아세안 우호 협력 50주년 특별정상회의에 즈음하여 여기 도쿄에 모였다.

1973년 이래 지난 반세기에 걸친 우리들의 광범위한 협력과 긴밀한 파트너십의 중요한 진전과 현저한 실적, 그리고 국제사회에서 확대되는 아세안의 역할을 인식하며,

아세안헌장 및 동남아시아우호협력조약(TAC)이 천명한 공통의 원칙, 가치 및 규범을 재확인하며,

2013년 '일-아세안 우호협력에 관한 비전성명', 2020년 '인도·태평양에 대한 아세안의 관점'(AOIP) 협력에 대한 제23차 일-아세안 정상회의 공동성명 및 2023년 일-아세안 포괄적 전략적 파트너십 구축에 관한 그러한 공동성명을 상기하며,

AOIP와 일본의 '자유롭고 개방된 인도·태평양'(FOIP) 비전 모두 지역의 평화, 안정 및 번영을 촉진함에 있어 서로 관련된 본질적인 원칙을 공유하고 있음을 인식하며,

모든 인류는 태어나면서 자유로우며, 존엄과 권리에 대해 평등하고, 이성과 양심이 주어져 있으며, 서로 인도적 정신으로 행동해야 한다는 것을 확인하며,

다음을 선언한다.

우리의 비전은 유엔헌장 등이 천명하고, 동시에 AOIP 등이 지지하는 공통의 원칙 및 가치가 보장되며, 모든 국가가 평화와 번영을 추구할 수 있고, 민주주의, 법의 지배 및 굿 거버넌스, 그리고 인권 및 기본적 자유의 존중과 보호의 원칙을 견지하는 세계를 지향하는 것이며, 우리들은 유엔헌장 및 1982년 유엔해양법협약(UNCLOS)을 포함한 국제법을 견지한다는 약속을 재확인하고,

우리는 발전하는 아세안 중심의 지역적 프레임워크에서 개방성, 투명성 및 포용성과 같은 중요한 원칙을 강화하는 AOIP의 주류화에 대한 협력을 추진하며,

상호신뢰에 근거하여 아세안과 일본은 다음 세 가지 기둥 아래에서 아세안의 일체성과 중심성을 존중하며, 유의미하고 실질적이며 또한 호혜적인 포괄적 전략적 파트너십을 강화한다.

세대를 초월하는 마음과 마음의 파트너

우리는 다음을 통해 일본-아세안 파트너십의 기반으로 상호신뢰, 상호 이해 및 상호 존중의 「마음과 마음」의 관계를 더욱 발전시킬 것을 약속한다.

1. 문화·예술, 스포츠 및 관광 등 분야를 뛰어넘는 청소년 및 인적 교류를 강화한다.
2. 장학금프로그램, 어학 학습, 그리고 학생 및 교직원 교류를 통한 교육 협력을 강화한다.
3. 과학·기술·이노베이션(STI) 및 글로벌한 과제 등의 분야에서 지적, 학술 및 연구 교류 및 협력을 강화한다.
4. 경력개발 교류, 비즈니스 분야 간 네트워킹, 그리고 기능직 노동자의 국경을 넘는 이동을 장려한다.
5. 다양한 문화 및 전통에 대한 상호 이해를 촉진한다.

미래의 경제·사회를 공동 창출하는 파트너

우리는 다음을 통해 다양하고 포용적이며 강인하고 자유롭고 또 공정하며 번영하고 지속 가능한 경제·사회를 공동 창출하고, 공통의 경제·사회 문제를 함께 대응하며, 인간 안보를 확보한다.

1. 아세안공동체비전 2025의 실현을 위한 아세안 통합 및 공동체 구축 노력, 그리고 아세안공동체비전 2045에 대한 아세안의 강력한 소망을 지원함과 동시에 지역 개발격차를 시정하기 위한 협력을 계속한다.
2. 질 높은 인프라 투자, 제도·인재개발, 교류 등을 통해 일-아세안 간 하늘의 연결성을 포함한 연결성을 강화한다.
3. 스마트·시티 협력을 강화한다.
4. 중소영세기업(MSMEs) 및 스타트업에 대한 것을 포함한 혁신을 지원한다.
5. 공중보건, 의료 및 복지에 관한 파트너십을 강화한다.
6. 공급망의 강인성 및 신뢰성을 강화·확보하고, 차세대 자동차산업 등 산업 경쟁력을 강화한다.
7. 기함(旗艦) 프로젝트나 지역적 또는 다수 국가 간 틀 및 기관과의 협력 등을 통해 무역·투자를 원활화한다.
8. 금융 안정성을 강화하고 국제적인 규칙 표준을 준수하는 투명하고 공정한 개발금융을 촉진한다.
9. 에너지 협력을 추진하기 위한 아시아·제로에미션공동체(AZEC) 구상 등 일본의 대응에 유의하면서, 지속 가능한 에너지 안보를 촉진하고, 다양하고 현실적인 경로를 통한 에너지 이행을 가속화한다.
10. 기후변화에 대처하고 환경을 보호하며 생물 다양성을 보전한다.
11. 인도적 지원 및 재해 구조, 재해 위험 삭감 및 재해 관리에 관한 협력 강화를 포함하여 재해에 대응한다.
12. 디지털화, ICT 솔루션 및 인공지능(AI)에 관한 협력을 추진한다.
13. 지속 가능한 농업용수 관리를 통한 것을 포함하여 식량 안보를 확보하기 위한 강인하고 지속 가능한 농업 및 식량시스템을 구축한다.
14. 외국인 노동자의 적정하고 적절한 노동환경을 촉진하기 위한 협력을 강화한다.

15. 여성, 장애인, 지방주민 및 기타 취약한 계층의 보호 및 강화에 관한 협력을 강화한다.
16. 정부개발원조(ODA)를 포함한 효과적이고 전략적인 개발협력을 활용한다.

평화와 안정을 위한 파트너

우리는 주권 및 영토의 일체성 존중, 차이와 분쟁의 평화적 수단에 의한 해결, 그리고 무력에 의한 위협이나 무력행사의 포기를 포함한 유엔헌장 및 TAC가 제시한 공통의 기본 원칙에 인도되면서, 아세안 일체성 및 중심성, 포용성, 투명성과 같은 주요 원칙을 지키고, 아세안공동체 구축 프로세스를 보완하는 자유롭고 개방된 규칙에 바탕을 둔 인도·태평양 지역을 촉진한다고 하는 공통의 생각을 확인하며, 이에 다음에 대해 중점적으로 대응한다.

1. 해양안보협력을 포함한 안보협력을 강화한다.
2. 군축·비확산에 관한 협력을 강화하고, 핵무기가 없는 세계를 지향해 노력한다.
3. 법제도 정비 지원 등을 통한 법의 지배 추진에 더하여 인권, 민주주의 및 굿 거버넌스 추진에 관한 대화와 협력을 강화한다.
4. 여성·평화·안전보장(WPS) 아젠다를 포함한 젠더 평등을 추진한다.
5. 평화, 분쟁 관리 및 분쟁 해결을 위한 협력을 강화한다.
6. 사이버·안보 및 테러, 국경을 넘는 범죄 및 가짜정보 대책 등의 분야에서 협력을 강한다.

2023년 12월 17일 행동 계획과 함께 도쿄에서 채택되었다.

◐ 한-아세안 관계 자료(7장)

자료 7-1 ┃ 대한민국 총리와 아세안 회원국 국가·정부 정상 간 정상회담 공동성명
: 21세기를 향한 한국-아세안 협력 (1997년 12월 16일, 쿠알라룸푸르)[1]

1. 대한민국 총리와 아세안 회원국 정상들은 1991년 한-아세안 대화 파트너 관계가 수립된 이후 한-아세안 관계가 급속히 확대되고 강화된 데 대해 만족스럽게 평가하였다. 양측은 많은 공통의 기본 이익을 공유하고 있음을 인식하고 향후 협력에 대한 큰 잠재력이 있다는 데 동의했다. 양측은 번영하는 한-아세안 관계가 아시아·태평양 지역의 평화, 안정, 번영을 촉진할 것이라는데 확신했다. 양측은 21세기의 도전에 대처하기 위해 한-아세안 파트너십을 새로운 차원으로 끌어올리기 위해 모든 노력을 다해 나가기로 약속했다.

2. 양측은 유엔, WTO, APEC, ARF, 그리고 ASEM 등 다양한 국제 및 지역 포럼에서 공동 이익을 증진하기 위해 긴밀한 협의를 계속해 나가기로 합의했다.

3. 양측은 아시아·태평양 지역의 전반적으로 우호적인 정치·안보 환경이 경제발전을 위한 견고한 기반을 제공한다는 데 의견을 같이했다. 또한, 양측은 동북아시아와 동남아시아의 안정과 번영이 서로 연결되어 있으며, 두 지역의 상호이익을 위해 양측이 긴밀히 협력하는 것이 필수적이라는 데 동의했다.

4. 한국은 동남아시아에 평화, 자유, 중립의 지대를 조성하기 위한 아세안의 노력을 존중하고 지지할 것임을 재확인했다. 한국은 역내 안보 강화와 세계적인 핵무기 없는 지대 구축을 위한 아세안의 중요한 노력을 대변하는 동남아시아비핵지대(SEANWFZ) 조약의 발효를 환영했으며, 이와 관련하여 한국은 조약 당사국과 핵무기 보유국 간의 지속적인 협의를 환영했다.

5. 아세안은 한반도 평화와 안보의 중요성을 염두에 두고 항구적인 평화 체제가 갖춰질 때까지 1953년 정전협정 유지의 중요성을 재확인하고 남북한 간 직접대화의 조속한 재개를 희망했다. 양측은 1997년 12월 9일 제네바에서 열린 제1차 4

---

1 출처: ASEAN Main Portal, "Joint Statement of the Meeting of Heads of State/ Government of the Member States of ASEAN and the Prime Minister of the Republic of Korea Kuala Lumpur, Malaysia, 16 December 1997,"
https://asean.org/joint-statement-of-the-meeting-of-heads-of-state-government-of-the-member-states-of-asean-and-the-prime-minister-of-the-republic-of-korea-kuala-lumpur-malaysia-16-december-1997/

자 회담의 개최를 환영하고, 그 회담이 한반도의 긴장 완화와 항구적인 평화 정착으로 이어지기를 희망했다.

6. 한국은 아세안 지역이 경제 기반이 튼튼하고 세계에서 가장 역동적인 지역 중 하나로 남을 것이라는 전적인 확신을 표명했다. 한국은 아세안 경제가 지속적으로 생산과 수출 경쟁력과 풍부한 투자 기회를 누리고 있으며, 시장 지향적이고 대외적인 정책을 일관되게 시행하고 있다는 견해를 거듭 밝혔다.

7. 한국과 아세안은 1997년 12월 2일 쿠알라룸푸르에서 열린 최근 회의에서 재무장관들이 이 지역의 현재 재정 상황을 해결하기 위한 국가적 노력과 지역 및 국제 협력에 대해 논의했다고 언급했다. 양측은 재무장관들이 금융 안정을 위한 경제정책과 구조개혁 프로그램을 마련하려는 한국의 노력을 지지하기로 결정한 것을 환영했다. 양측은 마닐라 기본계획의 신속한 이행에 관한 재무장관들의 합의를 지지하고 그 지역의 금융 안정을 위한 건설적인 조치를 지지했다. 양측은 마닐라체제 하에서의 이니셔티브를 추진하고 IMF, 세계은행, ADB, 국제규제기구 등과 긴밀히 협력하기 위한 노력을 촉구하고, 한·아세안 재무장관 간 경제·금융협력 강화의 중요성을 재확인했다.

8. 양측은 한-아세안 간 통상, 투자, 경제협력 분야에서 경제 관계가 확대되고 있는 점에 만족을 표하고, 양측 간 경제협력이 아시아·태평양 지역의 역동성과 번영을 촉진할 것이라는 데 인식을 같이 했다. 양측은 한-아세안 간 경제 관계를 공고히 하고 확대하며 강화해 나가기로 합의했다.

9. 한국과 아세안은 '아세안 자유무역지역 및 아세안 산업협력(AICO) 계획'의 안정적이고 완전한 이행이 아세안 경제 간 경제적 연계를 강화하고 투자 및 생산기지로서의 경쟁력과 매력을 증진시킬 것이라고 강조했다.

10. 양측은 다음 사항에 특별한 강조를 두어야 한다는 데 동의했다: 무역 및 투자의 촉진 및 촉진; 투자 관련 인력양성 및 기술 개발 촉진 한·아세안 간 긴밀한 협의와 협력을 통한 균형적인 무역 확대와 시장 접근성 향상을 위한 양측의 노력 증대; 아세안에 대한 한국의 공적개발원조를 다양한 형태로 지속·증대하고, 그 개발 경험과 기술을 공유하는 것; 한국 민간의 적극적인 참여와 낙후되고 소외된 소지역, 특히 아세안-메콩 유역의 경제발전 및 지역협력사업 지원; 에너지 및 천연자원 개발 협력 강화; 그리고 아세안의 인프라 개발 및 산업 및 중소기업 지원.

11. 양측은 한-아세안 특별협력기금 하에서 추진된 45개 협력 업이 양측 간 관계를 더욱 증진시킨 것에 만족을 표했다. 이와 함께 이들 사업의 선정과 추진을 위한 기존 메커니즘의 효율성 제고가 필요하다는 점을 인식했다. 아세안은 이러한 협

력사업을 더욱 촉진하고 아세안에서 추가적인 사업을 추진하고자 하는 한국 측 의사를 환영했다. 한국 측은 아세안의 신규 회원국들의 참여를 수용하기 위해 기존 협력사업을 확대해 나가기로 했다.

12. 한국 측은 아세안 측에 대해 이들 분야의 인적자원개발을 중심으로 아세안 회원국들, 특히 환경과 과학기술 분야에 대한 새로운 협력사업을 추진할 것임을 밝혔다.

13. 한국과 아세안은 양측 국민 간의 상호 이해 증진을 위해 학술·문화 교류와 협력을 더욱 활성화하기로 합의했다. 한국 측은 앞으로도 역내 주요 대학의 한국학 연구에 기여하는 등 아세안 국가들을 위한 관련 프로그램과 활동을 확대해 나갈 뜻을 밝혔다. 한국 측은 또한 1998년에 한-아세안 청소년 교류 프로그램, 한-아세안 미디어 인적 교류 프로그램, 한-아세안 문화 교류 프로그램 등의 사업을 통해 사람과 사람의 접촉을 촉진하기 위한 미래지향적 사업을 시작할 계획을 발표했다.

14. 한국과 아세안은 한-아세안 관계 발전을 위한 장기 계획을 수립하기 위해 1997년 5월 출범한 '21세기를 위한 한·아세안 포럼'의 활동을 지원하겠다는 의지를 표명하고, 포럼의 권고사항을 검토하기로 합의했다.

15. 한-아세안 관계의 중요성이 커지고 있는 점을 감안해 한-아세안 대화를 현재 통상, 투자, 관광, 과학기술, 인재개발 분야 외에 환경, 문화 분야로 논의 범위를 넓히기로 했다.

16. 한국 측은 한-아세안 대화 틀에 따라 이행되는 다양한 활동과 협력사업을 지원하기 위해 한-아세안 특별협력기금 출연을 지속하고, 미래지향적 사업 이행을 위해 별도의 기금을 신설하겠다는 뜻을 밝혔다.

17. 한국 측은 아세안의 역동성과 다음 세기의 도전에 대한 의지를 반영한 아세안 비전 2020의 채택을 환영했다.

자료 7-2 ▎ 대한민국과 동남아시아국가연합(ASEAN)의 포괄적 협력 동반자관계에 관한 공동선언 (2004년 11월 30일, 비엔티안)[2]

---

2 출처: ASEAN Main Portal,
   https://asean.org/wp-content/uploads/2021/09/Joint-Declaration-on-Comprehen-sive-Cooperation-Partnership-between-the-Association-of-Southeast-Asian-

우리, 동남아시아국가연합(ASEAN) 회원국 국가/정부 정상과 대한민국(ROK)은 한국-아세안 정상회담을 위해 2004년 11월 30일 라오스 비엔티안(Vientiane)에 모여;

1989년 대화관계 수립 이후 양측이 긴밀하고 유익한 관계를 구축하여 지역의 평화, 번영, 발전에 기여해 온 점에 깊은 만족을 표하며;

지난 15년 동안 정치와 안보, 무역과 투자, 경제, 정보통신기술(information and communications technology, ICT), 사회와 문화, 그리고 인적자원개발(HRD) 분야에서 한-아세안 특별협력기금(Special Cooperation Fund, SCF) 및 한-아세안 미래지향적 협력사업(Future Oriented Cooperation Projects, FOCP) 기금의 지원으로 협력이 크게 진전된 것에 고무되었으며;

인간 안보에 영향을 미치는 전통적, 비전통적 이슈뿐만 아니라 세계화와 지역통합의 다면적인 과제는 지역 수준에서 더욱 일관되고 잘 조율된 대응이 필요하다는 점을 인식하면서;

한반도의 항구적 평화 체제 구축을 위한 한국의 정책에 대한 아세안의 전면적인 지지와 2003년 10월 인도네시아 발리(Bali)에서 개최된 제9차 아세안정상회의에서 채택된 아세안안보공동체(ASEAN Security Community, ASC), 아세안경제공동체(ASEAN Economic Community, AEC), 아세안사회문화공동체(ASEAN Socio-cultural Community, ASCC)로 구성되는 아세안공동체(ASEAN Community)의 탄생으로 이어지게 될 아세안협약 II(발리협약 II) 선언에 대한 한국의 전면적인 지지를 재확인하며;

한국과 아세안이 강력한 파트너십을 누려왔고 여러 해에 걸친 유익한 협력과 대화를 통해 긴밀한 무역 및 투자 연계를 발전시켜 왔으며, 양측이 관계의 잠재력을 극대화할 수 있는 많은 여지가 있다는 믿음을 공유하며;

우리들 사이의 자유무역지대(FTA)가 성장과 발전을 더욱 촉진하고, 지역 전체 국민의 생활수준을 향상시키며, 장기적으로 지역에 더욱 역동적인 혜택을 제공할 것이라고 확신하며;

관광, 교육, 과학 및 기술, 비전통 안보 이슈, 농업 및 임업, 에너지, 환경, 지역 및 국제 이슈 등 새롭게 떠오르는 관심 분야에서의 협력 가능성을 인식하며;

아세안 비전 2020(ASEAN Vision 2020)과 하노이 행동 계획(Ha Noi Plan of Action)에 따라 아세안의 발전에 대한 한국의 기여와 아세안 회원국 간 개발 격차를 줄이기 위한 아세안 통합 이니셔티브(Initiative for ASEAN Integration, IAI)에 대한 한국의 지원을 인정하며;

강화된 한-아세안 파트너십의 확고한 기반을 마련하고 새천년을 향한 관계를 더욱 진전시키는 추동력을 제공한 1997년 12월 16일 말레이시아 쿠알라룸푸르(Kuala Lumpur)에서 채택된 '21세기를 향한 한-아세안 협력에 관한 공동성명'을 상기하며;

Nations-and-the-Republic-of-Korea.pdf. 포괄적 협력 파트너십의 영문명은 Comprehensive Cooperation Partnership이다.

대화관계 15주년을 기념하여 한-아세안 및 아세안+3 프로세스 내의 기존 메커니즘을 통해 보다 포괄적이고 행동 지향적이며 미래지향적인 파트너십을 지향하는 전략적 프레임워크를 발전시키기 위해 다음과 같이 결정하며;

또한, 핵심적인 경제 및 개발 전략이 보완적인 지역 프로세스가 되어야 하는 동아시아 협력의 심화를 포함해 아세안의 전체적인 통합 전략을 지원하도록 보장하기로 결정하며;

이로써 포괄적 협력 파트너십을 위해 다음의 공통 행동 전략에 동의한다.

1. 정치·안보협력 강화
   - 유엔헌장 및 적용 가능한 국제법의 목적과 원칙 준수, 상호 국가 주권 존중, 영토보전 및 독립, 그리고 상호신뢰, 이익, 평등을 근거한 국가 발전 및 협력 추구 등 우리들의 관계를 이끌어 온 제반 원칙을 바탕으로 협력을 강화한다.
   - 공적 레벨에서 고위급 접촉과 인적 교류를 통해 정치·안보협력을 강화하며 기존 메커니즘을 활용한 대화를 강화한다.
   - 지역 안보, 상호 협력 및 신뢰 구축 조치를 강화하기 위해 아세안지역포럼(ASEAN Regional Forum, ARF) 및 아세안+3 프로세스와 같은 대화체를 통해 지역 및 다자간 수준에서 긴밀한 협력을 촉진한다.
   - 대량살상무기와 운반수단, 그리고 관련 물품의 군축 및 비확산 협력을 강화한다.
   - 기존 메커니즘을 통해 테러, 마약 밀매, 인신매매 등 초국가적 범죄 퇴치를 위한 협력을 강화한다.
   - 아세안은 한반도와 지역의 평화와 안보를 유지하기 위한 한국과 관련국들의 노력을 지지하며, 대화를 통해 한반도 비핵화를 평화적으로 달성하기 위한 6자회담의 조속한 재개를 희망한다.
   - 동남아시아우호협력조약(Treaty of Amity and Cooperation in Southeast Asia)의 목적과 원칙, 정신을 지지하는 한국은 한국과 아세안 간의 기존 신뢰와 우호를 강화한다는 관점에서 이 조약에 가입하며 이를 통해 지역 평화와 안정에 기여한다.

2. 더욱 긴밀한 경제관계 강화
   - 다자간 무역 환경의 발전과 기타 글로벌 과제의 증가로 인해 양측은 더욱 강력한 대화 관계와 무역 파트너십을 위한 추진력을 제공하기 위해 포괄적인 경제 파트너십을 구축할 필요가 있다. 이는 한-아세안 국민들에게 상당한 경제적 이익을 가져다줄 뿐만 아니라, 지속적인 상호 협력과 이해를 위한 중요한 메커니즘을 제공할 것이다.
   - 한국과 아세안 회원국 정상들은 경제 관계 강화, 쌍방향 무역 및 투자 확대, 그리고 경제협력 강화, 특히 관광, 농업, 수산업, 임업, 에너지, 정보기술, 과학 및 기술 등과 같은 다양한 분야의 역량강화를 위한 제반 조치를 담고 있는 한-아세안 전문가그룹의 공동연구 '한-아세안 포괄적이고 보다 긴밀한 경제 관계'(Comprehensive Closer Economic Relations)의 권고를 환영한다.

- AKFTA(ASEAN-Korea FTA)의 설립은 기존의 한-아세안 관계를 자연스럽게 확장하는 동시에 한-아세안 관계를 더 높고 포괄적인 수준으로 끌어올리는 디딤돌이 될 것이다. 관세 및 비관세 장벽 제거를 통해 시장을 더욱 자유화하고 통합하면 상호이익이 되는 더욱 기업 친화적인 환경이 조성될 것이다.
- AKFTA는 상품, 서비스 및 투자 무역을 커버하는 포괄적인 범위를 갖는다. AKFTA의 목적은 상품, 서비스 및 투자 무역에 대한 모든 형태의 장벽을 점진적으로 제거하고, 무역 및 투자 촉진과 경제협력 조치를 취함으로서 두 지역 간의 더욱 깊은 경제 통합을 향해 나아가는 것이다. AKFTA는 특별하고 차등적인 대우를 포함한 유연성 조항을 포함한다. 유연성 조항은 특히 신규 아세안 회원국이 회원국 간의 상이한 개발 수준을 시정하고 AKFTA에 대한 완전한 참여와 그로부터 모든 이익을 얻을 수 있도록 기술적 지원과 역량 구축 프로그램을 포함한다.
- AKFTA 협상은 2005년 초에 시작되어 2년 이내에 완료될 예정이다. AKFTA는 가능한 한 높은 수준의 자유화를 달성한다는 목표를 가지고 조기에 실현될 예정이다. 이를 통해 2009년에는 신규 아세안 회원국에 대한 특별하고 차등적인 대우와 추가적인 유연성을 고려하면서 최소한 80%의 제품이 무관세 대상이 될 것이다. AKFTA는 한국과 아세안 6개국, 캄보디아, 라오스, 미얀마, 베트남(CLMV 국가)에 대해 서로 상이한 일정을 갖게 된다.
- 한-아세안 FTA 협상은 본 선언문에 부속서로 첨부된 경제장관들이 승인한 한-아세안 전문가그룹 공동연구의 일정과 핵심 요소를 토대로 이루어질 것이다.

3. 아세안 내, 그리고 한-아세안 간 개발 격차 해소
- 한국의 개발 경험과 전문 지식을 바탕으로 아세안의 최빈개도국(LDC)에 대한 기술 지원 및 역량 구축 제공을 포함한 발리협약 II, IAI 및 비엔티안 행동 프로그램(VAP)을 더욱 촉진하는 프로젝트를 수행하여 아세안 통합 목표를 실현하기 위한 협력 및 지원을 강화한다.
- 지역 및 소지역 개발을 강화하여 아세안 내부 간 개발 격차 및 아세안과 한국 간 개발 격차를 줄이는 것을 목표로 한 아세안의 통합 노력을 강화한다. 이는 메콩강 소지역(Mekong Sub-region), 에야와디-차오프라야-메콩 경제협력전략(Ayeyawady-Chao Phraya-Mekong Economic Cooperation Strategy, ACMECS), 브루나이 다루살람-인도네시아-말레이시아-필리핀 동아세안 성장지역(Brunei Darussalam-Indonesia-Malaysia-Philippines East ASEAN Growth Area, BIMP-EAGA), 대메콩강 소지역(Greater Mekong Sub-region, GMS) 프로그램, 제2 동서경제회랑, 싱가포르-쿤밍 철도 연결(Singapore-Kunming Rail Link, SKRL) 프로젝트를 포함하며, 메콩강 유역의 우선적인 프로그램 형성 및 실행에 있어서 메콩강 위원회(Mekong River Commission, MRC)와 경험을 공유한다.
- 정보격차를 해소하고 인재를 육성하기 위해 에너지ㆍ자원, 금융, 교통, 노동, 과학기술, 정보통신기술(ICT) 분야 협력을 추진하고 강화한다.
- 지역 내 무역을 위한 지원 환경을 조성하고 인적자원 개발을 촉진하며 제도적 역

량 구축을 강화하여 격차와 빈곤을 감소시킨다.
- 국내 경제의 자급자족과 생존 능력을 향상시키기 위해 지역 사회 수준에서 상업 및 소매 활동을 촉진하고, 주민의 지식을 향상시키며, 중소기업(Small and Medium Enterprises, SME)을 개발 및 강화함으로써 아세안의 풀뿌리 경제를 발전시킨다.

4. 경쟁력 강화, 지식 기반 경제·사회 증진, 그리고 교육·과학기술 분야의 협력
- 한-아세안 경쟁력 포럼 구축을 통해 경쟁력과 발전에 관한 정보를 교환하고 경험을 공유한다.
- 교육기관의 연계, 정보사회 협력 메커니즘 추진에 의한 지식공유를 통해 인적·정보자본·기술을 강화하여 지식기반경제(Knowledge-based Economy, KBE)를 구축한다. 한국은 아세안이 지역사회의 복지, 교육 및 경쟁력을 향상시키기 위해 정보, 지식, 기술을 활용하는 데 필요한 물리적, 지식 기반 인프라를 확보할 수 있도록 지원할 것이다.
- ASEAN의 경쟁력을 향상시키기 위해 금융 협력, 지역 자본시장 개발, 쌍방향 투자, 중소기업, 에너지 안보, 연구개발 협력, 그리고 HRD를 강화한다.
- 공동 추진, 마케팅, 투자, 그리고 인력 개발 등 관광 협력을 위한 틀을 마련한다.
- 중소 사이즈의 문화기업(SMCE) 육성을 시작하고, 아세안 지역 사회를 위한 경쟁력 있는 제품 개발 및 문화 지도 만들기 등 미래 협력 분야를 발굴하여 사회·문화 협력을 추진한다.

5. 상호 이해 증진
- 장학금, 과학 연구, 아세안 및 한국어 웅변대회, 문화공연 교류 등의 프로그램과 활동을 통해 교육 및 문화 협력을 증진한다.
- 학계, 청소년, 미디어 종사자, 예술가, 외교관, 문화 전문가 간 인적 교류를 촉진하여 상호 이해와 우정을 심화한다.
- 텔레비전, 영화, 인쇄 매체 등을 통해 대중매체 교류를 확대하고, 다양한 문화·스포츠 기관 간 교류를 통해 아세안과 한국의 스포츠를 홍보한다.

6. 새로운 글로벌 도전에 대처하기 위한 협력 증진
- 위생 및 식물위생 조치와 농업 표준에 관한 HRD와 역량 강화에 초점을 맞춘 식량 안보, 식품 안전 및 지속 가능한 농업 개발을 위해 협력 활동을 추진한다.
- 다양한 다자간 환경 협약에 대한 공약에 따라 환경 관리, 기후변화, 생물 다양성, 화학 물질 및 유해 폐기물 등과 같은 국제 및 지역 환경 문제에 협력한다.
- 글로벌 커뮤니티 파트너십을 동원하여 전염병에 대한 감시 시스템을 강화하고, 그러한 질병의 예방 및 통제를 위한 프로그램을 개발하며, 국내 및 지역 보건 노력을 지원함으로써 국내 보건 기관의 역량을 강화한다.

7. 지역 및 국제 무대에서의 협력
- UN, 세계무역기구(World Trade Organisation, WTO), 브레튼우즈체제(Bretton

Woods Institutions) 등 국제 포럼에서 협력하여 지역적, 국제적 평화, 안정, 발전을 촉진하고 유지하며 세계화를 통해 모두를 위한 더 큰 혜택을 확보한다.
- ARF, ASEAN+3 프로세스 등 아세안이 주도하는 포럼과 아시아협력대화(Asia Cooperation Dialogue, ACD), 아시아유럽회의(Asia-Europe Meeting, ASEM), 아시아태평양경제협력체(Asia-Pacific Economic Cooperation, APEC), 동아시아포럼(Forum for East Asia), 그리고 라틴아메리카협력(Latin America Cooperation, FEALAC) 등 지역 내 및 지역 간 협력에서 공통의 이익을 더욱 증진시키기 위해 긴밀하게 협력한다.

8. 동아시아 협력 심화
- 2002년 캄보디아 프놈펜(Phnom Penh)에서 열린 아세안+3 정상회담에서 채택된 동아시아 연구그룹(EASG)의 조치를 적극적으로 이행하여 동아시아 협력 강화를 위해 함께 노력한다.
- 협력을 공고화하기 위해 아세안+3 프레임워크 내에서 합의된 다양한 분야의 기능적 협력을 강화한다.
- 동아시아포럼, 아세안+3 정상회담, 이미 제안된 동아시아정상회의(East Asia Summit)를 포함한 기타 관련 회의 등을 통해 동아시아공동체(East Asia community)의 전망과 과제를 면밀히 조사하여 공통의 이익을 더욱 증진하기 위해 긴밀히 협력한다.

실행 및 자금 조달 준비

이 선언의 목적을 실현하기 위해 우리는 다음 사항에 동의했다.
- 2005년 말레이시아에서 열리는 한-아세안 정상회담에서 우리 장관들이 검토하고 채택할 수 있도록 상세한 행동 계획이 마련될 것이다.
- 이 선언문에 따른 활동의 효과적인 이행을 위해 SCF 및 FOCP 기금을 포함한 기존 자금 조달 메커니즘이 확대되고 강화될 것이다.
- 한국과 아세안은 창의적 자원 동원 전략을 상호 모색하는 등 각자의 역량에 맞는 활동을 수행하기 위해 필요한 자원을 제공할 것이다.
- 이 선언문의 목표를 실현하는 과정에서 이루어진 진전은 우리 장관들과 대화 틀 내의 기타 메커니즘에 의해 검토될 것이다.
- SIGNED in Vientiane, Lao PDR, this Thirtieth Day of November in the Year Two Thousand and Four in two originals in the English language.

2004년 11월 30일 라오스 비엔티안에서 영어로 된 원본 2통에 서명되었다.

브루나이를 위해	HAJI HASSANAL
캄보디아를 위해	SAMDECH HUN SEN
인도네시아를 위해	DR. SUSILO BAMBANG YUDHOYONO

라오스를 위해	BOUNNHANG VORACHITH
말레이시아를 위해	DATO' SERI ABDULLAH AHMAD BADAWI
미얀마를 위해	LIEUTENANT GENERAL SOE WIN
필리핀을 위해	GLORIA MACAPAGAL-ARROYO
싱가포르를 위해	LEE HSIEN LOONG
태국을 위해	DR. THAKSIN SHINAWATRA
베트남을 위해	PHAN VAN KHAI
대한민국을 위해	ROH MOO-HYUN

자료 7-3 ▍ 2010년 평화와 번영을 위한 대한민국-아세안 전략적 동반자관계 공동선언 (2010년 10월 29일, 하노이)[3]

우리, 동남아시아국가연합(ASEAN) 회원국 국가/정부 정상과 대한민국(ROK)은 제13차 한-아세안 정상회담을 위해 2010년 10월 29일 베트남 하노이에 모여;

1989년 대화 관계 수립 이후 지난 21년 동안 한-아세안 관계가 심화되고 확대되었음을 만족스럽게 회상하며;

긴밀한 파트너십과 우정의 20주년과 아세안과의 협력 강화를 위한 한국의 신아시아구상(New Asia Initiative)을 기념하기 위해 2009년 6월 1~2일 "실질을 위한 파트너십, 선을 위한 우정"이라는 주제로 개최된 한-아세안 특별정상회의(ASEAN-ROK Commemorative Summit)의 의미에 주목하고;

2004년 11월 27일 한국의 동남아시아우호협력조약(TAC) 가입, 2004년 11월 30일 비엔티안에서 열린 제8차 한-아세안 정상회담에서 정상 공동선언의 서명 및 동 계획 채택을 상기하며, 2005년 12월 13일 공동선언 이행을 위한 행동, 2005년 7월 27일 국제테러방지협력을 위한 한-아세안 공동선언 채택, 2009년 6월 2일 한-아세안 특별정상회의 공동성명 서명, 그리고 대화 파트너십을 지원하는 기타 협약을 상기하며;

한-아세안 간 무역, 투자, 관광, 문화 증진을 위한 2009년 3월 한-아세안센터 설립을 환영하며;

또한, '상품 무역에 관한 협정과 서비스 무역에 관한 협정'의 발효와 2010년 1월 1일 한-아세안 자유무역협정(AKFTA)과 AKFTA의 실현을 상징하는 동남아시아 국

---

3 출처: ASEAN Main Portal, https://asean.org/joint-declaration-on-asean-republic-of-korea-strategic-partnership-for-peace-and-prosperity/

가연합 회원국 정부 간의 '포괄적 경제협력 기본 협정에 따른 투자 협정'의 서명을 환영하며;

아세안국방장관회의플러스(ADMM-Plus) 설립과 한국의 ADMM플러스 가입을 더욱 환영하며;

아세안공동체(2009~2015)의 로드맵에 관련된 차암 후아힌 선언(Cha-am Hua Hin Declaration)에 규정된 대로 아세안 통합을 지원하고 지역 내 개발 격차를 줄이기 위해 긴밀히 협력하겠다는 한국과 아세안의 의지를 인정하며;

더욱이 주 아세안 대한민국 대사 임명뿐만 아니라 아세안헌장 발효, 주아세안 상임대표위원회 설립, 아세안사무국 강화, 아세안 정부 간 인권위원회 설립, 여성과 아동의 권리 증진과 보호에 관한 아세안위원회 설립을 환영하며;

그리고 유엔헌장, 동남아시아의 TAC, 그리고 일반적으로 수용되는 국제법 원칙 등 제반 원칙과 목적에 따라 한-아세안 상호 관계를 다루겠다는 의지를 강조하며;

평화와 번영을 위한 무역, 투자, 인적 교류를 통해 한국과 아세안 간의 상호의존과 통합이 증대되고 있음을 인식하며;

한-아세안 파트너십을 더 높은 수준으로 끌어올리기 위한 한-아세안 현인그룹(AKEPG)의 권고를 더욱 환영하며;

아세안과 더 넓은 동아시아 지역의 평화, 안정, 그리고 번영을 증진하고 공통의 과제를 해결하기 위해 한국과 아세안 주민들의 염원에 부응하기 위해 한-아세안 포괄적 협력 파트너십을 전략적 파트너십으로 강화하고 발전시킬 것을 결의하면서;

이로써 정치 · 안보협력, 경제협력, 사회 · 문화 협력, 지역 및 국제 협력, 그리고 개발 협력을 내용으로 하는 한-아세안 평화와 번영을 위한 전략적 파트너십을 시작하기로 합의했다. 이를 위해 우리는 다음에 동의한다:

〈정치 · 안보협력〉
1. 한-아세안 간 정치 · 안보협력을 강화하여 2015년까지 아세안 정치 · 안보공동체 실현에 기여한다.

〈정치 · 안보 대화〉
2. 지역의 평화, 안정, 안보, 개발 및 번영을 촉진하기 위해 지역 및 다자 간 메커니즘을 포함한 다양한 수준에서 정기적인 대화에 참여한다.
3. 지역 국방 및 안보 대화와 협력을 위한 프레임워크로서 아세안지역포럼(ARF)

프로세스와 ADMM-Plus를 촉진한다.
4. 지역의 평화와 안정을 보장하고 지역이 직면한 안보과제를 해결하기 위해 필요한 경우 한-아세안 안보 관련 대화를 개최한다.

〈평화와 안정 강화〉
5. 핵무기 확산 방지를 포함한 대량살상무기(WMD)의 비확산을 보장하기 위해 지역적, 국제적 차원에서 협력을 강화하고, 동남아시아 핵무기 자유지대 조약(Treaty on Southeast Asia Nuclear Weapons Free Zone, SEANWFZ) 및 핵확산금지조약(Treaty on the Non-Proliferation of Nuclear Weapons, NPT)의 규정에 부합하는 핵무기로부터 자유로운 세계를 달성하기 위해 핵군축 및 핵에너지의 평화로운 이용을 촉진한다.
6. 초국가적 범죄, 특히 테러, 해상 해적 행위, 불법 마약 밀매, 인신매매, 돈세탁, 무기 밀수, 소형 무기 및 경량 무기의 불법 거래, 국제 경제 범죄 및 사이버 범죄 등을 효과적으로 방지, 방해 및 퇴치하기 위해 협력한다. 또한, 국가 정책, 국내법 및 법률, 국제법에 따라 지역 안보를 보장한다.
7. 2005년 7월 27일 라오스 비엔티안에서 서명된 한-아세안 국제테러방지협력 공동선언(ASEAN-ROK Joint Declaration for Cooperation to Combat International Terrorism)의 이행을 강화한다.
8. 특히, 6자회담 과정과 ARF와 같은 기타 적절한 과정을 통해 한반도의 평화와 안정을 달성한다는 목표를 향한 대화와 협력을 지원한다.
9. 아세안+3(APT), 동아시아 정상회담(EAS), ARF 등 아세안이 주도하는 프로세스를 통해 지역 아키텍처에서 아세안의 중심적인 역할을 지원한다.
10. 인권, 올바른 거버넌스, 민주주의, 그리고 법치 분야에서의 협력을 증진하고 강화한다.

〈경제협력〉
11. 한-아세안 경제 관계를 강화함으로써 2015년까지 아세안경제공동체 실현에 기여한다.
12. 2009년 6월 한-아세안 특별정상회의에서 제시한 2015년까지 쌍방 간 교역량 1,500억 달러 달성을 위해 노력한다.

〈효과적인 AKFTA 실행〉
13. 한-아세안 간 상품 및 서비스 무역, 투자 및 기타 경제 관계를 증진하고, 한-아세안의 경제성장과 발전을 촉진하며 아세안의 내부 경제 통합과 발전에 기여하기 위해 AKFTA를 완전하고 효과적으로 이행한다.
14. 합의된 일정에 따라 자유화를 성실히 추진하고 한-아세안 경제협력사업을 추진하여 AKFTA의 이행을 강화한다.
15. 기업 간의 인식을 제고하고, AKFTA 이행 절차를 보다 기업 친화적으로 만들며, 협정에 따른 상호이익과 기회를 극대화할 수 있는 다양한 방법을 모색함으

로써 AKFTA 활용을 향상시킨다.

〈경제협력 강화〉

16. 금융, 관세, 건설 및 운송, 농업 및 원자재, 노동, 관광, 에너지, 정보통신기술(ICT), 과학기술, 식량안보, 중소기업, 중소기업(SME), 임업, 광업, 수산업, 물류, 지적재산권, 연결성 및 인프라 개발 등 다양한 분야에서 경제협력, 특히 역량 구축을 강화한다.
17. 상품전시, 무역 및 투자 사절단 교류, 무역 및 투자 정보 교환 등 무역 및 투자 홍보 활동을 촉진하기 위해 한-아세안센터를 적극 활용한다.

〈지역 경제통합〉

18. '치앙마이 이니셔티브 다자화'(Chiang Mai Initiative Multilateralisation, CMIM)를 효과적으로 이행하고 '아시아 채권시장 이니셔티브'(Asian Bond Markets Initiative, ABMI)를 더욱 발전시키기 위해 협력한다.
19. 아세안 내부 경제 통합 및 발전의 우선순위를 인식하고 그러한 프로세스 개발에 대한 아세안의 이익을 존중하면서 한국, 아세안 및 기타 지역 파트너 간의 더욱 광범위하고 심층적인 경제 통합을 위한 프로세스를 탐색하고 발전시키기 위해 협력한다.
20. 세계무역기구(WTO), 아시아태평양경제협력체(APEC), G20 등 주요 다자 간 포럼과 기타 지역 및 다자 경제기구에서 한국과 아세안 간 협력과 정책 협의를 강화하고, 이와 관련하여, 향후 G20 정상회담 및 관련 회의에 정기적으로 아세안 의장이 지속적으로 참여할 수 있도록 지원한다.
21. 금융 규제, 건전성 체계, 국제 금융 기관의 개혁에 참여함으로써 보다 균형있고 개방적인 국제 금융 구조를 달성하기 위해 노력한다.
22. 지역 내외의 연결성 강화를 위한 아세안의 노력을 지원한다.

〈관광〉

23. 한-아세안센터와 긴밀히 협력하여 정기적인 관광 전시회 및 기타 관련 활동을 통해 한-아세안 관광을 증진한다.

〈사회 · 문화 협력〉

24. 한국과 아세안 간 사회 · 문화 협력을 증진하여 2015년까지 아세안 사회 · 문화 공동체의 실현에 기여한다.

〈교육〉

25. 사회 · 경제적 발전을 달성하기 위한 수단으로서 교육을 함께 장려한다. 특히, 한국과 아세안은 교육 경험, 특히 한국과 아세안의 인적자원 개발을 지원하기 위한 올바른 윤리 및 인성 함양에 관한 교육 정책을 공유한다.
26. 학생 및 학술 교류를 촉진하고 증진한다.

〈문화와 인적 교류〉
27. 상호 이해와 우정을 심화하기 위해 공공 및 민간 부문에서 특히 청소년 사이의 문화 교류와 인적 교류를 증진한다.

〈영사협력〉
28. 특히 관광객, 기업인, 한-아세안을 여행하는 공무원, 한-아세안 회원국에 거주하는 학생, 영주권자, 근로자 등 양측 국민 보호를 위한 영사협력을 강화한다.

〈인적자원개발, 고용 및 사회복지〉
29. 인적자원, 직업능력, 사회보험 개발을 위한 협력을 강화한다.
30. 특히 취약계층을 위한 사회복지 개선을 위한 협력을 강화한다.

〈환경과 기후변화〉
31. 한국의 저탄소 녹색 성장 이니셔티브를 환영하고, '동아시아 기후 파트너십'(East Asia Climate Partnership)을 통해 협력하여 아세안 회원국의 기후변화 대응을 지원한다.
32. 통합 수자원을 포함한 환경 관리 분야에서 한-아세안 협력을 강화한다.

자료 7-4 ┃ 한국-아세안 전략적 동반자관계 미래 비전 공동성명
(2014년 12월 12일, 부산)[4]

우리 대한민국과 동남아국가연합(ASEAN) 회원국 정상들은 대한민국과 아세안 간의 대화관계 수립 25주년을 기념하기 위해 "신뢰 구축, 행복 구현"을 주제로 2014년 12월 12일 대한민국 부산에서 한자리에 모였다.

1989년 대화 관계 수립 이후 지난 25년간 한국과 아세안의 관계가 심화되고 확장된 것에 대한 만족감을 표하고,

2004년 「포괄적 협력동반자관계에 관한 공동선언」과 2010년 「평화와 번영을 위한 한-아세안 전략적 동반자관계에 관한 공동선언」 및 공동선언 이행을 위한 행동계획(2011-2015)의 성과를 인지하며,

역내 지역 협력에 있어 아세안의 중심적 역할과 2015년 아세안 공동체 건설, 「아세안 공동체 Post-2015 비전」 및 「글로벌 공동체에서의 아세안 공동체에 관한 발

---

4 출처: 외교부, "한-ASEAN 공동성명 전문,"
https://www.mofa.go.kr/www/brd/m_4076/view.do?seq=353076&srchFr=&amp%3BsrchTo=&amp%3BsrchWord=&amp%3BsrchTp=&amp%3Bmulti_itm_seq=0&amp%3Bitm_seq_1=0&amp%3Bitm_seq_2=0&amp%3Bcompany_cd=&amp%3Bcompany_nm=&page=161

리 선언(발리 선언III)」에 대한 한국의 지지와 기여 의지를 재확인하며,

지속 가능한 발전을 구축하는데 핵심이 되는 안정적이고 평화로운 역내환경을 구축하기 위하여 역내체제에서 아세안 중심성과 리더십이 최우선적 원동력임을 재확인하고,

아세안헌장(Charter)과 동남아우호협력조약(TAC) 내에 규정된 핵심 규범, 원칙, 공동 가치를 고수하며,

지난 25년간 한국과 아세안이 상호신뢰와 존중을 바탕으로 호혜적인 협력관계를 꾸준히 발전시켜 온 것과 공동의 평화와 번영, 발전을 추구하기 위하여 정치·안보, 경제, 사회·문화를 포함한 다양한 분야에 있어 한-아세안 협력이 확대되고 심화된 것에 주목하며,

한국이 1994년 아세안지역안보포럼(ARF)과 2004년 동남아우호협력조약(TAC) 가입 이후 아세안과의 정치·안보 관계를 강화하여 역내 평화와 안정에 기여한 것을 주목하며, 2014.6월 부산에서 개최된 제18차 한-아세안 다이얼로그에서 안보이슈를 논의한 것을 포함하여 한-아세안이 행동 계획(2011-2015)에 따라 정치·안보 대화 및 협력을 강화하기 위한 진전을 환영하고, 한국과 아세안이 한-아세안 차원뿐만 아니라 아세안+3, ADMM Plus, 2013 태국과 제3차 ARF 재난구호훈련(DiREx) 공동 개최를 포함한 ARF 및 동아시아 정상회의(EAS)에서 테러리즘, 기후변화, 2011 한-아세안 산림협력협정 체결 및 최근 연장을 포함한 환경, 재난관리와 같은 주요 국제 및 초국가 과제에 대한 협력을 강화해왔음을 주목하며,

2013년도 한-아세안 교역규모가 약 1,350억불, 상호투자가 약 40억불로 증가한 것과 한-아세안 상호 방문자 수가 몇년간 연평균 5백만 명 이상으로 지속적으로 증가하고 있음에 만족스럽게 생각하며,

2007년 상품무역협정, 2009년 서비스·투자 무역협정 발효 이후 한-아세안 FTA 이행이 한-아세안 교역 및 투자 규모 확대에 긍정적 영향을 미쳤으며, 2015년까지 1,500억불 교역 목표 달성을 위하여 진전 중이고, 2015년을 목표로 추가 자유화와 상호이익을 위한 한-아세안 FTA 업그레이드에 대한 논의가 현재 진행 중임에 주목하며,

1989년 대화 관계 수립 이후 약 6,700만 불 규모의 한-아세안 협력기금이 한-아세안 교역, 투자, 기술이전, 인적 교류, 인적자원 개발 등 다양한 분야에 효과적으로 활용된 것에 주목하며,

한-메콩 협력 프레임워크 등을 포함하여 한국의 아세안 역내 개발 격차 해소와 연계성 강화에 대한 지원을 평가하며,

한-아세안 간 문화교류 확대와 동 교류 확대가 역내 경제성장 촉진 및 국민 간 상호 이해 증진, 역내 문화유산에 대한 의식 향상에 기여하여, 친교 및 상호 이해의 근간을 형성함을 인정하며,

한-ACCC(아세안 연계성조정위원회) 회의 및 한국의 아세안 연계성 태스크포스를 통하여 아세안 연계성 마스터플랜(MPAC) 이행에 진전을 보인 것을 환영하며,

아세안은 한국이 동아시아비전그룹 I (EAVG I) 및 동아시아연구그룹(EASG)

을 통해 동아시아공동체에 대한 비전을 제시하고, 제2차 동아시아비전그룹(EAVG Ⅱ)을 통해 동아시아 경제공동체를 위한 권고사항을 제시하는 데 주도적 역할을 한 것을 평가하며,

아세안 사무국은 물론 자카르타 내 아세안 상주대표위원회(CPR)와 아세안 주재 한국대표부가 한-아세안 전략적 동반자관계 심화 차원에서 이루어 낸 업적에 만족을 표하며,

한-아세안 센터가 한-아세안 간 교역, 투자, 관광, 문화 교류 활성화에 기여하고 있음을 인지하며, 동 센터에 대한 한국의 지속적인 지원에 사의를 표하며,

한국과 아세안은 아래와 같이 협력을 강화할 것을 재확인한다.

[발전 방향]

1.1. 우호적이고, 상호이익이 되며, 의미 있고 전략적인 동반자관계를 목표로 하여 한-아세안 간 대화 관계 증진을 촉진한다.

1.2. 아세안이 정치적으로 화합을 이루고, 경제적으로 통합되었으며, 사회적으로 책임성 있고, 진정한 사람 중심 및 규칙 기반의 아세안을 실현하는 데 있어, 아세안 공동체 건설 및 그 이후, 연계성 강화, 개발 격차 해소, 아세안 사무국 역량 강화에 대한 지원을 지속한다.

1.3. 역내 평화, 번영, 안정을 보장하기 위하여 진화하는 역내 체제 안에서 아세안 중심에 대한 지원을 지속한다.

1.4. 「글로벌 공동체에서의 아세안공동체에 관한 발리 선언 2011-2022(발리 선언Ⅰ Ⅱ)」및 이에 따른 행동 계획(2012-2017)의 이행 지원을 통하여 글로벌 이슈에 대한 긍정적 기여를 위한 협력을 강화한다.

1.5. 사람 중심의 아세안 공동체 건설과 한국정부의 '국민 행복' 추구 정책 간의 공동의 가치에 주목하면서 공동 번영, 돌봄과 나눔의 사회를 위한 협력을 강화한다.

1.6. 동북아와 동남아의 안보가 긴밀히 연계되었다는 이해를 기반으로, 우리는 역내 지속 가능한 평화와 안정을 증진하기 위하여 정치·안보협력을 강화하는 데 동의한다. 대화, 협력, 상호 존중 및 관용을 기반으로 역내 협력을 주도하는 아세안 중심성이 역내 신뢰와 공동의 평화를 증진하는데 기여함을 확신한다. 우리는 아세안 헌장과 TAC 및 「호혜 관계 원칙에 관한 EAS 선언(발리원칙)」 등과 같은 아세안 문서의 규범과 가치를 기반으로 역내 체제의 규범과 가치의 개발을 향한 노력을 지지한다.

1.7. 아세안과 아세안의 역동성이 동아시아 및 전세계 경제성장의 원동력이 될 것

이라는 전망 하에, 우리는 현재 진행 중인 한-아세안 FTA 개선에 대한 논의를 포함한 다양한 이니셔티브를 통해 양측간 경제 관계의 심화 및 확대를 통해 모멘텀을 활용하기로 합의한다. 또한, 우리는 교역 및 투자 관계를 더욱 심화함으로써 공동 번영의 시대를 맞이하기로 동의한다. 아울러, 우리는 풍부한 천연자원을 지닌 인구 6억의 아세안이 2015년 및 그 이후 아세안공동체를 실현하는데 있어 잠재력을 최대로 발휘할 수 있도록 긴밀히 협력하기로 다짐한다.

1.8. 개발 분야 협력 강화를 통해 빈곤 퇴치와 개발 격차를 완화함으로써 공동의 발전을 향해 협력하기로 다짐한다.

1.9. 동아시아인으로서 연대와 정체성이 역내 우호 협력의 인식의 기반을 마련할 것이라는데 공감하고, 이를 위해 한-아세안 쌍방향 문화 및 인적 교류를 증진함으로써 상호 이해를 제고하기로 한다.

[공동의 평화를 위한 정치·안보협력]

2.1. 역내 평화, 안정, 안보, 개발 및 번영을 촉진하기 위하여 아세안+1, 아세안+3, ARF, ADMM+, EAS 등 아세안이 주도하는 지역협의체 협력을 강화하고 여타 관련 지역 및 다자 협의체와의 교류를 증진한다.

2.2. 아세안을 중심으로 평화, 안정 및 경제 번영과 동아시아 통합 증진을 목표로 다양한 전략, 정치 및 경제 분야에 대한 공동의 관심과 현안을 논의하고 협력하는 정상들 간 의 포럼인 EAS를 강화하는 데 긴밀히 노력한다.

2.3. 한-아세안 다이얼로그의 한 부분으로서 안보관련 이슈 대화를 더욱 발전시킴으로써, 정치·안보 분야 협력을 강화하기로 한다.

2.4. 아세안 의회 연맹(AIPA) 및 2014.2월 출범한 한-아세안 포럼 등을 포함한 한-아세안 의회 간 교류 증진을 기대한다.

2.5. 테러 근절과 인신매매, 마약, 자금세탁, 무기 밀매, 해적, 국제 경제 범죄, 사이버 범죄, 대량학살무기 확산 등과 같은 초국가범죄를 포함한 전통 및 비전통 안보에 대한 도전에 대응하기 위한 협력을 강화한다.

2.6. 해양 안보와 안전, 자유로운 항행 및 상공비행, 상업의 자유, 자제력 발휘, 무력 및 무력사용 협박의 불사용, 1982년 UN해양법협약(UNCLOS) 및 국제민간항공기구(ICAO)의 관련 기준 및 권고 관행을 포함한 보편적으로 승인된 국제법 원칙에 따른 분쟁의 평화적 해결을 증진한다.

2.7. 환경, 연계성, 어업, 해양 수색 및 구조와 같은 해양 이슈에 대한 공동 도전과제 대응을 위한 협력을 증진한다.

2.8. 선정(good governance), 민주주의, 법치주의, 인권, 근본적 자유를 위한 협력 강화와 대화를 보다 증진하고, 종교 간 및 문명 간 대화와 협력, 중용(moderation) 증진을 권고한다.

2.9. 역내 평화와 안보, 안정을 위한 분쟁 예방과 해결, 분쟁 관리를 위한 협력을 강화한다.

2.10. 아세안 회원국의 UN 평화유지 및 분쟁 후 평화 구축 활동에 대한 적극적인 참여를 지지한다.

2.11. 역내의 전쟁 후 지뢰와 폭발성 잔여물 관련 인도주의적 측면을 논의하기 위한 노력을 지원한다. 이러한 지원은 한국의 재정, 기술, 역량 강화 지원을 포함한다. 아울러, 동 이슈를 다루기 위한 아세안역내지뢰액션센터(ARMAC)의 활동을 지지한다.

[공동의 번영을 위한 경제협력]
3.1. 한-아세안 간 경제협력을 가속화하기 위한 노력을 강화하며, 가능한 경우 상품과 서비스에 대한 시장 접근성 제고 등을 비롯하여 한-아세안 간 무역 균형 제고를 위해 경제협력 증진을 노력한다.

3.2. 무역 원활화와 여타 규제 개선을 통해 상품과 서비스 교역 및 투자 관련 상호 관심 분야에서의 협력을 강화함으로써 경제성장과 개발을 증진하고, 민간의 참여 증진을 독려한다. 한-아세안 FTA를 최대한 활용하고, 우리 경제 간 상호 보완성에 기초하여, 2020년까지 상호 교역량을 2,000억 불까지 확대하기 위해 노력한다.

3.3. 2015년 말까지 역내포괄적경제파트너십(RCEP) 협상 타결을 통해 역내 경제 파트너십과 통합 증진을 위한 노력을 지속한다.

3.4. 양측 국민의 안녕(well-being)을 위해 금융, 관세, 교통, 농업, 노동, 관광, 에너지, 식량 안보, 중소기업, 삼림, 광업, 어업, 유통, 지적재산권, 연계성, 인프라 개발과 같은 다양한 분야에서 역량 강화를 위주로 한 경제협력을 증진한다.

3.5. 인적자원 개발과 모범 관행 공유를 통해 중소기업 분야에서의 파트너십과 협력을 증진한다. 이는 중소기업의 역량 강화와 공급망 네트워크에서 산업간 연계를 증진시킬 것이다.

3.6. 한국과 아세안 간 혁신 분야 협력을 증진한다. 아울러, 한-아세안 혁신 센터 설립 제안을 평가하는 바, 동 센터는 혁신역량을 제고하고, 인적자원 개발을

최대화하며, 아세안 중소기업이 세계적으로 경쟁력 있고 아세안경제공동체 강화에 기여할 수 있도록 역량과 능력을 강화하기 위한 것이다.

3.7. 한-아세안 비즈니스 협의회의 출범을 환영한다. 우리는 한-아세안 비즈니스 협의회가 한국과 아세안 중소기업들의 상호 시장 진출 및 양측 간 교역과 투자 촉진을 지원할 기업 주도의 협의체가 되도록 협력하기로 합의한다. 이에 더해, 우리는 한국 부산에서 2014년 12월 11일 개최된 한-아세안 CEO 서미트의 성공적 개최를 환영하며, 우리 경제의 경쟁력 증진에 있어 기업가 정신과 혁신이 중요한 요소임을 확인한다.

3.8. 한-아세안 간 항공 협력에 관한 논의가 지속되고, 미얀마 만달레이에서 2014년 11월 28일 개최된 한-아세안 교통장관 회의의 작업을 증진시켜 나가기를 기대한다.

3.9. 아세안통합이니셔티브(IAI) 제2차 행동 계획(2009-2015) 및 후속 문서의 이행과 2014년 7월 서울 개최 한-메콩 외교장관회의 시 채택된 한-메콩 액션플랜(2014-2017)을 포함한 여타 소지역 경제협력 체제를 통해 역내 개발 격차 해소에 기여한다.

3.10. 에너지와 인프라 프로젝트 및 신규 협력 분야 발굴에 있어 보다 긴밀히 협력하기로 한다.

3.11. 지속 가능한 개발을 위해 정부 내의 행정 및 인적자원 역량 개발의 중요성에 주목하며, 우리는 아세안 회원국의 중견 공무원을 위한 훈련 프로그램의 확대 및 증진에 합의했다. 아울러, 한국은 아세안 내의 정책 전문가 네트워크 구축에 기여할 계획이다.

3.12. 우리는 식량 안보, 빈곤 퇴치, 지속 가능한 개발 분야에 있어 농업의 중요성에 주목하고, 농촌소득 증대와 개발 경험 공유 분야에서 다양한 사업을 통해 공동협력 방안을 모색하기로 합의한다. 다양한 사업에는 농촌정책 분야 전문지식 개발을 위한 훈련 프로그램 등이 포함된다. 이와 관련, 우리는 한국의 농촌 개발에 기여한 새마을 운동 정책의 이행에 주목한다.

[공동의 발전을 위한 사회·문화 협력]
4.1. 상호 이해와 우호 증진을 위해 공공 및 민간 분야에서 인적 교류를 증진하기로 한다. 이와 관련, 아세안은 한국의 동남아 국민 대상 비자 간소화를 위한 노력을 환영한다.

4.2. 미래 세대 간 네트워크 구축 및 확대의 필요성에 주목한다. 이를 위해, 아세안은 한국의 "한-아세안 차세대 여론 지도자 프로그램" 이니셔티브를 환영한다.

4.3. 양측을 방문하는 관광객, 사업가, 공무원과 양측에 거주하는 학생, 주재원, 근로자 등 양측 국민의 보호를 위주로 영사 협력을 강화한다.

4.4. 장학생 지원 확대, 고등교육 분야에서 학생 및 교수 교류와 공동연구 증진, 아세안 학생을 위한 기술 직업 교육 및 훈련(TVET) 확대 등 사회·경제발전을 위한 교육 및 인적자원 개발을 증진한다.

4.5. 2015년 5월 19~22일간 인천에서 개최 예정인 세계교육포럼을 포함하여 UNESCO 등 국제기구와의 협력 강화를 기대한다.

4.6. 「사회보호 강화에 관한 아세안 선언」이행 증진 및 「아세안 사회작업 컨소시엄(ASWC) 행동 계획」의 이행에서의 협력 및 지지를 통해 사회보호 분야에서의 아세안공동체 건설을 지지한다.

4.7. 다양한 컨텐츠 프로젝트의 공동 제작, 공동 재원 조달, 공동 배포 등 창조 산업 발전을 포함한 문화, 예술, 스포츠 분야 협력을 증진한다. 또한, 아세안 회원국의 멀티미디어 분야 인재 육성 및 역내 문화유산에 대한 이해를 증진하기 위해 여타 산업과 협력하기로 한다.

4.8. 아세안은 2017년을 한-아세안 문화교류의 해로 지정한 것을 환영하고, 한국내 아세안 및 동남아 문화 이해 제고를 위한 "아세안 문화원" 건립 제안을 평가한다.

4.9. 과학기술혁신 및 정보통신기술 분야 협력을 증진하고, 아세안공동체 및 그 이후의 지속 가능한 발전을 촉진한다. 양측 민간 주체 간 기술협력 강화를 위해 한국은 인적자원 개발 및 지식 공유, 과학기술 분야 협력을 위한 지원을 강화할 것이다.

4.10. 보건 분야 과제의 극복 및 양측 국민의 보건 증진을 위한 기회 활용을 위해 보건시스템 강화를 포함한 보건 이슈 관련 경험 및 지식을 공유한다.

4.11. 에볼라 바이러스를 포함한 신종 전염병(EIDs)의 위협을 인식하고, 보건 역량 강화 및 효과적인 모니터링 등 만성전염병에 대한 준비 태세와 신종전염병 예방 및 통제에 관한 정보를 공유하기로 한다. 아울러, 역내 및 국제사회의 관련 보건 기구와 조율하여 초국경 신종 전염병의 통제 관련 협력을 증진하기로 한다. 이러한 노력의 일환으로 태국이 방콕에서 2014년 12월 14~15일 아세안+3 에볼라 준비 태세 및 대응에 관한 보건장관 특별회의를 개최하기로 한 것을 환영한다.

4.12. GGGI(글로벌녹색성장연구소) 및 GCF(녹색기후기금)와의 협력 방안 모색과 기후변화에 관한 역량개발 증진 및 정보공유 등 기후변화 대응을 위한 한-

아세안 간 협력을 증진한다.

4.13. 통합수자원관리, 환경적으로 지속 가능한 도시, 환경 무해 기술 및 청정 생산, 생물 다양성 보존, 대중 인식 제고 및 교육, 해안 및 해양 환경의 지속 가능한 활용, 초국경 환경 오염 등 환경문제 해결에 있어 협력을 증진한다. 아울러, 2015년 대구·경북에서 개최 예정인 세계물포럼에 아세안 측의 참여를 독려한다.

4.14. 한-아세안 산림협정에 따라 이행중인 활동들을 환영하고, 아시아산림협력기구(AFoCO) 설립을 위해 진행 중인 논의에 주목한다.

4.15. 재난 영향 및 재난 피해 감소와 재난 발생 시 비상 공동 대응 증진을 위한 재난 관리 분야 협력을 강화한다. 이는 아세안 재난 관리에 관한 인도적 지원 조정센터(AHA 센터)와의 협력 강화, 아세안 재난 관리 및 비상 대응에 관한 협력(AADMER)의 2010-2015 워크 프로그램 및 우선협력사업의 이행 지원을 포함한다.

[아세안 연계성]
5.1. 아세안 역내 및 한국과 아세안 간 연계성 증진을 위해, 재정지원 및 기술협력, 투자, 민관협력 등의 방식을 통해 물리적 인프라, 정보통신기술, 인적 연계성 분야 위주로 아세안 연계성 마스터플랜(MPAC)의 이행을 위한 지원을 강화한다.

[역내 및 국제 이슈]
6.1. 한반도와 동북아의 지속가능한 평화와 안정의 유지가 중요하다는 데 의견을 같이한다. 이를 위해, 우리는 평화로운 방식으로 조속히 한반도 비핵화를 달성하기 위한 우리의 노력을 지속하기로 약속한다. 이러한 차원에서, 우리는 최근 한반도 정세 및 탄도미사일 발사에 대한 우려를 표명한다. 우리는 북한에 모든 관련 UN 안보리 결의 상의 국제의무와 및 9.19 공동성명상의 약속을 완전히 이행할 것을 촉구한다. 또한 우리는 대화를 증진하고, 완전하고 검증가능하며 비가역적인 비핵화의 토대를 마련하게 될 6자회담의 재개를 위해 필요한 조건 마련의 중요성을 강조한다.

6.2. 한반도의 영구적 평화와 동북아의 협력 및 신뢰를 증진함에 있어 한국의 한반도 신뢰프로세스 및 한반도 평화통일구상, 동북아 평화협력구상을 환영한다.

6.3. 지속 가능한 개발을 통한 경제 전환 및 빈곤퇴치를 위해, 2015년 및 그 이후 새천년 개발 목표(MDGs)의 달성을 위한 협력을 지속하고, UN의 post-2015 개발 의제 형성 노력을 지지한다.

6.4. 기후변화, 환경오염, 식량 안보, 에너지 안보, 전염병 등 글로벌 도전과제 대응을 위해 여러 분야간 협력을 강화한다.

6.5. 다자회의에서 한국과 아세안 간 협력 강화 및 정책 공조를 통해 세계경제의 강하고 지속 가능하며 포용적이고 균형잡힌 성장에 지속 기여한다.

6.6. 안보리를 포함한 유엔 개혁의 필요성을 재확인한다.

[이행 제도]

7.1. 남남협력 및 삼각협력 등을 통한 경험과 기술공유 및 개발협력의 심화 확대를 위한 한국의 지속 기여를 권고한다.

7.2. 아세안공동체 건설 과정에 있어, 인적자원 개발, 지식관리, ICT 시스템 업그레이드 등 다양한 프로그램을 통해 아세안 사무국의 역량 강화를 도모하는 아세안의 노력을 지지한다.

7.3. 무역, 투자, 관광, 문화 및 인적 교류를 위한 한-아세안 센터의 다양한 활동을 충분히 활용한다.

7.4. 새로 수립할 2016-2020년 행동 계획 이행에 있어 한-아세안 특별협력기금 및 한-아세안 미래지향협력기금의 효과적 활용을 통해 한-아세안 협력 및 아세안 공동체 건설을 위한 한국의 지속적인 지원을 환영한다.

7.5. 평화와 번영을 위한 한-아세안 전략적 파트너십에 관한 공동선언의 지속 이행과 동 공동선언과 여타 기존의 한-아세안 협력 메커니즘상 목표의 실현을 위해 2016~2020년간 새로운 행동 계획을 수립할 임무를 관련 당국자들에게 부여한다.

자료 7-5 ▎ 문재인 대통령, 한-아세안 미래공동체 구상
(2017년 11월 9일, 자카르타)[5]

존경하는 조이 컨셉시온 아세안기업자문위원회(ABAC) 위원장님, 아세안 경제계 지도자 여러분, 반갑습니다.

이렇게 귀한 자리에 초대해 주셔서 감사합니다.

올해는 아세안이 출범한 지 50년이 되는 해입니다. 아세안은 그동안 무역과 투자 자유화를 통해 지속적인 성장을 이루고, 안보협력으로 역내 평화와 안정을 유지해 왔습니다.

---

[5] 출처: 연합뉴스TV, "[전문] 문대통령, '한-아세안 미래공동체 구상' 발표," (2017년 11월 13일자), https://www.yonhapnewstv.co.kr/news/MYH20171113011600038?did=1947m

그리고 지난 2015년 말, '아세안공동체'를 출범시켰습니다. 다른 언어와 문화, 발전 격차를 극복한 통합이어서 더욱 값진 성과입니다.

아세안공동체의 출범은 인구 6억 3천만 명, GDP 2조 5천억 달러의 거대한 공동체, 중위연령 28세, 연 5% 성장의 젊고 역동적이고 잠재력이 큰 시장의 탄생을 의미합니다.

아세안과 한국은 서로에게 중요한 동반자입니다. 아세안은 한국의 제2위 교역상대이자, 투자처입니다. 한국도 아세안의 5번째 교역국입니다.

하지만, 단순히 경제적인 이유만은 아닙니다.

아세안과 한국은 비슷한 경험을 공유하고, 지난 역사 속에서 서로에게 힘이 되어준 친구입니다.

식민 지배의 아픔을 딛고 일어서서 민주화와 경제성장을 추구하는 같은 길을 걷고 있습니다.

한국이 전쟁으로 고통 받을 때 아세안 국가들이 도움을 주었습니다. 냉전 시대, 강대국의 틈바구니에서 생존과 자존을 지켜야 했던 어려움도 함께 했습니다. 아시아 외환위기를 서로 도와가며 함께 극복하기도 했습니다.

저와 우리 정부는 아세안과 더욱 가까운 친구가 되려 합니다. 한반도 주변 4대국 수준으로 높이겠습니다.

그 첫 번째 조치로, 취임 직후 아세안 주요국에 특사를 파견하였습니다.

그리고 오늘, 이 자리에서, 역사의 소중한 경험을 우리의 비전으로 되살린 '한·아세안 미래공동체 구상'을 밝히고자 합니다.

제가 생각하는 우리의 미래는 3P 공동체입니다.

사람과 사람, 마음과 마음이 이어지는 '사람(People) 공동체', 안보협력을 통해 아시아 평화에 기여하는 '평화(Peace) 공동체', 호혜적 경제협력을 통해 함께 잘사는 '상생 번영(Prosperity)의 공동체'입니다.

아세안 경제인 여러분!

첫째, '사람 중심의 국민외교'를 펼치겠습니다.

'사람이 먼저다'라는 저의 정치철학은 아세안이 추구하는 '사람 지향, 사람 중심' 공동체 비전과 일치합니다.

미래를 함께 하기 위해서는 마음이 통하는 친구가 먼저 되어야 합니다. 이를 위해, 정상과 정상, 정부와 정부, 그리고 기업, 학생 간 다층적인 인적 교류를 확대하겠습니다.

우선, 나부터 임기 중에 아세안 10개국을 모두 방문하여 깊은 우정을 나누겠습니다.

국민들 간 빈번한 만남과 교류는 그 출발점이 될 것입니다.

아세안 국민들이 보다 쉽게 한국을 방문 할 수 있도록 사증(Visa) 제도 개선을 검토하겠습니다. 정부가 초청하는 아세안의 장학생과 연수생도 대폭 확대하겠습니다. 아세안 중소기업 근로자의 역량 강화를 위한 직업기술교육훈련(TVET) 지원도 계속 하겠습니다. 양측의 젊은이들이 함께 공부하고, 교류하면서 미래의 지도자로 함께 성장해 나가기를 희망합니다.

지난 9월 제가 자란 부산에 아세안 대화상대국 중 최초로 '아세안 문화원'을 설립했습니다. 여기서 세계 유일의 디지털화 된 앙코르 와트 사원도 만날 수 있습니다. 한국 국민들의 아세안에 대한 이해와 교류에 크게 기여할 것입니다.

2009년 설립한 '한-아세안 센터'는 무역 박람회, 상담 등을 통해 아세안 기업의 한국 진출을 지원하고 있습니다. 아울러, '한-아세안 비즈니스 협의회', '한-메콩 비즈니스 포럼' 등 양측 경제인 간 교류도 더욱 활성화 될 것입니다.

정부는 '범정부 아세안 기획단'을 설치하여 아세안과의 협력을 종합적으로 지원하겠습니다. 아세안 주재 재외공관의 기업지원 기능과 조직도 강화하겠습니다.

둘째, '모든 국민들이 안전한 평화공동체'를 만들겠습니다.

한국에 50만 명의 아세안 국민이 살고, 한 해 600만 명의 한국인들이 아세안을 방문합니다. 인적 교류와 경제협력의 확대는 그 자체로도 서로의 안전과 평화가 중요한 이유가 됩니다.

저는 더불어 잘 사는 공동체를 넘어 위기 때 힘이 되어주는 '평화를 위한 공동체'로 발전시켜 나갈 것을 제안합니다.

우리의 '평화공동체'는 한반도 주변 4대국과 함께 아시아의 평화와 번영을 이끄는 중요한 축으로 발전할 것입니다.

이를 위해, 국방안보협력, 방위산업 협력을 더욱 강화해 나가겠습니다. 또한, 북한의 핵과 미사일 도발, 테러와 폭력적 극단주의, 사이버 위협 등 복합적 안보 위협에도 공동으로 대응해 나가야겠습니다.

셋째, '더불어 잘 사는 상생협력'을 추진하겠습니다.

저는 호혜적인 경제협력을 지향합니다. 이는, 한국 새 정부가 지향하는 "사람 중심 경제"의 철학이기도 합니다.

자유무역의 혜택을 양쪽이 함께 누려야 할 것입니다. 단순한 투자가 아니라 현지인 일자리를 늘리고, 기술 공유를 통해 해당 산업의 발전을 지원하는 투자가 되어야 합니다.

한국은 성장 과정에서 수많은 시행착오를 겪었고 이를 극복한 경험이 있습니다. 성장을 위해 노력하고 있는 아세안 국가들에게 한국은, 경험을 함께 나눌 수 있는 최적의 파트너입니다.

아세안과 한국의 협력 분야는 무궁무진합니다. 나는 오늘 그중에서, 아세안이 추구하는 역내 연계성(Connectivity)을 높일 수 있는 4대 중점 협력분야를 제시하고자 합니다.

협력은 교통 분야입니다.

한국은 베트남 하노이와 호치민의 메트로를 건설하고 있습니다. 인도네시아 자카르타의 경전철 사업도 진행하고 있습니다. 세계 최고 수준의 서울시 지하철은 한국이 경제개발과정에서 겪은 대도시 교통 문제의 해결책이었습니다. 한국은 아세안 대도시의 과밀화와 교통 문제를 함께 고민하겠습니다.

아세안 국가 간 고속철도의 건설도 역내 통합을 가속화 할 것입니다. 한국은 우수한 고속철도 건설과 운영 경험을 고속철도 건설을 희망하는 아세안 국가와 적극 공유하겠습니다.

제2협력은 에너지 분야입니다.

한국은 베트남, 인도네시아, 말레이시아, 필리핀에서 발전소 건설 협력을 추진하고 있습니다. 파리기후변화협정 당사국인 아세안과 한국은 에너지 분야에서 더 많이 협력할 수 있습니다.

인도네시아 바탐의 '에너지 자립 섬 사업'은 신재생에너지 협력의 미래를 보여줄 것으로 기대합니다.

제3협력은 수자원 관리 분야입니다.

한국은 태국 후웨이루앙강 하류유역 개발, 라오스 세남노이 수력발전, 필리핀 루존(Luzon)지역 수력발전과 불라칸(Bulacan) 주 상수도 사업, 인도네시아 까리안 세르퐁 상수도 사업을 진행하고 있습니다. 한국의 효율적인 수자원 관리와 사업 노하우도 함께 지원될 것입니다.

제4협력은 스마트 정보통신 분야입니다.

한국은 세계 최고 수준의 정보통신 인프라를 토대로 지능정보화와 산업의 스마트화를 적극 추진하고 있습니다.

4차 산업혁명의 기반이 될 5세대(5G) 이동통신망을 평창올림픽 때 시범 서비스하고, 내년 인도네시아 아시안게임에도 지원할 것입니다.

한국은 다양한 스마트시티 조성을 중점 추진하고 있습니다. 싱가포르의 스마트 네이션 건설에 참여하겠습니다. 그 경험을 다른 나라와도 나누겠습니다.

경제협력은 재정이 뒷받침 되어야 속도 있게 이뤄집니다. 한국은 아세안 관련 기금도 획기적으로 늘리겠습니다.

한-아세안 협력기금 출연규모를 2019년까지 현재의 두 배 수준인 연간 1천 4백만 달러로 확대하겠습니다. 한-메콩 협력기금은 현재의 세 배 규모로 대폭 확대하겠습니다. 한-아세안 FTA 협력기금으로 자유무역의 활용도를 높이겠습니다.

2020년까지 상호 교역규모 2천억 달러 목표를 달성할 수 있도록 하겠습니다. 또한 오늘 제시한 4개 중점 협력분야 지원을 위해 "글로벌 인프라 펀드"에 2022년까지 1억 달러를 추가로 조성하겠습니다.

존경하는 아세안 경제인 여러분!

올해는 아세안 출범 50주년, 아세안+3 창설 20주년, 한-아세안 FTA 체결 10주년의 뜻깊은 해입니다.

　저는 이 행사에 이어서 아세안 정상들과도 제 구상을 협의할 것입니다.

　정상들의 의지와 함께, 중요한 것은 양측 국민들의 참여와 협력입니다. 특히, 경제 지도자 여러분들의 관심과 협조는 필수적입니다.

　한국 정부는 경제인 여러분들의 기업활동을 적극 지원하겠습니다.

　앞으로 세달 후 한국 평창에서 동계올림픽과 패럴림픽이 개최됩니다. 올림픽을 통해 화해와 평화의 메시지를 전하기 위해 정성껏 준비하고 있습니다. 성화봉송 로봇, 자율주행 버스, 5G 이동통신, 지상파 초고화질 방송 등 최첨단 ICT 기술도 선보일 것입니다.

　한국의 평창을 찾아주십시오. 한국의 아름다운 겨울과 다양한 문화도 즐기시고, 첨단기술과 새로운 사업 기회도 찾으시기 바랍니다.

　여러분의 관심과 성원을 부탁드리겠습니다. 감사합니다.

자료 7-6 ┃ 평화 · 번영과 동반자관계를 위한 한국-아세안 공동 비전성명
　　　　　(한국-아세안 특별정상회의) (2019년 11월 26일, 부산)[6]

　우리 대한민국과 동남아시아국가연합(아세안: ASEAN) 회원국 정상들은 대한민국과 아세안 간의 대화 관계 수립 30주년을 기념하기 위해 2019년 11월 26일 대한민국 부산에서 모였다.

　1989년 대화 관계 수립 이후 지난 30년간 한-아세안 관계가 긍정적으로 발전한 것에 만족감을 표하고,

　사람, 상생 번영, 평화의 3대 축에 기반하여 한-아세안 전략적 동반자관계를 보다 강화하고 심화하는 것을 목표로 하는 대한민국의 신남방정책과, 「함께 만들어 나가는 아세안 2025」 실현을 위한 아세안의 노력에 대한 지지 등 아세안공동체 구축에 대한 대한민국의 기여를 인식하며,

　발전하는 역내 체제에서 아세안 중심성과 아세안의 선도적인 역할이 최우선적 원동력이며, 이를 통해 지속 가능한 발전에 필수적인 안정적이고 평화로운 지역 환경이 조성될 것이라는 점을 인식하고,

　유엔헌장, 아세안헌장, 동남아우호협력조약(TAC) 내에 규정된 핵심 규범, 원칙, 공동의 가치를 고수하며,

　아래의 사항에 합의한다.

---

6 출처: 대한민국 정책브리핑, "[전문] 평화 · 번영과 동반자관계를 위한 한-아세안 공동 비전성명," https://www.korea.kr/news/policyFocusView.do?newsId=148866885&pkgId=49500735#policy-Focus

1. 한-아세안 전략적 동반자관계의 미래 발전
1.1. '통합되고, 평화롭고, 안정적인 공동체'라는 아세안 비전에 대한 공통된 목표를 바탕으로 '사람 중심의 평화와 번영의 공동체'를 구축하여, 공동 번영을 누리고, 역내 항구적 평화와 안정을 실현하며, 상품과 서비스의 보다 자유로운 이동을 포함한 공동의 노력을 통해 역내 공동번영을 가속하고, 상호 이해를 증진하며, 인적 이동 및 문화 교류의 촉진을 통해 한-아세안 간 우호 관계를 심화한다.

1.2. 「평화와 번영을 위한 한-아세안 전략적 동반자관계에 관한 공동선언의 이행을 위한 행동 계획(2016-2020)」과 후속 문서들의 완전하고 효과적인 이행 등을 통해 지역 및 세계적 차원의 미래 기회와 도전에 더욱 원활하게 대응할 수 있도록 한-아세안 전략적 동반자관계를 보다 실질적이고, 역동적이며 상호 호혜적인 관계로 발전시킨다.

1.3. 대한민국과 아세안 국민들의 상호이익을 실현하기 위해 소지역·지역·다자간 협력을 지지하는 한-아세안 전략적 동반자관계를 통해 역내·국제 평화, 안보, 안정, 번영 및 협력관계 증진에 기여한다.

1.4. 대한민국과 아세안 간 실질적 협력을 더욱 증진하기 위해 한-아세안 협력기금을 촉진하고 활용한다.

2. 평화를 향한 동행 : 평화로운 지역 구축
2.1. 동남아시아의 평화와 안정이 한반도를 포함한 동북아시아의 평화와 안정과 연계되어 있음을 인지하면서, 한-아세안 간 협의를 지속하고, 진화하는 지역구도에서 아세안 중심성과 아세안 주도 지역 협의체를 지지함으로써, 평화와 안정을 위한 지역 협력을 강화한다.

2.2. 전통안보를 비롯하여, 초국가범죄, 테러리즘, 폭력적 극단주의 등과 같은 비전통 안보 이슈에 대응하기 위한 안보협력을 강화하고, 개방적이고 안전하며 안정적이고 접근 가능하며 평화로운 사이버 공간을 조성하고 역내 디지털 경제 발전을 지원하기 위해 사이버 안보협력을 더욱 강화한다.

2.3. 전략적 관계를 더욱 심화하고, 상호신뢰를 증진하며, 무력 위협 또는 행사에 의존하지 않고 보편적으로 인정된 국제법 원칙에 따른 분쟁의 평화적 해결을 추구하고, 각 급에서 우호적인 대화와 협의를 지속한다.

2.4. 해양 안보 및 안전, 역내 항행 및 상공 비행의 자유, 해양의 합법적인 이용 및 방해받지 않는 적법한 해양 무역을 증진하고, 1982년 유엔 해양법협약(UNCLOS)을 포함한 보편적으로 인정된 국제법 원칙에 따른 분쟁의 평화적 해결을

촉진한다.

2.5. 평화적 방식을 통한 한반도의 완전한 비핵화 및 항구적 평화 구축을 지지하기 위해, 아세안 주도 지역협의체를 활용하는 등 대화와 협력을 추진하고 촉진하여, 결과적으로 역내 항구적 평화와 안보, 안정에 기여토록 한다. 또한, 한반도의 평화와 안정에 기여하기 위해 아세안이 건설적인 역할을 지속적으로 수행할 준비가 되어 있음을 평가한다.

3. 번영을 향한 동행 : 경제적 동반자관계 증진

3.1. 역내 발전 및 번영의 증진을 위해서는 교역과 투자를 활성화하고 모든 형태의 보호무역주의에 반대한다는 우리의 의지를 재확인하며, 역내 개발 격차 완화를 위한 협력을 지속한다.

3.2. 역내 포용적이며 지속가능한 경제성장과 공동 번영을 촉진하기 위해 교역 증진 및 여타 규제 개선책 마련 등을 통해 한-아세안 간 교역, 투자, 연계성, 소상공인·중소기업, 스타트업 파트너십 및 혁신 등에 있어 한-아세안 간 공동 번영을 위한 경제협력을 강화하기 위해 상호 노력을 배가한다.

3.3. 4차 산업혁명에 대비한 협력을 확대하여 역내 각국 국민들이 전자 상거래, 사이버 안보, 디지털 기술, 혁신 및 정보통신(ICT) 인프라 관련 기술과 지식을 배양하게 함으로써 디지털 역량을 갖추고, 혁신적이며, 포용적인 아세안공동체를 구축한다.

3.4 인적자원 개발 및 우수사례 공유를 통해 한-아세안 간 소상공인·중소기업과 스타트업 분야 파트너십을 촉진하여 기업의 역량을 강화하고, 소상공인·중소기업을 대상으로 한 혁신의 중요성을 강조한다.

4. 연계성 증진을 위한 동행

4.1. 단절 없이 포괄적으로 연결되고 통합된 하나의 아세안은 대한민국과 아세안 모두의 번영으로 이어질 것이라는 점에 주목하면서, 「아세안 연계성 마스터플랜(MPAC) 2025」, 「아세안통합이니셔티브(IAI) 작업 계획 III」 및 그 후속 문서들과 여타 소지역 경제협력체제의 효과적인 이행을 통해 아세안 연계성 증진 및 아세안 회원국 간 개발 격차 완화를 위한 노력을 강화한다.

4.2. 역내 연계성 증진을 위해 국가 간 교역 및 인적 교류를 촉진하고 아세안 내 도로와 철도, 항공, 해상 및 디지털 연결과 같은 지속 가능한 인프라, 디지털 혁신, 원활한 물류, 규제 혁신, 인적 이동 등의 분야에서 기술 및 금융 지원을 강화한다.

4.3. 대한민국과 아세안 간 그리고 대한민국과 아세안을 넘어선 항공교통 연계성

을 증진하고, 보다 자유롭고 상호 호혜적인 한·아세안 항공협정 체결을 위한 노력을 강화한다.

4.4. 아세안 국민들을 위한 기술직업교육훈련(TVET) 프로그램 및 관련 이니셔티브, 대학 및 연구직 장학금, 교육 교류 강화를 통해 인적 연계성을 심화한다.

5. 지속가능성과 환경 협력을 위한 동행

5.1. 유엔 기후변화협약(UNFCCC) 하 파리협정의 이행을 통해 기후변화의 도전에 대응할 뿐만 아니라, 녹색발전, 순 환경제, 지속 가능한 소비와 생산을 증진함으로써, 「함께 만들어나가는 아세안 2025」와 유엔 2030 지속 가능 개발 의제 간 상호보완성을 높인다.

5.2. 천연자원의 지속 가능한 관리, 생물 다양성 보존, 재난위험 경감 및 자연 재해 관리역량 증진, 기후변화 완화 및 적응 대책 이행에 관한 협력을 강화한다.

5.3. 도시-농촌 연속체 전반에 걸쳐 삶의 질을 개선하고, 급격한 도시화에 따른 도전과제에 대응하며, 아세안 스마트시티 네트워크(ASCN) 등을 통해 지속 가능한 도시화 및 스마트시티 협력을 추진할 필요성을 재확인한다.

5.4. 농업·식량 안보 및 녹색 인프라, 교통, 에너지, 수자원 관리, 정보통신기술(ICT) 인프라 개발을 포함하여 지속 가능한 인프라 협력을 확대하기 위해 관련 사업들을 이행하고, 우수사례 및 기술을 공유함으로써 향후 포용적이고 공평한 성장의 장기적 토대를 함께 마련한다.

6. 사람을 위한 사회, 문화 파트너십 강화

6.1. 아세안 문화원 및 한·아세안 센터와의 파트너십 등을 통해 문화 교류, 인적 교류, 인적·사회적·문화적 유대를 활성화하여 역내 국민 간 오랫동안 지속되는 우호 관계 조성 및 사람 지향의·사람 중심의 한·아세안 공동체를 구축한다.

6.2. 아세안 회원국들과 대한민국 간 다양하고 풍부한 문화에 대한 상호 이해를 증진하고, 아세안에 대한 인식을 제고하며, 장학 프로그램 등을 통한 청년·인적 교류 협력 확대를 장려하고, 공동체 구축에 있어 청년 참여 및 참가를 촉진하기 위해 청년들의 사회적 기업가 정신 함양 및 자원봉사 기회 참여를 독려한다.

6.3. 역내 고령 인구의 증가 추세를 인식하고, 활동적 노화 증진 및 고령화 사회의 도전에 보다 더 잘 대응할 수 있도록 준비할 필요성을 인식한다.

6.4. 교육의 질을 향상시키기 위한 노력과 더불어 유아 교육, 평생 교육, 21세기 기술훈련 등을 포함한 포용적 교육을 촉진하고, 정보통신기술(ICT)의 활용을 통한 혁신을 장려한다.

자료 7-7 ┃ 사람 · 번영 · 평화의 동반자관계 구축을 위한 한강 · 메콩강 선언
(2019년 11월 27일, 부산)[7]

우리 대한민국, 라오인민민주공화국, 미얀마연방공화국, 타이 왕국, 베트남 사회주의공화국 정상들과 캄보디아 왕국 부총리 겸 외교장관은 제1차 한-메콩 정상회의를 위해 2019년 11월 27일 대한민국 부산에 모였다.

2011년 한-메콩 협력 출범 이후 우리가 확인해 온 다양한 분야의 협력 성과와 한-메콩 파트너십 증진을 위한 참여국들의 지속적인 양자 및 다자적 노력을 평가하고;

한-메콩 협력의 정상급 격상과 한-메콩 관계 심화에 높은 우선순위를 부여한 대한민국과 메콩 국가들의 노력을 환영하며;

대한민국과 메콩 국가에 상호이익과 공동번영을 가져올 풍부한 천연 · 인적자원에 기반한 메콩 지역 경제성장과 발전의 막대한 잠재력을 확인하고;

아세안공동체 실현을 가속화하기 위한 역내 개발격차 완화 및 지역 연계성 증진을 위해 아세안이 「아세안 통합구상(IAI)」 등을 통해 노력하고 있고, 대한민국이 이에 기여하고 있음을 상기하며;

대한민국의 메콩 국가에 대한 공적개발원조(ODA) 확대 약속과, 역내 지속 가능한 발전을 위한 협력을 강화하기 위해 대한민국과 메콩 4개 개발협력 파트너 국가 간 양해각서가 체결되는 것을 환영하고;

한-메콩 협력기금 확대를 평가하고, 메콩 국가의 수요에 부합하는 실질협력 진전을 위해 동 기금을 활용하겠다는 의지를 재확인하며;

대한민국과 메콩 국가 간 경제적 상호보완성과 문화적 유사성이 양측 간 협력 진전을 촉진하게 될 것을 이해하고;

한-아세안 대화관계 수립 30주년을 환영하며, 한-아세안 협력이 다양한 분야에서 확대되고 심화되었으며, 이는 역내 평화와 안정을 증진시키고 경제발전을 촉진하여 한-메콩 협력 또한 상호 강화되었음을 평가하며;

메콩 국가와 파트너십을 강화하고 심화시켜 나가겠다는 대한민국의 의지와 신남방정책을 평가하고, 이는 개방성, 포용성, 투명성, 국제법 및 규범 존중 원칙에 기반한 여타 지역 협력 구상 및 메커니즘과의 시너지를 통해 발전할 수 있음을 확인하며;

이에 따라 대한민국과 메콩 국가 간 '사람, 번영, 평화의 동반자관계'를 구축하기로 하고, 아래와 같이 합의한다.

I. 한-메콩 협력 평가

1. 「한-메콩 행동 계획(2014-2017)」 및 「한-메콩 행동 계획(2017-2020)」에 반영되

---

[7] 출처: https://www.newsis.com/view/?id=NISX20191127_0000842715&cID=10301&pID=10300

어 있는 2011년 「상호번영을 위한 한-메콩 포괄적 파트너십 구축에 대한 한강선언」의 긍정적인 이행 성과를 인식한다.

2. 공적개발원조와 한-메콩 협력기금을 통한 협력이 역내 평화와 번영에 기여하였음을 평가하고, 이러한 기여가 각국의 수요를 토대로 해당 국가와 긴밀한 조율 하에 진행되었음을 평가한다.

3. 지역 경제발전을 위해서는 민간 부문의 역할이 중요함을 강조하며, 2013년 출범 이래 한-메콩 비즈니스 포럼이 각국의 비즈니스 환경에 대한 이해를 제고하고, 한-메콩 기업인 간 만남과 협력을 촉진하는 유용한 장을 제공하였음을 확인한다. 또한 2019년 방콕에서 대한민국과 태국의 공동주최로 개최된 제7차 한-메콩 비즈니스 포럼의 결과를 평가한다.

II. 한-메콩 미래협력 방향

4. 2011년 「상호번영을 위한 한-메콩 포괄적 파트너십 구축에 대한 한강선언」의 6대 우선협력분야에 기반한 한-메콩 협력이 역내 상호이익과 번영을 가져왔음을 재확인하고, 한-메콩 협력이 대한민국의 신남방정책, 「애크멕스(ACMECS) 마스터플랜(2019-2023)」, 「함께 만들어 나가는 아세안 2025」, 「유엔 2030 지속가능발전의제」와 시너지를 발휘하고, 급변하는 지역 및 국제 환경에 적극 대응하기 위해 한-메콩 우선협력분야를 재조정한다.

5. 신남방정책의 주요 축이기도 한 사람, 번영, 평화의 3대 축과 7대 신규 우선협력 분야(①문화·관광, ②인적자원개발, ③농업·농촌 개발, ④인프라, ⑤정보통신기술(ICT), ⑥환경, ⑦비전통안보협력)에 따라 한-메콩 협력을 지속한다.

(1) 포용적 사회를 위한 인적 협력

6. 아세안공동체를 위한 아세안의 노력과 대한민국의 신남방정책은 누구도 소외되지 않는, 사람 중심의 · 사람 지향의 공동체를 달성하겠다는 공동의 비전을 추구하고, 대한민국과 메콩은 경제적, 재정적, 사회적 포용성을 보장하는 사람 중심의 협력에 기반한 파트너십을 발전시켜 나갈 것을 재확인한다.

7. 메콩 지역 내 지속 가능한 스마트 문화·관광 발전을 위해 문화유산 보존·복원과 같은 양측 간 공동 사업을 통한 협력을 강화하며, 이러한 협력은 인적 교류 확대와 상호 이해 증진의 원동력이 될 것이다.

8. 한-메콩 협력 10주년을 기념하여 참여국들 간 문화·관광 협력 증진의 계기가 될 '2021 한-메콩 교류의 해' 지정을 환영한다.

9. 역내 지속가능한 발전과 번영을 위해, 직업교육훈련을 확대하고 고등교육 역량

강화, 이러닝 자원 개선 및 한국어 교육 확대 등 교육 분야 협력 강화를 통해 인적자원개발을 위해 함께 노력한다.

10. 메콩 국가 주민들의 양질의 필수 의료 서비스 및 안전하고 효과적인 의약품에 대한 접근을 보장하는 보편적 의료 보장(UHC)을 달성하기 위해 보건협력을 강화한다.

(2) 경험 공유를 통한 번영

11. 대한민국이 경험한 고속 경제성장인 '한강의 기적'과 같이 메콩 지역의 경제발전과 번영을 위해 함께 노력한다.

12. 한국개발연구원(KDI)-미얀마개발연구원(MDI), 대한무역투자진흥공사(KOTRA)-미얀마무역진흥기구(MYANTRADE), 한국과학기술연구원(KIST)-한·베트남과학기술연구원(V-KIST) 등 대한민국과 메콩 국가의 다양한 기관 간 협력을 통해서도 확인할 수 있듯, 개발경험 공유에 대한 대한민국의 의지를 환영하며, 역내 공동번영을 위해 한국국제협력단(KOICA)과 태국국제협력단(TICA) 간 협력을 더욱 강화한다.

13. 농업과 농촌 개발에 대한 집중이 우리 국가들이 발전할 수 있었던 토대였다는 공통의 이해를 바탕으로 메콩 국가 농촌지역의 생산성 향상과 주민들의 소득 증대를 위한 농업·농촌 개발 협력을 강화한다.

14. 농촌종합개발사업, 새마을운동, 에너지 자립형 마을 구축 등 다양한 협력사업을 통한 대한민국의 메콩 지역 농촌 개발에 대한 기여를 환영한다.

15. 도로, 교량, 철도, 항만 건설 분야 협력사업을 통해 지역 연계성을 증진하고, 메콩 지역의 인프라 개선에 기여한 대한민국의 대외경제협력기금(EDCF)을 통한 협력을 강화한다.

16. 정보통신기술(ICT)이 역내 혁신, 지속가능한 경제발전과 번영의 원동력이라는 인식 하에 4차 산업혁명을 향한 디지털 경제와 역내 기술 진보를 촉진할 전자정부와 스마트시티 등 정보통신기술 활용 사업들을 발전시킨다.

17. 대한민국과 메콩 국가의 민간 부문, 특히 소상공인·중소기업과 스타트업 기업의 역내 사업 및 투자 기회를 모색하고, 기업인 간 교류와 협력이 심화될 수 있도록 장려한다.

18. 기업인 공동체의 무역 및 투자기회 확대의 견고한 토대가 될 '한-메콩 기업인 협의회' 설립과 각국 기업인 단체 간 양해각서 체결을 환영한다.

19. 대한민국 기업의 잠재적 생산기지 중 하나로 알려진 메콩 지역의 생산비 절감과 산업 발전 지원을 목표로 하는 참여국들의 지역 내 및 지역 간 가치사슬 증진에 대한 높은 기대감을 표명한다.

20. 대한민국과 캄보디아 왕국 간 이중과세방지협정이 체결됨으로써, 대한민국이 메콩 5개국과 이중과세방지협정을 모두 체결한 것을 환영한다.

(3) 지속가능한 발전을 위한 평화

21. 수자원 관리, 생물 다양성, 산림 관리 및 환경 인프라 분야에서의 협력을 통해 메콩 지역의 환경을 보호·보존하고, 역내 녹색 성장과 지속 가능한 발전을 위한 경제협력을 모색하기 위해 우리의 노력을 강화한다.

22. 메콩 지역의 생물 다양성 보존에 기여하고 상호 협력과 녹색성장 발전을 위해 공정하고 평등한 방식으로 지속가능한 생물자원을 활용하기 위한 '한-메콩 생물다양성 센터'를 설립한다.

23. '한-메콩 수자원 공동연구센터'를 대한민국에 설립하여 지속 가능하고 통합된 수자원 관리를 위한 협력을 촉진하고, 메콩강 유역 발전의 지속가능성 보장 및 역내 공동 도전에 대응하기 위해 협력사업을 지속한다.

24. 대한민국, 메콩강위원회(MRC), 메콩 국가 내 관련 기관과 수자원 공동연구에 관한 양해각서를 체결해 수자원 관리 협력을 강화하기 위한 공동의 노력을 환영한다.

25. 훼손된 토지와 산림의 재건 및 복원 협력을 통해 평화와 신뢰 구축을 증진하고자 대한민국이 제안한 평화산림구상을 지지하고, 역내 지속 가능한 발전을 촉진하고 산림지역 자연재해로 인한 도전에 대응하기 위해 한-메콩 산림협력센터(KMFCC)와 아시아산림협력기구(AFoCO) 차원의 산림 협력을 강화한다.

26. 기후변화와 홍수·가뭄·산불 등 자연 재해, 불법 약물·마약 밀매·인신 매매·자금 세탁·국제경제 범죄·사이버 범죄 등 초국경 범죄를 포함한 비전통 안보 도전에 대응하기 위한 협력을 촉진하고, 메콩 국가의 재난 복원력 강화를 위한 협력을 지속한다.

27. 전쟁잔존폭발물 제거 및 피해자 지원, 농촌 개발, 환경 보호 등을 포함하는 포괄적 개발 협력사업인 '한-메콩 미래 평화공동체 조성' 프로그램을 통해 메콩 지역이 평화와 안전의 공간이 될 수 있도록 지원하고자 하는 대한민국의 구상을 환영한다.

III. 기존 메커니즘과의 협력

28. 아예야와디-짜오프라야-메콩 경제협력전략(ACMECS), 캄보디아-라오스-베트남 개발삼각지역(CLV-DTA), 캄보디아-라오스-미얀마-베트남(CLMV) 협력, 메콩강위원회(MRC), 확대메콩지역경제협력(GMS), 메콩하류지역협력이니셔티브(LMI), 메콩우호국회의(FLM), 메콩-일본 협력, 메콩-란창 협력(MLC), 메콩-강가 협력(MGC) 등 메콩 관련 여타 구상 및 메커니즘과 한-메콩 협력 메커니즘 간 시너지를 추구한다.

29. 대한민국의 애크멕스 개발파트너 참여와 「애크멕스 마스터플랜(2019-2023)」을 추동할 애크멕스 우선협력사업을 이행하겠다는 계획을 평가하며, 동 사업 이행시 한-메콩 협력의 7대 우선협력분야를 고려하여 한-메콩 협력과 한-애크멕스 협력 간 상호보완성을 증진시킨다.

IV. 지역 및 국제 정세

30. 한반도 평화와 안정을 위한 대한민국과 메콩 국가의 노력을 환영하고, 평화롭고 안정적인 역내 환경이 메콩 국가와 대한민국의 상호번영에 중요하다는 확고한 신념에 기초하여 한반도의 완전한 비핵화와 항구적 평화 실현을 위해 함께 긴밀히 노력하기로 약속한다.

31. 해양 안보 및 안전, 역내 항행 및 상공 비행의 자유, 해양의 합법적인 이용 및 방해받지 않는 적법한 해양 무역을 증진하고, 1982년 유엔 해양법협약(UNCLOS)을 포함한 보편적으로 인정된 국제법 원칙에 따른 분쟁의 평화적 해결을 촉진한다.

32. 자유무역과 투자가 지역 발전과 번영의 견실한 기반이었음을 재확인하고, 투명하고, 자유롭고, 개방적이며, 포용적이고, 규범에 기반한 WTO 중심의 다자무역체제를 유지하기 위한 공약을 재강조하며, 어떠한 형태의 보호무역주의도 반대한다.

V. 한-메콩 협력 메커니즘

33. 한-메콩 정상회의를 매년 아세안 관련 정상회의시 개최하여 최고위급의 지속 가능한 대화 메커니즘을 수립하고, 한-메콩 협력을 심화시켜 나간다. 대한민국과 메콩 1개 국가가 공동의장을 수임하고, 메콩 국가의 의장직은 알파벳 순서에 따라 순환한다. 대한민국에서의 한-메콩 정상회의는 참여국의 총의에 기반해 개최된다.

34. 정상회의 준비 및 후속 조치 점검을 위해 외교장관회의와 고위관리회의를 매

년 개최한다.

자료 7-8 ▎ 제2차 대한민국-메콩 정상회의 공동성명
(2020년 11월 13일, 비디오회의)[8]

1. 제2차 한-메콩 정상회담이 2020년 11월 13일 화상회의를 통해 개최되었다. 회의의 공동 의장은 H.E. 문재인 대한민국 대통령과 H.E. 응우옌 쑤언 푹(Nguyen Xuan Phuc) 베트남 사회주의 공화국 총리, 라오스 인민민주주의공화국 및 태국 왕국의 국가/정부 수반, 캄보디아 왕국의 부총리, 경제재정부 장관, 미얀마 연방공화국 국제협력부 장관이 참석했다.

2. 우리는 지난 10년간 한-메콩 협력이 의미 있는 진전을 이룩한 것을 환영하고, 협력이 정상회담 수준으로 성공적으로 격상된 2019년 11월 27일 부산에서 개최된 제1차 한-메콩 정상회담의 결과를 검토했다. 우리는 또한 제1차 정상회담을 계기로 채택된 '사람, 번영, 평화를 위한 파트너십 구축을 위한 메콩강 선언'이 한-메콩 협력을 더욱 강화하는 소중한 기반을 마련했다는 점을 인식했다.

3. 우리는 2011년 출범 이후 한-메콩 협력이 사람 중심의 평화와 번영의 역내 평화 공동체를 만들기 위한 공동의 비전을 공유하면서 더욱 강화된 데 만족감을 표명했다. 이러한 놀라운 진전을 바탕으로 우리는 한-메콩 협력을 사람, 번영, 평화를 위한 전략적 파트너십으로 격상시키기로 합의했다.

4. 우리는 코로나19 팬데믹으로 인한 전례 없는 공중보건 문제와 그것이 메콩 지역 주민들의 생계에 미치는 광범위한 사회경제적 영향에 대해 심각한 우려를 표명했다. 우리는 기후변화의 부정적인 결과로 인한 메콩강의 장기간 가뭄과 염수 침입, 그리고 인명 손실, 재산 피해, 이재민을 초래한 최근 이 지역의 파괴적인 돌발 홍수, 산사태, 열대성 폭풍이 국민 생활에 심각한 영향을 미친다는 점에 대해 우려를 표명했다. 메콩강 국가 정상들은 또한 메콩강 국가들과 함께 팬데믹 및 자연재해에 대처하기 위한 한국의 물질적, 재정적 지원에 대해 사의를 표명하고, 이러한 글로벌 및 지역적 대응에 있어 보다 탄력적인 커뮤니티 구축을 위해 지식과 전문 지식을 공유하려는 6개국의 노력을 높이 평가했다. 우리는 이러한 문제를 해결하기 위해 양자 및 다자 차원에서 협력을 육성하겠다는 우리의 지속적인 의지를 재확인했다.

---

8 출처: 외교부, "2nd Mekong-ROK Summit Joint Statement(November 13, 2020)," https://www.mofa.go.kr/www/brd/m_3923/view.do?seq=362153 (가역)

5. 우리는 2017~2020년 한-메콩 행동 계획 이행에 있어 의미 있는 진전을 인정하고, 제10차 한-메콩 외교장관회의를 계기로 새로운 2021~2025년 행동 계획 채택을 환영했다. 우리는 새로운 행동 계획이 더욱 견고한 파트너십을 육성하기 위한 보다 포괄적인 지침을 제공할 것이라는 견해를 공유했다. 우리는 또한 내년부터 열리는 한-메콩 정상회담에 행동 계획 이행 경과 보고서를 제출하기로 한 결정을 환영했다.

6. 메콩강 정상들은 한국의 신남방정책에 대한 지지를 재확인하고, 문 대통령이 2020년 11월 12일 한-아세안 정상회의 계기에 발표한 신남방정책플러스(NSPP)를 환영하였으며, 미래를 위해 이 지역에서 더욱 강력한 파트너십을 구축하는 것을 목표로 한다. 우리는 NSPP의 새로운 이니셔티브가 지속 가능한 개발을 위한 2030 의제뿐만 아니라 아세안공동체 비전 2025, IAI 작업 계획 III 2016-2020, IAI 작업 계획 IV 2021-2025를 포함한 아세안 주도 이니셔티브 및 UN과 더 큰 시너지 효과를 창출할 것이라는 견해를 공유했다.

7. 우리는 한-메콩 협력의 3대 기둥인 사람, 번영, 평화와 한-메콩강 선언에 명시된 새로운 7대 우선 분야—(i) 문화 및 관광, (ii) 인적자원 개발, (iii) 농업 및 농촌 개발, (iv) 인프라, (v) 정보 통신 기술(ICT), (vi) 환경, (vii) 비전통적 안보 과제—를 기반으로 협력을 더욱 강화하겠다는 의지를 재확인했다. .

8. (문화관광) 우리는 한-메콩 협력이 경제·금융·사회적 포용성을 보장하는 사람 중심, 사람 중심의 발전을 목표로 한다는 점을 거듭 강조했다. 우리는 문화유산 보존과 복원 분야에서 우리의 확고한 협력을 만족스럽게 평가했다. 우리는 또한 문화교류를 통한 상호 이해 증진과, 한국과 메콩강 관광의 지속 가능하고 스마트한 발전을 통한 인적 교류 증진의 중요성도 강조했다.

9. (인적자원개발) 우리는 숙련된 노동력 구축과 역내 공동번영 달성을 위한 인적자원개발의 가치를 강조하고, 고등교육, 이러닝, 기술직업교육 분야의 역량강화에서 이룩한 진전을 평가하고, 훈련(TVET). 우리는 한국개발연구원(KDI)과 미얀마개발연구원(MDI)을 포함하여 각국 기관 간 지식과 경험 공유를 위한 한-메콩의 긴밀한 협력에 만족감을 표하고, 가상 컨퍼런스를 환영했다. 2020년 미얀마 총선을 지지하기 위해 한국과 미얀마 관계기관이 함께 코로나19 팬데믹 속에서도 한국의 선거 실시 경험을 공유하기 위해 2020년 10월 7일 개최됐다. 우리는 또한 메콩강 국가들의 한국어 교육이 메콩강 국가들과 한국 간 사회·문화적 이해 증진에 기여했음을 재차 확인했다. 우리는 대학, 직업훈련원 등 지역 기관 간의 긴밀한 협력을 기대하고 한국 기업과의 협력을 장려했다.

10. (농업 및 농촌 개발) 우리는 메콩 지역의 지속 가능한 발전을 촉진하고 개발 격차를 해소하려는 한국의 의지를 확인하고, 메콩 지역 국민의 역량을 향상시킨

한국의 농촌 개발 사업 성과를 환영했다. 농촌통합개발사업, 새마을운동, 에너지자립에너지타운사업 등이 그것이다. 우리는 또한 모범 사례, 정보, 기술 및 혁신을 공유함으로써 농업 및 농촌 개발, 특히 기후 스마트 농업 및 양식 분야에서의 협력 강화가 농촌 지역 사회의 생산성을 향상하고 기후변화 및 기후 관련 위험에 대한 농촌 가구의 회복력을 향상시킬 것이라는 견해를 공유했다.

11. (인프라) 우리는 2025 아세안 연계성 마스터플랜에서 강조한 대로 지역 연계성 증진을 위한 공동 노력을 재천명하고, 대외경제협력기금(Economic Development Cooperation Fund, EDCF) 등을 통해 도로, 교량, 철도, 항만 건설 협력을 강화하겠다는 의지를 재확인했다. 우리는 또한 지역 무역과 투자를 촉진하고 이를 통해 태국 동부경제회랑(EEC)에 대한 투자 협력, 미얀마 한국 데스크 설립; 캄보디아-한국 우정의 다리 건설; 라오스 내륙 수로 운송 프로젝트; 한국 센터(VITASK 센터)에서 베트남 기술 자문 및 솔루션 설립; 메콩 국가의 다양한 스마트 시티 프로젝트를 포함해 더욱 강력한 지역 연결성을 달성하기 위한 한국과 메콩강 국가 간의 양자 및 다자간 협력을 환영했다. 우리는 또한 기업 친화적인 환경을 조성하고, 중소기업(MSME)과 스타트업의 디지털 인프라에 대한 더 나은 접근을 촉진하고, 경제 활동과 지역 사업가들 간의 소통을 향상시키기 위한 무역 및 투자 기회를 창출하기 위해 계속 협력하기로 합의했다.

12. (ICT) 우리는 혁신을 촉진하고 4차 산업혁명에 대한 대비 능력을 향상시키는 데 있어서 정보통신기술(ICT)이 중요한 역할을 한다는 데 동의했다. 우리는 스마트시티 구축, 디지털 정부 등 ICT 주도 프로젝트에서 한-메콩 협력의 진전을 평가하고, 사회·경제적 발전을 촉진하는 데 기여할 수 있는 관련 분야의 더욱 발전에 대한 열망을 표명했다. 우리는 또한 한국과 메콩 국가 기관 간의 우수사례와 전문 지식 공유가 ICT 경쟁력을 높이고 혁신의 기회를 창출했다고 평가했다. 우리는 거버넌스에 ICT의 폭넓은 적용을 지속적으로 촉진하고 사이버보안, 5G, 인공지능, 빅데이터 분야의 협력을 강화하겠다는 약속을 재확인했다.

13. (환경) 우리는 지역의 지속 가능한 발전과 공동번영을 달성하기 위해 환경 보호 및 보존, 수자원 관리, 기후 회복력의 중요성을 강조했다. 우리는 특히 한-메콩 수자원협력연구센터(KMCRC)를 통해 기후변화와 염수 침입, 가뭄, 홍수 등 자연재해로 인한 물 관리 문제를 해결하는 등 수자원 관리에 대한 긴밀한 협력에 만족감을 표시했다. 우리는 한-메콩 협력과 메콩강위원회(MRC) 간의 협력을 더욱 강화하고, KMCRC와 MRC가 체결한 MOU의 이행을 가속화하기로 합의했다. 우리는 또한 평화산림이니셔티브(PFI)에 대한 지지를 재확인하고, 산림 및 황폐화지 복원을 위한 한-메콩 산림협력센터(KMFCC)와 아시아산림협력기구(AFoCO)의 헌신을 높이 평가했다. 우리는 메콩 지역의 생물 다양성 보전을 위한 우리의 강력한 의지를 재확인하고, 미얀마 한-메콩 생물다양성센터 설립의 진전

을 환영했다.

14. (비전통적 안보 과제) 우리는 글로벌 팬데믹, 자연재해, 기후변화, 불법 마약 및 마약 밀매, 인신매매, 돈세탁, 불법마약 밀매 등 초국가적 범죄 등 비전통적 안보 과제를 해결하기 위한 공동 노력의 필요성을 강조했다. 국제경제범죄, 사이버 범죄, 테러. 우리는 한국과 메콩 지역의 초국가적 범죄에 대처하기 위해서는 경찰 간 범죄 정보, 지식, 수사 기술을 공유하는 것이 필수적이라는 데 의견을 공유했다. 우리는 코로나19 팬데믹 시대에 메콩강 국가들과 한국이 굳건히 함께 할 것이며, 코로나19 대응과 보편적 의료보장(UHC)에 대한 전문 지식과 경험을 공유하기 위해 계속 노력할 것임을 재확인했다. 우리는 또한 해수 침입, 홍수, 열대성 폭풍, 가뭄 등 자연재해 위험을 줄이는 데 있어 긴밀한 협력의 가치를 평가하고, 그러한 재난 이후의 복구 및 재건, 증가하는 기후 비상 상황에 대처할 수 있는 회복력 구축, 적시 대응 역량을 강화하기 위한 모니터링 및 조기 경보 시스템 개발에 있어 지속적인 협력의 중요성을 강조했다. 우리는 재난 관리 및 비상 대응에 관한 아세안 협정(AADMER)의 작업 프로그램 2021-2025를 계속해서 이행하기로 합의했다. 우리는 또한 전쟁잔재폭발물(ERW) 제거 및 피해자 지원의 중요성을 평가하고, 한-메콩 미래평화공동체 프로그램이 역내 평화와 안보 증진에 이룬 성과에 경의를 표했다.

15. 우리는 지난 30년간 한-메콩 국가 간 개발협력이 메콩 지역의 경제성장과 지속가능한 발전에 기여한 실질적인 성과에 대해 큰 만족을 표했다. 메콩강 국가 정상들은 한국 정부의 아세안(ASEAN) 국가에 대한 공적개발원조(ODA)를 확대하겠다는 약속을 환영했다. 우리는 새로 체결된 두 기관 간의 실행 계획 2020-2022를 기반으로 공동 훈련 프로그램 제공 및 전문가 파견 등을 통해 한국과 메콩 국가 간 파트너십과 협력을 증진할 태국국제협력단(TICA)과 한국국제협력단(KOICA) 간 협력의 고유한 가치를 인식했다.

16. 메콩강 국가 정상들은 메콩 지역의 수요 기반 협력 발전에 한-메콩 협력 기금(MKCF)이 실질적으로 기여한 점을 높이 평가했다. 정상들은 2013년 이후 한국이 MKCF에 총 1,042만 달러를 출연한 데 대해 사의를 표명하고, 2020년에 300만 달러로 기금이 크게 증가한 것과 향후 몇 년간 이 기금에 대한 한국의 기여를 더욱 늘리겠다는 약속을 환영했다.

17. 우리는 메콩 지역의 경제통합을 촉진하는 데 있어서 민간 부문의 핵심 역할의 중요성을 강조했으며, 특히 코로나19 팬데믹 기간 동안 양국 기업이 보여준 엄청난 노력에 큰 격려를 받았다. 이와 관련, 올해 말 하노이에서 개최되는 제8차 한-메콩 비즈니스 포럼이 기업 간 상호 교류 및 정보 공유의 소중한 기회가 될 것으로 기대를 표명했다. 우리는 또한, 제1차 한 메콩 정상회담을 계기로 한-메콩 비즈니스협의회 설립이 앞으로도 역내 무역과 투자 활성화를 위한 기반이 될

것임을 재확인했다.

18. 우리는 한-메콩 협력 10주년을 기념하여 '2021년 한-메콩 교류의 해' 지정을 다시 한번 환영한다. 이는 한-메콩 협력을 더욱 강화하고 상호 이해를 도모하며 6개국 국민의 연대를 심화하는 귀중한 기회가 될 것이다. 2021년 교류의 해를 맞이하여 6개국 국민이 참여할 수 있는 다양한 행사를 개최하여 긴밀히 협력해 나가기로 했다.

19. 우리는 한-메콩 협력과 아세안, 그리고 메콩강 위원회(MRC), 에야와디-차오프라야-메콩 경제협력 전략(ACMECS), 캄보디아-라오스-미얀마-베트남 협력(CLMV), 캄보디아-라오스-베트남 개발 삼각 지역(CLV-DTA), 메콩-미국 파트너십(MUSP), 메콩 우호국(FM), 그레이터 메콩 소지역 경제협력(GMS), 메콩-일본 협력, 메콩-란캉 협력(MLC) 및 메콩-강가 협력(MGC) 등 기타 메콩 관련 협력 이니셔티브 및 메커니즘 간 더 큰 시너지 창출의 필요성에 주목했다. 메콩강 국가 정상들은 또한 ACMECS-ROK 협력 프로젝트에 대한 한국의 재정적 기여를 높이 평가하고, ACMECS 마스터플랜(2019-2023)의 틀 내에서 긴밀히 협력하겠다는 의지를 표명했다.

20. 우리는 정보와 경험을 공유하고, 질병 예방 및 통제에 필요한 의료용품과 장비를 적시에 제공하기 위해 긴밀히 협력함으로써 세계 보건 위기에 대처하기 위한 공동 노력의 가치를 평가했다. 우리는 코로나19를 극복하기 위한 노력에 확고한 의지를 갖고, 팬데믹으로 인한 부정적인 사회경제적 영향을 최소화하기 위해 모범 사례와 전문 지식을 교환할 것임을 재확인했다. 우리는 코로나19의 영향으로 고통받는 사람과 기업, 특히 중소기업, 빈곤층 및 취약계층을 지원함으로써 정책 부양을 포함하여 자신감을 높이고 경제 안정성을 개선하기 위한 적절한 조치의 시행을 장려한다. 우리는 또한 6개국 기업인 활동에 유리한 여건을 조성하고 경제를 활성화하기 위해 역내 상호신속통로 절차를 마련해 필수적인 인력 이동을 촉진하기로 합의했다.

21. 우리는 모든 사람을 위한 안전하고 효과적인 코로나19 백신에 대한 저렴하고 공정하며 공평한 접근을 보장한다는 목표와 WHO, GAVI(백신 및 예방접종을 위한 글로벌 동맹), CEPI(전염병 대비 혁신 연합), IVI (국제 백신 연구소) 및 기타 관련 국제 이니셔티브에 대한 지지를 강조했다.

22. 우리는 안정적이고 평화로운 지역 환경이 한·메콩 국가 간 공동번영을 달성하는 데 무엇보다 중요하다는 점을 강조했다. 한반도의 진정한 평화와 번영은 지속 가능한 대화를 통해서만 이룰 수 있다는 점을 재확인하면서, 한반도의 완전한 비핵화와 항구적 평화 구축을 위해 양측이 긴밀히 협력해 나가기로 했다.

23. 우리는 남중국해 상공 비행 및 항행의 평화, 안보, 안정, 안전, 자유를 유지하고 증진하는 것이 중요하다는 점을 재확인했다. 우리는 또한 1982년 유엔해양법협약(UNCLOS)을 포함하여 보편적으로 인정된 국제법 원칙에 따라 분쟁의 평화적 해결을 추구할 필요성을 재확인했다.

24. 우리는 역내 무역 및 투자를 위한 시장 개방을 유지하기 위한 협력의 중요성을 강조하고, 메콩 지역 산업 발전을 지원하기 위해 역내 및 역내 공급망의 지속가능성과 회복력을 보호하겠다는 약속을 재차 강조했다. 우리는 또한 WTO가 주도하는 투명하고, 자유롭고, 개방적이며, 포용적이고, 비차별적이며, 규칙 기반의 다자간 무역 체제를 유지하기 위한 지속적인 노력을 강조하고, 코로나19의 경제적 영향을 완화하기 위해 함께 협력하기로 합의했다.

25. 우리는 한-메콩 협력 10주년을 맞는 2021년 제3차 한-메콩 정상회담 및 제11차 한-메콩 외교장관회담을 캄보디아와 한국이 공동의장으로 개최하기로 합의했다. 회의 형식은 메콩강 국가들과 한국 간 합의에 의해 결정될 것이다.

자료 7-9 | 윤석열 정부, '자유, 평화, 번영의 인도 · 태평양 전략'
(2021년 11월 11일, 프놈펜)[9]

I. 추진 배경 : 인도-태평양 지역의 전략적 중요성

대한민국은 인도-태평양 국가이다. 인태 지역의 안정과 번영은 대한민국의 국익에 직결된다. 세계 인구의 65%가 거주하는 인태 지역은 세계 GDP의 62%, 무역의 46%, 해양 운송의 절반을 차지한다. 또한, 반도체를 비롯한 미래 전략 산업의 핵심 협력 국가들이 소재하는 경제 · 기술적 역동성이 높은 지역이다.

인태 지역의 전략적 중요성에 주목하여 이미 역내외 주요국들은 독자적인 인태 전략을 제시하고 관여를 적극적으로 확대하고 있다. 대한민국도 윤석열 정부 출범과 함께 우리 고유의 인태전략을 구상해 왔다. 대한민국의 인태전략은 경제와 안보를 아우르는 포괄적 지역 전략으로, 우리 대외정책의 예측 가능성을 높이고 전략적 활동 공간을 넓힐 것으로 기대된다.

---

[9] 출처: 외교부, "자유, 평화, 번영의 인도-태평양전략,"

https://www.mofa.go.kr/www/brd/m_4080/view.do?seq=373216&srchFr=&srchTo=&srchWord=&srchTp=&multi_itm_seq=0&itm_seq_1=0&itm_seq_2=0&company_cd=&company_nm=

대한민국이 성취한 민주주의와 경제성장을 가꾸어 더욱 크게 도약하기 위해서는 인도-태평양 지역의 평화와 안정이 뒷받침되어야 한다. 대한민국은 2021년 기준으로 대외교역이 국내총생산(GDP)의 약 85%를 차지하고, 경제성장에 대한 수출의 기여도가 높은 개방형 통상국가이기 때문이다. 이 중 인태 지역은 대한민국 전체 수출액의 약 78%, 수입액의 약 67%를 차지한다. 대한민국의 20대 교역 파트너 과 반수가 인태 지역에 위치하며, 우리의 해외직접투자 66%가 인태 지역에 집중되어 있다는 점은 대한민국과 인태 지역의 긴밀한 관계를 명확히 드러낸다.

또한, 인태 지역에는 전략적으로 중요한 핵심 해상물류 통로가 다수 존재한다. 대한민국은 무역의 대부분을 해상교통로에 의존하며, 이 중 상당량이 호르무즈 해협·인도양·믈라카해협·남중국해를 거쳐 이동한다. 특히, 남중국해는 우리나라 원유 수송의 약 64%와 천연가스 수송의 약 46%를 차지하는 핵심 해상교통로이기도 하다.

최근 인태 지역 내 자유, 평화, 번영을 위협하는 복합적인 도전이 증대되고 있다. 안보 환경의 불확실성이 높아지면서 역내 질서를 안정적으로 유지하는 것이 점점 어려워지는 추세이며, 최근 일부에서는 민주주의가 후퇴하고 자유, 법치주의, 인권 등 보편적 가치가 도전받고 있어 이에 대한 우려도 커지고 있다.

또한, 외교·안보, 경제·기술, 가치·규범을 놓고 지정학적 경쟁이 심화되면서 인태 지역 국가 간 협력의 동인이 약화되고 있다. 역내 군비 경쟁이 심화되고 있으나, 군사·안보 분야에서 투명성 제고 및 신뢰 구축 조치가 충분하게 이루어지지 않아 안보 취약성이 증대되고 있다. 이에 더해, 고도화되고 있는 북한의 핵·미사일 능력은 한반도와 인태 지역은 물론 전 세계의 평화와 안정을 심각하게 위협하고 있다.

배타적 보호무역주의 확산과 공급망의 분절 등 세계화 거버넌스의 쇠퇴도 목도되고 있다. 그간 인태 지역의 안정과 번영에 기여해 온 자유무역주의 국제질서가 약화되고 인태 지역의 경제성장 동력이 저하되고 있다.

개방형 통상국가로 평화를 지향하는 대한민국은 역내외 주요 국가들과 함께 자유롭고 평화로우며 번영하는 인태 지역을 실현해 나가고자 한다. 인태 지역의 안정과 번영에 기여해 온 규칙 기반 국제질서를 강화하는 동시에, 다양한 국가들이 함께 협력하고 상생하는 역내 질서를 도모해 나갈 것이다.

인태 지역의 미래는 역내 국가들이 다양하고 복잡한 도전에 대응해 공동의 해결책을 모색함으로써 지속 가능하고 회복력 있는 역내 질서를 만들어낼 수 있을지 여부에 달려있다. 대한민국은 이를 위해 협력 의제를 적극 발굴하고 역내외 국가 간 협력 논의를 주도하는 '글로벌 중추국가'를 표방한다. 이러한 점에서, 대한민국의 「자유, 평화, 번영의 인도-태평양 전략」은 모두에게 이익이 되고 미래 지향적인 인태 지역의 협력관계를 증진하기 위한 청사진이 될 것이다.

II. 인도-태평양 전략의 비전, 협력 원칙 및 지역적 범위

1. 우리의 비전 : 자유, 평화, 번영의 인도-태평양

국제사회는 반도체, 배터리, 원자력 분야 산업을 비롯해 케이팝(K-pop) 대중문화에 이르기까지 대한민국의 경제 · 사회 · 문화적 역량에 주목하고 있으며, 그에 부합하는 역할과 기여를 기대하고 있다. 대한민국은 국제사회의 기대에 부응하여 역내 다양한 현안을 해결하고 바람직한 질서를 구현하기 위해 보다 적극적인 역할을 수행할 의지와 능력을 갖고 있다. 앞으로 대한민국은 자유, 평화, 번영의 세 가지 비전으로 인태 지역에 대한 관여와 협력을 증대해 나갈 것이다.

첫째, 투쟁과 희생을 통해 자유민주주의 국가를 건설하고 지켜온 대한민국은 자유로운 인태 지역을 지향한다. 국제규범을 지지하고 자유, 민주주의, 법치주의, 인권 등 보편적 가치에 기초한 규칙 기반 질서를 강화해 나갈 것이다.

또한, 이러한 보편적 가치를 공유하는 국가들 간 연대를 바탕으로 압제와 강요가 아닌 규칙과 보편적 가치에 기반한 지역 질서를 능동적으로 촉진하고 강화해 나가고자 한다. 우리는 힘에 의한 일방적인 현상 변경에 반대하며 서로의 권익을 존중하고 공동의 이익을 모색하는 조화로운 역내 질서를 추진해 나갈 것이다. 자유 · 인권 등 보편적 가치를 증진하기 위한 국가 간 연대와 협력은 창의성과 혁신을 촉진하여 인태 지역의 미래 발전에 기여할 것이다.

둘째, 규칙을 바탕으로 분쟁과 무력충돌을 방지하고 대화를 통한 평화적 해결 원칙이 지켜지도록 적극 노력해 나갈 것이다. 보편적으로 수용되는 국제법과 국제규범을 준수하고 안정적인 국제관계를 조성함으로써 갈등과 충돌을 줄이고 역내 평화를 실현할 수 있다. 이를 위해 북한 · 북핵 문제를 비롯하여 비확산 · 대테러 · 해양 · 사이버 · 보건 안보 등 전통 · 비전통 안보 분야를 망라한 포괄적 협력을 강화할 것이다.

대한민국은 국제연합(UN)의 평화 추구 원칙을 재확인한다. 이를 바탕으로 다양한 정치체제를 지닌 국가들이 평화로운 방식으로 규칙에 기반한 경쟁과 협력을 통해 함께 발전해 나가는 인태 지역을 지향한다. 대한민국은 역내 다양한 협의체를 활성화하는 데 기여함으로써 대화와 국제법 원칙에 기초한 분쟁의 평화적 해결을 굳건히 지지할 것이다.

셋째, 인태 지역의 공동 번영을 위해 노력할 것이다. 개인, 기업, 국가들이 자유롭고 안정적으로 경제활동을 영위할 때 역내 번영이 구현된다. 이를 위해 개방적이고 공정한 경제질서를 구축해 나가는 데 기여할 것이다. 무역·투자 네트워크의 연결성과 상호 보완성 제고를 통해 성장 동력을 확보하고, 협력적·포용적 경제·기술 생태계를 조성하는 데 기여해 나갈 것이다. 또한, 미래 첨단산업의 경쟁력을 유지·강화함으로써 역내 기술 혁신을 선도하고자 한다.

대한민국은 인태 지역 공급망의 안정성과 회복력 제고에 기여하는 한편, 자유롭고 공정한 경제질서 구축에 앞장서면서 경제문제가 과도하게 안보화되지 않도록 공조해 나갈 것이다. 아울러, 국가 간 디지털 격차를 해소하기 위한 노력을 적극 전개하고, 기후변화와 보건 위협 대응 등 역내 지속가능발전목표(SDGs) 달성과 회복력 강화를 위해 적극적인 기여 외교를 수행해 나갈 것이다.

대한민국은 인태 지역의 자유, 평화, 번영을 꾀하고자, 보편적 가치와 지역 비전을 공유하는 국가들과의 포용적 연대를 통해 역내 모든 국가들이 조화롭게 공존하는 인태 지역을 지향한다.

2. 협력 원칙 : 포용, 신뢰, 호혜

자유, 평화, 번영의 비전을 바탕으로 대한민국은 포용, 신뢰, 호혜의 3대 협력 원칙 하에 인도·태평양 전략을 이행해 나갈 것이다. 첫째, 우리의 인태 비전은 특정 국가를 겨냥하거나 배제하지 않는 포용적 구상이다. 대한민국은 이러한 비전과 협력 원칙에 부합하는 모든 파트너 국가들과 협력을 추구한다. 자유롭고 평화로우며 번영하는 인태 지역이라는 공동의 이익을 목표로 역내외 국가들과 열린 자세로 협력해 나갈 것이다.

둘째, 우리는 공고한 상호신뢰에 기반한 협력관계를 추구한다. 신뢰에 기반한 협력관계는 다양한 지역 및 글로벌 도전과제에 공동으로 그리고 지속 가능한 방식으로 대처하는 데 있어 필수적인 요소이기 때문이다. 대한민국은 원칙과 규범을 존중하여 역내외 국가들이 신뢰할 수 있는 협력 동반자가 될 것이다.

셋째, 모든 당사자를 이롭게 하는 관여가 가장 지속적이고 효과적이라는 인식 하에 상호이익이 되는 협력을 추구한다. 경제성장, 민주화 등 우리의 성공 경험을 공유하고 기술·문화 경쟁력 같은 독자적인 강점을 활용하여 파트너 국가들에게 실질적 이익을 제공하는 한편, 인적·문화 교류를 함께 촉진하는 호혜적 협력을 추진하고자 한다.

3. 지역적 범위

글로벌 중추 국가 대한민국은 협력의 지리적 범위와 협력 의제의 폭을 확대해 나가고자 한다. 대한민국은 공동 이익을 기반으로 양자 협력관계를 심화시켜 나가는 한편, 우리의 협력 원칙에 부합하는 소다자 협력체와 지역 및 국제기구와의 중층적이고 포괄적인 협력 네트워크를 구축, 강화해 나갈 것이다.

특히, 대한민국은 한반도와 동북아를 넘어 동남아, 남아시아, 오세아니아, 인도양 연안 아프리카 등 인태 내 주요 지역과 전략적 협력을 심화해 나감으로써 외교적 지평을 확대하고 지역별로 특화된 맞춤형 전략적 협력 네트워크를 강화해 나갈 것이다. 또한, 인태 지역의 평화와 번영을 증진하기 위해 유럽, 중남미와도 긴밀히 협력해 나갈 것이다.

1) 북태평양

대한민국은 우리가 속해있는 북태평양 지역에서 호혜적 양·다자 협력을 심화하고자 한다. 또한, 한미동맹을 지속 강화해 나갈 것이다. 한미동맹은 지난 70여 년간 한반도와 지역의 평화와 번영의 핵심축이었으며, 자유, 민주주의, 인권, 법치주의 등 가치의 공유를 바탕으로 안보뿐만 아니라 경제, 첨단기술, 사이버공간, 공급망을 아우르는 글로벌 포괄적 전략동맹으로 발전하고 있다.

가장 가까운 이웃 국가인 일본과는 공동의 이익과 가치에 부합하는 미래지향적 협력관계를 추구할 것이다. 일본과의 관계 개선은 보편적 가치를 공유하는 역내 국가 간 협력과 연대를 위해 필수적인 요소로서 상호신뢰 회복과 관계 발전을 위한 외교적 노력을 이어나가고 있다. 인태 지역의 번영과 평화를 달성하는 데 있어 주요 협력 국가인 중국과는 국제규범과 규칙에 입각하여 상호 존중과 호혜를 기반으로 공동 이익을 추구하면서 보다 건강하고 성숙한 한중관계를 구현해 나갈 것이다.

이 외에도, 캐나다, 몽골 등 북태평양 지역에서 가치를 공유하는 국가들과 사안별로 공조하고 협력하면서 인태 지역과 글로벌 문제 해결에 기여해 나가고자 한다. 가치를 공유하는 포괄적 전략 동반자인 캐나다와는 양국의 인태 전략을 통해 기후변화 대응, 공급망 안정 등 경제안보 증진과 규칙 기반 질서 강화를 위한 협력을 증대해 나갈 것이다. 또한, 전략적 동반자인 몽골과는 광물자원과 개발협력 분야에서 동북아 지역의 자유, 평화, 번영 실현을 위해 호혜적 방식으로 지속 협력해 나갈 계획이다.

2) 동남아·아세안

동남아시아국가연합(ASEAN)은 우리에게 제2위의 교역(2021년 약 1,765억 달러) 및 해외투자 대상 지역(2020년 약 100억 달러)이다. 또한, 우리 국민이 가장 많이 방문하는 해외 지역(2019년 약 1천만 명)이자, 우리 공적개발원조(ODA)의 최대 수원 지역(2020년 약 6.05억 달러 / 양자 ODA 총액의 약 31%)이다. 대한민국은 인태 전략의 세부 이행을 위한 '한-아세안 연대구상'을 발표하였으며, 아세안을 역내 평화와 공동 번영을 가꾸기 위한 주요 파트너로 간주한다. 앞으로 통상과 기능적 협력을 넘어 아세안에 특화된 포괄적이고 전략적인 협력을 추진해 나갈 것이다.

양자적으로도 특별 전략적 동반자인 인도네시아, 포괄적 전략 동반자인 베트남, 전략적 동반자인 태국, 그리고 메콩 지역의 캄보디아, 라오스, 미얀마 및 해양지역의 브루나이, 말레이시아, 필리핀, 싱가포르, 동티모르와 다양한 분야에서의 협력 증진을 통해 인태지역의 자유, 평화, 번영에 기여해 나가고자 한다.

아세안은 2019년 '인도·태평양에 대한 아세안의 관점(AOIP)'이라는 인태 지역에 대한 단일 입장을 발표하였다. AOIP는 역내 협력에 있어 아세안의 중심적 역할을 강조하고 개방성, 투명성, 포용성 등을 협력의 원칙으로 제시하여 동아시아와 인태 지역의 평화, 자유, 번영에 기여할 것을 천명하였다. 대한민국은 아세안과 협력을 추진하는 데 있어 아세안 중심성(ASEAN Centrality)과 AOIP를 확고히 지지한다.

또한, 아세안의 필요와 우리의 강점을 조화시키고 디지털, 기후변화·환경, 보건 분야를 중심으로 실질적이고 호혜적인 협력을 꾀할 것이다. 이를 위해 한-아세안, 한-메콩 등의 협력 재원을 계속 증대할 계획이다. 특히, 변화하는 안보 환경을 고려하여 한반도와 남중국해의 전통안보뿐 아니라 경제 안보, 해양 안보와 같은 신흥안보 사안에 대한 전략적 소통과 협력을 강화할 것이다.

호혜적이고 실질적인 협력을 통해 '한-아세안 포괄적 전략적 동반자관계'로의 발전을 지향해 나가는 한편, 아세안 각 국가와 양자관계도 고도화시켜 나갈 것이다. 오랜 기간에 걸쳐 정치·경제협력과 인적·문화적 교류를 통해 형성된 상호 유대는 우리나라와 아세안이 인태 지역 공동의 목표를 향해 공조할 수 있는 견고한 토대가 될 것이다.

3) 남아시아

동아시아-서아시아 및 대륙-해양 간 교차로에 위치한 남아시아 지역은 세계인구의 약 24%가 거주하며 성장 잠재력이 크다. 대한민국은 중요한 협력동반자인 남아시아 지역 국가들에 대한 관여와 기여를 증대해 나갈 것이다.

우선, 역내 핵심 국가이자 우리와 가치를 공유하는 인도와 특별 전략적 동반자관계를 강화할 것이다. 인도는 세계 2위의 인구와 IT, 우주 분야에서 첨단기술을 보유한 성장 잠재력이 큰 국가이다. 외교·국방 고위급 교류 등을 통해 전략적 소통과 협력을 강화하고, 한-인도 포괄적경제동반자협정(CEPA)을 개선하여 양국 간 경제협력 기반을 공고히·구축해 나갈 것이다.

대한민국은 파키스탄, 방글라데시, 스리랑카, 네팔 등 여타 남아시아 국가들과 교역, 투자, 개발 원조 등 경제·개발 외교를 적극 강화함으로써 신뢰할 수 있고 호혜적인 경제협력 동반자관계를 꾀할 것이다.

또한, 환인도양연합(IORA, 2018년 대화상대국 가입), 남아시아지역협력연합(SAARC, 2006년 옵서버 가입) 같은 역내 소다자 지역협의체와 실질적 협력사업을 추진해 개방적이고 포용적인 남아시아 지역 질서 구축에 기여하고자 한다.

4) 오세아니아

　호주와 뉴질랜드는 우리나라와 가치와 이익을 공유하는 역내 유사입장국이다. 6.25전쟁 참전으로 맺어진 유대를 바탕으로 인태 지역과 글로벌 차원에서 전략적 소통과 협력을 강화해 나갈 것이다.

　포괄적 전략동반자인 호주는 우리와 상호보완적인 경제구조를 보유한 대양주 지역 최대 교역 대상국이다. 한·호주 양국은 국방·방산, 안보, 핵심 광물, 기후변화 대응, 공급망 분야에서 협력 의제를 지속 발굴하며 관계를 심화하고 있다. 또한, 대한민국은 뉴질랜드의 제5위 교역 대상국으로 경제 분야의 협력을 지속적으로 확대해 나갈 것이다. 호주와 뉴질랜드를 포함한 소다자 협력을 활성화함으로써 다양한 분야에서 역내 협력 동력을 강화하면서 역내 규칙 기반 국제질서를 유지하고 강화하기 위해 긴밀히 협력할 것이다.

　대한민국은 태평양을 공유하는 태평양도서국에 대한 관여와 기여를 확대해 오고 있다. 태평양도서국이 직접적으로 당면한 기후변화의 도전은 인류가 함께 대응해야 할 국제사회의 공동 과제이다. 대한민국은 태평양 도서국의 장기 개발 전략인 '2050 푸른 태평양 대륙 전략' 이행을 지원하기 위해, 기후변화를 포함해 보건의료, 해양수산, 재생에너지 문제 등 태평양 도서국의 실질적 수요에 기반한 협력을 확대할 것이다. 또한, 우리는 유사입장국 간 태평양도서국 협력 이니셔티브인 「푸른 태평양 동반자(Partners in the Blue Pacific(PBP))」 협력을 통해서도 태평양도서국에 대한 지원을 강화해 나갈 것이다.

5) 인도양 연안 아프리카

　우리 인태전략의 지리적 범주와 협력 대상은 인도양 연안과 아프리카로까지 확장된다. 대한민국은 아프리카와 중동 지역으로 나아가는 전략적 요충지인 인도양 연안 아프리카 지역 국가들과 호혜적이고 미래지향적인 협력을 더욱 강화해 나갈 것이다. 그 일환으로 2024년 한-아프리카 특별정상회의를 개최하여, 인도양 연안 아프리카 국가들을 포함한 아프리카 대륙과의 관계를 한층 격상하고 심화해 나갈 것이다.

　대한민국은 2009년 이래 국제 해상 안전 확보와 테러 대응을 위한 국제적 노력을 증진시켜 왔다. 아덴만 해역에 청해부대를 파견하고 있으며, 향후 인도양 연안 아프리카 지역과 해양 협력 방안도 모색할 것이다. 맞춤형 개발 협력을 통해 지역 파트너 국가들의 지속가능발전목표(SDGs) 달성을 돕고 초국가적 도전과제에 대한 공조를 강화하고자 한다. 또한, 역내 국가별 특색을 고려하여 대한민국의 경제·사회 발전 경험과 지식을 공유하는 협력 프로그램을 모색할 것이다. 대한민국이 대화상대국으로 가입해 있는 환인도양연합(IORA)와의 공조 및 인도양위원회(IOC)와 같은 여타 지역 협의체와의 새로운 협력을 통해 동부 아프리카 국가들을 포함한 인도양 연안 국가들과 협력 네트워크를 다져 나갈 것이다.

6) 유럽·중남미

인태 지역에 대한 관여를 지속적으로 확대하고 있는 유럽국가들은 우리 인태전략 이행에 있어 중요한 파트너이다. 대한민국은 인태 지역의 자유, 평화, 번영을 실현하기 위해 자유, 민주주의, 인권 등 핵심 가치를 공유하는 영국 및 프랑스와 독일을 포함하는 유럽연합(EU)과 실질협력(가치외교 파트너십)을 적극 추진해 나갈 것이다. 인태와 유럽 지역 간 연계와 협력을 증진함으로써 규칙 기반 국제질서를 유지하고 강화하는 데 기여하는 한편, 인태 지역 내 새로운 협력 의제를 발굴해 나갈 수 있을 것으로 기대한다.

특히, 지난 6월 우리 정상이 최초로 북대서양조약기구(NATO) 정상회의에 참석하여 민주주의와 법치주의 등 핵심 가치를 공유하는 NATO와 연대를 강화하고 규칙에 기반한 국제질서 수호에 기여하겠다는 우리 정부의 의지를 표명하였다. 이러한 NATO와의 파트너십은 최근 개설된 주NATO 대표부를 통해 더욱 구체화되고 발전할 것이다.

아울러, 전통적인 우방국이 다수 소재하는 중남미 지역도 우리의 주요 협력 파트너이다. 우리나라는 2022년 15개 중남미 국가들과의 수교 60주년을 기점으로 양자 관계를 한층 긴밀히 발전시켜 나가고 있다. 특히, 경제 안보 및 교역 증진뿐만 아니라, 국제 무대에서 글로벌 문제 관련 공조를 위한 협력과 연대를 확대해 나갈 것이다. 멕시코, 칠레, 콜롬비아, 페루 등 태평양동맹을 비롯하여, 메르코수르, 중미통합체제, 카리콤 등 중남미 지역 공동체와 역내 다자 협력 네트워크도 꾸준히 강화해 나가고자 한다.

III 중점 추진 과제

대한민국은 자유롭고 평화로우며 번영하는 인태 지역을 실현해 나가기 위해 9개 중점 추진 과제를 제시한다.

1. 규범과 규칙에 기반한 인태 지역 질서 구축

자유로운 인태 지역의 실현을 위해, 자유, 법치주의, 인권 등 보편적 가치와 국제 규범을 공유하는 유사 입장국들과 연대하여 인태 지역의 안정과 번영에 기여하고자 한다. 대한민국은 보편적 규범과 가치를 위협하는 행동에 대해 국제사회와 함께 규탄하고 엄중히 대응할 것이다. 또한, 합의한 규칙을 존중하고 이행하며 새로운 분야의 보편적 규칙을 모색함으로써 규칙 기반 국제질서를 공고히 하는 데 선도적 역할을 해 나갈 것이다.

대한민국은 우리의 비전과 협력 원칙을 공유하는 국가들과 광범위한 글로벌 현안에 대해 포괄적인 협력을 추진함으로써, 인태 지역 협력 네트워크의 중심(hub) 역할을 수행하고자 한다. 역내 소다자 협의체를 이슈별로 특색에 맞게 활성화함으로써, 인태 지역 내 협력의 동력을 강화하고 규칙 기반 국제질서를 증진하는 데 기여할 것이다.

자유민주주의와 인권의 가치를 공유하는 한·미·일 3자 협력은 북한의 핵·미사일 위협 대응뿐 아니라, 공급망 불안정, 사이버 안보, 기후변화, 국제보건 위기와 같은 새롭게 제기되는 지역 및 글로벌 문제의 해결에도 유용한 협력 기제이다.

또한, 공동의 가치를 공유하는 한·미·호 3국 간에도 공급망, 핵심광물, 신흥기술, 사이버 안보, 기후변화 대응 등 다양한 역내 도전과제 해결을 위한 협력의 잠재력이 충분하다. 아울러, 대한민국은 지난 6월 NATO 정상회의에서 이루어진 아시아태평양 파트너 4개국(AP4: 대한민국, 일본, 호주, 뉴질랜드) 회동을 계기로 인태 지역의 가치·규범 기반 국제질서를 강화하기 위한 연대와 협력을 확대해 나가고자 한다.

우리나라는 다자무대에서 국제규범을 지키고 가꾸는 노력을 확대해 나갈 것이다. 대한민국은 규칙 기반 국제질서를 수호하고자 하는 유엔의 역할을 지지하며, 유엔 총회와 관련 회의에 적극적으로 참석하여 건설적인 기여를 지속할 것이다.

2. 법치주의와 인권 증진 협력

유엔헌장 제1조는 국제평화와 안전의 유지를 유엔의 주요 목표로 규정하고, 이를 위해 국제적 분쟁을 평화적 수단을 통해 해결하고 정의와 국제법의 원칙을 실현한다고 명시하고 있다. 대한민국은 모범적인 민주주의 국가로서 자유, 민주주의, 법치주의, 인권을 증진하기 위한 노력을 지속할 것이다.

법치주의는 유엔 활동의 3대 중추 의제인 평화와 안보, 인권, 개발을 뒷받침하는 근간이다. 우리나라가 반세기 만에 민주주의와 경제성장을 동시에 달성한 배경에도 법치주의 증진이 자리 잡고 있다. 우리는 이러한 경험을 바탕으로 2030년 유엔의 지속가능발전목표(SDGs)에 법치주의의 중요성을 반영하는 데 기여하였고, 모든 유엔 회원국들이 법치주의를 증진하기 위해 국내적, 국제적 노력을 기울일 것을 강조하고 있다. 대한민국은 역내 법치주의 증진 노력에 적극 동참하고자 하며, 인태 지역에서 발생한 분쟁을 해결하기 위해 각 당사자들이 국제법 원칙과 유엔 규약을 준수할 것을 지지한다. 이러한 차원에서 러시아의 우크라이나 무력 침공은 유엔헌장 및 국제법 위반이며, 인태 지역의 안보와 경제에도 부정적인 영향을 미치고 있다. 대한민국은 우크라이나 전쟁 종식과 평화 회복을 위해 인도적 지원과 재건 노력을 계속해 나갈 것이다.

또한, 대한민국은 보편적 가치에 대한 공통의 이해와 존중을 바탕으로 역내 인권 증진 노력에 적극 동참해 나갈 것이다. 특히 여성, 아동, 장애인 등 사회적 취약 계층의 인권을 증진하고 이들의 역량 강화를 지원할 것이다. 또한, 개발도상국을 대상으로 거버넌스, 선거 관리 분야의 교육·훈련을 지원하고 인적 교류를 확대해 역내 민주주의의 토대를 구축해 나가는 노력도 지속할 것이다.

3. 비확산·대테러 협력 강화

대한민국은 역내 주요국들과 안보협력을 증진함으로써 인태 지역의 평화를 유지하는 데 기여할 것이다. 한반도와 동북아의 평화는 세계 평화의 중요한 전제이자, 우리와 세계 시민의 자유를 지키고 확대하는 기초이다. 특히 북한의 완전한 비핵화는 한반도와 동아시아, 그리고 전 세계의 지속 가능한 평화를 유지하는 데 있어 필수적이다. 북한의 핵·미사일 위협에 대해 한미동맹을 바탕으로 굳건한 연합방위태세를 유지·강화하는 가운데, 한·미·일 3국 안보협력을 확대해 평화 수호 역량을 배가해 나갈 것이다.

북핵 프로그램은 국제 비확산체제에 대한 중대하고 심각한 도전으로 북한의 핵·미사일 개발 의지보다 국제사회의 북한 비핵화 의지가 더 강하다는 점을 분명하게 보여줘야 한다. 이를 위해서는 유엔을 비롯한 국제사회와 협력하여 강력하고 단합된 대응태세를 구축해야 한다. 인태 지역 국가들의 안보리 대북제재 결의 이행을 강화하고 북한의 역내 제재 회피활동을 차단하는 국제 협력을 증진할 것이다. 동시에, 북한과 대화의 문을 계속 열어두면서 '담대한 구상'을 바탕으로 북한의 완전한 비핵화를 이끌어내기 위해 국제사회와 긴밀히 협력할 것이다.

대한민국은 개발도상국들의 비확산 역량 강화를 지원하고 군축·비확산 분야 소다자 협의체에 적극 참여하는 등 인태 지역의 비확산 규범 공고화에 적극 기여할 예정이다. 또한, 인태 지역 내 군비경쟁이 과열되는 것을 방지하고 신뢰를 구축하기 위한 역내 대화를 촉진해 나가고자 하며, 우발적인 군사 충돌을 방지하고 역내 위기관리체제를 모색하기 위한 다자협의에서도 적극적인 역할을 수행할 것이다. 아울러, 책임 있는 우주 공간의 이용과 우주 군비경쟁 방지에 관한 국제 규범을 마련하기 위하여 우주안보 주도국들과 대화와 협력을 강화해 나갈 것이다.

대한민국은 유엔의 대테러 활동에 적극 참여하면서 인태 지역의 대테러 역량 강화에 기여할 것이다. 소다자 및 지역 협력체에서 대테러 협의를 활성화하고 역내 주요국과 양자 협력을 통해 테러와 폭력적 극단주의 대응 역량도 강화할 것이다. 아울러, 자금세탁방지기구(FATF)와 아시아 지역기구(APG)를 통해 자금세탁·테러자금·확산금융 차단을 위한 국제기준의 수립과 이행 노력에도 지속적으로 동참해 나갈 것이다.

4. 포괄안보협력 확대

대한민국은 21세기의 복합적인 안보 도전과제에 다차원적이고 총체적인 대응이 필요하다는 인식을 기초로 전통·비전통 안보 위협을 아우르는 역내 포괄안보협력을 추구할 것이다.

우선, 역내 해양안보협력을 심화해 나갈 것이다. 인태 지역은 해양으로 연결되어 있어 해상 교통로 보호, 해적 퇴치 및 항행 안전 확보를 위한 국가 간 공조가 긴요하다. 이러한 차원에서 주요 해상 교통로인 남중국해의 평화와 안정, 항행 및 상공 비행의 자유는 존중되어야 한다. 아울러, 대만 해협의 평화와 안정이 한반도의 평화와 안정에 중요하며, 인태 지역의 안보와 번영에 긴요함을 재확인한다.

대한민국은 1982년의 유엔해양법 협약에 명시되어 있는 국제법 원칙에 기초한 해양질서를 준수함으로써 역내 평화와 번영을 증진할 것이다. 우리 정부는 아시아 해적퇴치협정(ReCAAP) 이행, 청해부대 파견 활동 등을 통해 인태 지역의 해양안보를 강화하는 데 적극적으로 동참할 것이다.

대한민국은 해양영역인식(MDA) 체계 구축을 위한 국제 논의에도 참여하여 실시간 해양감시와 정보공유 협력을 촉진할 것이다. 또한, 림팩, 퍼시픽 드래곤 등 역내 국가들이 주관하거나 참가하는 다자 간 연합훈련에 참가하여 역내 국가들과 연합작전 수행 능력과 상호운용성을 증진하고, 양자·다자간 연합훈련을 확대해 연합작전수행능력을 강화해 나갈 것이다.

아세안 국가들에 대한 해군함정 등 군수물자 지원을 강화하고 이들과 해양테러 대응과 해양법 집행 분야에서 공조하여 자유롭고 안전한 해상교통로를 확보해 나갈 것이다. 또한, 아세안 국가들과 해양 안보, 해양 영역 인식, 해양 경제, 해양환경 분야에서 협력을 계속 강화해 나갈 것이다. 한편, 역내 안보 현안에 대한 동아시아정상회의(EAS) 차원의 전략적 논의에도 적극 참여하여 인태 지역의 다자안보협력질서 구축에 기여해 나가고자 한다.

대한민국은 사이버, 보건과 같은 비전통 안보 분야의 협력을 강화해 나갈 것이다. 우리는 안전한 사이버 공간을 조성하기 위한 유엔의 국제규범 논의에 참여하고 있다. 역내국들과 양자 사이버 협의를 진행하는 한편, 각국의 사이버 역량 차이를 감안하면서 사이버 위협 정보 공유를 확대할 계획이다. 또한, 사이버 안보 역량이 취약한 국가를 경유한 사이버 위협 사례가 많은 점을 고려하여, 개발도상국의 사이버 안보 역량 강화를 위한 노력도 추진하고 있다.

코로나19 이후 보건 분야의 연대와 협력이 중요해지고 있다. 대한민국은 백신·바이오 분야를 중심으로 개발도상국에 대한 보건 역량 강화 지원을 확대해 나갈 것이다. 이러한 노력의 일환으로 대한민국은 올해 11월 글로벌 보건안보구상(GHS

A) 장관급 회의를 개최하였다. 또한, 글로벌 보건 체계 강화를 위해 팬데믹 국제협약 협상과 감염병 관련 국제보건규칙(International Health Regulations, IHR) 개정 협상에 참여하고 있다.

대한민국은 2006년 이래 북대서양조약기구(NATO)의 글로벌 파트너로서 사이버, 대테러, 비확산 등 다양한 분야에서 협력을 진행해 오고 있다. 앞으로 신흥기술, 기후변화 등 초국경 안보 도전에 효과적으로 대응하기 위해 NATO와 협력을 더욱 확대해 나갈 계획이다.

쿼드(Quadrilateral Security Dialogue)와도 협력의 접점을 확대하고자 한다. 우리가 강점을 지닌 감염병, 기후변화, 신흥기술과 같은 분야에서 쿼드와 협력을 추진하면서, 협력 기반을 점차 확대해 나갈 것이다. 이러한 노력은 역내 포괄적인 안보 위협과 도전에 대한 지역의 대응 역량을 강화하는 데 기여할 것이다.

5. 경제안보 네트워크 확충

대한민국은 공급망의 안정적 관리와 회복력 제고를 위해 역내 경제안보 네트워크를 확대해 나가는 한편, 역내 자유무역을 증진하고 규칙 기반 경제 질서를 강화해 나가고자 한다. 조기경보시스템과 핵심 산업 품목의 회복력 있는 공급망을 구축하기 위한 다자 간 협력에 적극 참여할 것이다. 또한, 경제관계를 다변화하고 공급망의 안정적 관리를 위한 양자 및 소다자 간 소통과 협력도 증대해 나갈 것이다. 특히, 가치를 공유하는 파트너국가들과 함께 전략자원의 공급망을 안정시키기 위한 협력을 모색해 나갈 것이다.

개방적 자유무역을 지향하는 대한민국은 인도태평양경제프레임워크(IPEF) 출범에 참여하였으며 IPEF가 인태 지역의 실질적인 경제협력체로 발전해 나가도록 주요국들과 긴밀히 협력할 것이다. 또한, 역내 새로운 경제·통상 질서 논의에도 선도적으로 참여할 예정이다. 역내포괄적경제동반자협정(RCEP)과 포괄적·점진적 환태평양동반자협정(CPTPP) 논의에 참여하고 신규 무역 협정을 체결함으로써, 자유무역을 증진하고 보호주의에 대응하고자 한다. 이를 통해 우리는 개방적이고 역동적인 인태 지역 경제협력체계를 조성하는 노력에 동참할 것이다. 아울러, 역내 인프라의 지속가능한 개발을 위한 투자를 증대할 것이다.

코로나19로 디지털 전환과 비대면 경제가 확산되면서 인태 지역을 중심으로 디지털 통상 규범의 논의가 활발히 진행되고 있다. 정보통신기술 강국으로 디지털 전환을 선도하는 대한민국은 WTO 복수국 간 전자 상거래 협상에 참여하고 디지털경제동반자협정(DEPA) 가입을 위해 노력하면서, 양자 차원에서도 싱가포르, EU 등 주요 국가들과 함께 공정하고 호혜적인 디지털 통상 규범을 형성하는 데 기여해 나갈 것이다. 아울러, 디지털 전환을 위한 지식과 노하우를 인태 지역 국가들과 공유해 나갈 것이다.

대한민국은 역내 다자 간 통상협력 논의를 통해 인태 지역의 안정과 번영을 달성하는 데 기여할 것이다. 아세안+3(한·일·중)와 동아시아정상회의(EAS) 논의를 주도하는 아세안과 함께 경제·금융·식량 분야 협력에 적극 참여하고, 동아시아 지역의 금융 안전망을 강화하는 논의에도 참여할 것이다. 또한, 2025년 아시아태평양경제협력체(APEC) 정상회의를 개최하는 대한민국은 APEC과도 무역·투자 자유화, 혁신·디지털 경제, 포용적·지속 가능한 성장을 달성하기 위한 협력을 지속해 나갈 예정이다.

6. 첨단과학기술 분야 협력 강화 및 역내 디지털 격차 해소 기여

과학·기술 혁신의 글로벌 선도 국가인 대한민국은 반도체, 인공지능, 양자, 첨단 바이오, 차세대 통신, 우주 분야 등 첨단과학기술 분야의 역내 협력을 촉진하는 한편, 역내 디지털 격차를 해소하기 위해 노력할 것이다. 기술은 미래 국가안보와 경쟁력을 결정하며, 그러한 기술이 협력적 국제관계를 촉진하도록 활용될 때 자유롭고 번영하는 역내 질서에 기여하게 된다. 대한민국은 연구개발, 표준화, 기술 규범, 기술 보호 및 인력 양성 등 핵심·신흥 기술과 관련한 국제 협력을 강화해 나갈 것이다. 미국을 비롯한 기술 선도국과 협력 네트워크에 참여하고, 유럽, 캐나다, 호주 등과도 기술협력을 확대할 것이다.

또한, 주요 디지털 선도국과는 기술 표준의 개발 및 연구를 공동으로 수행하는 등 개방적이고 포용적인 방식으로 디지털 국제 표준화와 규범 형성을 선도해 나갈 것이다. 아울러 프라하 사이버 안보 컨퍼런스 참여, 한·미 5G 개방형 무선접속망(Open-RAN) 협력 등 개방적이고 투명한 통신망을 구축하기 위한 국제 협력을 지속해 나갈 것이다.

대한민국은 역내 국가들이 인권, 법치주의, 표현의 자유 등 국제사회의 보편적 가치를 존중하는 방식으로 기술을 개발하고 사용하도록 독려해 나갈 것이다. 또한, 지속가능발전목표(SDGs) 달성을 지원하기 위해 개발도상국의 인적자원 양성을 지원하고 이러한 기술협력을 매개로 역내 협력을 더욱 촉진시켜 나갈 것이다.

우리의 과학·정보통신기술 역량과 디지털 전환 경험을 바탕으로 국가 간 디지털 불평등을 해소하고 개도국의 디지털 전환을 지원하는 방안을 강구할 것이다. 특히, 정보통신기술을 활용하여 개도국의 경제·사회 분야 취약 계층의 디지털 접근성 제고에 기여하고 '정보 접근 센터'를 설립하여 디지털 소외 지역의 디지털 연결망을 강화해 나갈 것이다. 또한, 인태 지역의 포용적이고 지속가능한 디지털 전환을 실현하기 위한 국제 협력을 강화해 나갈 것이다.

7. 기후변화·에너지안보 관련 역내 협력 주도

대한민국은 기후변화 대응, 에너지 전환, 에너지 안보 분야에서 역내 지속가능발전목표(SDGs) 달성을 지원하고, 초국가적 도전과제에 대한 회복력을 확보하기 위한 인태 지역 차원의 노력을 선도해 나갈 것이다. 역내외 국가들과 다양한 형태의 소다자 협력을 추진하여 지역 및 글로벌 문제 해결에 기여해 나갈 것이다.

먼저 탄소중립을 지향하면서 온실가스 감축, 기후변화 적응 및 기술협력 분야에서 인태 지역 내 기후변화 대응을 위한 협력 체제를 구축하는 데 기여할 것이다. 특히 역내 탄소시장 발전, 무공해차(전기차·수소차 등), 녹색 해운, 메탄 감축 분야의 협력을 통해 온실가스 감축에 함께 노력해 나갈 것이다. 또한, 역내 국가들과 함께 전기차 인프라 구축, 기술 표준화, 배터리 재생 분야에서 미래 협력의 청사진을 그려나가고자 한다.

역내·외 국가들과 양·다자 간 다층적 공조를 통해 인태 지역의 기후변화 대응 인프라 구축에 기여하고자 한다. 또한, 한-아세안 환경·기후변화 대화를 통해 아세안과 기후변화 대응 정책을 공조하고 인태 지역 기후변화 대응을 위한 협력을 추진해 나갈 것이다.

우크라이나 전쟁이 야기한 글로벌 에너지 시장의 불안정성은 국제사회가 에너지 전환과 에너지 안보를 동시에 달성하기 위해 더욱 긴밀히 협력해야 함을 보여준다. 화석연료와 같은 전통에너지 자원이 전략무기화되어 가는 추세에서 청정에너지 전환을 통한 에너지 공급의 안정화가 시급하다. 인태 지역의 에너지 시장 안정화를 위한 공조를 강화하면서, 탈탄소화를 향한 청정에너지 확대와 수소경제발전을 위해 국제 협력을 강화해 나가고자 한다.

대한민국은 인태 지역에서 원자력 협력 체제를 공고히 구축할 것이다. 원자력 발전은 현재 가장 강력한 고효율 청정에너지로서, 기후변화 대응과 에너지 안보 확보 차원에서 매우 중요한 에너지원이다. 세계 최고 수준의 안전성, 효율성, 경제성을 갖춘 원자력 발전 노하우와 역량을 바탕으로 인태 지역의 원자력 시장에 적극 진출할 것이다.

동시에 원자력의 안전하고 평화적인 이용에 기여하기 위해 원자력 안전과 핵안보를 위한 역내 역량 강화를 지원할 것이다. 국제원자력기구(IAEA)의 국제 교육·훈련 과정을 국내 교육·훈련기관에 유치하고, 핵물질의 안전한 관리와 핵테러 방지를 위한 국제 워크숍을 개최하고자 한다.

아울러, 소형모듈원전(SMR)의 개발과 상용화를 앞당겨 보다 안전하고 효율적으로 원자력 에너지를 활용할 수 있도록 하고, SMR의 인프라 구축과 관련된 규제 논의를 주도해 나갈 것이다.

세계 인구의 20%, 세계 GDP의 25%를 차지하는 한·일·중 3국 간 협력은 인태 지역의 안정을 구축하고 번영과 평화를 실현하는 데 있어 필수적이다. 한·일·중

정상회의를 재개하고 3국 협력 사무국(TCS)의 역량과 조직을 강화함으로써, 동북아시아 역내 협력의 새로운 기회와 동력을 모색할 것이다. 특히, 녹색 전환과 디지털 전환 분야에서 한·일·중 3국의 공조체계를 구축하고자 한다. 우리는 한·미·일 협력과 한·일·중 협력을 조화롭게 발전시킴으로써 역내 평화와 번영에 기여하고자 한다.

8. 맞춤형 개발협력 파트너십 증진을 통한 적극적 기여 외교

대한민국은 글로벌 중추 국가로서 경제적 위상에 부합하는 기여 외교를 통해 인태 지역의 경제·사회 발전에 기여하고, 인태 지역의 평화·번영을 실현하기 위한 토대를 강화해 나갈 것이다. 국제사회의 원조를 받던 최빈국에서 경제협력개발기구(OECD) 공여국으로 전환한 유일한 국가인 대한민국은 국가 발전과 경제성장을 이루고자 하는 역내 국가들의 열망에 부응하여 이제까지 축적한 경험과 지식을 공유할 준비가 되어 있다.

인태 지역은 우리의 27개 개발협력 중점 협력국 가운데 13개국이 위치한다. 대한민국은 공적개발원조(ODA) 규모를 세계 10위권 수준으로 확대한다는 목표 하에 인태 지역의 개발 협력을 확장해 나갈 것이다.

우선, 아세안은 양자 ODA의 31%를 차지하는 우리의 최우선 협력 대상으로, 디지털, 교육, 기후변화, 스마트시티, 교통 등 협력국 수요와 우리의 강점을 결합하여 지원을 확대할 것이다. 또한, 해양환경, 기후변화, 보건, 디지털·사이버 분야에서 미국·호주·뉴질랜드·유럽연합(EU)·영국 등 주요 공여국들과 공동 협력 방안을 모색할 것이다.

남아시아 지역에서는 보건위생, 교통, 지역 개발, 에너지 분야 사업을 추진해 나가는 한편, 기후변화에 취약한 태평양도서국을 대상으로 그린(green) ODA를 추진하여 태평양도서국의 기후변화 대응과 저탄소 에너지 전환을 지원할 것이다. 동부아프리카 지역에 대해서는 교육, 농업, 보건, 전력, 기후변화 대응 지원을 강화하여 지속가능발전목표(SDGs) 달성을 촉진해 나갈 것이다.

개발 효과를 극대화하기 위해 협력 대상국의 현장 수요에 기반한 맞춤형 지원을 제공하고 우리나라의 강점 분야인 보건, 기후·환경 분야의 협력도 확대해 나갈 것이다. 보건 분야에서는 코로나 치료제와 백신의 연구개발, '코로나19 기초보건기술의 개발, 생산 및 공평한 접근을 촉진하기 위해 출범한 국제공조체제(ACT-A)' 이니셔티브 3억 달러 추가 기여, 글로벌펀드 기여 확대로 글로벌 보건 체계를 강화해 나가는 한편, 개도국의 보건·의료 개발 계획 수립과 보건·의료 인프라 구축을 연계한 지원을 통해 인태 지역의 감염병 대응 역량 강화에 기여할 것이다.

기후·환경 분야에서는 그린(green) ODA 비중을 2025년까지 OECD개발원조위

원회(DAC) 평균 수준 이상으로 확대해 나가면서, 태평양도서국을 중심으로 저탄소 에너지 전환을 지원하고 이들과 혁신적 녹색기술을 공유해 나갈 것이다.

이러한 과정에서 대한민국은 협력 대상국 정부뿐만 아니라 국제기구, 기업, 학계, 시민사회 등 민간 부문과의 협력을 강화해 나갈 것이다. 또한, 미국, 유럽연합(EU), 호주, 뉴질랜드 등 인태 지역의 전략적 중요성을 공유하는 주요 공여국들과 전략적 파트너십을 확대함으로써 공동 번영을 촉진하기 위한 인태 지역 관여가 시너지 효과를 낼 수 있도록 할 것이다.

9. 상호 이해와 교류 증진

대한민국은 글로벌 중추 국가 실현을 위해 인태 지역의 맞춤형·쌍방향 교류를 증진할 것이다. 특히, 미래의 주인공인 청소년 간 교류를 활성화하고자 한다. 미래 세대 간에 상호신뢰와 우정을 쌓는 것은 건강하고 성숙한 국가관계를 이어나가는 근간이 되며, 문화교류는 인태 지역 내 젊은이들을 연결하고, 공동의 역사 인식을 발전시켜 나갈 수 있는 가장 효과적이고 매력적인 방식이다. 다양한 문화·인적 교류는 인태 지역 내 미래 세대 간에 튼튼한 연대의 기초를 닦아줄 것이다.

대한민국은 소지역 및 대상 국가의 수요에 부합하도록 쌍방향으로 소통하는 공공외교를 추진할 것이다. 특히 우리가 특장점을 지닌 디지털, 문화 분야에 특화한 맞춤형 공공외교를 체계적으로 추진할 것이다.

아울러, K-pop 등 한국 음악, 영화, 드라마, 게임 등 한류 문화(K-culture)의 창의적인 컨텐츠에 대한 전 세계적인 호감과 이를 기반으로 하는 우리나라의 소프트 파워를 매개로 인태 지역 내 다양한 문화와 공감하고 교류하면서 협력적 공공외교를 추진해 나갈 것이다. 디지털 전환과 비대면 경제가 확산되면서, 메타버스, 온라인 동영상 서비스(OTT) 등 새로운 방식을 통한 문화적 공감대 형성에 주목해야 한다. 또한, 코로나 이후 비대면 소통 환경의 일상화에 발맞춰 디지털 공공외교 역량과 이를 통한 소통을 활성화해 나갈 것이다. 다양한 인종, 종교, 문화, 역사가 어우러진 인태 지역 국가들과 문화 협력을 심화함으로써 문화·경제·사회적으로 호혜적이고 지속 가능한 유대를 쌓아갈 수 있을 것이다.

IV 결론

인태 지역의 자유, 평화, 번영은 글로벌 지구촌의 미래를 열어가는 데 있어 매우 긴요하다. 인태 지역이 자유롭고 평화로우며 지속적으로 번영하기 위해서는 역내외 국가들 간의 협력이 그 어느 때보다 절실한 시점이다. 그간 인태 지역의 안정과 번영에 기여해 온 규칙 기반 질서를 강화하고 보편적 가치에 기반한 역내 질서를 함께 실현해 나갈 때, 인태 지역은 다양한 국가들이 조화롭게 공존하고 번영하는 지역이 될 수 있을 것이다.

글로벌 중추국가를 지향하는 대한민국은 이를 위해 더 많은 기여와 역할을 수행할 의지와 역량을 지니고 있다. 730만 재외동포들도 인태지역의 자유, 평화, 번영을 위하여 중요한 역할을 할 것이다. 대한민국은 여러 나라의 인태 전략·비전·구상에 포함된 역내 목표와 협력 원칙을 역내외 국가들과 공유하면서 보편적 가치를 기반으로 공동의 목표를 실현하기 위해 긴밀히 협력해 나갈 것이다.

앞으로 정부의 각 관련 부처는 인태전략을 기반으로 인태 지역 내 자유, 평화, 번영을 증진하기 위해 9개 중점 추진 과제를 중심으로 세부적인 이행 계획을 마련할 것이다. 또한, 인태전략을 효과적으로 이행하기 위해 '한-아세안 연대구상'과 같은 소지역별 정책 구상을 구체화해 나갈 것이다. 이를 통해 대한민국 외교의 일관성과 예측 가능성을 높이고 협력의 지평을 확대할 수 있을 것으로 기대한다.

자료 7-10 ▎ 한-아세안 연대구상 (2022년 11월 11일, 캄보디아)[10]

Ⅰ. 한-아세안 연대구상 배경

❑ 글로벌 중추 국가(Global Pivotal State)를 표방하는 대한민국은 인도·태평양 지역(이하 인태지역) 내 역할·기여 증대를 위해 자유, 평화, 번영의 3대 비전 下 인태전략 발표

  ㅇ 제23차 한-아세안 정상회의(2022.11.11.)에서 인태전략 비전 및 원칙을 공개하고, 아세안이 인태전략 핵심 파트너임을 강조
   - 특히, 아세안 중심성(ASEAN Centrality) 및 「인도·태평양에 대한 아세안의 관점(AOIP)」에 대한 확고한 지지를 토대로 한-아세안 협력 심화·발전 의지 표명

❑ 상기 관점에서 인태전략 틀 속에서 아세안에 특화된 협력을 위한 '한-아세안 연대구상(KASI: Korea-ASEAN Solidarity Initiative)' 추진

  ㅇ 한-아세안 연대구상은 그간 한-아세안 협력 성과(2021-25 한-아세안 행동 계획(POA) 이행 등) 토대 위에 아세안과 호혜적인 실질적·전략적 파트너십 강화 목표 - 기존 경제·통상, 사회·문화 분야 중심 협력에 더하여 전통·비전통 안보, 아세안의 미래 발전 분야 등을 아우르는 신규 협력을 통해 포괄적 협력 추구

---

10 출처: 외교부 "한-아세안 연대구상,"
https://www.mofa.go.kr/www/brd/m_3924/view.do?seq=363570

II. 아세안과의 협력 중요성

☐ 아세안은 ○태평양과 인도양을 연결하는 전략적 요지 위치, ○아세안+1/+3, 동아시아정상회의(EAS), 아세안지역안보포럼(ARF), 아세안확대국방장관회의(ADMM-Plus), 역내포괄적경제동반자협정(RCEP) 등 역내 정치·안보, 경제 및 사회·문화 협력의 중심적 역할

  ○ 또한, 아세안은 우리에게 전략적으로 중요한 핵심 해상물류 통로(인도양-믈라카해협-남중국해)상 위치 / 남중국해는 우리 원유 수송 약 64% 및 천연가스 수송 약 46% 통과

☐ 한국과 아세안은 대화관계 수립 이래 경제·사회 등 분야 전반에서 불가분의 협력관계를 형성해왔으며, 상호 강점과 발전 잠재력 등을 감안시 최적의 협력 파트너

  ○ 아세안은 ○세계 3위 인구(약 6.6억 명), 세계 5위 경제권(2021년, GDP 약 3.35조 불), ○경제안보협력의 중심지(풍부한 핵심 광물 보유), ○역동적인 코로나19 회복진행(2022년 5.5% 성장, 2023년 4.7% 성장 예측 / ADB)

  ○ 아세안에게 한국은 ○5위 교역(2021년) 및 6위 투자 파트너(2021년), ○2위 방문객 국가(2019년), ○아세안 회원국 국민 230만여 명의 방문지(2019년)

  ○ 한국에게 아세안은 ○2위 교역(2021년 약 1,766억 불) 및 2위 투자 파트너(2019-21년 누적 약 290억 불), ○우리 국민 1위 방문지역(2019년 약 1천만 명), ○우리 법인 약 1.7만 개 진출, ○양자 ODA 최대 공여 지역(2020년, 2021년 각각 약 6억 불 / 양자 ODA 약 25-30%)
    ⇒ 특히, 강대국 경쟁, 공급망 재편, 팬데믹, 자국 중심주의 등 전 세계 및 지역 차원의 불확실성 지속 전망 → 역내 성장·번영의 동력 유지를 위해서 협력의 다변화 및 다자협력 증진이 중요하며, 한·아세안 협력을 '협력의 넥서스(nexus)'로 자리매김

III. 한-아세안 연대구상 8개 중점 추진 과제 및 주요 성과사업

한-아세안 연대구상(KASI) 8개 중점 추진 과제

  ○ 한-아세안 정상회의 결과, 아세안공동체 비전 2025 및 아세안 차원의 협력 구상 및 목표(「인도·태평양에 대한 아세안의 관점(AOIP)」, 「아세안 포괄적 회복 프레임워크(ACRF)」, 「아세안 통합 이니셔티브(IAI)」 등)를 고려하여 중점분야 식별

ㅇ 중점분야 : 국방, 해양안보, 방위산업, 경제안보, 미래통상 및 산업, 기후변화·환경, 보건, 소지역 협력, 정무, 인적 교류 등

❖ 이를 토대로 인태전략 3대 비전과 연계한 8개 중점 추진 과제 선정 및 추진

자유	➡	① 한-아세안 관계 격상 및 아세안 회원국과의 관계 강화
		② 아세안 주도 메커니즘 내 한-아세안 협력 제고
평화	➡	③ 한-아세안 포괄안보협력 확대
		④ 한-아세안 전략적 공조 활성화
번영	➡	⑤ 한-아세안 공동 번영과 발전을 위한 미래 분야 협력 확대
		⑥ 지역·국제적 도전과제 대응을 위한 한-아세안 협력
		⑦ 미래 번영을 이끄는 차세대 교류 증진
		⑧ 아세안 관련 협력기금 등 각종 협력 재원 확충

8개 중점 추진 과제 주요 내용

① [자유] 한-아세안 관계 격상 및 아세안 회원국과의 관계 강화

ㅇ 역내 자유 수호·촉진 주요 파트너인 아세안과 2024년 포괄적 전략적 동반자관계(CSP) 수립
- 기존 한-아세안 협력의 성과 위에서 한-아세안 연대구상 중점분야 중심으로 CSP 수립 협의
- CSP 수립 관련 아세안 회원국과의 협력 강화(2023년 한-아세안의 날 개최 등)

ㅇ 아세안 회원국과의 맞춤형 양자 협력 강화
- 정상 외교 등 고위급 교류 확대
- 외교 당국 간 협의체 활성화 및 주요국과의 2+2 대화 추진
- 회원국별 여건·특성을 고려, ◯국방·방산, 해양안보, ◯핵심 광물(니켈, 희토류, 구리 등) 등 공급망 다변화 및 기술협력(탐사, 채굴 등), ◯디지털, 미래 산업(전기차, 배터리, 재생에너지 등), ◯기후변화 협력 / 아세안 회원국과의 경제협력 다변화
- 아세안공동체 발전을 위한 동티모르 역량강화 지원

② [자유] 아세안 주도 메커니즘 내 한-아세안 협력 제고

ㅇ 아세안 중심성의 확고한 지지 下 아세안+1/+3, EAS, ARF, ADMM-Plus 등 아세안 주도 메커니즘 내 협력 지속
- 아세안 주도 메커니즘에 대한 정상·고위급 관여 지속
- 아세안 주도 메커니즘 내 협력 분야 기여 지속 : ◯아세안+3 - 쌀비축제(APTERR), 통화스왑(CMIM), 과학영재센터 등, ◯EAS - EAS 행동 계획 이행, ◯ARF 신뢰구축·예방외교 활동 및 ADMM-Plus 7개 분과회의 활동 적극 참여 등

ㅇ 우리 인태전략과 AOIP의 상호보완성을 제고하면서 ㅇ한-아세안 협력 틀 속에서 A

- OIP 4대 중점분야(해양, 연계성, SDGs, 경제 등) 주류화 및 ○실질적 협력 추진
  - AOIP 협력 관련 한-아세안 차원 성명 채택 추진
  - AOIP 4대 중점 분야 협력 관련 한-아세안 협력기금 대표 사업(flagship) 기획(2,000만 불 이상)

○ 주요 대화 상대국과의 對아세안 연계협력 강화
  - AOIP 4대 중점분야 주류화 관점에서 연계성(인적네트워크, 해양), SDGs(보건) 등 분야 중심으로 3각(한국-아세안-대화 상대국) 사업 : ○아세안 연계성 포럼, ○아세안 관련 백신 포럼 등
  - 미국, 호주 등 주요 파트너 국가와의 對아세안 정책대화 활성화

③ [평화] 한-아세안 포괄안보협력 확대
○ 역내 규칙 기반 질서 증진을 위한 해양안보 등 해양 협력 강화
  - 아세안 해양법 집행 역량 강화 지원 : ○퇴역함 양도 및 후속 군수 지원, ○대테러, 해적 대응 및 수색구조 등 분야 훈련
  - 아세안과의 연합훈련 공조 확대(상호 참관, 참여 등)
  - 한-해양동남아 협력기금 활용 해양 분야 사업 추진
  - 한-필리핀 해양대화 지속 발전 및 아세안 주요 회원국과 해양협력 채널 신설 추진
  - 해양플라스틱(필리핀, 동티모르 대상) 오염 저감 사업(약 900만 불, 2023-28년)
  - ○힘에 의한 일방적 현상변경에 반대, ○남중국해 평화·안정, 항행·상공비행의 자유 및 ○1982년 유엔해양법협약 등 포함 보편적으로 인정된 국제법 원칙에 의거한 분쟁의 평화적 해결 지지

○ 역내 더 안전한(safer) 사이버공간 조성 협력 강화
  - ARF, ADMM-Plus 등 메커니즘 내 사이버 안보협력 적극 참여 : ○ARF ICT 안보 회기간회의 의장국 수임(2023년까지), ○ADMM-Plus 사이버 안보 분과회의 의장국 수임(2023년까지), ○서울안보대화(SDD) 사이버워킹 그룹과의 연계협력 추진 등
  - 아세안 사이버 안보 역량 강화 사업(약 1,000만 불, 2023-25년)

○ 아세안의 방위역량 강화를 위한 방산·군수 협력
  - 아세안 회원국 대상 맞춤형 방산 협력 : 각 아세안 국가들의 수요를 반영한 호혜적·맞춤형 방산 협력
  - 한-아세안 플러스 국제군수포럼을 통한 군수 협력

④ [평화] 한-아세안 전략적 공조 활성화
○ 역내 정세 관련 전략적 관점 공유를 위한 한-아세안 국방당국 협의 확대
  - 한-아세안 국방장관회의 정례화 추진
  - 서울안보대화(SDD) 계기 한-아세안 국방차관회의 연례 개최

- 한-아세안 국방포럼 정례화 추진 및 이를 통한 한-아세안 국방 협력 의제 발굴

ㅇ 한-아세안 국방협력계획 이행 및 ADMM-Plus 메커니즘 내 협력 참여를 통한 한-아세안 국방 협력 확대
- ADMM-Plus 7개 분과회의 활동 기여 확대
- 한-아세안 국방협력계획(12개 과제) 이행

ㅇ 북핵·북한 문제 협력 : ㅇ아세안 관련 각급 회의시 우리 대북정책 지지 확보, ㅇ양자 고위급 교류 계기 북핵·북한 문제 협력 강화

⑤ [번영] 한-아세안 공동 번영과 발전을 위한 미래 분야 협력 확대

ㅇ 디지털, 전기차, 스마트시티 등 아세안의 수요가 높은 미래 산업 분야 협력 추진
- ㅇ한-아세안 디지털 혁신 플래그십(가칭) 추진 - 디지털 혁신을 위한 공동데이터, AI 등 분야 협력(기반 조성, 역량 강화 등), ㅇ한-아세안 과학기술협력센터 출범
- 아세안 회원국 내 디지털정부 협력센터 운영
- 전기차 협력 기반 조성 : 우리 기업 현지 시장 진출, ㅇ인프라(인도네시아 온실가스 감축용 태양광 충전 e-vehicle 시스템 구축 사업), 인적 역량 강화(아세안 전기차 안전관리 초청 연수 사업) 등
- ㅇ아세안 스마트시티 역량강화 사업(약 540만 불, 2023-27년), ㅇ우리 공기업의 아세안 회원국 내 스마트시티 개발 참여

ㅇ 한-아세안 FTA 개선 추진
- ㅇ디지털 통상 연구, ㅇ추가 자유화 방향 등 모색을 위한 공동연구 진행
- 디지털 통상 협력 포함 등 FTA 개선 논의 진행

ㅇ 아세안과의 경제안보 네트워크 구축
- 공급망 안정성 및 복원력 제고를 위한 공급망 다변화 협력 : 핵심 광물 등 분야 MOU체결(대상 회원국), 경제협력 채널 확대(한-아세안 경제장관회의, 양자 경제협력위 등)
- IPEF 틀 내 협력 : ㅇ4개 필라(무역, 공급망, 청정경제, 공정경제) 협상 참여, ㅇ협력사업(디지털, 전기차 등 청정경제) 발굴 등

⑥ [번영] 지역·국제적 도전과제 대응을 위한 한-아세안 협력

ㅇ 아세안의 기후변화·환경 위기 대응 역량강화 지원
- 한-아세안 메탄행동 파트너십 출범 및 최초 협력사업으로 한-아세안 메탄감축 협력사업(약 1,900만 불, 2023-26년)
- 한-아세안 탄소중립·녹색전환 협력센터(가칭) 설립
- 아세안 기후변화센터(ACCC)와의 협력 추진(기술협력 등)
- ㅇ아세안 대기오염 대응사업(약 1,100만 불, 2023-26년), ㅇ녹색 전환 이니셔티

브(GTI)를 통한 환경 협력 확대 모색
- ○한-아세안 환경·기후변화대화 내실화, ○양자 기후변화 협력 협정 체결 추진

○ 미래 감염병 대응 등 아세안의 보건 역량 강화 지원
- 한-아세안 감염병 대응 역량강화 사업(약 500만 불, 2022-26년)
- 코로나19 치료제·백신 개발 관련 아세안 국가와의 협력 지속
- WHO '글로벌 바이오 인력양성 허브'로서 교육훈련 제공

○ 아세안 소지역(한-메콩, 한-해양동남아) 협력 강화
- 한-메콩 고위급 협의체 정상화 모색
- 메콩 지역 실질 수요가 높은 수자원·환경·농업·농촌개발·산림 분야 중심 협력 확대
- ACMECS(메콩 지역 3대강 경제협력체), 메콩우호국회의(FOM) 등 메콩협의체 적극 참여 및 미·일 등 주요 파트너국과의 연계 협력
- 한-해양동남아 협력기금 사업 본격화(연계성, 환경 등 분야)

⑦ [번영] 미래 번영을 이끄는 차세대 교류 증진
○ 아세안의 수요에 부응하는 미래 인적자원 육성 협력
- 장학생 초청 사업(GKS, KOICA 석·박사 학위과정 등) 및 차세대 교류 사업(YCAFE 등) 지속
- 여성 역량 강화 및 직업교육훈련(TVET) 분야 프로그램 지속

○ 상호 우호 증진을 위한 문화·관광·스포츠 협력
- 한-아세안센터, 아세안문화원 등을 통한 문화·관광 교류
- 아세안의 스포츠 역량 강화 지원(훈련, 행정 등)

⑧ [번영] 아세안 관련 협력기금 배증 등 협력 재원 확충
○ 2027년까지 아세안 3대 협력기금(한-아세안/한-메콩/한-해양동남아)을 연 4,800만 불로 배증
- 한-아세안 협력기금 : 2027년까지 연 3,200만 불로 증액
- 한-메콩 협력기금 : 2027년까지 연 1,000만 불로 증액
- 한-해양동남아 협력기금 : 2027년까지 연 600만 불로 증액
 ⇒ 2022-27년간 아세안 관련 3대 협력기금 약 2억 불 지원(추정)

○ 對아세안 ODA 지속 확대
- (유상원조) ○인프라, 디지털, 녹색 분야 중심으로 랜드마크 사업 적극 발굴·지원, ○협력 여건 등을 고려한 국별 기본약정(F/A) 대형화 추진
- (무상원조) 아세안 중심 기조 유지 下 KOICA를 중심으로 ○녹색, 디지털 및 보건 분야 등 사업 확대, ○대표 사업 기획, 사업 연계 및 후속 사업을 통해 가시성 제고. (끝)

자료 7-11 ┃ 제24차 한-아세안 정상회의 AOIP(인도·태평양에 관한 아세안의 관점) 협력에 관한 공동성명 (2023년 9월 6일, 자카르타)[11]

우리, 동남아시아국가연합(ASEAN) 회원국과 대한민국(ROK)은 2023년 9월 6일 인도네시아 자카르타에서 열린 제24차 한-아세안 정상회담을 계기로 모였다.

1989년 대화 관계 수립 이후 제반 아세안 주도 메커니즘을 통해 한-아세안 협력이 상당한 진전을 이룬 점을 만족스럽게 인식하며;

2019년 평화, 번영, 파트너십을 위한 한-아세안 공동비전 성명, 그리고 사람 중심의 평화와 번영의 공동체를 위한 한-아세안 협력을 더욱 발전시켜 한-아세안 관계의 새로운 장을 향해 함께 협력하기로 한 제22차 한-아세안 공동성명에 명시된 바와 같이 한-아세안 전략적 파트너십을 보다 실질적이고, 역동적이며, 상호이익이 되는 관계로 발전시키겠다는 우리의 의지를 재확인하며;

개방적이고, 투명하며, 포용적이고, 규칙 기반의 지역 아키텍처를 형성하고 발전시키는 데 있어서 아세안 중심성과 그 선도적 역할을 인식하며;

아시아·태평양 및 인도양 지역에 대한 아세안의 참여에 대한 지침을 제공하는 인도·태평양에 관한 아세안의 전망(AOIP)의 목표와 원칙을 재확인하는 한편, 외부 파트너 국가들이 아세안과 협력하여 아세안 주도 메커니즘을 통해 AOIP에서 규정하는 4개의 우선 분야에 대해 실질적인 협력을 수행할 수 있도록 장려하며;

한-아세안 협력을 심화·확대하고, 성장의 진원지로서 이 지역의 역량을 강화하며, 경제 및 안보 형성에 있어서 아세안의 주도를 지원하려는 한국의 의지를 더욱 실현하는 한-아세안 연대 구상(KASI)과 그 후속 이행을 환영하고, 아세안 중심성을 유지하면서 지역 역학이 사람들에게 평화, 안보, 안정 및 번영을 지속적으로 가져올 수 있도록 보장하며;

AOIP와 한국의 인도·태평양전략(IPS)이 평화와 협력을 증진하는 관련 기본 원칙을 공유하고 있고, IPS가 자유롭고 평화로우며 번영하는 인도·태평양 지역에 대한 한국의 의지를 보여준다는 점에 주목하며;

아세안 주도 메커니즘을 통해 상호신뢰, 상호 존중, 상호이익을 증진하고 이를 통해 지역의 평화, 안정, 번영의 유지 및 증진에 기여한다는 관점에서 AOIP를 통한 한국의 아세안에 대한 지원과 협력을 환영하며;

이로써 다음과 같이 결정한다:

1. 아세안공동체비전 2025, 아세안공동체 포스트 2025 비전, 아세안 연결성 2025 마스터플랜(MPAC 2025), 아세안 통합 이니셔티브(IAI) 실행 계획 IV(2021-2025) 및

---

[11] 출처: 아세안 메인 포털, "Joint Statement of the 24th ASEAN-Republic of Korea Summit on Cooperation on the ASEAN Outlook on the Indo-Pacific (AOIP)," https://asean.org/joint-statement-of-the-24th-asean-republic-of-korea-summit-on-cooperation-on-the-asean-outlook-on-the-indo- pacific-aoip/

그 후속 문서 등 아세안의 주요 전략과 이니셔티브를 통한 아세안공동체 구축 노력을 지원한다.

2. 유관 아세안 관련 메커니즘을 통한 '평화, 번영, 파트너십을 위한 공동비전 성명(2021-2025)의 이행을 위한 한-아세안 행동 계획'의 완전하고 효과적인 이행을 포함하여 한-아세안 전략적 파트너십을 확대하고 심화시키며, 2024년 한-아세안 포괄적 전략적 동반자관계(CSP) 구축을 위한 한국의 제안을 환영한다.

3. 개방적이고 포용적이며 투명하고 국제법을 준수하는 아세안 중심의 지역 구조를 강화하고 대화, 협력, 상호신뢰 및 신의를 촉진하며 현재와 미래의 지역 및 글로벌 환경에서 발생하는 과제를 해결하고 기회를 포착하는 데 기여한다.

4. 아세안 중심성 강화, 개방성, 투명성, 포괄성, 규칙 기반 프레임워크, 올바른 거버넌스, 주권 존중, 불간섭, 기존 협력 프레임워크와의 보완, 평등, 상호 존중, 상호신뢰, 상호이익을 지지하며 AOIP의 기초를 형성하는 유엔헌장, 1982년 해양법에 관한 유엔협약(UNCLOS) 및 기타 관련 유엔조약 및 협약, 아세안헌장 및 관련 아세안 조약 및 협정, EAS의 상호이익 관계 원칙(2011) 등 국제법을 존중한다.

5. 다음을 포함하되 이에 국한되지 않는 AOIP의 4대 우선 분야, 즉 해양 협력, 연결성, 유엔의 지속 가능한 발전목표 2030, 경제 및 기타 가능한 협력 분야에서 한-아세안 협력을 강화한다.

(1) 해양 협력: 지속 가능한 1982년 UNCLOS를 포함한 국제법에 따라 식량 안보와 경제발전을 보장하기 위한 해양 정책 대화, 해양 안전 및 보안, 해양법 집행 강화, 해양 연결성, 해양환경 보존 및 보호, 생물 다양성 보전 및 관리, 해양오염 예방, 제거 및 최소화, 해양 과학 연구, 해양 상업, 해양자원을 관리, 소규모 어촌 지원.

(2) 연결성: 인프라 개발을 위한 지속 가능하고 혁신적인 자금 조달, 인력 이동성, 청소년 및 인적 교류, 지속 가능한 스마트 도시, 디지털 연결성, 개방적이고 안전하며 회복 탄력성을 갖춘 공급망을 포함한 인프라.

(3) 유엔 지속 가능한 개발 목표 2030: 공중보건, 환경 및 기후변화, 산림 보존 및 복원, 성 평등 및 여성 역량 강화, 포용적이고 생산적인 고용 및 양질의 일자리, 인력 및 인적자원 개발, 재교육, 기술 향상, 평생 학습, 산업 안전 건강, 사회복지 및 개발, 농촌 개발, 올바른 거버넌스, 포용적인 디지털 전환 및 혁신, SDG 모니터링 및 보고, 물관리, 스마트 농업, 공정하고 지속 가능한 에너지 전환, 보완 로드맵(Complementarities Roadmap) 실행 지원 2020-2025.

(4) 경제 및 기타 가능한 협력 분야: 한-아세안 자유무역협정(AKFTA), 역내포괄적 경제동반자협정(RCEP), 무역 촉진, 중소기업, 순환경제, 탄소 중립, 과학, 기술 및 혁

신, 녹색 및 디지털 경제, 전자 이동성, 노동시장, 테러리즘, 폭력적 극단주의 및 기타 초국가적 범죄와의 전쟁, 사이버 보안, 재난 관리, 인도주의적 지원, 아세안의 개발격차 해소 노력, 특히 한-메콩 및 BIMP-EAGA-ROK 협력 프레임워크, 아제와디-차오프라야-메콩 경제협력 전략(ACMECS)을 비롯한 한국이 참여하는 협력 체제에 대한 노력을 지원하기 위한 소지역 협력.

6. 새로운 메커니즘을 창설하지 않고도 아세안 중심성과 단결성을 유지하면서 AOIP의 4가지 우선순위 영역을 구현하기 위해 특정 공동 관심 분야에 대해 아시아·태평양 및 인도양 지역의 이해 당사자들과 협력을 유도하는 방안을 모색한다.

7. 서울 소재의 한-아세안센터, 자카르타 소재의 한-아세안 금융협력센터, 부산 소재의 아세안문화원, 방콕 소재의 아세안문화센터, 아세안의 아세안센터 등 기존 플랫폼과 기관의 활용도를 확대한다. 회원국과 광주 국립아시아문화전당 등 유관기관이 상생협력을 더욱 촉진하고, 한-아세안 협력기금과 AKFTA 경제협력사업기금 지원 자금의 효과적 활용을 위해 노력한다.

이상은 2000년 9월 6일 자카르타에서 영어로 된 단일 원본으로 채택되었다.